| SEITE 36 | **REISEZIELE IN KROATIEN** | ALLE ZIELE AUF EINEN BLICK Fundierte Einblicke, detaillierte Adressen, Insidertipps und mehr |

KROATIEN-HIGHLIGHTS NÄCHSTE SEITE

- Zagorje S.70
- Zagreb S.38
- Slawonien S.84
- Kvarner S.139
- Istrien S.99
- Norddalmatien S.178
- Dubrovnik & Süddalmatien S.259

| SEITE 341 | **PRAKTISCHE INFORMATIONEN** | SCHNELL NACHGESCHLAGEN Tipps für Unterkünfte, sicheres Reisen, Small Talk und mehr |

Allgemeine Informationen A–Z	342
Verkehrsmittel & -wege	351
Sprache	357
Register	371
Kartenlegende	379

Anja Mutić, Iain Stewart

Highlights

17 HIGH-LIGHTS

Plitvice – ein Paradies

1 Ein türkisfarbenes Band kristallklaren Wassers und rauschende Kaskaden in den Wäldern, das ist der Nationalpark Plitwitzer Seen (S. 188). Dieses überwältigende Naturereignis umfasst Dutzende von Gewässern – vom 4 km langen Kozjak bis zu winzigen, schilfgesäumten Teichen in allen Farbschattierungen. Moosbewachsene Travertinfelsen durchziehen die Wasserwelt, die dank Holzstegen aus nächster Nähe betrachtet werden kann. Wanderwege führen weg von den Massen an den Seeufern in Buchen-, Fichten-, Tannen- und Kiefernwälder.

Dubrovnik Superstar

2 Die Hauptattraktion Kroatiens, Dubrovnik (S. 259), ist zu Recht Unesco-Welterbestätte. Während des Krieges in den 1990er-Jahren wurde die Stadt unbarmherzig beschossen, heute erstrahlen ihre mächtigen Mauern, Klöster, mittelalterlichen Kirchen, eleganten Plätze und faszinierenden Wohnviertel wieder in altem Glanz. Einen umwerfenden Blick auf die „Perle der Adria" gewinnt man, wenn man mit der Seilbahn auf den Berg Srđ hinauffährt. Anschließend geht's bei einem Spaziergang entlang der Mauern auf Tuchfühlung mit der Stadtgeschichte.

Mljet sehen und sterben

4 In einen Mantel dichter Kiefernwälder gehüllt, präsentiert sich das unberührte Inselparadies Mljet (S. 279). Der Legende nach wurde Odysseus hier sieben Jahre lang ausgesetzt, und es verwundert kaum, dass er gar nicht mehr wegwollte. Den gesamten westlichen Teil bedeckt ein Nationalpark mit zwei kobaltblauen Seen, einem Inselkloster und dem idyllischen, verschlafenen Hafen Pomena. Ebenso sehenswert ist der Osten von Mljet mit seinen geschützten Stränden und dem kulinarischen Tempel Stermasi (S. 280).

Partyzeit in Hvar

3 Im Hochsommer gibt es keinen besseren Ort zum Abtanzen als die Stadt Hvar (S. 246). Scharen gut aussehender braun gebrannter Menschen gehen von Bord ihrer Yachten und feiern rund um die Uhr. Auf der glamourösen Insel steigen Après-Strand- und Vollmondpartys, man schlürft Designer-Cocktails am Meer und DJs legen brandaktuelle House-Tunes auf – genau das Richtige für partywütige Hedonisten!

Koffeinkick in Zagreb

5 Eine Tasse Kaffee in einem der Straßencafés von Zagreb ist ein absolutes Muss. Zum Ritual gehören stundenlanges Leute-Beobachten, der neueste Klatsch und tiefgründige Diskussionen. Wer die ultimative europäische Cafékultur erleben möchte, sollte sich einen Tisch an der kopfsteingepflasterten Tkalčićeva, der Trg Petra Preradovića oder der Bogovićeva suchen. Auf keinen Fall verpassen darf man die špica – Leute beobachten und Kaffee schlürfen – am Samstagmorgen im Zentrum. Sie ist der allwöchentliche gesellschaftliche Höhepunkt der Einheimischen.

Gaumenschmaus in Istrien

6 La dolce vita wird in Istrien (S. 99), der kroatischen Top-adresse für Gourmets, groß geschrieben. Man labt sich an Meeresfrüchten, Trüffeln, Olivenöl, wildem Spinat, Wein und *boškarin,* erlesenem istrischem Rindfleisch. Slow Food ist hier ein echter Renner. Zubereitet wird es in edlen Restaurants in den Städten am Meer, in traditionellen, familienbetriebenen Tavernen in mittelalterlichen Dörfern und in umgebauten Olivenmühlen in den Bergen im dicht bewachsenen Inland der Halbinsel.

Windsurfen in Bol

7 Bol, an der Südküste der Insel Brač, lockt mit dem traumhaften Strand Zlatni Rat (S. 242), geformt wie eine Zunge und voller goldener Kiesel. Die Stadt ist sehr beliebt bei Windsurfern, denn zwischen den Inseln Brač und Hvar sorgt der Mistral von Mai bis Ende September für optimale Bedingungen. Der Wind nimmt vormittags stetig zu; morgens ist deshalb die beste Zeit für Anfänger. Am Nachmittag weht dann eine wirklich steife Brise, genau richtig für Adrenalin-Junkies.

Wandern & klettern in Paklenica

8 Was für ein Anblick: Den Nationalpark Paklenica (S. 191) betrachtet man am besten von der Nordküste der Insel Pag aus. Dort gewinnt man einen guten Eindruck, wie steil sich die Velebit-Berge hinter der Küste auftürmen. Zwei Schluchten schneiden sich in den Gebirgszug und schaffen einen natürlichen Wanderweg zu den Gipfeln des Vaganski vrh (1757 m) und des Babin vrh (1741 m). Nicht abenteuerlich genug? Paklenica, Kroatiens Top-Kletterdestination, bietet Hunderte weiterer atemberaubender Routen.

Plunder & Eiscreme

9 Kroatien ist ein Paradies für Naschkatzen. Überall im ganzen Land findet man *slastičarnas* (Konditoreien), in denen Sahnetorten nach österreichischem Vorbild, lokaltypische *kremšnite* (mit Pudding gefüllte Plunder) und hausgemachte Strudel verkauft werden. Im Sommer trumpfen die Eisdielen üblicherweise mit zehn bis zwanzig selbst gemachten Eissorten auf. Kroatisches *sladoled* (Eis) nimmt es locker mit italienischem *gelato* auf.

Wildes Kamenjak

10 Ihre raue Schönheit und Abgeschiedenheit haben der kleinen Halbinsel südlich von Pula Kultstatus bei kroatischen Strandgängern eingetragen. Kamenjak (S. 106) ist ein unberührtes Naturschutzgebiet mit einem Teppich aus Heidepflanzen, Sträuchern und Wildblumen, überzogen von einem Netz unbefestigter Pfade. Von kristallklarem, blaugrünem Wasser umspülte Buchten und einsame Felsstrände säumen die Insel. Im Sommer kann es voll werden, doch zwischen den Strandbars mit Partystimmung findet sich stets irgendwo ein ruhiges Plätzchen.

Das blaue Wunder von Biševo

11 Unter den zahllosen Höhlen der entlegenen Kalksteininsel Biševo (S. 258) ist die Blaue Grotte (Modra Špilja) die spektakulärste. Dieses seltene Naturphänomen verzaubert mit einer umwerfenden Lichtershow: An klaren Morgen dringen Sonnenstrahlen durch ein Loch unter der Wasseroberfläche in die Höhle und tauchen sie in faszinierendes silberblaues Licht. Silberne und rosafarbene Steine schimmern in dem türkisfarbenen Wasser. Hier zu schwimmen ist ein surreales, unvergessliches Erlebnis.

Mit der Fähre durch die Adria

12 Ob es nun kurze Strecken zwischen benachbarten Inseln oder Übernachtfahrten entlang der kroatischen Küste sind, mit dem Boot kann man die Adria auf preiswerte, stimmungsvolle Art erkunden. Die traumhafte Szenerie umfasst insgesamt 1244 Inseln, darunter beliebte Ziele wie Hvar und Brač oder Geheimtipps wie Vis. Wer ein bisschen mehr Geld zur Verfügung hat, kann ein Segelboot chartern und sich von Wind und Strömung tragen lassen.

Kopački Rit – ein Sumpflandwunder

13 Das atemberaubend schöne Kopački Rit (S. 93), ein von Donau und Drava gespeistes Feuchtbiotop, zählt zu den besten Vogelbeobachtungsgebieten Europas. Auf einer Bootstour hält man nach See- und Kaiseradlern, Schwarzstörchen, Purpurreihern und Spechten Ausschau – nur einige der fast 300 hier lebenden Arten. Man kann überflutete Wälder mit dem Kanu erkunden, wandern oder reiten. Zu den hiesigen Säugetieren zählen Rothirsche und Wildschweine, auch Reptilien wie Teichschildkröten und harmlose Würfelnattern sind zahlreich vertreten.

Die Seele Splits

14 Lebendiges Herz und Seele Splits ist der Diokletianpalast (S. 212), eine der imposantesten römischen Ruinen weltweit. Die Straßen dieses Viertels sind voller Bars, Geschäfte und Restaurants. Sich in dem Labyrinth aus engen Gassen, Durchgängen und Innenhöfen zu verlieren, zählt zu den Highlights jeder Kroatienreise. Trotzdem findet man hier jederzeit wieder hinaus. Außerhalb der Palastmauern lädt die mit Marmor gepflasterte und von Palmen gesäumte Riva am Ufer zu einer Pause ein.

Zadar entdecken

15 Die Stadt Zadar (S. 180) mausert sich in rasantem Tempo zu einer der Topadressen Kroatiens. Überreich an Geschichte und Kultur, hat sie sich dennoch eine bodenständige Atmosphäre bewahrt. Zu den wichtigsten Sehenswürdigkeiten gehören zwei außergewöhnlich kunstvolle Installationen des Architekten Nikola Bašić: die betörende Meeresorgel und der ebenso faszinierende „Gruß an die Sonne". Reizvoll sind auch die hiesigen Musikfeste. Beim Gartenfestival z. B. wird auf einer von Kiefern bestandenen Halbinsel erstklassige internationale Elektromusik gespielt.

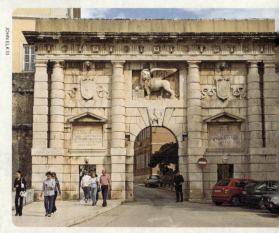

Märchenburgen von Zagorje

16 Die mittelalterlichen Schlösser von Zagorje sind perfekte Postkartenmotive. Die 1334 errichtete Trakošćan-Burg (S. 78) wurde im neogotischen Stil restauriert. Im Museum erfährt man mehr über den kroatischen Adel. Dann spaziert man über das riesige Gelände mit seinen exotischen Bäumen und dem künstlichen See. Das Schloss Veliki Tabor (S. 80) ist derzeit wegen Renovierungsarbeiten geschlossen, aber mit seinen Türmen und Türmchen und der bukolischen Landschaft ringsum auch von außen eine echte Augenweide.
Veliki Tabor (links)

Entspannen auf Cres

17 Die Tramuntana im Norden von Cres (S. 159) verführt mit wilder, rauer Schönheit. Im Gänsegeierzentrum in Beli lernt man alles über die bedrohten Raubvögel. Anschließend kann man den zahlreichen Naturlehrpfaden folgen; sie führen durch uralte, unberührte Wälder und verlassene Dörfer. Beinahe meint man, hinter den alten Eichen Elfen wispern zu hören. Zurück in Beli, lädt die Pansion Tramontana (S. 163) zu einem herzhaften Abendessen ein. Wie wär's mit Lamm, einem köstlichen Salat und einem Glas dalmatinischem Wein?

Willkommen in Kroatien

Ein seltener Mix aus Glamour und altmodischer Authentizität verleiht Kroatien das gewisse Etwas. Neben Sonne und Strand locken Kulturschätze, historische Architektur und volkstümliche Traditionen.

Tourismus in Kroatien

Obwohl Kroatien zu den angesagtesten europäischen Reisezielen zählt, ist man vom Massentourismus weit entfernt. In Regionen mit gut ausgebauter touristischer Infrastruktur scheint der Slogan der kroatischen Tourismuszentrale „Das Mittelmeer, wie es früher war" zwar etwas unpassend, doch es gibt nach wie vor viele urtümliche Gegenden und Raum für echte Entdeckungstrips. Als Land im Umbruch, am Rand Mitteleuropas gelegen, ist es ebenso vielseitig und abwechslungsreich wie seine Landschaften und bietet für jeden Geldbeutel etwas: Während die Preise in beliebteren Gegenden der Adria im Sommer stark ansteigen, ist das Inland sehr günstig. Die mondänen Küstenorte lassen einen leicht vergessen, dass hier in den 1990er-Jahren ein brutaler Bürgerkrieg wütete. Wie sich das Land seither entwickelt hat, ist der beste Beweis für die Unverwüstlichkeit seiner Bevölkerung. Die Kroaten sind fantastische Gastgeber, wenn man einmal die Barriere zwischen Touristen und Einheimischen überwunden hat.

Kroatischer Küstentraum

Die kroatische Küste hat Starappeal. In Dubrovnik und Hvar gibt's jede Menge Glamour, ein tolles Nachtleben, Designer-Cocktails und die Möglichkeit, Promis zu sichten, während im Hafen Scharen eleganter Yachten schaukeln. Wer Erholung und stille Rückzugsorte sucht, entdeckt kleine Oasen der Ruhe: einsame Leuchttürme, faszinierende Fischerdörfer, versteckte Buchten und Atolle im besten Robinson-Crusoe-Stil. Familien tummeln sich an sicheren Badestränden, und es werden Aktivitäten für alle Altersgruppen geboten.

Schönheit, die von innen kommt: das Hinterland

Alle besuchen die fast 2000 km lange Küste mit mehr als 1000 Inseln, nur wenige verschlägt es ins Inland. Dort kann man in Pensionen ein Stück unverfälschtes Landleben genießen, durch die raue Wildnis wandern, Rad fahren, klettern, paragliden, raften oder Kanu fahren. Zagreb spielt neben dem nahe gelegenen Wien nur die zweite Geige, doch die kleine Hauptstadt wartet mit einer ansprechenden Cafékultur, einem brandneuen Kunstmuseum, historischen Bauten und einem prallvollen Festkalender auf.

Kroatien für Feinschmecker

Langsam hat sich Kroatien zum europäischen Gourmetparadies gemausert. Seine lokale Küche gründet auf einheimischen, qualitativ hochwertigen Zutaten, die von Spitzenköchen kreativ zubereitet oder in familienbetriebenen Tavernen nach bester Hausmacherart serviert werden. Manchmal liegen die besten Restaurants etwas abseits, doch für deren Essen lohnt sich die Anfahrt. Auch die kroatischen Weinanbaugebiete sind auf dem Vormarsch, und hiesige Olivenöle (besonders istrische) finden immer mehr Liebhaber.

Gut zu wissen

Währung
» Kuna (Kn)

Sprache
» Kroatisch

Reisezeit

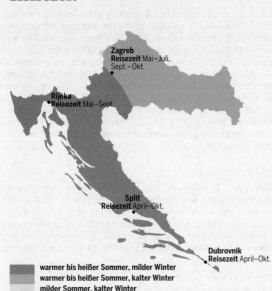

Zagreb Reisezeit Mai–Juli, Sept.–Okt.
Rijeka Reisezeit Mai–Sept.
Split Reisezeit April–Okt.
Dubrovnik Reisezeit April–Okt.

- warmer bis heißer Sommer, milder Winter
- warmer bis heißer Sommer, kalter Winter
- milder Sommer, kalter Winter

Hauptsaison
(Juli & Aug.)

» In der Hochsaison ist das Wetter am besten. Am sonnigsten ist die Insel Hvar, gefolgt von Split, der Insel Korčula und Dubrovnik.

» Die Preise steigen am höchsten und die Küstenregion ist sehr belebt.

Zwischensaison
(Mai–Juni & Sept.)

» Die Küste ist bezaubernd, die Adria warm genug zum Schwimmen, es gibt wenige Touristen und niedrigere Preise.

» Im Frühling und Sommeranfang kann man aufgrund des stetigen *maestral*-Windes gut segeln.

Nachsaison
(Okt.–April)

» Die Winter auf dem Festland sind kalt und die Preise niedrig.

» Südostwinde führen zu Wolkenbildung; Nordostwinde bringen heftige Böen trockener Luft und vertreiben die Wolken.

Tagesbudget

Weniger als
350 Kn

» Privatunterkunft; Etagenbett ca. 150 Kn

» Viele Märkte für Selbstversorger

» Billige Tavernen, Pizza und Eiscreme

» Viele kostenlose Aktivitäten

Mittelklasse
350–800 Kn

» DZ im Mittelklassehotel

» Speisen in guten Restaurants und abends ausgehen

» Ein oder zwei Touren, Aktivitäten

Mehr als
800 Kn

» Boutique-Hotels und Vier-Sterne-Anlagen

» Speisen in erstklassigen Restaurants

» Spa-Behandlungen

» Geführte Touren, Ausflüge und Autovermietung

Geld

» Geldautomaten sind weitverbreitet. Die meisten Hotels/Restaurants akzeptieren Kreditkarten. Kleine Lokale, Shops und Privatunterkünfte nehmen nur Bargeld.

Visa

» Nicht nötig für Aufenthalte bis zu 90 Tagen.

Handys

» Für Handys ohne SIM-Lock kann man eine lokale SIM-Karte kaufen (überall erhältlich). Ansonsten ist Roaming angesagt.

Straßenverkehr

» Rechtsverkehr

Websites

» **Kroatische Zentrale für Tourismus** (www.croatia.hr) Toll für die Reiseplanung.

» **Adriatica.net** (www.adriatica.net) Buchung von Zimmern, Apartments, Hotels und Leuchttürmen an der Küste.

» **Find Croatia** (www.findcroatia.com) Leitfaden mit vielen Infos für Touristen.

» **Homepage von Kroatien** (www.hr) Hunderte Links.

» **Lonely Planet.com** (www.lonelyplanet.com/croatia) Landesinfos, Hotelbuchung, Reiseforum und mehr.

Wechselkurse

Eurozone	1 €	7,25 Kn
Schweiz	1 Sfr	5,90 Kn

Aktuelle Wechselkurse siehe unter www.xe.com.

Wichtige Telefonnummern

Wer aus dem Ausland in Kroatien anrufen will, wählt seinen internationalen Zugangscode, dann die kroatische Landesvorwahl, die Ortsvorwahl (ohne 0) und zum Schluss die lokale Telefonnummer.

Straßendienst	+987
Landesvorwahl	+385
Internationaler Zugangscode	+00
Telefonauskunft (international)	+902
Telefonauskunft (lokal)	+988

Ankunft in Kroatien

» **Flughafen Zagreb (S. 62)**

Busse ins Zentrum: sind auf die Flugpläne abgestimmt; verkehren von 5 bis 20 Uhr
Taxis ins Zentrum: 150–300 Kn; brauchen rund 20 Min. bis in die Stadt

» **Flughafen Split (S. 228)**

Busse ins Zentrum: sind auf die Flugpläne abgestimmt
Taxis ins Zentrum: 200–260 Kn; brauchen rund 30 Min. bis in die Stadt

Privatunterkünfte in Kroatien

Kroatische Hotels sind oft übertreuert und bieten kein gutes Preis-Leistungs-Verhältnis, vor allem im Hochsommer an der Küste. Privatunterkünfte sind nicht nur die beste Möglichkeit, Geld zu sparen, sondern man erlebt auch die kroatische Gastfreundschaft. Viele Besitzer behandeln ihre Gäste wie lang entbehrte Freunde und bieten einen Service, von dem man in den Hotels nur träumen kann.

Das richtige Privatzimmer oder -apartment zu finden ist allerdings etwas mühsam. Am besten recherchiert man online oder lässt sich eine Unterkunft empfehlen. Wer lieber vor Ort sucht, kann nach der Ankunft in ein Reisebüro gehen, sich ein paar Unterkünfte ansehen und dann buchen.

Manche Privatunterkünfte bieten die Option, mit den Besitzern zu essen – so kann man wunderbar die Kultur der Kroaten kennenlernen.

Achtung: In der Hochsaison berechnen viele Besitzer von Privatunterkünften einen Aufpreis für Gäste, die weniger als drei oder vier Nächte bleiben.

Wie wär's mit ...

Inseln

Vor Kroatiens Küste liegen zahlreiche fantastische Inseln, von kleinen, grünen und unbewohnten bis zu großen, trockenen und sehr lebhaften.

Hvar Kroatiens beliebteste Insel bekommt die meiste Sonne und dank des glamourösen Hvar mit seinen Partys auch die meisten Besucher (S. 246).

Vis Fern, mysteriös, abseits touristischer Pfade und ca. 40 Jahre lang gesperrt für Fremde – Vis bietet großartige Strände, reizende Orte und beste Küche (S. 253).

Mljet Die lange, schmale, bezaubernde Insel Mljet mit einer Salzwasserlagune, einem Kloster und schöner Szenerie lässt sich auf einem Tagesausflug von Dubrovnik aus besuchen (S. 279).

Cres Das mit beeindruckenden Landschaften, mittelalterlichen Dörfern und einer hübschen Hafenhauptstadt gesegnete Cres gehört zu den untouristischsten Inseln Kroatiens (S. 159).

Brač Die größte Insel der Adria hat Kroatiens berühmtesten Strand, den verführerischen Zlatni Rat in dem schmucken Ort Bol (S. 239).

Outdoor-Aktivitäten

Kroatien bietet tonnenweise Möglichkeiten für alle, die gern draußen aktiv sind: Schwimmen in der Adria, Mountainbiken, Windsurfen, Kajakfahren, Klettern, Rafting und mehr.

Segeln Beim Inselhopping mit dem Segelboot kann man an beliebten Häfen wie Hvar (S. 246) anlegen und ferne Inseln wie die Kornaten (S. 207) oder Vis (S. 253) erkunden.

Wandern Die Nationalparks – darunter die Plitwitzer Seen (S. 188), Paklenica (S. 191) und Krka (S. 205) – sind ebenso wie die Landschaft um Zagreb (S. 67) Wanderparadiese.

Tauchen Die Inseln eignen sich ideal, um in die schöne Unterwasserwelt abzutauchen, etwa vor Hvar (S. 248), Brač (S. 240), Krk (S. 165) oder den Kornaten (S. 207). Auch die meisten Küstenstädte bieten Tauchmöglichkeiten.

Radfahren Radeln kann man in der flachen Baranja (S. 93), auf der Parenzana-Route (S. 126) in Istrien oder auf den Adria-Inseln.

FKK Kroatien ist ein Top-Spot für Nudisten, seit Edward VIII. und Wallis Simpson 1936 an der Küste von Rab (S. 105) nacktbaden gingen.

Architektur

Kroatien hat alles – von Romanik über Barock und Renaissance bis zu venezianischer, gotischer und zeitgenössischer Architektur.

Dubrovnik Umgeben von der tiefblauen Adria, ist das mit gewaltigen Mauern umwehrte Dubrovnik eine der optisch atemberaubendsten Städte Europas (S. 263).

Trogir Das Städtchen glänzt mit gut erhaltenen Bauten aus Romanik und Renaissance und einer der anmutigsten Kathedralen der Küste (S. 230).

Zadar Die Architektur im kleinen, entspannten Zadar reicht von römischen Ruinen bis zu zeitgenössischen Meisterwerken wie der Meeresorgel und der Installation »Gruß an die Sonne« (S. 180).

Diokletianpalast Er steht unter dem Schutz der Unesco und zählt weltweit zu den berühmtesten Überresten aus römischer Zeit. Dennoch pulsiert bis heute Leben in dem antiken Viertel Splits. Hier schlägt das Herz der Stadt (S. 212).

Varaždin Kroatiens einstige Hauptstadt mit mustergültig restaurierter Barockarchitektur ist dank ihrer hervorragend erhaltenen Altstadt ein Kandidat für das Unesco-Welterbe (S. 72).

›› Gut erhaltene historische Bauten säumen das Meeresufer in Trogir (S. 230)

JOHN ELK III

Strände

An den traumhaften Stränden entlang der kroatischen Küste und auf den Inseln kann man die Hüllen fallen lassen oder den neuesten Designerbikini vorführen.

Pakleni-Inseln Strände mit Schatten spendenden Pinien für FKKler und Badehosenträger (S. 248).

Bačvice Aktiv, lustig und mit jeder Menge lokalem Flair (S. 217).

Zrće Kroatiens Hauptstadt für Sommerpartys (S. 199).

Lubenice Klein, abgeschieden, sensationell und schwer erreichbar (S. 164).

Zlatni Rat Der Streifen aus goldenen Kieseln ist gut besucht und bietet viel Spaß (S. 242).

Lokrum Ein Paradies für Nackte ist der felsige, immer friedliche Strand mit kristallklarem Wasser (S. 278).

Paradiesstrand Schöner, seichter Sandstrand unter Pinien (S. 176).

Stiniva Hohe Felsen umrahmen die spektakuläre, abgeschiedene Kieselsteinbucht (S. 257).

Brela Palmengesäumte Buchten mit feinen Kieseln (S. 238).

Rt Kamenjak 30 unberührte Kilometer aus Landzungen, Buchten, Kieselstrand und Felsen (S. 106).

Nationalparks

Kroatiens Reiz liegt in der Natur – seinen Wasserfällen, Wäldern, Gebirgen und der glitzernden Adriaküste. Zum Glück steht ein Großteil unter Schutz: Acht Nationalparks erstrecken sich über 961 km².

Plitwitzer Seen Diese Naturlandschaft bezaubert mit Wasserfällen, türkisfarbenen Seen und Wäldern (S. 188).

Krka Gewaltige Wasserfälle und ein abgeschiedenes Kloster (S. 205).

Paklenica Natur in großem Maßstab: Hier gibt's Schluchten und hervorragende Wander- und Klettermöglichkeiten (S. 191).

Risnjak Schattige Pfade durch dichte Wälder und Wiesen voller Wildblumen (S. 152).

Kornaten Überirdisch schöne Inseln ganz ohne Resorts – der ultimative Zufluchtsort der Adria (S. 207).

Mljet Die freundliche, unberührte Insel ist ein mediterranes Paradies (S. 279).

Brijuni Dieser Archipel vor der Küste Istriens zählt zu den gepflegtesten Nationalparks Kroatiens (S. 110).

Essen & Trinken

Kroatiens Gastronomie ist im Aufschwung. Man findet hier erstklassige einheimische Produkte wie Olivenöl, Trüffeln, Meeresfrüchte und geräucherten Schinken sowie eine aufstrebende Weinszene.

Slow Food Kroatiens Slow-Food-Bewegung wirbt für lokale, frische und saisonale Produkte und ein bewusstes Genießen des Essens (S. 322).

Olivenöl Istrien ist ein Vorreiter in der Perfektionierung kroatischen Olivenöls (S. 325). Auf beschilderten Olivenölrouten kann man lokale Produzenten besuchen und ihre Öle probieren.

Wein In Istrien locken hervorragende Tropfen: weißer *malvazija*, roter *teran* und süßer *muškat*. *Dingač* und *postup* von der Halbinsel Pelješac zählen zum Besten, was Kroatien zu bieten hat. Auch die Weinrouten Slawoniens (S. 95) darf man sich nicht entgehen lassen.

Trüffeln Unbedingt die teuren Trüffeln aus den Wäldern Istriens probieren. Im Herbst kann man hier sogar auf Trüffelsuche gehen (S. 132).

Monat für Monat

Die besten Events

1. **Karneval in Rijeka,** Februar
2. **Cest is D'Best,** Juni
3. **Motovun-Filmfestival,** Juli
4. **Garden Festival,** Juli
5. **Dubrovniker Sommerspiele,** Juli–August

Januar

Nach den Festtagen kehrt das Land zum Alltag zurück. Auf dem Festland erschwert Schnee das Befahren der Straßen, während an der Küste und auf den Inseln starke Winde den Fährverkehr einschränken.

Skifahren auf dem Sljeme

Vor den Stadttoren Zagrebs geht's auf den Sljeme, den höchsten Punkt des Medvednica-Gebirges, mit seinen Pisten und Liften. Skifahren ist ein beliebter Zeitvertreib sportlicher Kroaten.

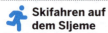 Günstige Küstentouren

Dies ist der perfekte Zeitpunkt, um Kroatiens Küstenstädte kostengünstig zu erkunden. Viele Hotels bieten nun Rabatte von bis zu 50 % an.

Februar

Im Inland kann man malerische Schneewanderungen unternehmen, auf den Straßen ist weiter Vorsicht angesagt. An der Adria weht die *bura* (Bora), die Fähren verkehren unregelmäßig und viele Hotels in den Küstenorten sind geschlossen.

Karneval

Bunte Kostüme, Tanzvorführungen und Feiern rund um die Uhr – das ist der Karneval von Rijeka, Höhepunkt des Festkalenders der Stadt. Auch in Zadar und Samobor finden farbenfrohe Umzüge statt.

Fest des heiligen Blasius

Jedes Jahr am 3. Februar wird auf den Straßen Dubrovniks der heilige Blasius, Schutzpatron der Stadt, mit Tanz, Konzerten, Essen, Umzügen und vielem mehr gefeiert.

März

Die Tage werden länger, die Temperaturen steigen, besonders an der Küste. Die Zeit der Eisschmelze eignet sich bestens, um die Wasserfälle von Plitvice und Krka zu besuchen. Das Leben spielt sich größtenteils noch drinnen ab.

Zagrebdox

Beim internationalen Filmfestival Zagrebdox (www.zagrebdox.net) werden Dokumentarfilme aus der ganzen Welt gezeigt. Es findet jährlich von Ende Februar bis Anfang März in Zagreb statt.

April

Auf den südlichen Inseln und an der Küste kann man schon Sonne tanken und die Einsamkeit genießen. Im Inland ist es noch kühl, doch die Bäume beginnen zu blühen und die anschwellenden Flüsse laden zum Rafting und Kajakfahren ein.

Musik-Biennale, Zagreb

Seit den 1960ern findet alle ungeraden Jahre im April Kroatiens bedeutendstes Festival für moderne Musik statt. Modern heißt nicht Pop – auf der renommierten Veranstaltung dreht sich alles um zeitgenössische klassische Musik.

Spargelernte, Istrien

In der Vorfrühlingszeit gedeiht auf den Feldern und Wiesen Istriens wilder

Spargel. Am besten macht man es den Einheimischen nach, erntet ein paar und brät sich eine einfache Spargel-*fritaja* (Omelette).

Mai

An der Küste ist es sonnig und warm und das Meer lädt zu einem kurzen Bad ein. Die Hotels sind günstiger, der Touristenansturm steht noch aus und die Cafés in Zagreb und Split brummen.

Dance Week Festival

Ab der letzten Maiwoche bis in den Juni hinein treten in Zagreb experimentelle Tanzgruppen aus aller Welt auf. Einige Vorstellungen finden in Rijeka und Split sowie in einem Tanzzentrum in Zagreb statt (www.danceweekfestival.com).

Ljeto na Strossu, Zagreb

Bei der äußerst unterhaltsamen Veranstaltung, die Ende Mai beginnt und den Sommer über andauert, stehen kostenlose Filme unter freiem Himmel, Konzerte lokaler Bands, Kunst-Workshops, Hundewettbewerbe für Mischlinge und andere skurrile Events auf dem Programm, die allesamt auf der schattigen Strossmayer-Promenade stattfinden.

Tag der offenen Weinkeller, Istrien

Am letzten Sonntag im Mai öffnen renommierte Winzer Istriens, der Region, in der die besten Weine Kroatiens produziert werden, ihre Weinkeller für kostenlose, feuchtfröhliche Weinproben.

Juni

Eine tolle Zeit für Badeausflüge an die Adria, tolle Festivals im ganzen Land und jede Menge Outdoor-Aktivitäten. Die Fähren folgen dem Sommerfahrplan, aber Hotelbelegungen und Preise haben noch kein Hochsaison-Niveau.

VIP INmusic Festival, Zagreb

Das dreitägige Spektakel ist Zagrebs bekanntestes Musikfestival und findet mitten im Grünen am Jarun-See auf mehreren Bühnen statt. 2010 gehörten Billy Idol und Massive Attack zum Programm. Besucher können auf dem Gelände zelten.

Cest is D'Best, Zagreb

Anfang Juni verwandeln sich Zagrebs Straßen für mehrere Tage in eine Bühne für Musik, Tanz, Theater und Sport. Das Straßenfestival erfreut sich großer Beliebtheit. An verschiedenen Plätzen überall im Zentrum treten rund 200 Künstler aus der ganzen Welt auf.

Eurokaz, Zagreb

In der zweiten Junihälfte zeigen innovative Ensembles und originelle Künstler aus aller Welt ihr Können auf dem Internationalen Festival des neuen Theaters in Zagreb. Die Veranstaltung widmet sich bereits seit 1987 dem experimentellen Theater.

Hartera-Festival, Rijeka

Die besten aufstrebenden Rockbands Kroatiens und erstklassige Indie-Acts erlebt man bei diesem dreitägigen Festival in einer verlassenen Papierfabrik in Rijeka. Für Musikfans ist die Veranstaltung mittlerweile das Highlight des Jahres.

Juli

Nun erreicht die Saison ihren Höhepunkt und die Küstenhotels und Strände sind voller Menschen. Die Fähren laufen auf Hochbetrieb, außerdem gibt's jede Menge Festivals. Dies ist ein sehr guter Zeitpunkt, um das ruhige Landesinnere zu erkunden.

Dubrovniker Sommerspiele

Das von Mitte Juli bis Ende August dauernde Festival findet bereits seit den 1950er-Jahren in Dubrovnik statt. Besucher können sich auf jede Menge klassische Musik, Tanz und Theater an Veranstaltungsorten in der ganzen Stadt freuen, darunter auch die Festung Lovrijenac.

Garden Festival, Zadar

Bei dieser gigantischen Strandparty in Petrčane im Großraum Zadar ziehen renommierte Künstler der Elektromusik-Szene Scharen von Partywilligen in ihren Bann. Initiiert wurde das Festival von dem britischen Produzenten Nick Colgan und dem UB40-Schlagzeuger James Brown, den kreativen Köpfen der Garden Bar in Zadar.

Internationales Folklorefestival, Zagreb

Kostümierte Geigenspieler und Tänzer aus der ganzen Welt füllen Zagreb im Juli mit Musik und Farbe. Zum Programm gehören kostenlose Tanz-, Musik- und Kunst-Workshops, die den Besuchern Einblicke in die kroatische Volkskultur geben.

 Motovun-Filmfestival, Istrien

Das unterhaltsamste und glamouröseste Filmfestival des Landes präsentiert Ende Juli eine Reihe Independent- und Avantgarde-Filme auf den mittelalterlichen Straßen des Bergstädtchens Motovun. Es gibt Events drinnen und draußen sowie zahlreiche Konzerte und Partys.

August

An der Adria ist die Hochsaison in vollem Gange, Bade- und Lufttemperaturen erreichen Höchstwerte, die Strände sind voll und die Preise hoch. In Zagreb ist es heiß, aber leer, da die meisten Stadtbewohner an die Küste fliehen.

 Špancirfest in Varaždin

Ende August füllt das abwechslungsreiche Fest die Parks und Plätze von Varaždin mit internationaler Musik (afrokubanisch, Gypsy, Tango und mehr), Akrobaten, Theater, traditionellem Kunsthandwerk und Zauberern.

 Vukovar-Filmfestival, Slawonien

Das Vukovar-Filmfestival Ende August zeigt Spiel-, Dokumentar- und Kurzfilme hauptsächlich aus den Donauländern. Mit einem Besuch unterstützt man die Stadt, die sich immer noch vom Krieg erholt.

September

Der Ansturm ist vorüber, es gibt noch reichlich Sonne, das Meer ist warm und die Touristen fahren nach Hause – es handelt sich also um eine tolle Zeit für einen Kroatienurlaub. Nach der Rückkehr seiner Bewohner kehrt in Zagreb wieder Leben ein.

 World Theatre Festival, Zagreb

Jedes Jahr steht in Zagreb einige Wochen lang – meist bis in den Oktober hinein – erstklassiges modernes Theater auf dem Programm und entzückt Theaterliebhaber aus dem ganzen Land.

 Barockmusikabende von Varaždin

In der Barockstadt Varaždin gibt im September für zwei bis drei Wochen barocke Musik den Ton an. In der Kathedrale, den Kirchen und Theatern der Stadt spielen dann lokale und internationale Orchester.

Oktober

Die Kinder sind wieder in der Schule, die Eltern auf Arbeit, und alles läuft in gewohnten Bahnen. Die Fähren werden auf den Winterfahrplan umgestellt, das Wetter ist jedoch noch recht mild.

 Zagreb-Filmfestival

Zu diesem bedeutenden Kulturfestival Mitte Oktober gehören Filmvorführungen mit anschließenden Partys sowie die Verleihung des begehrten Golden Pram an Regisseure aus der ganzen Welt.

 Trüffelsuche, Istrien

In den Wäldern um Motovun und Buzet im Landesinneren kann man nach den wertvollen weißen und schwarzen Trüffeln suchen. Diese Pilze veredeln Risotto, Pasta oder Omelettes.

November

Im Landesinneren wird es ruhig, die Küste ist noch sonnig, aber kalt. Viele Hotels am Meer sowie Restaurants schließen jetzt ihre Pforten.

 Martinsfest

Martinje, der Martinstag, wird am 11. November in allen Weinanbauregionen des Landes begangen. Zu den feuchtfröhlichen Feierlichkeiten gehören jede Menge Essen sowie Weinverkostungen.

Reiserouten

Kroatien kompakt »
Highlights der Küste »
Stadt & Land: Zagreb & Umgebung »
Von Ost nach West: Slawonien & Istrien »

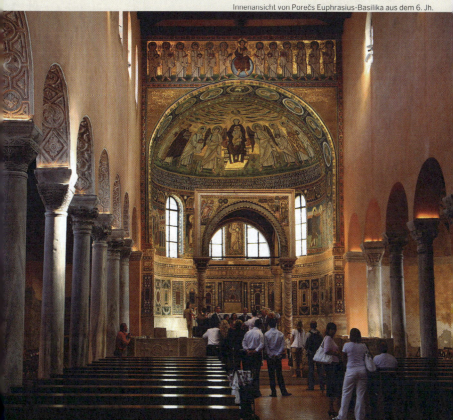

Innenansicht von Porečs Euphrasius-Basilika aus dem 6. Jh.

Kroatien kompakt

Zwei Wochen

Die zweiwöchige Reise führt zu einigen der schönsten Attraktionen Kroatiens, z.B. in die Hauptstadt, in zwei Nationalparks und zu den Juwelen der dalmatinischen Küste.

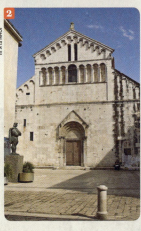

» Die Tour beginnt mit einem verlängerten Wochenende in der Hauptstadt **Zagreb** (S. 38). Hier taucht man ins Nachtleben ein und besucht feine Restaurants und Museen.

» Dann geht's nach Süden zum **Nationalpark Plitwitzer Seen** (S. 188), einer Welterbestätte, wo man türkisfarbene Gewässer und beeindruckende Wasserfälle erkundet.

» Als Nächstes folgt das oft unterschätzte **Zadar** (S. 180). Die moderne, lebendige Stadt blickt auf eine reiche Geschichte zurück und lockt mit jeder Menge Sehenswürdigkeiten.

» Von dort lohnt sich ein Tagesausflug zur Insel **Pag** (S. 196), berühmt für ihren Käse und ausgelassene Strandpartys im Sommer.

» Toll sind auch die gewaltigen Wasserfälle im **Nationalpark Krka** (S. 205) und die großartigen, entspannten **Kornati-Inseln** (S. 207).

» Nicht entgehen lassen sollte man sich einen Bummel durch das idyllische **Trogir** (S. 230) und einen Besuch der römischen Ruinen in **Solin** (S. 229).

» Mit dem Diokletianpalast im lebhaften **Split** (S. 212) steht ein weiteres Highlight dieser Region auf dem Plan.

» Anschließend geht's auf der kurvenreichen Küstenstraße ins atemberaubend schöne **Dubrovnik** (S. 259).

Abbildungen
1. Nachtleben auf der Tkalčićeva, Zagreb **2.** Kirche des heiligen Grisogonus, Zadar **3.** Nationalpark Plitwitzer Seen **4.** Pag.

Highlights der Küste

Zwei Wochen

Während dieser zweiwöchigen Tour erlebt man die Highlights der kroatischen Küste: von Istriens schönen Urlaubsorten über die Perlen des Kvarner bis zu Dalmatiens besten Sehenswürdigkeiten.

» Die Reise beginnt in **Poreč** (S. 119), wo die berühmte Euphrasius-Basilika steht.

» Weiter südlich wartet **Rovinj** (S. 111) mit venezianisch geprägter Architektur und Kopfsteinpflasterstraßen.

» Nach der Erkundung der römischen Ruinen und des Amphitheaters von **Pula** (S. 101) geht's an den Strand.

» Im Norden lohnt sich ein Halt im früheren österreichischen Ferienort **Opatija** (S. 147). Von der Strandpromenade genießt man schöne Blicke auf die Kvarner-Bucht.

» Von **Rijeka** (S. 141), Kvarners Hauptstadt, gelangt man per Katamaran zur hübschen Insel **Rab** (S. 170). Dort besucht man die alte Stadt Rab und den herrlichen Paradiesstrand in **Lopar** (S. 176).

» Anschließend lockt **Zadar** (S. 180) mit Museen, Kirchen, Cafés und Bars.

» Südlich liegen das geschäftige **Split** (S. 212), die Strände von **Brela** (S. 238) und kleine Inseln vor der Küste.

» Auf Brač besucht man das hübsche Örtchen **Bol** (S. 242).

» Danach gönnt man sich ausgedehnte Sonnenbäder auf **Hvar** (S. 246) und dem **Pakleni-Archipel** (S. 248).

» Wem der Sinn nach Ruhe, großartigem Essen und Tauchen steht, der steuert die Insel **Vis** (S. 253) an.

» Zurück in Split führt die Route weiter gen Süden nach **Dubrovnik** (S. 259) mit glänzenden marmorgepflasterten Straßen und eindrucksvollen Bauwerken.

» Zum Abschluss der Tour geht's zur Insel **Mljet** (S. 279), die mit jeder Menge Natur, Salzseen und einer wunderbar friedlichen Atmosphäre besticht.

Abbildungen
1. Tauchen vor der Insel Vis 2. Kopfsteinpflasterstraßen, Rovinj 3. Hafenviertel, Rovinj 4. Korita auf der Insel Mljet.

Stadt & Land: Zagreb & Umgebung

Eine Woche

Zagreb ist der perfekte Ausgangspunkt für Ausflüge in die malerische Umgebung. Diese Tour führt durch hübsche Landschaften, in alte Städte und zu Märchenburgen.

» Los geht's in Kroatiens dynamischer Hauptstadt **Zagreb** (S. 38), wo man die Museen, die Kunstszene und das Nachtleben genießt.

» Nächstes Ziel ist das bezaubernde **Samobor** (S. 66), bekannt für erstklassigen Kuchen und herrliche Wanderwege.

» Dann geht's in das selten besuchte **Zagorje** (S. 69), eine idyllische Landschaft mit Wäldern, Weiden und Bauernhöfen. Startpunkt der Entdeckungstour ist **Klanjec** (S. 81) mit seinem interessanten, dem Künstler Antun Augustinčić gewidmeten Stadtmuseum.

» Keinesfalls verpassen sollte man **Kumrovec** (S. 81), den Geburtsort von Kroatiens berühmtestem Sohn Josip Broz Tito und ein wunderbares Beispiel für traditionelles Dorfleben.

» Wer sich für unsere Vorfahren interessiert, steuert das prächtige neue Neandertaler-Museum in **Krapina** (S. 79) an.

» Geschichtsfans kommen in der **Burg Trakošćan** (S. 78) auf ihre Kosten.

» Danach besichtigt man die aufwendig restaurierte Festung von **Varaždin** (S. 72) und bewundert den barocken Architekturstil der Stadt.

» Auf dem Weg Richtung Süden lohnt sich ein Abstecher zur Wallfahrtsstätte **Marija Bistrica** (S. 82) mit herrlichen Ausblicken auf die Umgebung.

Abbildungen
1. Hauptplatz, Samobor **2.** Weiß getünchte Festung, Varaždin **3.** Weinberge, Zagorje **4.** Trakošćan-Schloss.

Von Ost nach West: Slawonien & Istrien

Zehn Tage

Nach der Erkundung des ländlichen Slawoniens geht's nach Istrien, das mit mittelalterlichen Bergstädten, leckerem Essen und reizenden Unterkünften lockt.

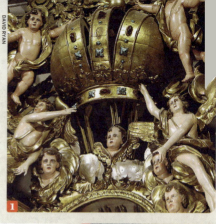

» Die grünen Hügel rund um Zagreb werden Richtung Osten gen Slawonien immer flacher. Ein Zwischenstopp bietet sich in der ungarisch geprägten Stadt **Osijek** (S. 85) am Fluss Drava an.

» Nächstes Ziel ist der **Naturpark Kopački Rit** (S. 93), an dessen Gewässern unzählige Vogelarten leben.

» Im Ethno-Dorf **Karanac** (S. 94) genießt man einen Tag lang das authentische Flair und kostet regionale Spezialitäten.

» Danach geht's Richtung Südwesten nach **Istrien** (S. 99), berühmt für seine Trüffeln, luftgetrockneten Schinken, Oliven und exzellenten Weinsorten. Hier plant man einen Stopp für eine Mahlzeit und einen Streifzug durch **Hum** (S. 133), die kleinste Stadt der Welt, ein.

» Toll sind auch das Trüffelzentrum **Buzet** (S. 131) und seine herrlich malerische Umgebung.

» **Pazin** (S. 129) lockt mit einer berühmten Schlucht, die schon Jules Verne inspiriert hat.

» Hinterher geht's durch die wunderschönen Höhensiedlungen **Motovun** (S. 134) und **Grožnjan** (S. 137).

» Auf dem Weg nach Süden kann man im hübschen **Svetvinčenat** (S. 128) mit seinem Hauptplatz im Renaissancestil umherschlendern.

» Zum Abschluss steht das entspannte **Bale** (S. 114) auf dem Programm.

Abbildungen
1. Interieur in einer der Kirchen von Osijek
2. Andenkenladen, Motovun.

Mit Kindern reisen

Die besten Regionen für Kinder

Dubrovnik & Süddalmatien
Die Region bietet Strandspaß, lustige Museen und unvergessliche Erlebnisse.

Split & Mitteldalmatien
In Split kann man das Labyrinth des Diokletianpalastes erkunden und auf der marmorgepflasterten Riva toben. Die Makarska Riviera bietet tolle Strände, Familienanlagen und Freizeitaktivitäten.

Norddalmatien
Zadar lockt mit familienfreundlichen Resorts und den hypnotischen Klängen der Meeresorgel. In Šibenik gibt's ein tolles Kinderfestival und nahebei schöne Inseln.

Istrien
Von Poreč und Rovinj aus lassen sich die Höhlen, Dinosaurierparks, Fjorde und Strände der Umgebung bestens erkunden, außerdem gibt's überall köstliches Eis.

Zagreb
Hier stehen Seilbahnfahrten, unterhaltsame Museen, ein Ausflug zum Jarun-See und die Besteigung des Sljeme auf dem Programm.

Zagorje
Vuglec Breg und Grešna Gorica geben Einblicke in das Landleben, außerdem stößt man auf mittelalterliche Burgen und kann in Krapina ein interaktives Museum besuchen.

Geschützte Kieselstrände, die zum Planschen in der Adria einladen, interaktive Museen mit hohem Spaßfaktor für verregnete Tage, grüne, leicht zu bewältigende Wanderwege in den vielen Nationalparks und alte Städte mit labyrinthischen Straßen – Kroatien hält für Familien jede Menge Spaß bereit und ist darüber hinaus überaus kinderfreundlich.

Kroatien für Kinder

In Kroatien herrscht ein entspannter, positiver Umgang mit Kindern. Die Kroaten selbst sind sehr stolz auf ihren Nachwuchs und entsprechend freundlich zu fremden Kindern. Die lieben Kleinen ernten jede Menge Lächeln und Komplimente, sodass man sich als Familie mit Anhang nie als Störfaktor fühlt. Öffentliches Stillen ist unüblich, wird jedoch – wenn diskret gemacht – akzeptiert. Speziell auf Kinder ausgerichtete Anlagen sind immer noch recht dünn gesät, allerdings ändert sich das allmählich. Mit einer positiven Einstellung und ein wenig Improvisationsbereitschaft steht einem tollen Familienurlaub nichts im Weg!

Manche kroatischen Küstenstädte sind etwas zu ruhig für Teenager auf der Suche nach Unterhaltung. In Badeorten mit Cafés und Strandaktivitäten werden diese samt ihren Eltern einen viel vergnüglicheren Urlaub verleben. In den meisten Städten an der Küste und auf den Inseln gibt es in der Hauptsaison Trampoline und Bungee-Jumping – beides ist äußerst beliebt und oft von langen Schlangen belagert.

Kroatien hat zahlreiche Grünflächen, Spielplätze und Fußgängerzonen, in denen keine Gefahr durch Straßenverkehr droht. Durch die meisten Küstenorte verläuft eine *riva*, eine vom Strand abgesetzte Promenade, auf der man bestens spazieren und seine Kinder herumtoben lassen kann.

Kroaten sind kinderfreundlich und helfen gerne. In Sachen Sicherheit müssen Eltern sich keine großen Sorgen machen. Die größte Gefahr geht von der Sonne aus, die an der Adria sehr stark sein kann, man sollte also genügend Sonnencreme sowie Sonnenhüte im Gepäck haben.

Kinder lieben Strände, doch man sollte den Badeort sorgsam wählen, denn viele der sogenannten Strände sind steinig und fallen steil ab; das Verletzungsrisiko ist entsprechend hoch. Entlang der Küste und auf den Inseln hat man jedoch eine große Auswahl, Sand- und Kieselstrände sind dabei am besten geeignet.

Die letzte Juni- und die erste Juliwoche eignen sich perfekt für einen Familienurlaub, denn dann findet in dem Küstenort Šibenik ein bekanntes internationales Kinderfestival mit Kunsthandwerk-Workshops, Musik, Tanz, Filmen, Theater, Puppenspielern und Umzügen statt.

Ermäßigungen

Ermäßigungen für Kinder sind weit verbreitet und reichen von Eintrittspreisen für Museen bis zu Hotelübernachtungen. Die Altersgrenze liegt meist bei neun Jahren. Bei vielen Sehenswürdigkeiten ist der Eintritt frei.

Für kleine Esser

In Kroatien geht es in der Gastronomie recht zwanglos zu und man kann seine Kinder fast überall mit hinnehmen. Sogar in gehobeneren Restaurants wird man auf der Speisekarte fündig, immer gibt's Pasta, Pizza oder ein Reisgericht. Kinderteller kann man problemlos bestellen. Hochstühle sowie Wickelräume sind hingegen Mangelware. Babynahrung und Milchpulver, jeweils nach Altersgruppen gekennzeichnet, sind in den meisten Supermärkten und Apotheken erhältlich.

Highlights für Kinder
Museen

» Bunari-Museum, Šibenik: Interaktives Museum in einem alten Wasserspeicher.

» Technisches Museum, Zagreb: Originelles Museum mit Planetarium und einer nachgebauten Mine.

» Neandertaler-Museum, Krapina: Hier kann man auf Tuchfühlung mit unseren Vorfahren gehen.

» Batana-Haus, Rovinj: Eine interaktive Multimedia-Ausstellung beleuchtet die Geschichte der Fischerei in Rovinj.

» Staro-Selo-Museum, Kumrovec: Zeigt auf unterhaltsame Weise ein Stück traditionelles kroatisches Dorfleben.

Strände

» Baška, Insel Krk: Ein 2 km langer, halbmondförmiger Strand vor der Kulisse karger Berge.

» Punta Rata, Makarska Riviera: Wunderschöner, von Pinien gesäumter Kieselstrand.

» Lapad, Dubrovnik: Wasserrutschen, Sonnenliegen und Schirme direkt bei der Altstadt.

» Crveni Otok, Rovinj: Zwei miteinander verbundene Inseln mit jeder Menge Kieselstrände.

» Lopar, Insel Rab: Sandstrände, seichtes Meer und gute Einrichtungen.

Tagesausflüge

» Nationalpark Krka: Hier kann man unter Wasserfällen in einem kühlen See baden.

» Nationalpark Plitwitzer Seen: Geboten werden türkisfarbene Seen, gewaltige Wasserfälle und dichte Wälder.

» Lokrum: Die üppige Insel ist mit ihrem botanischen Garten und dem mittelalterlichen Kloster eine friedliche Oase.

» Medvednica: Grüne Wanderwege auf Zagrebs Hausberg laden zu Erkundungstouren ein.

Reiseplanung
Reisezeit

Im Juli und August wird Besuchern die meiste Unterhaltung geboten. Wer es lieber ruhiger und preisgünstiger möchte, geht am besten im Juni oder September, denn dann ist das Meer warm genug zum Schwimmen und das Wetter sonnig.

Unterkünfte

In den meisten Unterkünften sind Familien willkommen, es gibt jedoch nur wenige, die speziell auf Urlauber mit Kindern ausgerichtet sind. Zu den besten zählen das zur Falkensteiner Kette gehörende Familienhotel Diadora in der Nähe von Zadar und das Hotel Vespera in Mali Lošinj. In den Hotels gibt es meist Kinderbetten, jedoch oft nur in begrenzter Zahl und gegen Aufpreis. Praktischer als ein Hotelzimmer und im gleichen Preissegment gelegen, sind privat vermietete Apartments. Dabei sollte man sich immer genau nach der jeweiligen Ausstattung und Lage erkundigen, beispielsweise nach einer Klimaanlage, einer privaten Terrasse oder der Entfernung zum Strand.

Was ins Gepäck muss

Einwegwindeln bekommt man problemlos, meistens von Pampers oder Linostar. Erhältlich sind sie in Supermärkten wie Konzum oder dm-Drogeriemärkten. Über Wickelräume verfügen nur sehr wenige Restaurants und öffentliche Toiletten. Elektrische Sterilisatoren sind teuer und schwer erhältlich.

Wer eine Tour auf die Inseln plant, insbesondere die entlegeneren, sollte am besten ein Notfallköfferchen im Gepäck haben, da medizinische Versorgung nicht immer sofort verfügbar ist.

Vor der Reise

Für Reisen nach Kroatien sind keine Impfungen vorgeschrieben. Wer sich im Frühling, Sommer oder Frühherbst viel in der Natur aufhält, sollte seine Kinder nach Zecken absuchen. Mit einem Zeckenbiss sollte man rasch zum Arzt gehen, denn in den letzten Jahren gab es einen Anstieg der von Zecken übertragenen Krankheiten.

Kroatien im Überblick

Zagreb

Cafékultur ✓✓✓
Museen & Galerien ✓
Essen ✓

Cafékultur
Zagreb ist eine Bastion der berühmten europäischen Cafékultur, und seine Straßencafés sind (außer im Winter) immer voll. Sie bieten richtig starken Kaffee und die Gelegenheit, sich dabei stundenlang die Zeit zu vertreiben. Die beste Gelegenheit, um bei einer Tasse Kaffee die Leute zu beobachten, ist die rituelle *špica* an warmen Samstagvormittagen, wenn alle mit Kind und Kegel auftauchen, um ihre neueste Garderobe vorzuführen.

S. 38

Museen & Galerien
Zagrebs neuestes Aushängeschild, das noble Museum für Zeitgenössische Kunst, hat der Stadt einen künstlerischen Touch verliehen. Daneben gibt es ältere Häuser wie das Museum Mimara mit einer großen Sammlung an Gemälden und Skulpturen oder das wunderbare Kroatische Museum für Naive Kunst. Den Puls moderner Kunst, der in der Stadt schlägt, spürt man in den unabhängigen Galerien, die topaktuelle Ausstellungen zeigen.

Essen
In Sachen Essen gibt es in der kroatischen Hauptstadt, die in den letzten Jahren zu einem Reiseziel für Gourmets wurde, viel zu entdecken. Einige Restaurants kredenzen innovative Spezialitäten mit hochwertigen Zutaten aus dem ganzen Land. Viele preiswerte Tavernen servieren dagegen schlichte, traditionelle Kost, die auf typisch kroatische Weise zubereitet wird.

Zagorje

Burgen ✓✓
Architektur ✓
Landschaft ✓

Burgen
Märchenburgen wie aus dem Bilderbuch krönen die bewaldeten Höhen dieser Region. Das neogotische Schloss Trakošćan bietet Einblicke in das einstige Leben des kroatischen Adels und die eindrucksvolle Burg Veliki Tabor mit Türmen und Erkern thront auf einem grünen Hügel.

Architektur
Varaždin beeindruckt mit seiner Barockarchitektur des 18. Jhs.: Die restaurierten Gebäude strahlen in alter Pracht, denn ihre Fassaden wurden in den ursprünglichen Pastelltönen gestrichen.

Landschaft
Die idyllischen Panoramen der weinbedeckten Hügel, Getreidefelder, dichten Wälder und Lebkuchenhäuschen scheinen aus einem Märchenbuch zu stammen. In Zagorje genießen Besucher das traditionelle kroatische Landleben fernab des touristischen Spektakels im Süden.

S. 69

Slawonien

Vogelbeobachtung ✓✓✓
Kultur ✓✓
Geschichte ✓✓

Vogelbeobachtung
Der Naturpark Kopački Rit, eines der wichtigsten Sumpfgebiete Europas, liegt in den Auen am Zusammenfluss von Donau und Drava. Am besten besucht man den für seine vielfältige Vogelwelt berühmten Park im Frühling oder Herbst zur Zugvogelzeit.

Kultur
Slawoniens Hauptstadt mit ihrer malerischen Flusspromenade und vielen Parks ist eine der grünsten Städte Kroatiens. Auch kulturell hat sie viel zu bieten. Im faszinierenden habsburgischen Viertel servieren unzählige authentische Restaurants lokale Küche mit viel Paprika, z. B. *fiš paprikaš*.

Geschichte
Ostslawonien hat während des kroatischen Bürgerkriegs entsetzlich unter dem schweren Beschuss gelitten. In Yukovar erinnern bewegende Gedenkstätten an den Krieg.

S.84

Istrien

Essen ✓✓✓
Architektur ✓✓
Strände ✓

Essen
Istriens *dolce vita* lockt mit erlesenen Mahlzeiten. Die kulinarischen Genüsse reichen von weißen Trüffeln und Wildspargel bis zu preisgekrönten Olivenölen und Weinen. Sie sind ein Highlight jedes Besuchs in Istrien, der feinschmeckerfreundlichsten Region Kroatiens.

Architektur
Istrien zeigt einen bunten Architekturmix: römische Amphitheater, byzantinische Basiliken, venezianische Stadthäuser und mittelalterliche Bergstädte, alles dicht an dicht auf einer kleinen Halbinsel.

Strände
Von kieferngesäumten Kiesstränden bei Pula, Rovinj oder Poreč, die zu vielen Aktivitäten einladen, bis zur wilden Szenerie des Rt Kamenjak mit seinen einsamen Buchten: Istrien hat Strände für jeden Geschmack (außer für eingefleischte Sandstrand-Fans).

S.99

Kvarner

Essen ✓✓
Tiere & Pflanzen ✓
Architektur ✓

Essen
Die winzige Bucht von Volosko ist ein Mekka authentischer kroatischer Küche: Hier befinden sich stimmungsvolle *konobas* (familiengeführte Lokale) und Restaurants, die Essen auf hohem Niveau bieten.

Tiere & Pflanzen
Auf den beiden miteinander verbundenen Inseln Lošinj und Cres gibt es hervorragende Tierschutzprojekte: Das winzige Veli Lošinj beherbergt ein faszinierendes Delphinzentrum, auf Cres widmet man sich den Gänsegeiern.

Architektur
Die Stadt Krk hat einen mittelalterlichen Kern. Im Städtchen Rab gibt es eine Reihe historischer Kirchen und Glockentürme. Venezianische Einflüsse zeigen die Rathäuser von Cres, Veli Lošinj und Mali Lošinj.

S.139

Norddalmatien

Natur ✓✓✓
Städte ✓
Landschaften ✓✓

Natur
Die meisten Besucher kommen wegen der Küste hierher, doch ebenso reizvoll ist das Inland. Krka und Plitvice haben stille Seen und großartige Wasserfälle. In Paklenica kann man herrlich wandern oder Berge bezwingen.

Städte
Die beiden Städte Norddalmatiens bieten Kultur und Geschichte, ohne touristisch zu sein. In Šibenik findet man Kroatiens wohl eleganteste Kathedrale und eine bemerkenswerte Altstadt, Zadar wartet mit fesselnden Sehenswürdigkeiten und hippen Bars auf.

Landschaften
Auf der schmalen Insel Pag erheben sich karge, sonnenverbrannte Hügel in bleichen Grüntönen. Bezaubernd ist auch die Küste des Festlands mit der azurblauen Adria auf der einen Seite und einer Bergkette im Osten.

S. 178

Split & Mitteldalmatien

Strände ✓✓✓
Architektur ✓✓
Aktivitäten ✓

Strände
Die Strände Mitteldalmatiens gehören zu den schönsten in Kroatien – sei es der turbulente Bačvice, Splits vergötterter Stadtstrand, der kieferngesäumte Strand von Brela voller runder Kiesel oder der sichelförmige Zlatni Rat.

Architektur
Nur eine kurze Fahrt voneinander entfernt liegen zwei Unesco-Welterbestätten: der Diokletianpalast in Split, ein lebhaftes Viertel mit römischen Wurzeln, und das architektonische Medley der engen Altstadt von Trogir.

Aktivitäten
Ob Segeln, Mountainbike-Touren, Kajakfahrten, Tauchen, Rafting auf Flüssen, Sonnenbaden oder Surfen – in den abwechslungsreichen Landschaften Mitteldalmatiens können sich aktive Traveller austoben.

S. 209

Dubrovnik & Süddalmatien

Geschichte ✓✓✓
Inseln ✓✓
Wein ✓

Geschichte
Dubrovnik, eine der am schönsten gelegenen und geschichtsträchtigsten Städte der Welt, ist traumhaft anzuschauen, herrlich zu erkunden und nur schwer zu verlassen. Ähnlich geht es Besuchern in der kleinen, aber prächtigen Stadt Korčula.

Inseln
Die dünn besiedelten, von Kiefern bestandenen Inseln Mljet und Korčula sind zu Recht berühmt für ihre Schönheit und versteckten Strände. Auch die reizenden Elafiten, die winzige Insel Lokrum oder die abgeschiedene Insel Lastovo darf man nicht verpassen.

Wein
Die unberührte Halbinsel Pelješac ist eine der aufstrebenden Weinregionen des Landes. Von hier kommen kraftvolle Rotweine wie *postup* und *dingač*. Das benachbarte Korčula ist bekannt für seine Weißweine aus der *grk*-Traube.

S. 259

Empfehlungen von Lonely Planet:

 Das empfiehlt unser Autor   Nachhaltig und umweltverträglich 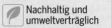 Hier bezahlt man nichts

ZAGREB	**38**
RUND UM ZAGREB	66
Medvednica	66
Karlovac	66
Samobor	68
ZAGORJE	**70**
Varaždin	71
Varaždinske Toplice	78
Burg Trakošćan	79
Krapina	80
Krapinske Toplice	81
Burg Veliki Tabor	81
Kumrovec	82
Klanjec	82
Marija Bistrica	83
Stubičke Toplice	83
SLAWONIEN	**84**
Osijek	85
Baranja	93
Vukovar	95
Ilok	97
ISTRIEN	**99**
DIE ISTRISCHE KÜSTE	101
Pula	101
Brijuni-Inseln	110
Rovinj	111
Rund um Rovinj	118
Poreč	119
DAS ISTRISCHE HINTERLAND	124
Labin	124
Vodnjan	127
Svetvinčenat	128
Pazin	129
Gračišće	131
Buzet	131
Rund um Buzet	133
Motovun	134
Istarske Toplice	136
Grožnjan	137
KVARNER	**139**
KVARNER-KÜSTE	141
Rijeka	141
Opatija	147
Volosko	151
Nationalpark Risnjak	152
LOŠINJ & CRES	152
Lošinj	153
Cres	159
KRK	165
Krk (Stadt)	166
Punat	168
Vrbnik	169
Baška	169
RAB	170
Rab (Stadt)	173
Lopar	176
NORDDALMATIEN	**178**
REGION ZADAR	180
Zadar	180
Rund um Zadar	188
Nationalpark Plitwitzer Seen	188
Nationalpark Paklenica	191
Starigrad	193
DUGI OTOK	194
Sali	195
Telašćica-Bucht	196
Božava	196
PAG	196
Pag (Stadt)	197
Novalja	200
REGION ŠIBENIK-KNIN	200
Šibenik	200
Nationalpark Krka	205
Kornati-Inseln	207
SPLIT & MITTELDALMATIEN	**209**
SPLIT	212
RUND UM SPLIT	229
Šolta	229
Solin (Salona)	229
TROGIR & UMGEBUNG	230
Trogir	230
Rund um Trogir	234
MAKARSKA RIVIERA	235
Makarska	236
Brela	238
BRAČ	239
Supetar	240
Rund um Supetar	241
Bol	242
HVAR	246
Hvar (Stadt)	246
Stari Grad	252
Jelsa	252
VIS	253
Vis (Stadt)	254

Im Register findet man eine vollständige Übersicht aller Reiseziele in diesem Buch.

Reiseziele

Komiža 257
Rund um Komiža 258

**DUBROVNIK &
SÜDDALMATIEN. . . .259**

DUBROVNIK 261
RUND UM
DUBROVNIK 278
Lokrum. 278
Elafiti-Inseln 278
Mljet 279
Cavtat. 281
Trsteno-Gärten 283
KORČULA 283
Korčula (Stadt). 284
Lumbarda 290
Vela Luka 290
HALBINSEL
PELJEŠAC 291
Orebić. 291
Ston & Mali Ston 293

Zagreb
01 / 779 145 EW.

Inhalt »

Sehenswertes 39
Aktivitäten 50
Geführte Touren 51
Festivals & Events. . . . 51
Schlafen 53
Essen 56
Ausgehen 58
Unterhaltung 60
Shoppen 61
Medvednica 66
Karlovac 66
Samobor 68

Gut essen

» Vinodol (S. 55)
» Tip Top (S. 55)
» Amfora (S. 55)
» Mano (S. 55)

Schön übernachten

» Regent Esplanade Zagreb (S. 53)
» Arcotel Allegra (S. 53)
» Palace Hotel (S. 53)
» Hotel Dubrovnik (S. 53)

Auf nach Zagreb

Jeder kennt Kroatiens Küste und Inseln, doch was die Hauptstadt betrifft, wird immer wieder gefragt: „Ist Zagreb schön?" oder: „Lohnt sich ein Wochenende dort?" Ja! Zagreb ist ein tolles Reiseziel. Die Stadt bietet Kultur, Musik, Kunst, Architektur, Gastronomie und alles, was zu einer attraktiven Hauptstadt gehört.

Optisch ist Zagreb eine Mischung aus altmodischer österreichisch-ungarischer und kantiger kommunistischer Architektur. Die kleine Metropole ist wie geschaffen zum Bummeln, für Besuche im Café oder Streifzüge durch Museen und Galerien, Theater, Konzerte und Kinos. Dank ihrer schönen Umgebung hat die Stadt einen hohen Freizeitwert: Im Frühling und Sommer strömen die Einwohner zum Jarun-See im Südwesten. Dort gehen sie baden, paddeln und tanzen in einer Diskothek die ganze Nacht durch. Im Herbst und Winter lädt die Medvednica zum Wandern oder Skifahren ein. Auch das nahe gelegene Samobor bietet tolle Wandermöglichkeiten.

Reisezeit

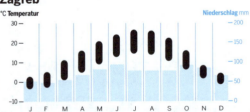

April & Mai Die Stadt legt ihren Wintermantel ab und Straßencafés laden wieder zum Verweilen ein.

Juni Einige der besten Feste Zagrebs beleben die Straßen.

September & Oktober Das Ende der Urlaubszeit. Nun brummt die Stadt vor Energie.

Geschichte

Zagrebs Geschichte ist mit zwei Hügeln verknüpft: dem Kaptol, auf dem heute die Kathedrale steht, und dem Gradec. Als die beiden Hügel im 16. Jh. zusammengefasst wurden, war Zagreb geboren.

Auf dem heute Trg Josipa Jelačića genannten Platz wurden einträgliche Handelsmessen abgehalten, rundherum wuchsen neue Gebäude. Weiteren Aufschwung erlebte die Wirtschaft im 19. Jh., als sich ein florierender Textilhandel entwickelte und eine neue Eisenbahnlinie Zagreb mit Wien bzw. Budapest verband. Dank des Wohlstands konnte sich auch das kulturelle Leben der Stadt voll entfalten.

Zagreb wurde auch zum Zentrum der Illyrischen Bewegung (siehe S. 305). Graf Janko Drašković, Herr auf Burg Trakošćan, veröffentlichte 1832 ein illyrisches Manifest. Sein Aufruf zur nationalen Rückbesinnung hallte durch das ganze Land. Wahr wurde Draškovićs Traum, als sich Kroatien nach dem Ersten Weltkrieg dem Königreich der Serben, Kroaten und Slowenen anschloss.

Zwischen den beiden Weltkriegen entstanden Arbeitersiedlungen zwischen der Eisenbahnlinie und der Sava. Neue Wohnviertel wuchsen an den südlichen Ausläufern der Medvednica. Im April 1941 marschierten die Deutschen in Jugoslawien ein und besetzten Zagreb, ohne auf Gegenwehr zu stoßen. Ante Pavelić und die Ustaša beeilten sich, den unabhängigen Staat Kroatien (Nezavisna Država Hrvatska) mit Zagreb als Hauptstadt auszurufen (siehe S. 307). Obwohl Pavelić seinen faschistischen Staat bis 1944 von hier aus führte, fand er nur wenig Rückhalt in der Stadt, die weiterhin Titos Partisanen unterstützte.

Nach dem Zweiten Weltkrieg war Zagreb nach Belgrad nur die zweitgrößte Stadt Jugoslawiens, ließ sich aber im Wachstum nicht bremsen. Als Kroatien 1991 in die Unabhängigkeit ging, wurde Zagreb Hauptstadt des neu gegründeten Staates.

◉ Sehenswertes

In der Oberstadt (Gornji Grad), Zagrebs ältestem Stadtteil mit den Vierteln Gradec und Kaptol, stehen die Wahrzeichen der Stadt, Bauten und Kirchen aus der frühen Stadtgeschichte. Die Unterstadt (Donji Grad), die zwischen Oberstadt und Bahnhof liegt, beherbergt interessante Kunstmuseen und schöne Architektur des 19. und 20. Jhs.

ZAGREB IN ...

... zwei Tagen

Der Tag beginnt mit einem Spaziergang über den Strossmayerov Trg, die grüne Oase Zagrebs. Unterwegs besucht man die **Strossmayer-Galerie der Alten Meister**, dann geht's weiter zum **Trg Josipa Jelačića**.
Auf dem **Kaptol-Platz** angekommen, besichtigt man die **Kathedrale**, das Zentrum religiösen Lebens in der Hauptstadt. In der Oberstadt kann man sich etwas Obst auf dem **Dolac-Markt** holen oder im **Kerempuh** zu Mittag essen. Danach lohnt sich ein Besuch des **Meštrović-Ateliers**, um das Werk des besten Bildhauers Kroatiens kennenzulernen. Naive Kunstwerke gibt's im **Kroatischen Museum für Naive Kunst** zu sehen, Zeitgenössisches in der **Galerija Klovićevi Dvori**. Einen tollen Ausblick hat man vom **Lotrščak-Turm**, danach locken die Bars auf der **Tkalčićeva**.
Am zweiten Tag geht's auf eine Tour durch die Museen der Unterstadt; für das **Museum Mimara** sollte man zwei Stunden einplanen. Im **Tip Top** speist man zu Mittag, danach bietet sich der **Botanische Garten** für einen Verdauungsspaziergang an. Am frühen Abend lohnt sich ein Bummel über den Preradovićev Trg, nach dem Abendessen kann man sich ins Nachtleben Zagrebs stürzen.

... vier Tagen

Den dritten Tag sollte man für einen Besuch des zauberhaften **Mirogoj-Friedhofs** reservieren und unterwegs einen Zwischenstopp im **Medvedgrad-** oder **Maksimir-Park** einlegen.
Am vierten Tag geht's raus nach **Samobor**, um den Charme dieses kleinen Städtchens zu genießen.

Highlights

1 Kaffee und Cocktails in den Straßencafés auf der **Tkalčićeva** (S. 57) schlürfen

2 Im **Museum für Zeitgenössische Kunst** den Puls der modernen Kunstszene fühlen (S. 49)

3 Durch die verwinkelten Straßen von Zagrebs **Oberstadt** schlendern (S. 42)

4 Gemälde und Skulpturen im **Museum Mimara** bewundern (S. 47)

5 Im **Park Maksimir** (S. 50) picknicken

6 Zwischen den Bäumen und Grabsteinen von **Mirogoj** über die Vergänglichkeit der Dinge sinnieren (S. 49)

7 Nach einem Wandertag *štrukli* (mit Hüttenkäse gefüllte Teigtaschen) in **Samobor** genießen (S. 68)

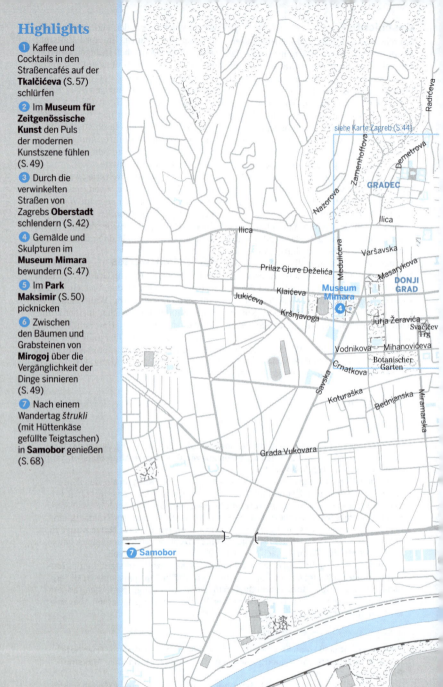

OBERSTADT

Kathedrale Mariä Himmelfahrt   KIRCHE
(Katedrala Marijina Uznešenja; Kaptol; ☉Mo–Sa 10–17, So 13–17 Uhr) Den Kaptol-Platz dominiert die Kathedrale, einst Stephansdom genannt. Ihre Zwillingstürme überragen die Dächer der Stadt. Für den Bau, der in der zweiten Hälfte des 13. Jh. begonnen wurde, stand die Kirche des heiligen Urban im französischen Troyes Pate.

Obwohl das ursprünglich gotische Bauwerk immer wieder verändert wurde, birgt die Sakristei noch einen Zyklus von **Fresken** aus dem 13. Jh. Als abgelegenen Außenposten des Christentums umgab man die Kirche im 15. Jh. mit Mauern und Türmen; einer ist noch auf der Ostseite zu sehen. 1880 beschädigte ein Erdbeben das Gotteshaus schwer; an der Wende zum 20. Jh. wurde es im neogotischen Stil wieder aufgebaut.

Im Inneren gibt's eine Menge Sehenswertes: ein **Triptychon** von Albrecht Dürer am Seitenaltar, barocke Marmoraltäre, Statuen, die Kanzel und das von Ivan Meštrović gestaltete **Grab von Kardinal Alojzije Stepinac**.

Achtung: Kurze Hosen und ärmellose Shirts sind tabu.

Dolac-Markt   LEBENSMITTELMARKT
(☉Mo–Sa 8–15, So 8–13 Uhr) Zagrebs bunter Obst- und Gemüsemarkt liegt nördlich vom Trg Josipa Jelačića. Hier herrscht Tag für Tag lebhaftes Treiben, denn aus ganz Kroatien kommen Händler, um ihre Produkte zu verkaufen. Der Dolac besteht seit den 1930er-Jahren, als der Stadtrat beschloss, ihn als natürliche „Grenze" zwischen der Unter- und Oberstadt einzurichten. Der Hauptmarkt wird auf einem erhöhten Platz abgehalten. Auf Straßenebene befinden sich in einer Markthalle geschützte Stände mit Fleisch und Molkereiprodukten, weiter vorn werden Blumen verkauft. Am Nordende des Marktes gibt's Honigprodukte, handgemachte Einrichtungsgegenstände und günstige Lebensmittel.

ZAGREBS GALERIEN FÜR ZEITGENÖSSISCHE KUNST

Zagrebs spürbare kreative Energie wird von vielen jungen und ambitionierten Künstlern angetrieben, die unkonventionell denken und über den Tellerrand schauen. Im Folgenden beschreiben wir einige gemeinnützige Galerien, die Werke von heimischen Künstlern ausstellen. Diese beschäftigen sich oft mit dem Wandel der kroatischen Gesellschaft.

Galerija Nova   GALERIE
(Teslina 7; Eintritt frei; ☉Di–Fr 12–20, Sa 11–14 Uhr) Die unabhängige Kunstgalerie wird vom Kuratorenverband **WHW (Što, Kako i za Koga?)** geführt, der dafür bekannt ist, politisch und sozial sensible Themen anzupacken. In dem kleinen Raum findet jedes Jahr eine Reihe lebendiger Ausstellungen statt, begleitet von Events und Gesprächsrunden.

Galerija Studentski Centar   GALERIE
(Savska 25; Eintritt frei; ☉Mo–Fr 12–20, Sa 10–13 Uhr) In der auf konzeptionelle Kunst spezialisierten Galerie sind einige der jüngsten kroatischen Künstler ausgestellt. Präsentiert werden Installationen und standortspezifische Werke, es gibt Vorführungen und interaktive Projekte. Außerdem veranstaltet die Galerie Theateraufführungen, Konzerte und Festivals.

Galerija Galženica   GALERIE
(www.galerijagalzenica.info; Trg Stjepana Radića 5, Velika Gorica; Eintritt frei; ☉Di–Fr 10–19, Sa 10–13 Uhr) Diese innovative Galerie in der nahe gelegenen Stadt Velika Gorica lohnt den Weg. Sie fokussiert auf Kunst, die sich mit dem sozialen, politischen und kulturellen Wandel befasst, den Kroatien in den vergangenen 15 Jahren erlebt hat.

Galerija Miroslav Kraljević   GALERIE
(www.g-mk.hr; Šubićeva 29; Eintritt frei; ☉Di–Fr 12–19, Sa 11–13 Uhr) 1986 gegründet, widmet sich diese Galerie der visuellen Kunst. Sie hat ein dynamisches Programm mit Ausstellungen, Lesungen, Präsentationen und Fachangeboten.

Kaptol-Platz
HISTORISCHER PLATZ

Die mittelalterliche Oberstadt konzentriert sich um den Kaptol-Platz. Hier stammen die meisten Gebäude aus dem 17. Jh. Unbedingt sehenswert ist das **Steinerne Tor**, einst das Osttor zum mittelalterlichen Gradec und heute eine Gebetsstätte. Der Sage nach soll 1731 hier ein Großbrand ausgebrochen sein, bei dem nichts von dem hölzernen Tor übrig blieb bis auf das Bild eines unbekannten Künstlers mit Maria und dem Jesuskind. Ihm werden magische Kräfte zugeschrieben, und viele Gläubige kommen zum Gebet hierher, zünden Kerzen an oder legen Blumen nieder. Quadratische Steintafeln tragen Dankesworte und Huldigungen an die Heilige Jungfrau.

An der westlichen Fassade des Steinernen Tores erhebt sich eine **Statue von Dora**. Hierbei handelt es sich um die Heldin eines historischen Romans aus dem 18. Jh., die mit ihrem Vater neben dem Steinernen Tor lebte.

Lotrščak-Turm
HISTORISCHES GEBÄUDE

(Kula Lotršcak; Strossmayerovo Šetalište 9; Erw./erm. 10/5 Kn; ⊙10–20 Uhr) Der Turm wurde Mitte des 13. Jhs. als Wehrturm für das südliche Stadttor erbaut. Seit über 100 Jahren wird hier täglich um 12 Uhr ein Kanonenschuss abgefeuert, um an ein historisches Ereignis der Stadtgeschichte zu erinnern. Der Legende nach wurde einst um 12 Uhr eine Kanone auf die Türken abgefeuert, die am gegenüberliegenden Sava-Ufer lagerten. Unterwegs traf die Kugel einen Hahn und zerfetzte ihn in kleine Stücke. Dieser Anblick soll die Türken so demoralisiert haben, dass ihnen der Angriff auf die Stadt misslang. Eine andere Erklärung ist, dass die Kirchturmuhren der Stadt nach der Kanone gestellt werden.

Vom Turm genießt man einen Rundumblick über die Dächer der Stadt. In der Nähe verbindet eine **Standseilbahn** (4 Kn) seit 1888 die Unter- mit der Oberstadt.

Kirche des heiligen Markus
KIRCHE

(Crkva Svetog Marka; Markov Trg; ⊙7.30–18.30 Uhr) Die im 13. Jh. erbaute Kirche ist eines der symbolträchtigsten Bauwerke der Stadt. Ihr Schieferdach, geschaffen 1888, trägt auf der linken Hälfte das Wappen Kroatiens, Dalmatiens und Slawoniens, rechts das Stadtwappen von Zagreb. Das gotische Portal aus dem 14. Jh. wird von 15 Statuen in flachen Wandnischen geschmückt. Im Inneren stehen Skulpturen von Meštrović.

> **LESER REDEN MIT**
>
> Wer ein tolles Restaurant entdeckt hat, mit unseren Empfehlungen nicht einverstanden ist oder einfach nur von seiner letzten Reise erzählen möchte, kann das auf www.lonelyplanet.de und www.lonelyplanet.com tun. Hier hat man die Möglichkeit, im Forum Fragen zu stellen oder zu beantworten, Blog-Kommentare zu schreiben, Fotos und Tipps zu veröffentlichen oder einfach nur mit gleichgesinnten Travellern zu chatten. Also, los geht's!

Während der offiziellen Öffnungszeiten kann man lediglich den Vorraum betreten. Die Kirche selbst wird immer nur zur Messe geöffnet.

Kroatisches Museum für Naive Kunst
KUNSTMUSEUM

(Hrvatski Muzej Naivne Umjetnosti; www.hmnu.org; Ćirilometodska 3; Erw./erm. 20/10 Kn; ⊙Di-Fr 10–18, Sa & So 10–13 Uhr) Wer Kroatiens naive Kunst mag, kommt in diesem kleinen Museum voll auf seine Kosten. Diese Kunstform war hierzulande und weltweit vor allem in den 1960er- und 1970er-Jahren sehr in Mode. Gezeigt werden über 1000 Gemälde, Zeichnungen und Skulpturen bedeutender Künstler wie Generalić, Mraz, Virius und Smaljić. Mehr über die Künstler siehe S. 79.

Meštrović-Atelier
KUNSTSAMMLUNG

(Mletačka 8; Erw./erm. 30/15 Kn; ⊙Di-Fr 10–18, Sa & So 10–14 Uhr) Kroatiens bekanntester Künstler ist Ivan Meštrović. Sein Wohnsitz – ein Gebäude aus dem 17. Jh., in dem der Künstler von 1922–42 lebte und arbeitete –, beherbergt heute das Meštrović-Atelier. Die ausgezeichnete Sammlung umfasst etwa 100 seiner Skulpturen, Zeichnungen, Lithografien und Möbel. Meštrović arbeitete auch als Architekt und entwarf Teile des Hauses persönlich.

Stadtmuseum
MUSEUM

(Muzej Grada Zagreba; www.mgz.hr; Opatička 20; Erw./erm. 20/10 Kn; ⊙Di-Fr 10–18, Sa 11–19, So 10–14 Uhr) Das Stadtmuseum ist im ehemaligen Klarissen-Konvent aus dem 17. Jh. untergebracht. Dieses beherbergt seit 1907 ein historisches Museum mit Dokumenten, Gemälden und Uniformen aus Zagrebs Geschichte. Dank der interaktiven Elemente gefällt es auch Kindern. Am

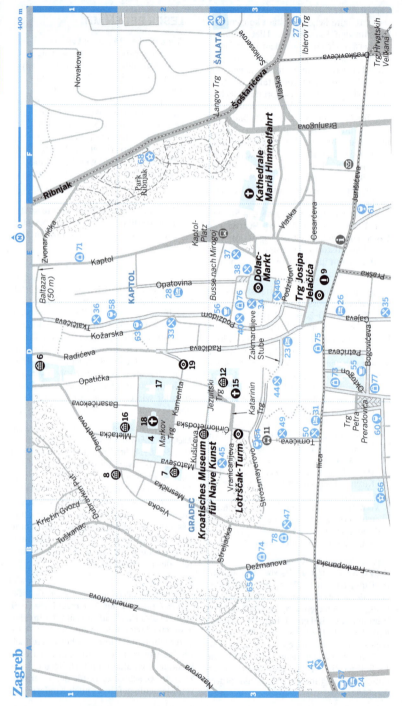

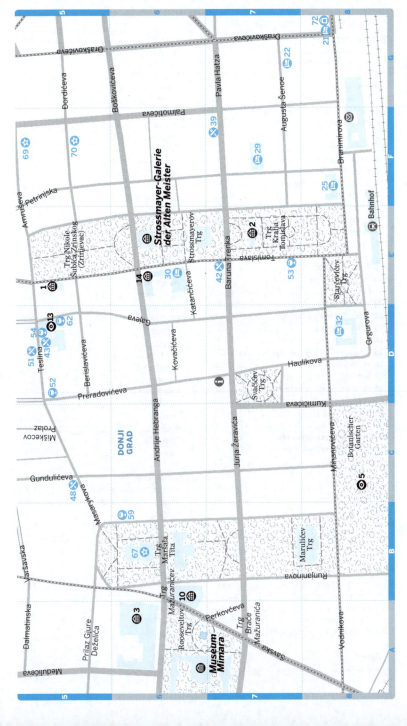

Zagreb

◉ Highlights
Kathedrale Mariä Himmelfahrt......................F3
Kroatisches Museum für Naive Kunst..........C2
Dolac-Markt..E3
Lotrščak-Turm..C3
Museum Mimara..A6
Strossmayer-Galerie der Alten Meister........E6
Trg Josipa Jelačića.......................................E4

◉ Sehenswertes
1 Archäologisches Museum.....................E5
2 Kunstpavillon...E7
3 Kunstgewerbemuseum.........................A6
4 Banski Dvori..C2
5 Botanischer Garten...............................C8
6 Stadtmuseum..D1
7 Kroatisches Historisches Museum.......C2
8 Kroatisches Naturhistorisches Museum..C1
9 Reiterstandbild......................................E4
10 Ethnografisches Museum......................B6
   Brunnen...................................(siehe 12)
11 Standseilbahn..C3
12 Galerija Klovićevi Dvori..........................D3
13 Galerija Nova...D5
14 Moderne Kunstgalerie...........................E6
15 Jesuitenkirche der heiligen Katharina..D3
16 Meštrović-Atelier...................................C2
17 Sabor...D2
18 Kirche des heiligen Markus..................C2
   Dora-Statue............................(siehe 19)
19 Steintor..D2

Aktivitäten, Kurse & Touren
20 Sport- & Erholungszentrum Šalata..G3

🛏 Schlafen
21 Arcotel Allegra.......................................G8
22 Evistas...G7
23 Fulir Hostel..D3
24 Hobo Bear Hostel..................................A4
25 Hotel Central...F8
26 Hotel Dubrovnik....................................D4
27 Hotel Jadran...G3
28 Krovovi Grada.......................................E2
29 Omladinski Hotel...................................F7
30 Palace Hotel...E6
31 Pansion Jägerhorn................................C4
32 Regent Esplanade Zagreb....................D8

🍴 Essen
33 Agava..D2
34 Amfora..D3
35 Boban..D4
36 Ivica i Marica..D1
37 Kaptolska Klet......................................E3
38 Kerempuh...E3
39 Konoba Čiho...F7
40 Nocturno...D3
41 Nova..A4
42 Pekarnica Dora.....................................E7
43 Pingvin..D5
44 Pod Gričkim Topom..............................D3
45 Prasac...C3
46 Rubelj..E3
47 Stari Fijaker 900...................................B3
48 Tip Top..C5
49 Vallis Aurea..C3
50 Vincek...C4
51 Vinodol..D5
   Zinfandel's.............................(siehe 32)

🍸 Ausgehen
52 Apartman..D5
53 Bacchus..E7
54 BP Club...D5
55 Bulldog..D4
56 Cica...D3
57 Eli's Cafe..A4
58 Funk Club...D1
59 Hemingway...B6
60 Kino Europa..C4
61 Klub Kino Grič......................................E4
62 Lemon...D5
63 Melin...D2
64 Stross...C3
65 Velvet..B3

🎭 Unterhaltung
66 Kroatisches Musikinstitut.....................C4
67 Kroatisches Nationaltheater................B6
68 Purgeraj..F2
69 Rush Club...F5
70 Studio Mobilus.....................................F5

🛍 Shoppen
71 Bornstein...E1
72 Branimir Centar....................................G8
73 Croata...D4
74 I-GLE..B3
75 Nama..D4
76 Natura Croatica....................................D3
77 Profil Megastore...................................D4
78 Prostor...B3

interessantesten ist ein maßstabsgetreues Modell des alten Gradec. In jedem Raum gibt es eine kurze englische Zusammenfassung der Exponate.

Galerija Klovićevi Dvori KUNSTGALERIE
(www.galerijaklovic.hr; Jezuitski Trg 4; Erw./erm. 30/20 Kn; ☉Di–So 11–19 Uhr) In einem früheren Jesuitenkloster liegt heute die renommierteste Adresse der Stadt für moderne kroatische und internationale Kunst. Hier wurden bereits hochkarätige Ausstellungen, etwa von Picasso oder Chagall, sowie Arbeiten kroatischer Künstler wie Lovro Artuković und Ivan Lovrenčić gezeigt. Wer nach etwas Originellem sucht, wird im Geschenkladen fündig. Gleich neben der Galerie liegt ein schönes Café.

Jesuitenkirche der heiligen Katharina
KIRCHE
(Crkva Svete Katarine; Katarinin Trg; ☉direkt vor der Messe, Mo–Fr 18, So 11 Uhr) Die barocke Kirche wurde zwischen 1620 und 1632 erbaut. Feuer und Erdbeben haben dem Gebäude stark zugesetzt, doch die Fassade strahlt noch in alter Pracht. Der schöne Altar stammt aus dem Jahr 1762, die Stuckarbeiten von 1720. Die Medaillons aus dem 18. Jh. an der Decke des Hauptschiffs zeigen Szenen aus dem Leben der heiligen Katharina.

Kroatisches Naturhistorisches Museum
MUSEUM
(Hrvatski Prirodoslovni Muzej; Demetrova 1; Erw./erm. 20/15 Kn; ☉Di–Fr 10–17, Sa & So 10–13 Uhr) Das Naturkundemuseum zeigt eine Sammlung prähistorischer Werkzeuge und Fossilien aus der Krapina-Höhle und Exponate, die die Evolutionsgeschichte der Flora und Fauna Kroatiens erklären. Wechselausstellungen widmen sich einzelnen Regionen. Achtung: Im Sommer schließt das Museum donnerstags erst um 20 Uhr und samstags um 19 Uhr.

Sabor PARLAMENTSGEBÄUDE
Die östliche Seite des Markov Trg nimmt der kroatische *sabor* (Parlament) ein. Er wurde 1910 an der Stelle barocker Stadthäuser aus dem 17. und 18. Jh. errichtet. Zwar harmoniert das neoklassizistische Gebäude nicht mit dem Platz, doch das mindert nicht seine historische und gegenwärtige Bedeutung. Im Revolutionsjahr 1918 wurde von seinem Balkon die Abspaltung Kroatiens vom österreichisch-ungarischen Königreich ausgerufen – heute ist der Sabor das politische Machtzentrum Kroatiens.

Banski Dvori PALAST
(Palais des Banus; Markov Trg) Das Palais des Banus, einst Sitz des Vizekönigs, ist heute der offizielle Sitz der kroatischen Regierung. Der Komplex besteht aus zwei barocken Stadthäusern und beherbergt Gerichte, Archive und Regierungsbüros. Im Oktober 1991 wurde das Gebäude von der jugoslawischen Volksarmee bombardiert, angeblich ein Attentat auf den Präsidenten Franjo Tuđman. Von Juni bis Oktober findet jeden Samstag- und Sonntagmittag eine Wachablösung statt.

Kroatisches Historisches Museum
GESCHICHTSMUSEUM
(Hrvatski Povijesni Muzej; www.hismus.hr; Matoševa 9; Erw./erm. 10/5 Kn; ☉Mo–Fr 10–18, Sa & So 10–13 Uhr) In einem prachtvollen Barockbau locken interessante Sammlungen; zu sehen sind u. a. Flaggen, Steine, Kunst, Fotos, Dokumente und Landkarten zur kroatischen Geschichte.

UNTERSTADT
Trg Josipa Jelačića PLATZ
Zagrebs Herz ist der Trg Josipa Jelačića. Der Platz ist ein beliebter Treffpunkt der Bevölkerung. Wer gerne Leute beobachtet, kann von einem der Cafés genüsslich zuschauen, wie die Menschen aus den Trams strömen, einander begrüßen und sich zwischen den Zeitungs- und Blumenverkäufern verteilen.

Benannt ist der Platz nach dem Ban Jelačić. Im 19. Jh. führte dieser *ban* (Vizekönig oder Präsident) die kroatischen Truppen in einen erfolglosen Kampf gegen Ungarn, um mehr Autonomie für sein Volk zu erreichen. Das **Reiterstandbild** von Jelačić stand von 1866 bis 1947 auf dem Platz, dann ließ Tito es entfernen, weil er es als ein zu starkes Symbol des kroatischen Nationalismus empfand. Unter Franjo Tuđmans Regierung wurde das Monument 1990 wieder an seinem alten Standort aufgestellt.

Die meisten Gebäude stammen aus dem 19. Jh.; bemerkenswert sind die Reliefs des Bildhauers Ivan Meštrović (Haus Nr. 4).

Museum Mimara MUSEUM
(Muzej Mimara; Roosveltov Trg 5; Erw./erm. 40/30 Kn; ☉Okt.–Juni Di, Mi, Fr & Sa 10–17, Do 10–19, So 10–14 Uhr, Juli–Sept. Di–Fr 10–19, Sa 10–17, So 10–14 Uhr) Diese umfangreiche private Kunstsammlung zählt zu den besten Zagrebs. Mehr als 3750 unbezahlbare Exponate stiftete Ante Topić Mimara seiner Geburts-

stadt, obwohl er die meiste Zeit seines Lebens in Salzburg verbrachte.

Das Museum befindet sich in einem alten Schulhaus, das 1883 im Neorenaissancestil erbaut wurde. Neben einer archäologischen Sammlung mit 200 Fundstücken werden antike Kunstwerke aus Fernost, Glas, Textilien und Möbel aus mehreren Jahrhunderten sowie 1000 europäische Kunstobjekte präsentiert.

Die Gemäldesammlung umfasst Werke von Raphael, Caravaggio, Rembrandt, Bosch, Velázquez, Goya, Delacroix, Manet, Renoir und Degas.

Strossmayer-Galerie der Alten Meister
KUNSTMUSEUM

(Strossmayerova Galerija Starih Majstora; www.mdc.hr/strossmayer; Trg Nikole Šubića Zrinskog 11; Erw./erm. 10/5 Kn; ☉Di 10–19, Mi–Fr 10–16, Sa & So 10–13 Uhr) Das Museum ist in der Kroatischen Akademie der Kunst und Wissenschaften untergebracht. Das schöne Gebäude aus dem 19. Jh. im Stil der italienischen Renaissance beherbergt eine beeindruckende Kunstsammlung, die Bischof Strossmayer 1884 der Stadt gestiftet hatte.

Zur Sammlung gehören italienische Meister aus der Zeit vom 14. bis 19. Jh. (darunter Tintoretto, Veronese und Tiepolo), holländische und flämische Maler (Breughel der Jüngere), französische und spanische Künstler (Proudhon und El Greco) sowie die klassischen kroatischen Künstler Medulić und Benković.

Zu den bedeutendsten Exponaten zählt die im Innenhof ausgestellte **Tafel von Baška** (Bašćanska ploča). Diese Steintafel von der Insel Krk datiert auf 1102 und trägt eine der ältesten Inschriften in glagolitischer Schrift. Die **Statue von Bischof Strossmayer** schuf Ivan Meštrović.

Archäologisches Museum
MUSEUM

(Arheološki Muzej; www.amz.hr; Trg Nikole Šubića Zrinskog 19; Erw./erm. 20/10 Kn; ☉Di, Mi & Fr 10–17, Do 10–20, Sa & So 10–13 Uhr) Das Archäologische Museum zeigt Fundstücke aus prähistorischer Zeit. Zu den interessantesten zählt die **Taube von Vučedol** (Vučedolska golubica), eine 4000 Jahre alte Keramik, die bei Vucovar gefunden wurde. Der „Vogel" gilt seither als Symbol der Stadt Vukovar und des Friedens. Faszinierend sind auch die **ägyptischen Mumien**, die in einem Ambiente aus Lichtspielen und meditativen Klängen präsentiert werden. Die **Münzsammlung** gehört zu den bedeutendsten Europas und besteht aus rund 260 000 Münzen, Medaillen und Medaillons.

Der Innenhof mit seiner Sammlung von **römischen Denkmälern** aus dem 5. und 4. Jh. v. Chr. verwandelt sich im Sommer in ein Freiluftcafé.

Ethnografisches Museum
MUSEUM

(Etnografski Muzej; www.emz.hr; Trg Mažuranićev 14; Erw./erm. 15/10 Kn, Do Eintritt frei; ☉Di–Do 10–18, Fr–So 10–13 Uhr) In einem 1903 erbauten Kuppelbau wird das ethnografische Erbe Kroatiens dokumentiert. Zum Bestand zählen rund 70 000 Objekte. Rund 2750 davon sind in der Dauerausstellung zu sehen, darunter Keramiken, Schmuck, Musikinstrumente, Werkzeuge und Waffen sowie kroatische Trachten, goldbestickte Kopftücher aus Slawonien und Spitzenarbeiten von der Insel Pag. Dank Schenkungen der kroatischen Forscher Mirko und Stevo Seljan gibt es auch interessante Artefakte aus Südamerika, dem Kongo, Äthiopien, China, Japan, Neuguinea und Australien zu sehen. Im zweiten Stock werden häufig Wechselausstellungen gezeigt.

Kunstgewerbemuseum
MUSEUM

(Muzej za Umjetnost i Obrt; www.muo.hr, auf Kroatisch; Trg Maršala Tita 10; Erw./erm. 30/20 Kn; ☉Di, Mi, Fr & Sa 10–19, Do 10–22, So 10–14 Uhr) Das zwischen 1882 und 1892 erbaute Museum besticht durch eine Sammlung von Möbeln, Textilien, Metall- und Keramikgegenständen sowie Glaskunst vom Mittelalter bis zur Neuzeit. Hier lassen sich gotische und barocke Skulpturen aus Nordkroatien, Gemälde und Drucke, Glocken, Öfen, Uhren, gebundene Bücher, Spielzeuge, Fotografien und Industriedesign bewundern. Neben den Wanderausstellungen lohnt sich auch ein Besuch der bedeutenden Bibliothek.

Moderne Kunstgalerie
KUNSTGALERIE

(Moderna Galerija; www.moderna-galerija.hr; Andrije Hebranga 1; Erw./erm. 40/20 Kn; ☉Di–Fr 10–18, Sa & So 10–13 Uhr) Die berühmte Ausstellung umfasst kroatische Künstler aus den letzten 200 Jahren, darunter Meister des 19. und 20. Jhs. wie Bukovac, Mihanović und Račić. Ein hervorragender Überblick über die lebendige Kunstszene Kroatiens.

Kunstpavillon
AUSSTELLUNGSHALLE

(Umjetnički Paviljon; www.umjetnicki-paviljon.hr; Trg Kralja Tomislava 22; Erw./erm. 30/15 Kn; ☉Di–Sa 11–19, So 10–13 Uhr) Der gelbe Kunstpavillon zeigt Wechselausstellungen zeitgenössischer Kunst. Er wurde 1897 im Jugendstil

KUNST & GESCHICHTE IM CLINCH

Das Haus des **Kroatischen Verbands der Bildenden Künstler** (Hrvatsko Društvo Likovnih Umjetnika; www.hdlu.hr; Trg Žrtava Fašizma bb; Erw./erm. 15/10 Kn; ☉Di–Fr 11–19, Sa & So 10–14 Uhr) ist eines der wenigen Gebäude, die Ivan Meštrović entworfen hat. Seit seiner Entstehung hat es mehrere Metamorphosen erlebt, die die Geschichte der Region im Zeitraffer widerspiegeln.

Ursprünglich 1938 von Meštrović als Ausstellungspavillon entworfen, wurde das Haus zu Ehren von Peter I. (Petar Karađorđević), König der Serben, Kroaten und Slowenen, errichtet. Das war den kroatischen Nationalisten ein Dorn im Auge. Nachdem die Faschisten an die Macht gekommen waren, benannte man den Pavillon im Mai 1941 in „Künstlerzentrum Zagreb" um. Einige Monate später gab der kroatische Führer Ante Pavelić den Befehl, alle Kunstwerke zu entfernen und das Gebäude in eine Moschee zu verwandeln. So wollte er sicherstellen, dass sich Zagrebs Muslime hier zu Hause fühlten. Obwohl die Künstler sich darüber beschwerten, wurde das Haus umgebaut und sogar von drei Minaretten umgeben.

Nach der Gründung des sozialistischen Jugoslawiens jedoch wurde die Moschee sofort geschlossen und das Gebäude wieder seinem alten Zweck zugeführt, wenn auch unter dem neuen Namen „Museum der Volksbefreiung". 1949 ließ die Regierung die Minarette abreißen, und 1951 rekonstruierte der Architekt V. Richter den ursprünglichen Bau von Meštrović. Seitdem ist das Gebäude wieder ein Ausstellungsraum und wird von dem gemeinnützigen Verband kroatischer Künstler genutzt. Obwohl es seit 1991 wieder offiziell den Namen „Kroatischer Verband der Bildenden Künstler" trägt, nennen es die Zagreber immer noch „die alte Moschee".

---

errichtet und ist das einzige Gebäude in Zagreb, das explizit für große Ausstellungen gebaut wurde. Von Mitte Juli bis Ende August ist die Galerie geschlossen.

Botanischer Garten GARTEN
(Botanički Vrt; Mihanovićeva bb; ☉April–Okt. Mo & Di 9–14.30, Mi–So 9–19 Uhr) Wer sich von den zahlreichen Museen, Galerien und Streifzügen erholen will, kann in diesem idyllischen Rückzugsort eine ausgedehnte Pause einlegen. Der Park wurde 1890 angelegt und umfasst ungefähr 10 000 Pflanzenarten, darunter 1800 Spezies aus den Tropen. Fernab der städtischen Hektik finden die Besucher hier jede Menge friedvolle Ecken und beschauliche Pfade.

NOVI ZAGREB
Museum für Zeitgenössische Kunst
KUNSTMUSEUM
(Muzej Suvremene Umjetnosti; www.msu.hr; Avenija Dubrovnik 17; Erw./erm. 30/15 Kn, erster Mi im Monat Eintritt frei; ☉Di–So 11–19, Do 11–22 Uhr) In seinem umwerfenden neuen Gebäude, vom hiesigen Stararchitekten Igor Franić im funktionalistischen Stil entworfen, zeigt das prachtvolle Museum kroatische und internationale Künstler auf einer Fläche von 1500 Quadratmetern. Die Dauerausstellung namens „Sammlung in Bewegung" präsentiert 620 ausgefallene Werke von 240 Künstlern, von denen etwa die Hälfte Kroaten sind. Keinesfalls verpassen darf man das lustige, interaktive Exponat *Doppelrutsche* des Belgiers Carsten Höller. Ebenso sehenswert ist die ergreifende Installation *Ženska Kuća* von Kroatiens führender Künstlerin Sanja Iveković, die sich mit dem Thema Gewalt gegen Frauen beschäftigt. Die mediale Fassade zur geschäftigen Straße hin ist die größte Mitteleuropas. Das ganze Jahr über gibt es ein umfangreiches Programm mit Filmen, Theateraufführungen, Konzerten und anderen Events.

NÖRDLICH DES ZENTRUMS
Mirogoj FRIEDHOF
(☉April–Sept. 6–20 Uhr, Okt.–März 7.30–18 Uhr) Nach einer zehnminütigen Fahrt mit dem Bus 106 von der Kathedrale Richtung Norden (oder 30 Gehminuten über schattige Straßen) gelangt man am Fuß der Medvednica zu einer der schönsten Friedhofsanlagen Europas. Der Mirogoj wurde 1876 von dem österreichischen Architekten Herman Bollé entworfen, der auch zahlreiche Gebäude in Zagreb konstruierte. Ein majestätischer, von Kuppeln gekrönter Bogengang umrahmt den Friedhof und schottet ihn nach außen ab. Drinnen herrscht eine friedliche Atmosphäre. Die grüne Anlage

> **GEHEIMTIPP**
>
> ## IVANA VUKŠIĆ: GRÜNDERIN & DIREKTORIN DES ZAGREBER MUSEUMS FÜR STRASSENKUNST
>
> Das im Frühling 2010 eröffnete Museum für Straßenkunst hat weder einen festen Ort noch regelmäßige Öffnungszeiten, Kuratoren oder pompöse Ausstellungseröffnungen – so beschreibt zumindest Ivana Vukšić, Direktorin des Museums, die Initiative, die als eine Reihe verschiedener Projekte konzipiert ist. Das erste wurde erfolgreich realisiert, als sich an der Mauer, die die Branimirova-Straße säumt und von den Bahngleisen trennt, über 80 Künstler auf 450 m verewigen durften.
>
> Hier lässt Ivana interessierte Besucher an den neuesten Events in der Kunst- und Kulturszene Zagrebs teilhaben.
>
> ### Die besten Kunstgalerien
>
> Die interessantesten Galerien für die Entdeckung neuer Kunstrichtungen sind die **Galerija Studentski Centar**, die **Galerija Galženica** und die **Galerija Miroslav Kraljević**. Sie überraschen mit frischen Konzepten und Qualitätsarbeiten, die in schlichter Umgebung präsentiert werden.
>
> ### Die besten kulturellen Events
>
> Events in Zagreb werden oft weit im Voraus geplant, denn es gibt keine unabhängigen Kulturproduktionen. Filmfans sollten das **Zagreb-Filmfestival** und **Zagrebdox** (www.zagrebdox.net) nicht verpassen. Das fröhliche Fest für Straßenperformance, **Cest is D'Best**, verwandelt die Stadt immer im Sommer in einen scheinbar endlosen Zirkus.

wird von Wegen durchzogen, an denen schöne Skulpturen und kunstvolle Grabmäler stehen. Highlights sind die beeindruckenden Gräber des Poeten Petar Preradović und des politischen Führers Stjepan Radić sowie eine Büste von Vladimir Becić, die von Ivan Meštrović stammt. Neu hinzugekommen ist ein **Gedenkkreuz** zu Ehren der Gefallenen im kroatischen Unabhängigkeitskrieg.

Medvedgrad FESTUNG
(Eintritt 10 Kn, ⊙9–19 Uhr;) Die Burg Medvedgrad gleich oberhalb der Stadt am Südwesthang der Medvednica ist Zagrebs bedeutendste mittelalterliche Ruine. Erbaut wurde sie von 1249 bis 1254, um die Stadt vor Tartarenangriffen zu schützen. Die Burg hatte zahlreiche aristokratische Besitzer, bis sie, durch Erdbeben stark geschädigt, schließlich aufgegeben wurde und verfiel. 1979 begannen erste Restaurierungsarbeiten, die ab 1994 intensiviert wurden, als sich das Land wieder auf seine eigene Geschichte besann. Heute kann man die dicken Mauern und Türme sowie eine kleine frühgotische **Kapelle** mit Fresken besichtigen. Vor der Burg befindet sich der **Altar des Heimatlandes**, eine Gedenkstätte für die Opfer des Unabhängigkeitskrieges. Bei gutem Wetter hat man von der Burg einen tollen Blick über Zagreb.

ÖSTLICH DES ZENTRUMS

Park Maksimir PARK
(Maksimirska bb; www.park-maksimir.hr; ⊙9 Uhr bis Sonnenuntergang) Der bewaldete Park ist eine friedliche, 18 ha große Oase, erreichbar mit den Tramlinien 4, 7, 11 und 12. Bei seiner Eröffnung 1794 war er die erste öffentliche Parkanlage Südosteuropas. Gestaltet wurde er im Stil englischer Landschaftsparks mit Alleen, Rasenflächen und künstlichen Seen. Das beliebteste Fotomotiv des Parks ist der **Bellevue-Pavillon** von 1843, außerdem gibt es einen **Echo-Pavillon** und ein Haus, das einer Schweizer Berghütte nachempfunden wurde. Im **Informationszentrum** (⊙Mitte April–Mitte Okt. Di–Fr 10–16, Sa & So 10–18, restliches Jahr Do–So 10–16 Uhr) erfährt man Genaueres über den Park. Der **Zoo** (www.zoo.hr; Erw./Kind 30/20 Kn; ⊙9–20 Uhr) zeigt eine kleine Auswahl von Tieren aus aller Welt. Sehenswert sind die täglichen Fütterungen der Seerobben, Seelöwen, Fischotter und Piranhas.

Aktivitäten

Sportpark Mladost SPORTPARK
(Jarunska 5, Jarun; Familienticket für Sa oder So 60 Kn, Erw./Kind 25/15 Kn; ⊙Mo–Fr 9–14 & 15–20, Sa 13–17, So 10–14 Uhr) Der Sportpark liegt am Fluss Sava und bietet Innen- und Außenpools olympischer Größe, außerdem

Kinderbecken, ein Fitnessstudio und Tennisplätze. Nach Jarun fahren die Straßenbahnlinien 5 oder 17.

Sport- & Erholungszentrum Šalata
SPORTZENTRUM

(Schlosserove 2; Erw./Kind an Werktagen 20/15 Kn, am Wochenende 30/20 Kn, Familienticket an Werktagen/Wochenenden 40/60 Kn; ⊙Mo–Fr 13.30–17.30, Sa & So 11–19 Uhr) Dieses Zentrum bietet Freiluft- und Hallentennisplätze, ein Fitnessstudio, zwei Schwimmbecken im Freien und im Winter eine Indoor- und eine Freiluft-Eislaufbahn. Schlittschuhe kann man vor Ort ausleihen.

Sljeme
BERG

Auch wenn man Zagreb nicht mit Wintersport in Verbindung bringt, ist es bei guter Schneelage möglich, vor den Toren der Stadt Ski zu fahren. Der Sljeme ist der höchste Punkt der Medvednica, auf die Skifahrer warten hier vier Abfahrten, drei Skilifte und ein Sessellift. Die Schneebedingungen können telefonisch im **Skizentrum** (📞 45 53 382) erfragt oder unter www.sljeme.hr nachgesehen werden.

Jarun-See
SEE

Der Jarun-See im Süden der Stadt ist ganzjährig ein beliebtes Ausflugsziel. Vor allem im Sommer lädt das klare Wasser zum Baden ein, ein Teil des Sees ist für Surfer und Kanuten abgeteilt. Zum Jarun fahren die Straßenbahnen 5 oder 17, ab der Haltestelle folgt man den Hinweisschildern zum *jezero* (See). Am See angekommen, kann man links am Malo Jezero **schwimmen** und **Kanus** oder **Paddelboote** ausleihen. Rechts geht es zum Veliko Jezero mit einem **Kiesstrand** und Möglichkeiten zum **Windsurfen**.

👉 Geführte Touren

Es werden viele geführte Stadtrundgänge angeboten; unsere Favoriten sind folgende:

ZET
BUS

(www.zet.hr) Zagrebs öffentliches Transportnetz hat von April bis September **Open-Air-Busse** im Programm, in die man an jedem Punkt einsteigen kann. Sie fahren durch die Altstadt (rote Markierung) oder durch die außerhalb gelegenen Parks und Novi Zagreb (grüne Markierung). Die Busse starten am Kaptol-Platz; eine Fahrt kostet 70 Kn für Erwachsene, Kinder unter sieben Jahren fahren kostenlos. Vom Trg Josipa Jelačića verkehrt täglich von 9.30 bis 19.30 Uhr jede Stunde eine kostenlose **Touristen-Straßenbahn** durch das Stadtzentrum.

Zagreb Inside
STADTSPAZIERGANG

(www.zagrebinside.com) Zagreb Inside bietet verschiedene Stadtrundgänge an, darunter Touren mit den Themen „Frauen von Zagreb" (Fr 17 Uhr) und „Sprechen Sie Kroatisch?" (Sa 13 Uhr), auf der man einfache kroatische Phrasen erlernt. Treffpunkt ist vor der Touristeninformation. Eine Tour kostet 90 Kn (Studenten zahlen 70 Kn); im August finden keine Führungen statt.

Blue Bike Tours
FAHRRAD

(www.zagrebbybike.com) Wer Zagreb auf dem Fahrrad erkunden will, bucht eine der beiden Fahrradtouren von Blue Bike Tours, die täglich um 11 Uhr (Stadtzentrum) bzw. um 15 Uhr (historische Oberstadt) starten. Beide dauern etwa drei Stunden und kosten jeweils 170 Kn.

🎉 Festivals & Events

Über Events in Zagreb informiert die Internetseite www.zagreb-convention.hr. Kroatiens größte Messen sind die Zagreber Handelsmessen im Frühjahr (Mitte April) und Herbst (Mitte September). Viele Open-Air-Events sind kostenlos, für die anderen Konzerte wird meist Eintritt verlangt. Tickets für viele musikalische Veranstaltungen verkauft **Koncertna Direkcija Zagreb** (📞 45 01 200; www.kdz.hr; Kneza Mislava 18; ⊙Mo–Fr 9–18 Uhr). Zu den jährlichen Highlights in Zagreb zählen folgende Anlässe:

Musik-Biennale Zagreb
MUSIK

(www.mbz.hr) Kroatiens wichtigstes klassisches Musikereignis findet alle ungeraden Jahre im April statt.

Queer Zagreb Festival
SCHWULE & LESBEN

(www.queerzagreb.org) Ende April/Anfang Mai heißt es Zelte aufschlagen und feiern bei Theater- Film-, Tanz- und Musikevents.

Urban Festival
KUNST

(www.urbanfestival.hr) Das moderne Kunstfestival mit jährlich wechselnden Themen findet meist im Frühling oder Herbst statt. Dabei präsentieren Künstler ihre Werke auf den öffentlichen Plätzen der Stadt.

Vip INmusic Festival
MUSIK

(www.vipinmusicfestival.com) Ein dreitägiges Spektakel mit internationalem Renommee. 2010 traten beispielsweise Billy Idol

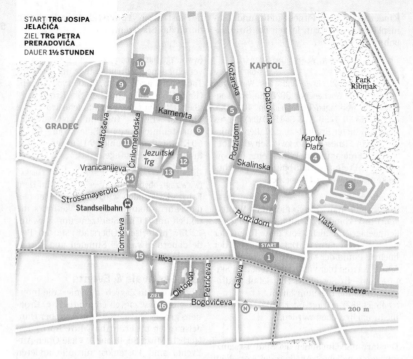

Stadtspaziergang
Architektur, Kunst & Straßenleben

Die Touristeninformationen verteilen die kostenlose Broschüre *Step by Step*, die zwei Tourenvorschläge für die Erkundung der Ober- und Unterstadt enthält.

Normalerweise beginnt jeder Zagreb-Spaziergang am quirligen ❶ **Trg Josipa Jelačića**. Eine Treppe führt zum ❷ **Dolac-Markt**, wo man etwas Obst oder einen schnellen Snack zu sich nehmen kann. Dann geht's weiter zur ❸ **neogotischen Kathedrale** und von dort quer über den ❹ **Kaptol-Platz**, den Gebäude aus dem 17. Jh. säumen. Dann läuft man die Skalinska entlang bis zur Tkalčićeva. An der ❺ **Melin-Bar** führt eine Treppe hinauf zum ❻ **Steintor**, einer faszinierenden Gebetsstätte. Danach geht's über die Kamenita zum Markov Trg. Dort befinden sich die ❼ **Kirche des heiligen Markus**, ein Wahrzeichen Zagrebs, das Parlamentsgebäude ❽ **Sabor** und der ehemalige Präsidentenpalast. ❾ **Banski Dvori**. Durch die verwinkelten Gassen der Oberstadt läuft man anschließend zum ❿ **Meštrović-Atelier**, wo sich verschiedene Facetten der kroatischen Kunstszene entdecken lassen. Über den Markov Trg und die Ćirilometodska hinunter führt der Spaziergang zu einem der eigenwilligsten Museen des Landes, dem ⓫ **Kroatischen Museum für Naive Kunst**. Auf der anderen Seite des Jezuitski Trg lohnt die ⓬ **Galerija Klovićevi Dvori** einen Besuch. Sie zeigt Ausstellungen von kroatischen und internationalen Künstlern der Moderne. Nach dem Kunstprogramm wartet die eindrucksvolle ⓭ **Jesuitenkirche der heiligen Katharina**, bevor man schließlich den ⓮ **Lotrščak-Turm** besteigt. Von oben bietet sich ein herrlicher Rundblick über die Dächer Zagrebs. Wer will, kann nun mit der Standseilbahn in die Unterstadt fahren; die Alternative ist eine vermooste Steintreppe. Standseilbahn und Treppe führen den Besucher zur ⓯ **Ilica**, Zagrebs Haupteinkaufsstraße.

Auf der anderen Seite der Ilica bietet sich eine ausgedehnte Kaffeepause auf dem ⓰ **Trg Petra Preradovića** an, wo man sich in einem der vielen Freiluftcafés wunderbar erholen kann.

und Massive Attack auf und in den Jahren zuvor standen Franz Ferdinand, Iggy Pop sowie Morrissey auf der Hauptbühne am Jarun-See. Neben dieser gibt's viele weitere Bühnen und Möglichkeiten zum Camping.

Internationales Animafest — FILM
(www.animafest.hr) Das prestigeträchtige Festival des Zeichentrickfilms wird seit 1972 in Zagreb abgehalten und findet nun jedes Jahr im Juni statt. Die ungeraden Jahre sind Spielfilmen gewidmet, die geraden Jahre Kurzfilmen.

Cest is D'Best — STRASSENFEST
(www.cestisdbest.com) Dieses mehrtägige Straßenfest erfreut die Zagreber jährlich Anfang Juni mit fünf Bühnen im Stadtzentrum und rund 200 internationalen Künstlern. Zum Programm gehören Musik, Tanz, Theater, Kunst- und Sportevents.

Ljeto na Strossu — STRASSENFEST
(www.ljetonastrosu.com) Bei diesem skurrilen Fest gibt's jährlich von Ende Mai bis Anfang September Open-Air-Kino, Konzerte, Kunst-Workshops und unterhaltsame Wettkämpfe mit Mischlingshunden. Alles spielt sich auf der belaubten Strossmayer-Promenade ab.

Eurokaz — THEATER
(www.eurokaz.hr) Seit 1987 präsentiert das Internationale Festival des Neuen Theaters alljährlich in der zweiten Junihälfte innovative Theatergruppen und topaktuelle Stücke aus der ganzen Welt.

Internationales Folklorefestival — FOLKLORE
(www.msf.hr) Bei dem mehrtägigen Festival, das bereits seit 1966 zumeist im Juli in Zagreb stattfindet, treten Tänzer und Sänger aus Kroatien und anderen europäischen Ländern in traditionellen Kostümen auf. Es gibt kostenlose Workshops zum Thema Tanz, Musik und Kunst, die Besucher in die kroatische Folk-Kultur einführen.

Zagreber Sommerabende — MUSIK
Jedes Jahr im Juli findet eine Reihe von Konzerten in der Oberstadt statt. Im Atrium der Galerija Klovićevi Dvori auf dem Jezuitski Trg und auf der Bühne des Gradec werden klassische Musik, Jazz, Blues und Musik aus aller Welt präsentiert.

Internationales Puppentheaterfestival — MARIONETTENTHEATER
(http://public.carnet.hr/pif-festival) Seit etwa 1968 steigt jährlich in der letzten Augustwoche das berühmte Festival des Marionettentheaters mit Starensembles, Workshops zur Marionettenherstellung und Puppenausstellungen.

World Theatre Festival — THEATER
(www.zagrebtheatrefestival.hr) Jährlich im September wird in Zagreb mehrere Wochen lang erstklassiges zeitgenössisches Theater gespielt.

Zagreb-Filmfestival — FILM
(www.zagrebfilmfestival.com) Wer Mitte Oktober in Zagreb ist, sollte dieses bedeutende kulturelle Event nicht verpassen. Nach den Filmvorführungen steigen tolle Partys und Regisseure konkurrieren um die Verleihung des Golden Pram.

Schlafen

Seit Zagreb mit Billigflügen erreichbar ist, wird die Auswahl an günstigen Unterkünften größer. Es gibt neue Hostels für Rucksacktouristen; Reisende mit größerem Budget finden über Reiseveranstalter eine gute Auswahl an Ferienwohnungen. Hotels für Geschäftsleute und betuchte Reisende boomen, seit sich Zagreb zu einem Zentrum für internationale Konferenzen gemausert hat. Es gibt also Angebote für jeden Geldbeutel.

Die Preise sind unabhängig von der Saison immer gleich, nur während der Festivals und großen Events, insbesondere während der Herbstmesse, wird ein Aufschlag von 20 % fällig.

Regent Esplanade Zagreb
HISTORISCHES HOTEL €€€
(☎ 45 66 666; www.regenthotels.com; Mihanovićeva 1; Zi. ab 1020 Kn; P✳@🛜) Das geschichtsträchtige sechsstöckige Hotel wurde 1942 neben dem Bahnhof erbaut, um Passagiere des *Orient Express* gebührend zu empfangen. Seitdem logierten hier Könige, Künstler, Journalisten und Politiker. Dieses Meisterwerk des Art déco prunkt mit Marmorwänden, weitläufigen Treppenaufgängen und holzgetäfelten Fahrstühlen. Man sollte sich den fantastischen smaragdgrünen Ballsaal anschauen, im exzellenten Restaurant Zinfandel's speisen oder auf der saisonalen Eisbahn auf der Oleanderterrasse Schlittschuh laufen.

Arcotel Allegra DESIGNERHOTEL €€€
LP TIPP (☎ 46 96 000; www.arcotel.at/allegra; Branimirova 29; EZ/DZ ab 730/840 Kn; P ✻ @ 📶) Zagrebs erstes Designerhotel hat 151 luftige Zimmer und eine marmorne, mit zahlreichen exotischen Fischen dekorierte Rezeption. Die Bettdecken sind mit den Gesichtern von Kafka, Kahlo, Freud und anderen Persönlichkeiten bedruckt. In jedem Zimmer gibt's einen DVD-Player; Filme kann man ausleihen. Vom Orlando Fitness & Spa im Obergeschoss hat man einen wunderschönen Ausblick. Das Restaurant Radicchio ist gut und in Joe's Bar läuft heiße Latino-Musik. Im Sommer gibt's Spezialpreise ab 490 Kn.

Palace Hotel HISTORISCHES HOTEL €€€
(☎ 48 99 600; www.palace.hr; Strossmayerov Trg 10; EZ/DZ ab 777/894 Kn; P ✻ @ 📶) Zagrebs ältestes Hotel kommt nobel und mit europäischem Charme daher. Das große, 1891 erbaute Herrenhaus verfügt über 118 elegante Zimmer und Suiten, die aristokratischen Chic mit modernstem Komfort vereinen. Die Zimmer nach vorn haben eine fantastischen Ausblick auf den Park. Sehenswert sind die wunderschönen Fresken des Cafés im Erdgeschoss.

Hotel Dubrovnik HOTEL €€€
(☎ 48 63 555; www.hotel-dubrovnik.hr; Gajeva 1; EZ/DZ ab 980/1200 Kn; P ✻ 📶) Das gläserne Hotel erinnert an ein Gebäude aus New York; es liegt auf dem Hauptplatz und ist ein Wahrzeichen der Stadt. Hier übernachten vor allem Geschäftsleute, die gerne im Zentrum des Geschehens sind. Die 245 eleganten und gut ausgestatteten Zimmer sind klassisch eingerichtet. Wer sich eines mit Blick auf den Jelačić-Platz geben lässt, kann den Zagreber Trubel vom Fenster aus beobachten. Das Hotel hat auch großartige Pauschal- und Spezialangebote.

Pansion Jägerhorn FAMILIENHOTEL €€
(☎ 48 33 877; www.jaegerhorn.hr; Ilica 14; EZ/DZ/Apt. 498/705/913 Kn; P ✻ 📶) Ein charmantes kleines Hotel direkt am Lotrščak-Turm. Es bietet freundlichen Service und 13 große, klassische Zimmer mit gutem Ausblick (von den Dachzimmern schaut man auf das grüne Gradec). Im Erdgeschoss serviert das älteste Restaurant der Stadt (1827) Wildgerichte.

Hotel Ilica HOTEL €€
(☎ 37 77 522; www.hotel-ilica.hr; Ilica 102; EZ/DZ/Apt. 349/449/749 Kn; P ✻ 📶) Ein zentrales, aber ruhig gelegenes Hotel. Die Zimmer mit gut ausgestatteten Bädern reichen von superkitschig bis luxuriös, sie sind mit vergoldeten Elementen, edlen Betten, deckenhohen Gemälden und viel Rot eingerichtet. Zum Hotel fahren die Straßenbahnlinien 1, 6 und 11, oder man läuft 15 Minuten lang die belebte Ilica herunter.

Hobo Bear Hostel HOSTEL €
LP TIPP (☎ 48 46 636; www.hobobearhostel.com; Medulićeva 4; B/DZ ab 122/400 Kn; ✻ @ 📶) In einem Doppelapartment befindet sich dieses tolle Hostel mit sieben Schlafsälen und freundlichem Service. Es verfügt über Ziegelmauern, Parkettflure und kostenlose Schließfächer. Außerdem gibt's eine Küche, einen Gemeinschaftsraum und eine Bü-

---

EIN EIGENES HEIM IN ZAGREB

Wer privat wohnen möchte, sollte die Anreise an einem Sonntag vermeiden, denn dann haben die meisten Agenturen geschlossen. Doppelzimmer kosten rund 300 Kn, Apartments sind ab 400 Kn pro Nacht zu haben. Bei nur einer Übernachtung wird oft ein Aufpreis verlangt. Folgende Vermittler sind empfehlenswert:

Evistas (☎ 48 39 554; www.evistas.hr; Augusta Šenoe 28; EZ ab 210 Kn, DZ 295 Kn, Apt. 360 Kn) Die Agentur in nächster Nähe zum Bahnhof wird auch von der Touristeninformation empfohlen; sie vermittelt Privatunterkünfte.

InZagreb (☎ 65 23 201; www.inzagreb.com; Remetinečka 13; Apt. 471–616 Kn) Tolle, zentral gelegene Apartments für einen Aufenthalt ab zwei Nächten. Im Preis enthalten sind Fahrradverleih und Shuttle-Service vom/zum Bahnhof oder Busbahnhof. Buchen kann man übers Internet oder telefonisch.

Never Stop (Nemoj Stati; ☎ 091 637 8111; www.nest.hr; Boškovićeva 7a; Apt. 430–596 Kn) Großartige Apartments direkt im Herzen der Stadt, mit einem Mindestaufenthalt von zwei Nächten. Auf der Website stehen weitere Details, eine Hotline gibt Preisauskünfte.

ZAGREB MIT KINDERN

Zagreb bietet gute Ausflugsziele für Kinder. Mit ganz Kleinen unterwegs zu sein, ist aber nicht immer einfach: Tramgleise, hohe Bordsteinkanten und die vielen Autos machen Spaziergänge mit dem Kinderwagen recht anstrengend. Busse und Straßenbahnen sind oft so überfüllt, dass kein Wagen mehr hineinpasst (obwohl in Bussen extra ein Platz für sie reserviert ist). Bis zum Alter von sieben Jahren fahren Kinder in öffentlichen Verkehrsmitteln umsonst. Achtung: Taxis haben nur selten funktionierende Gurte!

Kinder werden von der Käfersammlung im Kroatischen Naturhistorischen Museum begeistert sein. Danach geht's weiter ins Technikmuseum (Tehnički Muzej; Savska 18; Erw./Kind unter 7 Jahren Sammlungen 15 Kn/frei, Planetarium 15/15 Kn; Di–Fr 9–17, Sa & So 9–13 Uhr). Dort gibt's ein Planetarium, Dampfloks, Modelle von Satelliten und Frachtschiffen sowie ein Schaubergwerk in Originalgröße. Weitere Abteilungen widmen sich den Themen Landwirtschaft, Geologie, Energie und Verkehr.

Für Freiluftspaß ist der Boćarski Dom (Prisavlje 2) eine gute Adresse: Er hat tolle Spielplätze, Spielwiesen und eine Rampe für Skater. An der Sava entlang führt ein Spazierweg, auf dem sich auch die Eltern entspannen können. Zum Park fährt die Straßenbahnlinie 17, die Haltestelle Prisavlje liegt unweit des Eingangs.

Zwei weitere, allerdings kleinere und meist volle Spielplätze findet man im Maksimir-Park; dort liegt auch der Zoo. Wasserratten werden die Schwimmbecken im Sportpark Mladost und den Jarun-See lieben.

---

cherbörse. Vom Jelačić nimmt man die Linien 1, 6 oder 11.

Krovovi Grada BUDGETHOTEL €
(48 14 189; Opatovina 33; EZ/DZ 200/300 Kn; @📶) Das renovierte alte Haus steht etwas zurückversetzt von der Straße in der Oberstadt, unweit der belebten Tkalčićeva. Das einfache, aber charmante Hotel hat Zimmer mit knarrenden Böden, Vintage-Möbeln und altmodischen Bettdecken. Wer den Blick über die Dächer der Altstadt genießen will, lässt sich das Zimmer im Obergeschoss geben.

Fulir Hostel HOSTEL €
(48 30 882; www.fulir-hostel.com; Radićeva 3a; B 130–140 Kn; @📶) Das Fulir befindet sich in der Nähe des Trubels auf dem Jelačić-Platzes und der von Bars gesäumten Tkalčićeva und bietet 28 Betten. Die freundlichen Besitzer stellen den Gästen Schließfächer, einen Gemeinschaftsraum voller DVDs sowie kostenloses Internet, Tee und Kaffee zur Verfügung. Das Hostel eignet sich gut für Selbstversorger (der Dolac-Markt liegt ganz in der Nähe).

Hotel Jadran HOTEL €€
(45 53 777; www.hoteljadran.com.hr; Vlaška 50; EZ/DZ 517/724 Kn; P📶) Ein sechsstöckiges Hotel in toller Lage unweit vom Jelačić-Platz. Die 48 Zimmer sind fröhlich eingerichtet und der Service ist freundlich. Über die Zimmerpreise lässt sich je nach Verfügbarkeit verhandeln.

Buzzbackpackers HOSTEL €
(23 20 267; www.buzzbackpackers.com; Babukićeva 1b; B/DZ ab 130/450 Kn; ❄@📶) Liegt außerhalb des Stadtzentrums, ist aber sauber und bietet helle Zimmer, kostenlosen Internetzugang, eine blitzblanke Küche und einen Grillplatz. Vom Bahnhof nimmt man die Tram 4 oder 9 bis zur Haltestelle Heinzelova; von dort sind es nur noch wenige Gehminuten. Die Besitzer führen auch ein Hotel im Apartmentstil im Stadtzentrum.

Hotel Central HOTEL €€
(48 41 122; www.hotel-central.hr; Branimirova 3; EZ/DZ 657/794 Kn; ❄📶) Die beste Unterkunft, wenn man seinen Zug nicht verpassen will – das Hotel in einem Betonwürfel verfügt über 76 gemütliche, allerdings recht kleine Zimmer. Von den größeren Räumen im Obergeschoss blickt man auf den begrünten Innenhof.

Hotel Fala FAMILIENHOTEL €€
(/Fax 61 94 498; www.hotel-fala-zg.hr; II Trnjanske Ledine 18; EZ/DZ 343/500 Kn; P❄@) Die Zimmer dieses familiengeführten Hotels sind klein, aber nett und sauber. Zum Zentrum läuft man 20 Minuten oder nimmt die Linien 5 oder 13 Richtung Lisinski – von dort ist es nur noch ein kurzer Fußweg.

Ravnice Hostel
HOSTEL €

(☎23 32 325; www.ravnice-youth-hostel.hr; Ravnice 38d; B/DZ 125/288 Kn; @🛜) Das Ravnice ist ungefähr 45 Gehminuten oder eine 20-minütige Straßenbahnfahrt vom Zentrum entfernt und bietet saubere, aber ziemlich spartanische Zimmer. Im Garten kann man Tischtennis spielen, es gibt Schließfächer, Tee, Kaffee und Internet – und das alles kostenlos.

Omladinski Hostel
HOSTEL €

(☎48 41 261; www.hfhs.hr; Petrinjska 77; B 113 Kn, EZ/DZ 203/286 Kn; 🛜) Obwohl es erst vor kurzer Zeit renoviert wurde, herrscht in dem Gebäude aus der sozialistischen Ära noch immer eine düstere Atmosphäre. Die ordentlichen Zimmer – in den Schlafsälen stehen drei oder sechs Betten – sind recht spartanisch eingerichtet aber dafür verfügt das Hostel über eine zentrale Lage und ist darüber hinaus die billigste Unterkunft der Stadt.

🍴 Essen

Man muss die kroatische (und einfache italienische) Küche mögen, um in Zagreb kulinarisch zufrieden zu sein. Doch allmählich öffnen Restaurants mit internationaler Küche, selbst die japanische ist inzwischen vertreten. Dafür steigen die Preise: Wer auf Haute Cuisine steht, zahlt entsprechend.

Die Haupteinkaufsstraße Zagrebs, die Ilica, ist von Fast-Food-Restaurants und Snackbars gesäumt.

Vinodol
KROATISCH €€

(Teslina 10; Hauptgerichte ab 70 Kn) Einheimische und Urlauber lieben die gute mitteleuropäische Küche des Vinodol. Bei schönem Wetter wird im überdachten Innenhof aufgetischt, dieser ist durch eine efeubewachsene Passage von der Teslina aus erreichbar. Bei schlechtem Wetter dinieren die Gäste im riesigen Speisesaal unter gewölbten Steindecken. Highlights sind das saftige Lamm- oder Kalbfleisch mit Kartoffeln, gegart unter einer *peka* (Eisenhaube).

Tip Top
MEERESFRÜCHTE €

(Gundulićeva 18; Hauptgerichte ab 55 Kn; ⊙Mo–Sa) Wir lieben das Tip Top und seine Angestellten, die immer noch alte sozialistische Uniformen tragen und so finster blicken, dass man lächeln muss. Aber am meisten lieben wir das exzellente dalmatinische Essen. Jeden Tag gibt's ein anderes Menü; das Tintenfisch-Gulasch (donnerstags) ist besonders lecker.

LP TIPP Amfora
MEERESFRÜCHTE €

(Dolac 2; Hauptgerichte ab 40 Kn; ⊙mittags) In diesem beliebten Lokal werden superfrische Meeresfrüchte, die vom Markt nebenan kommen, mit Gemüse aufgetischt. Vor dem winzigen Lokal stehen Tische und von der Galerie im Obergeschoss hat man einen guten Blick auf den Markt. Wer sich von den Angestellten ein Gericht empfehlen lässt, wird garantiert gut essen.

Mano
INTERNATIONAL €€

(Medvedgradska 2; Hauptgerichte ab 100 Kn; ⊙Mo–Sa) Das todschicke Steakhaus ist in einem schönen Ziegelbau unweit des Kaptol Centar untergebracht. Sein luftiges Interieur glänzt mit freiliegenden Steinmauern, Stahlsäulen und einer verglasten Küche. Die Beleuchtung ist stimmungsvoll und die Hauptgerichte sind innovativ: Es gibt z. B. gebackenes Reh mit Maronen oder Wildschwein-Polenta mit Gorgonzola.

Kerempuh
TRADITIONELL KROATISCH €€

(Kaptol 3; Hauptgerichte ab 75 Kn; ⊙Mo–So mittags) Ein tolles Restaurant mit Blick auf den Dolac-Markt. Hier kann man leckere und einfache kroatische Küche aus frischen Zutaten vom Markt genießen. Jeden Tag gibt's ein anderes Menü, je nachdem, was der Küchenchef auf dem Markt entdeckt. Am besten speist man an einem der Außentische, wo man das exzellente Essen und den Blick auf den Markt genießen kann.

Prasac
MEDITERRAN €€

(☎48 51 411; Vranicanijeva 6; Hauptgerichte ab 87 Kn; ⊙Mo–Sa) In diesem intimen Restaurant mit holzverkleideten Decken gibt's kreative Mittelmeerküche, gezaubert von einem kroatisch-sizilianischen Küchenchef. Das täglich wechselnde Menü aus marktfrischen Zutaten schmeckt herrlich, aber der Service ist langsam und die Portionen klein. Unbedingt im Voraus reservieren. Ein viergängiges Menü kostet 250 Kn. Perfekt für ein romantisches Dinner!

Stari Fijaker 900
TRADITIONELL KROATISCH €

(Mesnička 6; Hauptgerichte ab 50 Kn; ⊙im Sommer So mittags geschl.) Früher war das Restaurant die Topadresse für ein Abendessen und sein Interieur mit Bänken und weißem Leinen verströmt noch immer schlichte Nüchternheit. In der Küche wird traditionell gekocht, z. B. hausgemachte Würstchen, Bohneneintopf und *štrukli* (mit Hüttenkäse gefüllte Teigtaschen). Ebenfalls gut: die günstigen Tagesgerichte.

KAFFEEPAUSE

Selbst Kroatiens erste Starbucks-Filiale (die angeblich bald in Zagreb eröffnen soll) hat keine Chance gegen die *špica*, die lokale Zagreber Tradition, samstags zwischen 11 und 14 Uhr – vor oder nach dem Besuch des Dolac-Marktes – im Stadtzentrum einen Kaffee zu schlürfen. Dabei werden die neuesten Modetrends und Handys vorgeführt und Klatsch und Tratsch ausgetauscht; und jeder möchte dafür einen der besten Plätze an den Außentischen auf der Bogovićeva, Preradovićeva oder Tkalčićeva ergattern. Die *špica* ist eine großartige Möglichkeit, Zagreb in seiner ganzen lebhaften Pracht zu erleben.

Pod Gričkim Topom   KROATISCH €€
(Zakmardijeve Stube 5; Hauptgerichte ab 90 Kn; Mo–Sa) Das charmante Restaurant mit einer Terrasse im Freien und guten kroatischen Fleischgerichten liegt versteckt in einer grünen Gasse unterhalb der Oberstadt. Im Winter ist es eine gemütliche Oase, im Sommer kann man unter dem Sternenhimmel dinieren.

Ivica i Marica   TRADITIONELL KROATISCH €€
(Tkalčićeva 70; Hauptgerichte ab 70 Kn) Das kleine Restaurant mit Konditorei ist dem Knusperhäuschen aus Grimms *Hänsel & Gretel* nachempfunden, die Kellner tragen traditionelle Kostüme. Es gibt eine große Palette an Gemüse- und Fischgerichten sowie einige Gerichte mit Fleisch. Großartig schmecken die Eiscremes, Kuchen und *štrukli*.

Kaptolska Klet   TRADITIONELL KROATISCH €
(Kaptol 5; Hauptgerichte ab 50 Kn) Draußen gibt's eine riesige Terrasse, drinnen lockt hell erleuchtetes Bierhallen-Flair. Zwar ist das freundliche Lokal besonders berühmt für seine Grillspezialitäten, seine unter der *peka* gegarten Lamm- und Kalbsgerichte sowie die hausgemachten Würstchen, aber auch Vegetarier werden hier satt.

Konoba Čiho   MEERESFRÜCHTE €€
(Pavla Hatza 15; Hauptgerichte ab 80 Kn) Hier wird noch wie in einer echten dalmatinischen *konoba* (einfaches familiengeführtes Lokal) gekocht. Es gibt Fisch (Preis pro Kilo) und Meeresfrüchte, gegrillt oder als Eintopf, wie die Einheimischen sie mögen. Freunde von *rakija* (Traubenbrandy) und Wein können verschiedene Haussorten probieren.

Vallis Aurea   TRADITIONELL KROATISCH €
(Tomićeva 4; Hauptgerichte ab 37 Kn; Mo–Sa) Das authentische Lokal serviert die beste Hausmannskost der Stadt und lockt mit seinen *gableci* (traditionelle Mittagessen) ein breites Publikum ins Haus. Es liegt gleich am unteren Ende der Standseilbahn.

Karijola   PIZZA €
(Kranjčevićeva 16a; Pizza ab 42 Kn) Die Einheimischen schwören auf die knusprigen Pizzen mit dünner Kruste, die im Lehmofen dieses schnörkellosen Lokals gebacken werden. Zubereitet werden sie mit hochwertigen Zutaten wie Räucherschinken, Olivenöl, gutem Mozzarella, Kirschtomaten, Rucola und Austernpilzen.

Nova   VEGETARISCH, VEGAN €€
(Ilica 72; Hauptgerichte ab 60 Kn; Mo–Sa) Das makrobiotische Restaurant mit elegantem Ambiente ist vor allem etwas für Veganer und serviert großartige, günstige Menüs. Es ist Teil eines ganzen Gesundheitsimperiums: Im Erdgeschoss gibt's einen Bioladen und eine Praxis, die Shiatsu-, Yoga- und Feng-Shui-Kurse anbietet.

Žlica & Vilica   KROATISCH €
(Kneza Mislava 13; Hauptgerichte ab 35 Kn; im Sommer Sa abends & So geschl.) Das vor Kurzem eröffnete Bistro liegt etwas außerhalb des Zentrums und serviert in einem schicken, grünen Ambiente und auf Außentischen hausgemachte kroatische Küche. Es gibt fünf Tagesgerichte und Frühstück.

Boban   ITALIENISCH €€
(Gajeva 9; Hauptgerichte ab 70 Kn) Das Kellerlokal hat sich der italienischen Küche und Kultur verschrieben, Inhaber ist der kroatische Fußballstar Zvonimir Boban. Auf der Speisekarte steht eine große Auswahl an Pizzen, Risotto, Gnocchi und Fleischgerichten. Es ist vor allem mittags und abends gut gefüllt; die Café-Terrasse im Obergeschoss zieht die Zagreber Jugend an.

Baltazar   KROATISCH €€€
(Nova Ves 4; Hauptgerichte ab 120 Kn; Mo–Sa) Ente, Lamm, Schwein und Truthahn werden in diesem erstklassigen Lokal auf slawonische oder Zagorje-Art zubereitet. Daneben gibt's mediterrane Gerichte und eine gute Auswahl an kroatischen Weinen. Im

Sommer lädt die Terrasse zu einem Essen unterm Sternenhimmel ein.

Nocturno — ITALIENISCH €
(Skalinska 4; Hauptgerichte ab 40 Kn) Das Nocturno mit seiner lebhafte Außenterrasse liegt in der abfallenden Straße unterhalb der Kathedrale und serviert gute italienische Hauptgerichte. Es gibt alle Arten von Pizza (25–35 Kn) und riesige Portionen Risotto – gut für Leute, die vor Hunger fast sterben.

Agava — INTERNATIONAL €€
(Tkalčićeva 39; Hauptgerichte ab 80 Kn) Ein schickes Restaurant mit einem Angebot, das von Vorspeisen wie Schwertfisch-Carpaccio bis zu Hauptgerichten wie Steak mit Trüffeln reicht. Die köstlichen Risottos und Nudelgerichte werden mit in Cognac gebratenen Meeresfrüchten zubereitet. Auf der Weinkarte stehen viele istrische und slawonische Weine.

Zinfandel's — INTERNATIONAL €€€
(Mihanovićeva 1; Hauptgerichte ab 170 Kn) Die besten und kreativsten Gerichte der Stadt werden im stilvollen Speiseraum des Regent Esplanade serviert. Wer einfacher, aber ebenso lecker speisen will, geht ins französisch angehauchte Le Bistro – es befindet sich im gleichen Hotel und ist berühmt für seine *štrukli*.

Rubelj — SCHNELLGERICHTE €
(Dolac 2; Hauptgerichte ab 25 Kn) Die Rubelj-Filiale am Dolac ist eine von vielen in Zagreb. Hier gibt's leckere Schnellgerichte wie *ćevapi* (kleines würziges Würstchen aus Rinder-, Lamm- oder Schweinehackfleisch), die fast so gut sind wie jene in Bosnien und Herzegowina (der spirituellen Heimat der *ćevap*).

Pingvin — SANDWICHES €
(Teslina 7; ☺Mo–Sa 9–16, So 18–2 Uhr) Der 1987 gegründete Schnellimbiss ist eine Institution in Zagreb. Die Einheimischen sitzen auf Barhockern und genießen leckere Designer-Sandwiches und Salate.

Vincek — KONDITOREI €
(Ilica 18) In dieser *slastičarna* (Konditorei) findet man die besten Eiscremes und Kuchen der Stadt – geöffnet ist ab Sonnenaufgang.

Pekarnica Dora — BÄCKEREI €
(Strossmayerov Trg 7; ☺24 Std.) Unweit des Bahnhofs liegt diese Bäckerei, die rund um die Uhr geöffnet hat und ein perfektes Ziel für nächtliche Schlemmereien ist.

 ## Ausgehen

Auf der schicken Tkalčićeva in der Oberstadt drängen sich die Bars. In der Unterstadt lockt die Bogovićeva direkt südlich vom Trg Josipa Jelačića, Zagrebs Treffpunkt Nummer eins an Frühlings- und Sommertagen und in lauen Nächten. Der Trg Petra Preradovića (lokal als Cvjetni Trg bekannt) ist der beliebteste Szenetreff in der Unterstadt für Straßenkünstler und Musiker. In manchen Sommernächten verwandelt sich die Bar- und Cafélandschaft zwischen dem Trg Preradovića und der Bogovićeva in eine riesige Partyzone. Nach Mitternacht ist meist Schluss mit dem Spaß im Freien, und auch von Juli bis August geht es ruhiger zu, wenn halb Zagreb an der Küste Urlaub macht.

Booksa — BUCHLADEN, CAFÉ
(www.booksa.hr; Martićeva 14d; ☺Di–So 11–20 Uhr, ab Ende Juli 3 Wochen geschl.) Bücherwürmer und Poeten, Schriftsteller und Künstler, Exzentriker und Querköpfe – also praktisch alle – kommen in diesen zauberhaften Buchladen, um zu quatschen, Kaffee zu trinken, Bücher zu kaufen oder kostenlos im Internet zu surfen und Lesungen zu hören. Es finden auch englischsprachige Lesungen statt; Genaueres erfährt man auf der Website.

Stross — OPEN-AIR-BAR
(Strossmayerovo Šetalište) Von Juni bis September wird auf der Strossmayer-Promenade in der Oberstadt eine Open-Air-Bar eingerichtet, wo es günstige Getränke und abends (ab 21.30 Uhr) oft Livemusik gibt. Das gemischte Publikum, die großartige Aussicht und das grüne Ambiente machen die Bar zu einem herrlichen Ort, um die Abende zu verbringen.

LP TIPP Bacchus — JAZZBAR
(www.bacchusjazzbar.hr; Trg Kralja Tomislava 16) Man kann von Glück sagen, wenn man im coolsten Innenhof von Zagreb – der hinter einer Passage versteckt und schön grün ist – noch einen Platz ergattert. Nach 22 Uhr geht's nach drinnen in die unterirdische Bar, wo Jazzkonzerte (Do–So), Poesielesungen und Oldies-Nächte stattfinden. Im Sommer geht es ruhiger zu.

Cica — BAR
(Tkalčićeva 18) Diese winzige Bar ist so alternativ, wie es auf der Tkalčićeva nur sein kann. Das flippige Innere ist mit modernen Werken lokaler Künstler und coolen Gegenständen vom Flohmarkt dekoriert. Wer sich

traut, kann alle 15 Sorten *rakija* ausprobieren, für den die Bar berühmt ist. Kräuter-, Nuss- oder Fruchtgeschmack – hier gibt's einfach alles.

Kino Europa
CAFÉ-BAR

(Varšavska 3; ⊙Mo-Sa) Zagrebs ältestes Kino aus den 1920er-Jahren beherbergt heute ein tolles Café mit Weinbar und Grapperia. In dem verglasten Lokal mit Außenterrasse kann man großartigen Kaffee trinken, über 30 verschiedene Sorten Grappa bestellen und kostenlos im Internet surfen (WLAN). Im Kino finden täglich Filmvorführungen und gelegentlich Tanzpartys statt.

Funk Club
MUSIK, CAFÉ-BAR

(Tkalčićeva 52) In dieser kultigen Bar kann man tagsüber Kaffee trinken und Leute beobachten. Abends geht's die spiralförmige Treppe hinunter, hinein ins Vergnügen – dann versteht man, warum der Funk Club bei den Einheimischen so beliebt ist: In dem kleinen Keller mit gewölbten Steindecken spielen DJs House, Jazz, Funk und andere coole Beats für ein tanz- und feierwütiges Publikum (außer im Sommer).

Limb
BAR

(Plitvička 16; ⊙Mo-Sa) Eine ruhige kleine Bar gleich beim KSET, die nur die Einheimischen kennen – möglicherweise ist dies sogar die unauffälligste Bar in ganz Zagreb. In zwei bunten Räumen und auf der verglasten Terrasse (mit einem Baum in der Mitte) treffen sich etwas ältere, aber sehr unkonventionelle Leute.

Apartman
BAR

(Preradovićeva 7) Die Bar im ersten Stock ist mit großen Kissen gepolstert und zieht anspruchslose und lässige junge Leute an. An manchen Abenden legen DJs auf; tagsüber kann man hier gut abhängen.

Klub Kino Grič
BAR, CLUB

(Jurišićeva 6) Das altmodische Kino hat man vor Kurzem in eine bunte, zweistöckige Bar und einen kleinen Kellerclub umgewandelt (Do-Sa bis 2 Uhr). Seitdem wurde es bei den Einheimischen sehr beliebt – in dem gemütlichen Kinosaal finden regelmäßig Kunstausstellungen und Filmvorführungen statt.

Melin
BAR

(Tkalčićeva 47) Hier regiert der Rock'n'Roll, wie er einst war – schäbige Sitzplätze, graffitibesprühte Wände und Musik, die in den Ohren dröhnt. Im Melin erlebt man ein Stück schmuddeliges altes Zagreb – die Bar befindet sich in einer aufstrebenden Straße, hat viel Charakter und eine Terrasse, auf der man abends das ein oder andere Getränk genießen kann.

Velvet
CAFÉ

(Dežmanova 9; ⊙Mo-Fr 8-22, Sa 8-15, So 8-14 Uhr) Stilvolles Café für eine gute Tasse Java-Kaffee und einen Happen zwischendurch. Die minimalistische, schicke Einrichtung wurde vom Besitzer Saša Šekoranja, Zagrebs angesagtestem Floristen, gestaltet.

Lemon
BAR, CLUB

(www.lemon.hr; Gajeva 10) Im Sommer kann man auf der Terrasse des Archäologischen Museums, umgeben von uralten Steinplatten, wunderbar Cocktails trinken. Im Herbst und Winter verlockt der Kellerclub zum Tanzen.

Eli's Café
CAFÉ

(www.eliscaffe.com; Ilica 63; ⊙Mo-Sa 8-16, So 8-14, Mitte Juli-Mitte August tgl. bis 14 Uhr) Hier gibt's preisgekrönten, herrlichen Kaffee aus 100 % Arabica-Bohnen. Empfehlenswert sind auch der cremige Cappuccino und das Frühstücksgebäck zum Eintunken.

Bulldog
CAFÉ-PUB

(Bogovićeva 6) An den Tischen draußen kann man wunderbar Leute beobachten, denn das Café liegt in einer belebten Fußgängerzone. Abends treffen sich die Leute hier zum Trinken, an den Wochenenden gibt's Livekonzerte im Kellerclub.

Palainovka
CAFÉ

(Ilirski Trg 1) Das Café im Wiener Stil behauptet, das älteste Zagrebs zu sein (gegründet 1846). Unter schönen Deckenfresken werden Kaffee, Tee und Kuchen serviert.

BP Club
JAZZBAR/CLUB

(Teslina 7; ⊙Mo-Sa 22-2 Uhr) In dieser klassischen Kellerbar kann man in Ruhe etwas trinken und an manchen Abenden Jazz-, Blues- und Rockbands hören.

Movie Pub
PUB

(Savska 141) Der beliebte Pub hat Poster von Filmstars an den Wänden und 30 verschiedene Biersorten. Donnerstags ab 22.30 Uhr steigen Karaoke-Abende.

Hemingway
LOUNGE-BAR

(Trg Maršala Tita 1) Eine schwarze Sonnenbrille und ein iPhone sind alles, was man in dieser edlen Cocktailbar braucht. Hier läuft alles nach dem Motto „Sehen und gesehen werden".

☆ Unterhaltung

Zagreb erreicht für sein Nachtleben nicht die höchste Punktzahl auf der Richterskala, aber es hat eine lebendige Kunst- und Musikszene, und immer mehr feierfreudige Touristen stürmen die Stadt. Die Theater und Konzerthallen bieten das ganze Jahr hindurch ein vielfältiges Programm. Vieles wird in der Monatsbroschüre *Zagreb Events & Performances* genannt, die in der Touristeninformation erhältlich ist. Die Tageszeitungen *Jutarnji List* und *Večernji List* drucken auf der letzten Seite eine Übersicht mit kulturellen Veranstaltungen und Ausstellungen ab.

Nachtclubs

Die Eintrittspreise für Nachtclubs variieren zwischen 20 und 100 Kn. Die Clubs öffnen gegen 22 Uhr, aber viele Leute kommen erst um Mitternacht. Die meisten Clubs haben nur von Donnerstag bis Samstag geöffnet.

Aquarius CLUB
(www.aquarius.hr; Jarun-See) Eine tolle Partylocation. Das Aquarius hat mehrere Räume und eine riesige Terrasse mit Blick auf den Jarun-See. Normalerweise werden hier House und Techno gespielt, aber freitags steigt eine Blackout-Lounge-Party mit Hip-Hop und R&B. Im Sommer öffnet das Aquarius einen Ableger auf dem Zrće (Pag).

Močvara CLUB
(www.mochvara.hr, auf Kroatisch; Trnjanski Nasip bb) Der „Sumpf" ist in einer früheren Fabrik am Ufer der Sava untergebracht und eine der besten Tanzlocations der Stadt. In angenehm schmuddeliger Atmosphäre läuft alternative Musik. Bei Livekonzerten wird Dub und Dancefloor gespielt, aber es stehen auch internationale und Heavy-Metal-Bands auf der Bühne.

KSET CLUB
(www.kset.org, auf Kroatisch; Unska 3) Zagrebs bester Musikclub. Jeder, der etwas auf sich hält, tritt hier auf – gespielt wird alles von Ethno bis zu Hip-Hop. Samstagabends legen DJs auf und Hunderte Jugendliche tanzen bis früh in den Morgen. Es gibt Konzerte und Events für (fast) jeden Geschmack.

Jabuka CLUB
(Jabukovac 28) Der „Apfel" ist seit Langem beliebt. Gespielt werden Hits aus den 1980er-Jahren, das Publikum besteht meist aus Leuten in den Dreißigern, die von der guten alten Zeit schwelgen, als sie noch jung und alternativ waren. Der Club liegt in einem abgelegenen Viertel und ist mit dem Taxi erreichbar. Alternativ muss man durch den Wald laufen.

Medika CLUB
(www.pierottijeva11.org; Pierrotijeva 11) Der Künstlerclub in einer alten Pharmafabrik nennt sich „autonomes Kulturzentrum" und ist das erste legale besetzte Haus der Stadt. Er bietet ein gutes Programm mit Konzerten, Kunstausstellungen und Partys mit billigem Bier und *rakija*.

Purgeraj CLUB
(www.purgeraj.hr; Park Ribnjak 1) Live-Rock, Blues und Avantgarde-Jazz stehen in diesem flippigen Club auf dem Programm. Vor allem samstagabends lohnt sich ein Besuch; dann legen DJs eine Mischung aus Disco, Funk, Pop und Songs aus den 1980ern auf.

Sirup CLUB
(www.sirupclub.com; Donje Svetice 40) Der große Club außerhalb des Stadtzentrums

---

MARKTTAGE

In Zagreb werden nur wenige Märkte abgehalten, doch diese sind sehr gut. Der **Antiquitätenmarkt** am Sonntag (◉9–14 Uhr) auf dem Britanski Trg gehört zu den nettesten Vergnügungen im Herzen von Zagreb. Wer den schönsten Flohmarkt von ganz Kroatien sehen will, muss zum **Hrelić** (◉So & Mi 7–15 Uhr) gehen. Auf einer riesigen Fläche wird einfach alles verkauft – von Ersatzteilen fürs Auto über antike Möbel bis hin zu Kleidung, Platten, Haushaltswaren und mehr. Alles ist gebraucht, man darf also handeln. Schon ein Bummel über den Markt ist ein Erlebnis – hier gibt's jede Menge Roma, Musik, Trubel und Heiterkeit, über den Imbissständen hängt der Geruch von Grillfleisch. Im Sommer ist es brütend heiß, Sonnencreme und eine Kopfbedeckung sind dann ganz hilfreich. Die Buslinie 295 (8 Kn, 20 Min.) nach Sajam Jakuševac fährt hinter dem Bahnhof ab.

lockt viele Partywütige (vor allem Männer) an. Sie kommen, um in funkelndem Ambiente Techno zu tanzen – aufgelegt von lokalen und internationalen DJs.

Boogaloo   CLUB
(www.boogaloo.hr, auf Kroatisch; OTV Dom, Vukovarska 68) Hier legen meistens DJs auf, aber es gibt auch Themenabende und Livemusik. Freitags steigen beliebte House- und Technopartys. Das Boogaloo liegt 15 Gehminuten vom Jelačića-Platz entfernt.

Schwule & Lesben
Die Schwulen- und Lesbenszene in Zagreb ist inzwischen etwas offener, aber von echter Akzeptanz kann nicht die Rede sein. Viele Schwule halten sich diskret an der Südseite des Jarun-Sees auf und sind in vielen Diskotheken als Gäste willkommen.

David   BAR
(www.sauna-aquateam.hr; Ulica Ivana Broza 8a; ⊙17–23 Uhr) Die Sauna nur für Männer mit Bar und Videoraum ist ein beliebter Schwulen-Treffpunkt. Ein Tagesticket kostet 80 Kn.

Studio Mobilus   CLUB
(www.studio-mobilus.hr; Đorđićeva 10) Der Cruising Club ist nur für Männer zugänglich und ein toller Ort, um neue Freunde zu finden.

Rush Club   CLUB
(Amruševa 10) In diesem fröhlichen Club im Stadtzentrum trifft man junge Schwule und Lesben. Donnerstags ist der Eintritt frei, regelmäßig finden Themenabende (z. B. Karaoke-Partys) statt.

Theater
Selbst bei sehr beliebten Stücken sind Karten meist noch kurzfristig zu bekommen.

Kroatisches Nationaltheater   THEATER
(☎48 88 418; www.hnk.hr; Trg Maršala Tita 15) In dem neobarocken Theater von 1895 werden Opern und Ballette aufgeführt. Sehenswert ist Ivan Meštrovićs Skulptur *Lebensbrunnen* (1905) vor dem Gebäude.

Vatroslav-Lisinski-Konzerthalle
                                                  KONZERTHAUS
(☎61 21 166; www.lisinski.hr; Trg Stjepana Radića 4) In dem renommiertesten Konzerthaus der Stadt gibt's Symphonie- und Jazzkonzerte, Weltmusik und Theateraufführungen.

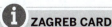

ZAGREB CARD

Wer für einen oder drei Tage in Zagreb bleibt, kann mit der Zagreb Card gut sparen. Sie gilt 24 bzw. 72 Stunden (60 bzw. 90 Kn) für freie Fahrten in allen öffentlichen Verkehrsmitteln. Dazu kommt eine Ermäßigung von 50 % in allen Museen und Galerien, darüber hinaus geben auch Bars, Restaurants und Mietwagenfirmen Rabatte. In einer Informationsbroschüre stehen alle Partner. Details gibt's auf der Homepage www.zagrebcard.fivestars.hr. Die Karte ist an der zentralen Touristeninformation und in vielen Pensionen, Jugendherbergen, Hotels, Bars und Geschäften erhältlich.

Kroatisches Musikinstitut   KONZERTHAUS
(☎48 30 822; Gundulićeva 6a) Klassische Konzerte, oftmals mit Stücken kroatischer Komponisten und gespielt von kroatischen Musikern.

Sport
Auf dem Jarun-See finden im Sommer Ruder-, Kanu- und Kajakwettbewerbe statt. Die genauen Termine erfährt man unter ☎0800 300 301. Informationen über weitere Sportevents in der Stadt gibt's unter ☎9841.

Basketball ist in Zagreb sehr populär – hier ist die Heimat des Basketballteams Cibona. Das **Dražen-Petrović-Gedenkmuseum** (☎48 43 333; Savska 30; Tickets 20–100 Kn) neben dem Technikmuseum huldigt dem berühmtesten Spieler des Teams. Gespielt wird regelmäßig; Tickets erhält man am Eingang oder online unter www.cibona.com.

Dinamo ist Zagrebs beliebteste Fußballmannschaft. Heimspiele finden zwischen August und Mai an den Sonntagnachmittagen im **Stadion Maksimir** (☎23 86 111; Maksimirska 128; Tickets ab 30 Kn) im Ostteil Zagrebs statt. Die Straßenbahnlinien 4, 7, 11 oder 12 Richtung Bukovačka halten dort. Nähere Infos gibt die Internetseite des Clubs, www.nk-dinamo.hr.

Shoppen
Die Ilica ist die Haupteinkaufsstraße der Hauptstadt. Neben den vielen soliden Geschäften sind hier auch internationale Modelabels vertreten.

Prostor *MODE*
(www.multiracionalnakompanija.com; Mesnička 5; ⏱Mo–Fr 12–20, Sa 10–15 Uhr) Eine fantastische kleine Kunstgalerie und zugleich eine Modeboutique, in der die besten unabhängigen Künstler und Jungdesigner Zagrebs vertreten sind. Auf der Website stehen Termine für Ausstellungseröffnungen, auf denen man die Chance hat, interessante Leute kennenzulernen. Die Galerie liegt in einem kleinen Innenhof abseits der Mesnička.

Bronić Sisters *KLEIDUNG, ACCESSOIRES*
(www.bronic.biz) Die vielseitigen Textilinterpretationen der talentierten Zwillinge Josipa und Marijana sollte man sich unbedingt ansehen. Die beiden arbeiten und verkaufen ihre Mode in ihrem Heimstudio. Hier kann man Stunden verbringen und sich das perfekte Outfit zusammenstellen.

Natura Croatica *SOUVENIRS*
(www.naturacroatica.com; Skalinska 2a) In diesem Laden werden über 300 rein natürliche kroatische Produkte und Souvenirs verkauft – von handgemachten Seifen und duftenden Badeölen über *rakija* und Weine bis hin zu Schokolade, Marmelade und Gewürzen. Ein perfekter Ort, um Geschenke zu kaufen.

Sherrif & Cherry *DESIGNERBOUTIQUE*
(www.sheriffandcherry.com; Medvedgradska 3) Hier kann man sich ein Paar supertrendige Startas-Sportschuhe aus der Yugo-Ära holen. Das Boutique-Studio wird von dem in Rovinj geborenen Designer Mauro Massarotto geführt.

Profil Megastore *BUCHLADEN*
(Bogovićeva 7; ⏱Mo–Sa 9–22 Uhr) In einem Zugangsweg liegt der stimmungsvollste Buchladen Zagrebs mit einer großartigen Auswahl an Büchern (darunter ein ganzer Bereich mit englischsprachigen Titeln) und einem schönen Café auf der Galerie.

Bornstein *WEINLADEN*
(www.bornstein.hr; Kaptol 19) Wer die kroatischen Weine liebt, sollte sich hier eindecken. Im Angebot ist eine breite Palette an Brandys, Weinen und Gourmetprodukten.

I-GLE *DESIGNERBOUTIQUE*
(www.i-gle.com; Dežmanova 4) Die einflussreichen Designerinnen Nataša Mihaljčišin und Martina Vrdoljak-Ranilović wirbeln seit den 1990er-Jahren durch die kroatische Modeindustrie und entwerfen skulpturale, aber tragbare Kreationen.

Croata *KRAWATTENLADEN*
(www.croata.hr; Oktogon Passage, Ilica 5) Die Krawatte wurde in Kroatien erfunden, und ein authentischeres Geschenk ist kaum zu finden. Die in der Region hergestellten Seidenkrawatten kosten zwischen 249 und 2000 Kn.

Folgende Einkaufszentren sind empfehlenswerte Anlaufstellen:
Branimir Centar (Draškovićeva 51) Hat ein riesiges Kino sowie zahlreiche Bars, Cafés und Restaurants, in denen man sich nach dem Shoppen wunderbar entspannen kann.

Nama (Ilica 4) Zagrebs bekanntestes Einkaufszentrum.

ℹ Praktische Informationen

Geld
Geldautomaten gibt's am Busbahnhof und Bahnhof, am Flughafen und überall in der Stadt. Einige Banken in den Bahnhöfen akzeptieren Travellerschecks. Wechselstuben findet man im Importanne Centar auf dem Starčevićev Trg und in der Stadt.

Gepäckaufbewahrung
Garderoba Busbahnhof (erste 4 Std. 20 Kn, danach 2,50 Kn pro Std.; ⏱Mo–Sa 5–22, So 6–22 Uhr); Bahnhof (Schließfach 15 Kn pro 24 Std.; ⏱24 Std.)

Internetzugang
Auf der Preradovićeva gibt's mehrere kleine Internetcafés.
Sublink (📞48 11 329; www.sublink.hr; Teslina 12; 15 Kn pro Std.; ⏱Mo–Sa 9–22, So 15–22 Uhr) Das erste (und immer noch beste) Internetcafé der Stadt.

Medizinische Versorgung
Apotheke (📞48 16 198; Trg Josipa Jelačića 3; ⏱24 Std.)
KBC Rebro (📞23 88 888; Kišpatićeva 12; ⏱24 Std.) Liegt östlich des Stadtzentrums und hilft bei Notfällen.
Notfallstation bei Zahnschmerzen (📞48 03 200; Perkovčeva 3; ⏱24 Std.)

Notfall
Polizei (📞45 63 311; Petrinjska 30)

Post
Hauptpost (📞48 11 090; Jurišićeva 13; ⏱Mo–Fr 7–20, Sa 7–13 Uhr) Hat eine Telefonzentrale.
Postamt (📞49 81 300; Branimirova 4; ⏱24 Std.) Bietet Postlagerung an und ist darüber hinaus der beste Platz, um Pakete aufzugeben.

BUSSE VON ZAGREB

Ziele im Inland

ZIEL	FAHRPREIS (KN)	DAUER (STD.)	TÄGLICHE ABFAHRTEN
Dubrovnik	215–228	9½–11	9–10
Korčula	239	11	1
Krk	163–194	3–4½	8
Makarska	169–199	6½	12–14
Mali Lošinj	267–284	5–6	3
Osijek	125–165	4	8–11
Plitvice	72–83	2–2½	11
Poreč	150–221	4–4½	11
Pula	162–185	3½–5½	14–17
Rab	183–197	4–5½	4
Rijeka	104–155	2½–3	20–25
Rovinj	146–185	3–6	9–11
Šibenik	135–165	4½–7	20–22
Split	165–181	5–8½	32–34
Varaždin	69	1–2	19–23
Zadar	99–138	3½–5	31

Ziele im Ausland

ZIEL	FAHRPREIS (KN)	DAUER (STD.)	ABFAHRT
Belgrad	199–204	6	6-mal tgl.
Florenz	438	10½	1-mal wöchentlich
München	352	9½	2-mal tgl.
Paris	800	11	2-mal wöchentlich
Sarajevo	188–244	7–8	4–5-mal tgl.
Wien	250	5–6	2-mal tgl.

Reisebüros

Atlas Travel Agency (48 07 300; www.atlas-croatia.com; Zrinjevac 17) Geführte Touren durch Kroatien.

Croatia Express (49 22 237; Trg Kralja Tomislava 17) Zugreservierungen, Autovermietung, Tickets für Fähren und Hotelbuchungen fürs ganze Land. Veranstaltet von Juni bis September täglich einen Ausflug zum Strand (Ausflug nach Crikvenica 90 Kn).

CYHA-Reiseabteilung (48 47 474; www.hfhs.hr; Trg Žrtava Fašizma 13; Mo–Fr 8–17 Uhr) Die Reiseabteilung des kroatischen Jugendherbergsverbandes YHA informiert über HI-Hostels in ganz Kroatien und kann diese im Voraus buchen.

Generalturist (48 07 660; www.generalturist.com; Praška 5) Hat Filialen in ganz Kroatien und bucht Exkursionen zur Küste sowie Kreuzfahrten und Flugtickets.

Touristeninformation

Informationsbüro des Nationalparks Plitwitzer Seen (46 13 586; Trg Kralja Tomislava 19; Mo–Do 8–16, Fr 8–15.30 Uhr) Hält hauptsächlich Informationen und Broschüren über Plitvice und Velebit, aber auch über die anderen Nationalparks Kroatiens bereit.

Saisonale Touristeninformation (Flughafen; Mo–Fr 9–21, Sa & So 10–17 Uhr) Hat von Juni bis September geöffnet und befindet sich in der Ankunftshalle der internationalen Flüge.

Touristeninformation (Bahnhof; Mo–Fr 8.30–20, Sa & So 12.30–18.30 Uhr) Bietet denselben Service wie die zentrale Touristeninformation.

Tourismusverband des Bezirks Zagreb (48 73 665; www.tzzz.hr; Preradovićeva 42; Mo–Fr 8–16 Uhr) Hält Infos und Broschüren über Attraktionen in der Umgebung Zagrebs bereit und informiert über Weinstraßen und Radwege.

ZÜGE VON ZAGREB

Ziele im Inland

ZIEL	FAHRPREIS (KN)	DAUER (STD.)	TÄGLICHE ABFAHRTEN
Osijek	115	3½–5½	6
Rijeka	97	4–5	5
Šibenik	153	8	1
Split	166	5½–8	5
Varaždin	57	2–3	12
Zadar	161	8	1

Ziele im Ausland

ZIEL	FAHRPREIS (KN)	DAUER (STD.)	TÄGLICHE ABFAHRTEN
Banja Luka	100	4½	2
Belgrad	159	6½	4
Budapest	223	6–7	3
Ljubljana	100	2½	7
Mostar	282	11½	1
München	674	8½–9	3
Plöe	313	13½	1
Sarajevo	222	9½	2
Venedig	303	7½	2
Wien	446	5½–6½	2

Zentrale Touristeninformation (⏵48 14 051, kostenlose Info-Hotline ⏵800-53-53; www.zagreb-touristinfo.hr; Trg Josipa Jelačića 11; ⓘ Juni–Sept. Mo–Fr 8.30–21, Sa & So 9–18, Okt.–Mai Mo–Fr 8.30–20, Sa & So 9–17 Uhr) Die Touristeninformation verteilt kostenlose Stadtpläne und Infobroschüren und verkauft die Zagreb Card.

Wäschereien

Wer in einer Privatunterkunft übernachtet, kann den Besitzer bitten, seine Wäsche zu waschen. Das ist billiger, als wenn man den Service der beiden unten aufgeführten Wäschereien in Anspruch nimmt. Die Läden berechnen rund 60 Kn pro 5 kg Wäsche und haben sonntags geschlossen.

Dorateks (Draškovićeva 31)
Petecin (Kaptol 11)

❶ An- & Weiterreise

Bus

Zagrebs **Busbahnhof** (⏵060 313 333; www.akz.hr; Avenija m Držića 4) liegt 1 km östlich des Bahnhofs. Die Straßenbahnlinien 2, 3 und 6 verkehren zwischen Busbahnhof und Bahnhof. Die Linie 6 fährt zum Trg Josipa Jelačića. Im Busbahnhof ist ein großer Wartesaal, in dem man in Ruhe auf den Bus warten kann.

Vor dem Kauf des Tickets unbedingt nach den Ankunftszeiten der Busse fragen – manche verkehren auf kleineren Straßen und halten in jeder Stadt.

Detaillierte Buspläne gibt's im Kasten auf S. 63. Achtung: Außerhalb der Hochsaison fahren weniger Busse.

Flugzeug

Croatia Airlines (⏵66 76 555; www.croatiaairlines.hr; Zrinjevac 17) Kroatiens nationale Fluglinie betreibt internationale und Inlandsflüge nach und von Zagreb.

Flughafen Zagreb (⏵45 62 222; www.zagreb-airport.hr) Etwa 17 km südöstlich von Zagreb liegt einer der größten Flughäfen des Landes, wo zahlreiche internationale und Inlandsflüge startet und landet.

Zug

Der **Bahnhof** (⏵060 333 444; www.hznet.hr) liegt im südlichen Teil der Stadt. Wenn man ihn verlässt, sieht man eine Reihe von Pavillons und Parks, die ins Stadtzentrum führen. Zugfahrkarten sollten möglichst im Voraus gebucht werden, da die Sitzplätze in der Regel schnell besetzt sind. Weitere Informationen über Abfahrten von Zagreb siehe S. 64.

Unterwegs vor Ort

Auto

Zagreb ist eine autofreundliche Stadt: Die Straßen sind ziemlich breit, und die Parkplätze (obwohl knapp) im Stadtzentrum kosten nur 12 Kn pro Stunde. Achtung: Autofahrer sollten unbedingt auf die Straßenbahnen achten, die hier hin- und herkreuzen.

Hrvatski Autoklub (HAK; Kroatischer Auto-Club; ⌕46 40 800; www.hak.hr; Avenija Dubrovnik 44) Motorisierte können unter ⌕987 Pannenhilfe anfordern.

Folgende internationale Autovermietungen haben Filialen in Zagreb:

Avis (⌕46 73 603; www.avis.com.hr; Radnička 45 & am Flughafen)

Budget Rent-a-Car (⌕45 54 936; www.budget.hr; Pile 1 & am Flughafen)

Hertz (⌕48 46 777; www.hertz.hr; Vukotinovićeva 4)

Gut zu wissen: Die lokalen Autovermieter haben niedrigere Preise. Empfehlenswert ist **H&M** (⌕37 04 535; www.hm-rentacar.hr; Grahorova 11 & am Flughafen).

Vom/Zum Flughafen

Bus Der Bus von Croatia Airlines zum Flughafen (30 Kn) startet halbstündlich oder stündlich zwischen 5 und 20 Uhr am Busbahnhof. Zurück fährt er nach demselben Fahrplan.

Taxi Für eine Fahrt mit dem Taxi zahlt man zwischen 150 und 300 Kn.

Straßenbahn

Dreh- und Angelpunkt des öffentlichen Nahverkehrs (www.zet.hr) ist die Straßenbahn, obwohl das Stadtzentrum klein genug ist, um diese unnötig zu machen. An vielen Haltestellen hängen Straßenbahnpläne.

Tickets (8 Kn) gibt's an den Zeitungskiosken. Eine Fahrkarte gilt 90 Minuten, allerdings nur in eine Richtung, umsteigen ist erlaubt. Vom Hauptplatz kann man in jede Richtung zwei Stationen kostenlos fahren.

Tageskarten (*dnevna karta*) erhält man für 25 Kn an den meisten Zeitungskiosken; sie sind im gesamten Nahverkehr ganztags bis 4 Uhr morgens gültig.

Die Fahrkarte muss beim Einstieg im gelben Schlitzkasten entwertet werden.

Taxi

Sämtliche Taxis in Zagreb sind mit einem Taxameter ausgestattet. Die Grundgebühr liegt bei 19 Kn, außerdem werden 7 Kn pro Kilometer berechnet. Sonntags und nachts (22–5 Uhr) wird ein Aufpreis von 20 % verlangt. Wartezeiten kosten 50 Kn pro Stunde. Pro Tasche zahlt man einen Gepäckaufschlag von 3 Kn.

Bei diesen teuren Preisen ist es normalerweise kein Problem, ein freies Taxi zu finden. Die Fahrzeuge sind an ihren blauen Kennzeichen zu erkennen. Alternativ kann man telefonisch unter ⌕970 oder ⌕060 800 800 ein Taxi reservieren.

ABSTECHER

TRAUTES HEIM IN DEN BERGEN

Wer sich nicht weit von Zagreb entfernen, aber dennoch die kroatische Natur kennenlernen will, fährt nach **Kućica** (⌕099-629-2939; www.kuchica.com; Wochentage/Wochenende 375/750 Kn, Rabatt bei längeren Aufenthalten). Die traditionelle Berghütte aus 120 Jahre altem Eichenholz liegt nur 30 Minuten von der Stadt entfernt. In dieser Zuflucht im Stil von *Hänsel & Gretel* ist man weit weg von der Welt. Vor der Tür liegen Obstgärten, Weinberge und ein Biogarten, in der Kastanie hängt eine Hängematte und die Vögel singen … Drinnen warten restaurierte Antikmöbel, ein Holzofen und farbenfrohes, rustikales Dekor …

Das schöne Refugium ist ein Traumprojekt der jungen Zagreber Marketingspezialisten Vanja und Iva und kann für einen Tag, eine Woche oder auch länger gemietet werden. Die Region bietet nur wenige Attraktionen, aber es gibt malerische Wanderwege, ein charmantes Dorf mit einer Kirche sowie ein Geschäft und zwei Café-Bars. Dank langem Holztisch und Grill ist das Häuschen perfekt für Familien und Gruppen geeignet. Gelegentlich finden hier Yogakurse, Fotografie-Workshops und andere Veranstaltungen statt.

Wer nicht Auto hat, kann auf einem Tagesausflug herkommen. Gegen 365 Kn holen die Besitzer ihre Gäste auch in Zagreb ab, halten unterwegs an einem lokalen Markt und setzen einen dann an der Hütte ab. Auf Anfrage versorgen sie ihre Gäste sogar mit hausgemachten Pasteten, Brot, Kuchen, Grappa und Gemüse aus ihrem Garten.

RUND UM ZAGREB

In der Gegend rund um Zagreb liegen viele Ausflugsziele, die von der Stadt aus leicht erreichbar sind; dazu zählen das malerische Karlovac oder Samobor mit seinen idyllischen Wanderwegen (und köstlichen Kuchen).

Medvednica

Die Medvednica nördlich von Zagreb bietet tolle Möglichkeiten zum **Wandern**. Zum Naherholungsgebiet fährt man mit der Straßenbahnlinie 14 bis zur Endhaltestelle und steigt dort in die Linie 15 um. Deren Endhaltestelle liegt unweit der Standseilbahn; gleich daneben beginnt ein gut ausgeschilderter Fußweg hinauf zum Gipfel. Alternativ verkehrt der Bus 102 ab dem Britanski Trg (westlich vom Zentrum an der Ilica) zur Kirche in Šestine, wo ebenfalls ein Wanderweg startet. Die Wanderzeit hin und zurück beträgt in beiden Fällen rund drei Stunden. Aber Achtung: An den dicht bewaldeten Berghängen kann man sich leicht verlaufen. Wichtig sind warme Kleidung und Wasser bzw. eine Rückkehr vor Sonnenuntergang. Im Sommer besteht Zeckengefahr, deshalb lange Hosen und langärmelige Oberteile tragen. Nach der Rückkehr ins Hotel sollte man sich auf Zecken untersuchen. Weitere Informationen hält die Touristeninformation Zagreb bereit.

Skifahrer finden im Skiresort Sljeme (www.sljeme.hr) fünf Hänge mit unterschiedlichen Schwierigkeitsgraden – die Website informiert über die Pistenverhältnisse. Für das Mittagessen stehen mehrere Restaurants zur Auswahl (das Purgerka ist bei den Einheimischen besonders beliebt) und es gibt einen Skiverleih.

Karlovac

047 / 60 000 EW.

Karlovac liegt am Zusammenfluss von vier Flüssen – Kupa, Korana, Mrežnica und Dobra. Kein Wunder, dass die Städter gern hierherkommen, um sich am Wasser zu erholen. Das einzigartige historische Stadtzentrum ist in Form eines sechszackigen Sterns aus 24 rechteckigen Blocks angelegt. Karlovac liegt an der Straße von Zagreb nach Rijeka und wurde 1579 als militäri-

---

AUF ZUM WANDERN!

Samobor ist ein guter Startpunkt für Wanderungen in die Bergregion Samoborsko Gorje. Als Teil des Žumberak-Gebirges erstreckt sie sich zwischen den Karsthöhlen und Schluchten des Dinarischen Gebirges und den Alpen. Bereits seit Mai 1875 werden hier organisierte Touren für Bergsteiger angeboten (siehe www.plsavez.hr). Samoborsko Gorje bietet eine große Artenvielfalt und umfasst Wälder, Karsthöhlen, Flusstäler und vier Wasserfälle. Die 333 km² große Region wurde 1999 zum Naturpark ernannt. Die meisten Wanderungen sind einfach, unterwegs laden Berghütten zu einer Pause ein. Viele sind außerhalb der Hochsaison nur am Wochenende geöffnet.

Das Gebirge besteht aus drei Bergmassiven: der Oštrc-Gruppe in der Mitte, der Japetić-Gruppe im Westen und der Plešivica-Gruppe im Osten. Die Berge der Oštrc- und Japetić-Gruppe sind von der Berghütte Šoićeva Kuća (mit Restaurant) 10 km westlich von Samobor erreichbar. Dorthin gelangt man mit dem Bus 144. Von der Hütte führt ein steiler, 30-minütiger Aufstieg zur mittelalterlichen Bergfestung Lipovac. Von dort wandert man noch eine Stunde bis zum Gipfel des Oštrc (752 m), auf dem sich eine weitere Berghütte befindet.

Ein anderer beliebter Wanderweg ist der 1½-stündige Aufstieg von der Berghütte Šoićeva Kuća zum Gipfel des Japetić (879 m). Der höchste Berg der Region Samobor ist ein beliebtes Ziel für Paraglider (www.parafreek.hr). Man kann auch vom Oštrc zum Japetić wandern (zwei Stunden). Auf der Plešivica-Gruppe findet man die Ruinen einer mittelalterlichen Festung und ein geschütztes Waldgebiet; sie ist auch eine berühmte Kletterregion. Die Berggruppe ist über das Dorf Rude erreichbar (Bus 143 nach Rude und Braslovje). Von Rude aus wandert man ostwärts zur Jagdhütte Srndać am Bergsattel Poljanice (12 km). Von dort führt ein 40-minütiger, recht steiler Aufstieg zum Berggipfel Plešivica (779 m). In der städtischen Touristeninformation sind Karten und Auskünfte zu Wanderungen in der Region erhältlich.

NATURPARK LONJSKO POLJE

Lonjsko Polje bietet Erlebnis und Abenteuer in allen Facetten: Es gibt traditionelle Architektur aus dem 19. Jh. zu sehen, Vogelbeobachter kommen wegen der Störche, Pferdeliebhaber zum Reiten. Interessierte erfahren viel über den Zweiten Weltkrieg und können eines der ergreifendsten Monumente zur Geschichte Jugoslawiens besichtigen. Der Naturpark wurde im Januar 2008 zum Unesco-Weltnaturerbe erklärt.

Lonjsko Polje (☎044-672 080; www.pp-lonjsko-polje.hr; Čigoć; Erw./erm. 40/30 Kn; ◉9.30–17 Uhr) ist ein 506 km² großes Feuchtgebiet (*polje* heißt wörtlich „Feld") in der Region Posavina zwischen der Sava und dem Berg Moslavačka Gora. Seinen Namen verdankt der Naturpark der Lonja, einem Nebenfluss der Sava. Das riesige Überschwemmungsgebiet der Sava ist für seine vielfältige Flora und Fauna berühmt.

In der Region liegen mehrere Dörfer, das interessanteste ist Čigoć, das als „Treffpunkt der Störche" weltberühmt wurde: Sie nisten von Ende März bis Ende August auf den Dächern der hübschen Holzhäuser. Das Sumpfgebiet bietet ihnen genug Nahrung. Gegen Ende August treten die Störche ihre zwei- bis dreimonatige Winterreise ins südliche Afrika an. Wer im Herbst oder Winter die Gegend besucht, sieht womöglich trotzdem ein paar: Diese verbringen das ganze Jahr hier und werden von den Dorfbewohnern gefüttert. In Čigoć befinden sich auch eine Informationsstelle des Parks, das Ticketbüro und die kleine ethnografische Sammlung der Familie Sučić.

Das denkmalgeschützte Dorf Krapje ist für seine traditionellen Holzhäuser und die tollen Angel- und Jagdgebiete berühmt. Die Häuser mit ihren überdachten Außentreppen, Veranden und Säulen sind ein Augenschmaus, ebenso sehenswert sind die Bauernhöfe mit ihren Scheunen, Schuppen und Ställen. Von April bis Oktober öffnet in einem der Holzhäuser ein Informationszentrum; die Angestellten bringen den Besuchern gern das kulturelle Erbe der Region näher. Es gibt auch tolle Reitmöglichkeiten – Genaueres erfährt man im Informationsbüro in Čigoć. Man sollte nach den *posavski*-Pferden Ausschau halten, eine lokale Züchtung, die in den Eichenwäldern von Lonjsko Polje grasen.

In der Region liegt auch Jasenovac. Hier stand im Zweiten Weltkrieg ein berüchtigtes Konzentrationslager, geführt von Kroatiens faschistischer Regierung und der Ustaša. Je nach Statistik wurden hier zwischen 45 000 und einer Million Serben, Juden, Zigeuner und Antifaschisten ermordet. Das Jasenovac-Gedenkmuseum (www.jusp-jasenovac.hr; Eintritt frei; ◉Mo–Fr 9–17, Sa & So 10–18 Uhr) erzählt auf ergreifende Weise von den Schrecken des Krieges.

Lonjsko Polje liegt 50 km südöstlich von Zagreb. Am besten fährt man mit dem eigenen Fahrzeug dorthin, denn es gibt nur wenige Verbindungen mit öffentlichen Verkehrsmitteln. Mehrere Holzhäuser im Park werden als Privatunterkünfte an Touristen vermietet.

---

sches Bollwerk gegen die Türken erbaut. Auch wenn heute nur noch der Wassergraben der alten Befestigung erhalten ist, hat das Zentrum mit seinen Gassen und Barockgebäuden einen ganz eigenen Charme.

Die Kupa fließt als Ost-West-Achse durch die Stadt. Hauptstraße ist die Prilaz Većeslava Holjevca, die von Norden nach Süden verläuft. Die Altstadt liegt östlich der Prilaz Većeslava Holjevca am Südufer der Kupa. Hauptplatz ist der Trg Josipa Jelačića. Etwa 500 m südlich vom Zentrum liegt an der Prilaz Većeslava Holjevca der Busbahnhof; 1,5 km nördlich des Zentrums stößt man (ebenfalls an der Prilaz Većeslava Holjevca) auf den Bahnhof.

◉ Sehenswertes & Aktivitäten

Zvijezda — HISTORISCHES VIERTEL

Die Hauptattraktion von Karlovac ist die Altstadt mit dem sternförmigen Grundriss (Zvijezda; deutsch „Stern"). Am Trg Josipa Jelačića steht die Kirche der Heiligen Dreifaltigkeit aus dem 17. Jh. mit einem Altar aus schwarzem Marmor, daneben das Franziskanerkloster. Die Handelshäuser und Residenzen des 17. und 18. Jhs. in den umliegenden Straßen erstrahlen nach der Restaurierung wieder in alter Pracht. Besonders schön ist ein Spaziergang die Radićeva herunter; wo auch das Haus von Graf Janko Drašković steht.

Stadtmuseum MUSEUM
(Gradski Muzej; ☏615 980; Strossmayerov Trg; Erw./erm. 10/7 Kn; ⊗Mo–Fr 7–15, Sa & So 10–12 Uhr) Einen Block nördlich des Trg Josipa Jelačića liegt der Strossmayer-Platz, ein Halbkreis im Barockstil. Hier steht das Stadtmuseum, untergebracht in einem Palast der Frankopanen. Es zeigt Modelle des alten Karlovac, Kunsthandwerk aus der Region und historische Ausstellungsstücke.

Dubovac MITTELALTERFESTUNG
(Zagrad 10) Ein halbstündiger Spaziergang führt entlang der Kupa nach Norden und einen Hügel hinauf zur Burg Dubovac. Oben gibt's ein Café und herrliche Ausblicke.

🛏 Schlafen & Essen

Die Touristeninfo hilft bei der Suche nach privaten Unterkünften (80–110 Kn pro Person). Im Stadtzentrum gibt's drei Hotels.

Carlstadt Hotel HOTEL €€
(☏611 111; www.carlstadt.hr; Vranicanijeva 1; EZ/DZ 317/469 Kn; P ✱ 🛜) Das Carlstadt ist vor allem bei Geschäftsreisenden beliebt und bietet 40 Zimmer in beige-braunen Farbtönen mit TV und Telefon. Die Lage ist großartig.

Mirna FISCH €
(Koransko Šetalište bb; Hauptgerichte ab 55 Kn) Die Fischgerichte werden auf einer Terrasse mit Blick auf die Korana serviert.

Slatki Centar KONDITOREI €
(Vlatka Mačeka 6) Hier bekommt man die besten Kuchen und Crèpes.

ℹ Praktische Informationen

Touristeninformation (☏615 115; www.karlovac-touristinfo.hr; Petra Zrinskog 3; ⊗Juli & Aug. Mo–Sa 8–15, So 8–13 Uhr, Sept.–Juni Mo–Fr 8–15, Sa 8–13 Uhr) Hat kaum Broschüren, hilft aber bei der Buchung von Privatunterkünften.

ℹ An- & Weiterreise

Zwischen Karlovac und Zagreb bestehen gute Busverbindungen (32–42 Kn, 50 Min., 20-mal tgl.). Außerdem fahren regelmäßig Züge nach Zagreb (38 Kn, 50 Min., 20-mal tgl.) und Rijeka (80 Kn, 3 Std., 6-mal tgl.).

Samobor

☏01 / 19 000 EW.

Samobor ist eine Oase der Erholung für gestresste Hauptstädter. Hier kommen sie zur Ruhe und genießen herzhaftes Essen oder Sahnetorten vor malerischer Kulisse. Durch das Zentrum des kleinen Städtchens zieht sich ein flacher Fluss mit Forellen. Links und rechts stehen pastellfarbene Häuser und Kirchen. Samoborsko Gorje ist eine tolle Wanderregion.

Um das Flair der alten Zeiten am Leben zu halten, sind hier vor allem kleine Familienunternehmen angesiedelt, die Kunsthandwerk, Senf und Spirituosen verkaufen oder Restaurants betreiben. Die literarischen und musikalischen Traditionen spiegeln sich in einer Reihe von Festivals wider. Am bekanntesten ist **Fašnik**, der Karneval von Samobor.

👁 Sehenswertes & Aktivitäten

Stadtmuseum MUSEUM
(Gradski Muzej; Livadićeva 7; Erw./erm. 8/5 Kn; ⊗Juli & Aug. Di–Fr 9–14, Sa 9–13, So 10–17, Sept.–Juni Di–Fr 9–15Uhr) Auf zwei Etagen eines historischen Herrenhauses werden halbwegs interessante Exponate aus der regionalen Kultur und eine ethnografische Sammlung gezeigt.

Museum Marton MUSEUM
(☏36 70 600; Jurjevska 7; Erw./erm. 20/15 Kn; ⊗Sa & So 10–13Uhr nur nach Voranmeldung) Einen Zwischenstopp lohnt auch diese private Kunstsammlung mit Gemälden aus der Biedermeierzeit, Porzellan, Glas und Möbeln.

🛏 Schlafen

Viele Traveller besuchen Samobor auf einem Tagesausflug von Zagreb aus. Alternativ kann man hier übernachten und dann in die Hauptstadt pendeln.

Hotel Livadić FAMILIENHOTEL €€
(☏33 65 850; www.hotel-livadic.hr; Trg Kralja Tomislava 1; EZ/DZ/Suite 360/465/700 Kn; P ✱ 🛜) Das familiengeführte Hotel ist im Stil des 19. Jhs. eingerichtet und verfügt über geräumige, komfortable Zimmer, die sich um einen blumenreichen Innenhof reihen. Da die hervorragende Küche einer der Hauptgründe für einen Besuch Samobors ist, kann man sich auf die gute Qualität des Restaurants und Cafés verlassen. In Letzterem gibt's leckere Torten.

Hostel Samobor HOSTEL €
(☏33 74 107; www.hostel-samobor.hr; Obrtnička 34; 127 Kn pro Person; P @) Ein neues Hostel mit 82 Betten und sauberen, hellen, aber winzigen Zimmern. Im Speisesaal und in den Fluren gibt's eine Fotoausstellung zu sehen, das Personal ist freundlich. Der Be-

sitzer bietet geführte Motorradtouren durch das Umland von Žumberak und in andere Regionen Kroatiens an.

Essen

Gabreku 1929 RESTAURANT €
(Starogradska 46; Hauptgerichte ab 55 Kn) Das klassische Restaurant liegt unweit vom Stadtzentrum und wird seit den 1920er-Jahren von derselben Familie geführt. Es ist berühmt für seine 35 Sorten süßer und herzhafter *palačinke* (Crèpes).

Pri Staroj Vuri RESTAURANT €
(Giznik 2; Hauptgerichte ab 55 Kn) In dieser gemütlichen Hütte etwa 50 m vom Trg Kralja Tomislava hügelaufwärts werden traditionelle Gerichte serviert. Besonders empfehlenswert ist das *pisanica* (Rindersteak mit würziger Sauce aus Pilzen, Zwiebeln, Tomaten und Rotwein).

 U Prolazu KONDITOREI
(Trg Kralja Tomislava 5) Hier gibt es die besten *kremšnite* (Plunder) der Stadt.

❶ Praktische Informationen

Touristeninformation (✆33 60 044; www.tz-samobor.hr; Trg Kralja Tomislava 5; ⊗Mo–Fr 8–19, Sa 9–17, So 10–17 Uhr) Liegt im Stadtzentrum und hält zahlreiche Broschüren und Stadtpläne von Samobor, Samoborsko und Žumberačko Gorje bereit.

❶ An- & Weiterreise

Der Busbahnhof (es gibt leider keine Gepäckaufbewahrung) liegt auf der Šmidhenova, etwa 100 m oberhalb der Stadt. Samobor ist problemlos mit öffentlichen Verkehrsmitteln zu erreichen. Vom Busbahnhof Zagreb nimmt man einen der Busse nach Samborček (25 Kn, 30 Min., halbstündlich).

Zagorje

Inhalt »

Varaždin............71
Varaždinske Toplice...78
Burg Trakošćan......79
Krapina............80
Krapinske Toplice.....81
Burg Veliki Tabor.....81
Kumrovec..........82
Klanjec............82
Marija Bistrica.......83
Stubičke Toplice.....83

Gut essen

» Vuglec Breg (S. 81)
» Grešna Gorica (S. 82)
» Zlatne Gorice (S. 79)
» Zlatne Ruke (S. 77)

Schön übernachten

» Vuglec Breg (S. 81)
» Hotel Varaždin (S. 76)
» Spa & Golf Resort Sveti Martin (S. 77)
» Ozis (S. 79)

Auf nach Zagorje

Trotz der Nähe zu Zagreb fahren selbst in der Hochsaison nur wenige Urlauber in diese ländliche Region. Kaum verständlich angesichts der zauberhaften Dörfer, Burgen, Thermalquellen und Weinberge. Die fruchtbare Landschaft mit ihrer österreichisch beeinflussten Küche und Architektur (und ganzjährig festen Preisen) ist eine angenehme Alternative zum lebhaften mediterranen Süden und eine Zuflucht vor der Sommerhitze. Außer an Wochenenden, wenn Zagreber Familien hierher strömen, ist Zagorje eine wunderbar „touristenfreie" Region.

Die Region Zagorje beginnt nördlich des Zagreber Hausbergs Medvednica. Im Westen reicht sie bis zur slowenischen Grenze, im Norden bis Varaždin, eine Stadt mit wundervoller barocker Architektur. Egal, ob man sich für die herzhafte Küche in einem der rustikalen Restaurants, für ein Bad in den heißen Quellen, eine Einführung ins dörfliche Leben oder die Besichtigung uralter Burgen entscheidet: Man ist immer abseits ausgetretener Pfade unterwegs.

Reisezeit

Varaždin

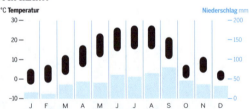

» **Juni** Das Sommerwetter hält Einzug und ist perfekt für eine Tour zu den Burgen und Spas.

» **August** In Varaždin beginnt das Špancirfest mit Musik, Theater und Veranstaltungen.

» **September** Folklore und traditionelle Speisen beim Festival der kajkavischen Lieder in Krapina.

Sprache
Viele der Einheimischen hier sprechen Kajkavski, einen regionalen Dialekt, der nach dem Wort für „was?" (*kaj?*) benannt ist. Nach Kroatisch oder Kajkavisch ist die zweite Sprache meistens Deutsch. Nur wenige Leute sprechen Englisch, zumeist nur die Jüngeren.

❶ Anreise & Unterwegs vor Ort
Obwohl die Städte und Attraktionen von Zagorje (www.tz-zagorje.hr) durch Bus- und Zuglinien an Zagreb angebunden sind, verkehren diese nur sporadisch. Um die Region richtig zu genießen, braucht man ein eigenes Fahrzeug. Am besten erlebt man den rustikalen Charme von Zagorje, wenn man für ein oder zwei Tage ein Auto mietet und die verschlungenen Landstraßen erkundet. Oder man bucht Ausflüge bei **Potepuh** (www.potepuh.hr), einer Online-Reiseagentur, die sich auf Kultur- und Abenteuertourismus in Zagorje spezialisiert hat. Zur Auswahl stehen romantische Wochenenden (Besuche von Burgen, Weingütern und Tavernen), Quadtouren und Paragliding.

Varaždin
📞 042 / 49 075 EW.

Varaždin liegt 81 km nördlich von Zagreb und ist für viele Traveller lediglich eine Durchgangsstation auf der Fahrt von oder nach Ungarn. Dabei lohnt die Stadt durchaus einen Besuch: Das Stadtzentrum ist eine Schatzkiste voller hervorragend restaurierter Barockgebäude sowie gepflegter Gärten und Parks.

Varaždin war kurzzeitig Hauptstadt Kroatiens und gleichzeitig die reichste Stadt des Landes. Das erklärt auch die außergewöhnliche Qualität der Architektur. Krönung der barocken Pracht ihrer Gebäude ist die strahlend weiße Burg Stari Grad (wörtlich: Altstadt) mit ihren Türmen, die heute ein Stadtmuseum beherbergt.

Die Fußgängerzone begeistert mit vielen schönen Gebäuden aus dem 18. Jh. Mittelpunkt ist der Hauptplatz Trg Kralja Tomislava, von dem die alten Straßen sternförmig abgehen.

Geschichte
Die Stadt Garestin (heute Varaždin) spielte eine wichtige Rolle in Kroatiens Geschichte. Unter König Bela III. wurde sie 1181 zunächst ein regionales Verwaltungszentrum. 1209 erhielt sie von König Andreas II. den Status einer freien königlichen Stadt, zusammen mit einem eigenen Siegel und Wappen. Das 800-jährige Jubiläum dieses Ereignisses wurde 2009 gefeiert.

Während Kroatien von den Türken belagert wurde, war Varaždin die stärkste Festungsanlage und der bevorzugte Wohnort der Generäle. Als die Bedrohung aus dem Osten nachließ, florierte Varaždin als kulturelles, politisches und wirtschaftliches Zentrum Kroatiens. Die Nähe der Stadt zu Mitteleuropa erklärt die Vorliebe für die barocke Architektur, die zu dieser Zeit in Europa ihre Blütezeit erlebte. Die besten Handwerker und Baumeister Europas kamen nach Varaždin und entwarfen hier Villen, Kirchen und öffentliche Gebäude.

1756 wurde die Stadt zur Hauptstadt Kroatiens ernannt. Doch nach dem verheerenden Stadtfeuer 1776 verließ der kroatische *Ban* (Repräsentant des Königs) die Stadt und verlegte seinen Sitz (und die Verwaltung) nach Zagreb. Die weiterhin florierende Stadt wurde in kurzer Zeit im barocken Stil (der noch immer ihren Reiz ausmacht) wieder aufgebaut.

Heute ist die angenehme Stadt ein Zentrum der Textil-, Schuh- und Möbelindustrie und der Landwirtschaft. Immer häufiger kommen auch Tagesausflügler nach Varaždin. Der historische Stadtkern wurde vor Kurzem umfassend restauriert.

⊙ Sehenswertes
Im Stadtzentrum steht eine Reihe sehenswerter Barockgebäude, von denen einige inzwischen als Museen genutzt werden. Viele der Adelsvillen und eleganten Kirchen werden derzeit restauriert, denn die Stadt bemüht sich um die Aufnahme in die Liste des Unesco-Welterbes. Sehr angenehm für ausländische Besucher sind die an den meisten Gebäuden angebrachten englischsprachigen Tafeln, die über Architektur und Geschichte des jeweiligen Bauwerks informieren.

Stadtmuseum   MUSEUM
(Gradski Muzej; www.gmv.hr; Strossmayerovo Šetalište 7; Erw./erm. 25/15 Kn; ⊙ Di–Fr 9–17, Sa & So 9–13 Uhr) Das weiß getünchte Stadtmuseum, Teil des Stari Grad (wörtlich: Altstadt), ist ein Juwel mittelalterlicher Befestigungsarchitektur, eingefasst von einem wunderschön gepflegten Park. Mit dem Bau der Festung wurde im 14. Jh. be-

Highlights

❶ Die wunderbar erhaltene Barockarchitektur von **Varaždin** bestaunen (S. 71)

❷ Vom Leben des kroatischen Adels in der **Burg Trakošćan** erfahren (S. 79)

❸ Im **Museum Staro Selo** (S. 82) in Kumrovec Einblicke in das traditionelle Dorfleben gewinnen

❹ Kroatische Köstlichkeiten im **Vuglec Breg** (S. 81) bei Krapinske Toplice probieren

❺ Im **Neandertaler-Museum Krapina** (S. 80) etwas über unsere Vorfahren lernen

❻ Das **Špancirfest** (S. 76) erleben, ein Festival, das die Straßen von Varaždin rockt

❼ Die Weinstraßen der Region **Međimurje** (S. 77) bereisen, die sich nordöstlich von Varaždin erstreckt

Varaždin

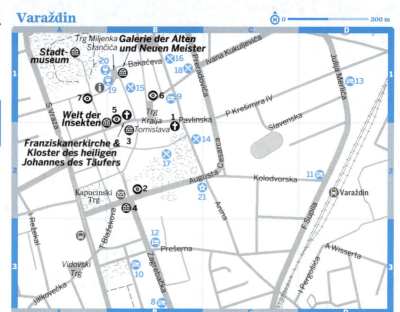

Varaždin

◉ Highlights
Franziskanerkirche & Kloster des
heiligen Johannes des Täufers B1
Galerie der Alten und Neuen Meister............ B1
Stadtmuseum A1
Welt der Insekten A2

◉ Sehenswertes
1 Kathedrale Mariä Himmelfahrt B2
2 Kroatisches Nationaltheater B2
3 Palast Patačić B2
4 Palast Patačić-Puttar B2
5 Statue des Bischofs Grgur Ninski B1
6 Rathaus B1
7 Traditioneller Handwerksmarkt A1

◉ Schlafen
8 Garestin Pansion B3
9 Hotel Istra B1

10 Hotel Turist B3
11 Hotel Varaždin D2
12 Maltar B3
13 Studentski Centar Varaždin D1

◉ Essen
14 Angelus B2
15 Grenadir B1
16 Markt B1
17 Park B2
18 Zlatne Ruke B1

◉ Ausgehen
19 Mea Culpa B1
20 Soho A1

◉ Unterhaltung
21 MMC Kult B2
   Konzertbüro .... (siehe 2)

gonnen. Im 16. Jh. entstand schließlich die heutige Form im Stil der Gotik und Renaissance, damals diente sie als Befestigungsanlage der Region gegen die vorrückenden Türken. Bis 1925 war der Bau in Privatbesitz. Inzwischen ist er ein Museum, das in zehn Ausstellungsräumen Möbel, Gemälde, dekorative Gegenstände, Insignien und Waffen zeigt, die sich über Jahrhunderte angesammelt haben. Viel interessanter als die historischen Sammlungen ist jedoch die Architektur der weitläufigen Burg. Über eine Zugbrücke geht es hinein in eine mittelalterliche Welt aus Bogengängen, Innenhöfen, Kapellen und Türmen.

Friedhof Varaždin
FRIEDHOF

(Hallerova Aleja; ⊙Mai–Sept. 8–21 Uhr, Okt.–April 8–17 Uhr) Ein zehnminütiger Spaziergang westlich der Altstadt führt zum friedlichen Friedhof von Varaždin. Dieses Meisterstück des Gartenbaus wurde 1905 vom Wiener Architekten Hermann Helmer entworfen. Beim Schlendern entlang von Grabsteinen, Alleen, Promenaden und über 7000 Bäumen (u. a. Magnolien, Buchen, Birken) wird die hervorragende landschaftliche Gestaltung der Anlage deutlich.

Galerie der Alten und Neuen Meister
MUSEUM

(Galerija Starih i Novih Majstora; Trg Miljenka Stančića 3; Erw./erm. 25/15 Kn; ⊙Di–Fr 9–17, Sa & So 9–13 Uhr) Der Sermage-Palast wurde 1759 im Rokokostil erbaut, seine Fassade schmücken sehenswerte Medaillons. Innen werden Porträts und Landschaftsgemälde von kroatischen, italienischen, niederländischen, deutschen und flämischen Malerschulen gezeigt. Wichtig zu wissen: Ab und zu wird die Dauerausstellung für Ausstellungen zeitgenössischer Kunst geschlossen.

Welt der Insekten
MUSEUM

(Entomološka Zbirka; Franjevački trg 6; Erw./erm. 25/15 Kn; ⊙Di–Fr 9–17, Sa & So 9–13 Uhr) Diese faszinierende entomologische Sammlung, untergebracht im klassizistischen Palast Herzer, umfasst über 4500 Exponate aus der Welt der Gliederfüßer, darunter 1000 verschiedene Insektenarten. Die gezeigten Beispiele von Insektennestern, Lebensräumen und Fortpflanzungsarten werden informativ und anschaulich präsentiert. Es gibt interaktive Exponate und kostenlose Audioführer.

Franziskanerkirche & Kloster des heiligen Johannes des Täufers
KIRCHE

(Crkva Svetog Ivana Krstitelja; Franjevački trg 8; ⊙6.30–12 & 17.30–19.30 Uhr) Diese Kirche wurde 1650 im Barockstil auf den Ruinen eines älteren Gebäudes erbaut und besitzt den höchsten Turm der Stadt (54,5 m). Hier ist auch eine antike Apotheke mit Deckenfresken aus dem 18. Jh. untergebracht. Gleich nebenan steht eine Kopie der **Bronzestatue des Bischofs Grgur Ninski**, die Ivan Meštrović für Split entwarf. Es heißt, wenn man den großen Zeh der Statue berührt, hat man ein glückliches Leben.

Kathedrale Mariä Himmelfahrt
KATHEDRALE

(Katedrala Uznesenja Marijina; Pavlinska 5; ⊙7–12.30 & 15.30–19.30 Uhr) Die einstige Jesuitenkirche gleich südlich des Trg Kralja Tomislava wurde 1646 erbaut. Ihre Fassade zeichnet sich durch ein altes Barockportal aus, welches das Wappen der Adelsfamilie Drašković trägt. Das Hauptschiff der Kathedrale wird vom Altar dominiert, der mit kunstvollen Schnitzereien, Marmorsäulen und einem vergoldeten Gemälde mit der Himmelfahrt der Jungfrau Maria geschmückt ist. Die Kathedrale ist für ihre großartige Akustik bekannt; an den Barockabenden finden hier Konzerte statt.

Rathaus
HISTORISCHES GEBÄUDE

(Gradska Vijećnica; Trg Kralja Tomislava 1) Zu den eindrucksvollsten Bauwerken der Stadt zählt dieses schöne Gebäude im romanisch-gotischen Stil, das seit dem 16. Jh. als Rathaus genutzt wird. Sehenswert das Stadtwappen am Fuße des Turms und das gemeißelte Portal von 1792. Von Mai bis September findet jeden Samstag um 11 Uhr eine zeremonielle Wachablösung statt.

Ebenfalls sehenswert:

Traditioneller Handwerksmarkt
PLATZ

(Trg Tradicijskih Obrta; ⊙April–Okt. Mo–Sa 10–18 Uhr) Die neueste Attraktion der Stadt ist der Platz des Kunsthandwerks. Töpfer, Weber und Hutmacher zeigen hier traditionelles Handwerk und lassen so die alten Zeiten wieder lebendig werden.

Palast Patačić
PALAST

(Palača Patačić; Franjevački trg 4) Der exquisit restaurierte Rokokopalast wurde 1764 erbaut und hat ein kunstvoll gemeißeltes Steinportal.

Palast Patačić-Puttar
PALAST

(Palača Patačić-Puttar; Zagrebačka 2) Diese beeindruckende Mischung aus barockem und klassischem Stil ist ein Augenschmaus. Das reich verzierte Steinportal trägt das Wappen der Familie Patačić.

Kroatisches Nationaltheater
HISTORISCHES GEBÄUDE

(Hrvatsko Narodno Kazalište; Augusta Cesarca 1) Das beeindruckende Theater wurde 1873 im Neorenaissancestil nach den Plänen von Hermann Helmer errichtet.

Ufer der Drava
FLUSSUFER

Ein 15-minütiger Spaziergang führt von der Stadtmitte nordöstlich zum grünen Ufer der Drava. Der ruhige Fluss wird von Fußwegen gesäumt; Cafés mit Terrassen laden zum Verweilen ein.

Aquacity
WASSERPARK

(Motičnjak bb, Trnovec Bartolomečki) Wasserspaß gibt's 3 km außerhalb der Stadt im Aquacity, Varaždins Version eines Stadtstrands an der Straße nach Koprivnica. Hier finden Besucher einen See, Tennisplätze und ein Restaurant.

Festivals & Events

Varaždin ist berühmt für seine **Barockabende** (www.vbv.hr). Das Barockfestival findet alljährlich im September statt und dauert zwei bis drei Wochen. In der Kathedrale, den Kirchen und Theatern der Stadt spielen dann regionale und internationale Orchester (Eintrittspreise je nach Konzert 75-150 Kn). Eintrittskarten sind jeweils eine Stunde vor Beginn der Konzerte erhältlich, und zwar in den örtlichen Reisebüros oder im **Konzertbüro** (212 907; Kroatisches Nationaltheater, Augusta Cesarca 1).

Ende August füllt das **Špancirfest** (www.spancirfest.com) sämtliche Plätze und Parks der Stadt mit Akrobaten, Theater, Kunsthandwerk, Illusionisten und Musik aus aller Welt – das Spektrum reicht dabei von afrokubanischer Musik bis zu Tango.

Noch ungewöhnlicher ist das jährliche **Trash-Filmfest** (www.trash.hr), ein mehrtägiges Spektakel mit Low-Budget-Actionfilmen. Es findet Mitte September im **MMC Kult** (Anina 2) statt.

Schlafen

In Varaždin sind Unterkünfte billiger als in Zagreb. Die meisten Hotels sind sauber, gut geführt und bieten ein gutes Preis-Leistungs-Verhältnis. Weil die Zimmer mehrheitlich von Geschäftsreisenden aus Zagreb und benachbarten Ländern gebucht werden, sind sie meist nur unter der Woche belegt und stehen am Wochenende leer.

Privatunterkünfte vermittelt die Touristeninformation. Die Preise für Einzel-/Doppelzimmer beginnen bei 150/250 Kn. Für eine einzelne Übernachtung wird in der Regel kein Aufschlag verlangt; die Preise bleiben ganzjährig gleich.

LP TIPP ### Hotel Varaždin
HOTEL €€

(290 720; www.hotelvarazdin.com; Kolodvorska 19; EZ/DZ ab 388/590 Kn; P✱@) Das neueste Hotel der Stadt liegt direkt gegenüber vom Bahnhof. Seine blitzsauberen Zimmer sind modern ausgestattet und bieten Internet und Minibar. Auf dem Gelände gibt's ein Restaurant mit Bar und Terrasse.

Maltar
PENSION €

(311 100; www.maltar.hr; Prešernova 1; EZ/DZ 235/435 Kn; P✱@) Ein gute Option ist diese heitere, zentral gelegene Pension in Familienhand. Die Zimmer mit TV sind in ausgezeichnetem Zustand. Vier der Suiten (2/3 Pers. 465/595 Kn) haben eine Küchenzeile.

Garestin Pansion
HOTEL €€

(214 314; Zagrebačka 34; EZ/DZ 300/460 Kn; P✱) Einheimische lieben das Restaurant dieses Hotels nur einen Steinwurf vom Zentrum entfernt. Urlauber wohnen ein Stockwerk höher in bequemen Zimmern, die über eine Minibar und die übliche Standardausstattung verfügen.

Weitere gute Hotels:

Hotel Turist
HOTEL €€

(395 395; www.hotel-turist.hr; Kralja Zvonimira 1; EZ/DZ 380/594 Kn; P@) Das Hotel wirkt etwas charakterlos, was die solide Ausstattung und die 35-jährige Erfahrung der Besitzer aber wieder wettmachen. Die teureren „Business-Class-Zimmer" (EZ/DZ 403/820 Kn) haben eine Minibar.

Hotel Istra
HOTEL €€€

(659 659; www.istra-hotel.hr; Ivana Kukuljevića 6; EZ/DZ ab 577/874 Kn; P✱@) Varaždins einziges Vier-Sterne-Hotel bietet elf Zimmer mit erwartungsgemäßer Ausstattung, eine unschlagbare Lage und guten Zimmerservice, verlockt aber nicht zu Begeisterungsstürmen.

Studentski Centar Varaždin
HOSTEL €

(332 910, 332 911; www.scvz.hr; Julija Merlića bb; EZ/DZ 225/360 Kn; @) Diese Studentenherberge verfügt über 30 frisch renovierte Zimmer, die ganzjährig vermietet werden. Jedes Zimmer hat TV, Kabel-Internet und einen Kühlschrank. Es gibt auch einen Wäscheservice.

Essen & Ausgehen

Es mag nicht als Reiseziel für Gourmets gelten, dennoch bietet Varaždin viele Möglichkeiten, um Gerichte vom kroatischen Festland zu probieren – in allen Preisklassen. Der täglich stattfindende **Markt** (Augusta Šenoe 12) hat bis 14 Uhr geöffnet. Viele Bäckereien verkaufen *klipić*, ein herzhaftes fingerförmiges Brot.

Angelus
ITALIENISCH €

(Alojzija Stepinca 3; Pizza/Hauptgerichte ab 30/45 Kn) Die gemütliche Pizzeria-Trattoria

AUF DEM WEG NACH UNGARN: MEĐIMURJE

Die sanft gewellten Landschaften von Međimurje erstrecken sich nordöstlich von Varaždin in Richtung ungarischer und slowenischer Grenze. Diese fruchtbare Gegend, geprägt von Weinbergen, Obsthainen, Weizenfeldern und Gärten, zog bisher nur wenige Besucher an. Doch das ändert sich, seit immer mehr Menschen von ihren Attraktionen – aufstrebenden Weingütern und dem Kurort Sveti Martin – erfahren.

Um die besten Weine der Region in einem authentischen Familienbetrieb zu verkosten, bietet sich das **Weingut Lovrec** (✆040 830 171; www.vino-lovrec.hr; Sveti Urban 133, Štrigova; ⊙mit Voranmeldung) an. Es liegt im Dorf Sveti Urban, rund 20 km nordwestlich der regionalen Hauptstadt Čakovec. Bei der Führung (auf Englisch, Französisch oder Deutsch) erfährt man viel über die Weinherstellung des kleinen Qualitätsweingutes und seine faszinierende Geschichte, die sechs Winzergenerationen umspannt. Dabei wird auch der 300 Jahre alte Weinkeller mit uralten Weinpressen und Fässern gezeigt. Im Schatten zweier riesiger Platanen, die einst als natürliche Klimaanlage für den Weinkeller fungierten, genießt man den Blick über das 6 ha große Gelände und darf als Krönung um die zehn verschiedene Weine probieren – vom Chardonnay bis zum hiesigen *graševina*. Der Besuch dauert bis zu zwei Stunden und kostet 80 Kn (für 20 Kn extra gibt es einen leckeren Imbiss mit Käse, Salami und Brot). Im Preis inbegriffen ist eine Flasche Wein, doch es wird gern gesehen, wenn man eine weitere kauft.

Nach ein paar Kilometern über hügelige Straßen erreicht man das Dorf Sveti Martin Na Muri mit seinem kürzlich renovierten **Spa & Golfresort Sveti Martin** (✆040 371 111; www.toplicesvetimartin.hr; Grkaveščak bb; EZ/DZ 590/1180 Kn). Das Vier-Sterne-Haus hat mehrere Außen-, Innen- und Thermalbecken, einen Wasserpark, Tennisplätze, Waldwege, Geschäfte und Restaurants – und natürlich einen Golfplatz. Untergebracht wird man in schicken Suiten, alle mit Wohnzimmer, Küche und Balkon (ab 640 Kn). Tagestickets für die Bäder kosten für Nichtgäste ab 50 Kn (am Wochenende 60 Kn); ab 13 Uhr wird es jeweils 10 Kn billiger. Außerdem gibt's einen Fitnessraum (25 Kn pro Tag), eine Sauna (60 Kn pro Tag) und verschiedene Anwendungen wie Schlammpackungen (280 Kn pro Std.) und Schokoladenmassagen (330 Kn für 45 Min.).

Auf dem **Bauernhof Goričanec** (✆040 868 288; Dunajska 26), etwa 4 km außerhalb des Dorfs, kann man reiten, angeln oder jagen. Das **Potrti Kotač** (✆040 868 318; Jurovčak 79; Hauptgerichte ab 40 Kn), 1 km oberhalb des Spas, serviert gute regionale Küche und vermietet ein Apartment (250 Kn).

---

in einem Gewölbekeller serviert ausgezeichnete Pizzen und Pasta (von Gnocchi bis Tagliatelle), aber auch Risotto und Fleischgerichte.

Zlatne Ruke MODERN KROATISCH €€
(Ivana Kukuljevića 13; Hauptgerichte ab 70 Kn) Dieses Kellerrestaurant ist die stilvollste Option der Stadt und die einzige, die so etwas wie Gourmetküche bietet. Im weiß getünchten Speiseraum werden kreative Gerichte wie Gänseleber mit Pfirsichen oder Wildtatar serviert.

Grenadir TRADITIONELL KROATISCH €
(Kranjčevića 12; Hauptgerichte ab 35KN) Die einfachen und preisgünstigen *gableci* (sättigende Mittagessen, die an Werktagen serviert werden) des traditionellen Lokals in der Stadtmitte erfreuen sich bei den Einheimischen großer Beliebtheit.

Park KROATISCH €
(Jurja Habdelića 6; Hauptgerichte ab 48 Kn) Die Grillteller und Salatbüfetts sind nichts Außergewöhnliches. Doch das Lokal zeichnet sich durch die Terrasse mit „grünem Blick", ein traditionelles Ambiente und preiswerte Mittagessen aus.

Mea Culpa LOUNGE-BAR
(Ivana Padovca 1) Wer Koffein- oder Cocktailnachschub benötigt, ist in dieser schicken Lounge-Bar genau richtig. Innen gibt's zwei Etagen, und bei schönem Wetter erstrecken sich die Tische bis auf den Trg Miljenka Stančića.

Soho CAFÉ-BAR
(Trg Miljenka Stančića 1) So wie Mea Culpa hat auch diese Café-Bar Tische auf dem Platz stehen, innen geht es intimer und weniger schrill zu.

ⓘ Praktische Informationen

Gepäckaufbewahrung
Garderoba Busbahnhof (7 Kn pro Gepäckstück; ⊗4.30–22 Uhr); Bahnhof (15 Kn pro Tag; ⊗7–20 Uhr) Gepäckaufbewahrung.

Internetzugang
Caffe Bar Aquamarin (Gajeva 1; ⊗Mo–Do 7–24, Fr & Sa 7–2, So 7–1 Uhr) Wer hier ein Getränk bestellt, kann den Internetzugang kostenlos nutzen.

Reisebüros
Horizont Travel (☏395 111; www.horizont-travel.hr; Aleja Kralja Zvonimira 1) Bietet geführte Touren durch die Stadt und die Region Zagorje an.

Touristeninformation
Touristeninformation (☏210 987; www.tourism-varazdin.hr; Ivana Padovca 3; ⊗April–Okt. Mo–Fr 8–19, Sa 10–17, Nov.–März Mo–Fr 8–16, Sa 10–13 Uhr) Die Angestellten der Touristeninformation halten vielfältige Informationen und zahlreiche bunte Broschüren bereit.

ⓘ An- & Weiterreise

Der Busbahnhof liegt gleich südwestlich des Stadtzentrums, der Bahnhof hingegen im Osten am anderen Ende der Stadt – rund 1 km entfernt. Beide Bahnhöfe sind durch einen Minibus (5–15 Kn) verbunden, der in die Stadt und die umliegenden Dörfer fährt.

Varaždin ist Nordkroatiens wichtigste Verkehrsdrehscheibe; Busse und Bahnlinien verlassen die Stadt in alle Himmelsrichtungen. Busse Richtung Norden starten in Zagreb und halten in Varaždin; die Fahrkarten kosten gleich viel – egal, ob sie in Zagreb oder Varaždin gekauft wurden.

Täglich fahren 12 Züge nach Zagreb (57 Kn, 2½ Std.); dort gibt es Anschluss an die Züge zur Küste. Nach Budapest, Ungarn (240 Kn, 7–10 Std.), fährt zweimal täglich ein Zug mit Umstieg in Koprivnica. Achtung: Wer den früheren Zug nimmt, muss einen langen Zwischenaufenthalt in Koprivnica einplanen.

Varaždinske Toplice

☏042 / 6973 EW.

Seit die Römer hier zu Beginn des 1. Jhs. n. Chr. ein Heilbad gründeten, ziehen die schwefelhaltigen Quellen mit einer Temperatur von 58 °C erholungsbedürftige Besucher nach Varaždinske Toplice. Sanft bewaldete Hügel umgeben den attraktiven Kurort, in dem auch eine Reihe von Kirchen und historischen Gebäuden steht. Hierzu gehört die barocke Burg **Stari Grad** (Trg Slobode 16), hinter deren neogotischer Fassade sich die **Touristeninformation** (☏633 133; www.toplice-vz.hr in Kroatisch; ⊗Mo–Fr 7.30–15.30 Uhr) verbirgt. Sie verteilt Broschüren, informiert über Wellnessangebote des Ortes und hilft bei der Suche nach Privatunterkünften.

Gleich daneben steht das **Stadtmuseum**, zu dessen Attraktionen eine Minerva-Skulptur aus dem 3. Jh. gehört. Wer Interesse an Historischem hat, sollte sich das **Aqua Iasae** anschauen: Die Überreste des römischen Bads, das zwischen dem 1. und 4. Jh. erbaut wurde, liegen nur einen kurzen Fußweg oberhalb der Burg.

Der Kurort befindet sich 12 km südöstlich von Varaždin und 69 km nordöstlich von Zagreb. Von Varaždin aus verkehren zahlreiche Busse hierher.

🛏 Schlafen & Essen

Hotel Minerva HOTEL €€
(☏630 831; www.minerva.hr in Kroatisch; Trg Slobode 1; EZ 340–440 Kn, DZ 420–720 Kn; ℗☒) Das Hotel wurde um die Thermalquellen errichtet. Ihnen wird heilende Wirkung insbesondere bei verschiedenen rheumatischen Erkrankungen zugeschrieben. Das wenig ansprechende Betongebäude hat teilweise renovierungsbedürftige Zimmer mit Balkon, einen Innen- und Außenpool, einen Aquapark sowie einen Raum mit Fit-

BUSSE VON VARAŽDIN

ZIEL	FAHRPREIS (KN)	DAUER	ABFAHRT
Berlin	795	15 Std	2-mal wöchentlich
München	345	8 Std.	2-mal tgl.
Burg Trakošćan	25	40 Min.	9-mal tgl.
Varaždinske Toplice	15	30 Min.	20-mal tgl.
Wien	215	6 Std.	1-mal tgl.
Zagreb	69	1¾ Std.	stündlich

NAIVE MALEREI AUS KROATIEN

Aus Kroatien stammt eine eigene Form der naiven Kunst, ein Malstil des 20. Jhs., der fantastische, farbenfrohe Darstellungen des ländlichen Lebens zeigt.

Der Maler Krsto Hegedušić (1901–75) gründete die Hlebine-Schule im gleichnamigen Dorf in der Region Podravina (13 km östlich der Provinzhauptstadt Koprivnica). Nachdem er vom Studium in Paris zurückgekehrt war, sammelte er in den 1930er-Jahren eine Gruppe Autodidakten ohne Kunstausbildung um sich und gab ihnen die Möglichkeit, ihren eigenen Stil zu entwickeln. Zu dieser ersten Generation kroatischer naiver Künstler gehörten Ivan Generalić (1914–92), der heute international am bekanntesten ist, Franjo Mraz (1910–81) und Mirko Virius (1889–1943). Alle waren Amateurkünstler und malten leuchtend bunte und lebendig gestaltete Szenen des dörflichen Lebens.

Auch heute noch arbeitet eine Gruppe Maler und Bildhauer in Hlebine. Sie stellt ihre Werke in der **Galerie Hlebine** (Trg Ivana Generalića 15, Hlebine; Erw./erm. 10/5 Kn; Mo–Fr 10–16, Sa 10–14 Uhr) aus. In Hlebine gibt es außerdem die **Galerija Josip Generalić** (048 836 430; Gajeva 75; Erw./erm. 10/5 Kn; Mo–Fr 10–17 Uhr) im Haus der Familie Generalić. Benannt ist sie nach dem Sohn des berühmten Ivan, ebenfalls ein bekannter Maler. Am besten ruft man vorher an und fragt, ob sie geöffnet ist.

Naive Kunst findet man außerdem im Kroatischen Museum für Naive Kunst (S. 43) in Zagreb und in der kürzlich renovierten **Galerie Koprivnica** (Zrinski trg 9, Koprivnica; Di–Fr 10–13 & 17–20, Sa & So 10–13 Uhr), die auch eine kleine Kunsthandwerksecke hat.

---

nessgeräten. Gäste können die Schwimmbäder kostenlos nutzen. Tagesbesucher zahlen 35 Kn (unter der Woche) bzw. 40 Kn (am Wochenende). Außerdem gibt's eine Sauna (45 Kn pro Std.), Massagen (90 Kn pro 40 Min.) und verschiedene Antistressprogramme.

Ozis   PENSION €
(250 130; www.ozis.hr; Zagrebačka 7; EZ/DZ 180/300 Kn; P) Die charmante, familiengeführte Pension am Ortseingang bietet zehn blitzsaubere Zimmer und drei Suiten sowie einen reizenden Innenhof. Frühstück wird extra berechnet. Wer weniger als drei Nächte bleibt, zahlt 10 % Aufschlag.

Zlatne Gorice   MITTELEUROPÄISCH €€
(www.zlatne-gorice.com; Banjščina 104, Gornji Kneginec; Hauptgerichte ab 55 Kn) Wer motorisiert ist, sollte sich ein Mittagessen im Zlatne Gorice gönnen, das 3 km außerhalb von Toplice an der alten Straße nach Varaždin liegt. In der wunderschön restaurierten Villa inmitten von Weinbergen kommen mitteleuropäische Gerichte wie Schnitzel, Gulasch und Kalbsmedaillons auf den Tisch. Gespeist wird in vier Räumen oder auf einer Terrasse mit schönem Ausblick in die Umgebung. Es gibt einen Weinpfad, ein Gartenlabyrinth, Weinproben (45 Kn mit Käse, Obst und Brot) und drei gemütliche Doppelzimmer im Obergeschoss (300 Kn).

Burg Trakošćan

Die **Burg Trakošćan** (796 281; www.trakoscan.hr; Erw./erm. 30/15 Kn; April–Okt. 9–18 Uhr, Nov.–März 9–16 Uhr) liegt 80 km nordwestlich von Zagreb und ist eine der beeindruckendsten Burgen des kroatischen Festlands. Sowohl das ansprechende Museum als auch der attraktive Park lohnen einen Besuch. Das genaue Entstehungsdatum ist unbekannt, erstmals erwähnt wird die Burg 1334. Nur wenige der ursprünglich romanischen Elemente blieben erhalten, als die Festung Mitte des 19. Jhs. im neogotischen Stil restauriert wurde. Zeitgleich wurde das Burggelände (über 8 ha) in einen romantischen Park im englischen Stil umgestaltet – inklusive exotischer Bäume und einem künstlichen See.

Bis 1944 wurde Trakošćan von der Adelsfamilie Drašković bewohnt. Auf drei Stockwerken sind Ausstellungsstücke zu sehen, darunter persönliche Möbel der Familie und zahlreiche Porträts. Stilistisch reichen die Zimmer von Neorenaissance bis Gotik und Barock. Außerdem gibt es eine Waffensammlung mit Schwertern und Feuerwaffen und eine original eingerichtete Küche im Keller.

Wer genügend Geschichte getankt hat, kann die grünen Wege zum Holzsteg am See hinunterwandern. Hier werden bei schönem Wetter Paddelboote für zwei Personen vermietet (50 Kn pro Std.).

Zwischen Zagreb und Trakošćan besteht keine Busverbindung, aber an Werktagen fahren Busse ab Varaždin dorthin, sodass ein Tagesausflug möglich ist.

Krapina

📞 049 / 12 950 EW.

Krapina ist eine lebhafte Provinzstadt in einer schönen ländlichen Gegend. Hauptgrund für einen Besuch ist eine der größten europäischen Ausgrabungsstätten zum Neandertaler, die inzwischen als Museum zugänglich ist – kürzlich wurde dieses in einem mondänen Neubau wieder eröffnet. 1899 entdeckte man bei archäologischen Grabungen auf dem Hügel Hušnjakovo Tierknochen und menschliche Überreste eines Neandertalerstammes, der die Höhle zwischen 100 000 und 35 000 v. Chr. besiedelt hatte. Zusätzlich zu steinernen Werkzeugen und Waffen aus dem Paläolithikum (Altsteinzeit) gab es 876 menschliche Knochenfunde, darunter 196 Zähne von mehreren Dutzend Individuen. Diese Fundstücke stehen im Fokus des neuen Museums.

Mit dem Besuch der Ausgrabungsstätte und einem Bummel durch das Städtchen erschöpfen sich allerdings schon die Sehenswürdigkeiten des Ortes.

Die Hauptstraße, die durch die Stadt führt, heißt zunächst Zagrebačka Ulica, ab der Stadtmitte dann Ljudevita Gaja und am Nordende schließlich Magistratska. Die Mitte der Stadt bildet der Trg Stjepana Radića, er befindet sich zwischen der Zagrebačka und der Ljudevita Gaja.

Sehenswertes

Neandertaler-Museum Krapina MUSEUM
(Šetalište Vilibalda Sluge bb; Erw./erm. 50/25 Kn; April–Juni Di–Fr 9–19, Sa & So 10–19, Juli & Aug. Di–Fr 9–18, Sa & So 10–19 Uhr, Sept.–März kürzere Öffnungszeiten) Das Highlight von Krapina ist dieses neu erbaute Museum westlich vom Stadtzentrum, das im Winter 2010 eröffnet wurde. Der in einen Felsen eingetiefte Bau mit Glasfront präsentiert im höhlenartigen, zweistöckigen Ausstellungsbereich Hightech-Exponate, die Besuchern die Geschichte und Geologie der Region näherbringen. Alles ist dreisprachig beschildert. Nach einem Video in der Haupthalle führt der Rundgang durch das Museum auf eine Entdeckungsreise zurück zu den menschlichen Wurzeln: Es gibt unterirdische Höhlen, lebensechte Dioramen mit Neandertalern und zahlreiche interaktive Spiele. Sehenswert ist auch der Eingang zur zweiten Etage, der als dunkle Passage mit funkelnden Lichtern gestaltet ist.

Auch den grünen Hügel, an dem die Überreste gefunden wurden, kann man besichtigen. Hier sieht man lebensgroße Figuren von Neandertalern bei „alltäglichen" Beschäftigungen wie Knüppelschwenken und Steinewerfen.

Achtung: Letzter Einlass ins Museum ist eine Stunde vor Schließung.

Weitere empfehlenswerte Attraktionen:

Franziskanerkloster KLOSTER
Das barocke Kloster beherbergte einst eine Philosophen- und Theologenschule und ist durchaus einen Besuch wert. In der Sakristei der benachbarten Kirche sieht man stimmungsvolle Fresken des Paulinermönchs Ivan Ranger.

Städtische Kunstgalerie GALERIE
(Magistratska 25; Eintritt frei; Mo–Fr 10–15, Sa 10–18, So 11–18 Uhr) Zeigt in wechselnden Ausstellungen kroatische Künstler.

Festivals & Events

Jedes Jahr Anfang September findet das **Festival kajkavischer Lieder** (Festival Kajkavske Popevke) statt. Dann gibt es Folkloreaufführungen, Gedichtrezitationen und typische Speisen aus der Region Zagorje.

Schlafen

Pod Starim Krovovima HOTEL €
(Trg Ljudevita Gaja 15; EZ/DZ 210/340 Kn) Diese angenehme *pension* im Stadtzentrum vermietet acht einfache, aber saubere Zimmer mit eigenem Bad. Unten im Restaurant werden an Werktagen billige und schmackhafte *gablec* (Mittagessen) für rund 25 Kn serviert.

Essen & Ausgehen

Neandertal Pub BARBECUE, CAFÉ-BAR €
(Šetalište Vilibalda Sluge bb; Hauptgerichte ab 50 Kn) Ganz den Neandertalern widmet sich dieses Café-Restaurant am Museumseingang. Das Barbecue wird angeblich nach einem 130 000 Jahre alten Rezept zubereitet.

Ilir CAFÉ-BAR
(Trg Ljudevita Gaja 3) Die Außentische des Lounge-Cafés sind ein nettes Plätzchen für

einen Kaffee in der Sonne – drinnen herrscht altmodisch-gemütliches Ambiente.

❶ Praktische Informationen
Touristeninformation (☏371 330; www.tz-zagorje.hr; Magistratska 11; ⏱April–Sept. Mo–Fr 8–15, Sa 10–18, So 11–18, Okt.–März Mo–Fr 8–15, Sa 8–12 Uhr) Nicht besonders hilfreich, bietet aber ein paar Broschüren und begrenzte Infos.

❶ An- & Weiterreise
Von Montag bis Samstag fahren täglich mehrere Busse von Zagreb nach Krapina (40 Kn, 1 Std.), sonntags nur einer. Unter der Woche gibt es 13 Zugverbindungen von Zagreb (40 Kn, 1½ Std.) mit Umstieg in Zabok; am Wochenende verkehren die Züge seltener.

Der Bahnhof liegt 300 m südlich. Das Busterminal findet man 600 m weiter an derselben Straße (Frana Galovića 15).

Krapinske Toplice
☏049 / 5744 EW.

Der Kurort liegt etwa 17 km südwestlich von Krapina inmitten sanfter Hügel, Herzstück des Ortes sind seine vier Thermalquellen. Das Wasser hat einen hohen Magnesium- und Kalziumgehalt und ist mindestens 39 °C warm. Die Stadt selbst ist nicht sonderlich attraktiv und auch nicht besonders aufregend, da die meisten Besucher ältere Patienten sind, die hier kuren. Aber das ändert sich vielleicht, wenn das neue Kurzentrum fertiggestellt ist. Dort wird es Innenpools, Saunen und verschiedene Fitness- und Wellnessangebote geben.

🛏 Schlafen & Essen
Vuglec Breg   LANDHOTEL €€
(☏345 015; www.vuglec-breg.hr; Škarićevo 151; EZ/DZ 490/540 Kn; P@) Das zauberhafte Landhotel liegt im malerischen Dorf Škarićevo, rund 4 km außerhalb von Krapinske Toplice. Die vier traditionellen kleinen Landhäuser (mit sieben renovierten Zimmern und drei Suiten) liegen zwischen Hügeln, Weinbergen und Wäldern. Im **Restaurant** (Hauptgerichte ab 80 Kn) werden hervorragende Spezialitäten aus dem Steinofen aufgetischt, so z. B. *purica s mlincima* (langsam gebratener Truthahn mit gebackenen Nudeln). Den Panoramablick von der Terrasse gibt's kostenlos dazu. Zum Grundstück gehören Tennisplätze, Wanderwege und ein Weinkeller (Weinproben 45 Kn), für die Kleinen gibt es einen Spielplatz und die Möglichkeit zum Ponyreiten. Außerdem kann man Mountainbikes ausleihen (25 Kn pro Std.).

Vuglec Breg ist am besten mit dem eigenen Auto erreichbar. Man fährt durch die Stadt Richtung Krapina und folgt dann den Schildern nach Vuglec Breg; auf der Anhöhe Hršak Breg geht es links ab bis zum Ende der Straße.

Hotel Aquae Vivae   HOTEL €€
(☏202 202; www.aquae-vivae.hr; Antuna Mihanovića 2; EZ/DZ 335/530 Kn; P☰) Die kleineren Zimmer sind inzwischen etwas in die Jahre gekommen. Es lohnt also, die zusätzlichen 30 (EZ) bis 60 Kn (DZ) für ein besseres Zimmer mit einem frisch renovierten Bad zu zahlen. Am besten fragt man nach einem, das auf den begrünten Hinterhof blickt. Alle Gäste haben freien Zutritt zu den Innen- und Außenschwimmbecken sowie zum Fitnesszentrum.

❶ Praktische Informationen
Touristeninformation (☏232 106; www.krapinsketoplice.net; Zagrebačka 4; ⏱Mo–Fr 8–15, Sa 8–13 Uhr) Gibt Auskünfte und hält Broschüren bereit.

❶ An- & Weiterreise
Der Busbahnhof liegt in der Stadtmitte. Ein kurzer Spaziergang führt von dort zu den wichtigsten Kureinrichtungen sowie zur Touristeninformation. Der Kurort liegt 46 km nordwestlich von Zagreb. Die Busverbindungen zur Hauptstadt sind gut (36 Kn, 1 Std., 7–12-mal tgl.), sodass ein Tagesausflug leicht machbar ist.

Burg Veliki Tabor
Zur Burg Veliki Tabor, die etwa 57 km nordwestlich von Zagreb auf einem Hügel steht, fährt man durch eine einladende Landschaft aus Hügeln, Getreidefeldern, Weinbergen und Wäldern. Schon allein wegen der Fahrt lohnt sich der Besuch – ein weiterer Anreiz sind die guten traditionellen Lokale.

Der kroatische Adel begann Ende des 16. Jhs. damit, in der Region Befestigungsanlagen zu bauen, um sich gegen die Bedrohung durch die Türken zu wappnen. Die fünfeckige **Burg Veliki Tabor** (Košnički Hum 1, Desinić) war zur Zeit der Recherche wegen Renovierungsarbeiten geschlossen, wird in den nächsten Jahren aber wahrscheinlich wieder zugänglich sein. Sie wurde im frühen 16. Jh. auf älteren mittelalterlichen

Fundamenten errichtet, die vier halbkreisförmigen Türme kamen später dazu. Strategisch günstig auf einem Hügel gelegen, hat diese goldfarbene schlossähnliche Burg alles, was das Herz eines mittelalterlichen Burgherren begehrt: Türme, Geschütztürme und Löcher in den Mauern, um Pech und siedendes Öl auf den anrückenden Feind zu schütten. Sie beherbergt sogar den Schädel von Veronika Desinić. Laut einer Legende wurde dieses arme Dorfmädchen für ihre Liebe zum Sohn des Burgbesitzers bestraft, indem sie in die Burgmauern eingemauert wurde.

Wenn sie nicht gerade restauriert wird, finden in der Burg jedes Jahr zwei Großereignisse statt: Das Tabor-Filmfestival (www.taborfilmfestival.com) im Juli, bei dem eine Fülle von internationalen Kurzfilmen gezeigt wird, und das Mittelalterfest im September. Dann werden einen Tag lang Schwertkämpfe, Falknerwettbewerbe und Tänze aus der Renaissance vorgeführt.

Die Burg lässt sich auch bequem aus der Ferne bewundern, und zwar von einem der Außentische des Grešna Gorica (www.gresna-gorica.com; Taborgradska Klet 3, Desinić; Hauptgerichte ab 60 Kn). Das rustikale Lokal wird am Wochenende gerne von Zagreber Familien bei ihrem Tagesausflug angesteuert. Es ist zwar etwas kitschig eingerichtet, aber ein Paradies für Kinder: Hier laufen Bauernhoftiere frei herum, es gibt einen Spielplatz und viel Platz zum Toben. Erwachsene genießen die Aussicht und köstliche klassische Zagorje-Gerichte, wie z. B. *štrukli* (mit Hüttenkäse gefüllte Teigtaschen) und *srneći gulaš* (Wildgulasch). Das Restaurant liegt etwa 2 km östlich von Veliki Tabor; ein ausgeschilderter Pfad führt von der Burgrückseite aus dorthin (40 Gehminuten).

Montags bis samstags fahren acht Busse von Zagreb nach Desinić (52 Kn, 1½–2 Std.), sonntags immerhin noch vier. Dann bleibt aber immer noch ein 3 km langer Fußmarsch nach Veliki Tabor im Nordwesten.

Kumrovec
049 / 1854 EW.

In Zagorje wurden einige berühmte Kroaten geboren, zu den bekanntesten zählt sicherlich Tito, der als Josip Broz in Kumrovec zur Welt kam. Das hübsche Dorf, das sich in das Tal der Sutla unweit der slowenischen Grenze schmiegt, ist behutsam in ein Freilichtmuseum verwandelt worden. Das Museum Staro Selo (www.mdc.hr/kumrovec; Kumrovec bb; Erw./erm. 20/10 Kn; April–Sept. 9–19, Okt.–März 9–16 Uhr), der Nachbau eines Dorfes aus dem 19. Jh., besteht aus 40 restaurierten Häusern und Scheunen aus gestampftem Lehm und Holz. Diese *hiže* (Zagorje-Hütten) sind nun mit Möbeln, Figuren, Spielzeug, Weinpressen und Bäckerwerkzeug (alles mit englischer Beschriftung) ausgestattet. Besucher bekommen so einen Eindruck vom traditionellen Kunsthandwerk und Handwerk sowie vom Brauchtum der Region.

Ein Bach plätschert durch das idyllische Dorf, das Museum vermittelt einen lebendigen Eindruck der bäuerlichen Traditionen und des Dorflebens. Eine lebensgroße Bronzestatue von Marschall Tito steht vor seinem bescheidenen Geburtshaus, in dem sich das Original-Mobiliar, Briefe von ausländischen Staatsoberhäuptern und verschiedene Erinnerungsstücke befinden. An den Wochenenden zwischen April und September wird im Museum gezeigt, wie Pferde beschlagen, Kerzen gezogen, Keramik getöpfert und Flachs gewebt werden.

An Werktagen fahren täglich zwei Busse zwischen Zagreb und Kumrovec (39 Kn, 1¼ Std.), samstags verkehrt dagegen nur einer und sonntags leider gar keiner. Unter der Woche fahren täglich sechs Züge (32 Kn, 1½–2 Std.) (am Wochenende weniger) mit Umstieg in Harmica.

Klanjec
049 / 3234 EW.

Ein weiterer berühmter Kroate aus der Region Zagorje war der Bildhauer Antun Augustinčić (1900–1979). Er schuf das Friedensdenkmal vor dem UN-Gebäude in New York. Seine hübsche Heimatstadt Klanjec hat eine Galerie (www.mdc.hr/augustincic; Trg Antuna Mihanovića 10; Erw./erm. 20/10 Kn; April–Sept. 9–17 Uhr, Okt.–März Di–So 9–15 Uhr) eingerichtet, die sich seinem Werk widmet – einschließlich zahlreicher kopfloser Bronzetorsi und einer riesigen Nachbildung seines Friedensdenkmals. Draußen gibt's einen kleinen Skulpturengarten; gleich in der Nähe befindet sich sein Denkmal für gefallene Partisanen.

Außer der Galerie gibt's hier nicht allzu viel zu sehen. Es lohnt jedoch ein Bummel durch das bezaubernde Städtchen, um die im 17. Jh. erbaute Barockkirche und das

Franziskanerkloster gegenüber der Galerie zu besuchen und den Blick auf die umgebenden Hügel zu genießen.

Täglich halten zwei Busse auf der Fahrt von Zagreb nach Kumrovec in Klanjec (36 Kn, 1–1½ Std.). Wichtig zu wissen: Samstags verkehrt nur ein Bus, sonntags keiner.

Marija Bistrica
049 / 6612 EW.

Das größte Wallfahrtszentrum Kroatiens, das Dorf Marija Bistrica, liegt 37 km nördlich von Zagreb an den Hängen der Medvednica. Im Mittelpunkt steht die Wallfahrtskirche Marija Bistrica (Hodočasnička Crkva Marije Bistričke), in der eine gotische Holzstatue der Schwarzen Madonna aus dem 15. Jh. steht. Seit sie die türkischen Invasionen im 16. Jh. überstand, wird ihr Wunderkraft zugesprochen. Bestärkt wurde dies, als ein verheerendes Feuer 1880 alles bis auf die Madonna zerstörte.

Hinter der Kirche beginnt der Kreuzweg, der den Kalvarienberg hinaufführt. Die 14 Stationen wurden mit Werken kroatischer Bildhauer gestaltet und bieten neben dem Gebet wunderbare Aussichten. Die Kirche zählt jährlich 600 000 Pilger an. 1998 waren es noch weit mehr, als Papst Johannes Paul II. hierher kam, um Kardinal Alojzije Stepinac seligzusprechen. Ernsthafte religiöse Hingabe erlebt man am 15. August bei der beliebten Pilgerfahrt an Mariä Himmelfahrt.

An Werktagen fahren bis zu 20 Busse pro Tag von Zagreb nach Marija Bistrica (30–45 Kn, 40 Min.–1 Std.); am Wochenende sind es weniger.

Stubičke Toplice
049 / 2752 EW.

Der nächstgelegene Kurort zu Zagreb ist Stubičke Toplice (www.bolnicastubicketoplice.com), ein Überbleibsel aus der Sowjetzeit. An diesem Ort der Entspannung erholen sich zahlreiche Stammgäste aus Zagreb vom Alltagsstress.

Das heiße Quellwasser (69 °C) steigt aus unterirdischen Felsschichten auf und lockt bereits seit dem 18. Jh. Touristen an. Die Bäder, acht Außen- und ein Innenbecken, haben eine Temperatur von 32 bis 36 °C und helfen bei Muskel- und Rheumabeschwerden. Das Angebot reicht von einfachen Anwendungen – 15 Kn für eine Stunde in den Bädern und 30 Kn für eine 15-minütige Massage – bis hin zu einer großen Auswahl aufwändiger Therapien. Detaillierte Infos erhält man auf der Website.

Der Bus hält im Stadtzentrum unweit der Touristeninformation (282 727; Šipeka 24; Mitte Juni–Mitte Sept. Mo–Fr 8–19, restliches Jahr Mo–Fr 8–16 Uhr), die bei der Buchung von Privatunterkünften hilft.

Das Hotel Matija Gubec (282 630; www.hotel-mgubec.com; Viktora Šipeka 31; EZ/DZ 340/540 Kn; P) hat moderne Zimmer mit TV und Telefon, Schwimmbecken, eine Sauna und einen Fitnessraum. Wer nicht im Hotel übernachtet, muss für den Besuch der Außen- und Innenbäder extra zahlen (35/45 Kn). Für die Nutzung der Sauna zahlen Nichtgäste 20 Kn.

Vom Hauptbusbahnhof in Zagreb fahren achtmal täglich Busse in den Kurort (37 Kn, 1 Std.); samstags verkehren vier, sonntags immerhin noch zwei Busse.

Slawonien

Inhalt »
Osijek 85
Baranja 93
Vukovar 95
Ilok 97

Gut essen
» Stari Pochum (S. 98)
» Slavonska Kuća (S. 91)
» Josić (S. 95)
» Zelena Žaba (S. 94)

Schön übernachten
» Maksimilian (S. 90)
» Zdjelarević (S. 95)
» Ivica Marica (S. 95)

Auf nach Slawonien

Flache, flussreiche Landschaften, einzigartige Naturwunder und eine köstliche Küche – Slawonien hat viel zu bieten und ist doch vom Tourismus so gut wie unberührt. Die Sumpfgebiete von Kopački Rit zählen zu den bedeutendsten Vogelschutzgebieten Europas und sind das perfekte Terrain für Boots-, Rad- und Wandertouren. Osijek, Slawoniens größte Stadt, liegt malerisch am Fluss, die Region Baranja hingegen ist bekannt für ihre Weingüter. Slawoniens Südosten litt am meisten unter dem Krieg, doch Vukovar schickt sich an, seine Rolle als wichtiges Zentrum der Region wiederzuerlangen, und Ilok an der Grenze zu Serbien zieht mit seinen ausgezeichneten Weinkellern und der Altstadt wieder Besucher an.

Die faszinierende Region grenzt an die drei großen Flüsse Sava, Drava und Donau und pflegt seit jeher enge Kontakte zu Ungarn, Serbien und Deutschland. Dieser kulturelle Reichtum macht Slawoniens Charme aus, es fühlt sich Mitteleuropa deutlich verbundener als Kroatiens Küste.

Reisezeit

Osijek

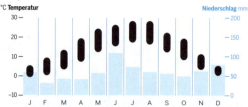

April & Mai Im Frühling ist das Wetter mild und es gibt kaum Mücken.

Juni bis September In dieser Zeit steigen jede Menge Festivals zu unterschiedlichen Themen.

Oktober bis März Die kurzen Tage sind ideal, um slawonische Eintöpfe und Wild zu schlemmen.

Geschichte

Bevor der Bürgerkrieg 1991 Zehntausende aus Slawonien vertrieb, zählte die Bevölkerung zu jenen mit der größten ethnischen Vielfalt in Europa. Seit dem 7. Jh. siedelten slawische Stämme in der Region, im 16. Jh. wurde sie von den Türken erobert. Als die katholische Bevölkerung floh, zogen orthodoxe Serben hierher, denen die Türken erheblich aufgeschlossener gegenüberstanden.

1690 verließen die serbischen Anhänger des Habsburgerreiches den Kosovo, um sich in der Region Srijem rund um Vukovar niederzulassen. Die Türken überließen das Land 1699 den Habsburgern, diese verwandelten einen Großteil der Region in eine Militärgrenze (serbisch und kroatisch: Vojna Krajina).

Immer mehr Serben kamen, außerdem deutsche Kaufleute, Ungarn, Slowaken, ukrainische Bauern, katholische Albaner und Juden. Viel Land wurde an deutsche und ungarische Adlige verkauft, die in Osijek, Vukovar und Ilok prächtige barocke und klassizistische Häuser errichteten. Nach dem Ersten und Zweiten Weltkrieg wurden viele Deutsche getötet oder vertrieben.

Die große serbische Gemeinde in Slawonien forderte von Präsident Slobodan Milošević, die Region seinem „Großserbien" anzugliedern. Der Übergriff begann 1991 mit der Zerstörung Vukovars und der Bombardierung Osijeks. 1992 wurde ein Waffenstillstand vereinbart, doch erst im Januar 1998 wurde die Region in Folge des Daytoner Friedensabkommens an Kroatien zurückgegeben.

Doch die Kriegswunden sitzen tief. In Städten wie Vukovar leben Serben und Kroaten quasi in Parallelwelten. Versuche, beide Volksgruppen einander anzunähern, sind bisher von wenig Erfolg gekrönt.

Gefahren & Ärgernisse

Osijek und Umgebung wurden während des Krieges in den 1990er-Jahren vermint. Mittlerweile sind die Stadt sowie die Vororte entlang der Hauptstraße aber wieder geräumt. Gefährlich bleiben die Sümpfe nördlich der Drava, die in den Naturpark Kopački Rit übergehen. Die meisten Minengebiete sind gekennzeichnet, deshalb sollte man auf Schilder achten.

Im Sommer wird der Kopački Rit von Mücken heimgesucht. Lange Hosen und Ärmel oder jede Menge Insektenschutzmittel sorgen für Abhilfe.

Osijek

031 / 85 217 EW.

Die grüne historische Universitätsstadt Osijek mit ihrer eindrucksvollen Promenade entlang der Drava und der imposanten Festung aus dem 18. Jh. lohnt einen Besuch.

In den 1990er-Jahren stand die Stadt unter starkem serbischem Beschuss, Spuren sind heute noch zu sehen. Die meisten bedeutenden Gebäude, darunter einige im Stil der Wiener Secession, wurden jedoch inzwischen restauriert.

Allmählich findet die elegante Hauptstadt zu alter Größe zurück, dafür sorgen Rückkehrer, boomende Studentenzahlen, neue Hotels und Restaurants sowie reger Besucherandrang. Das faszinierende, kosmopolitische Osijek hat sich zum perfekten Ausgangspunkt für Ausflüge ins ländliche Slawonien und den schönen Naturpark Kopački Rit entwickelt.

Geschichte

Osijeks Lage an der Drava, unweit ihrer Mündung in die Donau (kroatisch Dunav), verlieh dem Ort mehr als 2000 Jahre lang strategische Bedeutung. Seinen Namen erhielt Osijek von slawischen Siedlern. Im 12. Jh. war es bereits eine florierende Marktstadt. 1526 wurde Osijek von den Türken zerstört, im osmanischen Stil wieder aufgebaut und zum Verwaltungszentrum erhoben.

1687 wurden die Türken schließlich von den Österreichern vertrieben. Die muslimischen Bewohner flohen nach Bosnien, stattdessen kamen Serben, Kroaten, Deutsche und Ungarn. Da die Österreicher weiterhin türkische Angriffe fürchteten, errichteten sie Anfang des 18. Jhs. die Festung Tvrđa, die bis heute das Stadtbild prägt.

Bis zum Bürgerkrieg in den 1990er-Jahren war Osijek ein bedeutendes Industriezentrum im ehemaligen Jugoslawien. 1991 fielen die jugoslawische Armee und paramilitärische Truppen aus Serbien in die Region Baranja nördlich von Osijek ein. Aus serbischen Stellungen wurden im Juli 1991 die ersten Granaten über die Drava geschossen. Nachdem Vukovar im November gefallen war, wurde Osijek Ziel der jugoslawischen und serbischen Streitkräfte. Die Stadt wurde unter Artilleriebeschuss genommen, Tausende Einwohner flohen. Bis Mai 1992 dauerten die verheerenden Bombenangriffe, doch konnte die Stadt nie eingenommen werden.

Highlights

1 Den **Naturpark Kopački Rit** (S. 93) entdecken, eines der größten Sumpfgebiete Europas und ein Paradies für Vogelliebhaber

2 In Osijeks Festungsviertel **Tvrđa** (S. 91) leckere slawonische Spezialitäten genießen

3 Die bewegenden Kriegsgedenkstätten in **Vukovar** (S. 96) besuchen

4 Die Weinstraßen von **Baranja** (S. 95) bereisen

5 Auf einer Tagestour die eindrucksvollen kulturellen Sehenswürdigkeiten von **Osijek** (S. 89) erkunden

6 Im hübschen **Ilok** (S. 97) durch das außergewöhnliche neue Museum streifen und dann lokale Küche probieren

7 Im **Ethno-Dorf Karanac** (S. 94) Einblicke ins ländliche Leben gewinnen

8 Von der imposanten Kriegsgedenkstätte von **Batina** (S. 95) auf die Donau hinabblicken

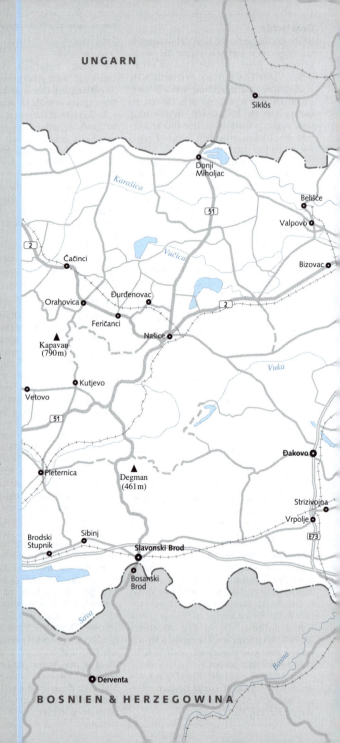

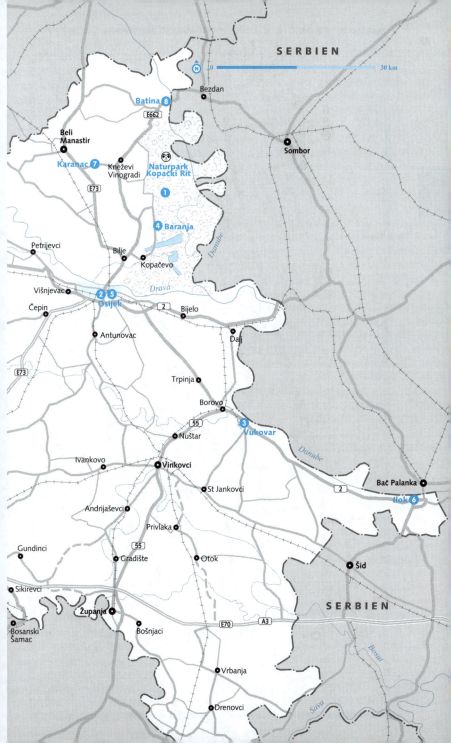

Osijek

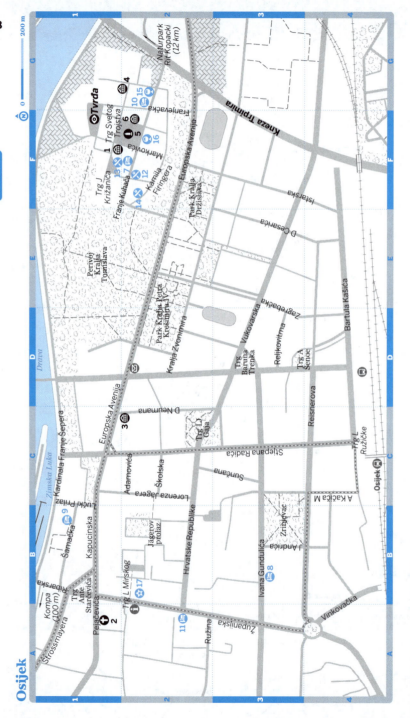

Osijek

⊙ Highlights
Tvrđa F1

⊙ Sehenswertes
1 Archäologisches Museum von
   Osijek F1
2 Petrus- und Pauluskirche A1
3 Galerie der Schönen Künste C2
4 Gloria-Maris-Museum G2
5 Dreifaltigkeitsmonument F2
6 Museum von Slawonien F2

⊙ Schlafen
7 Hostel Tufna F2
8 Hotel Drava B3
9 Hotel Osijek B1

10 Maksimilian G2
11 Waldinger A2

⊙ Essen
   Kavana Waldinger .... (siehe 11)
12 Kod Ruže F2
13 Restaurant Müller F1
14 Slavonska Kuća F2

⊙ Ausgehen
15 Old Bridge Pub G2
16 St Patrick's Pub F2

⊙ Unterhaltung
17 Kroatisches Nationaltheater B2
   Tufna .... (siehe 7)

Osijeks Wirtschaft litt schwer unter den Wiederaufbaukosten und den Flüchtlingsströmen, ebenso unter dem Verlust seiner Absatzmärkte. In den letzten Jahren geht es aber wieder bergauf und neuer Optimismus liegt in der Luft.

⊙ Sehenswertes

TVRĐA
Die Zitadelle wurde unter den Habsburgern im 18. Jh. zur Abwehr türkischer Angriffe erbaut und blieb vom Bürgerkrieg 1991 weitgehend verschont. Die barocke Anlage mit kopfsteingepflasterten Straßen, weitläufigen Plätzen und stattlichen Bürgerhäusern weist eine bemerkenswerte architektonische Geschlossenheit auf. Fast mutet sie wie ein Freiluftmuseum an.

Den Hauptplatz Trg Svetog Trojstva dominiert das kunstvolle **Dreifaltigkeitsmonument**, eine Barocksäule, die 1729 errichtet wurde. Sie gedenkt der vielen Menschen, die im 18. Jh. der Pest zum Opfer fielen.

Gloria-Maris-Museum   MUSEUM
(Svodovi bb; Erw./erm. 20/15 Kn; ⊙Di, Mi & Fr 10–16, Do 10–20, Sa & So 10–13 Uhr) Das außergewöhnliche Museum hat in den Gewölben der alten Festung ein neues Zuhause gefunden und ist Seemuscheln und dem Meeresleben im Allgemeinen gewidmet. Es ist das Werk Vladimir Filipovs, der mit Liebe und Sammelleidenschaft in 48 Jahren etwa eine Million Muscheln aus allen Ecken der Welt zusammengetragen hat. Dazu gehören der giftigste Meeresbewohner in Form von Überresten eines Kraken von den Philippinen, Fossilien, darunter eine der ersten Kreaturen auf der Erde (etwa 650 Mio. Jahre alt), ein Megalodonzahn, konservierte Meeresbewohner der Adria und natürlich jede Menge Muscheln, von riesigen bis hin zu winzig kleinen Exemplaren.

Die meisten Infos gibt's nur auf Kroatisch, man kann jedoch telefonisch einen englischen Dolmetscher buchen.

Museum von Slawonien   MUSEUM
(Muzej Slavonije Osijek; www.mso.hr; Trg Svetog Trojstva 6; Erw./erm. 15/10 Kn; ⊙Di, Mi & Fr 8–14, Do 8–20, Sa & So 10–13 Uhr) Ausgestellt ist eine riesige Sammlung von Schätzen und Artefakten, die mit Slawoniens Geschichte im Zusammenhang stehen. Zu sehen sind Werkzeuge aus der Bronzezeit, Funde aus der römischen Siedlung Mursa, wunderschöne Stoffe, Web- und Schmuckstücke sowie Möbel.

Archäologisches Museum von Osijek
                                      MUSEUM
(Arheološki Muzej Osijek; Trg Svetog Trojstva 2; Erw./erm. 15/8 Kn; ⊙Di, Mi & Fr 10–15, Do 17–20, Sa & So 10–13 Uhr) Schon das Gebäude allein (ein umgebauter Wachtposten der Stadt) mit seinem herrlichen Eichenholzboden und dem Innenhof mit Säulengang und Glaskuppel ist ein echter Blickfang. Die Exponate reichen von römischen Steinen bis hin zu keltischen Helmen.

OBERSTADT
Petrus- und Pauluskirche   KIRCHE
(⊙8–12 & 14–19.30 Uhr) Etwa 90 m hoch ragt der Turm dieser Kirche über dem Trg Ante Starčevića auf; nur die Kathedrale von Zagreb ist höher. Die Peter- und Pauluskirche

wurde in den 1890er-Jahren errichtet. Das neogotische Ziegelgebäude hat einen Kirchenraum mit 40 kunstvollen Buntglasfenstern im Wiener Stil. Die Fresken, die von dem kroatischen Maler Mirko Rački stammen, sind von lebhafter Farbigkeit.

Galerie der Schönen Künste GALERIE
(Galerija Likovnih Umjetnosti; www.gluo.hr; Europska Avenija 9; Erw./erm. 10/5 Kn; Di, Mi & Fr 10–18, Do 10–20, Sa & So 10–13 Uhr) Die Galerie der Schönen Künste ist in einem neoklassizistischen Anwesen untergebracht. Präsentiert werden Gemälde und Skulpturen slawonischer Künstler ab dem 18. Jh.

AUSSERHALB DES ZENTRUMS
Zoo Osijek ZOO
(www.unikom.hr; Tvrđavica 1; Erw./erm. 8/4 Kn; März–Aug. 9–19 Uhr, Sept.–Febr. 9–17 Uhr) Wer im wahrsten Sinne des Wortes eine Kunstpause braucht und keine weiteren Museen und Kirchen besichtigen mag, nimmt die kostenlose *kompa* (eine von der Strömung angetriebene Personenfähre) von Gornji Grad zum Zoo Osijek auf der anderen Seite der Drava. Hier erstreckt sich der größte Tierpark Kroatiens über 11 ha am Fluss entlang. Zu bestaunen sind 80 Tierarten sowie ein Aquarium, in dem auch Reptilien zu Hause sind. Die *kompa* verkehrt von Juni bis September von 8 bis 24 Uhr, von Mai bis Oktober von 9 bis 18 Uhr.

Festivals & Events

Internationales Jazzfestival JAZZ
(www.huzuk-os.hr) Auf diesem Festival im April treten Jazzmusiker aus den USA und Europa auf.

Urban Fest Osijek MUSIK
(www.ufo.com.hr) Bei dieser Musikveranstaltung im Juni stehen beispielsweise Hip-Hop, Rock und Elektromusik auf dem Programm.

Pannonian Challenge SPORT
(www.pannonian.org) Extremsportfestival im August.

Schlafen

Osijek hat nur eine begrenzte Auswahl an Hotels. Infos zu privaten Unterkünften gibt's bei der Touristeninformation oder bei OK Tours.

Maksimilian PENSION €
(497 567; www.maxsimilian.hr; Franjevačka; EZ/DZ ab 207/364 Kn;) Die exzellente Pension im Herzen der Altstadt steht unter freundlicher, englischsprachiger Leitung. Die sieben hohen, äußerst geräumigen Zimmer sind in einem historischen Gebäude aus dem Jahr 1860 untergebracht und haben Satellitenfernsehen, moderne Einrichtungen und größtenteils Klimaanlage. Zudem gibt's eine Küche sowie kostenloses Internet und Kaffee/Tee.

Hotel Osijek LUXUSHOTEL €€€
(230 333; www.hotelosijek.hr; Šamačka 4; EZ/DZ 760/950 Kn;) Das hoch aufragende Betongebäude direkt am Fluss beherbergt das beste Hotel der Stadt und erfreut sich bei Geschäftsreisenden großer Beliebtheit. Die Zimmer und Apartments sind im modernen Großstadtschick gestaltet, die meisten verfügen über eine großartige Aussicht. Zum Wellnessbereich im 14. Stock gehören ein türkisches Bad, Whirlpool und Sauna.

Hostel Tufna HOSTEL €
(215 020; www.tufna.hr; Franje Kuhača 10; B 100 Kn;) In der besten Backpackerunterkunft vor Ort gibt es zehn Schlafsäle (etwas klein, dafür sind die Matratzen gut!), kostenloses WLAN und eine originelle Lounge im 70er-Jahre-Stil inklusive Schallplatten zum Auflegen. Kleiner Nachteil: Das Hostel liegt direkt über einer Club-Bar, deswegen gehören fürs Wochenende Ohrstöpsel ins Gepäck.

Waldinger HISTORISCHES HOTEL €€€
(250 450; www.waldinger.hr; Županijska 8; Pension EZ/DZ 340/440 Kn, Hotel EZ/DZ 650/950 Kn;) Dieses Hotel hat zwei Gesichter; die großen Schlafräume im Hauptgebäude versprühen mit den eleganten Möbeln und dicken Teppichen jede Menge altmodischen Charme, die Pension wiederum kommt mit ihren modernen, funktionellen Zimmern etwas bescheidener daher. Im Preis eingeschlossen ist ein leckeres Frühstück im schicken Speisesaal, zudem gibt es einen gut ausgestatteten Fitnessbereich und ein atmosphärisches Café.

Ebenfalls empfehlenswert:

Hotel Drava MODERNES HOTEL €€
(250 500; www.hotel-drava.com; Ivana Gundulića 25a; EZ/DZ 413/606 Kn;) Das einladende moderne Hotel ganz in der Nähe von Bahn- und Busbahnhof verfügt über farbenfrohe, geschmackvoll eingerichtete Zimmer.

GEHEIMTIPP

ĐAKOVOS KATHEDRALE & PFERDE

Die beschauliche Provinzstadt Đakovo liegt nur 35 km südlich von Osijek und bietet sich für einen schönen Tagesausflug an. Es gibt gleich drei Gründe für einen Besuch: die beeindruckende Kathedrale, die Lipizzaner und das Volksfest jeden Sommer.

Der ganze Stolz der Stadt ist der rote Ziegelbau der **Kathedrale** (Trg Strossmayera 6; ⊙6–12 & 15–19 Uhr), die mit ihren beiden 84 m hohen Glockentürmen das Stadtbild prägt. Der neoromanische Bau wurde 1862 von Bischof Strossmayer in Auftrag gegeben, den dreischiffigen Innenraum schmücken farbenprächtige Bibelszenen.

Berühmt ist Đakovo außerdem für seine Lipizzaner. Die edlen Pferde werden seit dem 16. Jh. gezüchtet. Das Gestüt befindet sich vor den Toren der Stadt, ausgebildet werden die Tiere in der **Ergela** (✆031 813 286; www.ergela-djakovo.hr; Augusta Šenoe 45; Erw./erm. 20/10 Kn; ⊙Mo–Fr 7–17.30 Uhr) mitten in Đakovo, unweit der Kathedrale. An die 50 Lipizzaner werden hier täglich trainiert, um später vielleicht als hochkarätige Kutschpferde zum Einsatz zu kommen.

Jedes Jahr im Juli findet die **Đakovački Vezovi** (Folkloreschau) statt. Dann werden Vorführungen der Lipizzaner, Folkloretänze und traditionelle Lieder dargeboten.

Villa Sveti Rok PENSION €€

(✆310 490; www.villa-sveti-rok.hr; Svetog Roka 13; EZ/DZ 585/785 Kn; P❋@) Die Zimmer dieser Pension in der schattigen Straße eines Wohnbezirks wirken zwar etwas grell, sind dafür aber gemütlich.

Essen

Osijek zeichnet sich durch eine hervorragende slawonische Küche aus, die Gerichte sind herzhaft und pikant, der ungarische Einfluss unverkennbar. So ziemlich jedes Gericht wird mit Paprika bestreut. Auf dem Speiseplan dominieren Fleisch und Süßwasserfisch. Ein regionaler Klassiker ist *fiš paprikaš*, in einer Paprikasauce gekochter Fisch mit Nudeln.

Slavonska Kuća SLAWONISCH €

(Kamila Firingera 26a; Hauptgerichte ab 40 Kn; ⊙So abends geschl.) Hier lassen sich die Einheimischen slawonische Küche schmecken. Auf den Tisch kommt jede Menge *pečena riba* (gebackener Fisch), etwa köstlicher Wels. Die Preise sind sehr moderat, und die großzügigen Portionen spült man am besten mit *graševina,* einem fruchtigen Weißwein, hinunter.

Kod Ruže SLAWONISCH €

(Kuhačeva 25a; Hauptgerichte ab 45 Kn; ⊙So abends geschl.) Die Einrichtung ist recht rustikal (man beachte die Hirschköpfe), dafür kann man hier in stimmungsvollem Flair slawonische Küche probieren. Richtig lustig wird's am Wochenende, dann spielen Livebands kroatische Musik. Zu empfehlen sind die Schweinefleischgerichte sowie die große Salatauswahl (besonders lecker: *alas salata*).

Restaurant Müller INTERNATIONAL €

(Trg Jurja Križanića 9; Hauptgerichte 30–70 Kn; ⊙7.30–22 Uhr) Eine wunderbare Adresse für Familien: Während sich die Erwachsenen traditionelle Gerichte aus der Region wie gegrillte Forelle mit Kastanienpüree schmecken lassen, machen sich die Kids über Pfannkuchen her – oder auch umgekehrt. Die Mittagsmenüs (25 Kn) sind ein echtes Schnäppchen.

Kavana Waldinger CAFE €

(Županijska 8; Kuchen ab 12 Kn; ⊙7.30–23 Uhr) Einheimische lieben dieses altehrwürdige Café wegen seines professionellen Services und der Auswahl an Pfannkuchen, die jede einzelne Kalorie wert sind.

Ausgehen & Unterhaltung
Bars & Nachtclubs

Die Straßencafés und -bars am Flussufer rund um das Hotel Osijek sind bei schönem Wetter immer gut besucht. Ansonsten gibt es im Tvrđa-Viertel eine lebhafte Barszene, von Pubs im britischen Stil bis zu urig-geselligen Kneipen mit ordentlichem Geräuschpegel.

Old Bridge Pub PUB

(www.oldbridgepub.hr; Franje Kuhača 4) Im Old Bridge mit seinem typischen Londoner Flair gibt es drei Stockwerke sowie eine kleine Terrasse. Ganz oben erwartet die Gäste ein stilvolles Ambiente mit eleganten

Chesterfield-Sofas und am Wochenende sorgen abends Bands oder DJs für gute Stimmung.

St Patrick's Pub
PUB

(Franje Kuhača 15) Der gesellige, einladende Pub garantiert mit seiner gemütlichen dunklen Holzeinrichtung, Neonbeleuchtung und der riesigen Terrasse auf dem Hauptplatz einen vergnüglichen Start in den Abend. Etwas zu Essen gibt's hier allerdings nicht.

Tufna
CLUB

(www.tufna.hr; Franje Kuhača 10) In diesem netten kleinen Underground-Club legen DJs eine ziemlich große Bandbreite an Elektromusik auf: Von House bis Drum'n'Bass ist alles dabei.

Theater
Kroatisches Nationaltheater THEATER

(Hrvatsko Narodno Kazalište; 220 700; www.hnk-osijek.hr; Županijska 9) In dem altehrwürdigen Theater stehen von September bis Juni Theater-, Ballet- und Opernaufführungen auf dem Programm.

❶ Praktische Informationen

In Gornji Grad und Tvrđa ist kostenloses WLAN verfügbar.

Krankenhaus (511 511; Josipa Huttlera 4)

OK Tours (212 815; www.ok-tours.hr; Trg Slobode 7) Führungen, Informationen und ein paar private Unterkünfte.

Panturist (214 388; www.panturist.hr; Kapucinska 19) Slawoniens größtes Reisebüro betreibt Busverbindungen zur Küste sowie zu internationalen Zielen in Deutschland, der Schweiz und Bosnien-Herzegowina.

Postamt (Kardinala Alojzija Stepinca 17; Mo–Sa 7.30–19 Uhr) Neben den üblichen Leistungen auch Telefonanrufe und Barauszahlungen auf MasterCard.

Press Cafe (Lorenza Jägera 24; Internetzugang 15 Kn pro Std.; Mo–Sa 7–23, So 8–23 Uhr) In der Bar gibt's Internetzugang.

Privredna Banka (Stjepana Radića 19)

Touristeninformation (/Fax 203 755; www.tzosijek.hr; Županijska 2; Mo–Fr 7–20, Sa 7–16 Uhr) Sachkundiges Personal und jede Menge Broschüren, Heftchen und Karten.

Zlatna Greda (565 180; www.zlatna-greda.org; Sjenjak 48; 1. Mi im Monat 9–10 Uhr) Zweigstelle einer renommierten gemeinnützigen Umweltschutzgruppe, die Kanufahrten entlang der Donau und in den Kopački Rit sowie Wanderungen, Vogelbeobachtungstouren, Fotosafaris und Radtouren organisiert. Das Büro ist nur einmal im Monat geöffnet, Anfragen stellt man deshalb am besten per Mail.

BUSSE VON OSIJEK

Ziele im Inland

ZIEL	FAHRPREIS (KN)	DAUER (STD.)	TÄGLICHE ABFAHRTEN
Bizovačke	18	½	10
Đakovo	32	¾	16
Dubrovnik	313	14	1
Ilok	60	2	5
Požega	69	2¼	4 (2 am So)
Rijeka	245	7	1
Slavonski Brod	64	1¾	17
Split	296	11	1
Toplice	48	1	6
Vukovar	30	¾	11
Zagreb	130	4	10

Ziele im Ausland

ZIEL	FAHRPREIS (KN)	DAUER (STD.)	ABFAHRT
Belgrad	120	3½	4-mal tgl.
Wien	295	9	2-mal wöchentlich
Zürich	715	18	1-mal wöchentlich

ZÜGE VON OSIJEK

ZIEL	FAHRPREIS (KN)	DAUER (STD.)	TÄGLICHE ABFAHRTEN
Bizovačke Toplice	17	15 Min.	12
Požega	56	3–4	3
Rijeka	201	9–10	2
Šibenik	242	14	1 (Umsteigen in Perković)
Slavonski Brod	45	1½	7 (nur 2 Direktzüge)
Zagreb	115	5	7

An- & Weiterreise

Osijek ist ein wichtiger Verkehrsknotenpunkt. Von hier verkehren Busse und Züge in alle Richtungen.

Bus

Nachfolgend sind einige internationale Busse aufgelistet, die in Osijek abfahren. Das Angebot für Fahrten zurück nach Deutschland ist so umfangreich, dass die verschiedenen Möglichkeiten hier nicht im Einzelnen aufgeführt werden können.

Flugzeug

Der **Klisa Airport** (✆514 451, 060 339 338; www.osijek-airport.hr) befindet sich 20 km von Osijek entfernt an der Straße nach Vukovar. Das Stadtbüro ist an der Vijenac J Gotovca 4. Der Flughafen ist recht klein, es werden nur wenige internationale Ziele angeflogen, darunter Frankfurt-Hahn von Ryan Air. Croatia Airlines hat saisonale Flüge nach Dubrovnik und Split im Angebot.

Zug

Von Pećs nach Osijek (59 Kn, 2 Std.) verkehrt nur ein Zug am Tag in jede Richtung. Von Osijek fährt ein Zug nach Budapest (222 Kn, 5 Std.). Außerdem gibt es eine Zugverbindung pro Tag nach Sarajevo (144 Kn, 6½ Std.).

Unterwegs vor Ort

Für etwa 25 Kn verkehrt ein Shuttlebus vom Flughafen ins Zentrum. Jeweils 2½ Stunden vor Abflug fährt vom Busbahnhof ein Shuttle zum Airport hinaus.

In der Stadt kann man gut und günstig Taxi fahren. **Cameo** (✆205 205) verfügt über moderne Autos mit Taxametern; die meisten Fahrten in der Stadt kosten gerade mal 13 Kn.

In Osijek verkehren vier Straßenbahnlinien. Der Fahrpreis beträgt 8 Kn, wenn man seine Fahrkarte beim Fahrer kauft, 7 Kn am *tisak* (Kiosk). Samstags rattert eine **Touristentram** (Fahrkarten 10 Kn; ☉10–12 Uhr) mit einem Führer eine halbe Stunde lang durch die Innenstadt. Wer gern deutsche oder englische Erklärungen hätte, muss sich vorher mit der Touristeninformation in Verbindung setzen.

Für Besucher ist die Tramlinie 2 überaus nützlich; sie verkehrt vom Busbahnhof und Bahnhof zum Trg Ante Starčevića in der Innenstadt. Die Linie 1 fährt nach Tvrđa.

Die Buslinie 6 (Route 24, 25 oder 27) mit der Aufschrift Darda-Bilje fährt von Osijek ins nahe gelegene Bilje.

Baranja

031

Das kleine Dreieck im äußersten Nordosten Kroatiens, wo Drava und Donau zusammenfließen, heißt Baranja. Es erstreckt sich östlich von Osijek in Richtung Serbien, nach Norden zur Stadt Beli Manastir und im Südwesten in Richtung Đakovo. In diesem landwirtschaftlich geprägten Gebiet ist der ungarische Einfluss stark spürbar. So tragen alle Orte Namen in beiden Sprachen, einige Dorfbewohner sprechen kaum Kroatisch.

In den letzten Jahren avancierte diese Gegend – ohne jegliche Straßenbeleuchtung, aber sehr malerisch mit ihren Wein- und Obstgärten, Sümpfen und Weizenfeldern – zu einem der attraktivsten Touristenziele in Kroatien. Nicht nur das Vogelschutzgebiet Kopački Rit zieht Feriengäste an, sondern auch die hübschen Bauernhöfe, wo sich so richtig ländlich Urlaub machen lässt. Nicht zuletzt locken nette Restaurants und aufstrebende Weingüter.

NATURPARK KOPAČKI RIT

Nur 12 km nordöstlich von Osijek befindet sich eines der größten Sumpfgebiete Europas, der **Naturpark Kopački Rit** (Park Prirode Kopački Rit; www.kopacki-rit.com; Erw./Kind 10/5 Kn). 293 Vogelarten sind hier zu Hause.

In der weitläufigen Ebene am Zusammenfluss von Drava und Donau liegen zwei größere Seen, Sakadaško und Kopačevo, an denen eine bemerkenswerte Vielfalt von Pflanzen gedeiht – von Sumpf- und Wiesenpflanzen bis hin zu Weiden-, Pappel- und Eichenwäldern. Je nach Jahreszeit finden sich Seerosen, Farne, Riedgräser und Schilf.

In den Gewässern leben 44 Fischarten, darunter Karpfen, Brachsen, Hechte, Welse und Flussbarsche. An Land gibt es 21 Mückenarten (am besten literweise Insektenschutzmittel einstecken) sowie Hirsche, Wildschweine, Biber, Marder und Füchse. Aber die Stars des Parks sind die Vögel. Hier entdeckt man seltene Schwarzstörche, Seeadler, Haubentaucher, Purpurreiher, Löffler und Wildgänse. Der günstigste Zeitpunkt für einen Besuch ist die Zugvogelzeit im Frühling und Herbst.

Der Naturpark war nach dem Krieg viele Jahre wegen unzähliger hier gelegter Landminen geschlossen. Die meisten Minen konnten mittlerweile entschärft werden, alle sicheren Wege sind markiert. Im Park gibt es ein modernes **Besucherzentrum** (☎752 320; ⊙9–17 Uhr) am Haupteingang an der Straße Bilje–Kopačevo. Nicht weit von hier laden Lehrpfade zu interessanten Streifzügen ein, zudem werden verschiedene **geführte Touren** angeboten. Eine Bootstour durch den Naturpark samt Besuch einer Schlossanlage und Farm kostet 70 Kn. Bei der Tour zur Wildtierbeobachtung in einem kleinen Boot ist man mit 100 Kn pro Stunde dabei (max. 4 Teilnehmer). Treffpunkt ist jeweils der Anlegeplatz, etwa 1 km vom Besucherzentrum entfernt. Man sollte im Voraus buchen, besonders im Frühling und Herbst.

Am Nordrand des Parks, etwa 12 km vom Besucherzentrum entfernt, liegt **Dvorac Tikveš** (☎752 320; 120 Kn pro Pers.), ein österreichisch-ungarisches Schloss mit integrierter bio-ökologischer Forschungsstation. Gästen stehen sieben hübsche Zimmer mit eigenem Bad und Ausblick in die grüne Umgebung zur Verfügung. Das Gebäude diente Tito als Jagdschloss, in den 1990er-Jahren wurde es dann von Serben besetzt. Die Wälder rund um den Gebäudekomplex sind noch vermint, man sollte also keinesfalls alleine herumlaufen. Das Mittagessen im **Restaurant** (Hauptgerichte 42–86 Kn) ist ein besonderer Gaumenschmaus; es gibt gebratenen Karpfen und *fiš paprikaš*, das in der Küche am offenen Feuer vor sich hin köchelt.

Zum Park fahren keine öffentlichen Verkehrsmittel. Man kann höchstens den Bus von Osijek nach Bilje nehmen und die letzten 3 km zu Fuß zurücklegen. Alternativ kann man in Osijek bei **CetraTour** (☎031-372 920; www.cetratour.hr; Ružina 16) ein Fahrrad mieten.

Zlatna Greda (S. 92) organisiert ausgezeichnete Touren in den Kopački Rit. Im verlassenen Örtchen Puszta, 15 km nördlich von Osijek innerhalb des Parks, hat das Unternehmen ein eigenes neues **Ökozentrum** (☎091 42 11 424) aufgebaut, Ausgangspunkt für Wanderungen, Vogelbeobachtungstouren und Kanufahrten. In naher Zukunft will Zlatna Greda dort auch einen Zeltplatz, ein Café und ein Museum eröffnen.

RUND UM KOPAČKI RIT

Bilje, 5 km nördlich von Osijek, ist eine Art Wohnvorort der Stadt, verfügt über jede Menge preisgünstige Unterkünfte und bietet sich so als alternativer Ausgangspunkt für Touren in den Kopački Rit an. **Bilje Plus** (☎750 264; www.biljeplus.hr), ein Zusammenschluss von fünf B&Bs, vermietet Zimmer und Fahrräder (70 Kn pro Tag). Empfehlenswert sind außerdem die hübschen Zimmer (zwei davon mit eigenem Bad) des Familienunternehmens **Mazur** (☎750 294; www.mazur.hr; K Braminira 2; Zi. 150–240 Kn), das zudem großzügiges Frühstück serviert. Zwischen Bilje und Osijek verläuft ein Radweg.

Im ruhigen Dorf Kopačevo am Rand des Kopački Rit serviert ein hervorragendes Restaurant, **Zelena Žaba** – „grüner Frosch" – (Ribarska 3; Hauptgerichte ab 40 Kn), regionaltypische Küche; sein Name kommt von den Tausenden Fröschen, die im Sumpf hinter dem Haus quaken. Sehr zu empfehlen ist die Spezialität des Hauses, *fiš perkelt*, ein Fischeintopf mit hausgemachten Nudeln, Weichkäse und Speck.

KARANAC & UMGEBUNG

Ganz im Norden von Baranja, 8 km östlich von Beli Manastir, vermittelt das landwirtschaftlich geprägte Karanac ein Stück authentisches slawonisches Dorfleben. Der Ort liegt inmitten von Kirschbäumen und liebevoll gepflegten Gärten und hat drei Kirchen (evangelisch, katholisch, orthodox) sowie gut erhaltene pannonische Bauten.

In Karanac gibt es mehrere Übernachtungsmöglichkeiten, darunter das **Sklepić** (☎720 271; www.sklepic.hr, auf Kroatisch; Kolodvorska 58; EZ/DZ 230/338 Kn) mit zauberhaf-

EDLE TROPFEN AUS SLAWONIEN

Wein wird in Slawonien seit Jahrtausenden angebaut – der Name Baranja soll vom ungarischen Wort „Mutter des Weines" hergeleitet sein. Nach einer Zeit der Stagnation erlebt die Region nun eine echte Renaissance. Weißweine aus lokalen Rebsorten wie *graševina* genießen zu Recht einen guten Ruf, daneben werden erdige Rotweine produziert. Am besten kündigt man sich bei den Weingütern telefonisch an, damit jemand da ist und Zeit für eine Führung hat.

In Kutjevo (☎034-255 002; www.kutjevo.com, auf Kroatisch; Kralja Tomislava 1, Kutjevo; ⊙nach Vereinbarung) kann man einen mittelalterlichen Weinkeller von 1232 besichtigen, der einst zu einer Zisterzienserabtei gehörte. Bei der Führung (20 Kn) werden de Gotho-Weine (auch Rote) verkostet. Gleich in der Nähe liegen zwei der besten Weinkellereien Slawoniens: Krauthaker (☎034-315 000; www.krauthaker.hr; Ivana Jambrovića 6, Kutjevo; Verkostung & Führung 40 Kn), deren *graševina* regelmäßig Preise gewinnt, sowie Enjingi (☎034-267 201; www.enjingi.hr; Hrnjevac 87, Vetovo; Verkostung & Führung 50 Kn), die Weine nach biologischen Maßstäben produziert und in slawonischen Eichenfässern lagert. Dabei greift die Kellerei auf Erfahrungen zurück, die bis ins Jahr 1890 reichen.

In Baranja wurde der Weinbau in der Hügellandschaft rund um Kneževi Vinogradi wiederbelebt. An den gut beschilderten Weinstraßen haben sich aufstrebende Winzer etabliert, vor allem in den Dörfern Zmajevac und Suza. Der auf traditionelle Techniken ausgerichtete Winzer Gerstmajer (☎031-735 276; Šandora 31, Zmajevac) veranstaltet Führungen inkl. Verkostung durch seine 11 ha großen Weinberge und den Weinkeller. Ein Stück bergab findet man den größten Produzenten Josić (☎031-734 410; www.josic.hr; Planina 194, Zmajevac) mit einem guten Restaurant (siehe unten). Kolar (☎031-733 006; Maršala Tita 141; ⊙9–17 Uhr) bietet Proben im Weinkeller und betreibt einen Laden an der Hauptstraße nach Suza.

Slawonien wartet außerdem mit den alten Weinkellern in Ilok sowie Kroatiens erstem Weinhotel, dem Zdjelarević (☎035-427 775; www.zdjelarevic.hr), auf. Dieses liegt wunderschön in Brodski Stupnik, nicht weit von Slavonski Brod. Lehrpfade führen durch die Weinberge, ein Diplomlandwirt erklärt Besuchern die einzelnen Rebsorten und Böden. Zudem gibt es ein gutes Restaurant und man kann informative Führungen durch die Weinkeller und andere slawonische Kellereien buchen.

---

ten rustikalen Zimmerchen inklusive Bad. Eine weitere ausgezeichnete Wahl ist die von einem jungen Pärchen bewirtschaftete Farm Ivica Marica (☎091 13 73 793; www.ivica-marica.com; Ivo Lola Ribar 8a; 224 Kn pro Pers.; P @) mit hübschen Zimmern und Apartments samt Kiefernholzeinrichtung, einer Sauna und Anlagen für Kinder.

Das Sklepić hat ein Ethnomuseum (☎720 271; Eintritt 15 Kn; ⊙nach Vereinbarung), untergebracht in einem Landhaus von 1897 am Ortsausgang, mit 2000 traditionellen Objekten, Werkstätten, einem Weinkeller und Ställen.

In diesem Teil Baranjas gibt es viele ausgezeichnete Restaurants und Weinkellereien. Dazu gehört Baranjska Kuća (☎720180; Kolodvorska 99, Karanac; Hauptgerichte ab 45 Kn); hier gibt's traditionelle Gerichte wie Fischeintöpfe, einen Garten mit Scheunen, einen Schatten spendenden Kastanienbaum, eine Schmiede und einen Eiskeller.

Im gehobenerem Josić (☎031-734 410; www.josic.hr; Planina 194, Zmajevac; Hauptgerichte ab 40 Kn) im nahe gelegenen Dorf Zmajevac wird in einem Kellergewölbe gespeist; empfehlenswert sind die Paprikawürste und die Fischsuppe sowie die Verkostungen im Weinkeller.

Im Dreiländereck Kroatien, Serbien und Ungarn liegt Batina. Dort erinnert eine eindrucksvolle Gedenkstätte aus kommunistischen Zeiten in Form einer riesigen, über dem Ort thronenden Frauenstatue an den entscheidenden Sieg der sowjetischen Truppen über die Nationalsozialisten. Die Aussicht über die Donau ist spektakulär.

Vukovar

☎032 / 28 869 EW.

Wer heute Vukovar besucht, wird Schwierigkeiten haben, sich die Stadt vor dem Krieg vorzustellen. Die Wurzeln dieses einst hübschen Ortes an der Donau reichen bis ins 10. Jh. zurück; die Straßen waren von eleganten Barockgebäuden gesäumt, und es herrschte reger Betrieb in den Kunstgalerien und Museen. Das alles veränderte sich durch die Belagerung von 1991, die Wirtschaft, Kultur, Infrastruktur und den Frieden unter den Bürgern zerstörte.

Seit 1998 gehört Vukovar wieder zu Kroatien und die Aufbauarbeiten sind in vollem Gang. In der Innenstadt entstanden neue Gebäude, doch noch immer erinnern viele beschädigte Fassaden an die Vergangenheit. Der ehemalige Wasserturm an der Straße nach Ilok wurde bewusst als Zeugnis der Zerstörung stehen gelassen.

Wenige Fortschritte macht die Aussöhnung der Bewohner Vukovars. Serben und Kroaten sind nach wie vor verfeindet, leben in Parallelwelten und pflegen Kontakte nur unter ihresgleichen. Die Kinder besuchen getrennte Schulen und ihre Eltern treffen sich entweder in serbischen oder in kroatischen Cafés. Internationale Organisationen bemühen sich um Versöhnung und Integration, doch wer seine Familie und Lebensgrundlage verloren hat, dem fällt es schwer zu verzeihen.

Viele Sehenswürdigkeiten Vukovars sind verständlicherweise mit dem Krieg verknüpft; ihr Besuch ist meist eine sehr bewegende Angelegenheit.

◉ Sehenswertes

Ort der Erinnerung: Krankenhaus Vukovar MUSEUM
(✆ 452 011; www.ob-vukovar.hr/mjesto-sjecanja; Županijska 37; Eintritt 10 Kn; ☉Mo–Fr 8–15 Uhr, nach Anmeldung) Das Multimediamuseum erzählt von den tragischen Ereignissen, die sich während der Belagerung 1991 (siehe Kasten S. 97) im Krankenhaus ereigneten. Die emotional aufwühlende Tour führt durch mehrere mit Sandsäcken geschützte Korridore mit Videoprojektionen von Kriegsszenen und Einschlaglöchern von Bomben sowie in den klaustrophobisch engen Atombunker, in dem Neugeborene und die Kinder der Schwestern Schutz fanden. In kleinen Räumen sind Interviews und Reden von Opfern und Überlebenden zu hören.

Ovčara-Gedenkstätte GEDENKSTÄTTE
(☉10–17 Uhr) Etwa 6 km vor der Stadt, von der Straße nach Ilok, zweigt den 4 km lange Weg zur Ovčara-Gedenkstätte ab. In diesem Gebäude wurden 200 Menschen aus dem Krankenhaus misshandelt und gefoltert. In einem dunklen Raum sind Fotos der Opfer zu sehen; eine einzige Kerze brennt in der Mitte. Die Opfer wurden 1,5 km weiter an der gleichen Straße in einem Getreidefeld ermordet. Heute markiert die Stelle ein schwarzer Grabstein aus Marmor, den Kerzen und Blumen schmücken.

Stadtmuseum MUSEUM
(Gradski Muzej; Županijska 2; Erw./erm. 10/5 Kn; ☉Mo–Fr /–15 Uhr) Das Stadtmuseum ist im Eltz-Palast aus dem 18. Jh. untergebracht und war zu Redaktionsschluss wegen Umbauarbeiten geschlossen. Die Wiedereröffnung ist im Laufe des Jahres 2011 geplant.

Kriegsfriedhof mit Mahnmal GEDENKSTÄTTE
Etwa 3,5 km vor den Stadttoren an der Hauptstraße nach Ilok liegt der Kriegsfriedhof mit einem Mahnmal. Insgesamt 938 weiße Kreuze erinnern an die Opfer der Belagerung.

🎭 Festivals & Events

Das **Vukovar-Filmfestival** (www.vukovar filmfestival.com) zeigt Ende August Dokumentar- und Kurzfilme hauptsächlich aus den Donauländern.

🛏 Schlafen & Essen

Hotel Lav MODERNES HOTEL €€€
(✆ 445100; www.hotel-lav.hr; JJ Strossmayera 18; EZ/DZ 590/900 Kn; P ❄ @ 🛜) Das moderne, professionell geführte Vier-Sterne-Hotel verfügt über helle, geräumige und gut ausgestattete Zimmer; viele davon bieten eine herrliche Aussicht auf den Fluss. Darüber hinaus gibt es eine hübsche Bar, einen Aufenthaltsraum mit Café, ein Restaurant und eine Terrasse.

Hotel Dunav HOTEL €
(✆ 441 285; Trg Republike Hrvatske 1; EZ/DZ 258/432 Kn; P ❄) Zimmer und Terrasse des etwas streng wirkenden Hotels aus jugoslawischen Zeiten sind wenig reizvoll, verfü-

SPRACHBARRIEREN

Am Empfang des Krankenhauses Vukovar wird kein Englisch gesprochen, wer nicht des Kroatischen mächtig ist, kann keinen Termin vereinbaren. Die Mitarbeiter der Touristeninformation helfen in solch einem Fall gerne weiter.

DIE BELAGERUNG VON VUKOVAR

Vor dem Krieg hatte Vukovar eine multikulturelle Bevölkerung (etwa 44 000 Einwohner), davon 44 % Kroaten und 37 % Serben. Als Kroatien sich Anfang 1991 vom ehemaligen Jugoslawien abspaltete, kam es zu vermehrten Spannungen zwischen beiden Volksgruppen. Im August 1991 versuchten die jugoslawischen Streitkräfte mit einem groß angelegten Artillerie- und Infanterieangriff, die Stadt einzunehmen.

Ende August waren bis auf 15 000 alle Einwohner Vukovars geflohen. Wer blieb, suchte in Luftschutzkellern Schutz; die Menschen lebten von Konserven, Wasser war rationiert, in den Straßen über ihnen häuften sich die Toten. Monatelang hielt die Stadt der Belagerung stand, obwohl ihre Verteidiger zahlenmäßig hoffnungslos unterlegen waren.

Nach wochenlangen Kämpfen Mann gegen Mann ergab sich Vukovar schließlich am 18. November. Am 20. November stürmten serbisch-jugoslawische Soldaten das Krankenhaus von Vukovar und verschleppten 400 Patienten, Angestellte und Angehörige. 194 von ihnen wurden in der Nähe des Dorfes Ovčara ermordet, ihre Leichen in einem Massengrab nicht weit von dort verscharrt. Zwei jugoslawische Armeeoffiziere, Mile Mrkšić und Veselin Šljivančanin, wurden für ihre Mitwirkung an diesem Massaker vom Kriegstribunal in Den Haag 2007 zu 20 bzw. 5 Jahren Gefängnis verurteilt. Mrkšićs Urteil wurde nach einem Berufungsverfahren 2009 bestätigt, Šljivančanins Strafe auf 17 Jahre erhöht wegen Beihilfe und Anstiftung zum Mord.

Schätzungen zufolge sollen 2000 Menschen – darunter 1100 Zivilisten – bei der Verteidigung von Vukovar ums Leben gekommen sein. 4000 Menschen wurden verwundet, mehrere Tausend verschwanden vermutlich in Massengräbern, 22 000 wurden ins Exil getrieben.

---

gen dafür jedoch über eine tolle Aussicht auf die Donau. Kann insgesamt nicht mit dem Lav mithalten.

Dunavska Golubica SLAWONISCH €€
(Lenjinovo S/vetalis/vte 10; Hauptgerichte ab 45 Kn) Dieses wunderbar elegante Restaurant in einladender Umgebung genießt einen exzellenten Ruf für seine leckeren slawonischen Spezialitäten.

❶ Praktische Informationen

Entlang der Strossmayera, der Hauptstraße, liegen mehrere Banken mit Geldautomaten. In der **Touristeninformation** (☏/Fax 442 889; www.turizamvukovar.hr; J J Strossmayera 15; ⏲Mo–Fr 7–16, Sa bis 12 Uhr) gibt's nur wenig Infomaterial, dafür ist das Personal sehr hilfsbereit. **Danubium Tours** (☏/Fax 445 455; www.danubiumtours.hr; Trg Republike Hrvatske 1) hat Radtouren, Kajakfahrten auf der Donau und verschiedene andere Aktivitäten in und um Vukovar im Programm.

❶ An- & Weiterreise

Es gibt gute Busverbindungen nach Osijek (30 Kn, 45 Min., 14-mal tgl.), Ilok (30 Kn, 50 Min., 6-mal tgl.), Zagreb (154 Kn, 5 Std., 4- bis 5-mal tgl.) sowie nach Belgrad (95 Kn, 3 Std., 5-mal tgl.). Täglich fährt ein Direktzug von Vukovar nach Zagreb (114 Kn, 4 Std.).

Ilok

☏032 / 8350 EW.

37 km von Vukovar entfernt thront die östlichste Stadt Kroatiens auf einem Hügel mit Blick über die Donau und die serbische Region Vojvodina auf der anderen Seite des Flusses. Die gut erhaltene mittelalterliche Stadt liegt inmitten der Weinberge der Fruška Gora. Hier wird schon seit römischen Zeiten Wein angebaut. Wahrzeichen der Stadt ist das Schloss, das heute eines der besten Museen Slawoniens beherbergt.

Ilok wurde von den Serben Anfang der 1990er-Jahre erobert, 1998 wieder an Kroatien zurückgegeben. Seitdem erlebt die Weinproduktion einen Aufschwung. In der Region finden sich mittlerweile 15 Weingüter, die alle zu besichtigen sind. Die Innenstadt von Ilok mit ihrer Wehranlage wird infolge archäologischer Ausgrabungen derzeit restauriert.

◉ Sehenswertes & Aktivitäten

Die mittelalterliche Stadt ist sehr grün und von den Resten einer gewaltigen Stadtmauer umgeben. Aus türkischer Zeit haben sich zwei Relikte erhalten: ein **Hamam** aus dem 16. Jh. und eine **Türbe**, das Grab eines türkischen Adligen.

Odescalchi-Museum MUSEUM

(Muzej Grada Iloka; Šetalište Oca Mladena Barbarića bb; Erw./erm. 20/10 Kn; ◉Mo–Fr 9–19, Sa 9–15, So 11–18 Uhr) Iloks Hauptattraktion ist das exzellente Stadtmuseum, untergebracht in der Odescalchi-Palastanlage hoch über der Donau. Das Schloss wurde auf Befehl von König Nikola Iločki auf Fundamenten aus dem 15. Jh. errichtet. Im späten 17. Jh. gestaltete die italienische Familie Odescalchi den mittelalterlichen Bau dann im barock-klassizistischen Stil um.

Die Exponate sind eindrucksvoll in Szene gesetzt und mit detaillierten Infotafeln auf Kroatisch und Englisch versehen. Mit beeindruckenden archäologischen Funden – darunter eine faszinierende römische Säule mit Agnus-Dei-Darstellung – und ethnografischen Erläuterungen werden Iloks Ursprünge, Geschichte und Kultur veranschaulicht. Säbel und Musketen repräsentieren die türkische Vergangenheit der Stadt, zudem sind hübsche Möbelstücke und Kunstwerke aus dem 19. Jh. sowie ein Grabstein und Wandteppiche aus einer alten Synagoge zu sehen.

Iločki Podrumi WEINKELLER

(Iločki Podrumi; ☎590 088; www.ilocki-podrumi. hr; Dr Franje Tuđmana 72; Führungen 5 Kn; ◉8–18 Uhr) Die alten Weinkeller liegen direkt beim Schloss. Unbedingt probieren sollte man den *traminac*; der trockene Weißwein wurde bei der Krönung von Königin Elizabeth II. serviert. Bei der 20-minütigen Führung wird der atmosphärische Keller mit seinen Eichenfässern besichtigt. Es gibt ein grandioses Weingeschäft, ein Café und ein Restaurant. Führungen auf Englisch müssen im Voraus angefragt werden.

Schlafen & Essen

Hotel Dunav HOTEL AM FLUSS €€

(☎596 500; www.hoteldunavilok.com; Julija Benešića 62; EZ/DZ 300/500 Kn; P@) Das hübsche Hotel liegt direkt an der Donau und hat 16 schöne Zimmer mit Blick ins Grüne. Zur Anlage gehören ein Café mit zauberhafter Terrasse am Ufer und ein Büro von Danubium Tours.

Stari Pochum HOTELRESTAURANT €€

(☎590 088; www.ilocki-podrumi.hr; Hauptgerichte 45–100 Kn; P@) Gespeist wird in den alten Weinkellern des Schlosses. Holzvertäfelungen und riesige Eichenfässer bilden die perfekte Kulisse für ein herzhaftes Mahl. Auf der Karte dominiert regionale Küche – Schweinewürste aus Ilok, Hirtentopf mit Klößen und *fiš paprikaš* –, die Weinauswahl ist natürlich exzellent. Mittlerweile kann man hier auch übernachten, und zwar in 18 großen modernen Zimmern im Chalet-Stil (EZ/DZ 350/500 Kn) samt Blick auf die Donau und eleganter Einrichtung.

Praktische Informationen

Touristeninformation (☎590 020; www. turizamilok.hr; Trg Nikole Iločkog 2; ◉Mo–Fr 8–16 Uhr) Gibt Infos zu ländlichen Hotels, Wanderwegen und der Region. Am besten vorher anrufen, denn die Öffnungszeiten sind recht unregelmäßig.

An- & Weiterreise

Die Bushaltestelle in der Innenstadt ist nur ein paar Schritte von der mittelalterlichen Altstadt entfernt. Jeden Tag verkehren sieben Busse von Ilok über Vukovar nach Osijek (60 Kn, 1¾ Std.).

Istrien

Inhalt »

Pula 101
Brijuni-Inseln 110
Rovinj 111
Poreč 119
Labin 124
Vodnjan 127
Svetvinčenat 128
Pazin 129
Gračišće 131
Buzet 131
Motovun 134
Istarske Toplice 136
Grožnjan 137

Gut essen

» Toklarija (S. 134)
» Damir i Ornella (S. 126)
» Konoba Batelina (S. 107)
» La Puntulina (S. 116)

Schön übernachten

» Monte Mulini (S. 115)
» Stancija 1904 (S. 128)
» Hotel Kaštel (S. 135)
» Hotel Istra-Neptun (S. 111)

Auf nach Istrien

Istrien (kroatisch: Istria), die herzförmige, 3600 km² große Halbinsel, ragt südlich von Triest in das Adriatische Meer. Das malerische Hinterland mit Hügeln und fruchtbaren Ebenen lockt zunehmend kunstinteressierte Besucher in die Bergdörfer, Landhotels und Restaurants, während die grüne, zerklüftete Küste mit ihren riesigen Hotelkomplexen unzählige Sonnenanbeter anzieht. Die felsigen Strände sind nicht die besten Kroatiens, aber es gibt viele Unterkünfte, das Meer ist sauber und noch findet man zahlreiche einsame Flecken.

Die Küste oder das „Blaue Istrien", wie es das Fremdenverkehrsamt nennt, wird im Sommer von Touristen überflutet. Im „Grünen Istrien", dem Inselinneren, ist man jedoch selbst im August noch ungestört. Dazu kommen historischer Charme und eine viel gepriesene Gastronomie (mit frischen Meeresfrüchten, edlen weißen Trüffeln, wildem Spargel, exzellenten Olivenölen und preisgekrönten Weißweinen) – man ist im Paradies gelandet.

Reisezeit

Pula

April Im Frühling kann man in den Feldern wilden Spargel stechen.

Juli & August Jede Menge Festivals mit klassischer Musik, Jazz, Filmen und Kunst.

September Die Saison der weißen Trüffeln beginnt mit dem Subotina-Festival in Buzet.

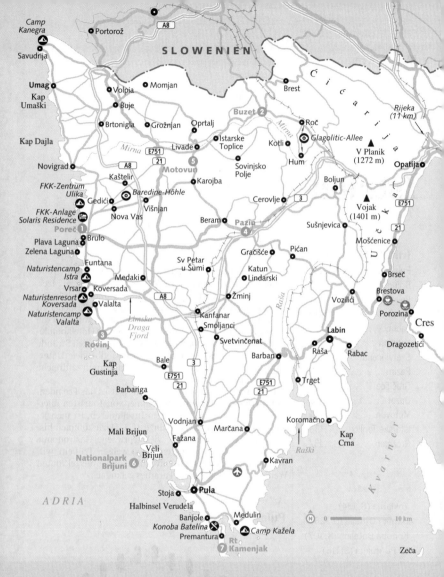

Highlights

① Die Mosaiken der **Euphrasius-Basilika** (S. 119) in Poreč bestaunen

② In den Wäldern um **Buzet** (S. 132) nach Trüffeln suchen

③ Im **Batana-Haus** (S. 113) in die Geschichte des Fischerortes Rovinj eintauchen

④ Die legendäre **Paziner Schlucht** (S. 129) erkunden

⑤ Beim sommerlichen Filmfestival in **Motovun** (S. 135) Open-Air-Kino genießen

⑥ Kommunistischen Chic auf Titos Spielwiese **Brijuni** (S. 110) bewundern

⑦ Die wilde Landschaft des **Rt Kamenjak** (S. 106) bei Pula erforschen

DIE ISTRISCHE KÜSTE

Geschichte

Gegen Ende des 2. Jahrtausends v. Chr. besiedelten illyrische Histrer die Region und errichteten an der Küste und im Landesinnern befestigte Bergdörfer. Im 3. Jh. v. Chr. drangen die Römer nach Istrien vor. Nach der Eroberung begannen sie, Straßen und Bergfestungen zu strategischen Bollwerken auszubauen.

Von 539 bis 751 stand Istrien unter byzantinischer Herrschaft. Eindrucksvollstes Relikt dieser Epoche ist die Euphrasius-Basilika in Poreč. In der Folgezeit wurde das Land abwechselnd von slawischen Völkern, Franken und deutschen Herrschern regiert. Venedig gewann zusehends an Einfluss und errang im frühen 13. Jh. die Kontrolle über die istrische Küste.

Nach dem Fall Venedigs im Jahre 1797 geriet Istrien unter österreichische Herrschaft, dann unter französische (1809–13), bevor es wieder an Österreich fiel. Im 19. und frühen 20. Jh. war der überwiegende Teil Istriens ein vernachlässigter Außenposten der Habsburger Monarchie.

Als das österreichisch-ungarische Reich Ende des Ersten Weltkriegs zerfiel, rückte Italien schnell vor, um sich Istrien zu sichern. Italienische Truppen besetzten Pula im November 1918. 1920 trat das Königreich der Serben, Kroaten und Slowenen im Vertrag von Rapallo Istrien zusammen mit Zadar und mehreren Inseln an Italien ab – als Anerkennung für die Unterstützung der alliierten Streitkräfte im Ersten Weltkrieg.

Eine massive Völkerwanderung setzte ein, als zwischen 30 000 und 40 000 Italiener aus Mussolinis Italien eintrafen und viele Kroaten aus Angst vor dem Faschismus die Region verließen. Ihre Sorgen waren durchaus begründet, wollten die italienischen Herrscher ihre Macht doch auch dadurch festigen, dass sie die slawische Sprache, Medien, Erziehung sowie die Ausübung der Kultur verboten.

Italien kontrollierte die Region bis zur Niederlage im Zweiten Weltkrieg. Dann wurde Istrien Teil Jugoslawiens, was eine weitere Massenflucht auslöste. Jetzt flohen Italiener und republikfreundliche Kroaten vor Titos Kommunisten. Triest und die Nordwestspitze der Halbinsel blieben noch lange Streitpunkt zwischen Italien und Jugoslawien, bis die Region 1954 endgültig Italien zugesprochen wurde. Aufgrund der Neuordnung Jugoslawiens durch Tito fiel der nördliche Teil der Halbinsel an Slowenien.

An der Spitze der istrischen Halbinsel liegt Pula, die größte Stadt an der Küste. Auf einem Tagesausflug sind die vorgelagerten Brijuni-Inseln zu erreichen, wo sich Tito gerne aufhielt. An der Ostküste befindet sich etwa auf halber Strecke der moderne Badeort Rabac, direkt unterhalb der alten Hügelstadt Labin. Besonders beliebt bei Urlaubern ist die Westküste. Die schönste Stadt dort ist Rovinj, das preisgünstigere Poreč wartet mit zahlreichen Übernachtungs- und Unterhaltungsmöglichkeiten auf. Auf der gegenüberliegenden Meerseite liegt Italien, aber aufgrund seines großen Einflusses auf Istrien hat man den Eindruck, es ist gleich nebenan. Italienisch ist die zweite Hauptsprache Istriens, viele Einwohner haben italienische Reisepässe und jeder Ort hat eine italienische Partnerstadt.

Pula

60 000 EW.

Pula (früher Polensium) ragt unter den kroatischen Städten vor allem wegen seiner zahlreichen römischen Bauwerke heraus. Größte Attraktion ist das erstaunlich gut erhaltene römische Amphitheater, das die Innenstadt beherrscht und im Sommer oft als Schauplatz für Konzerte und Aufführungen dient.

Trotz ihres regen Geschäftslebens konnte sich die lebhafte Handelsstadt am Meer die Atmosphäre einer Kleinstadt bewahren. Pula hat zwar keine Strände, aber mit dem Bus sind die Ferienorte auf der Halbinsel Verudela weiter südlich schnell erreicht. Wenn auch dicht bebaut mit Wohn- und Feriensiedlungen, ist die Küste doch von duftenden Pinienhainen bewachsen und von Strandcafés und ausgezeichneten Restaurants gesäumt. Wer der tief eingeschnittenen Küste Richtung Süden folgt, erreicht die Halbinsel Premantura. Hier befindet sich ein spektakulärer Naturpark, das geschützte Kap Kamenjak.

Geschichte

Die österreichisch-ungarische Doppelmonarchie erwählte Pula 1853 zum Hauptkriegshafen. Der Bau des Flottenhafens und die Eröffnung der großen Schiffswerft 1886 setzten eine demografische und ökonomische Entwicklung in Gang, die aus Pula eine militärische und industrielle Hochburg machte.

Pula

Unter dem faschistischen Regime Italiens verfiel die Stadt von 1918 bis 1943 erneut, dann wurde sie von den Deutschen eingenommen. Ende des Zweiten Weltkriegs verwalteten englische und amerikanische Streitkräfte die Stadt, bis sie 1947 nach dem Friedensvertrag von London an Jugoslawien fiel. Pulas Industrieanlagen haben den letzten Krieg einigermaßen gut überstanden – bis heute ist die Stadt ein wichtiges Zentrum des Schiffsbaus sowie der Textil-, Metall- und Glasindustrie.

Pula

◎ Highlights
Archäologisches Museum C4
Römisches Amphitheater D3
Augustustempel A4
Triumphbogen der Sergier C5

◎ Sehenswertes
1 Kathedrale B4
2 Kapelle der heiligen Maria Formosa A5
3 Historisches Museum B4
4 Altes Rathaus A4
5 Römisches Bodenmosaik A5

Aktivitäten, Kurse & Touren
6 Edo Sport C6

Schlafen
7 Hotel Galija C5

8 Hotel Omir C5
9 Hotel Scaletta D2
10 Riviera Guest House C2

⊗ Essen
11 Jupiter C4
12 Kantina D6
13 Markat C6
14 Qpola C5

Ausgehen
15 Cvajner A4
16 P14 .... D6
17 Pietas Julia C2
18 Scandal Express C6
19 Uliks B5

◎ Sehenswertes

Der älteste Teil der Stadt folgt dem römischen Stadtplan, nach dem die Straßen kreisförmig um die Zitadelle im Zentrum angeordnet sind; die neueren Stadtteile wurden rechtwinklig angelegt. Die meisten Geschäfte und Reisebüros befinden sich in und rund um die Altstadt oder auf dem Korzo Giardini, der Carrarina, der Istarska und der Hafenpromenade Riva. Mit Ausnahme einiger Hotels und Restaurants in der Altstadt liegen die meisten Läden ebenso wie die Strände 4 km südlich der Stadt auf der Halbinsel Verudela. Man erreicht sie zu Fuß über die Arsenalska, die in die Tomasinijeva und dann in die Veruda übergeht.

Römisches Amphitheater RUINEN
(Arena; Flavijevska bb; Erw./erm. 40/20 Kn; ⊙Sommer 8–21 Uhr, Frühling & Herbst 9–20 Uhr, Winter 9–17 Uhr) Pulas berühmtestes und imposantestes Wahrzeichen ist das römische Amphitheater aus dem 1. Jh., das im Nordosten der Altstadt oberhalb des Hafens liegt. Es ist komplett aus lokalem Kalkstein erbaut; bis zu 20 000 Zuschauer konnten hier Gladiatorenkämpfe verfolgen. Oben auf der Mauer verläuft eine Regenrinne, auch die Platten, mit denen das Sonnenschutzsegel befestigt wurde, sind noch zu erkennen. Im Erdgeschoss ist ein kleines **Museum** untergebracht, das alte Geräte zur Herstellung von Olivenöl zeigt. Jeden Sommer findet hier das **Pula-Filmfestival** mit Pop- und klassischen Konzerten statt.

Augustustempel RÖMISCHER TEMPEL
(Forum; Erw./erm. 10/5 Kn; ⊙Sommer Mo-Fr 9–20, Sa & So 10–15 Uhr, sonst nach Voranmeldung über die Touristeninformation) Als einziges Überbleibsel aus römischer Zeit steht heute nur noch der von 2 v. Chr. bis 14 n. Chr. errichtete Augustustempel auf dem Forum, das von der Antike bis ins Mittelalter als zentraler Versammlungsort Pulas diente. Hier standen mehrere Tempel und öffentliche Gebäude, heute ist der Augustustempel die Hauptattraktion. In nachrömischer Zeit wurde er in eine Kirche umgewandelt, später diente er als Kornspeicher. Nach einem Bombentreffer 1944 wurde das Bauwerk rekonstruiert und beherbergt heute ein kleines historisches Museum mit englischsprachigen Beschilderungen.

Archäologisches Museum MUSEUM
(Arheološki Muzej; Carrarina 3; Erw./erm. 20/10 Kn; ⊙Mai–Sept. Mo–Sa 9–20, So 10–15 Uhr, Okt.–April Mo–Fr 9–14 Uhr) In diesem Museum werden archäologische Fundstücke aus ganz Istrien gezeigt. Die Dauerausstellung umfasst Exponate von der Urgeschichte bis zum Mittelalter, der Schwerpunkt liegt jedoch auf der Periode zwischen dem 2. Jh. v. Chr. und dem 6. Jh. n. Chr. Auch wenn man das Museum nicht besuchen möchte, sollte man sich zumindest den großen **Skulpturengarten** vor dem Museum und das **römische Theater** dahinter ansehen. Den Garten betritt man durch ein Doppeltor aus dem 2. Jh., im Sommer finden hier Konzerte statt.

Triumphbogen der Sergier   RUINEN

Entlang der Carrarina verlaufen die römischen Stadtmauern, die Pulas östliche Stadtgrenze markieren. Wer diesen Mauern Richtung Süden folgt und weiter über die Giardini geht, kommt zum Sergier-Bogen. Der majestätische Triumphbogen wurde 27 v. Chr. errichtet – zum Gedenken an drei Angehörige der Familie Sergius, die in Pula hohe Ämter bekleideten. Bis zum 19. Jh. grenzte der Bogen direkt an das Stadttor. Stadttor und Mauern wurden später abgerissen, um eine Ortserweiterung über die Altstadtgrenzen hinaus zu ermöglichen.

Kathedrale   KIRCHE

(Katedrala; Kandlerova; ☉Mitte Juni–Mitte Sept. 10–17 Uhr, Gottesdienst in Kroatisch tgl. 8 Uhr, in Italienisch So 9 Uhr) Pulas Kathedrale reicht in ihren Ursprüngen bis ins 5. Jh. zurück; der Hauptaltar ist sogar noch älter: Er ist ein römischer Sarkophag mit Heiligenreliquien aus dem 3. Jh. Auf dem Boden befinden sich Mosaikreste aus dem 5. und 6. Jh. Die Fassade aus der Spätrenaissance wurde im frühen 16. Jh. hinzugefügt, der Glockenturm im 17. Jh. mit Steinen vom Amphitheater errichtet.

Historisches Museum   MUSEUM

(Povijesni Muzej Istre; Gradinski Uspon 6; Erw./erm. 15/7 Kn; ☉Juni–Sept. 9–21 Uhr, Okt.–Mai 9–17 Uhr) Das Museum ist in einem venezianischen Kastell aus dem 17. Jh. untergebracht, das sich auf einem Hügel im Zentrum der Altstadt erhebt. Für die etwas dürftige Ausstellung, die sich vor allem der Schifffahrtsgeschichte Pulas widmet, entschädigt der herrliche Blick von der Festungsmauer auf die Stadt.

Kapelle der heiligen Maria Formosa   KIRCHE

(Kapela Marije Formoze; Flaciusova) Die byzantinische Kapelle ist alles, was von der Benediktinerabtei aus dem 6. Jh. übrig blieb. Damals schmückten Mosaiken die ehemalige Basilika; diese sind heute im Archäologischen Museum der Stadt zu sehen. Die Kapelle ist nur während der gelegentlich stattfindenden Kunstausstellungen im Sommer geöffnet oder kann auf vorherige Anmeldung beim Archäologiemuseum besichtigt werden.

Altes Rathaus   HISTORISCHES GEBÄUDE

Auf dem Forum steht das alte Rathaus, das 1296 als Sitz der Stadtverwaltung von Pula erbaut wurde. Es besteht aus einem Mix verschiedener Baustile – von der Romantik bis zur Renaissance – und ist auch heute noch Amtssitz des Bürgermeisters von Pula.

Römisches Bodenmosaik   MOSAIK

Von der Sergijevaca aus lässt sich ein römisches Bodenmosaik aus dem 3. Jh. besichtigen. Zwischen gut erhaltenen geometrischen Motiven zeigt die mittlere Platte die Bestrafung der gewalttätigen Dirke, einer Figur aus der griechischen Mythologie, die ihre Nichte zu ermorden versucht hatte.

Aktivitäten

Ein leichter, 41 km langer Radweg führt von Pula nach Medulin (auf den Spuren der römischen Gladiatoren).

Diving Hippocampus   TAUCHEN

(☏098 255 820; www.hippocampus.hr) Tauchzentrum auf dem Campingplatz Stoja.

Edo Sport   EXKURSIONEN

(☏222 207; www.edosport.com; Narodni Trg 9) Organisiert Aktivausflüge.

Istria Bike   FAHRRADTOUREN

(www.istria-bike.com) Die vom Fremdenverkehrsamt geführte Website informiert über Radwege, Pauschalangebote und Reisebüros, die Fahrradtouren anbieten.

Orca Diving Center   TAUCHEN

(☏224 422; Hotel Histria) Dieses Zentrum auf der Halbinsel Verudela organisiert Bootsausflüge und Tauchgänge zu Schiffswracks.

Windsurf Bar   AUSFLÜGE, WINDSURFEN

(☏091 512 3646; www.windsurfing.hr; Campingplatz Village Stupice) Neben Windsurfen bietet dieses Zentrum in Premantura auch Fahrrad- (250 Kn) und Kajaktouren (300 Kn) an.

Geführte Touren

Die meisten Reiseagenturen in Pula veranstalten Ausflüge nach Brijuni, zum Limska Draga Fjord, nach Rovinj und ins Binnenland. Meist ist es jedoch preiswerter, direkt am Hafen ein Boot zu chartern. Die Boote verkehren regelmäßig und veranstalten Fischpicknicks (220 Kn), zweistündige Panorama-Fahrten nach Brijuni (150 Kn) sowie Ausflüge nach Rovinj, zum Limska Draga Fiord und nach Crveni Otok (250 Kn).

Zwei Schiffe fahren nach Brijuni:

Martinabela   AUSFLÜGE

(www.martinabela.hr; 280 Kn) Zweimal täglich im Sommer.

Fissa Brijuni AUSFLÜGE
(www.fissa-brijuni.hr; 260 Kn) Jeweils dienstags bis samstags im Sommer.

✨ Festivals & Events

Pula-Filmfestival FILME
(www.pulafilmfestival.hr) Das Filmfestival findet seit 58 Jahren jeweils im Juli statt und ist das bedeutendste Event Pulas. Im römischen Amphitheater und anderen Locations werden hauptsächlich kroatische und einige internationale Filme gezeigt.

Jazzbina JAZZ
(www.jazzbina.net) Jazzbina ist ein ganzjähriges Event mit Jazzkonzerten, bei dem viele weltbekannte Künstler auftreten. Im Sommer finden die Konzerte auf dem Portarata-Platz statt, das restliche Jahr über in Theatern und Clubs.

🛏 Schlafen

Pulas Hauptsaison beginnt in der zweiten Juliwoche und dauert bis Ende August. Für diese Zeit sollte man im Voraus buchen. Die Spitze der Halbinsel Verudela, 4 km südwestlich vom Stadtzentrum, hat sich inzwischen zu einer Touristenhochburg entwickelt und wartet mit unzähligen Hotels und Apartmentanlagen auf. Mit Ausnahme des schattigen Pinienwaldes ist es dort landschaftlich nicht sehr reizvoll, dafür gibt's viele Strände, Restaurants, Tennisplätze und Wassersport. Wer Informationen benötigt oder ein Hotel buchen möchte, wendet sich an die Reisebüros. Auskünfte erteilt auch **Arenaturist** (📞529 400; www.arenaturist.hr; Splitska 1a).

Die Reisebüros in Pula vermitteln Privatunterkünfte, in der Innenstadt liegen allerdings nur wenige. Die Preise schwanken zwischen 250 und 490 Kn für ein Doppelzimmer und zwischen 300 und 535 Kn für ein Zwei-Personen-Apartment. Auch unter www.pulainfo.hr findet man eine Liste mit Privatunterkünften.

LP TIPP Hotel Scaletta HOTEL €€
(📞541 599; www.hotel-scaletta.com; Flavijevska 26; EZ/DZ 505/732 Kn; P ❄ 🛜) Das Hotel mit familiärer Atmosphäre hat geschmackvoll eingerichtete Zimmer mit vie-

---

FKK IN ISTRIEN

Die kroatische Freikörperkultur (Abkürzung: FKK) hat eine lange, ehrwürdige Geschichte, die Anfang des 20. Jhs. auf der Insel Rab begann. Als erste zelebrierten hier die Österreicher Nacktheit als neue Mode, inspiriert von der wachsenden deutschen FKK-Bewegung. Kurz darauf eröffnete der Österreicher Richard Ehrmann das erste Naturistencamp am Paradiesstrand in Lopar (auf der Insel Rab). Die wahren Gründer der adriatischen Freikörperkultur waren jedoch Edward VIII. und Wallis Simpson, die 1936 an der Küste von Rab nackt baden gingen und den Naturismus damit populär machten.

An der Küste Istriens befinden sich heute viele große, gut erschlossene Naturistenresorts. Entsprechende Zeltplätze sind mit „FKK" beschildert.

Los geht's im Norden am **Camp Kanegra** (www.istracamping.com), einem kleinen Campingplatz an einem langen Kiesstrand nördlich von Umag. Weiter südlich erreicht man in Červar, direkt vor Poreč, das **FKK-Zentrum Ulika** (www.plavalaguna.hr), das 559 Stellplätze hat und Wohnwagen vermietet. Wer lieber in einem Apartment übernachtet, ist in der FKK-Anlage **Solaris Residence** (www.valamar.hr) richtig. Das Feriendorf liegt nur 12 km nördlich von Poreč auf der bewaldeten Halbinsel Lanterna und besitzt auch einen FKK-Zeltplatz. Südlich von Poreč findet man neben dem Fischerdorf Funtana das große **Naturistencamp Istra** (www.valamar.hr), auf dem bis zu 3000 Personen übernachten können. Weiter südlich hinter Vrsar liegt die Mutter aller Naturistenresorts, **Koversada** (www.campingrovinjvrsar.com). Seit 1961 wird auf der Insel Koversada Freikörperkultur betrieben; die Kolonie breitete sich schnell bis zur nahe gelegenen Küste aus. Auf der riesigen Anlage haben bis zu 8000 Personen auf Campingplätzen, in Villen und Apartments Platz. Wen das überfordert, der fährt weiter nach Süden zum **Naturistencamp Valalta** (www.valalta.hr), das nördlich von Rovinj auf der anderen Seite des Lim-Fjords liegt. Der Komplex bietet eine übersichtliche Anzahl an Apartments, Bungalows, Wohnwagen und Zeltplätzen. Wer nahe Pula wohnen will, fährt die Küste hinunter bis nach Medulin und residiert im **Camp Kažela** (www.kampkazela.com) direkt am Meer, das Wohnwagen und Zeltplätze vermietet.

STRÄNDE

Ein Halbkreis von Stränden (genau genommen Felsbuchten) umgibt Pula, jeder hat seine Fans. Wie Bars oder Nachtclubs sind auch die Strände gerade angesehen oder out. Touristen lieben vor allem jene nahe den Hotelanlagen auf der **Halbinsel Verudela**. Am türkisfarbenen **Hawaiistrand** beim Hotel Park lassen sich ab und zu auch Einheimische blicken.

Rt Kamenjak

Wer es einsamer mag, bricht auf zum wilden **Rt Kamenjak** (www.kamenjak.hr, auf Kroatisch; Fußgänger & Radfahrer Eintritt frei, 25/15 Kn pro Auto/Roller; 7–22 Uhr) auf der Halbinsel Premantura 10 km südlich der Stadt. Das wunderschöne unbewohnte Kap an der Südspitze Istriens ist hügelig, hier gedeihen Wildblumen (darunter 30 verschiedene Orchideenarten), Sträucher, Obstbäume und Heilpflanzen. Über 30 km erstrecken sich unberührte Strände und Buchten, die man über ein Labyrinth von Schotterstraßen und Pfaden erreicht. Der Blick auf die vorgelagerte Insel Cres und die Gipfel des Velebit ist einfach atemberaubend. Am Eingang des Naturparks wird Besuchern eine Plastiktüte für den Abfall ausgehändigt, der hier keinesfalls zurückgelassen werden darf. Am Südkap ist die Strömung sehr stark, Schwimmer sollten vorsichtig sein.

Ein Stopp lohnt sich im **Besucherzentrum** (575 283; im Sommer 9–21 Uhr), das in einem alten Schulgebäude in der Ortschaft Premantura untergebracht ist. Die zweisprachige Ausstellung vermittelt einen interessanten Überblick über das Ökosystem des Parks. Die **Windsurf Bar** (www.windsurfing.hr) ganz in der Nähe verleiht Fahrräder und Surfausrüstung (Surfbrett und Segel ab 70 Kn pro Stunde). Schnupperkurse gibt's ab 200 Kn pro Stunde.

Der **Kolombarica-Strand** am südlichen Ende der Halbinsel ist vor allem bei waghalsigen jungen Einheimischen beliebt. Sie springen von den hohen Klippen ins Wasser und tauchen durch die engen Höhlen unter der Wasseroberfläche. Etwa 3,5 km vom Parkeingang entfernt befindet sich – halb im Gebüsch versteckt – die nette Strandbar **Safari** (Snacks 25–50 Kn; Mai–Sept.). Hier kann man unter üppig bewachsenen Lauben gut die Nachmittage vertrödeln.

Zum Rt Kamenjak kommt man am einfachsten mit dem Auto, aber man sollte langsam fahren, um nicht zu viel Staub aufzuwirbeln (der die Umwelt verschmutzt). Ökologischer ist der Stadtbus 26 von Pula nach Premantura (15 Kn), wo man ein Fahrrad mieten und in den Park radeln kann. In Vollmondnächten im Sommer starten in Premantura 10 km lange Fahrradtouren für jede Altersklasse.

len Extras (z. B. Minibar). Das Restaurant ist gut, Hotelgäste erhalten 10 % Rabatt. Außerdem ist das Haus nur einen Katzensprung von der Stadt entfernt.

Hotel Galija HOTEL €€
(383 802; www.hotelgalija.hr; Epulonova 3; EZ/DZ 505/732 Kn;) Ein kleines, familiengeführtes Hotel unweit vom Markt im Stadtzentrum. Es bietet komfortable, gut ausgestattete Zimmer in verschiedenen Größen und Farbtönen; einige haben Hydromassageduschen. Zum Hotel gehört auch ein Restaurant.

Hotel Histria HOTEL €€€
(590 000; www.arenaturist.hr; Verudela bb; EZ 585–685 Kn, DZ 950–1150 Kn;) Ein weitläufiges Gelände, Zimmer mit Balkonen und der gute Strandzugang machen die Charakterlosigkeit dieses Betonklotzes wieder wett. Die neuen Vier-Sterne-Zimmer haben modernes Design, Flachbild-TV und WLAN (EZ 900–1180 Kn, DZ 1200–1575 Kn). Zur Anlage gehören Außen- und Innenpools, Tennisplätze sowie ein Kasino. Für die besten Preise online reservieren.

Hotel Omir HOTEL €
(218 186; www.hotel-omir.com; Dobricheva 6; EZ/DZ 450/600 Kn;) Mitten im Herzen der Stadt liegt die beste Budgetoption mit bescheidenen, aber sauberen und ruhigen Zimmern samt TV. Die teureren Zimmer sind klimatisiert; es gibt keinen Fahrstuhl.

Riviera Guest House HOTEL €
(211 166; www.arenaturist.hr; Splitska 1; EZ/DZ 350/555 Kn) Das ehemals großartige Hotel ist in einem Neobarock-Gebäude aus dem

19. Jh. untergebracht und müsste dringend renoviert werden. Aber es liegt im Zentrum und von den Vorderzimmern hat man einen tollen Meerblick.

Hotel Palma   HOTEL €€
(590 760; www.arenaturist.hr; Verudela 15; EZ 410–510 Kn, DZ 630–830 Kn; P) Das neue, etwas billigere Hotel mit Balkonzimmern teilt seine Räumlichkeiten mit dem Hotel Histria nebenan.

Youth Hostel   HOSTEL €
(391 133; www.hfhs.hr; Valsaline 4; B 117 Kn, Wohnwagen 137 Kn; @) Ein gutes Hostel mit Blick auf den Strand der Valsaline-Bucht, 3 km südlich des Zentrums von Pula. Die Schlafsäle und Wohnwagen sind jeweils in zwei winzige Vierbettzimmer inkl. Bad aufgeteilt. Auf Anfrage gibt's Klimaanlage (20 Kn pro Tag). Auch Zeltplätze (70/15 Kn pro Person/Zelt) sind verfügbar. Um zum Hostel zu gelangen, nimmt man Bus 2A oder 3A und steigt an der Haltestelle „Piramida" aus. Von dort läuft man zurück in Richtung Stadtzentrum bis zur ersten Straße, biegt links ab und sucht nach dem Hotelschild.

Camping Stoja   CAMPING €
(387 144; www.arenacamps.com; Stoja 37; 57/34 Kn pro Person/Zelt; April–Okt.) Der nächstgelegene Campingplatz bei Pula ist dieser, 3 km südwestlich des Stadtzentrums. Auf der schattigen Anlage ist sehr viel Platz, außerdem gibt's ein Restaurant, ein Tauchzentrum und gute, aber felsige Schwimmmöglichkeiten. Zum Campingplatz fährt Bus 1 (bis Stoja).

Camping Puntižela   CAMPING €
(517 490; www.puntizela.hr; Puntižela; 43/46 Kn pro Person/Zelt) Ein zauberhafter Campingplatz mit Tauchzentrum, der ganzjährig geöffnet ist. Er liegt 7 km nordwestlich von Pula an einer Bucht.

Essen
STADTZENTRUM

Im Stadtzentrum gibt's einige gute Restaurants. Einheimische ziehen jedoch die Lokale außerhalb der Stadt vor. Diese sind preiswerter und nicht so stark von Touristen frequentiert. Preiswerte Snacks findet man rund um den Markt.

Vodnjanka   ISTRISCH €
(Vitezića 4; Hauptgerichte ab 40 Kn; Sa abends & So geschl.) Einheimische schwören auf die Hausmannskost dieses schnörkellosen Lokals. Es ist billig, man zahlt bar und auf der kleinen Speisekarte stehen einfache istrische Gerichte. Zum Restaurant läuft man die Radićeva nach Süden bis zur Vitezića.

Kantina   INTERNATIONAL €€
(Flanatička 16; Hauptgerichte ab 70 Kn; Mo–Sa) Der Steinkeller mit Balkendecke in einem Habsburger Gebäude wurde im modernen Stil renoviert. Die Gerichte gefährden jede Bikinifigur, doch die mit *skuta* (Ricotta) und Prosciutto gefüllten Ravioli „Kantina" sind die Sünde wert.

Qpola   INTERNATIONAL €€
(Trg Portarata 6; Hauptgerichte ab 70 Kn) Dieses Bistro-Restaurant befindet sich auf dem Dach eines kleinen Einkaufszentrums und hat eine Panoramaterrasse mit Blick auf den Platz. Aufgetischt wird Gutes wie Fisch- und Fleisch-Carpaccio oder Ravioli mit *ombolo*, einem knochenlosen Schweinekotelett im istrischen Stil. Donnerstags finden Partys mit lokalen DJs statt.

Jupiter   PIZZA €
(Castropola 42; Pizza 25–84 Kn) Auf diese dünnen Pizzen wäre jede italienische Mama stolz. Auch die Pasta ist lecker. Oben befindet sich eine Terrasse und mittwochs bekommt man 20 % Rabatt.

Markat   KANTINE MIT SELBSTBEDIENUNG €
(Trg I Svibnja 5; Hauptgerichte ab 20 Kn) Gegenüber dem zentralen Markt liegt diese lohnenswerte Kantine, die einige preiswerte Speisen wie Pizza und Pasta anbietet. Man nimmt sich, was man will, und zahlt am Ende des Tresens.

SÜDLICH & ÖSTLICH DER STADT

LP TIPP   Milan   MEDITERRAN €€
(www.milan1967.hr; Stoja 4; Hauptgerichte ab 70 Kn) Hier herrscht eine exklusive Atmosphäre. Spezialitäten der Saison, vier Weinkellner und sogar ein Experte für Olivenöl machen das Milan zu einem der besten Restaurants der Stadt. Besonders empfehlenswert ist das fünfgängige Fischmenü. Auf der Rückseite des Restaurants befindet sich ein schickes **Hotel** (EZ/DZ 590/850 Kn) mit zwölf Zimmern.

Konoba Batelina   MEERESFRÜCHTE €€
(Cimulje 25, Banjole; Hauptgerichte ab 70 Kn; nur abends) In dieser familiengeführten Taverne wird ausgezeichnetes Essen serviert. Das Lokal liegt in einem Dorf 3 km von Pula entfernt und ist die Fahrt durchaus wert. Der Besitzer und Fischer David

Skoko serviert die besten Meeresfrüchte Istriens, kreativ und liebevoll zubereitet.

Valsabbion KREATIV KROATISCH €€€
(www.valsabbion.hr; Pješčana Uvala IX/26; Hauptgerichte ab 120 Kn) Die kreativen Gerichte dieses preisgekrönten Restaurants gehören zum Besten, was die kroatische Küche zu bieten hat, und stellen auch Feinschmecker zufrieden. Mag auch die Einrichtung ein bißchen protzig sein – das Essen ist hervorragend. Es wird aus lokalen Zutaten zubereitet, z. B. Trüffeln aus den istrischen Wäldern, Shrimps von der Kvarnerbucht und Krabben aus Premantura. Im Gebäude befindet sich auch ein schickes **Hotel** (DZ 868 Kn) mit zehn Zimmern und einem Spa im Dachgeschoss.

Gina ISTRISCH €€
(Stoja 23; Hauptgerichte ab 80 Kn) Stilvolles, aber bescheidenes Lokal unweit des Campingplatzes Stoja, das mit seinen gut zubereiteten, aber teuren istrischen Gerichten viele Einheimische anzieht. Empfehlenswert ist das *semifreddo* (halbgefrorenes Dessert) mit einer heißen Sauce aus Feigen, Pinienkernen und Lavendel.

Ausgehen & Unterhaltung

Auf keinen Fall entgehen lassen sollte man sich ein Konzert im spektakulären Amphitheater. Bei der Touristeninformation sind Spielpläne erhältlich; überall in Pula hängen außerdem Plakate mit Veranstaltungshinweisen. Der Großteil des Nachtlebens findet zwar außerhalb der Stadt statt, bei milden Temperaturen sind jedoch auch die Cafés beim Forum und in den Fußgängerzonen Kandlerova, Flanatička und Sergijevaca beliebte Plätze, um das Treiben zu beobachten. Wer sich unter die jungen Einheimischen mischen möchte, sollte sich ein paar Bierflaschen schnappen und die Strandpromenade des Lungomare aufsuchen, wo vom Parkplatz aus den Autos laute Musik dröhnt.

LP TIPP Cabahia BAR
(Širolina 4) Dieser Künstlertreff auf Veruda hat eine gemütliche Inneneinrichtung mit viel Holz, allerlei alte Dekostücke, gedämpfte Beleuchtung, südamerikanisches Flair und eine wunderschöne Gartenterrasse hinter dem Haus. Manchmal finden hier auch Konzerte statt. Wem es am Wochenende zu voll ist, der sollte das etwas ruhigere **Bass** (Širolina 3) auf der anderen Straßenseite ausprobieren.

Rojc KUNSTZENTRUM
(Gajeva 3) Fans von Underground-Musik sollten das Programm von Rojc studieren. In der umgebauten Kaserne mit Multimediakunsthalle und Kunstateliers finden hin und wieder Konzerte, Ausstellungen und andere Veranstaltungen statt.

Cvajner KÜNSTLERCAFÉ
(Forum 2) Am besten schnappt man sich einen der Außentische dieses Cafés am belebten Forum. In schicker Umgebung zeigen Wechselausstellungen die Werke von aufstrebenden lokalen Künstlern.

Tinja WEINBAR
(Put od fortice 22; Di–So 17–24 Uhr) Die lohnenswerte Weinbar liegt 3 km vom Stadtzentrum entfernt und wird von einem der besten Sommeliers Istriens und dessen Ehefrau geführt. In gemütlicher, pastellfarbener Umgebung mit Hartholzboden werden köstliche Snacks und über 100 verschiedene Weinsorten angeboten. Ein Taxi hierher kostet 60 Kn, alternativ nimmt man den Lokalbus Richtung Ližnjan.

Pietas Julia CAFÉ-BAR
(Riva 24) In dieser trendigen Bar am Hafen geht der Trubel an den Wochenenden erst spätabends los, denn sie hat bis 4 Uhr morgens geöffnet. Tagsüber werden Frühstück und Snacks (Pizzen 35 Kn, Sandwiches ab 20 Kn) serviert. Es gibt kostenloses WLAN.

Scandal Express CAFÉ-BAR
(Ciscuttijeva 15) Den beliebten Treffpunkt mit coolem Flair und Postern an den Wänden frequentieren ein gemischtes einheimisches Publikum. Empfehlenswert ist *pašareta*, ein istrisches Soda. Rauchen ist erlaubt.

E&D CAFÉ-BAR
(Verudela 22) Direkt oberhalb des Ambrela-Strandes auf der Halbinsel Verudela. Entspannen kann man sich auf der schönen Außenterrasse mit vielen Sitzbereichen, mehreren kleinen Pools und Wasserfällen. Der Blick auf den Sonnenuntergang ist toll, der Service aber langsam.

Uliks CAFÉ
(Trg Portarata 1) James Joyce unterrichtete einst in diesem Apartmentgebäude. Heute kann man im Café im Parterre einen Drink genießen und über *Ulysses* oder die Kiesstrände Pulas diskutieren.

P14 CAFÉ-BAR
(Preradovićeva 14; Mo–Sa) Im Sommer geht es in dieser lokalen Bar eher ruhig zu, das

restliche Jahr über gibt's hier viele Veranstaltungen. Freitags steigen Jazzsessions, an anderen Tagen finden Literaturabende oder andere Events statt. Die Termine stehen an der hellblauen Wand.

Aruba CAFÉ-BAR, DISKO
(Šijanska 1a) Diese Café-Bar mit Disko liegt an der Straße zum Flughafen. Tagsüber ist sie ein entspanntes Café, abends ein Veranstaltungsort für Livemusik und Partys. Die Außenterrasse ist oft überfüllt. Mittwochs ist Salsa-Nacht.

❶ Praktische Informationen

Gepäckaufbewahrung
Garderoba (2,50 Kn pro Std.; ⊙Mo–Sa 4–22.30, So 5–22.30 Uhr) Die Öffnungszeiten variieren.

Internetzugang
MMC Luka (Istarska 30; 25 Kn pro Std.; ⊙Mo–Fr 8–24, Sa 8–15 Uhr)

Medizinische Versorgung
Krankenhaus (☏376 548; Zagrebačka 34)
Touristenambulanz (Flanatička 27; ⊙Juli & Aug. Mo–Fr 8–21.30 Uhr)

Post
Hauptpost (Danteov trg 4; ⊙Mo–Fr 7.30–19, Sa 7.30–14.30 Uhr) Hier kann man Ferngespräche führen. Die schöne Treppe im Innern ist sehenswert.

Reisebüros
Active Travel Istra (☏215 497; www.activa-istra.com; Scalierova 1) Ausflüge in Istrien, Abenteuerreisen und Konzertkarten.

Arenaturist (☏529 400; www.arenaturist.hr; Splitska 1a) Bucht Hotelzimmer, vermittelt Reiseführer und organisiert Exkursionen. Im Riviera Guest House.

IstrAction (☏383 369; www.istraction.com; Prilaz Monte Cappelletta 3) Bietet lustige halbtägige Touren nach Kamenjak und zu den Burgen rund um Pula an, veranstaltet aber auch „mittelalterliche" Ganztagsausflüge zu verschiedenen Zielen in Istrien.

Maremonti Travel Agency (☏384 000; www.maremonti-istra.hr; Flavijevska 8) Bucht Unterkünfte, vermietet Autos und Roller (ab 100–80 Kn pro Tag).

Touristeninformation
Touristeninformation (☏212 987; www.pulainfo.hr; Forum 3; ⊙Sommer Mo–Fr 8–21, Sa & So 9–21 Uhr, restliches Jahr Mo–Fr 8–19, Sa 9–19, So 10–16 Uhr) Die kompetenten, freundlichen Angestellten verteilen Stadtpläne, Broschüren und Veranstaltungsprogramme für Pula und Istrien. Man sollte sich zwei dieser hilfreichen Hefte mitnehmen: *Domus Bonus*, das die besten Privatunterkünfte Istriens beschreibt, und *Istra Gourmet* mit einer Liste aller Restaurants.

Wäscherei
Mika (Trinajstićeva 16; ⊙Mo–Fr 8–14, Sa 8–12 Uhr)

BUSSE VON PULA

Ziele im Inland

ZIEL	FAHRPREIS (KN)	DAUER (STD.)	TÄGLICHE ABFAHRTEN
Dubrovnik	557	15	1
Labin	38	1	16
Poreč	50-65	1–1½	14
Rovinj	35	¾	20
Split	387–392	10	3
Zadar	255	7	3
Zagreb	170–216	4–5½	15

Ziele im Ausland

ZIEL	FAHRPREIS (KN)	DAUER (STD.)	ABFAHRT
Mailand	424	8½	1-mal wöchentlich (im Sommer)
Padua	214	6	1-mal tgl.
Triest	100–130	3	4-mal tgl.
Venedig	164	5	1-mal tgl.

❶ An- & Weiterreise

Bus

Vom **Busbahnhof** (☏060 304 091; Trg 1 Istarske Brigade bb) 500 m nordöstlich von Pulas Stadtzentrum fahren fast stündlich Busse nach Rijeka (77–88 Kn, 2 Std.). Im Sommer kann man im Voraus reservieren und sich einen Sitzplatz auf der rechten Seite des Busses sichern, um den beeindruckenden Ausblick auf den Golf von Kvarner zu genießen.

Flugzeug

Der **Flughafen Pula** (☏530 105; www.airport-pula.com) liegt 6 km nordöstlich der Stadt. Von hier gehen täglich zwei Flüge (samstags nur einer) nach Zagreb (40 Min.). Im Sommer landen Billig- und Charterflüge aus den großen europäischen Städten in Pula. **Croatia Airlines** (☏218 909; www.croatiaairlines.hr; Carrarina 8) hat ein Büro im Stadtzentrum.

Schiff/Fähre

Pulas Hafen liegt westlich des Busbahnhofs. **Jadroagent** (☏210 431; www.jadroagent.hr; Riva 14, ⌚Mo–Fr 7–15 Uhr) verteilt Fahrpläne und verkauft Tickets für Boote, die Istrien mit den Inseln und Südkroatien verbinden. Es repräsentiert auch Jadrolinija.

Commodore Cruises (☏211 631; www.commodore-travel.hr; Riva 14) verkauft Tickets für den Katamaran zwischen Pula und Zadar (100 Kn, 5 Std.), der von Juli bis Anfang September fünfmal wöchentlich und im Juni sowie den restlichen September über zweimal wöchentlich verkehrt. Zwischen Juni und September bietet Commodore auch eine Bootsverbindung nach Venedig an (430 Kn, 3½ Std., nur mittwochs).

Zug

Der Bahnhof liegt fast 1 km nördlich der Stadt unweit des Meeres an der Kolodvorska. Es gibt täglich eine Direktverbindung nach Ljubljana (144 Kn, 4½ Std.) und drei Züge nach Zagreb (140 Kn, 9 Std.), aber einen Teil der Reise (von Lupoglav nach Rijeka) muss man im Bus zurücklegen.

Jeden Tag verkehren fünf Züge nach Buzet (55 Kn, 2 Std.).

❶ Unterwegs vor Ort

Mehrmals wöchentlich startet ein Flughafenbus (29 Kn) vom Busbahnhof (hier kann man sich auch über die Abfahrtszeiten informieren). Taxis kosten rund 120 Kn.

Die für Besucher relevanten Stadtbusse sind die Nummern 1 (zum Campingplatz Stoja) sowie 2A und 3A (zur Halbinsel Verudela). Sie verkehren alle 15 Minuten oder halbstündlich (5–23.30 Uhr). Fahrkarten kosten 6 Kn und werden in *tisak* (Kiosks) verkauft; wer direkt beim Busfahrer kauft, zahlt 11 Kn.

Brijuni-Inseln

Der Brijuni-Archipel (italienisch: Brioni) umfasst zwei mit Pinien bestandene Hauptinseln und zwölf kleinere Inseln. Die Eilande befinden sich unweit der istrischen Küste nordwestlich von Pula auf der anderen Seite des 3 km langen Fažana-Kanals. Nur die beiden größeren Inseln Veli Brijun und Mali Brijun können besucht werden. Die Inseln sind von Wiesen, Parks, Eichen- und Lorbeerwäldern überzogen. Auch einige seltene Pflanzen wie Stachelgurken und Kaktusfeigen gedeihen hier. 1983 wurden die Inseln zum Nationalpark erklärt.

Spuren lassen auf eine Besiedlung schon vor über 2000 Jahren schließen. Bekanntheit erlangten die Inseln allerdings erst durch den früheren jugoslawischen Staatspräsidenten Tito, der sie zu seiner Privatresidenz erkor.

Von 1947 bis kurz vor seinem Tod 1980 verbrachte Tito jedes Jahr sechs Monate auf den Brijuni-Inseln. Er ließ subtropische Pflanzen hierher bringen und einen Safaripark für die exotischen Tiere anlegen, die er von den Staatsoberhäuptern aus aller Welt als Geschenk erhielt. Die hier grasenden somalischen Schafe stammen aus Äthiopien, einer der sambischen Präsidenten schenkte ihm Wasserböcke.

In seiner Sommerresidenz gab Tito opulente Empfänge für 90 Staatsoberhäupter und eine Schar von Filmstars. Bijela Vila auf der Insel Veli Brijun war Titos „Weißes Haus"; dort wurden Erlasse ausgestellt und Erklärungen abgegeben; außerdem fand hier das gesellschaftliche Leben statt. Die Inseln werden immer noch für offizielle Staatsbesuche genutzt, wandeln sich aber allmählich zum Ziel reicher Yachtbesitzer aus aller Welt. Gekrönte Häupter obskurer Königreiche verbringen hier ihre Ferien ebenso wie Millionäre, die den verblichenen Glanz der Inseln wieder aufleben lassen.

Jedes Jahr im Sommer pilgern Theaterliebhaber zur Festung Minor auf der Insel Mali Brijun, um den Aufführungen des **Ulysses-Theaters** (www.ulysses.hr, auf Kroatisch) beizuwohnen.

◉ Sehenswertes

Nach einer 15-minütigen Überfahrt von Fažana legt das Schiff in Veli Brijun vor dem Hotel Istra-Neptun an. Hier stiegen einst Titos illustre Gäste ab. Begleitet von einem Reiseführer, kutschiert eine Bimmelbahn die Besucher drei Stunden über die Insel. Die Tour beginnt mit einem Besuch des 9 ha umfassenden Safariparks. Weitere Zwischenstopps sind die Ruinen einer römischen Villa aus dem 1. Jh. n. Chr., das Archäologische Museum in einer Festung aus dem 16. Jh. und die Kirche Sveti Germana. Das Gotteshaus dient heute als Kunstgalerie, die Nachbildungen mittelalterlicher Fresken aus istrischen Kirchen zeigt.

Interessant ist die Ausstellung Tito auf Brijuni in einem Gebäude hinter dem Hotel Karmen. Im Erdgeschoss befindet sich eine Sammlung ausgestopfter Tiere. Oben hängen Fotos von Tito in Begleitung diverser Filmstars, wie Josephine Baker, Sophia Loren, Elizabeth Taylor und Richard Burton, und Staatsoberhäupter, etwa Indira Gandhi und Fidel Castro. Draußen steht ein 1953er-Cadillac, mit dem Tito seine berühmten Gäste über die Insel fuhr. Besucher können sich in der Limousine ablichten lassen; ein Foto kostet 50 Kn. Wer möchte, kann den Wagen auch eine halbe Stunde für „nur" 2750 Kn mieten. Preiswerter ist es jedoch, sich ein Fahrrad (35 Kn für 3 Std.) oder Elektroauto (300 Kn pro Std.) auszuleihen und damit die Insel zu erkunden.

🍴 Schlafen & Essen

Auf Veli Brijun gibt's keine Privatunterkünfte. Das Büro des Nationalparks vermittelt jedoch mehrere luxuriöse Villen. Der Fährpreis von und zum Festland ist in den nachstehenden Hotelpreisen bereits enthalten. Beide Hotels befinden sich auf Veli Brijun. Die Hotelrestaurants sind außerdem die einzige Verpflegungsoption. Auf Mali Brijun besteht keine Übernachtungsmöglichkeit.

Hotel Karmen   HOTEL €€€
(✆525 807; www.brijuni.hr; EZ/DZ 705/1160 Kn) Mit seinem authentischen kommunistischen Design zieht dieses Hotel am Hafen Designer und Architekten aus Zagreb an – hier fühlt man sich noch wie in den 1950er-Jahren. Hoffentlich wird das Gebäude nicht renoviert.

Hotel Istra-Neptun   HOTEL €€€
(✆525 807; www.brijuni.hr; EZ/DZ 800/1360 Kn) Hier erlebt man den ultimativen kommunistischen Chic. Obwohl das Hotel herausgeputzt und komfortabel ist, besitzen die Zimmer noch ihren zweckmäßigen Charme. Jedes hat einen Balkon, manche bieten einen tollen Waldblick. Man kann sich richtig vorstellen, wie Titos Gäste einst hier residierten.

ℹ An- & Weiterreise

Im Hafen von Pula legt eine Reihe von Ausflugsbooten zu den Inseln ab. Wer keinen Ausflug bei den Reisebüros in Pula, Rovinj oder Poreč buchen möchte, kann den Bus 21 von Pula nach Fažana nehmen (15 Kn, 8 km) und sich dann beim **Büro des Nationalparks** (✆525 883; www.brijuni.hr; geführte Touren 125–210 Kn) unweit des Kais zu einer Tour anmelden. Besonders in der Hochsaison empfiehlt es sich, im Voraus zu buchen. Im Sommer werden auch Picknick- und Badeausflüge nach Mali Brijun (170 Kn) organisiert.

Ausflugsfahrten zu den Brijuni-Inseln werden im Hafen von Pula angeboten. Viele der zweistündigen Panoramafahrten von Pula nach Brijuni (150 Kn) halten allerdings nicht an den Inseln; eine Ausnahme bildet die *Martinabela* (280 Kn).

Rovinj

14 234 EW.

Rovinj (italienisch: Rovigno) ist Istriens bekanntestes Touristenziel. Besonders im Sommer ist die Stadt von Besuchern überlaufen, und die Einheimischen wissen genau, wie sich daraus Kapital schlagen lässt – indem sie nämlich die Unterkünfte in Vier-Sterne-Hotels und die Lokale in Edelrestaurants verwandeln. Trotz allem begeistert die Stadt immer noch, wohl auch, weil sie einen der letzten echten Fischereihäfen im Mittelmeerraum besitzt. Am frühen Morgen landen die Fischer ihren Fang an, gefolgt von einem Schwarm kreischender Möwen. Vor dem Mittagessen kann man den Männern beim Flicken ihrer Netze zuschauen. In der wuchtigen Euphemia-Kirche, deren 60 m hoher Turm die Halbinsel überragt, beten die Fischer für einen guten Fang. Bewaldete Hügel und flache Hotels umgeben die von steilen, kopfsteingepflasterten Gassen und Plätzen durchzogene Altstadt. Die 13 vorgelagerten grünen Inseln des Rovinj-Archipels sind einen Nachmittagsausflug wert. Unterhalb des Hotels Rovinj kann man in der Felsbucht im glitzernden Wasser schwimmen.

Die Altstadt nimmt die eiförmige Halbinsel ein, der Busbahnhof liegt einen halben Kilometer weiter im Südosten. Die Stadt hat zwei Häfen – den offenen im Norden und den kleinen, geschützten im Süden.

Rovinj

1,5 km südlich der Altstadt beginnen der Waldpark Punta Corrente und das bewaldete Kap Zlatni Rat (Goldenes Kap) mit uralten Eichen und Kiefern und mehreren großen Hotels. Direkt vor der Küste liegt ein kleiner Archipel; seine beliebtesten Inseln sind Crveni Otok (Rote Insel), Sveta Katarina und Sveti Andrija.

Geschichte

Rovinj war ursprünglich eine Insel. Slawen siedelten hier im 7. Jh., legten ihre Netze aus, werkelten an ihren Booten und bauten eine bedeutende Fisch- und Hafenindustrie auf. 1199 unterzeichnete Rovinj einen wichtigen Vertrag mit Dubrovnik, um seinen Seehandel zu schützen; im 13. Jh. zwang die Bedrohung durch Piraten die Stadt aber dazu, sich hilfesuchend an Venedig zu wenden.

Vom 16. bis zum 18. Jh. wuchs die Bevölkerung durch den Zustrom von Immigranten, die auf der Flucht vor den Türken waren. Die Osmanen waren in Bosnien und auf dem kroatischen Festland einmarschiert. Die Stadt begann sich über die venezianischen Stadtmauern hinaus auszudehnen, 1763 wurde die Insel mit dem Festland verbunden und Rovinj zu einer Halbinsel.

Im 17. Jh. blühte Rovinjs Seehandel, doch Österreichs Entscheidung von 1719, Triest und Rijeka zu Freihäfen zu machen, versetzte der Stadt einen herben Rückschlag. Das Aufkommen von Dampfschiffen, die Segelschiffe rasch ersetzten, schadete zudem der Werftindustrie – schon Mitte des 19. Jhs. war Pulas Schiffswerft bedeutender als die von Rovinj. Wie der Rest von Istrien, befand sich auch Rovinj abwechselnd unter österreichischer und italienischer Herrschaft, bevor es schließlich Teil des neu gegründeten Jugoslawien wurde. Noch heute lebt aber eine bedeutende italienische Gemeinde in der Stadt.

Rovinj

⊙ Highlights
Batana-Haus...B3
Kirche der heiligen Euphemia A2
Grisia..B2

⊙ Sehenswertes
1 Balbi-Bogen..C2
2 Heimatmuseum......................................C2

Schlafen
3 Casa Garzotto..B2
4 Hotel Adriatic...C2
5 Hotel Heritage Angelo D'Oro B1
6 Villa Valdibora......................................B2

Essen
7 Kantinon...D3
8 La Puntulina...A2
9 Monte A2
10 Trattoria Dream...................................D3
11 Ulika...B1
12 Gemüsemarkt.......................................C2
13 Veli Jože..B3

Ausgehen
14 Glamour Café.......................................C3
15 Havana..D4
16 Monte Carlo B3
17 Piassa Granda B2
18 Valentino...A3

⊙ Sehenswertes

Kirche der heiligen Euphemia KIRCHE
(Sveta Eufemija; Petra Stankovića; ⊙Mai–Okt. 10–18.30 Uhr, Nov.–April variierende Öffnungszeiten) Die eindrucksvolle Euphemia-Kirche thront in der Mitte der Halbinsel hoch oben auf dem Hügel der Altstadt und ist der ganze Stolz der Stadt. Der größte Barockbau Istriens entstand 1736 und erinnert an jene Epoche im 18. Jh., als Rovinj die einwohnerstärkste Stadt war.

Sehenswert ist das marmorne **Grab der heiligen Euphemia** hinter dem rechten Altar. Rovinjs Schutzpatronin wurde wegen ihres christlichen Glaubens von Kaiser Diokletian gefoltert und im Jahr 304 den Löwen zum Fraß vorgeworfen. Der Legende zufolge verschwand ihr Sarkophag samt Leichnam in einer stürmischen Nacht und tauchte in einem Schiff vor der Küste von Rovinj wieder auf. Die Bewohner der Stadt versuchten vergeblich, den schweren Sarkophag an Land zu ziehen, bis ein kleiner Junge mit zwei Kälbern auftauchte und ihn auf den Gipfel des Hügels schleppte, wo er sich in der heutigen Kirche noch immer befindet. Am Jahrestag ihres Märtyrertodes (16. September) versammeln sich dort die Gläubigen. Die Spitze des 60 m hohen **Glockenturms** wird von einer Kupferstatue der heiligen Euphemia gekrönt, die sich im Wind dreht. Die Besichtigung des Turms kostet 10 Kn.

Batana-Haus MUSEUM
(Obala Pina Budicina 2; Erw./Kind 10/5 Kn, mit Reiseführer 15 Kn; ⊙Juni–Aug. 10–15 & 19–23 Uhr, Sept.–Dez. & März–Mai Di–So 10–13 Uhr) Das Museum am Hafen ist der *batana* gewidmet, einem flachen Fischerboot, das Rovinjs Tradition als Seefahrer- und Fischereistadt symbolisiert. Die Ausstellungen in diesem Bürgerhaus aus dem 17. Jh. präsentieren sich multimedial, interaktiv und mit ausgezeichneten Erläuterungen. Über Kopfhörer können die Besucher *bitinada*, die typischen Fischerlieder, hören. Sehenswert ist der *spacio*, ein Keller, in dem Wein gelagert, verkostet und verkauft wurde.

Grisia HISTORISCHES VIERTEL
Das kleine, kopfsteingepflasterte Gässchen Grisia führt den Hügel zur Kirche der heiligen Euphemia hinauf. Es wird von zahlreichen Galerien gesäumt, in denen einheimische Künstler ihre Werke zum Verkauf anbieten. Die engen, gewundenen Seitenstraßen um die Grisia herum sind unbedingt einen Abstecher wert. Fenster, Balkone, Tore und Plätze zeigen eine hübsche Mischung aus verschiedenen Baustilen – Einflüsse der Gotik, der Renaissance, des Barock und des Neoklassizismus sind unübersehbar. Interessant sind auch die einzigartigen *fumaioli* (Außenkamine). Sie sind Resultat der explosionsartig angestiegenen Bevölkerungszahlen, als ganze Familien in einem einzigen Zimmer mit Feuerstelle leben mussten.

Waldpark Punta Corrente PARK
Zu Fuß oder per Rad geht's am Hotel Park vorbei Richtung Süden am Ufer entlang, bis man nach ca. 1,5 km den Waldpark erreicht, den die Einheimischen Zlatni Rat nennen. Hier gibt es Eichen, Pinien und – angeblich – zehn verschiedene Zypressenarten. Angelegt wurde der Park 1890 von Baron Hütterott, einem österreichischen Admiral, der auf Crveni Otok eine Villa besaß. Man kann abseits der Felsen baden oder einfach nur dasitzen und den Blick auf die vorgelagerten Inseln genießen.

ABSTECHER

DAS MITTELALTERLICHE BALE

Bale liegt im Südwesten Istriens zwischen Rovinj und Vodnjan, nur 7 km vom Meer entfernt, und ist eines der bestgehüteten Geheimnisse der Region. Die mittelalterliche Stadt besteht aus einem Geflecht gepflasterter Gassen und alten Häusern, die sich um die Burg der Familie Bembo entwickelt haben. Die Festung im gotischen und Renaissancestil wurde vor Kurzem renoviert. Das Stadtbild dominiert der 36 m hohe Glockenturm der barocken Kirche des heiligen Julian, daneben gibt es weitere alte Kirchen und ein Rathaus mit einer Loggia aus dem 14. Jh. Der nahe gelegene, 9 km lange Küstenstreifen mit flachem Wasser gehört zu den unberührtesten Stränden in ganz Istrien.

Bale strahlt eine kraftvolle Energie aus und zieht ein spirituelles, unkonventionelles Publikum an – das steht nicht in den Touristenbroschüren. Hier kann man Gleichgesinnte treffen und sich stundenlang unterhalten, gemeinsam trinken und träumen.

Schön ist ein Besuch im **Kamene Priče** („Steinfabeln"; Castel 57; www.kameneprice.com; Gerichte ab 100 Kn), einer Künstleroase inmitten uralter Steingebäude. Die Restaurant-Bar hat keine richtige Speisekarte; das Essen variiert je nach Saison und Stimmung des Küchenchefs. Mit seiner skurril-bizarren Dekoration und zwei Terrassen auf der Rückseite ist dies ein perfekter Ort, um den Tag zu vertrödeln.

Anfang August findet ein kleines, aber exzellentes Jazzfestival statt. Zu anderen Zeiten gibt's Dichterlesungen, Theaterstücke, Stand-up-Comedy oder Workshops zum Thema „Bewusstes Träumen" – im Kamene Priče ist immer was los. Tomo, der Besitzer, weiß viel über „die andere Seite von Bale". Im Obergeschoss werden vier Apartments vermietet (437–510 Kn pro Nacht).

Heimatmuseum MUSEUM
(www.muzej-rovinj.com; Trg Maršala Tita 11; Erw./erm. 15/10 Kn; Mitte Juni–Sept. Di–Fr 10–14 & 18–22, Sa & So 10–14 & 19–22 Uhr, Okt.–Mitte Juni Di–Sa 10–13 Uhr) Das in einem Gebäude aus der Barockzeit untergebrachte Heimatmuseum zeigt eine Sammlung zeitgenössischer Gemälde sowie Werke der Alten Meister aus Rovinj und anderen Orten Kroatiens. Auch archäologische Funde sind ausgestellt. Das Museum hat außerdem eine Meereskundeabteilung.

Aquarium Rovinj AQUARIUM
(Giordano Paliaga 5; Erw./erm. 20/10 Kn; Juli & Aug. 9–21 Uhr, Sept.–Juni kürzere Öffnungszeiten) Das Aquarium ist für Kinder ideal, denn es zeigt viele in der Adria beheimatete Meereslebewesen. Gegründet 1891 als Teil des Meeresforschungszentrums, informiert es umfassend über die Meeresfauna.

Balbi-Bogen MONUMENT
Der kunstvoll gestaltete Balbi-Bogen wurde 1679 am Standort des früheren Stadttors erbaut. Am Scheitelpunkt außen sitzt der Kopf eines Türken, die Innenseite schmückt ein venezianischer Steinkopf.

Mini-Kroatien PARK
(www.mini-croatia.com.hr; Turnina bb; Erw./erm. 25/10 Kn; Juni–Aug. 9–20 Uhr, April, Mai, Sept. & Okt. 10–18 Uhr) Zwei Kilometer vom Stadtzentrum entfernt erreicht man auf der Straße nach Pazin Mini-Kroatien, das bei Kindern ebenfalls sehr beliebt ist. Der Themenpark zeigt Miniaturmodelle der wichtigsten Gebäude, Monumente, Städte und Landschaften Kroatiens. Es gibt auch einen kleinen Zoo mit einheimischen Tieren.

Aktivitäten

Wer gerne **schwimmen**, **schnorcheln** oder **sonnenbaden** möchte, sollte mit dem Boot nach Crveni Otok oder Sveta Katarina fahren. Das **Sporttaucher-Zentrum Nadi** (813 290; www.scuba.hr) und **Petra** (812 880; www.divingpetra.hr) veranstalten täglich Tauchausflüge mit Booten. Größte Attraktion ist das **Wrack der Baron Gautsch** in 40 m Tiefe. Der österreichische Dampfer wurde 1914 von einer Seemine versenkt.

Ein aufgelassener, venezianischer Steinbruch an Zlatni Rt bietet 80 **Kletterrouten**, viele davon sind auch für Anfänger geeignet. Wer sich für Vögel interessiert, kann mit dem Fahrrad zur **Vogelschutzwarte** nach Palud Marsh, 8 km südwestlich von Rovinj, fahren.

Die Gegend um Rovinj sowie der Waldpark Punta Corrente lassen sich am besten mit dem **Fahrrad** erkunden.

👣 Geführte Touren

Die meisten Reisebüros in Rovinj veranstalten **Tagesausflüge** nach Venedig (400–500 Kn), Plitvice (550–600 Kn) und Brijuni (380–430KN). Im Angebot sind auch Fischpicknicks (250 Kn), Panoramafahrten (100 Kn) und Bootstouren zum Limska Draga Fjord (150 Kn). Wer bei einem der unabhängigen Veranstalter am Hafen bucht, kommt wahrscheinlich etwas billiger weg; empfehlenswert ist Delfin (848 265).

Es gibt noch weitere aufregende Möglichkeiten, z. B. Kanusafaris (490–510 Kn) in die malerische Region Gorski Kotar. Kajaktouren sollte man bei Istrian Kayak Adventures (095 838 3797; Carera 69) buchen. Rundfahrten um den Archipel vor Rovinj kosten 270 Kn (8 km); eine 15 km lange Tour zum Lim-Fjord schlägt mit 290 Kn zu Buche. Bei beiden Touren sind ein Picknick-Lunch und Schnorchelausrüstung inbegriffen.

🎊 Festivals & Events

Jährlich finden verschiedene Regatten statt (Ende April–August). Im Rahmen des Rovinj-Sommerfestivals wird eine Reihe klassischer Konzerte in der Kirche der heiligen Euphemia und im Franziskanerkloster aufgeführt.

Am zweiten Sonntag im August wird in den engen Gassen der Grisia eine renommierte Open-Air-Kunstausstellung veranstaltet, wo jeder – vom Kind bis zum professionellen Maler – seine Werke in Kirchen, Studios und auf der Straße präsentieren kann.

Von Mitte Juni bis Ende August findet jeweils dienstags und donnerstags eine Prozession der Batanas mit Laternen statt. Sie beginnt um 20.30 Uhr und kostet 50 Kn oder 140 Kn für die Prozession inkl. Abendessen in einer traditionellen Taverne. Reservierungen nimmt das Museum im Batana-Haus entgegen.

🛏 Schlafen

Scharen von Sommerurlaubern haben Rovinj zu ihrem Lieblingsziel erkoren. Daher empfiehlt es sich, im Voraus zu buchen. Die Preise sind stetig gestiegen und werden dies wohl weiter tun, da sich das Angebot ständig verbessert.

In der Altstadt gibt's nur wenige und teure Privatunterkünfte, außerdem keine Parkmöglichkeiten. Doppelzimmer kosten in der Hauptsaison ab 220 Kn, bei Einzelbelegung wird ein kleiner Aufpreis erhoben. Apartments für zwei Personen sind ab 330 Kn zu mieten. Außerhalb der Saison sinken die Preise beträchtlich.

Wer weniger als drei Nächte bleibt, muss 50 % draufzahlen; Gäste, die nur eine Nacht bleiben, werden mit einem Aufpreis von 100 % bestraft. Wer nicht in den Sommermonaten anreist, hat ganz gute Chancen, um den Aufpreis herumzukommen (dafür muss man aber unbedingt verhandeln!). Die Unterkünfte können direkt bei den Reisebüros gebucht werden.

Mit Ausnahme einiger Privatunterkünfte werden die meisten Hotels und Campingplätze von Maistra (www.maistra.com) verwaltet, die Ende 2011 auch das ultraluxuriöse Hotel Hotel Lone eröffnete.

LP TIPP ▸ Casa Garzotto
BOUTIQUE-PENSION €€€

(814 255; www.casa-garzotto.com; Via Garzotto 8; EZ/DZ 758/1010 Kn; P❄@) Jedes der vier Studio-Apartments hat Originaldetails wie Kamine und Holzbalken, einen stilvollen antiken Touch und hochmoderne Einrichtungen. Das historische Stadthaus ist perfekt gelegen, auch Fahrräder werden vermietet. In der Nähe gibt es zwei Nebengebäude: Eines bietet einfache Zimmer (650 Kn), das andere Apartments für vier Personen (1440 Kn).

Monte Mulini
LUXUSHOTEL €€€

(636 000; www.montemulinihotel.com; A Smareglia bb; EZ/DZ 2013/2516 Kn; P❄@≋) Rovinjs schickstes Designerhotel wurde 2009 eröffnet. Es liegt an der friedvollen Lone-Bucht, nur zehn Gehminuten von der Altstadt entfernt (entlang des Lungomare). Die Zimmer mit Balkon bieten einen tollen Meerblick und Fünf-Sterne-Ausstattung. Super sind auch das Spa und das ausgezeichnete Restaurant Mediterraneo. Es gibt drei Außenpools.

Hotel Heritage Angelo D'Oro
BOUTIQUE-HOTEL €€€

(840 502; www.rovinj.at; Via Švalba 38-42; EZ/DZ 916/1580 Kn; P❄) Renoviertes venezianisches Stadthaus im Zentrum. Die 23 exklusiven Zimmer und (teureren) Suiten dieses Hotels verfügen über viele Antiquitäten und sind mit allem nur denkbaren Komfort ausgestattet. Außerdem gibt's Massagen (300 Kn pro Std.), ein Solarium, einen kostenlosen Fahrradverleih und eine begrünte Außenterrasse.

Villa Valdibora
HOTEL €€

(845 040; www.valdibora.com; Silvana Chiurco 8; EZ/DZ 958/1368 Kn; ❄) Die neun Zimmer

und Suiten in diesem historischen Gebäude haben kühle Steinböden und eine luxuriöse Ausstattung, z. B. Hydromassageduschen. Vier Apartments verfügen über Küchenzeilen. Es gibt einen Fitnessraum, Massagen (160–270 Kn) und einen kostenlosen Fahrradverleih.

Hotel Istra HOTEL €€€
(802 500; www.maistra.com; Otok Sv Andrija; EZ/DZ 1109/1384 Kn; ❄@☼) Hauptattraktion dieses Vier-Sterne-Komplexes ist das anerkannte Wellnesszentrum und Spa. Die Hotelanlage liegt eine zehnminütige Bootsfahrt von Rovinj entfernt auf der Insel Sveti Andrija. Das Restaurant ist in einer Burg untergebracht.

Vila Lili FAMILIENHOTEL €€
(840 940; www.hotel-vilalili.hr; Mohorovičića 16; EZ/DZ 380/788 Kn; ❄@) Die hellen Zimmer dieses kleinen modernen Hotels bieten Drei-Sterne-Komfort, sind klimatisiert und mit Minibars ausgestattet. Das Haus liegt nur einen kurzen Fußweg von der Stadt entfernt. Es sind auch ein paar günstigere Suiten im Angebot.

Weitere empfehlenswerte Unterkünfte:

Hotel Park HOTEL €€€
(808 000; www.maistra.com; IM Ronjgova bb; EZ/DZ 763/1132 Kn; P❄@☼) Das Hotel liegt unweit des Fährpiers nach Crveni Otok und bietet allseits beliebte Annehmlichkeiten wie zwei Außenpools, einen Fitnessraum und eine Sauna.

Hotel Adriatic HOTEL €€€
(803 510; www.maistra.com; Pina Budicina bb; EZ/DZ 676/1007 Kn; ❄@☼) Exzellente Lage am Hafen. Die Zimmer sind gut ausgestattet und blitzsauber, allerdings etwas kitschig. Geräumiger sind die teureren Zimmer mit Meerblick.

Hotel Eden HOTEL €€€
(800 400; www.maistra.com; Luja Adamovića bb; EZ/DZ 1258/1573 Kn; P❄@☼☼) Dieser Komplex mit 325 Zimmern liegt zwar in einer bewaldeten Gegend, ist aber kein friedlicher Rückzugsort. Es gibt Sportplätze, ein Fitnesszentrum, eine Sauna und mehrere Pools. Man hat also bei jedem Wetter einen abwechslungsreichen Aufenthalt.

Porton Biondi CAMPINGPLATZ €
(813 557; www.portonbiondi.hr; 41/24 Kn pro Person/Zelt; ☼März–Okt.) 2 km von der Altstadt liegt dieser Campingplatz, der bis zu 1200 Personen Platz bietet.

Polari Camping CAMPINGPLATZ €
(801 501; www.campingrovinjvrsar.com; 66/80 Kn pro Person/Zelt; @☼☼) Liegt rund 3 km südöstlich der Stadt direkt am Strand. Zu den zahlreichen Einrichtungen zählen Swimmingpools, Restaurants und Spielplätze.

Essen

Wer gerne picknickt, kann sich im Supermarkt neben dem Busbahnhof oder in einem Konzum-Laden in der Stadt mit allen nötigen Vorräten eindecken. Für einen schnellen Imbiss gibt's an den Verkaufsständen beim Gemüsemarkt ein *burek* (Blätterteig mit Fleisch- oder Käsefüllung) zum Mitnehmen.

Die Restaurants am Hafen bieten die üblichen Fisch- und Fleischgerichte, die Preise sind jeweils ähnlich. Wer etwas anspruchsvollere Küche vorzieht, wird in der Hafengegend nicht fündig. Viele Restaurants haben nachmittags geschlossen.

Kantinon FISCH €
(Alda Rismonda 18; Hauptgerichte ab 53 Kn) In der Kantine mit hohen Decken werden Fischgerichte serviert. Spezialität des Hauses sind frische Meeresfrüchte zu günstigen Preisen. Die Batana-Fischplatte für zwei Personen und die Menüs (ab 34 Kn) sind lecker und preiswert.

Ulika ISTRISCH €€
(Vladimira Švalbe 34; Hauptgerichte ab 80 Kn) Wer Lust auf regionalen Käse, Räucherfleisch und leckere Häppchen hat, sollte in diese winzige Taverne gehen. Sie liegt nur ein paar Meeter vom Hotel Angelo D'Oro entfernt.

La Puntulina MEDITERRAN €€€
(813 186; Svetog Križa 38; Hauptgerichte ab 100 Kn) Auf den drei Freiluftterrassen wird kreative mediterrane Küche serviert. Die Pastagerichte sind am günstigsten (ab 80 Kn). Abends kann man sich ein Kissen schnappen, unterhalb des Stadthauses auf den Felsen sitzen und einen Cocktail trinken. Es empfiehlt sich, im Voraus zu reservieren.

Monte MEDITERRAN €€€
(Montealbano 75; Hauptgerichte ab 180 Kn) Rovinjs bestes Restaurant liegt direkt unterhalb der Euphemia-Kirche. Die elegante verglaste Terrasse und das klassische Dekor sind sehr schön. Wer nicht viel Geld ausgeben will, sollte Pasta oder Risotto bestellen (ab 99 Kn).

Veli Jože
FISCH €

(Križa 3; Hauptgerichte ab 50 Kn) Hier gibt's gute istrische Küche. Gäste speisen entweder im Innenraum, der mit viel Nippes geschmückt ist, oder an den Außentischen mit Meerblick.

Trattoria Dream
MEDITERRAN €

(Joakima Rakovca 18; Hauptgerichte ab 80 Kn) Diese stilvolle Trattoria liegt versteckt in einer schmalen Gasse und verfügt über zwei erdfarbene Außenterrassen. Im Angebot sind köstliche Gerichte wie in Salz gebackener Wolfsbarsch.

Ausgehen & Unterhaltung

Tagsüber gibt's eine Menge Plätze für einen ruhigen Drink, aber das Nachtleben konzentriert sich im **Monvi Centar** (www.monvicenter.com; Luja Adamoviča bb), nur einen kurzen Fußweg außerhalb des Zentrums. In diesem Unterhaltungskomplex mit Lounge-Bars, Restaurants und Clubs finden regelmäßig Open-Air-Konzerte und Diskonächte mit berühmten DJs statt. Das Monci Centar ist auch Gastgeber des renommierten **Rabac-Sommerfestivals** (www.rabacsummerfestival.com), bei dem international bekannte DJs House und Techno auflegen.

Havana
COCKTAILBAR

(Obala Aldo Negri bb) Eine beliebte Cocktailbar im Freien, die tropische Cocktails und kubanische Zigarren anbietet. Gäste sitzen unter Strohschirmen und hohen Pinien, können sich entspannen und die vorüberziehenden Schiffe beobachten.

Piassa Granda
WEINBAR

(Veli Trg 1) Diese stilvolle kleine Weinbar mit roten Wänden und holzverkleideten Decken hat über 150 (vorrangig istrische) Weinsorten im Angebot. Besonders empfehlenswert sind der Trüffel-Grappa sowie die leckeren Snacks und Salate.

Monte Carlo
CAFÉ-BAR

(Križa 21) Ruhiger und solider als im nebenan gelegenen Valentino geht's in dieser bescheidenen Café-Bar zu. Sie bietet einen tollen Blick aufs Meer und die Insel Sveta Katarina.

Glamour Cafe
CAFÉ-BAR

(Pina Budicina bb) Eine Cocktailbar mit riesiger Außenterrasse. Indonesisches Holz, Palmen, Weidenholzstühle und die sanfte Beleuchtung sorgen für ein stilvolles tropisches Flair.

Valentino
COCKTAIL- & CHAMPAGNERBAR

(Križa 28) In dieser Luxusbar werden superteure Cocktails serviert, aber sie liegt direkt am Meer und bietet einen fantastischen Blick auf den Sonnenuntergang.

Praktische Informationen

Geld
Banken mit Geldautomaten findet man überall in der Stadt. Die meisten Reisebüros und viele Hotels wechseln Geld.

Gepäckaufbewahrung
Garderoba (6 Kn pro Tag; ⊙Mo–Fr 6–20, Sa & So 7.45–19.30 Uhr) Die Gepäckaufbewahrung befindet sich im Busbahnhof. Achtung: Um 9.15 und 16.40 Uhr schließt das Geschäft für jeweils eine halbe Stunde.

Internetzugang
A-mar (841 211; Carera 26; 6 Kn für 10 Min.; ⊙Juli & Aug. 9–22 Uhr, Sept.–Juni kürzere Öffnungszeiten)

Medizinische Versorgung
Medizinisches Zentrum (813 004; Istarska bb)

Post
Hauptpost (Matteo Benussi 4; ⊙Mo–Fr 7–20, Sa 7–14 Uhr) In der Hauptpost kann man auch telefonieren.

Reisebüros
Eurostar Travel (813 144; Pina Budicina 1) Spezialisiert auf Tickets für Boote nach Brijuni und Venedig; bucht auch Ausflüge.

Futura Travel (817 281; www.futura-travel.hr; Matteo Benussi 2) Privatunterkünfte, Geldwechsel, Ausflüge und Transfers.

Globtour (814 130; www.globtour-turizam.hr; Alda Rismonda 2) Ausflüge, Privatunterkünfte und Fahrradverleih (60 Kn pro Tag).

Kompas (813 211; www.kompas-travel.com; Trg Maršala Tita 5) Veranstaltet täglich Ausflüge.

Planet (840 494; www.planetrovinj.com; Križa 1) Bietet preiswerte Privatunterkünfte. Fungiert auch als Internetcafé (6 Kn für 10 Min.) und verfügt über einen Drucker.

Touristeninformation
Touristeninformation (811 566; www.tzgrovinj.hr; Pina Budicina 12; ⊙Juni–Sept. 8–22, Okt.–Mai Mo–Fr 8–15, Sa 8–13 Uhr) Hält viele Broschüren und Stadtpläne bereit. Am Trg Maršala Tita.

Wäscherei
Galax (Istarska bb; 70 Kn für 5 kg; ⊙7–20 Uhr)

BUSSE VON ROVINJ

ZIEL	FAHRPREIS (KN)	DAUER	TÄGLICHE ABFAHRTEN
Dubrovnik	589	15 Std.	1
Labin	80	2 Std.	3
Poreč	41	45 Min.	11
Pula	38	50 Min.	23
Rijeka	94	3 Std.	8
Split	416	11 Std.	1
Triest (Italien)	88	2 Std.	3
Zagreb	193	5 Std.	10

ⓘ An- & Weiterreise

Der Busbahnhof liegt südöstlich der Altstadt. Der nächstgelegene Bahnhof befindet sich 20 km entfernt in Kanfanar an der Zuglinie Pula–Divača; zwischen Kanfanar und Rovinj verkehren regelmäßig Busse.

ⓘ Unterwegs vor Ort

Viele Agenturen in der Stadt verleihen Fahrräder (rund 20 Kn pro Std. oder 60 Kn pro Tag). Die Miete für einen Roller kostet ungefähr 200 Kn pro Tag.

Rund um Rovinj

Ein beliebter Tagesausflug von Rovinj ist die Bootsfahrt zur Insel **Crveni Otok** (Rote Insel). Das herrliche Eiland ist nur 1900 m lang und besteht eigentlich aus zwei kleinen Inselchen, Sveti Andrija und Maškin, die durch einen Damm miteinander verbunden sind. Im 19. Jh. war die Insel Privateigentum des Barons Hütterott, der sie in einen üppigen baumreichen Park verwandelte. Heutzutage wird **Sveti Andrija** vom Istra-Hotelkomplex dominiert. Wegen der hübschen Kiesstrände und Spielplätze ist die Insel bei Familien sehr beliebt. **Maškin** ist etwas beschaulicher und waldreicher, seine vielen einsamen Buchten locken besonders FKK-Anhänger an. Unbedingt an die Schnorchelausrüstung denken!

Genau gegenüber liegt die kleine Insel **Sveta Katarina**, die 1905 von einem polnischen Grafen mit Bäumen bepflanzt wurde und heute das **Hotel Katarina** (☎ 804 100; www.maistra.com; Otok Sveta Katarina; EZ/DZ 1003/1258 Kn; ❄) beherbergt.

In den Sommermonaten fahren stündlich von 5.30 Uhr bis Mitternacht Boote nach Sveta Katarina (Hin- & Rückfahrt 30 Kn, 10 Min.) und weiter nach Crveni Otok (Hin- & Rückfahrt 40 Kn, 15 Min.). Sie starten gegenüber vom Hotel Adriatic. Auch am Bootsanlegeplatz Delfin in der Nähe des Hotels Park legen Boote ab.

Der **Limska Draga Fjord** (Lim-Fjord) ist vielleicht die faszinierendste Sehenswürdigkeit Istriens. Er ist ca. 10 km lang und 600 m breit; die steilen Wände sind bis zu 100 m hoch. Der Fjord entstand, als die istrische Küste während der letzten Eiszeit immer tiefer sank und das Draga-Tal schließlich vom Meer geflutet wurde. Auf der Südseite des tiefgrünen Fjords befindet sich auf einem Hügel eine Höhle. Dort lebte im 11. Jh. der Einsiedlerpriester Romualdo und hielt Gottesdienste ab. Im Fjord wird geangelt, und es werden Austern und Muscheln gezüchtet.

Am Fjord findet man Souvenirstände und zwei Restaurants, die fangfrische Muscheln anbieten. Das **Viking** (Limski Kanal 1; Hauptgerichte ab 55 Kn) hat eine Terrasse mit Blick auf den Fjord und ist das bessere von beiden Restaurants. Auf der Speisekarte stehen Austern (10 Kn pro Stück), ausgezeichnete Jakobsmuscheln (22 Kn pro Stück.) sowie andere Muschelarten und Fischgerichte (Preis pro Kilo). Hinter dem zweiten Restaurant (namens Fjord) befinden sich ein Picknickplatz, ein Café mit Holztischen und -stühlen sowie eine Badebucht.

Kleine Ausflugsboote bieten einstündige Fjordfahrten an (75 Kn pro Person, verhandelbar). Im Juli und August verkehren sie sehr oft, im Juni und September weniger häufig. Bootsfahrten hierher können ab Rovinj, Pula oder Poreč gebucht werden. Wer auf eigene Faust unterwegs ist, folgt der Ausschilderung zum Lim-Fjord hinter dem kleinen Dorf Sveti Lovreč.

Poreč

17 460 EW.

Poreč (italienisch: Parenzo; zu römischen Zeiten: Parentium) und sein Umland haben sich ganz dem Tourismus verschrieben. Die alte römische Stadt bildet den Mittelpunkt eines dichten Netzes von Ferienorten, die sich entlang der Westküste Istriens nach Norden und Süden erstrecken. Die größte Ferienanlage ist Zelena Laguna, die alles bietet, was sich Urlauber wünschen.

Die Feriendörfer und Campingplätze ziehen vor allem Pauschalurlauber an. Nicht jedem gefallen die vielen Betonklötze und Ausflugsbusse. Doch sind in den Hotels, Restaurants, Touristeninformationen und Reisebüros fast durchweg freundliche, mehrsprachige Mitarbeiter beschäftigt, die sich sehr um die Gäste bemühen. Die Region ist sicherlich kein lauschiger Rückzugsort (es sei denn, man kommt in der Nachsaison), doch Poreč hat eine Basilika, die zum Weltkulturerbe gehört, bietet eine gute Infrastruktur und liegt günstig, um Ausflüge in das unberührte Landesinnere zu unternehmen.

Geschichte

Porečs Küste ist – die Inseln mit eingerechnet – 37 km lang, die Altstadt liegt auf einer etwa 400 m langen und 200 m breiten Landzunge. Im 2. Jh. n. Chr. eroberten die Römer die Region und machten Poreč zu einem wichtigen Verwaltungszentrum, von dem aus sie den gesamten Landstrich vom Lim-Fjord bis zum Fluss Mirna überwachen konnten. Die Römer waren auch für Porečs Stadtplanung verantwortlich, sie unterteilten die Stadt in rechteckige Parzellen mit dem Decumanus als Längs- und dem Cardo als Querachse.

Nach dem Zusammenbruch des Weströmischen Reiches fiel Poreč an das Oströmische Reich und gehörte vom 6. bis 8. Jh. zu Byzanz. Während dieser Zeit wurde die Euphrasius-Basilika mit ihren prächtigen Fresken gebaut. 1267 musste sich Poreč der venezianischen Herrschaft unterwerfen.

Die Stadt hatte unter den in Istrien herrschenden Seuchen ganz besonders zu leiden. Im 17. Jh. sank die Einwohnerzahl zeitweise auf etwa 100 Personen. Nach dem Fall Venedigs wurde Poreč von den Habsburgern beherrscht, anschließend von Frankreich und danach wieder von Österreich. Von 1918 bis 1943 fiel sie an Italien. Nach der Kapitulation Italiens wurde die Stadt von den Deutschen eingenommen und 1944 von den Alliierten bombardiert. Nach dem Krieg gehörte Poreč zu Jugoslawien, heute zu Kroatien.

◉ Sehenswertes

Die kompakte Altstadt mit unzähligen Läden und Reisebüros drängt sich auf der Halbinsel. Bis heute durchzieht die alte römische Straße Decumanus mit ihren polierten Steinen als Hauptstraße die Halbinsel. Entlang der Uferstraße Obala Maršala Tita findet man Hotels, Reisebüros und Ausflugsboote. Sie nimmt ihren Ausgang bei der Anlegestelle für kleine Boote und endet an der Spitze der Halbinsel.

Euphrasius-Basilika   KIRCHE

(Eufrazijeva bb; Eintritt frei; ⊙ April–Mitte Okt. 7–20 Uhr) Hauptgrund für einen Besuch der Stadt ist die Euphrasius-Basilika aus dem 6. Jh. Sie gehört zum Weltkulturerbe und ist eines der schönsten und besterhaltenen Werke byzantinischer Baukunst in Europa. An der Stelle einer Kapelle aus dem 4. Jh. errichtet, umfasst der Komplex das Gotteshaus, ein Atrium und eine Taufkapelle. Blickfang sind die glitzernden **Mosaiken** an den Apsiswänden. Diese Meisterwerke aus dem 6. Jh. zeigen biblische Szenen, Erzengel und istrische Märtyrer. Linker Hand ist Bischof Euphrasius zu sehen, der den Auftrag für den Bau der Basilika erteilte. In der Hand hält er ein Modell der Kirche. Der **Glockenturm** (Eintritt 10 Kn) ist durch die achteckige Taufkapelle zugänglich. Von dort oben genießt man einen fantastischen Blick auf die Altstadt.

Sehenswert ist auch das nebenan gelegene **Bischofspalais** (Eintritt 10 Kn; ⊙ April–Mitte Okt. 10–19 Uhr). Es birgt Steinskulpturen und Mosaiken aus dem 4. Jh., die aus dem Vorgängerbau der Basilika stammen. Von Mitte Oktober bis März können die Basilika und der Palais nach vorheriger Anmeldung in der Touristeninformation besichtigt werden.

Trg Marafor   PLATZ

Auf dem Trg Marafor befand sich in römischer Zeit das Forum, wo öffentliche Versammlungen stattfanden; an der nördlichen Häuserreihe des Platzes ist die Originalpflasterung erhalten geblieben. Westlich des rechtwinkligen Platzes schließt sich ein kleiner Park an; hier sind Teile eines **Neptuntempels** aus dem 2. Jh. zu sehen. Nordwestlich des Platzes liegen die Reste eines großen Tempels aus dem frühen 1. Jh.

Poreč

Venezianische Türme
RUINEN

Von der Stadtmauer sind inzwischen nur noch drei Türme übrig, die im 15. Jh. unter venezianischer Herrschaft errichtet wurden: Der gotische **Fünfeckige Turm** befindet sich am Anfang des Decumanus; der **Rundturm** erhebt sich auf dem Narodni Trg und der **Nordturm** ist in der Peškera-Bucht zu sehen.

Sveti Nikola
INSEL

Hier gibt es zahlreiche Kies- und Betonstrände, die von felsigen Wellenbrechern geschützt werden, sowie schattige, ausgedehnte Pinienwälder und jede Menge großartige Ausblicke auf die Stadt. Von Mai bis Oktober verkehren regelmäßig **Passagierboote** (Erw./erm. 20/10 Kn) nach Sveti Nikola, der kleinen Insel gegenüber dem Hafen von Poreč. Sie legen etwa alle 30 Minuten (von 6.45 Uhr morgens bis 1 Uhr nachts) vom Fähranleger an der Obala Maršala Tita ab.

Aktivitäten

Außerhalb der Stadt kann man fast jeder Art von Aktivität nachgehen – entweder in der Plava Laguna oder in der Zelena Laguna. Die meisten Sport- und Freizeitzentren – es gibt 20 – sind den Hotels angegliedert und verfügen über Tennisplätze, Basketball- und Volleyballfelder. Wer will, kann windsurfen, rudern, einen Bungeesprung wagen, Paintball oder Golf spielen, Wasserski fahren, Fallschirm springen, Gokart fahren oder sich ein Boot oder Kanu ausleihen. Bei schlechtem Wetter kann man ins Fitnessstudio gehen oder sich in einem Wellnesscenter eine Massage gönnen. Bei der Touristeninformation gibt's die jährlich erscheinende Broschüre *Poreč Info*, in der sämtliche Freizeitmöglichkeiten aufgelistet sind.

Die gut ausgeschilderten Wege bieten viele Möglichkeiten, die Hügellandschaft im Landesinneren auf einer **Rad- oder**

Poreč

⊙ Highlights
Bischofspalais.....................................B1
Euphrasius-Basilika...........................B1
Trg Marafor A1

⊙ Sehenswertes
1 Nordturm...C1
2 Fünfeckiger Turm............................C2
3 Rundturm..C2
4 Neptuntempel..................................A1

⊙ Schlafen
5 Jadran Residence A2
6 Hotel Palazzo A1
7 Hotel Poreč D4
8 Valamar Riviera Hotel B2
9 Valamar Riviera Residence.............B2

⊙ Essen
10 Buffet Horizont................................C1
11 Cardo...B1
12 Dva Ferala.......................................B2
13 Gourmet...B1
14 Konoba Ulixes C1
15 Nono...D2
 Peterokutna Kula ....(siehe 2)
16 Sveti Nikola.....................................A2

⊙ Ausgehen
 Epoca ....(siehe 5)
17 Lapidarium......................................B2
18 Saint & Sinner................................C2
 Torre Rotonda ....(siehe 3)

Wandertour zu erkunden. Bei der Touristeninformation ist eine kostenlose Karte erhältlich, die alle Straßen und Fahrradwege verzeichnet und Routenvorschläge ab Poreč anbietet. Viele Agenturen vermieten Fahrräder (rund 70 Kn pro Tag).

Die Untiefen und Sandbänke bieten sich zum **Tauchen** an. Ein besonderes Taucherlebnis beschert das Wrack eines Kriegsschiffs der British Royal Navy. Im **Tauchzentrum Poreč** (433 606; www.divingcenter-porec.com) kostet ein Tauchgang vom Boot ab 110 Kn (teurer wird das Höhlen- oder Wracktauchen), die komplette Ausrüstung wird für 310 Kn verliehen.

✦ Festivals & Events
Im Juli und August findet das **Poreč Annale** statt, eine Ausstellung moderner Kunst, die seit langer Zeit veranstaltet wird und meist unter einem bestimmten Thema steht. Im August zieht das einwöchige **Straßenkunst-Festival** jedes Jahr viele internationale Künstler an. Die Straßen und Plätze der Altstadt verwandeln sich in Bühnen, auf denen von Akrobatik bis Theater und Musik alles Mögliche präsentiert wird. Im Juli und August werden in der Basilika mehrmals pro Woche **klassische Konzerte** abgehalten (www.concertsinbazilika.com). Karten sind eine Stunde vorher erhältlich. Von Ende Juni bis Anfang September finden einmal pro Woche im Innenhof des Heimatmuseums neben dem Lapidarium **Jazzkonzerte** (www.jazzinlap.com) statt. Im Rahmen des **Poreč-Musiksommers** gibt's auf dem Trg Slobode kostenlose Konzerte.

In der Touristeninformation bekommt man die kostenlose Broschüre *Poreč Day by Day* mit allen Veranstaltungen.

🛏 Schlafen
In Poreč gibt's jede Menge Unterkünfte, die jedoch bereits ziemlich früh ausgebucht sind. Wer im Juli oder August anreist, sollte daher unbedingt im Voraus reservieren.

Die Altstadt bietet nur wenige Hotels; die meisten Campingplätze, Hotels, Apartment- und Ferienanlagen reihen sich entlang der Küste im Norden und Süden von Poreč. Die größten Hotelkomplexe stehen in Brulo, 2 km südlich der Stadt, in Plava Laguna, 4 km südlich der Altstadt, und in Zelena Laguna, 2 km weiter. Nördlich von Poreč liegen die Touristenorte Borik und Špadići. Rund 20 Hotels und ein Dutzend Apartmentanlagen befinden sich in dieser waldreichen Ferienregion. Der Großteil der Unterkünfte wird von **Valamar Hotels & Resorts** (465 000; www.valamar.com) oder **Plava Laguna** (410 101; www.plavalaguna.hr) verwaltet. Die Hotels sind von April bis Oktober geöffnet, nur wenige das ganze Jahr über. Bei einem Aufenthalt von weniger als drei Nächten wird im Sommer ein Aufpreis von 20 % erhoben.

Wer ein Privatzimmer sucht, fragt am besten in einem der hier beschriebenen Reisebüros nach. Ein Doppelzimmer kostet in der Hauptsaison zwischen 200 und 250 Kn, ein Apartment für zwei Personen 280–350 Kn. Bei einem Aufenthalt unter vier Nächten wird ein Aufpreis von 30 % fällig. In der Altstadt gibt's nur eine begrenzte

Anzahl an Privatzimmern und keine Parkmöglichkeiten. Gute Privatunterkünfte sind mit dem *Domus-Bonus*-Qualitätszertifikat versehen.

Valamar Riviera Hotel   HOTEL €€€
(☎ 408 000; www.valamar.com; Obala Maršala Tita 15; EZ 990–1400 Kn, DZ 1300–1990 Kn; P ❋ @) Das alte Hotel Neptune am Hafen wurde komplett entkernt, um Platz für diese brandneue Anlage zu machen, die 2010 als schickes Vier-Sterne-Hotel eröffnet hat. Die Zimmer sind nun viel größer, manche haben Balkone mit Meerblick. Auf Sveti Nikola gibt's einen Privatstrand, alle 30 Minuten startet ein Boot dorthin (kostenlos). Am unteren Ende der Strandpromenade liegt das frisch renovierte **Residence** (Suite 2250–2950 Kn) mit acht Luxussuiten, das auch günstige Pauschal- und Sonderpreise anbietet.

Hotel Palazzo   HOTEL €€€
(☎ 858 800; www.hotel-palazzo.hr; Obala Maršala Tita 24; EZ/DZ 1281/1602 Kn; P ❋ @ ≋) In einem 1910 erbauten Gebäude am Meer befindet sich die neueste Errungenschaft der städtischen Hotelszene. Das elegante, historische Palazzo beherbergt insgesamt 70 Zimmer und vier Suiten, ein Wellness- und Spazentrum sowie mehrere Restaurants und Bars und kombiniert modernes Design mit klassischer Schönheit. Die Zimmer 120 bis 126 bieten einen tollen Ausblick aufs offene Meer, den Leuchtturm und auf den Sonnenuntergang – logischerweise muss man für diese Räume auch etwas tiefer in die Tasche greifen.

Hotel Hostin   HOTEL €€€
(☎ 408 800; www.hostin.hr; Rade Končara 4; EZ/DZ 683/966 Kn; P ❋ @ ≋) Dieses charmante kleine Hotel liegt in einer grünen Parkanlage unweit vom Busbahnhof und bietet 39 gut ausgestattete Zimmer mit Balkonen. Weitere Attraktionen sind der Innenpool, der Fitnessraum, ein türkisches Bad und eine Sauna. Der Kiesstrand liegt nur 70 m entfernt.

Weitere empfehlenswerte Unterkünfte:

Jadran Residence   HOTEL €€
(☎ 408 800; www.valamar.com; Obala Maršala Tita 21; DZ 490–713 Kn) Hotel am Meer, das bald renoviert werden soll. Zurzeit verfügt es über 22 geräumige Zweibettzimmer, die teilweise Balkone, aber sonst keinen großen Komfort bieten. Geöffnet hat es von Mai bis September, Frühstück ist nicht im Preis inbegriffen.

Hotel Poreč   HOTEL €€
(☎ 451 811; www.hotelporec.com; Rade Končara 1; EZ/DZ 475/720 Kn; ❋) Von den Zimmern dieses Betonklotzes hat man keinen besonders tollen Ausblick (auf den Busbahnhof und das gegenüberliegende Einkaufszentrum), aber sie sind ganz nett und es ist nicht weit von der Altstadt entfernt.

Camp Zelena Laguna   CAMPINGPLATZ €
(☎ 410 700; www.plavalaguna.hr; Zelena Laguna; 55/77 Kn pro Erw./Stellplatz; ☼ April–Sept.; ≋) 5 km von der Altstadt entfernt erstreckt sich dieser Campingplatz mit guten Sportanlagen, auf dem bis zu 2700 Personen unterkommen. Er bietet Zugang zu zahlreichen Stränden (auch zu einem FKK-Strand).

Camp Bijela Uvala   CAMPINGPLATZ €
(☎ 410 551; www.plavalaguna.hr; Zelena Laguna; 55/77 Kn pro Erw./Stellplatz; ☼ April–Sept.; ≋) Auf dem Campingplatz mit Kapazität für bis zu 6000 Personen kann es überfüllt sein, aber es gibt zwei Außenpools und die Hotelanlagen von Zelena Laguna sind nur einen Steinwurf entfernt.

✕ Essen

LP TIPP Peterokutna Kula   INTERNATIONAL €€
(Decumanus 1; Hauptgerichte ab 70 Kn) Im Fünfeckigen Turm aus dem Mittelalter liegt dieses Luxusrestaurant mit zwei Freilufthöfen und einer Dachterrasse mit tollen Ausblicken. Es serviert die verschiedensten Fisch- und Fleischgerichte, allerdings ist der Service nicht immer gut. Der gebackene Seebarsch schmeckt besonders lecker.

Dvi Murve   ISTRISCH €€
(Grožnjanska 17; Hauptgerichte ab 70 Kn) Dieses nette Restaurant liegt etwa 2 km nordöstlich der Stadt und ist sehr beliebt bei den Einheimischen. Es gibt eine große Terrasse, vor dem Gebäude stehen zwei Maulbeerbäume. Serviert werden istrische Spezialitäten wie *boškarin*-Carpaccio (eine seltene istrische Rinderzüchtung) und Steak „Dvi Murve" mit Pasta. Ein Taxi hierher kostet rund 50 Kn.

Konoba Ulixes   MEDITERRAN €€
(Decumanus 2; Hauptgerichte ab 75 Kn) Der Fisch und die Meeresfrüchte in dieser Taverne sind überaus köstlich. Empfehlenswert ist auch die preiswerte mediterrane Platte für zwei Personen (140 Kn) oder Pasta mit Scampis und Schaumwein.

Dva Ferala
ISTRISCH €

(Obala Maršala Tita 13a; Hauptgerichte ab 60 Kn) Auf der Terrasse dieser freundlichen *konoba* (Taverne) werden gut zubereitete istrische Spezialitäten aufgetischt, z. B. *istarski tris* (reichhaltiges Gericht aus drei verschiedenen Pastasorten für zwei Personen).

Gourmet
ITALIENISCH €€

(Eufrazijeva 26; Hauptgerichte ab 60 Kn) Hier gibt's italienische Köstlichkeiten in allen Formen – Penne, Tagliatelle, Fusilli, Tortellini, Gnocchi etc. Auf dem Platz und im ruhigen Hinterhof stehen Außentische. Empfehlenswert sind die Spaghetti mit Meeresfrüchten (180 Kn für zwei Personen).

Sveti Nikola
KREATIV KROATISCH €€

(Obala Maršala Tita 23; Hauptgerichte ab 80 Kn) In diesem eleganten Restaurant am Meeresufer dreht sich alles um kulinarische Innovationen. Mit den Menüs am Mittag (99 Kn) oder Abend (Fleisch 139 Kn, Fisch 149 Kn) kann man gar nicht falsch liegen. Besonders lecker ist das Carpaccio aus geräuchertem Putenfleisch mit Rucola.

Ebenfalls empfehlenswert:

Cardo
INTERNATIONAL €

(Carda Maximusa 8; Hauptgerichte ab 65 Kn) Gegenüber dem Gourmet liegt dessen Schwesterrestaurant, in dem gute Fleisch-, Fisch- und internationale Gerichte aufgetischt werden.

Nono
PIZZA €

(Zagrebačka 4; Pizza 40–80 Kn) Nono serviert die beste Pizza der Stadt, mit dicker Kruste und Belägen wie Trüffeln. Auch die anderen Gerichte sind toll.

Buffet Horizont
FISCH-SNACKBAR €

(Eufrazijeva 8; Hauptgerichte ab 30 Kn) Billige und leckere Snacks aus Meeresfrüchten wie Sardinen, Shrimps und Calamari gibt's in diesem gelben Haus mit Holzbänken vor der Tür.

Ausgehen & Unterhaltung

Lapidarium
BAR

(Maura 10) Diese zauberhafte Bar mit einem geradezu riesigen Innenhof liegt auf der Rückseite des Heimatmuseums und verfügt über Räumlichkeiten voller Antiquitäten. Mittwochs im Sommer ist Jazznacht mit Open-Air-Musik.

Byblos
CLUB

(www.byblos.hr; Zelena Laguna bb) In diesem Open-Air-Club – eine der angesagtesten Partylocations in Kroatien – legen berühmte Gast-DJs wie David Morales House-Klänge auf. Samstagnachts tanzt man zu einer guten Mischung aus Dance-Music.

Ebenfalls empfehlenswert:

Saint & Sinner
CAFÉ-BAR

(Obala Maršala Tita 12) Diese Bar am Meeresufer ist ganz in Schwarz-Weiß-Tönen eingerichtet. Tagsüber treffen sich hier die Jugendlichen, um leckeren Chococcino zu trinken, abends gibt's Erdbeer-Caipiroskas.

Epoca
CAFÉ-BAR

(Jadran Residence, Obala Maršala Tita 24) In dieser Café-Bar am Meer kann man sich zurücklehnen und bei einem Espresso oder einem Cocktail als Absacker den Sonnenuntergang beobachten.

Torre Rotonda
CAFÉ-BAR

(Narodni trg 3a) Wer die steilen Stufen zur Spitze des historischen Rundturms hinaufklettert, findet ein Freiluftcafé, von dem man wunderbar das Treiben an den Kais beobachten kann.

❶ Praktische Informationen

Geld

Geld kann man in jedem der vielen Reisebüros und in allen Banken wechseln. Überall in der Stadt befinden sich Geldautomaten.

Gepäckaufbewahrung

Garderoba (6 Kn pro Std.; ⊙7–20.30 Uhr) Am Busbahnhof.

Internetzugang

CyberM@c (Mire Grahalića 1; 42 Kn pro Std.; ⊙10–22 Uhr) Ein Computerzentrum mit Rundumservice.

Medizinische Versorgung

Poreč Medical Centre (%451 611; Maura Gioseffija 2)

Post

Hauptpost (Trg Slobode 14; ⊙Mo–Fr 8–12 & 18–20, Sa 8–12 Uhr) Hier kann man auch telefonieren.

Reisebüros

Atlas Travel Agency (%434 933; www.atlas-croatia.com; Eufrazijeva 63) Die Reiseagentur bucht Ausflüge.

Di Tours (%432 100; www.di-tours.hr; Prvomajska 2) Findet Privatunterkünfte.

Fiore Tours (%431 397; www.fiore.hr; Mate Vlašića 6) Vermittelt Privatunterkünfte.

Sunny Way (%452 021; sunnyway@pu.t-com.hr; Alda Negrija 1) Das Unternehmen ist auf

BUSSE VON POREČ

ZIEL	FAHRPREIS (KN)	DAUER	TÄGLICHE ABFAHRTEN
Pula	54	1–1½ Std.	8
Rijeka	85	2 Std.	7
Rovinj	42	45 Min.	6
Zagreb	218	4 Std.	7

Bootstickets sowie Ausflüge nach Italien und innerhalb von Kroatien spezialisiert.

Touristeninformation

Touristeninformation (☏451 293; www.to-porec.com; Zagrebačka 9; ⊙Juni–Sept. Mo–Sa 8–21, So 9–13 & 18–21 Uhr, Okt.–Mai Mo–Sa 8–20, So 9–13 Uhr)

An- & Weiterreise

Ustica Line (www.usticalines.it) betreibt Katamarane nach Triest, die täglich außer montags verkehren (160 Kn; 1½ Std.). In der Hochsaison starten täglich vier Schnellkatamarane nach Venedig (2 Std., einfach 225–474 Kn, Hin- & Rückfahrt 300–880 Kn), angeboten von folgenden Unternehmen:

Astarea (☏451 100) Die billigste Option.

Commodore Cruises (www.commodore-cruises.hr)

Venezia Lines (www.venezialines.com)

Der **Busbahnhof** (☏432 153; Rade Končara 1) liegt gleich vor den Toren der Altstadt, hinter der Rade Končara.

Zwischen Poreč und Rovinj verkehren Busse, die den Lim-Fjord entlangfahren. Um ihn gut zu sehen, setzt man sich auf die rechte Seite, wenn man nach Süden reist, oder auf die linke, wenn's Richtung Norden geht.

Der nächstgelegene Bahnhof liegt in Pazin, 37 km weiter östlich. Täglich starten etwa sechs Busse in Poreč (37 Kn, 45 Min.).

Unterwegs vor Ort

Fahrräder kann man für etwa 70 Kn pro Tag mieten. Von Mai bis Anfang Oktober verkehren regelmäßig Touristenzüge; sie fahren von der Šetalište Antuna Štifanića (am Yachthafen) ab und steuern Plava Laguna (15 Kn) sowie Zelena Laguna (15 Kn) an. Auf der Strecke verkehrt auch ein Passagierboot (15 Kn), das stündlich von 9 Uhr bis kurz vor Mitternacht an der Fähranlegestelle startet. Die regelmäßigen Busse nach Vrsar halten in Plava Laguna, in Zelena Laguna und in den anderen Ferienanlagen südlich der Stadt.

DAS ISTRISCHE HINTERLAND

Auf dem Weg von der istrischen Küste ins Landesinnere nimmt die Zahl der Urlauber und Hotelkomplexe beständig ab und macht Platz für eine unberührte Landschaft mit mittelalterlichen, über die Hügel verstreuten Städtchen, Pinienwäldern, fruchtbaren Tälern und Weinbergen. Hier geht's wesentlich geruhsamer zu. Nicht die Bedürfnisse der Urlauber bestimmen den Tagesablauf, sondern die Traubenlese, die Trüffelsuche, das Stechen des wilden Spargels und die Bewirtschaftung der Olivenhaine. Bauernhäuser öffnen Urlaubern ihre Türen, die auf der Suche nach einem authentischen Ferienerlebnis sind, abgeschiedene Tavernen servieren rustikale Speisen und Winzer bieten in ihren Weinkellern Verkostungen an. Entlegene Bergdörfer, die bereits dem Verfall geweiht schienen, locken nicht nur Scharen von Künstlern und Kunsthandwerkern an, sondern sind auch Ziel vieler gut betuchter Reisender. Diese Region wird zwar oft und zu Recht mit der hügeligen Toskana verglichen – der italienische Einfluss ist tatsächlich nicht zu verleugnen – doch ist dies eine eigene, ganz andere Welt, einzigartig, unwiderstehlich, unversehrt.

Um die Gegend zu erkunden, braucht man ein Auto, denn die Busse und Züge verkehren nur sehr sporadisch. Ein Plus an diesem Landstrich: Das Meer ist nie weit entfernt.

Labin

12 426 EW.

Labin ist das unbestrittene Highlight sowie historisches und administratives Zentrum der istrischen Ostküste. Die Altstadt thront oben auf dem Berg und begeistert Besucher immer wieder mit ihrem Gewirr aus steilen Straßen, kopfsteingepflasterten Gassen und pastellfarbenen Häusern, die mit Steinverzierungen geschmückt sind.

Unten liegt die Neustadt, hässliches Resultat der Bergbauindustrie. Bis in die 1970er-Jahre war Labin die wichtigste Bergbaustadt Istriens. Der Berg wurde durch den Steinkohleabbau so stark ausgehöhlt, dass die Stadt langsam abzurutschen begann. 1999 wurde der Bergbau eingestellt und die notwendigen Sanierungsarbeiten eingeleitet. Heute erstrahlt Labin in neuem Glanz und hat sich zu einem beliebten Urlaubsziel entwickelt.

Und das zu Recht, hat es doch einiges an Sehenswertem zu bieten: Im Labyrinth der Altstadt liegt ein interessantes Museum versteckt, es gibt eine Vielzahl venezianisch geprägter Kirchen und Paläste, und hier und dort präsentieren Kunsthandwerksläden ihre Schätze. Der Ferienort Rabac, der 5 km südwestlich von Labin an der Küste liegt, wurde leider stark verbaut. Dicht gedrängt stehen dort Ferienhäuser, Hotels und Apartmentblocks. Schön sind jedoch die Strände, wo sich angenehme Nachmittage verbringen lassen.

⊙ Sehenswertes

Ein Spaziergang durch die mittelalterlichen Straßen von Labin ist das Highlight eines Besuches der Stadt. Labin gliedert sich in zwei Teile: Die Altstadt auf dem Berg, wo auch die meisten Sehenswürdigkeiten anzutreffen sind, und Podlabin, die Neustadt am Fuß des Berges. Hier befinden sich die meisten Geschäfte, Restaurants und städtischen Einrichtungen.

Stadtmuseum MUSEUM
(Gradski Muzej; 1 Maja 6; Erw./erm. 15/10 Kn; ⊙ Juli–Sept. Mo–Sa 10–13 & 18–21, So 10–13 Uhr, Okt.–Juni Mo–Fr 8–15 Uhr) Das Museum ist im Barockpalast Battiala-Lazzarini aus dem 18. Jh. untergebracht. Im Erdgeschoss befindet sich eine archäologische Sammlung, im Obergeschoss eine Kollektion von Musikinstrumenten mit einigen interessanten interaktiven Exponaten und ganz oben eine sehenswerte Kunstgalerie zeitgenössischer Werke. Das Museum liegt über einer Kohlegrube, die zu einem Schaustollen umgebaut wurde. Wer in geduckter Haltung durch den beklemmend engen Tunnel geht, ahnt, warum die Leute damals alles daransetzten, nicht im Bergbau arbeiten zu müssen.

Festung FESTUNG
(Forica) An Labins höchstem Punkt am Westrand der Stadt erhebt sich die Festung. Sie ist über die Ulica 1 Maja zu erreichen, der längere Weg führt über den Šetalište San Marco an der Stadtmauer entlang. Von der Festung hat man einen herrlichen Blick auf die Küste, die Učka-Bergkette und die Insel Cres.

Loggia HISTORISCHES GEBÄUDE
(Titov Trg) Die 1550 erbaute Loggia diente Labin im 16. Jh. als Gemeindezentrum. Hier wurden Nachrichten und Gerichtsurteile verkündet, Volksfeste veranstaltet und Verbrecher an den Pranger gestellt. Heute beherbergt sie einen ziemlich teuren Antiquitätenmarkt (nur im Sommer).

Kirche Mariä Geburt KIRCHE
(Ulica 1 Maja; ⊙ nur zur Messe geöffnet) Einen Abstecher lohnt auch die Kirche Mariä Geburt, die Stilelemente der venezianischen Gotik und Renaissance vereint und deren Portal ein filigran und mit großer Sorgfalt geschnitzter Löwe schmückt. Rechts von der Kirche liegt der **Scampicchio-Palast**, der im 15. Jh. im Renaissancestil erbaut wurde und einen schönen Innenhof hat.

✯ Festivals & Events

Labin Art Republic (Labin Art Republika) Jedes Jahr im Juli und August wird die Stadt, in der über 30 Künstler leben und arbeiten, von diesem Festival dominiert. Dann wird ganz Labin zur Bühne – für Straßentheater, Konzerte, Aufführungen, Clownerien und etliche interessante Künstlerateliers unter freiem Himmel.

🛏 Schlafen

Labin selbst verfügt über keine Hotels, dafür gibt's nahebei in Rabac viele Unterkünfte. Die meisten Quartiere sind große Hotelanlagen, es gibt aber auch einige kleinere Häuser. **Valamar** (www.valamar.com) verwaltet hier den Ferienanlagen, darunter zwei Luxushotels (das Valamar Sanfior Hotel und das Valamar Bellevue Hotel & Residence), vier Drei-Sterne-Komplexe, ein Touristendorf, eine Apartmentanlage sowie einen Villenkomplex. In der Hochsaison (August) gibt es große Preisunterschiede: ein Doppelzimmer in einem Vier-Sterne-Hotel (mit Halbpension) kostet zwischen 1250 und 1700 Kn, für ein Zwei-Sterne-Hotel muss man nur 890 bis 1190 Kn zahlen. Die Zwei- und Drei-Sterne-Hotels und die Villenkomplexe vermieten auch Studios und Apartments für zwei Personen. Bei Aufenthalten unter drei Nächten wird ein Aufschlag berechnet.

ISTRIENS GEHEIMTIPPS

Istriens viele Highlights kann man nicht in einem Kapitel zusammenfassen. Hier ein kurzer Überblick für Leute, die gern mehr entdecken wollen.

Nur 20 Minuten nördlich von Poreč drängt sich die schöne alte Stadt **Novigrad** auf einer Insel. Hier befindet sich eines der besten Restaurants in ganz Istrien: das **Damir i Ornella** (758 134; Zidine 5). Die Taverne mit 28 Sitzplätzen ist bekannt für ihre mediterranen Sushi- und Sashimivariationen, ebenso wunderbar schmeckt der gegrillte Hummer.

Im Fischerdorf **Savudrija**, am westlichsten Punkt Kroatiens, steht der älteste **Leuchtturm** (www.lighthouses-croatia.com) Istriens, erbaut 1818. Er kann auf Wochenbasis gemietet werden (1150 Kn pro Woche für vier Personen).

Auf einem Hügel zwischen Rovinj und Poreč erhebt sich der hübsche mittelalterliche Fischerort **Vrsar**. Hier geht es ruhiger zu als in den Nachbarorten. Ein Skulpturenpark zeigt Werke des renommierten kroatischen Bildhauers Dušan Džamonja.

Im Landesinnern sollten sich Kunstfans **Beram** unweit von Pazin ansehen. Dort steht die beeindruckende Kirche der heiligen Maria von Škriljine mit Fresken aus dem 15. Jh. Weitere Auskünfte hält die Touristeninformation von Pazin bereit. Die Dorf-*konoba* (Taverne) heißt **Vela Vrata** (Di–So; Hauptgerichte ab 40 Kn), sie hat einen schönen Ausblick ins Grüne und serviert großartige hausgemachte Pasta, gute Fleischgerichte sowie tolle Crêpes mit *skuta* (Ricotta) und Honig.

Von Poreč aus lohnt eine Fahrt zur **Baredine-Höhle** (www.baredine.com), ein unterirdisches Gewölbe voller Stalagmiten und Stalaktiten. Mehrere Reisebüros bieten Ausflüge an.

Unweit von Labin liegt **Raša**, Istriens jüngste Stadt. Sie ist ein Vorzeigeobjekt funktionalistischer Architektur, die in den 1930er-Jahren unter Mussolinis Herrschaft ihre Blütezeit hatte.

Auf einem Hügel nördlich von Motovun thront das unberührte Dorf **Oprtalj**, eingerahmt von Zypressenbäumen, inmitten einer idyllischen Landschaft.

Nicht verpassen sollte man das verlassene, uralte Dorf **Kotli**, das 1,5 km abseits der Hauptstraße zwischen Hum und Roč am Fluss Mirna liegt. In dem denkmalgeschützten Ort kann man sich gut erhaltene Höfe, Treppenaufgänge, gewölbte Passagen und malerische Kamine ansehen.

Ein tolles gastronomisches Erlebnis verspricht die **Konoba Morgan** (Di–So; Hauptgerichte ab 60 Kn), 2 km nordöstlich von Brtonigla auf einem Hügel an der Straße nach Buje. Von der hübschen Terrasse hat man einen tollen Ausblick. Die Speisekarte wechselt täglich, Schwerpunkte sind Wild und saisonale Zutaten wie Trüffel und Spargel.

Mountainbike-Fahrer sollten den **Parenzana-Radweg** (www.istria-bike.com) ausprobieren, er verläuft entlang einer defekten Schmalspurbahn, die von 1902 bis 1935 Triest und Poreč verband. Heute durchquert der Weg drei Länder: Italien, Slowenien und Kroatien (der kroatische Abschnitt ist 80 km lang).

Einen Abstecher wert ist auch das **Višnjan-Observatorium** (www.astro.hr; 091 449 1788) 13 km von Poreč entfernt im Westen Istriens. Es wird seit den 1970er-Jahren genutzt und steht weltweit an dritter Stelle, was die Zahl der entdeckten Asteroiden angeht. Auch wenn das Zentrum auf Bildungszwecke ausgerichtet ist, lohnt sich ein Besuch. Vor Kurzem ist die Sternwarte in einen zauberhaften Bergpark umgezogen, das Teleskop steht jetzt in einem romantischen Gebäude inmitten von duftenden Pinienwäldern. Wer an einem kostenlosen Rundgang (Spenden erwünscht) teilnehmen will, sollte vorher anrufen. Alternativ kann man das Observatorium zum zweitägigen AstroFest besuchen, das am 21. Juni (zur Sommersonnenwende) beginnt und mit New-Age- und Schlagzeugmusik sowie zahlreichen Sternguckern gefeiert wird.

Maslinica (884 150; www.maslinica-rabac.com) verwaltet drei Mittelklasseanlagen in der Bucht von Maslinica: das Hotel Hedera, das Hotel Mimosa und das All-inclusive-Hotel Narcis. Doppelzimmer mit Halbpension kosten ab 846 Kn, Einzelzimmer 423 Kn. Maslinica betreibt auch das **Camp Oliva** (872 258; Rabac bb; 75 Kn pro Stellplatz), das unmittelbar vor den großen Hotels am Strand von Rabac liegt.

Zwei unabhängige Hotels mit mehr Charakter sind das **Hotel Amfora** (✆872 222; www.hotel-amfora.com; Rabac bb; EZ/DZ 253/810 Kn; P✳︎✳︎) in der Stadt und die elegante **Villa Annette** (✆884 222; www.villaannette.hr; Raška 24; EZ/DZ 854/1222 Kn; P✳︎@✳︎), die auf einem Hügel steht; Letztere hat einen Außenpool mit Blick auf die Küste. Bei Aufenthalten unter drei Nächten berechnen beide Unterkünfte einen Aufschlag.

Das Reisebüro Veritas vermittelt Doppelzimmer und Apartments (190/285 Kn) in der Altstadt von Labin.

✕ Essen

Labin ist für seine Trüffelgerichte mit Nudeln oder Eiern bekannt, die in der Regel recht günstig sind. Rabac bietet eine Menge Fischrestaurants, die meisten sind auf anspruchslose Pauschaltouristen ausgerichtet.

Gostiona Kvarner   ISTRISCH €
(Šetalište San Marco bb; Hauptgerichte ab 55 Kn) Das Restaurant liegt nur ein paar Schritte vom Titov Trg entfernt und hat eine Terrasse mit Blick auf das Meer. Es serviert gutes Essen und ist beliebt bei den Einheimischen. Die Spaghetti mit Trüffeln kosten nur 80 Kn, was angesichts der teuren Trüffelsuche ein echtes Schnäppchen ist.

🛈 Praktische Informationen

Gesundheitsdienst (✆855 333; Kature Nove bb)
Post (Titov Trg bb; ⏰Mo–Fr 8–15 Uhr) In der Altstadt.
Touristeninformation (✆852 399; Titov Trg 10; ⏰Mai–Okt. Mo–Sa 8–21, So 10–13 & 18–21 Uhr) Am Eingang zur Altstadt.
Veritas (✆885 007; www.istra-veritas.hr; Ulica Sv Katarine 8) Das einzige Reisebüro in der Altstadt ist auf Privatunterkünfte spezialisiert.
Zentrale Touristeninformation (✆855 560; www.rabac-labin.com; Aldo Negri 20; ⏰Mo–Fr 7–15 Uhr) Liegt direkt unterhalb der Altstadt.

🛈 An- & Weiterreise

Zwischen Labin und Pula verkehren regelmäßig Busse (38 Kn, 1 Std., 11-mal tgl.). Im Sommer startet der Bus nach Rabac (7 Kn) stündlich zwischen 6 Uhr und Mitternacht; unterwegs passiert er die Altstadt.

🛈 Unterwegs vor Ort

Die Busse halten am Trg 2 Marta in Podlabin. Von dort kann man einen Lokalbus in die Altstadt nehmen. In der Hochsaison fahren die Lokalbusse weiter nach Rabac.

Vodnjan

3700 EW.

Wer eine Vorliebe für Makabres hat, sollte sich das 10 km nördlich von Pula gelegene Vodnjan (italienisch: Dignano) keinesfalls entgehen lassen. In der Pfarrkirche dieses verschlafenen Städtchens ruhen einige Mumien, sie sind Vodnjans Hauptattraktion. Die ausgetrockneten Körper sind die Überreste von Heiligen aus dem frühen Mittelalter, deren Leichname auf wundersame Weise der Zersetzung standhielten – sie sollen über magische Kräfte verfügen.

Ansonsten ist nicht viel los in dieser Stadt, in der die meisten Roma Istriens leben. Den Stadtkern bildet der Narodni Trg, der von einigen neogotischen Palästen umstanden wird, die alle mehr oder weniger baufällig sind oder gerade restauriert werden.

Kirche des heiligen Blasius   KIRCHE
(Crkva Svetog Blaža; Župni Trg; ⏰Juni–Sept. Mo–Sa 9.30–18.30, So 14–18.30 Uhr) Die letzte Ruhestätte der Mumien liegt nur ein paar Schritte vom Narodni Trg entfernt in der Blasius-Kirche. Das schöne spätbarocke Bauwerk entstand um die Wende vom 18. zum 19. Jh., als Venedig hinsichtlich der Stilgebung an der istrischen Küste noch tonangebend war. Mit seinen 63 m ist der **Glockenturm** genauso hoch wie der Campanile von San Marco in Venedig. Schon allein wegen ihrer prächtigen Altäre lohnt die größte Pfarrkirche Istriens einen Besuch. Die **Mumien** (35 Kn) befinden sich in einem separaten Trakt hinter dem **Hauptaltar**. In dem schummrigen Licht sehen die vollständig erhaltenen Leichname der Heiligen Nikolosa Bursa, Giovanni Olini und Leon Bembo aus wie Holzpuppen in einer Vitrine. Körperteile von drei weiteren Heiligen vervollständigen die Ausstellung. Während der Besucher Haut, Haare und Fingernägel der lange Verstorbenen betrachtet, erzählt ein Tonband auf Englisch ihre Lebensgeschichte. Der Leichnam des heiligen Nikolosa, angeblich die am besten erhaltene Mumie Europas, soll bioenergetische Strömungen ausstrahlen, die noch in 32 m Entfernung spürbar sind, und damit 50 Menschen auf wundersame Weise geheilt haben.

Nach der Besichtigung der Mumien kann man sich in der **Sammlung sakraler Kunst** (Zbirka Sakralne Umjetnosti; Eintritt inkl. Besichtigung der Mumien Erw./erm. 50/25 Kn) in der Sakristei weitere Heiligenrelikte anschauen. Hier werden **Überreste** von über 150 Heiligen gezeigt, darunter auch die Zunge der heiligen Maria von Ägypten. Nicht ganz so grausig anzusehen ist das meisterhafte Polyptychon, das den heiligen Leon Bembo darstellt und im 14. Jh. von Paolo Veneziano geschaffen wurde. Man sollte sich angemessen kleiden, denn der exzentrische Gemeindepriester ist dafür bekannt, „unpassend gekleidete" Besucher wegzuschicken. Von Oktober bis Mai hat die Kirche unregelmäßig geöffnet.

🍴 Essen

Vodnjanka ISTRISCH €

(Istarska bb; Hauptgerichte ab 60 Kn; ⊖So mittags geschl.) Dieses exzellente regionale Restaurant hat mehrere rustikale Räume, viel Stil und persönlichen Service. Spezialitäten des Hauses sind *fuži* (hausgemachte Eiernudeln mit einzigartiger Form) mit Trüffeln, *maneštra* (eine Art Minestrone mit Bohnen) und verschiedene Arten *fritaja* (Omelett, oft mit Saisongemüse serviert) sowie Prosciutto. Zum Dessert lohnt sich *kroštule* (frittierter Teig mit Zucker). Von der Terrasse hat man einen tollen Ausblick auf die Dächer der Altstadt und den Kirchturm.

ℹ️ Praktische Informationen

Die **Touristeninformation** (📞511 700; www.istra.hr/vodnjan; Narodni Trg 3; ⊖Juni–Sept. 8–14 & 19–21 Uhr, Okt.–Mai Mo–Fr 8–14 Uhr) liegt auf dem Hauptplatz.

ℹ️ An- & Weiterreise

Zwischen Vodnjan und Pula verkehren regelmäßig Busse (20 Kn, 30 Min., 18–20-mal tgl.).

Svetvinčenat

300 EW.

Auf halber Strecke zwischen Pazin und Pula liegt die hübsche kleine südistrische Stadt Svetvinčenat (auch unter dem Namen Savičenta bekannt), die anfangs von Benediktinern besiedelt wurde. Der Marktplatz stammt aus der Renaissance. Mit ihren hohen Zypressen, den harmonisch in die Landschaft eingefügten Häusern und der entspannten Atmosphäre ist die Stadt ein beschaulicher Ort für einen gemütlichen Spaziergang.

👁 Sehenswertes

Burg Grimani BURG

Am nördlichen Ende des Marktplatzes erhebt sich die Burg Grimani aus dem 13. Jh., ein gut erhaltener Palast, der im 16. Jh. nach venezianischer Art umgestaltet wurde. Die angebauten Türme dienten als Wohnung und Gefängnis. Auf dem Marktplatz fanden Festgelage, Paraden und Volksfeste statt, der Ort war aber auch Schauplatz von Hexenverbrennungen (angeblich wurde Marija Radoslović hier wegen Hexerei gefoltert und verbrannt; in Wirklichkeit wurde sie jedoch getötet, weil sie eine Liebesaffäre mit einem der Grimanis hatte).

Kirche Mariä Verkündigung KIRCHE

Die Ostseite des Marktplatzes nimmt diese Pfarrkirche ein. Ihre Renaissancefassade aus lokalem Stein schmückt ein dreiblättriges Kleeblatt. Im Inneren der Kirche befinden sich fünf kunstvolle venezianische Altäre aus Marmor.

🎭 Festivals & Events

Die ideale Zeit für einen Aufenthalt in Svetvinčenat ist Mitte Juli, wenn das jährliche **Festival des Tanzes und nonverbalen Theaters** (www.svetvincenatfestival.com) stattfindet. Höhepunkte sind moderne Tanzstücke, Straßentheater, Zirkusnummern und Pantomimen. An der internationalen Veranstaltung nehmen Künstler aus Kroatien und ganz Europa teil. Es wird eine Menge geboten – von finnischem Hip-Hop bis zu brasilianischem Capoeira.

🛏 Schlafen & Essen

Stancija 1904 LANDHOTEL €€

(📞560 022; www.stancija.com; Smoljanci 2–3; EZ/DZ 518/690 Kn) Im Dorf Smoljanci, nur 3 km von Svetvinčenat entfernt, liegt an der Straße nach Bale das elegante Landhaus Stancija 1904 – eines der besten Hotels Istriens. Der traditionelle istrische Bau ist von duftenden Kräutergärten umgeben und von alten Bäumen beschattet. Er wurde von einer schweizerisch-kroatischen Familie liebevoll und stilvoll umgebaut. Serviert werden ausgezeichnete Speisen (der „istrische Gastro-Mix" kostet 130 Kn) und üppige Frühstücksgerichte (100 Kn, bis 12 Uhr). Außerdem bietet das Hotel Kochkurse an. Bei Aufenthalten von nur einer Nacht wird ein Zuschlag von 30 % fällig.

Kod Kaštela ISTRISCH €

(Savičenta 53; Hauptgerichte ab 50 Kn) Direkt im Herzen der Stadt liegt dieses regionale Restaurant mit einem tollen Ausblick auf die Burg und den Marktplatz. Auf der Speisekarte stehen hausgemachte Pastagerichte und leckeres *pršut* (Prosciutto). Im Obergeschoss können Privatunterkünfte gemietet werden (280 Kn); einfach im Restaurant nachfragen.

ℹ Praktische Informationen

Die saisonale **Touristeninformation** (📞560 349; www.svetvincenat.hr; ⊘Mo–Fr 9–14, Sa 14–18, So 10–13 Uhr) auf dem Hauptplatz informiert über Privatzimmer in und außerhalb der Stadt und hält Broschüren bereit. Sie verteilt auch Karten des neuen 35 km langen Radrundweges, der von Svetvinčenat nach Sveti Petar verläuft und auf englischen Informationstafeln über die lokale Geschichte, Flora und Fauna informiert.

Pazin

9227 EW.

Die Provinzstadt Pazin im Landesinneren ist berühmt für ihre Schlucht, die den französischen Schriftsteller Jules Verne inspirierte, und die mittelalterliche Burg. Beide Sehenswürdigkeiten sind unbedingt einen Zwischenstopp wert. Aber auch das kleinstädtische Flair und die wenigen Touristen machen die Stadt reizvoll. Ein Großteil der Innenstadt wurde zur Fußgängerzone erklärt, und den weniger ansehnlichen Vororten verleiht die sanfte Hügellandschaft eine hübsche Kulisse.

Pazin ist nicht nur geografischer Mittelpunkt Istriens, sondern auch Verwaltungssitz. Von hier ist buchstäblich jedes Ziel in Istrien mit dem Auto oder per Bahn zu erreichen. Es gibt nicht viele Hotels und Restaurants, daher ist es besser, die Stadt auf einem Tagesausflug zu erkunden, zumal sie nur eine Stunde von anderen istrischen Städten entfernt liegt. Die Umgebung bietet viele Freizeitmöglichkeiten und lädt zum Wandern, Klettern und Radfahren ein. Lohnenswert ist auch ein Besuch bei den örtlichen Imkern.

⊙ Sehenswertes

Paziner Schlucht HÖHLE
(www.pazinska-jama.com; Erw./erm. 30/10 Kn; ⊘Juli & Aug. 10–18 Uhr, Sept.–Juni kürzere Öffnungszeiten) Pazins bekannteste Sehenswürdigkeit ist zweifellos dieser etwa 100 m tiefe trichterförmige Einschnitt, in dem der Karstfluss Pazinčica verschwindet und drei unterirdische Seen bildet. Der düstere Abgrund regte Jules Vernes Vorstellungskraft ebenso an wie die zahlreicher kroatischer Schriftsteller. Besucher können den 1200 m langen Schluchtweg zu Fuß gehen; es gibt zwei Eingänge, einen beim Hotel Lovac, den anderen bei der Fußgängerbrücke, die 100 m von der Burg entfernt über die Schlucht führt. Von Oktober bis Mai ist der Eintritt frei, dann sind allerdings auch keine Mitarbeiter vor Ort, sodass die Begehung auf eigenes Risiko erfolgt. Man kann die Schlucht auch mit einem Höhlenforscher erkunden (100 Kn), der im Voraus über die Touristeninformation gebucht werden muss. Wer nicht in die Schlucht hinabsteigen will, kann sich das

---

MATHIAS SANDORF & DIE PAZINER SCHLUCHT

Der Autor, dessen Helden in 80 Tagen um die Welt und zum Mittelpunkt der Erde reisten, fand auch im Herzen Istriens Inspirationen. Der französische Science-Fiction-Schriftsteller Jules Verne (1828–1905) machte die Burg und die Schlucht von Pazin zum Schauplatz seines Romans *Mathias Sandorf* (1885, einer der 27 Bände aus der Reihe Außergewöhnliche Reisen).

In dem Roman, der später auch verfilmt wurde, werden Graf Mathias Sandorf und zwei Verbündete von der österreichischen Polizei wegen revolutionärer Aktivitäten verhaftet und in der Burg von Pazin eingesperrt. Sandorf flüchtet über einen Blitzableiter, doch ein Blitz schlägt ein und er stürzt in den reißenden Fluss Pazinčica. Zunächst durch die düsteren Tiefen des Abgrunds gespült, gelingt es dem Mutigen, sich an einen rettenden Baumstumpf zu klammern. Sechs Stunden später setzt der Fluss ihn am ruhigen Eingang des Lim-Fjords ab. Von dort wandert er nach Rovinj und wird zuletzt gesehen, als er im Kugelhagel von einer Klippe ins Meer springt.

Verne war selbst nie in Pazin – er erdachte Sandorfs Abenteuer mithilfe von Fotos und Reiseberichten, doch das hält in Pazin niemanden davon ab, den Autor als Lokalhelden zu feiern. Es gibt eine nach ihm benannte Straße, die Jules-Verne-Tage und eine Website des in Pazin ansässigen **Jules-Verne-Clubs** (www.ice.hr/davors/jvclub.htm).

Ganze vom **Aussichtspunkt** bei der Burg anschauen.

Kaštel
BURG

(Trg Istarskog Razvoda 1) Pazins Kaštel ist das größte und besterhaltene mittelalterliche Bauwerk Istriens. Die Burg liegt oberhalb der Schlucht und wurde 983 erstmals erwähnt. Ihre Architektur ist eine Mischung aus romanischem, gotischem und Renaissancestil. In der Burg sind zwei Museen untergebracht, mit der Eintrittskarte kann man beide besichtigen. Das **Stadtmuseum** (Erw./erm. 25/18 Kn; ⊙ Juli & Aug. tgl. 10–18 Uhr, Sept.–Juni kürzere Öffnungszeiten) beherbergt eine Sammlung aus Istrien stammender mittelalterlicher Kirchenglocken und zeigt eine Ausstellung über Sklavenaufstände; im Burgverlies sind Folterinstrumente zu sehen. Das **Ethnografische Museum** (www.emi.hr) umfasst rund 4200 Ausstellungsstücke, die einen Überblick über das Dorfleben in Istrien geben, darunter Werkzeuge und Töpferwaren. Die Öffnungszeiten sind dieselben wie im Stadtmuseum.

Festivals & Events

Jeden ersten Dienstag im Monat findet in Pazin ein großer **Markt** statt, auf dem Produkte aus ganz Istrien angeboten werden. In der letzten Juniwoche veranstaltet die Stadt die **Jules-Verne-Tage**. Dem Schriftsteller ist es zu verdanken, dass Pazin heute auf der Landesliste für kulturelle Sehenswürdigkeiten zu finden ist. Auf dem Programm stehen Wettläufe, Szenen aus seinem Roman *Mathias Sandorf* werden nachgestellt und Streifzüge auf den Spuren des Romanhelden unternommen.

Schlafen & Essen

Die Touristeninformation hilft bei der Suche nach Privatunterkünften, die im Allgemeinen recht preiswert sind. Für ein Zimmer muss man mit etwa 100 Kn pro Person rechnen.

Hotel Lovac
HOTEL €

(☏ 624 324; Šime Kurelića 4; EZ/DZ 268/466 Kn; P) Das einzige Hotel in Pazin weist Architektur aus den späten 1960er-Jahren auf, die ein echter Hit sein könnte – wenn die Zimmer gut in Schuss wären. Man sollte sich eines der zurechtgemachten Zimmer mit Blick auf die Schlucht geben lassen. Das Essen des Hotelrestaurants ist recht akzeptabel, wenn man bedenkt, dass es sonst keine Gourmetlokale in Pazin gibt. Das Lovac liegt am Westende der Stadt.

Praktische Informationen

Die beste Informationsquelle zu Pazin ist die **Touristeninformation** (☏ 622 460; www.tzpazin.hr; Franine i Jurine 14; ⊙ Juli & Aug. Mo–Fr

ÖFFENTLICHE VERKEHRSMITTEL VON PAZIN

Busse

ZIEL	FAHRPREIS (KN)	DAUER	TÄGLICHE ABFAHRTEN
Motovun	28	30 Min.	Mo–Fr 2-mal
Osijek	275	8 Std.	1
Poreč	37	45 Min.	5
Pula	45	50 Min.	2
Rijeka	46–57	1 Std.	5
Rovinj	36–41	40 Min.	5
Triest (Italien)	60–70	2 Std.	Mo–Sa 1-mal
Zagreb	173–197	3–4 Std.	10

Züge

ZIEL	FAHRPREIS (KN)	DAUER	TÄGLICHE ABFAHRTEN
Buzet	22	50 Min.	6
Ljubljana	116	3½–4½ Std.	2, mit Umstieg in Buzet oder Divača
Pula	32	1 Std.	7–9
Zagreb	118	5–8½ Std.	4

9–19, Sa 10–13 Uhr, Sept.–Juni Mo–Fr 9–16, Sa 10–13 Uhr), die auch für die gesamte Region Istrien zuständig ist. Sie verteilt Karten von Wanderwegen und Imkereien (man kann Bienenzüchter besuchen und ihren wundervollen Akazienhonig probieren) sowie eine Broschüre über die Weinkeller rund um Pazin. Ebenso hilfreich ist das Reisebüro **Futura Travel** (621 045; www.futura-travel.hr; 25 Rujna 42), das Geld wechselt und Ausflüge zu interessanten Orten in Kroatien sowie Touren nach Venedig bucht.

❶ An- & Weiterreise

Busbahnhof (624 364; Šetalište Pazinske Gimnazije) An den Wochenenden verkehren weniger Busse.

Bahnhof (624 310; Od Stareh Kostanji 3b) Wer mit dem Zug nach Zagreb fährt, muss unterwegs in den Bus umsteigen (von Lupoglav nach Rijeka). An den Wochenenden gibt's weniger Verbindungen.

❶ Unterwegs vor Ort

Die Stadt ist relativ kompakt; sie reicht vom Bahnhof am östlichen Ende rund 1 km zum Kaštel am westlichen Ende. Der Busbahnhof liegt 200 m westlich vom Bahnhof. Die Altstadt erstreckt sich auf den 200 m, die zur Kaštel hinaufführen.

Gračišće

Gračišće ist eine verschlafene, mittelalterliche Stadt und eines der bestgehüteten Geheimnisse Istriens. Sie liegt, umgeben von sanften Hügeln, nur etwa 7 km südöstlich von Pazin und wartet mit einigen bemerkenswerten alten Bauwerken auf, etwa dem venezianisch-gotischen **Salamon-Palast** aus dem 15. Jh., der romanischen **Kirche der heiligen Euphemia** und der **Marienkirche** von 1425.

Die meisten Bauwerke wurden nicht restauriert (obwohl einige Arbeiten im Gange sind). Besucher haben die winzige Stadt in einer halben Stunde durchquert, aber die Atmosphäre ist einzigartig. Für Aktivurlauber gibt's einen 11,5 km langen **Wanderweg**, der hier startet und gut ausgeschildert ist.

Ein weiterer Grund für einen Besuch in Gračišće sind die hausgemachten istrischen Spezialitäten, die in der gemütlichen **Konoba Marino** (Hauptgerichte ab 55 Kn; Mi geschl.) aufgetischt werden: riesige Portionen *fuži* mit Wild, *ombolo* (Schweinelende ohne Knochen) mit Kohl und verschiedene Trüffelgerichte. Derselbe freundliche Besitzer leitet auch das **Poli Luce** (687 081; www.konoba-marino-gracisce.hr; Zi. 125 Kn pro Person, Frühstück 25 Kn; P), ein liebevoll renoviertes Stadthaus mit hübschen rustikalen Zimmern.

Buzet

6059 EW.

Das beschauliche Buzet gehört vielleicht nicht zu den spannendsten Orten der Region, vermittelt jedoch einen Eindruck vom zeitlosen Zauber des alten Istriens. Der Ort liegt 39 km nordöstlich von Poreč oberhalb des Flusses Mirna. Zunächst von den Römern besiedelt, erlangte Buzet erst unter venezianischer Herrschaft eine gewisse Bedeutung. Die Venezianer errichteten eine Stadtmauer, Tore und mehrere Kirchen. Mit ihren grauen Steingebäuden, die mittlerweile baufällig sind und nach und nach renoviert werden, und den nahezu menschenleeren kopfsteingepflasterten Gassen (die meisten Bewohner Buzets sind in den neuen, nicht besonders schönen Ortsteil am Fuß des Hügels umgesiedelt) ist die Altstadt ein ruhiger, stimmungsvoller Ort.

Lohnenswert ist ein Spaziergang durch das Gewirr enger Straßen und Plätze. Darüber hinaus sollten Besucher unbedingt die köstlichen Trüffeln probieren. Buzet hat sich selbst zur Trüffelstadt ernannt und nimmt diesen Titel sehr ernst: Als Zentrum des Trüffelgebietes zelebriert es den berühmten Pilz auf unterschiedlichste Art und Weise, von Trüffelverkostungen in den ausgezeichneten Restaurants der Altstadt bis hin zu verschiedenen Trüffelaktivitäten. Am schönsten ist das **Subotina-Festival** am zweiten Samstag im September, dem Beginn der Trüffelsaison (die bis November dauert). Dabei wird ein riesiges Trüffelomelett aus über 2000 Eiern und 10 kg Trüffeln zubereitet.

⊙ Sehenswertes & Aktivitäten

Die meisten Geschäfte befinden sich im neuen Stadtteil Fontana am Fuß der auf einem Hügel gelegenen Altstadt. Trg Fontana heißt der kleine Platz im Ortszentrum mit einigen Cafés und Geschäften. Wer motorisiert ist, muss sein Auto am Friedhof auf dem Hügel abstellen. Von dort sind es zu Fuß zehn Minuten zur Altstadt.

Stadtmuseum MUSEUM
(Zavičajni Muzej Buzet; Ulica Rašporskih Kapetana 5; Erw./erm. 15/10 Kn; Mo–Fr 9–15 Uhr, Sa & So nach vorheriger Anmeldung in der Touristeninfor-

ZAUBERPILZE?

Das Trüffelgeschäft ist weniger ein Geschäft als vielmehr ein äußerst profitabler Kult. Alles dreht sich um den teuren, muffigen, unterirdischen Pilz, dem man halbmagische Kräfte zuschreibt. Er wächst in dunklen Wäldern und wird für ein kleines Vermögen ins Ausland verkauft. Liebhaber behaupten, wer diese nussförmige Delikatesse einmal gekostet habe, würde fortan alles andere fade finden.

Weltweit gibt es 70 verschiedene Trüffelarten, 34 davon in Europa. Traditionelle Trüffelländer sind Italien, Frankreich und Spanien. Doch auch in den istrischen Wäldern gedeihen drei schwarze Trüffelsorten und die große weiße Trüffel, die mit 34 000 Kn pro Kilo zu den teuersten der Welt gehört. Kroatiens größter Trüffelexporteur ist die Firma Zigante Tartufi mit 90 % Anteil am kroatischen Exportmarkt. 1999 fand der Firmeninhaber Giancarlo Zigante mit seiner Hündin Diana in Istrien die größte Trüffel der Welt. Sie wog exakt 1,31 kg und wurde ins *Guinnessbuch der Weltrekorde* aufgenommen.

Das istrische Trüffelgeschäft ist noch recht jung. Als Istrien 1932 von Italien belagert wurde, soll ein italienischer Soldat aus der Trüffelhauptstadt Alba Ähnlichkeiten zwischen der Vegetation seiner Heimat und der Istriens bemerkt haben. Nach dem Militärdienst kehrte er mit ausgebildeten Hunden zurück, die nach ausgiebigem Schnüffeln und Graben schließlich auf die wertvollen Pilze stießen.

Da die Trüffel unter der Erde wächst, bleibt sie für das menschliche Auge unsichtbar. Daher sind Hunde (oder traditionsgemäß Schweine) für eine erfolgreiche Suche unabdingbar. Istrische Trüffelhunde (*breks*) sind vielleicht Promenadenmischungen, aber sehr gut ausgebildet. Welpen beginnen schon mit zwei Monaten ihr Training, nur ca. 20 % werden professionelle Trüffelschnüffler.

Die Trüffelsaison beginnt Anfang Oktober und dauert etwa drei Monate. In dieser Zeit begeben sich mindestens 3000 Personen und 9000 bis 12 000 Hunde in den feuchten Wäldern bei Motovun auf Trüffelsuche. Zentrum der Trüffelregion ist die Stadt Buzet.

Manche Menschen sagen Trüffeln eine aphrodisierende Wirkung nach, obwohl es keine wissenschaftlichen Beweise dafür gibt. Am besten, man probiert es selbst aus!

---

mation) Buzets Hauptattraktion ist das Stadtmuseum, das in einem Palast aus dem 17. Jh. untergebracht ist. Es zeigt prähistorische und römische Fundstücke sowie volkskundliche Exponate wie Geräte zur Feldbestellung und Trachten.

Ebenfalls sehenswert:

Barockbrunnen RUINE

Ein paar Meter nördlich vom Museum erhebt sich auf einem Platz der filigrane barocke Stadtbrunnen, der 1789 restauriert wurde und mit einem venezianischen Löwenrelief geschmückt ist.

☞ Geführte Touren

Trüffelsuche TRÜFFELSUCHE

(☏ 667 304; www.karlictartufi.hr; Paladini 14) Wer gerne selbst auf Trüffelsuche gehen möchte, sollte sich mit der netten Familie Karlić in Verbindung setzen, die 12 km von Buzet im Dörfchen Paladini wohnt; für englischsprachige Touren sollte man sich weit im Voraus anmelden. Zur Tour (150–200 Kn pro Person) gehören Käse- und Trüffelverkostungen sowie eine Trüffelsuche im Wald, die bis zu zwei Stunden dauern kann.

🛏 Schlafen & Essen

In der Gegend um Buzet bieten mehrere Landhäuser Gästezimmer und Apartments an (ab 100 Kn pro Person). Die Touristeninformation nennt Einzelheiten und Kontaktinfos. In der Stadt gibt's nur ein Hotel.

Hotel Fontana HOTEL €

(☏ 662 615; www.hotelfontanabuzet.com; Trg Fontana 1; EZ/DZ 330/460 Kn; P) Das Hotel ist ein Betonkasten aus den 1970er-Jahren. Die mit Teppich ausgelegten Räume haben schon bessere Zeiten erlebt, aber ein paar wurden renoviert und die meisten haben Balkone. Die rot-weiße Ausstattung lässt die Zimmer etwas freundlicher erscheinen.

Stara Oštarija ISTRISCH €

(Petra Flega 5; Hauptgerichte ab 65 Kn) Das Restaurant in der Altstadt ist ideal für Trüffelliebhaber. Es serviert sogar Eiscreme mit Olivenöl und Trüffeln! Wer seinen Gaumen so richtig verwöhnen möchte, bestellt das Sechs-Gänge-Trüffelmenü (690 Kn für zwei Personen) und genießt den Ausblick auf das Tal.

Shoppen

Zigante Tartufi SHOP
(www.zigantetartufi.com; Trg Fontana) Hier kann man sich mit Trüffeln in allen nur denkbaren Formen eindecken – es gibt ganze, geschnittene und pürierte sowie Trüffeln mit Oliven oder Pilzen.

❶ Praktische Informationen

Die **Touristeninformation** (☏ 662 343; www.tz-buzet.hr; Trg Fontana 7/1; ◷ April–Okt. Mo–Fr 8–15, Sa 9–14 Uhr, Nov.–März Mo–Fr 8–15 Uhr) informiert über Unterkünfte und hält zahlreiche Karten und Broschüren über Wein, Olivenöl und die Trüffelstraßen der Region bereit. Außerdem kann man sich über Aktivitäten wie Wandern, Radfahren (rund um die Stadt gibt's 13 neue Rad- und Wanderwege) und Paragliding informieren. Das Büro wird bald in die Altstadt umziehen, also unbedingt nach dem neuen Standort Ausschau halten.

Istrischa Travel (☏ 667 022; www.istrischatravel.hr; Vrh 28) veranstaltet Ausflüge zur Trüffelsuche, einen Fresko-Workshop, Rad- und Wandertouren, Paragliding und mehr.

❶ An- & Weiterreise

Buzet ist durch Busse mit Poreč verbunden (41–69 Kn, 1–2 Std., 2-mal tgl.). Es verkehren auch Busse nach Rijeka (52 Kn, 1 Std., 3- bis 5-mal tgl.) und Pula (60 Kn, 2 Std., 1-mal tgl. außer sonntags). Die Stadt besitzt keinen Busbahnhof, die Busse halten an der ersten Straßenlaterne am Fontana (auf der Riječka); die Touristeninformation hält Fahrpläne bereit.

Der **Bahnhof** (☏ 662 899) liegt ungefähr 4 km nördlich des Stadtzentrums. Leider gibt's keine öffentlichen Verkehrsmittel dorthin – das bedeutet: ein Taxi nehmen oder zu Fuß gehen. Von Buzet fahren Züge nach Pula (47 Kn, 2 Std., 5-mal tgl.) und Ljubljana (75–80 Kn, 2½–3 Std., im Sommer 2-mal tgl., sonst 1-mal tgl.); einer der Züge nach Ljubljana verkehrt nur mit Umstieg in Divača. Am Wochenende fahren die Züge seltener.

Rund um Buzet

Die Landschaft rund um Buzet mit ihren Hügeln, Wäldern, Weiden und Weinbergen ist äußerst reizvoll. Um die Gegend zu erkunden, benötigt man unbedingt ein eigenes Fahrzeug.

ROČ

Das kleine Dorf Roč, 8 km südöstlich von Buzet, schlummert, umgeben von Stadtmauern aus dem 15. Jh., vor sich hin. Bei einem Spaziergang stösst man auf die romanische **Kirche des heiligen Antonius**, ein im 15. Jh. erbautes **Renaissancehaus** (auf dem Platz neben der Kirche) und ein **römisches Lapidarium** (im Stadttor). Die **Touristeninformation** (◷ Juli–Sept. Di–So 9–19 Uhr, Okt.–Juni Sa & So 10.30–17.30 Uhr) waltet über die Schlüssel zu den Dorfkirchen; wer die Gotteshäuser und eine Kopie der Gutenberg-Presse besichtigen will, sollte sich hier melden. Außerdem erhält man Infos über den Fresko-Workshop, der im Dorf stattfindet.

Nur einmal im Jahr wird Roč aus seinem Schlaf gerissen. Am zweiten Mai-Wochenende findet das **Akkordeon-Festival** statt, das Akkordeonspieler aus Kroatien, Italien und Slowenien zusammenbringt.

In einem der Steinhäuser ist ein Restaurant untergebracht, die **Ročka Konoba** (Hauptgerichte ab 35 Kn; ◷ Di–So). Egal, ob man sich drinnen am Kamin aufwärmt oder von den Außentischen den Ausblick genießt: Serviert werden istrische Spezialitäten wie *fuži*, hausgemachte Würstchen und *maneštra*. In der Stadt gibt's Privatunterkünfte für rund 100 Kn pro Nacht; Details weiß die Touristeninformation.

Roč liegt an der Zuglinie Pula–Buzet, aber der Bahnhof befindet sich 1500 m östlich des Dorfes.

HUM

Außerhalb von Roč liegt die **Glagoliten-Allee**, eine Folge von elf Skulpturen, die an die Bedeutung der Stadt als Zentrum der glagolitischen Schrift erinnern. In der Nähe befindet sich ein Reitclub, der Ausritte anbietet; die Touristeninformation in Buzet weiß mehr darüber.

Die Allee endet etwa 7 km weiter südwestlich in **Hum**, einem kleinen, wunderschön erhaltenen Ort, der nur 23 Einwohner hat und sich selbst als „kleinste Stadt der Welt" bezeichnet. Der Legende zufolge hatten die Riesen, die Istrien errichteten, noch ein paar Steine übrig, mit denen sie Hum erbauten.

Im Sommer bevölkern Touristen die engen Straßen der kleinen, zauberhaften Stadt. Sie besuchen das **Stadtmuseum** (Gradski Muzej; Eintritt frei; ◷ März–Nov. 10–19 Uhr, Dez.–Febr. nur am Wochenende geöffnet), in dem einige alte Werkzeuge ausgestellt sind, das jedoch hauptsächlich als Souvenirladen dient. In nur 30 Minuten hat man die Stadt durchwandert, deren Kirchen und Gebäude mit mehrsprachigen Informationstafeln versehen sind. Sollte das Stadttor geschlossen sein, einfach dagegenstoßen. Keinesfalls verpassen darf man die Fresken in der romanischen Hieronymus-Kapelle (Crkvica Svetog Jerolima) aus dem 12. Jh., die in ungewöhnlich leuchtenden Farben das Leben Jesu darstellen. Die Kapelle, die sich außerhalb der Stadttore beim Friedhof befindet, ist verschlossen, aber im Dorflokal Humska Konoba wird der Schlüssel ausgehändigt.

Die **Humska Konoba** (Hum 2; www.hum.hr; Hauptgerichte ab 35 Kn; April geschl., im Winter nur am Wochenende geöffnet) ist unbedingt einen Besuch wert. Sie serviert nicht nur erstklassige istrische Gerichte, sondern auch eine wunderschöne Terrasse mit fantastischem Rundblick. Als Aperitif empfiehlt sich ein Glas süße *biska* (weißer Mistelgrappa nach einem alten keltischen Rezept), anschließend die *maneštra od bobića* (Suppe mit Bohnen und frischem Mais) und danach *fuži* mit Trüffeln. Zum Dessert gibt's *kroštuli* (frittierter, knuspriger Teig, der in Zucker gerollt wird). Zum Abschluss einen weiteren Schluck *biska*. Und wer danach immer noch nicht genug hat, kann den Grappa im Laden **Imela** erstehen, der von den Restaurantbesitzern geführt wird und Olivenöl, Trüffel, Marmelade, Wein, Honig und Souvenirs verkauft. Er liegt am Ende des Dorfes.

Hum liegt an der Zuglinie Pula–Buzet, aber der Bahnhof ist 5 km entfernt.

SOVINJSKO POLJE

Das verschlafene Dörfchen Sovinjsko Polje liegt abseits der Straße von Buzet nach Istarske Toplice in den Hügeln (man folgt den Ausschilderungen 4 km entlang einer schmalen, kurvigen Straße).

LP TIPP **Toklarija** SLOW FOOD €€€
(091 926 6769; Sovinjsko Polje 11; Sechs-Gänge-Menü inkl. Wein 400–500 Kn; Di geschl.) Der Grund, dieses winzige Dorf hoch in den Hügeln zu besuchen, ist das Restaurant Toklarija, das eines der besten kulinarischen Erlebnisse Istriens bietet. Gourmets sollten seine Slow-Food-Gerichte keinesfalls verpassen. Inhaber Nevio Sirotić serviert in einer wunderschönen, 600 Jahre alten Ölmühle – die sein Großvater in den 1950er-Jahren kaufte – hervorragende hausgemachte istrische Küche. Die Gänge werden nacheinander ohne jede Eile serviert – ein Essen kann bis zu vier Stunden dauern. Das Menü wechselt täglich. Es gibt luftgetrockneten istrischen Schinken, Steinpilzgerichte, Spargelsalat, Trüffel- und pikante Fleischgerichte. Das Essen wird zu 90 % aus lokalen Zutaten zubereitet, Obst und Gemüse stammen ausnahmslos aus dem Familiengarten. Selbst das Brot und die Nudeln sind hausgemacht; dazu werden regionale Weine wie *teran* und *malvazija* serviert. Besonders schön speisen die Gäste im Schatten eines Zedernbaums oder in einer gemütlichen Ecke am Kamin. Unbedingt im Voraus reservieren.

Wer in der Gegend übernachten will, kann dies im nahe gelegenen Dorf Sovinjak tun: **Karoca** (663 039; Sovinjak bb) verfügt über einfache Zimmer und eine Taverne, die hausgemachte Speisen auftischt.

Motovun

590 EW.

Das bezaubernde Städtchen Motovun thront auf einer 277 m hohen Bergkuppe oberhalb des Mirnatals. Von Poreč aus fährt man etwa 25 km in Richtung Nordosten. Im 14. Jh. beschlossen die Venezianer, die Stadt zu befestigen, und errichteten zwei dicke Mauerreihen.

Vor dem Eingang zur Altstadt und innerhalb der Stadttore reihen sich Galerien und Geschäfte aneinander, darunter eine Weinhandlung, die Weinproben veranstaltet, und ein Zigante-Lebensmittelgeschäft. Die stimmungsvollen romanischen und gotischen Häuser beherbergen eine Reihe von Künstlerateliers. Am Hang wurden neue Häuser gebaut, die sich jedoch gut in die Umgebung einfügen. Jeden Sommer findet in Motovun ein beliebtes Filmfestival statt.

Beim Betreten blickt den Besuchern vom Außentor finster ein venezianischer Löwe entgegen, dahinter folgen eine Terrasse mit Barockloggia und die Außentische eines Cafés; ein perfekter Platz, um den Sonnenuntergang zu beobachten. Ein etwas besser gelaunter Löwe schmückt das innere Tor, das ein alteingesessenes Restaurant beherbergt. Auf ihrem weiteren Weg stoßen die Besucher auf einen schattigen Platz mit dem einzigen Hotel der Stadt, einen alten Brunnen und die Stefanskirche.

Sehenswertes & Aktivitäten

Stefanskirche KIRCHE
(Svetog Stjepana; Trg Andrea Antico) Das Highlight der Stadt ist diese Renaissancekirche.

ERHOLSAMES LANDLEBEN

Agrotourismus ist eine immer beliebtere Möglichkeit, seine Ferien auf dem Land zu verbringen. Unterkünfte sind entweder Bauernhöfe, die Weinbau, Gemüseanbau oder Geflügelzucht betreiben, vornehme Landhäuser mit rustikalen Zimmern oder noble, moderne Villen mit Pool. Egal, wie die Wahl ausfällt: Zum Urlaub gehören gesundes Essen, Wandern und Radfahren.

Die istrische Touristeninformation hat eine bebilderte Broschüre mit Informationen über Ferien auf dem Land in Istrien herausgebracht. Informationen gibt's auch auf der Website www.istra.com/agroturizam. Viele Unterkünfte sind sehr abgelegen, daher ist ein Auto nötig. Wer weniger als drei Tage bleibt, muss mit einem Aufpreis rechnen.

Tierfreunde kommen bei Agroturizam Ograde (693 035; www.agroturizam-ograde.hr; Katun Lindarski 60; 250 Kn pro Person inkl. Frühstück; P) im Dorf Katun Lindarski, 10 km südlich von Pazin, auf ihre Kosten: Es gibt Pferde, Schafe, Hühner, Enten und Esel. Das Essen wird in einer dunklen, kühlen *konoba* eingenommen und besteht aus frischem Gartengemüse, gepökeltem Fleisch und Wein aus dem Keller. Gäste wohnen in einem Anbau mit zwei Apartments und Pool.

Agroturizam San Mauro (779 033; Mauro 157; 165 Kn pro Person), unweit der Hügelstadt Momjan, liegt 5 km von Buje entfernt. Das Anwesen lockt mit Proben seiner preisgekrönten Weinsorten (40 Kn), Trüffelgerichten (der süße *tartufone*-Kuchen ist einfach köstlich!), hausgemachten Marmeladen, Honig und verschiedenen Säften zum Frühstück. Einige Zimmer haben Terrassen mit Blick aufs Meer. Wer nur eine Nacht bleibt, zahlt einen kleinen Aufpreis. Die beiden Schweine Jack und Gigi wurden früher für die Trüffelsuche eingesetzt.

Am oberen Ende der Preisskala befindet sich das luxuriöse Boutique-Hotel San Rocco (725 000; www.san-rocco.hr; Srednja Ulica 2; DZ ab 1234 Kn; P) in Brtonigla, einem Dörfchen bei Buje. Dieses wunderschöne Refugium hat zwölf elegante, ganz unterschiedliche Zimmer, alle mit modernem Komfort und originell eingerichtet. Das Hotel verfügt über einen Pool, ein erstklassiges Restaurant und einen kleinen Wellnessbereich – auch der Service ist hervorragend.

Empfehlenswert ist auch das Dorfhotel Casa Romantica Parenzana (777 460; www.parenzana.com.hr; Volpia 3; EZ/DZ 281/562 Kn; P) in Volpia, 3 km von Buje entfernt. Es bietet 16 rustikale Zimmer mit Holz- und Steindekor und eine *konoba* (Di geschl.), die für ihre istrischen Gerichte berühmt ist: Unbedingt *čripnja* (Fleisch oder Fisch mit Kartoffeln, in einem gusseisernen Topf über offenem Feuer gekocht) probieren. Das Hotel hat Internetzugang, einen Fahrradverleih (70 Kn pro Tag) und arrangiert auf Anfrage Ausflüge.

Zu den Spitzenhotels zählt auch das Stancija 1904 (S. 128) bei Svetvinčenat.

Sie wurde von dem venezianischen Künstler Andrea Palladio entworfen und bei Redaktionsschluss gerade restauriert. An der Innenmauer rund um die Stadt erhebt sich ein **Glockenturm** aus dem 16. Jh.

Stadtmauer   RUINEN
Außerdem lohnt sich ein Rundgang entlang der äußeren Befestigungsmauer mit schönem Blick auf die Weinberge, Felder und Eichenwälder im Tal.

Motovun-Ranch   REITEN
(098 411 404; www.motovun-ranch.com) Die nahe gelegene Motovun-Ranch bietet Reitstunden (125 Kn für 50 Min), zweistündige Ausritte am Mirna (100 Kn) sowie längere Ausflüge im Landesinneren.

Festivals & Events

Auf dem Motovun-Filmfestival (www.motovunfilmfestival.com), das jedes Jahr Ende Juli/Anfang August stattfindet, liegt der Fokus auf Independent- und Avantgarde-Filmen. Seit den Anfängen vor zehn Jahren erfreut sich diese kleine Veranstaltung immer größerer Beliebtheit und zieht viele Besucher an. Rund um die Uhr gibt's Filme, Konzerte und Partys.

Schlafen & Essen

Hotel Kaštel   HOTEL €€
(681 607; www.hotel-kastel-motovun.hr; Trg Andrea Antico 7; EZ/DZ 405/684 Kn; P) Das einzige Hotel der Stadt ist ein charmantes kleines Plätzchen. In einem restaurierten

Palast aus dem 17. Jh. stehen 33 einfach möblierte Zimmer bereit. Für 1018 Kn bekommt man einen der drei Räume mit Balkon und Blick auf den Platz. Zum Hotel gehören ein gutes Restaurant, das Trüffeln und istrische Weine serviert, sowie ein neues Wellnesszentrum.

Mondo ISTRISCH €€
(Barbacan 1; Hauptgerichte ab 70 Kn; ⊘ in der Nebensaison Di geschl.) Direkt vor dem äußeren Stadttor liegt diese Taverne mit einer kleinen Seitenterrasse. Als sie noch Barbacan hieß, hatte sie zahlreiche Stammkunden. Inzwischen hat sie an Anziehungskraft verloren, aber die istrischen Speisen sind immer noch sehr gut. Empfehlenswert: hausgemachte Ravioli mit einer Sauce aus schwarzen Trüffeln.

Pod Voltom ISTRISCH €
(Trg Josefa Ressela 6; Hauptgerichte ab 60 Kn; ⊘ Mi geschl.) Das direkt unter dem Hotel gelegene Lokal serviert in einem Gewölbe mit Holzgebälk einfache istrische Küche und teure Trüffelgerichte. Wir empfehlen das Steak-Carpaccio mit frischen Trüffeln. Von Juni bis September kann man in der Loggia sitzen und den großartigen Talblick genießen.

Restaurant Zigante TRÜFFELN €€€
(☎ 664 302; www.zigantetartufi.com; Livade 7, Livade; Hauptgerichte ab 160 Kn) Gourmets aus aller Welt kommen ins Zigante, das zu den zehn besten Restaurants Kroatiens zählt und sich nur wenige Kilometer unterhalb von Motovun im Dorf Livade befindet. Auf die Gäste warten exquisite Fünf-Sterne-Menüs, und alles dreht sich um Trüffeln – es gibt Gänseleber mit Bananenkartoffeln, frisches Seebarsch-Carpaccio mit schwarzen Trüffeln und sogar Trüffeleiscreme ... Ein Fünf-Gänge-Menü kostet zwischen 610 und 625 Kn. In dem Komplex liegen auch drei **Luxusapartments** (EZ/DZ inkl. Trüffel-Frühstück 740/1168 Kn), nebenan befindet sich ein kleines Geschäft.

Praktische Informationen

Da Motovun keine offizielle Touristeninformation besitzt, fungiert die **Touristenagentur** (☎ 681 607; Trg Andrea Antico 8; ⊘ Mo–Fr 8–16 Uhr) des Hotels als Infoquelle. Direkt hinter dem Eingang zur Stadt, gleich rechts, gibt's einen Geldautomaten.

Eine weitere hilfreiche Informationsquelle ist das Unternehmen **Montona Tours** (☎ 681 970; www.montonatours.com; Kanal 10; ⊘ 16–19 Uhr); die Angestellten helfen Besuchern bei der Suche nach Unterkünften in Zentralistrien und organisieren Landaufenthalte und Privatapartments.

An- & Weiterreise

Nach Motovun verkehren nur wenige öffentliche Verkehrsmittel. Unter der Woche gibt's ein paar Busverbindungen von Pazin (27 Kn, 40 Min., 2-mal tgl.) und Poreč (29 Kn, 45 Min., 1-mal tgl.) hierher.

ⓘ Unterwegs vor Ort

Die Stadt verfügt über drei Parkplätze. Der erste liegt am Fuß des Dorfes – von dort ist es noch ein 1 km langer, steiler Aufstieg bis zu den Stadttoren. Ein weiterer Parkplatz liegt ungefähr 300 m unterhalb der Altstadt. Der dritte ist den Einwohnern und Hotelgästen Motovuns vorbehalten. Wer nicht im Hotel übernachtet, muss von Juni bis September 15 Kn pro Tag für einen Stellplatz auf den anderen beiden Parkplätzen zahlen.

Istarske Toplice

Istarske Toplice (www.istarske-toplice.hr) zählt zu Kroatiens ältesten und schönsten Thermalbädern, deren Heilkraft bereits die Römer kannten. Die Bäder, zu denen ein Hotel – ein hässlicher Betonklotz – und ein neues Wellnesscenter gehören, werden von einer 85 m hohen Klippe überragt und haben, wie die meisten Kurorte Kroatiens, ein leicht betagtes Flair. Der Geruch nach faulen Eiern kommt von dem großen Außenpool, der einen hohen Schwefelgehalt und Temperaturen bis zu 34 °C aufweist. Das Thermalwasser hilft bei Rheuma, Haut- und Atemwegserkrankungen. Gestresste Zeitgenossen können sich mit Akupunktur (150 Kn), Saunagängen (70 Kn), verschiedenen Massagen – u. a. mit heißen Steinen (225 Kn pro Std.) oder im mediterranen Stil (300 Kn pro Std.) – sowie Schönheitsbehandlungen (ab 40 Kn) verwöhnen lassen oder einfach nur im Pool herumplanschen (25 Kn).

Das **Hotel Mirna** (☎ 603 411; www.istarske-toplice.hr; Stjepana 60; EZ/DZ 305/530 Kn; P ☒) bietet mit seinen kürzlich renovierten Zimmern nicht viel Charakter, dafür aber günstige All-inclusive-Pakete. Das vor Kurzem eröffnete Nebengebäude **Sveti Stjepan** (EZ/DZ 425/730 Kn) hat schönere, aber auch teurere Zimmer mit Balkonen. In den umliegenden Wäldern kann man wandern, klettern und radfahren (Leihfahrräder kosten 10 Kn pro Std., 5 Kn für jede weitere Stunde); es werden auch Ausflüge zu nahe gelegenen Dörfern angeboten. Achtung: Im Sommer hat das Spa Nebensaison, dann sind die Preise etwas günstiger.

Es gibt keine öffentlichen Verkehrsmittel, aber das Spa ist gut mit dem Auto zu erreichen – es liegt nur 10 km nördlich von Motovun und 11 km südlich von Buzet an der Hauptstraße, die beide Städte miteinander verbindet.

Grožnjan

193 EW.

Bis Mitte der 1960er-Jahre war das 27 km nordöstlich von Poreč gelegene Grožnjan auf dem besten Weg, in Vergessenheit zu geraten. 1102 wurde das Bergdorf zum ersten Mal erwähnt. Im 14. Jh. war es eine strategisch wichtige Festung für die Venezianer. Sie schufen ein Befestigungssystem bestehend aus Stadtmauern und -toren und errichteten eine Loggia, eine Kornkammer und mehrere hübsche Kirchen. Nach dem Zusammenbruch des venezianischen Reiches im 18. Jh. nahm Grožnjans Bedeutung rapide ab.

1965 entdeckten der Bildhauer Aleksandar Rukavina und eine kleine Gruppe anderer Künstler den Charme des verfallenen, mittelalterlichen Dörfleins und richteten in den verlassenen Häusern ihre Ateliers ein. Grožnjan erwachte zu neuem Leben, u. a. wurde es ein Standort von Jeunesses Musicales International, einem Ausbildungsprogramm für junge Musiker. 1969 wurde in Grožnjan die Sommermusikschule Jeunesses Musicales Croatia ins Leben gerufen, die seitdem regen Zulauf hat. Jedes Jahr werden hier Kurse in den Bereichen Musik, Orchester, Ballett und Gesang abgehalten, den Sommer über finden Veranstaltungen statt, auf denen die jungen Künstler das Gelernte zu Gehör bringen. Beim Bummel durch die vielen Kunsthandwerksläden und Galerien, die die schmalen Gassen und grünen Plätze bevölkern, kann man den Musikern oft beim Üben zuhören.

Sehenswertes & Aktivitäten

Alle Sehenswürdigkeiten sind mit englischsprachigen Infotafeln markiert. Die im Renaissancestil erbaute **Loggia** erhebt sich gleich rechts neben dem Stadttor bei der Touristeninformation. Auf dem weiteren Weg folgt rechterhand das barocke **Palais Spinotti Morteani** mit einer Terrasse. Die Tische darauf gehören zum Laden **Zigante Tartufi** (www.zigantetartufi.com; Umberta Gorjana 5). Nebenan ist eine Weinbar. Im **Kaštel** auf der rechten Seite finden Konzerte statt.

Das Dorf wird vom gelben Glockenturm der **Pfarrkirche der heiligen Märtyrer Vitus, Modest & Crescentia** überragt, die im 14. Jh. aus Sandstein erbaut und 1770 barock umgestaltet wurde.

Über das Dorf verteilen sich mehr als 30 Galerien und Ateliers, die meisten haben von Mai bis September täglich geöffnet. Die **Fonticus-Galerie** (Gradska Galerija Fonticus; Trg Lođe 3; Di–So 10–13 & 17–20 Uhr) zeigt neuere Werke kroatischer und internationaler Künstler sowie eine kleine Ausstellung zur Heraldik mit Helmen, Insignien und Wappen.

Festivals & Events

Im Sommer finden Konzerte statt, organisiert vom **Internationalen Kulturzentrum der Jeunesses Musicales Croatia** (www.hgm.hr, auf Kroatisch). Die Konzerte sind umsonst und können ohne Reservierung besucht werden. Sie werden normalerweise in der Kirche, auf dem Hauptplatz, in der Loggia oder im Kaštel abgehalten.

Schlafen & Essen

In Grožnjan gibt's keine Hotels, aber die Angestellten der Fonticus-Galerie (die als Touristeninformation dient) vermitteln Privatzimmer, die etwa 100 Kn pro Person kosten.

Kaya Energy Bar & Design CAFÉ-BAR (Vincenta iz Kastva 2) Diese neue Bar liegt am Eingang zur Stadt und hat viele Gesichter – sie dient nicht nur als Café, Bar und Geschäft, sondern auch als Ausstellungsraum und Galerie. Das familiengeführte Refugium soll kreative Energien freisetzen (es gibt sogar spezielle energiefördernde Gläser) und verfügt über ein stilvolles Stein-Interieur. Draußen auf dem Platz stehen Tische, seitlich befindet sich eine zauberhafte kleine Terrasse mit einem fantastischen Blick aufs Tal. Hier werden frisch gepresste Säfte, Smoothies, eine große Auswahl ayurvedischer Tees und Biotees sowie das leckere lokale Getränk *malvazija* (nur 10 Kn pro Glas) serviert. Alles, was im Café ausgestellt ist, wird verkauft –

von kleinen Säckchen mit Biolavendel bis hin zu teurem handgefertigtem Schmuck. Zukünftig sollen hier auch Veranstaltungen und Themenabende stattfinden.

Bastia
ISTRISCH €€

(1 Svibnja 1; Hauptgerichte ab 70 Kn) Das älteste Restaurant der Stadt befindet sich auf dem begrünten Hauptplatz und punktet mit seiner hellen, fröhlichen Ausstattung. Auf der langen Speisekarte stehen zahlreiche Trüffelgerichte.

Ebenfalls empfehlenswert:

Konoba Pintur
ISTRISCH €

(1 Svibnja bb; Hauptgerichte ab 40 Kn) Ein preiswertes Lokal auf dem Hauptplatz mit Außentischen und einigermaßen guten Gerichten.

Cafe Vero
CAFÉ-BAR

(Trg Cornera 3) Diese nette Café-Bar liegt am Dorfende. Wer auf der Terrasse an den Holztischen Platz nimmt, genießt einen wirklich herrlichen Ausblick auf das Tal.

An- & Weiterreise

Busse nach Grožnjan verkehren nur während der Schulzeiten. Ende Juni bis Anfang September, wenn die meisten Kinder Ferien haben, gibt's keine direkten Verbindungen. Wer von Motovun aus mit dem Auto fährt, sollte nicht die erste ausgeschilderte Abzweigung nach Grožnjan nehmen, da die Straße nicht gepflastert ist und die Fahrt daher viel länger dauert. Einfach auf der Straße einen Kilometer weiterfahren bis zum nächsten Schild, das erneut nach Grožnjan weist – diese Straße ist viel besser.

Kvarner

♪ 051

Inhalt »

- Rijeka 141
- Opatija 147
- Volosko 151
- Nationalpark Risnjak 152
- Lošinj 153
- Cres 159
- Krk 165
- Krk (Stadt) 166
- Punat 168
- Vrbnik 169
- Baška 169
- Rab 170
- Rab (Stadt) 173
- Lopar 176

Gut essen

- » Tramerka (S. 151)
- » Bukaleta (S. 160)
- » Skalinada (S. 151)
- » Restaurant Nada (S. 169)
- » Astoria (S. 175)

Schön übernachten

- » Hotel Marina (S. 167)
- » Grand Hotel Bonavia (S. 144)
- » Jugendherberge in Veli Lošinj (S. 157)

Auf nach Kvarner

Die von hoch aufragenden Bergen geschützte Kvarnerbucht zieht mit ihrem milden Klima und dem kobaltblauen Meer schon seit langer Zeit Besucher an. Alte Beziehungen zu Österreich und Ungarn hinterließen an der Küste Spuren in Form von prachtvoller Architektur: etwa Opatijas Habsburger Villen oder die Häuser im venezianischen Stil auf den Inseln. Bis heute besteht ein reger Austausch mit Mitteleuropa und Italien, schließlich stammen von dort viele der Besucher, die in der Hochsaison die Badeorte füllen. Die Region hat jedoch mehr zu bieten als schöne Strände.

Über Rijeka gelangt man in die kulinarische Hochburg Volosko und zu den Wanderwegen in den Nationalparks Učka und Risnjak. Die Inseln Krk, Rab, Lošinj und Cres locken mit atmosphärischen Häfen, unberührten Küstenstreifen und abgelegenen Buchten. Auch die Tierwelt kommt nicht zu kurz: Auf Cres gibt es ein Projekt zum Schutz von Gänsegeiern und im Marinezentrum von Lošinj kümmert man sich um den Erhalt der Delphine in der Adria.

Reisezeit

Januar bis März Im Karneval verwandelt sich Rijeka in das europäische Rio.

Mai & Juni Jetzt sind die Chancen hoch, bei Lošinj Delphine zu sichten.

Juli & August Auf Rab sorgen die Modewoche und das DJ-Festival für Stimmung.

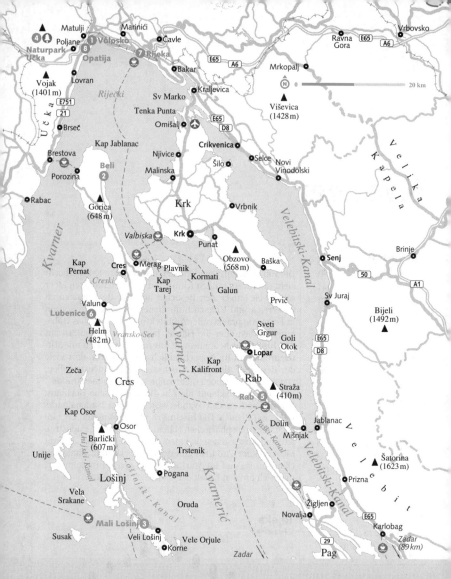

Highlights

① Im Feinschmeckerparadies **Volosko** (S. 151) kroatische Spezialitäten probieren

② **Gänsegeier** (S. 159) und ihren Lebensraum rund um Beli besser kennenlernen

③ Südlich von Mali Lošinj in **abgelegenen Buchten** (S. 153) schwimmen

④ Den atemberaubenden **Naturpark Učka** (S. 150) erkunden

⑤ Über das Kopfsteinpflaster der majestätischen, mittelalterlichen **Stadt Rab** (S. 173) spazieren

⑥ Die herrliche Einsamkeit, Schönheit und Kargheit von **Lubenice** (S. 164) auf sich wirken lassen

⑦ Den Panoramablick von Rijekas **Burg Trsat** (S. 141) genießen

⑧ Auf Opatijas **Promenade** (S. 147) an prachtvollen Habsburger Villen vorbeischlendern

DIE KVARNER-KÜSTE

Rijeka

137 860 EW.

Rijeka, Kroatiens drittgrößte Stadt, vereint auf faszinierende Weise das düstere Flair einer Hafenstadt mit Habsburger Pracht. Die meisten Urlauber fahren auf ihrem Weg auf die Inseln oder nach Dalmatien an Rijeka vorbei, doch wer hier eine Pause einlegt, wird mit einer Menge Charme und Kultur belohnt. So kann man in der geschäftigen Fußgängerzone Korzo einen Kaffee trinken, das Stadtmuseum besuchen und die eindrucksvolle Festung Trsat hoch über der Stadt besichtigen. Auch Rijekas Nachtleben kann sich sehen lassen, ebenso die tollen Festivals und Kroatiens farbenprächtigster Karneval.

Abgesehen von einigen bedauerlichen Bausünden am Stadtrand schmücken das Zentrum kunstvolle Gebäude im österreichisch-ungarischen Stil. Außerhalb des dicht bebauten Stadtkerns mit Kroatiens größtem Hafen samt Schiffen, Frachtcontainern und Kränen ist Rijeka überraschend grün.

Rijeka ist ein dynamischer Verkehrsknotenpunkt, da es hier jedoch keinen echten Strand und nur wenige Hotels gibt, schlagen die meisten Besucher ihr Quartier im nahe gelegenen Opatija auf.

Geschichte

Nach der erfolgreichen Unterwerfung der illyrischen Volksgruppe der Liburner gründeten die Römer den Hafen Tarsaticae. Um das 7. Jh. wanderten slawische Völker ein und errichteten auf den Fundamenten der römischen Stadt eine neue Siedlung.

Verschiedene Feudalherren – von deutschen Adligen bis zu den Frankopanenfürsten von Krk – herrschten über die Stadt; Ende des 15. Jhs. wurde sie schließlich dem österreichischen Königreich zugeschlagen. Für Habsburg war Rijeka ein wichtiger Seezugang, sodass 1725 eine neue Straße von Wien an die Küste der Kvarnerbucht gebaut wurde. Dies wiederum förderte die Wirtschaftsentwicklung und vor allem den Schiffsbau, der seitdem das Herzstück der städtischen Wirtschaft bildet.

Mit der Gründung der österreichisch-ungarischen Doppelmonarchie wurde Rijeka 1867 der ungarischen Regierung unterstellt. Eindrucksvolle öffentliche Gebäude entstanden und eine neue Eisenbahnlinie verband Rijeka mit Zagreb, Budapest und Wien. Die Züge brachten die ersten Touristen in die Kvarnerbucht.

Zwischen 1918, als italienische Truppen Rijeka und Istrien eroberten, und 1942, als Rijeka Teil des Nachkriegsjugoslawiens wurde, war die Stadt wechselnden Herren unterworfen und gelegentlich sogar unabhängig. Seit 1991 gehört Rijeka zum souveränen Staat Kroatien. Seine bedeutende und gut organisierte italienische Gemeinde gibt eine eigene Zeitung heraus, *La Voce del Popolo*.

⊙ Sehenswertes

Die Hauptfußgängerzone **Korzo** wurde an der Stelle der eingestürzten Stadtmauer als Handelsstraße angelegt.

Das Labyrinth von Gassen und Plätzen im historischen Herzen Rijekas ist mit mehrsprachigen Tafeln beschildert, die die Geschichte der Sehenswürdigkeiten erläutern. In der Touristeninformation ist eine Karte dieses als Turistička Magistrala bezeichneten **Stadtrundgangs** erhältlich.

Burg Trsat — BURG IN BERGLAGE

(Erw./erm. 15/5 Kn; ⊙ Mai–Okt. 9–20 Uhr, Nov.–April 9–17 Uhr) Die halb verfallene Festung aus dem 13. Jh. thront auf einem Hügel hoch über der Stadt. Grandios ist der Ausblick von der Befestigungsmauer hinab auf das Flusstal bis hin zum Hafen, zur Adria und zur Insel Krk in der Ferne. Die heutige Burg wurde von Frankopanenfürsten aus Krk in Auftrag gegeben. Für das jüngste Facelifting sorgte 1824 der irischstämmige Graf Laval Nugent, der als Offizier in der österreichischen Armee diente. Er kaufte die Burg und ließ sie im romantisierenden Klassizismus der Biedermeierzeit restaurieren. Das Nugent-Mausoleum im antiken griechischen Stil dient heute als Kunstgalerie, während im ehemaligen Verlies ab und zu Ausstellungen stattfinden. Im Sommer beleben Konzerte, Theateraufführungen und Modenschauen das alte Gemäuer. Vom Freiluftcafé, das im Sommer bis Mitternacht geöffnet ist, bieten sich herrliche Ausblicke.

Kirche unserer lieben Frau von Trsat — KIRCHE

(Crkva Gospe Trsatske; Frankopanski Trg; ⊙ 8–17 Uhr) Diese Kirche ist ein seit Jahrhunderten verehrtes Wallfahrtsziel. Die Legende erzählt, dass die Engel, die das Haus der Jungfrau Maria Ende des 13. Jhs. von Nazareth nach Loreto in Italien brachten, hier

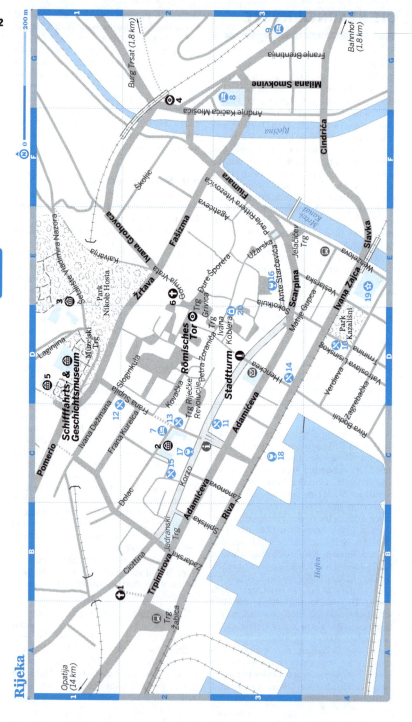

Rijeka

⦿ Highlights
Stadtturm..D3
Schifffahrts- & Geschichtsmuseum............D1
Römisches Tor...................................D2

⦿ Sehenswertes
1 Kapuzinerkirche unserer lieben
   Frau von Lourdes.........................B2
2 Museum für Moderne &
   Zeitgenössische Kunst.................C2
3 Naturhistorisches Museum..............E1
4 Petar-Kružić-Treppe........................G2
5 Stadtmuseum..................................D1
6 Kathedrale des heiligen Veit...........E2

⦿ Schlafen
7 Grand Hotel Bonavia......................C2
8 Hotel Continental............................G3
9 Hotel Neboder................................G3

⦿ Essen
10 Stadtmarkt.....................................D4
11 Food City.......................................C3
12 Mlinar..C1
13 Municipium....................................C2
14 Restaurant Spagho.........................D3
15 Zlatna Školja..................................C2

⦿ Ausgehen
16 Club Boa..E3
17 Herningway....................................C2
18 Karolina..C3

⦿ Unterhaltung
19 Kroatisches Nationaltheater
   Ivan Zajc......................................E4

⦿ Shoppen
20 Mala Galerija..................................D3

eine Rast einlegten. Schon bald pilgerten Gläubige zu der an dieser Stelle errichteten Kapelle; ihre Zahl stieg, als der Papst 1367 eine Marienikone stiftete. Das berühmte Gemälde befindet sich auf dem Hauptaltar hinter einer wunderbar gearbeiteten schmiedeeisernen Tür. Der barocke Kreuzgang ist gefüllt mit Opfergaben und Votivgeschenken. Nach Voranmeldung kann die Schatzkammer mit einer wertvollen Sammlung sakraler Kunst besichtigt werden. Dort wird ein 15-minütiger Film über die Kirche gezeigt. Wer in die Fußstapfen der Pilger treten will, steigt die **Petar-Kružić-Treppe**, die 1531 für die Gläubigen erbaut wurde, vom Titov Trg hinauf zur Wallfahrtskirche. Heiligenkapellen säumen die steilen Stufen, hier ruhten sich die Pilger früher aus. Einfacher, schneller und bequemer ist die Buslinie 2 zur Festung Trsat.

Städtische Monumente   MONUMENTE
Als eines von wenigen Monumenten hat der auffällige gelbe **Stadtturm** (Gradski Toranj), ursprünglich das Stadttor zum Meer, ein verheerendes Erdbeben überstanden. Nach der Katastrophe fügten die Habsburger das mit Reliefs der Kaiser und Wappen geschmückte Portal hinzu. 1873 wurde am Turm eine Uhr installiert, die noch heute die Zeit anzeigt.

Unter dem Stadtturm hindurch geht's zum **Römischen Tor** (Stara Vrata). Der schmucklose Bogen markiert den ehemaligen Eingang zum Praetorium, einem antiken Militärareal, dessen Überreste in einem kleinen Ausgrabungsgelände zu besichtigen sind.

Schifffahrts- & Geschichtsmuseum
MARITIMES MUSEUM
(Pomorski i Povijesni Muzej Hrvatskog Primorja; www.ppmhp.hr; Muzejski trg 1; Erw./erm. 10/5 Kn; ⊙Juni–Sept. Mo–Fr 9–20, Sa 9–13 Uhr, Okt.–Mai Di–Fr 9–16, Sa 9–13 Uhr) Das Museum hat seine Räumlichkeiten im Regierungspalast, einem glanzvollen Beispiel ungarisch inspirierter Architektur. Eine kleine, nur in Englisch erhältliche Broschüre führt durch die Ausstellung, die anhand von Schiffsmodellen, Seekarten, Navigationsinstrumenten und einigen Kapitänsporträts ein lebhaftes Bild vom früheren Leben der Seeleute zeichnet.

Astronomisches Zentrum   OBSERVATORIUM
(Astronomski Centar; www.rijekasport.hr; Sveti Križ 33; ⊙Di–Sa 8–23 Uhr) Kroatiens erstes astronomisches Zentrum liegt auf einem Hügel im Osten der Stadt. Der eindrucksvolle moderne Komplex umfasst ein Observatorium, ein Forschungszentrum und ein Planetarium. In Letzterem finden um 21 Uhr Vorstellungen statt, mittwochs eine Stunde später auf Englisch, Französisch und Italienisch. Das Observatorium ist bei entsprechendem Wetter Donnerstag- und Samstagabend der Öffentlichkeit zugänglich. Hierher fährt der Bus 7A ab dem Zentrum.

Naturhistorisches Museum   MUSEUM
(Prirodoslovni Muzej; www.prirodoslovni.com; Lorenzov Prolaz 1; Erw./erm. 10/5 Kn; ⊙Mo–Sa 9–19, So 9–15 Uhr) Das Museum in einer prachtvollen Villa aus dem 19. Jh. widmet sich der Geologie, Botanik und dem Meeresleben der Adria. Zu sehen sind ein kleines

Aquarium sowie Exponate zu Haien, Rochen und anderem Getier. Bemerkenswert ist der hübsche botanische Garten mit über 2000 einheimischen Pflanzen.

Museum für Moderne & Zeitgenössische Kunst   KUNSTMUSEUM
(Muzej Moderne i Suvremene Umjetnosti; www.mmsu.hr; Dolac 1; Erw./erm. 10/5 Kn; ☺Mo–Fr 10–13 & 18–21, Sa 10–13 Uhr) In der zweiten Etage der Universitätsbibliothek gibt es in diesem kleinen Museum erstklassige Wechselausstellungen zu Themen wie Straßenfotografie und zeitgenössischer kroatischer Kunst zu sehen.

Kathedrale des heiligen Veit   KATHEDRALE
(Katedrala Svetog Vida; Trg Grivica 11; ☺Juni–Aug. Mo–Sa 7–12 & 16.30–19, So 7–12 Uhr, Sept.–Mai 6.30–12 Uhr) Nördlich des Römischen Tors befindet sich die Kathedrale des heiligen Veit. Der Jesuitenorden ließ sie 1638 anstelle einer älteren Kirche erbauen und widmete sie dem Stadtpatron Rijekas. Wuchtige Marmorsäulen stützen die zentrale Kuppel, die sich über barocken Altären und einem gotischen Kruzifix aus dem 13. Jh. wölbt.

Stadtmuseum   STADTMUSEUM
(Muzej Grada Rijeke; Muzejski Trg 1/1; Erw./erm. 10/5 Kn, Mo Eintritt frei; ☺Mo–Fr 10–13 & 17–20, Sa 10–13 Uhr) Das einfache Museum ist in einem kubistischen Bau aus den 1970er-Jahren untergebracht. Die kleine Dauerausstellung umfasst facettenreiche Exponate zur Geschichte der Stadt wie einige Torpedos, die hier erfunden wurden. Außerdem gibt es Sonderausstellungen.

Kapuzinerkirche unserer lieben Frau von Lourdes   KIRCHE
(Crkva Gospe Lurdske; Kapucinske Stube 5; ☺8–12 & 16–18 Uhr) Die Kapuzinerkirche unserer lieben Frau von Lourdes mit ihrer dekorativen neugotischen Fassade stammt aus dem Jahr 1904 und thront über einem kunstvollen Treppenaufgang im italienischen Stil. Sie befindet sich direkt am Busbahnhof.

🎉 Festivals & Events

Karneval von Rijeka   KARNEVAL
(www.ri-karneval.com.hr) Auf dem größten Karnevalsfest in ganz Kroatien sorgen zwei Wochen lang Festspiele, Straßentänzer, Konzerte, Maskenbälle, Ausstellungen und Umzüge für Stimmung. Die furchterregenden *zvončari* – Männer in Tierfellen – tanzen und läuten laute Glocken, um böse Geister zu vertreiben. Termin ist die Zeit zwischen Ende Januar und Anfang März – je nachdem, auf welches Datum Ostern fällt.

Hartera   MUSIK
(www.hartera.com) Dreitägiges Festival für elektronische Musik mit DJs und Künstlern aus ganz Europa. Veranstaltet wird es Mitte Juni in einer ehemaligen Papierfabrik am Ufer der Rječina.

Sommernächte von Rijeka (Riječke Ljetne Noći)   THEATER
Im Juni und Juli finden im Kroatischen Nationaltheater Konzerte statt.

Fotofestival von Rijeka   FOTOGRAFIE
(www.mmsu.hr) Das Festival fand erstmals und mit großem Erfolg im Juli 2010 statt und ist als jährliches Event geplant. Ausstellungen und Vorträge wurden an vier verschiedenen Veranstaltungsorten gezeigt. Weitere Infos gibt's auf der Website.

🛏 Schlafen

Die Preise der meisten Hotels in Rijeka bleiben das ganze Jahr über gleich; nur in den Karnevalstagen muss man mit einem Aufschlag rechnen. Wer in dieser Zeit ein Zimmer sucht, sollte es lange im Voraus reservieren. Direkt in Rijeka gibt es nur wenige Privatzimmer; eine Liste findet sich auf der Website der Touristeninformation. Das nahe gelegene Opatija hat eine wesentlich bessere Auswahl an Unterkünften.

Grand Hotel Bonavia   LUXUSHOTEL €€€
(✆357 100; www.bonavia.hr; Dolac 4; EZ/DZ ab 729/899 Kn; P✻@🛜) Das auffallende moderne Gebäude mit Glasfront im Herzen der Innenstadt ist Rijekas Tophotel. Geboten werden professioneller Service, bestens ausgestattete Zimmer und jede Menge Komfort, das Design ist allerdings wenig originell. Zur Anlage gehören ein renommiertes Restaurant, ein Spa und ein schickes Straßencafé.

Best Western Hotel Jadran
HOTEL MIT MEERBLICK €€€
(✆216 600; www.jadran-hoteli.hr; Šetalište XIII Divizije 46; EZ/DZ ab 714/840 Kn; P✻@🛜) Das ausgezeichnete Vier-Sterne-Hotel 2 km östlich des Zentrums zaubert mit seinen Zimmern zum Meer ein echtes Ass aus dem Ärmel: Von den Balkonen direkt über der Adria bietet sich eine grandiose Aussicht. Im Preis enthalten sind ein ausgezeichnetes

Frühstück sowie WLAN, zudem gibt es einen kleinen Strand.

Jugendherberge JUGENDHERBERGE €
(406 420; www.hfhs.hr; Šetalište XIII Divizije 23; B/EZ/DZ 165/192/330 Kn; @📶) In der grünen Wohngegend Pečine, 2 km östlich des Zentrums, steht diese umgebaute Villa aus dem 19. Jh. mit sauberen, geräumigen, einfachen Zimmern und einem Aufenthaltsraum mit Fernseher. Oft kommen hier Schulklassen unter, man sollte also im Voraus reservieren. Das Frühstück kann man sich sparen.

Hotel Neboder MODERNISTISCHES HOTEL €€
(373 538; www.jadran-hoteli.hr; Strossmayerova 1; EZ/DZ ab 464/582 Kn; P❄@) Der modernistische, turmähnliche Bau ist architektonisch gesehen nicht uninteressant – schließlich war er zu seiner Eröffnung 1939 seiner Zeit weit voraus. Die kleinen Zimmer sind gepflegt und stilvoll, die meisten verfügen über Balkone mit traumhafter Aussicht; Klimaanlage gibt's nur in der höheren Preisklasse.

Hotel Continental ZENTRALES HOTEL €€
(372 008; www.jadran-hoteli.hr; Andrije Kačića Miošića 1; EZ/DZ/Suite 530/663/810 Kn; P❄@) Das renommierte Haus wird seinen Ansprüchen mit altmodischem Bar- und Lobbybereich und teils desinteressiertem Personal nicht ganz gerecht. Die kürzlich renovierten Zimmer sind hingegen äußerst komfortabel und die Lage erstklassig.

🍴 Essen

Sonntags ist die Auswahl begrenzt, denn dann sind fast alle Lokale geschlossen. Viele Cafés am Korzo servieren leichte Gerichte. Feinschmecker finden im nahe gelegenen Volosko exzellente Restaurants.

Na Kantunu MEERESFRÜCHTE €€
[LP TIPP] (Demetrova 2; Hauptgerichte ab 45 Kn) Die düstere Hafengegend kann man getrost ignorieren, denn im Inneren dieses kleinen Juwels warten elegantes Ambiente, polierte Weingläser und exzellenter Service. Auf den Tisch kommen Meeresfrüchte und Fischgerichte: einfach den persönlichen Favoriten auswählen oder sich von der Art des Hauses überraschen lassen.

Kukuriku KROATISCH €€€
(691 519; www.kukuriku.hr; Trg Matka Laginje 1a, Kastav; 6-Gänge-Menü 380–550 Kn; ⊗Nov.–Ostern Mo geschl.) Das opulente, moderne Hotelrestaurant in der Altstadt von Kastav, einem Vorort Rijekas hoch oben auf dem Berg, gehört Nenad Kukurin, einem Pionier der Slow-Food-Bewegung. Die traditionellen kroatischen Gerichte (siehe S. 322) sind mit einem innovativen Touch versehen und ihr Geld mehr als wert. Ab Rijeka fährt die Buslinie 18 hierher, ab Opatija die Linien 33 und 37.

Zlatna Školjka MEERESFRÜCHTE €€
(Kružna 12; Hauptgerichte 65–95 Kn) Im klassischen maritimen Ambiente kommen ausgezeichnet zubereitete Meeresfrüchte und ausgewählte kroatische Weine auf den Tisch. Tagesangebote wie *pečena hobotnica* (gebratener Tintenfisch) sind auf einer Tafel aufgelistet. Das Nachbarlokal Bracera gehört den gleichen Besitzern und ist berühmt für seine knusprige Pizza, die auch sonntags gebacken wird.

Restaurant Spagho ITALIENISCH €
(Ivana Zajca 24a; Hauptgerichte ab 40 Kn) Das moderne italienische Lokal mit Mauervorsprüngen, Kunst und schickem Sitzbereich serviert großzügige, leckere Portionen von Pasta, Pizza, Fleisch- und Fischgerichten. Die allgegenwärtige Schunkelmusik kann allerdings ganz schön nerven.

Municipium KROATISCH €€
(Trg Riječke Rezolucije 5; Hauptgerichte ab 70 Kn) Das Lokal wird von seiner Stammklientel vor allem wegen der gleichbleibend hohen Qualität von Küche und Service geschätzt. Der Schwerpunkt liegt auf kroatischen Klassikern wie dalmatinischem Fleischeintopf mit Kartoffelklößen, jeder Menge Meeresfrüchten (Tintenfisch aus der Adria) sowie fangfrischem regionalem Fisch (Petersfisch, Zackenbarsch, Meerbrassen und Seezunge).

Selbstversorger

Mlinar BÄCKEREI
(Frana Supila; Stück ab 13 Kn; ⊗Mo–Fr 6–20, Sa 6.30–15, So 7–13 Uhr) In der besten Bäckerei der Stadt stehen leckere belegte Baguettes, Vollkornbrot, Croissants und *börek* (mit Fleisch, Spinat oder Käse gefüllte Pastete) zur Auswahl.

Food City ZUM MITNEHMEN
(Korzo; Stück ab 12 Kn; ⊗24 Std.) Immer eine gute Anlaufstelle für den kleinen Hunger zwischendurch.

Stadtmarkt MARKT
(zw. Vatroslava Lisinskog & Trninina; ⊗Mo–Sa 7.30–14, So 7.30–12 Uhr) Exzellentes Obst und Gemüse.

🍷 Ausgehen

An den Hauptstraßen von Riva und Korzo gibt es jede Menge Bars von der Lounge-Variante bis zu unprätentiösen Kneipen.

Gradena — CAFÉ IN BERGLAGE
(Trsat; www.bascinskiglasi.hr; ☎) Die angesagte Café-Bar liegt innerhalb der Burganlage und überzeugt mit entspannter Musik und freundlichem Service. Meist trinkt man hier mehr als nur einen Kaffee, kein Wunder bei der grandiosen Aussicht!

Karolina — STILVOLLE BAR
(Gat Karoline Riječke bb) Ein eindrucksvoller Glasbau beherbergt Rijckas am Meer gelegene In-Bar. Tagsüber kann man sich hier eine Kaffeepause gönnen, gegen Abend trifft sich die Schickeria zum Feiern, besonders im Sommer, wenn DJs für Stimmung sorgen.

Hemingway — ELEGANTE BAR
(Korzo 28) Hier gehören Cocktails, Kaffee, ein Blick aufs bunte Treiben und Schwarz-Weiß-Fotos des prominenten Namensgebers zum Programm.

Club Boa — LOUNGEBAR
(Ante Starčevića 8) Die schicke Fusion aus Café, Bar und Club lockt mit ihrem Lounge-Flair, dem lila-weißen Sitzbereich, Terrassen im hinteren und vorderen Bereich sowie DJ-Musik an Wochenenden eine gut betuchte, modebewusste junge Klientel an.

☆ Unterhaltung

Kroatisches Nationaltheater Ivan Zajc — THEATER
(☎ 355 900; www.hnk-zajc.hr; Verdieva 5a) Die Eröffnungsvorstellung des 1885 erbauten imposanten Theaters wurde von den ersten Glühbirnen in der Stadt erleuchtet. Heute werden kroatische und italienische Theaterstücke, Oper und Ballett aufgeführt. Einige der Deckenfresken stammen von Gustav Klimt.

Terminal — BAR, CLUB
(Lukobran bb) Rijekas glamourösester Club prunkt mit riesigen Kugellampen, pinkfarbenen Sitzbereichen und einem grandiosen Blick auf den Hafen. Der Technomix sorgt bei der jungen hippen Kundschaft für Stimmung.

Nina 2 — CLUB
(www.nina2.com; Adamićev Gat) Das im Hafen ankernde Boot wurde vor Kurzem renoviert und lädt tagsüber zu einem gemütlichen Drink ein, abends heizen House-DJs und Livebands den Gästen so richtig ein.

🛍 Shoppen

Rijekas Schmuckstück heißt *morčići* und ist ein aus Keramik hergestellter Mohr mit Turban. Wer einen kaufen möchte, wird z. B. in der **Mala Galerija** (www.mala-galerija.hr, auf Kroatisch; Užarska 25) fündig.

ℹ Praktische Informationen

Erste Club (Korzo 22; ⊙ Mo-Sa 7-23, So 8-22 Uhr) Hier kann man an vier Terminals für kurze Zeit gratis im Netz surfen. Entlang des Korzo und in Teilen der Festung Trsat gibt es kostenlosen WLAN-Zugang.

Garderoba Fernbusbahnhof (Gepäckaufbewahrung 15 Kn pro Tag; ⊙ 5.30-22.30 Uhr); Bahnhof (Schließfach 15 Kn pro Tag; ⊙ 4.30-22.30 Uhr) Die *garderoba* des Busbahnhofs befindet sich beim Café neben dem Ticketschalter.

Geld Entlang des Korzo und am Bahnhof gibt es Geldautomaten und Wechselstuben.

Hauptpost (Korzo 13; ⊙ Mo-Fr 7-20, Sa 7-14 Uhr) Mit Telefoncenter und Wechselstube.

Krankenhaus (☎ 658 111; Krešimirova 42)

Touristeninformation (☎ 335 882; www.tz-rijeka.hr; Korzo 33a; ⊙ April-Sept. Mo-Sa 8-20 Uhr, Okt.-März Mo-Fr 8-20, Sa 8-14 Uhr) Hier erhält man gute Stadtpläne in Farbe, viele Broschüren und Listen privater Unterkünfte.

ℹ An- & Weiterreise

Auto

AMC (☎ 338 800; www.amcrentacar.hr; Lukobran 4) ist im Gebäude des neuen Fährhafens untergebracht und vermietet Autos ab 243 Kn pro Tag. Zu empfehlen ist außerdem **Dollar & Thrifty Rental Car** (☎ 325 900; www.subrosa.hr), die im Fernbusbahnhof mit einem Büro vertreten sind.

Bus

Vom Flughafen Zagreb fährt ein Bus der Croatia Airlines täglich nach Rijeka (155 Kn, 2 Std., 15.30 Uhr; Rückfahrt nach Zagreb um 5 Uhr). dreimal täglich startet ein Bus Richtung Triest (50 Kn, 2½ Std.), ein weiterer fährt nach Ljubljana (170 Kn, 5 Std.). Wer nach Plitvice (130 Kn, 4 Std.) möchte, muss in Otočac umsteigen.

Der **Fernbusbahnhof** (☎ 060 302 010; Trg Žabica 1) befindet sich im Stadtzentrum.

Flugzeug

Rijekas Flughafen wird in erster Linie von Charterfluggesellschaften bedient.

Air Berlin (www.airberlin.com) Fliegt deutsche Städte wie Hamburg und Berlin sowie Wien an.

Croatia Airlines (☎ 330 207; www.croatiaairlines.hr; Jelačićev Trg 5) Hier kann man nationale und internationale Flüge buchen,

BUSSE VON RIJEKA

ZIEL	FAHRPREIS (KN)	DAUER (STD)	TÄGLICHE ABFAHRTEN
Baška	77	2¼	4–8
Dubrovnik	357–496	12–13	3–4
Krk	56	1–2	14
Pula	92	2¼	8
Rab	129	3	2–3
Rovinj	86	1–2	4
Split	253–324	8	6-7
Zadar	161–203	4-5	6-7
Zagreb	137–155	2¼–3	13–15

allerdings besteht momentan keine Flugverbindung ab dem Flughafen Rijeka.

Schiff/Fähre

Jadroagent (211 626; www.jadroagent.hr; Trg Ivana Koblera 2) Informiert über alle Fährverbindungen in Kroatien.

Jadrolinija (211 444; www.jadrolinija.hr; Riječki Llukobran bb; Mo–Fr 8–20, Sa & So 9–17 Uhr) Das Büro verkauft Tickets für die großen Fährschiffe, die ganzjährig zwischen Rijeka und Dubrovnik Richtung Bari/Italien via Split, Hvar, Korčula und Mljet die Küste entlang fahren. Weitere Fährrouten führen von Rijeka über Cres nach Mali Lošinj und von Rijeka über Rab nach Pag. Aktuelle Fahrpläne und Preise gibt's auf der Website von Jadrolinija. Alle Fähren legen am neuen Fährhafen ab.

Zug

Der **Bahnhof** (213 333; Krešimirova 5) liegt einen zehnminütigen Fußmarsch östlich der Innenstadt. Pro Tag gibt es sieben Verbindungen nach Zagreb (100 Kn, 4–5 Std.). Täglich verkehrt ein Zug Richtung Süden nach Split (170 Kn, 8 Std.), allerdings startet dieser bereits um 5.45 Uhr und man muss in Ogulin umsteigen. Nach Ljubljana (98 Kn, 3 Std.) gibt es täglich zwei Direktverbindungen, eine weitere nach Wien (319–525 Kn, 9 Std.).

Unterwegs vor Ort

Bus

Rijeka hat ein gut ausgebautes städtisches Busnetz, die Busse starten von der zentralen Haltestelle am Jelačićev Trg. Tickets für jeweils zwei Fahrten kosten 16 Kn und werden in jedem *tisak* (Zeitungskiosk) verkauft. Einzelfahrkarten beim Fahrer kosten 10 Kn.

Es gibt auch einen Sightseeingbus (70 Kn für einen Tag), der wichtigsten Sehenswürdigkeiten in Rijeka, Trsat und Opatija anfährt. Man kann an jeder Haltestelle ein- und aussteigen, Fahrkarten und Fahrpläne hält die Touristeninformation bereit.

Vom/Zum Flughafen

Flughafen Rijeka (842 040; www.rijeka-airport.hr) Rijekas Flughafen liegt auf der Insel Krk, 30 km entfernt. Auf die Flugpläne abgestimmte Busse fahren vom Flughafen in 40 Minuten zum Jelačićev Trg; umgekehrt starten Busse vom gleichen Platz 2 Stunden 20 Minuten vor dem jeweiligen Abflug in Richtung Flughafen. Das Ticket (25 Kn) wird im Bus verkauft. Eine Taxifahrt vom Flughafen ins Zentrum kostet bis zu 300 Kn.

Taxi

Taxis sind in Rijeka äußerst erschwinglich, wenn man das richtige Unternehmen wählt. Sehr empfehlenswert ist **Cammeo** (313 313) mit seinen modern, günstigen, mit Taxametern ausgestatteten Taxis; eine Fahrt ins Zentrum kostet 20 Kn.

Opatija

7872 EW.

15 km westlich von Rijeka liegt der elegante Ferienort Opatija vor einer spektakulären Kulisse. Bewaldete Hügel reichen bis zur funkelnden Adria und entlang der Küste verläuft eine reizende Uferpromenade vom hübschen Volosko bis nach Lovran.

Dank der atemberaubend schönen Lage und dem ganzjährig angenehmen Klima avancierte Opatija zum eleganteste Seebad der feinen Wiener Gesellschaft in der k. u. k.-Monarchie. Zwischen den Weltkriegen und unter jugoslawischer Regierung verfielen die Villen der Belle Époque und verloren allmählich ihren Glanz.

Inzwischen wurden die großen Anwesen der Reichen renoviert und zu hochklassigen Hotels mit Schwerpunkt auf Spa- und Gesundheitstourismus umgebaut. Feinschmecker werden von fantastischen Restaurants ins nahe gelegene Volosko gelockt. Richtige Strände gibt es nicht, dafür kann man in den geschützten Buchten einfach wunderbar schwimmen.

Geschichte

Bis in die 1840er-Jahre war Opatija ein winziges Fischerdorf mit 35 Häusern und einer Kirche, doch die Ankunft des wohlhabenden Iginio Scarpa aus Rijeka sollte alles ändern: Er ließ die nach seiner Frau benannte Villa Angiolina bauen und legte einen Park mit subtropischen Pflanzen an. In der Villa logierte der europäische Hochadel, so auch die österreichische Königin und Gattin Ferdinands, Maria Anna, was Opatijas edlen Ruf festigte.

Die Eisenbahntrasse, die 1873 von der Linie Wien–Triest nach Opatija gebaut wurde, beschleunigte den Aufstieg. Das erste Hotel, das Quarnero (heute Hotel Kvarner), entstand und zog eine große Zahl wohlhabender Besucher an. Jeder, der etwas auf sich hielt, musste einmal in Opatija gewesen sein. Rumänische und schwedische Könige, russische Zaren und sonstige Prominente der damaligen Zeit ließen sich hier blicken.

Auch in heutigen Zeiten ist Opatija ein Ferienort für die gehobenere – manche sagen auch konservativere – Klientel und erfreut sich bei betagten Urlaubern aus Deutschland und Österreich großer Beliebtheit. Wer wilde Partynächte oder ausschweifende Clubtouren sucht, ist hier definitiv fehl am Platz.

Sehenswertes & Aktivitäten

Lungomare PROMENADE

Auf der wunderschönen, von majestätischen Villen und weitläufigen Gärten gesäumten Promenade kann man sich bestens die Beine vertreten und das bunte Treiben auf sich wirken lassen. Sie verläuft entlang der Küste an unzähligen Villen vorbei über 12 km von Volosko über die Dörfer Ičići und Ika nach Lovran. Unterwegs kann man in die eindrucksvollen Strandvillen der Reichen spähen. Die Promenade führt vorbei an exotischen Sträuchern, Bambusdickicht, einem Yachthafen und felsigen Buchten, die zu einem Sprung ins Meer einladen – eine tolle Alternative zu Opatijas Betonstränden.

Villa Angiolina HISTORISCHE VILLA

(Park Angiolina 1; ☉ Sommer Di–So 9–13 & 16.30–21.30 Uhr, sonst kürzere Öffnungszeiten) Die restaurierte Villa Angiolina gewährt Einblicke ins Innere einer der Prachtbauten Opatijas, einem Traum aus illusionistischen Fresken, korinthischen Säulen, vergoldeten Spiegeln und geometrischen Bodenmosaiken. Völlig unpassend wirken allerdings die nachträglich angebrachten Plastikfenster. Die Villa beherbergt heute das **Kroatische Museum des Tourismus**. Dessen kleine Sammlung historischer Fotografien, Postkarten, Broschüren und Plakate, die die Geschichte des Tourismus nachzeichnen, wird dem großen Namen nicht ganz gerecht, allerdings werden zusätzlich hübsch gemachte, thematisch passende Wechselausstellungen gezeigt. Ein Spaziergang durch die Gärten rund um die Villa führt vorbei an Gingkobäumen, Sequoias, Steineichen, Opatijas Symbolpflanze, der japanischen Kamelie, und sogar einem kleinen Freilufttheater.

RADTOUREN IN DER REGION KVARNER

Die Region Kvarner bietet Fahrradfans eine Vielzahl von Möglichkeiten, die von sanften Hügeln bis zu anspruchsvollen Anstiegen auf steilen Inselstraßen reichen. Rund um Opatija starten zwei einfache Routen auf dem Berg Kastav (360 m), eine sportlich anspruchsvolle 4½-stündige Tour führt von Lovran in den Naturpark Učka. Auf Lošinj bietet sich die 2½-stündige mittelschwere Rundfahrt ab Mali Lošinj an. Auf Krk kann man auf einer entspannten zweistündigen Fahrt von der Stadt Krk durch Wiesen, Felder und Weiler in das selten besuchte Inselinnere radeln. Ab Rab erschließt eine Route die noch recht ursprünglichen Wälder der Halbinsel Kalifront. Auf Cres führt ein 50 km langer Trail von der Marina der Stadt Cres über die mittelalterliche Bergsiedlung Lubenice zum malerischen Küstenort Valun.

Details zu allen genannten Touren finden sich in der Broschüre *Kvarner per Rad*, die in den Touristeninformationen erhältlich ist und 19 Routen in der Region beschreibt. Weitere Infos zu Fahrradrouten gibt's unter www.kvarner.hr und www.pedala.hr.

🛏 Schlafen

Es gibt keine wirklich preiswerten Hotels in Opatija, dafür wird im mittleren und oberen Preissegment jede Menge geboten. **Liburnia Hotels** (☏710 444; www.liburnia.hr) verwaltet 15 Hotels in der Region, hier findet man immer ein Zimmer. Um Weihnachten ist Opatija schnell ausgebucht, für diesen Zeitraum empfiehlt sich eine frühe Reservierung.

Privatzimmer zu finden, ist kein Problem, allerdings sind sie mit rund 170 bis 240 Kn pro Person etwas teurer als in anderen Orten. Die unten aufgeführten Reiseagenturen vermitteln allesamt Privatunterkünfte.

Villa Ariston HABSBURGER HOTEL €€
(☏271 379; www.villa-ariston.com; Ulica Maršala Tita 179; EZ/DZ 480/800 Kn; P❄@📶) In dem historischen Hotel in traumhafter Lage neben einer felsigen Bucht haben bereits Promis wie Coco Chanel und die Kennedys genächtigt. Das prachtvolle Innere beeindruckt mit einem ausladenden Treppenaufgang, Kronleuchtern und dem Charme vergangener Zeiten. Vom Restaurant mit Terrasse blickt man aufs Meer.

Design Hotel Astoria MODERNES HOTEL €€
(☏706 350; www.hotel-astoria.hr; Ulica Maršala Tita 174; Zi. 677 Kn; P❄@📶) Wer von all der Habsburger Pracht genug hat, ist in diesem umgebauten Hotel mit seinen dezenten, gepflegten Zimmern richtig. Zum Programm gehören gedämpfte Farben, viel Komfort, Balkone mit traumhafter Aussicht auf die Kvarner-Küste und ein gutes Preis-Leistungs-Verhältnis.

Hotel Opatija HOTEL IN BERGLAGE €€
(☏271 388; www.hotel-opatija.hr; Trg Vladimira Gortana 2/1; Zi. ab 486 Kn; P❄@🏊) Das weitläufige Drei-Sterne-Hotel ist in einer auf einem Hügel thronenden Habsburger Villa untergebracht und verfügt über komfortable Zimmer, eine tolle Terrasse, ein kleines Hallenbad mit Meerwasser und wunderschöne Gärten inklusive Labyrinth.

Hotel Kvarner-Amelia HISTORISCHES HOTEL €€€
(☏271 233; www.liburnia.hr; Pave Tomašića 1–4; EZ/DZ 578/1039 Kn; P❄@🏊) Opatijas ältestes Hotel versprüht mit seinen Pools und Hallenbädern, der wunderschönen Anlage und der eleganten Lobby ein gewisses Jetset-Flair. Die Zimmer sind zwar weniger prachtvoll, im Amelia-Anbau sind die Preise für eine solche Nobeladresse allerdings moderat.

Es gibt auch ein paar Campingplätze:

Medveja CAMPING €
(☏291 191; medveja@liburnia.hr; 44/32 Kn pro Erw./Zelt; ☼Ostern–Mitte Okt.) An einer hübschen Kieselsteinbucht 10 km südlich von Opatija gelegen; vermietet auch Apartments und Wohnwagen.

Autocamp Opatija CAMPING €
(☏704 836; Liburnijska 46, Ičići; 39/29 Kn pro Erw./Zelt; ☼April–Okt.) Vor einer hübschen Kiefernwaldkulisse in der Nähe des Strandes von Ičići.

🍴 Essen

Entlang der Straße Maršala Tita findet sich eine ganze Reihe brauchbarer Restaurants, die Pizza, Grillgerichte und Fisch anbieten. Gehobene Küche und regionale Spezialitäten gibt's im nahe gelegenen Volosko.

Istranka ISTRISCH €
(Bože Milanovića 2; Hauptgerichte ab 55 Kn) Die atmosphärische *konoba* (einfaches familiengeführtes Lokal) hat sich auf istrische Küche wie *maneštra* (Bohnen-Gemüsesuppe) spezialisiert, Trüffeln sorgen für besondere Akzente. Es gibt eine schattige Terrasse und manchmal traditionelle Livemusik.

Kaneta KROATISCH €
(Nova Cesta 64; Hauptgerichte ab 50 Kn) Das unprätentiöse Familienunternehmen serviert leckere Speisen in großzügigen Portionen wie gebratene Kalbshaxe (vorbestellen!), Steak mit Gorgonzola, Wild und Risottos. Auch die Weinkarte kann sich sehen lassen.

Bevanda GOURMET €€€
(Zert 8; Hauptgerichte ab 180 Kn) Zu dem eindrucksvollen Restaurant mit riesiger Terrasse samt Meerblick, griechischen Säulen und schickem schwarz-weißen Sitzbereich führt ein Weg aus Marmor. Die eintönige Hintergrundmusik stört zwar das Ambiente etwas, dafür bietet die übersichtliche, moderne Speisekarte erstklassige Fleisch- und Fischgerichte wie Jungentenbruströllchen mit Pistazien und Rosinenrisotto.

Selbstversorger steuern am besten den **Supermarkt mit Feinkostladen** (Ulica Maršala Tita 80) an.

🍷 Ausgehen & Unterhaltung

In Opatija geht es recht gediegen zu. Auf den Terrassen der Hotels und in den Kaffeehäusern im Wiener Stil trifft sich eine gesetztere Klientel, es gibt jedoch auch ein paar hippe Bars.

NATURPARK UČKA

Der 160 km² große Naturpark liegt nur 30 Minuten von der Riviera von Opatija entfernt und ist ein echter Geheimtipp. Zum Naturschutzgebiet gehören die Gebirgskette Učka und das Hochplateau der Ćićarija; verwaltungstechnisch ist der Park zwischen Istrien und dem Kvarner aufgeteilt. Vom höchsten Gipfel Vojak (1401 m) reicht die Sicht an klaren Tagen bis zu den italienischen Alpengipfeln und der Bucht von Triest.

Einen Großteil der Region bedecken Buchenwälder. Dazwischen gedeihen Edelkastanien, Eichen und Hainbuchen. Schafe weiden friedlich auf Bergwiesen, Steinadler ziehen ihre Kreise, Braunbären durchstreifen die Wälder, und im Sommer blühen endemische Glockenblumen.

Das sachkundige Personal im Parkbüro (293 753; www.pp-ucka.hr; Liganj 42; Mo–Fr 8–16.30 Uhr) in Lovran hilft bei der Tourplanung. In der Hauptsaison sind auch zwei Infostellen geöffnet: am Poklon (Mitte Juni–Mitte Sept. 9–18 Uhr) und bei Vojak (Mitte Juni–Mitte Sept. 9–18 Uhr).

Besonders eindrucksvoll ist die spektakuläre Schlucht Vela Draga voller faszinierend geformter Kalksteinsäulen im Osten des Parks. Turm- und Wanderfalken ziehen ihre Kreise, auch Uhus und Mauerläufer sind hier heimisch. Von der Schnellstraße führt ein hübscher, 15-minütiger Aufstieg entlang an Infotafeln zu einem Aussichtspunkt über der Schlucht.

Im faszinierenden Mala Učka, einem weitgehend verlassenen Dorf auf 995 m Höhe, leben zwischen Mai und Oktober ein paar Schäfer. Köstlichen Schafskäse kann man in dem Haus mit grünen Fensterläden neben dem Bach am Dorfausgang kaufen (nach *sir* fragen).

Auf dem 150 km langen Wegenetz des Naturparks kann man **mountainbiken** und **wandern**. Eine Karte (55 Kn) ist im Parkbüro oder bei der Touristeninformation in Opatija erhältlich. Die Vela-Draga-Schlucht ist ein tolles Terrain für **Freeclimber**, **Reiter** (etwa 80 Kn pro Std.) und **Vogelbeobachter**. **Gleitschirmflüge** und **Drachenfliegen** organisiert der Homo Volans Free Flying Club (www.homo-volans.hr) in Opatija.

Im Park gibt es mehrere Übernachtungsmöglichkeiten, darunter die Učka Lodge (091 76 22 027; www.uckalodge.com; DZ 360 Kn), ein Öko-B&B tief in den Wäldern. Die Besitzer, ein englisches Pärchen, haben die reizenden Unterkünfte gerade renoviert, es gibt frisches regionales Essen (Waldbeermarmelade und Schafskäse von den Nachbarn) und man kann Touren und Ausflüge buchen.

Das Dopolavoro (299 641; www.dopolavoro.hr; Učka 9; Hauptgerichte ab 50 Kn; Di–So) serviert exzellente rustikale Wildgerichte wie Hirschsteak mit Blaubeeren, Wildschwein mit Waldpilzen und sogar Bärenfleisch. Hinter dem Restaurant gibt's einen Fahrradverleih (20/90 Kn pro Std./Tag).

Tantra CHILL-OUT-BAR
(Lido) Die einzige etwas unkonventionellere Bar vor Ort punktet sowohl mit ihren schicken Liegestühlen als auch mit einem tollen Ausblick auf die Kvarnerbucht und einem künstlich angelegten Strand in direkter Nähe.

Hemingway LOUNGEBAR
(Zert 2) Diese herausgeputzte Bar mit einem stilvollen Sitzbereich sowie einem zugehörigen Restaurant eignet sich bestens für einen Cocktailabend vor der Kulisse von Rijekas Skyline am Horizont. Es handelt sich um die erste Niederlassung einer Kette, die mittlerweile im ganzen Land vertreten ist.

Choco Bar CAFÉ
(Ulica Maršala Tita 94) In dem Paradies für Naschkatzen kommen leckere Schoko-Cocktails, Eis und Kuchen auf den Tisch.

Disco Seven CLUB
(www.discoseven.hr; Ulica Maršala Tita 125) In dem direkt am Meer gelegenen Club mit intimer Atmosphäre legen aufstrebende kroatische DJs auf; ansonsten ist Mainstream-Musik angesagt.

🛈 Praktische Informationen

Entlang der Ulica Maršala Tita finden sich zahllose Geldautomaten und Reisebüros, die Geld wechseln. In der Innenstadt von Opatija und Volosko gibt es kostenloses WLAN.

Da Riva (272 990; www.da-riva.hr; Ulica Maršala Tita 170) Informiert über Privatunterkünfte und organisiert Touren in ganz Kroatien.

GI Turizam (273 030; www.tourgit.com; Ulica Maršala Tita 65) Vermittlung von Privatunterkünften, Buchung von Ausflügen, Autovermietung und Geldwechsel.

Linea Verde (701 107; www.lineaverde-croatia.com; Andrije Štangera 42, Volosko) Auf Ausflüge in die Naturparks Risnjak und Učka sowie Feinschmeckertouren durch Istrien spezialisiert.

Postamt (Eugena Kumičića 4; Mo–Fr 7–20, Sa bis 14 Uhr) Hinter dem Markt.

Touristeninformation (271 310; www.opatija-tourism.hr; Ulica Maršala Tita 128; Juli & Aug. Mo–Sa 8–22, So 17–21 Uhr, April–Juni & Sept. Mo–Sa 8–19 Uhr, Okt.–März Mo–Sa 8–16 Uhr) Hier gibt's fachkundiges Personal sowie jede Menge Karten, Flyer und Broschüren.

ⓘ An- & Weiterreise

Die Buslinie 32 fährt täglich bis spätabends alle 20 Minuten durch Rijekas Innenstadt entlang der Adamićeva über die Riviera von Opatija (18 Kn, 15 km) bis nach Lovran.

Volosko

Volosko 2 km östlich von Opatija ist einer der hübschesten Küstenorte dieser Region. Das Fischerdorf – im winzigen Hafen reparieren Fischer ihre Netze – hat sich in den letzten Jahren außerdem zu einem echten Gourmettempel entwickelt. Steinhäuser mit blumenbeladenen Balkonen und verschlungene enge Gässchen verschmelzen zu einem malerischen Anblick. Volosko ist kein typischer Touristenort, ein Abstecher in eines der Cafés oder Restaurants verspricht so ein ursprüngliches Ambiente und eine wahrhaft idyllische Kulisse.

Volosko ist von Rijeka aus mit dem Bus und von Opatija sogar zu Fuß entlang der Uferpromenade erreichbar. Der 30-minütige Spaziergang führt vorbei an Lorbeerbäumen, Palmen, Feigen, Eichen und großartigen Villen.

🛏 Schlafen

Apartments Komel APARTMENTS €
(701 007; kristian.komal@rit-com.hr; Put Uz Dol 8; Apt. 330–590 Kn; P ✱) Die sieben Apartments über der Hauptküstenstraße liegen fünf Gehminuten vom Meer entfernt. Mit ihrer recht grellen Einrichtung gewinnen sie sicherlich keinen Schönheitswettbewerb, dafür stimmt der Preis und es gibt welche in Familiengröße.

🍴 Essen & Ausgehen

LP TIPP **Tramerka** KROATISCH €€
(Andrije Mohorovičića 15; Hauptgerichte ab 60 Kn; Di–So) Trotz fehlendem Meerblick weiß dieses tolle Restaurant auf voller Linie zu punkten. Es ist im kühl-dämmrigen, gewölbeartigen Inneren eines alten Stadthauses untergebracht. Küchenchef Andrej Barbieri erklärt Gästen gerne die übersichtliche Speisekarte, auf der sich fangfrische Meeresfrüchte (der *gregada*-Fisch ist grandios) und Fleischgerichte mit regionalen Zutaten finden.

LP TIPP **Skalinada** KROATISCH €€
(www.skalinada.org; Put Uz Dol 17; Gerichte ab 80 Kn) Das kleine intime Lokal im Bistrostil am nördlichen Ende der Hauptstraße hat jede Menge Flair, angenehme Beleuchtung, freigelegte Backsteinmauern und serviert kreative kroatische Küche (Snacks oder Hauptgerichte) aus saisonalen und regionalen Zutaten. Als perfekter Begleiter fungieren jede Menge Weine aus der Region.

Le Mandrać MODERN-MEDITERRAN €€€
(Supilova Obala 10; Gerichte ab 60 Kn) Hier gibt's innovative, hochwertige Küche mit mediterranen Einflüssen wie Zackenbarsch mit istrischem Olivenöl oder *limun buzara*, Meeresfrüchte an Zitronenschaum mit Schinken aus der Region und Petersilie. Die Anlage inklusive Glasanbau wirkt etwas schick für das bodenständige Volosko, doch das Design hat durchaus Stil.

Konoba Ribarnica Volosko FISCH €
(Štangerova 5; Hauptgerichte ab 45 Kn; So abends geschl.) Der winzige Laden an der Hauptstraße den Hafen hoch verkauft Voloskos billigsten frischen Fisch. Der Gast wählt aus dem Angebot an Calamari, Sardinen, Scampi und Garnelen die gewünschten Tiere aus und bekommt das köstlich zubereitete Gericht in einem winzigen Speiseraum um die Ecke serviert.

Plavi Podrum MEERESFRÜCHTE €€€
(Supilova Obala 12; Hauptgerichte 80–180 Kn) In dem weitläufigen, am Meer gelegenen Restaurant erwartet Gäste eine für das legere Volosko recht formelle Atmosphäre mit altmodisch-kitschiger maritimer Deko. An der trüffellastigen Küche ist allerdings nichts auszusetzen, genauso wenig an der Weinkarte (der Besitzer ist ein Top-Sommelier).

Caffe Bar Surf BAR
(Supilova Obala bb) Lust auf rustikales Flair? Die recht schmuddelige, jedoch einladende kleine Bar an der Küste mit schattiger Terrasse samt Meerblick zieht sowohl eine trendbewusste Klientel als auch bodenständige Einheimische an.

Nationalpark Risnjak

Der majestätische Nationalpark (Erw./erm. 30/15 Kn) beginnt nur 35 km nordöstlich von Rijeka, liegt aber relativ abgeschieden und wird von ausländischen Touristen eher selten besucht (obwohl er einen größeren Bekanntheitsgrad verdient hätte). Als Teil der waldreichen Region Gorski Kotar bedeckt er eine Fläche von 63 km^2, höchster Gipfel ist der Veliki Risnjak (1528 m). Dichte Buchen- und Kiefernwälder und Wiesen voller Wildblumen prägen die typische Karstlandschaft, spektakulär sind die Karstformationen: Einsturztrichter (Dolinen), Schächte, Höhlen und Klüfte. Kühle Bergwinde machen den Nationalpark zu einem perfekten Ausflugsziel, wenn an der Küste Hitze und Menschenmassen überhandnehmen. Der Park ist Lebensraum von Braunbären, Luchsen (kroatisch: *ris* und damit Namensgeber des Nationalparks) sowie Wölfen, Wildkatzen, Wildschweinen, Rotwild, Gämsen und 500 verschiedenen Schmetterlingsarten.

Ein Großteil des Parks besteht aus unberührten Wäldern, es gibt nur wenige Siedlungen. Das Informationsbüro des Nationalparks (✆836133; ⊙Mo–Fr 9–16, Sa & So 9–18 Uhr) liegt westlich des Dorfes Crni Lug. Etwa 14 km westlich des Parkeingangs im Ort Delnice findet man die beste Unterkunft der Gegend, das Hotel Risnjak (✆508160; www.hotel-risnjak.hr; Lujzinska 36; EZ/DZ ab 350/580 Kn; P⛱) mit kürzlich renovierten Zimmern, einem Restaurant sowie Fitness- und Spabereich. Hier gibt es ein großes Angebot an Aktivitäten wie Mountainbiking, Rafting, Bogenschießen und Gleitschirmfliegen.

Den besten Einblick in die Natur des Nationalparks bietet der 4,5 km lange **Leska-Pfad**. Der angenehme, schattige Weg beginnt am Parkeingang und führt an mehreren Dutzend Schautafeln vorbei, die (auch in englischer Sprache) über Geschichte, Topografie, Geologie, Flora und Fauna des Nationalparks informieren. Der Wanderer kommt an kristallklaren Bächen, hohen Tannenwäldern, einer Futterstation für das Rotwild und einer Gebirgshütte mit einem Picknicktisch vorbei.

Es gibt leider keine öffentlichen Verkehrsverbindungen zum Nationalpark. Wer mit einem Wagen oder Motorrad anreist, verlässt die Autobahn Zagreb–Rijeka bei Delnice und folgt der Ausschilderung.

LOŠINJ & CRES

Nur ein 11 m breiter Kanal trennt die beiden kaum besiedelten und traumhaft schönen Inseln in der Kvarnerbucht, deshalb werden sie oft als Einheit behandelt. Obwohl ihre Topografie unterschiedlich ist, wird die jeweilige Identität der Inseln durch die gemeinsame Geschichte verwischt. Auf Lošinj locken die hübschen Häfen von Mali Lošinj und Veli Lošinj im Sommer zahlreiche Besucher an. Das wildere, karge Cres bietet abgelegene Campingplätze, eine Handvoll mittelalterlicher Bergdörfer und unberührte Strände – vor allem außerhalb der Stadt Cres. Auf beiden Inseln gibt es ein dichtes Netz an Wander- und Fahrradwegen.

Geschichte

Ausgrabungen haben ergeben, dass zwischen Stein- und Bronzezeit eine nicht näher definierbare prähistorische Gesellschaft beide Inseln besiedelte. Die alten Griechen nannten die Inseln Apsyrtides. Diese wurden vom mächtigen Rom erobert, gerieten dann unter byzantinische Herrschaft und wurden schließlich im 6./7. Jh. von einigen slawischen Völkern besiedelt.

Die venezianische Ära wurde von der Herrschaft kroatisch-ungarischer Könige unterbrochen und hielt bis 1797. Als Venedig fiel, waren Veli Lošinj und Mali Lošinj zu bedeutenden Hafenorten herangewachsen, während auf Cres Wein und Öl angebaut wurden. Im 19. Jh. erlebte der Schiffsbau auf Lošinj seine Blüte, litt aber schon bald unter dem Siegeszug der Dampfschiffe. Der Gesundheitstourismus avancierte zur neuen Haupteinnahmequelle. Cres hatte in dieser Zeit seine eigenen Probleme: Eine Reblausepidemie vernichtete seine seit Langem bestehenden Weingärten. Als die beiden Inseln 1920 als Teil des Vertrags von Rapallo von Italien annektiert wurden, waren sie arm. 1945 wurden sie Jugoslawien zugeschlagen, seit 1991 gehören sie zu Kroatien.

ABSTECHER

EINE BUCHT FÜR SICH ALLEIN

Südlich von Mali Lošinj liegt eine schmale, kaum besiedelte Halbinsel voll wunderschöner natürlicher Buchten und mit tollen Wandermöglichkeiten. Bei der Touristeninformation ist die exzellente Karte *Spazier- und Fußwege* zur Gegend erhältlich. Eine verlassene Straße windet sich die hügelige, bewaldete Landschaft hinab bis nach Mrtvaška am Rande Lošinjs. Die gesamte Halbinsel lässt sich in einem Tag zu Fuß erkunden, Zwischenstopps in abgelegenen Buchten mit Sprung ins kühle Nass inklusive. Wer einen reinen Strandtag einlegen möchte, fährt 5 km bis zur Abzweigung nach **Krivica**, parkt dort und macht sich an den 30-minütigen Abstieg zu einer idyllischen, geschützten Bucht inmitten von Kiefernwäldern. Das smaragdfarbene Wasser eignet sich bestens zum Schwimmen.

Heute ist der Tourismus wichtigste Einkommensquelle der Inseln. In Nerezine im Norden Lošinjs gibt es noch eine kleine Werft, auf Cres spielen Olivenanbau, Schafzucht und Fischfang eine wirtschaftliche Nebenrolle.

ⓘ An- & Weiterreise

BUS Die meisten Buslinien der Insel starten oder enden in Veli Lošinj und halten in Mali Lošinj und Cres; manche fahren weiter aufs Festland. Sechs bis neun Busse verkehren täglich zwischen Veli Lošinj und Cres-Stadt (56 Kn, 1½ Std.); vier nach Merag (67 Kn, 2 Std.) und Valbiska auf Krk (105 Kn, 2½ Std.). Drei Busse fahren täglich nach Porozina auf Cres (86 Kn, 2½ Std.), zwei nach Brestova in Istrien (116 Kn, 3 Std.). Viermal am Tag geht es nach Rijeka (153 Kn, 4¼ Std.), drei- bis viermal nach Zagreb (267–284 Kn, 5½–6 Std.) und zwischen Juni und Anfang September einmal pro Tag nach Ljubljana in Slowenien (310 Kn, 6¼ Std.).
FÄHREN Von Mali Lošinj, dem wichtigsten Seehafen der beiden Inseln, verkehren im Sommer Schiffe nach Rijeka, Pula, Zadar, Venice und Koper. **Jadrolinija** (✆ 231 765; www.jadrolinija.hr; Riva Lošinjskih Kapetana 22) betreibt von Juni bis September eine tägliche Fähre zwischen Zadar und Mali Lošinj (47 Kn, 7 Std.) sowie im Juli und August einen täglichen Katamaran von Mali Lošinj nach Cres (31 Kn, 2½ Std.) und Rijeka (44 Kn, 4 Std.). Eine Autofähre der Jadrolinija-Flotte pendelt regelmäßig zwischen Brestova/Istrien nach Porozina an der Nordspitze von Cres (18/115 Kn pro Person/Auto, 20 Min.).
Split Tours (www.splittours.hr) unterhält im Juli und August fünfmal pro Woche eine Katamaran-Verbindung von Zadar über Mali Lošinj nach Pula (50 Kn, 2 Std.); im Juni und September fährt das Schnellboot nur zweimal die Woche. Im Juli und August verkehren zweimal die Woche Katamarane von **Venezia Lines** (www.venezialines.com) von Venedig über Pula nach Mali Lošinj (149 €, 5 Std.).

Lošinj

Die 31 km lange Insel ist die dichter bevölkerte und touristischere der Zwillingsinseln und besitzt vor allem im Süden eine buchtenreichere Küste als Cres. Sie ist von dichten Wäldern bedeckt, die historischen Städte Mali Lošinj und Veli Lošinj sind von Kiefernhainen umgeben. Die Vegetation ist üppig und mit über 1100 Pflanzenarten, 230 Heilkräutern sowie einigen atypischen Mitbewohnern wie Zitronen, Bananen, Zedern und Eukalyptus – von Schiffskapitänen aus exotischen Ländern hierher gebracht – sehr artenreich.

Bekannt ist die Insel auch für ihre Delphinpopulation. Die Gewässer um Lošinj wurden zum ersten Unterwasserschutzgebiet des Mittelmeers für Delphine erklärt. Die nicht staatliche Organisation Blue World mit Sitz in Mali Lošinj hat mit der Einrichtung eines Schulungszentrums einiges dazu beigetragen, die eleganten Meeresbewohner zu schützen.

MALI LOŠINJ
6314 E.W.

Mali Lošinj schmiegt sich an die Spitze eines geschützten, v-förmigen Hafens an der Südostküste von Lošinj. Stattliche Kapitänshäuser säumen das Hafenbecken der hübschen Altstadt und erinnern an den Wohlstand, der im 19. Jh. hier herrschte. Selbst die sommerliche Unruhe, die mit dem Touristen Einzug hält, kann den Charme und das Flair des Örtchens nicht schmälern. Alle Großhotels liegen außerhalb der Stadt, sie ziehen sich vom Hafen zur Sunčana Uvala im Süden sowie bis zur Čikat-Bucht im Südwesten.

Dieser grüne Teil Lošinjs wurde Ende des 19. Jhs. entdeckt, als die feine Gesellschaft aus Budapest und Wien wegen der „gesunden Luft" nach Mali Lošinj pilgerte und begann, Villen und Luxushotels an der Čikat-Bucht zu errichten. Einige dieser prunkvollen Residenzen sind noch erhalten, doch die meisten jetzigen Hotels sind moderne Ferienanlagen, umgeben von Kiefernwäldern, die die Bucht und ihre hübschen Strände beschatten.

Mali Lošinj lässt sich zwar im Frühjahr und Herbst entspannter genießen, eignet sich aber selbst in der hektischen Sommersaison als Standort für Ausflüge auf Lošinj und Cres oder zu den nahe gelegenen kleinen Inseln Susak, Ilovik und Unije.

Sehenswertes

Die Hauptattraktion ist Mali Lošinjs wunderschöne Lage. Sein eindrucksvoller natürlicher Hafen wird von eleganten, leicht verwitterten mediterranen Häusern und dem Grün der umliegenden Hügel gesäumt.

Kunstsammlungen GALERIE
(Umjetničke Zbirke; Vladimira Gortana 35; Erw./erm. 10/5 Kn; Ostern–Okt. Di–Fr 10–13 & 19–21, Sa 10–13 Uhr, restliches Jahr kürzer) Die prachtvolle Villa beherbergt die Kunstsammlungen der Familien Mihičić und Piperata sowie verschiedene Wechselausstellungen. Zu sehen sind Werke Alter Meister sowie moderner kroatischer Künstler, beispielsweise Bronzestatuen von Kršinć.

Apoksiomen GRIECHISCHE STATUE
Die edle antike Statue des Apoxyomenos (kroat. Apoksiomen) wurde 1999 auf dem Meeresgrund in der Nähe von Lošinj geborgen. Sie wurde an Zadar ausgeliehen und soll Ende 2011 wieder auf die Insel zurückkehren und im Palast Kvarner ausgestellt werden. Die 2000 Jahre alte, kunstvoll restaurierte Bronzestatue stellt einen Athleten, wahrscheinlich einen Ringer, dar.

Garten der feinen Düfte GARTEN
(Miomirisni Otočki Vrt; www.miomirisni-vrt.hr; Braće Vidulić bb; Eintritt frei; Juli & Aug. 10–12 & 18–21, Sept.–Juni 10–12 Uhr) In dem Duftparadies am südlichen Stadtrand gedeihen, eingerahmt von *gromače* (traditionellen Steinmauern), über 250 einheimische und 100 exotische Pflanzenarten. Außerdem werden Parfüme, Riechsalze und Liköre auf natürlicher Basis verkauft.

Kirche Mariä Empfängnis KIRCHE
Die Kirche Mariä Empfängnis (Župna Crkva Male Gospe) lohnt vor oder nach der sonntäglichen Messe um 10 Uhr einen Besuch. Im Inneren gibt es einige sehenswerte Kunstwerke zu bewundern, darunter ein Gemälde von Mariä Empfängnis aus der Hand eines venezianischen Künstlers aus dem 18. Jh. sowie Reliquien des heiligen Romulus.

Aktivitäten

Die Buchten südlich von Mali Lošinj liegen wunderschön inmitten von Kiefernwäldern und werden im Sommer von Familien bevölkert. **Sunčana Uvala** hat geschützte, für Kinder geeignete Kiesstrände, an denen man herrlich schwimmen kann. Das benachbarte **Čikat** eignet sich mit seinem schmalen Kiesstrand und den starken Winden wunderbar zum Windsurfen. Unterricht gibt **Sunbird** (095 837 7142; www.sunbird.de) in der Nähe des Hotels Bellevue; ein Anfängerkurs kostet rund 515 Kn und man kann Boards sowie Mountainbikes und Kajaks ausleihen.

Fahrradfahren und **Wandern** erfreuen sich auf Lošinj immer größerer Beliebtheit. In der Touristeninformation erhält man die ausgezeichnete Broschüre *Spazier- & Fußwege* mit genauen Wanderzeiten und Karten, auf denen 220 km Wanderwege eingezeichnet sind. Sie umfasst alle fünf Inseln des Archipels (Lošinj, Cres, Ilovik, Susak und Unije). Passionierte Wanderer können den höchsten Inselgipfel Televrina (588 m) mit seiner traumhaften Aussicht erklimmen, die abgelegenen Buchten südlich von Mali Lošinj erkunden oder geheime Buchten in Susak entdecken.

Lošinj bietet mit seinem klaren Wasser und interessanten Meeresleben gute Bedingungen für **Taucher**. Wer weiß, vielleicht wartet unter Wasser ein weiterer Apoksiomen auf seine Entdeckung! Betaucht werden ein 1917 gesunkenes Schiffswrack, eine große, nicht allzu tief gelegene Höhle, die für Anfänger geeignet ist, und das fantastische Margarita-Riff vor der kleinen Insel Susak. **Diver Sport Center** (233 900; www.diver.hr) auf Čikat bietet Kurse (SSI-Open-Water-Kurs 2505 Kn) an sowie Sporttauchgänge zu Wracks auf dem Boden der Adria wie dem Torpedoschiff *Audace*.

Schlafen

In Mali Lošinj gibt es nur wenige Unterkünfte, dafür haben diese viel Flair. Die meisten Hotels sind um die Buchten und Kiefernwälder in Čikat und Sunčana Uvala verteilt und richten sich an Pauschaltouristen. Es handelt sich größtenteils um recht

INSELN RUND UM LOŠINJ

Zu den beliebtesten Ausflugszielen von Mali Lošinj aus gehören die nahen, autofreien Inseln Susak, Ilovik und Unije. Das winzige **Susak** (183 Ew.; 3,8 km²) zeichnet sich durch eine dicke Lage feinsten Sandes aus, die den Kalkstein bedeckt und herrliche Strände schafft. Besonders interessant ist die eigenwillige Kultur der Insel: Der hiesige Dialekt ist für andere Kroaten nahezu unverständlich. An Feiertagen und bei Hochzeiten tragen die Frauen bunt gestreifte Röcke und rote Strümpfe. Für jedes der alten Steinhäuser musste das Material Stein für Stein von Mali Lošinj herbeigeschafft und zum Bestimmungsort getragen werden. In den letzten Jahrzehnten nahm die Inselbevölkerung stetig ab – 1948 waren es noch 1600 Einwohner. Viele Leute aus Susak leben heute in Hoboken im amerikanischen Bundesstaat New Jersey.

Anders als das flache Susak ist **Ilovik** (145 Ew., 5,8 km²) eine hügelige Insel und besonders für ihren Blumenreichtum bekannt: Oleander, Rosen und Eukalyptusbäume gedeihen hier hervorragend. Die abgeschiedenen Badebuchten sind vor allem bei Seglern beliebt.

Das sanft gewellte **Unije** (274 Ew.; 18 km²), die größte Insel des Lošinj-Archipels, ist dicht mit mediterraner Macchia bewachsen und lockt mit Kiesstränden, Buchten und Fjorden. Die einzige Siedlung ist ein malerisches Fischerdorf mit steilgiebeligen Steinhäusern.

Ausflüge nach Susak, Ilovik und Unije lassen sich bei Reiseagenturen in Lošinj buchen, man kann jedoch auch auf eigene Faust aufbrechen. **Jadrolinija** (www.jadrolinija.hr) bietet im Sommer täglich Rundfahrten von Rijeka nach Mali Lošinj; sechsmal pro Woche geht's über Susak, viermal über Unije, dreimal über Ilovik. Eine Fähre legt um 6 Uhr in Rijeka ab, eine andere kehrt um 17 Uhr wieder zurück. Auf der Website sind die aktuellen Fahrpläne und Preise aufgelistet.

nichtssagende Familienresorts, die von **Lošinj Hotels & Villas** (www.losinj-hotels.com) betrieben werden und zwischen November und Ostern schließen.

Reiseagenturen organisieren Zimmer und Apartments, zudem liegt in der Touristeninformation eine Liste privater Unterkünfte aus.

IM ZENTRUM
Hotel Apoksiomen   HOTEL €€
(520 820; www.apoksiomen.com; Riva Lošinjskih Kapetana 1; Zi. 722 Kn; P❄@🛜) Die 25 modernen Zimmer des gepflegten Hotels am Hafen verfügen über Ausblicke aufs Meer oder den Park, vornehme Teppiche, zeitgenössische Kunst, Satellitenfernsehen, Tresore und moderne Bäder (meist mit zwei Waschbecken). Das Personal ist hilfsbereit und im Erdgeschoss gibt's ein einladendes Café-Restaurant. Preisnachlässe bei Online-Buchungen.

Alaburić   B&B €
(233 996; www.alaburic-losinj.info; S Radića 17; 188 Kn pro Person; P) Die einladende familiengeführte Pension hat einfache, gut ausgestattete Zimmer und Apartments mit Bädern; zwei verfügen über Meerblick. Zum Hafen hinunter läuft man 700 m.

Mare Mare Suites   BOUTIQUE-HOTEL €€€
(232 010; Riva Lošinjskih Kapetana 36; EZ/DZ/Suite 900/1050/1500 Kn; P❄@🛜) In dem historischen Stadthaus in erstklassiger Lage am Nordrand des Hafens nächtigen Gäste in topgepflegten und individuell gestalteten Zimmern oder Minisuiten. Die Captain's Suite im obersten Stockwerk verfügt sogar über ein Teleskop und alte Seekarten. Insgesamt gut, jedoch etwas überteuert, deswegen ist der billigere Anbau nebenan eine gute Alternative.

AM STRAND
Villa Favorita   HISTORISCHES HOTEL €€€
(520 640; www.villafavorita.hr; Sunčana Uvala; DZ 1150 Kn; P❄@🏊) Die prächtige Habsburger Villa liegt wunderschön inmitten von Kiefernwäldern in der Nähe eines kleinen Strands und hat Charakter, hilfsbereites Personal, acht Deluxe-Zimmer, eine Sauna, einen Massageraum und einen Meerwasserpool in einem gepflegten Garten. Im günstigeren Anbau (Villa Jelena) sind die Zimmer etwas kleiner und nicht klimatisiert.

Hotel Vespera   RESORTHOTEL €€
(231 304; www.losinj-hotels.com; Sunčana Uvala bb; EZ/DZ 462/810 Kn; P❄@🏊) Das riesige

Hotel richtet sich in erster Linie an Familien und verfügt über exzellente Anlagen samt Tennisplätzen sowie einen tollen neuen Schwimmbereich mit drei Pools (einer ist 37 m lang) und Whirlpool. Ein vielfältiges Unterhaltungsprogramm und organisierte Aktivitäten runden das Angebot ab.

Camping Village Poljana CAMPING €
(231726; www.poljana.hr; Poljana bb; 40/191 Kn pro Erw./Stellplatz) Die komfortable Anlage inmitten hoher Bäume ist mit Stellplätzen samt Stromanschlüssen und Annehmlichkeiten wie WLAN (kostenpflichtig), einem Restaurant und einem Supermarkt ausgestattet.

Camping Čikat CAMPING €
(232 125; www.camps-cres-losinj.com; Dražica 1, Čikat bb; 57/22 Kn pro Erw./Stellplatz; Ostern–Okt.) Die riesige, von Kiefern bestandene Anlage ähnelt mit ihren Hunderten Stellplätzen, Miet-Wohnmobilen, einem Markt, Läden, einem mobilen Masseur und vielen anderen Angeboten eher einer Wohnwagenstadt als einem Zeltplatz.

Hotel Bellevue RESORTHOTEL €€
(231 222; www.losinj-hotels.com; Čikat bb; EZ/DZ 435/798 Kn; P@≋) Pluspunkte gibt's für die Lage inmitten von Kiefernwäldern, das Spa, das Hallenbad und die attraktiven, modernen Zimmer. Die wenig originelle Pauschaltourismus-Atmosphäre gefällt allerdings nicht jedem.

✖ Essen

Die Restaurants am Hafen verfügen zwar über die schönste Aussicht, allerdings kommt hier meist auf Touristen ausgerichtete Einheitsküche (Pasta, Meeresfrüchte und Grillgerichte) auf den Teller, die sich preislich und geschmacklich kaum voneinander unterscheidet. Innovativer geht's landeinwärts und in Restaurants außerhalb der Stadt zu.

Corrado MEERESFRÜCHTE €
(Svete Marije 1; Hauptgerichte ab 50 Kn) Das Corrado mit seinem hübschen ummauerten Garten zählt zu den besten Restaurants Lošinjs und gehört einem Hochseefischer. Zu den Spezialitäten des Hauses zählen in der *peka* gebratenes Lamm (vorbestellen!) und Hummer-*buzzara*; Zuchtfische sind auf der Speisekarte tabu.

Porto MEERESFRÜCHTE €€
(Sveti Martin 35; Hauptgerichte ab 60 Kn) Das feine Fischrestaurant steht neben einer Kirche auf einem Hügel im Osten der Stadt über einer hübschen Bucht. Fischfilet mit Seeigeln ist die Spezialität, doch auch alle anderen Fischgerichte werden fachkundig zubereitet und angerichtet.

Pizzeria Draga ITALIENISCH €
(Braće Ivana i Stjepana Vidulića 77; Pizza ab 40 Kn) Ein Steinofen produziert hier den ganzen Sommer von mittags bis spätabends köstliche Pizzen, die man auf der beliebten Terrasse verspeisen kann.

Barakuda MEERESFRÜCHTE €€
(Priko 31; Hauptgerichte ab 70 Kn) Das altmodische Ambiente zieht zahlreiche Touristen an, trotzdem wissen Einheimische das Lokal wegen seines frischen Fisches und der professionellen Köche zu schätzen. Es gibt eine Terrasse mit Hafenblick und meist sind an der Tafel Tagesmenüs angeschrieben.

Bulaleta ITALIENISCH €
(Priko 31; Hauptgerichte ab 45 Kn) In dem legeren Lokal gibt's zwar keine schöne Aussicht, dafür aber eine hübsche Terrasse in der Altstadt, günstige Preise und im Sommer eine stimmungsvolle Atmosphäre.

Selbstversorger finden alles Nötige im Supermarkt am Platz Trg Zagazijine nördlich des Hafens.

🍷 Ausgehen & Unterhaltung

Mystik LOUNGEBAR
(Braće Ivana i Stjepana Vidulića 40) DJs, schickes Dekor und große Cocktails locken eine junge, trendbewusste Klientel an. Musikalisch sorgt eine große Bandbreite von Elektro-Sounds für Abwechslung von der üblichen Tanzmusik.

Katakomba MUSIKBAR
(Del Conte Giovanni 1) In der gewölbeartigen Bar sorgen in der Hochsaison Livebands mit kroatischer Musik und Rockklängen für Stimmung.

Marina BAR, CLUB
(Velopin bb) Die stimmungsvolle Cocktailbar mit Club liegt an der südwestlichen Seite des Hafens vor Anker.

ℹ Praktische Informationen

In der Stadt herrscht kein Mangel an Reiseagenturen, die Privatunterkünfte vermitteln, Geld wechseln oder Ausflüge organisieren.

Cappelli (231582; www.cappelli-tourist.hr; Kadin bb) Bucht Privatunterkünfte auf Cres und Lošinj und bietet Adria-Kreuzfahrten und Touren an.

Erste Banka (Riva Lošinjskih Kapetana 4) Mit Geldautomat.

Krankenhaus (231 824; Dinka Kozulića 1)
Manora Lošinj (520 100; Priko 29) Freundliche Agentur mit breitem Serviceangebot.
Postamt (Vladimira Gortana 4; Mo–Fr 8–21, Sa 8–12 Uhr)
Touristeninformation (231 884; www.tz-malilosinj.hr; Riva Lošinjskih Kapetana 29; Juni–Sept. Mo–Sa 8–20, So 9–13 Uhr, Okt.–Mai Mo–Fr 8–17, Sa 9–13 Uhr) Äußerst nützliche Informationsquelle mit sachkundigem Personal, Tonnen von Broschüren und Karten sowie einer umfangreichen Liste mit Unterkünften samt Mail-Adressen der Besitzer und Websites.

An- & Weiterreise

Täglich verkehren sechs bis neun Busse zwischen Mali Lošinj und Veli Lošinj (15 Kn, 10 Min.). Weitere Bus- und Schiffsverbindungen siehe S. 166. Das Büro von **Jadrolinija** (231 765; www.jadrolinija.hr; Riva Lošinjskih Kapetana 22) informiert über Fährpläne und verkauft Tickets.

Unterwegs vor Ort

Von Ende April bis Mitte Oktober fährt bis 23 Uhr stündlich ein Shuttlebus (10 Kn) von der Innenstadt in den Hoteldistrikt in Sunčana Uvala und Čikat. **SanMar** (233 571; www.sanmar.hr; Priko 24) verleiht Mountainbikes (100 Kn pro Tag) und Mopeds (250 Kn).

Wer mit dem Auto in die Innenstadt von Mali Lošinj fährt, muss eine Gebühr (12 Kn für 2 Std.) zahlen.

VELI LOŠINJ
920 EW.

Trotz seines Namens (*veli* bedeutet im Kroatischen groß und *mali* klein) ist Veli Lošinj sehr viel kleiner, entspannter und auch weniger überlaufen als das nur 4 km nordwestlich gelegene Mali Lošinj. Das idyllische Fleckchen Erde besteht aus wenig mehr als ein paar rund um einen Meeresarm angeordneten, pastellfarbenen Häusern, Cafés, Hotels und Geschäften. Im April und Mai schwimmen manchmal Delphine in der engen Mündung der Bucht.

Wie im Nachbarort, lebten auch in Veli Lošinj wohlhabende Kapitäne, die sich prächtige Villen errichten ließen und sie mit Gärten voll exotischer Pflanzen schmückten – Souvenirs von ihren vielen Reisen. Der Bummel vom Hafen die steilen Straßen bergauf führt an diesen Anwesen vorbei. Den Spenden der Kapitäne ist auch die schöne Ausstattung der Kirchen zu verdanken, allen voran die des heiligen Antonius am Hafen.

In den Sommermonaten muss man oberhalb der Bucht parken und dann die engen Kopfsteinpflastergassen hinablaufen. Rovenska, eine weitere malerische kleine Bucht, liegt zehn Gehminuten entlang der Küste in Richtung Südosten.

Sehenswertes & Aktivitäten

Meeres-Schulungszentrum Lošinj   MARITIMES ZENTRUM
(www.blue-world.org; Kaštel 24; Erw./erm. 15/10 Kn; Juli & Aug. 9–13 & 18–22 Uhr, Juni & Sept. 9–13 & 18–20 Uhr, restliches Jahr 10–16 Uhr) Die informativste Attraktion vor Ort ist das Marine Schulungszentrum Lošinj, das Wissen auf äußerst unterhaltsame Weise vermittelt. Kinder werden von den audiovisuellen Exponaten begeistert sein, auch wenn sie hier keine Delphine zu sehen bekommen. Die Ausstellung umfasst den Rückenwirbel eines 11 m großen Finnwalbabys, einen Akustikraum mit den Klängen miteinander kommunizierender Delphine sowie ein Wandbild, das alle zwölf im Mittelmeer vorkommenden Wal- und Delphinarten zeigt; zudem gibt es einen Souvenirladen. Das Zentrum ist ein Projekt von Blue World (siehe Kasten S. 158).

Turmmuseum   MUSEUM
(Eintritt 10 Kn; Mitte Juni–Mitte Sept. Di–So 10–13 & 16–22 Uhr, Mitte Sept.–Okt. & Ostern–Mitte Juni Di–Sa 10–13 Uhr) Der eindrucksvolle Befestigungsturm liegt inmitten labyrinthähnlicher Straßen hinter dem Hafen und wurde 1455 von den Venezianern zum Schutz vor Piraten erbaut. Er birgt ein kleines Museum samt Galerie, das der Seefahrtsgeschichte der Insel gewidmet ist und über englische Infotafeln verfügt. Zu sehen sind römische Keramikfragmente, österreichische und türkische Säbel, alte Postkarten, das Modell eines Dreimasters und nach dem Aufstieg auf die Burgzinnen natürlich ein traumhafter Ausblick über die Stadt.

Kirche des heiligen Antonius des Einsiedlers   KIRCHE
Die Kirche wurde 1774 im barocken Stil erbaut und reich mit Marmoraltären, einer kostbaren Sammlung italienischer Gemälde, einer Orgel und Reliquien des heiligen Georg ausgestattet. Das Gotteshaus ist nur für die sonntägliche Messe geöffnet, aber ein schmiedeeisernes Tor erlaubt den Blick ins Innere.

Kunstgalerie Ultramarin   GALERIE
(www.ultramarin.hr; Obala Maršala Tita 7; Juni–Aug. 9–22 Uhr) Die Galerie wird von einem Ehepaar geleitet. Es kreiert hier bunte, dekorative Boote, Vasen und Kerzenständer aus Treibholz, das es auf der Insel sammelt.

🛏 Schlafen

Die Reiseagenturen Val und Turist vermitteln Privatunterkünfte.

LP TIPP **Jugendherberge** JUGENDHERBERGE €
(📞236 234; www.hfhs.hr; Kaciol 4; 135 Kn pro Person; ⊙Juni–Okt.; @) In dem umgebauten Stadthaus ist eine der besten Jugendherbergen Kroatiens untergebracht. Die herzliche Atmosphäre und freundliche Leitung erinnern eher an eine Backpacker-Unterkunft als an eine Jugendherberge. Die Schlafsäle (alle mit Schließfächern) sind geräumig und die Einzelzimmer mit Kieferneinrichtung recht komfortabel. Auf der Terrasse kann man prima Leute kennenlernen und etwas trinken (Limonade 10 Kn).

Villa Mozart PENSION €€
(📞236 262; www.villa-mozart.hr; Kaciol 3; 295 Kn pro Person; ❄@) Die hübsche Pension verfügt über 18 atmosphärische, wenn auch recht kleine Zimmer mit Fernseher, Bad und teilweise Ausblick auf den Hafen. Die Frühstücksterrasse thront über dem schimmernden Meer und der Kirche.

🍴 Essen & Ausgehen

In den Café-Restaurants am Hafen kommt meist günstige, wenn auch wenig originelle Küche (italienisch, Meeresfrüchte und Fleischgerichte) auf den Tisch.

LP TIPP **Bora Bar** MEDITERRAN €€
(www.borabar.com; Rovenska Bay 3; Hauptgerichte ab 70 Kn; 🐾) Das elegant-legere Restaurant an der Rovenska-Bucht, zehn Gehminuten von Veli entfernt, ist ein Paradies für Trüffelliebhaber und das Werk des in Italien geborenen Küchenchefs Marko Sasso, der von dem magischen Pilz regelrecht besessen ist. Zu den Kreationen zählen Thunfisch-Carpaccio mit Selleriewurzel und Trüffel oder Panna Cotta mit Trüffelhonig. Istrische Weine und biologisches Gemüse aus regionalem Anbau machen das Gesamtpaket perfekt.

Ribarska Koliba KROATISCH €€
(Obala Maršala Tita 1; www.konoba-ribarska-koliba.com; Hauptgerichte ab 55 Kn) Hinter der Kirche steht dieses alte Steingebäude mit toller Terrasse samt Hafenblick. Hier werden leckere Fleischgerichte (z. B. Spanferkel) sowie Meeresfrüchte serviert.

Saturn BAR
(Obala Maršala Tita bb) In der atmosphärischen kleinen Bar – der besten der Stadt – gehören Tische mit Hafenblick, Rattan-

---

BLUE WORLD

Das **Blue World Institute of Marine Research & Conservation** (📞236 406; www.blue-world.org; Kaštel 24), eine nicht staatliche Organisation mit Sitz in Veli Lošinj (mittlerweile gibt es ein zweites Büro in Vis), wurde 1999 mit dem Ziel gegründet, das Umweltbewusstsein an der Adria zu schärfen. Dazu tragen Vorträge und Pressekonferenzen ebenso bei wie der **Tag der Delphine** am ersten Augustsamstag in Veli Lošinj mit Fotoausstellungen, einer Ökomesse, Straßenkunst, Wasserballwettkämpfen, Schatzsuchen und Hunderten Zeichnungen und Bildern von Kindern.

Als Mitglied des Adriatic Dolphin Project beobachtet Blue World die Großen Tümmler in der Region von Lošinj und Cres. Jeder Delphin wird benannt und anhand seiner charakteristischen Besonderheiten auf der Schwanzflosse registriert.

In den 1960er- und 1970er-Jahren wurden Delphine von Einheimischen gejagt, damals belohnte die Stadt jeden Fang und bezahlte Fischer pro Schwanzflosse. Die ersten Schutzprogramme starteten 1995, trotzdem ging die Population der Großen Tümmler zwischen 1995 und 2003 drastisch zurück. Daraufhin richtete Blue World das **Delphinreservat Lošinj** ein. Heute ist die Zahl der Tiere einigermaßen stabil, mit 120 Exemplaren sind sie aber immer noch akut gefährdet. Im August 2009 wurde in der Nähe der Insel Trstenik eine 60-köpfige Delphinschule gesichtet – ein echter Rekord. Gelegentlich sieht man auch andere Arten wie Streifendelphine.

Die größte Gefahr für Lošinjs Delphine ist der Bootsverkehr mit seinem störenden Lärm. Im Juli und August halten sich die Tiere nie in Küstennähe auf und meiden ihre wichtigsten Futtergründe südlich und östlich von Cres, wo es viele Seehechte gibt. Ein weiteres Problem ist Überfischung, die die Zahl der Beutetiere dezimiert.

Wer sich engagieren möchte, kann einen **Delphin adoptieren** (150 Kn) und damit das Adriatic Dolphin Project unterstützen oder sich für ein Praktikum melden; die zehntägigen Programme kosten ab 675 € pro Person, für Studenten gibt's Rabatt.

VON JÄGERN UND GEJAGTEN

Das nur auf der Insel Cres lebende **Tramuntana-Schaf** ist perfekt an die Karstweiden angepasst, die vor über 1000 Jahren erstmals von den Illyrern angelegt wurden. Nun jedoch ist die traditionsreiche Aufzucht frei lebender Schafe gefährdet. Vor einigen Jahrzehnten gab es auf Cres noch 100 000 Tramuntana-Schafe, heute sind es nur noch etwa 15 000. Hauptursache ist die Ansiedlung von **Wildschweinen** durch Kroatiens mächtige Jägerlobby. Sie haben sich drastisch vermehrt und schon bis zu den Zeltplätzen in Mali Lošinj ausgebreitet. Wildschweine machen Jagd auf Schafe und Lämmer – im Winter 2006 registrierte Belis Ökozentrum Caput Insulae 2500 durch Wildschweine getötete Lämmer, die eigentliche Zahl dürfte weitaus höher liegen.

Die sinkende Schafpopulation wirkt sich in vielerlei Hinsicht auf das Ökosystem der Insel aus. **Gänsegeier** finden nicht mehr genügend Schafaase, um zu überleben, und müssen nun an Futterplätzen von Freiwilligen gefüttert werden. Auch die Artenvielfalt der Pflanzen sinkt: Weideland schrumpft, Wacholder und Dornbusch verdrängen einheimische Gräser und Wildblumen. Einst durchzogen niedrige, von Schafzüchtern genutzte Steinmauern, sogenannte *gromače*, die Insel; sie dienten als Windschutz und beugten der Bodenerosion vor. Wegen fehlender Instandhaltung verfallen inzwischen viele davon.

stühle mit Kissen und facettenreiche kroatische und westliche Musik zum Programm. Im Obergeschoss kann man in neun preiswerten, modernen Zimmern nächtigen (über das Reisebüro Val buchen).

❶ Praktische Informationen

Erste Banka (Obala Maršala Tita) Wechselt Geld. In Veli gibt's noch einige weitere Bankautomaten.

Palma (📞 236 179; www.losinj.com; Vladimira Nazora 22) Touristeninformation, Wechselstube, Internetzugang und Vermittlung von Privatunterkünften.

Postamt (Obala Maršala Tita 33; ⊗Mo–Fr 8–21, Sa 8–13 Uhr).

Turist (📞 236 256; www.island-losinj.com; Obala Maršala Tita 17) Organisiert Ausflüge nach Susak und Ilovik (120 Kn), vermittelt Privatunterkünfte, wechselt Geld und verleiht Fahrräder (Tag 80 Kn) und Motorroller (360 Kn).

Val (📞 236 352; www.val-losinj.hr; Vladimira Nazora 29) Die Agentur vermittelt Privatunterkünfte, organisiert Touren und bietet Internetzugang (30 Kn pro Std.).

❶ An- & Weiterreise

Sieben bis neun Busse verkehren täglich zwischen Veli Lošinj und Mali Lošinj (15 Kn, 10 Min.).

Cres

Das wilde, unberührte Cres lockt mit einem geradezu berauschenden Charme. Ursprüngliche Wälder bedecken die spärlich besiedelte Insel, und die zerklüftete Küste säumen hoch aufragende Felsen, versteckte Buchten und alte Bergdörfer. Traumhafte Ausblicke gehören zur Tagesordnung, hinter fast jeder Straße und jedem Pfad scheint eine wunderschöne Kulisse zu warten.

Der nördliche Teil der Insel, die Tramuntana, ist dicht mit Eichen, Hainbuchen, Erika und Kastanienwäldern bewachsen. Hier leben die geschützten Gänsegeier (siehe S. 162), die man auch im exzellenten Besucherzentrum in Beli an der Ostküste bewundern kann.

Bis vor Kurzem war die Aufzucht von Schafen eine der wichtigsten Einkommensquellen der Insel (die Lämmer aus Cres sind für ihren intensiven Geschmack bekannt), doch mit der Ansiedlung von Wildschweinen ist das einzigartige Ökosystem von Cres aus der Balance geraten und ein traditionsreiches Kulturgut akut bedroht (siehe Kasten oben).

Die wichtigsten Hafenorte befinden sich an der Westküste von Cres. Im Gebirge südwestlich von Valun thront die faszinierende mittelalterliche Stadt Lubenice.

Einheimische sprechen den Namen der Insel „Tres" aus.

CRES (STADT)
2340 EW.

Pastellfarbene Häuser mit Terrassen und venezianische Palazzi säumen das Hafenbecken von Cres. Die malerische geschützte Bucht wird von üppig grünen Hügeln voller Kiefern und adriatischem Unterholz eingerahmt.

Den starken italienischen Einfluss begründeten im 15. Jh. die Venezianer. Nachdem Osor von Pest und Seuchen heimgesucht worden war, siedelten sie sich in Cres an. Am Hafen wurden öffentliche Gebäude und Patrizierpaläste errichtet und im 16. Jh. mit einer Stadtmauer gesichert. Entlang der Uferpromenade und im Gassengewirr der Altstadt sind Zeugnisse der italienischen Herrschaft wie Wappen mächtiger venezianischer Familien und Renaissanceloggien allgegenwärtig.

⊙ Sehenswertes

Trg Frane Petrića HAUPTPLATZ
Den Trg Frane Petrića am Ende der Riva Creskih Kapetana schmückt eine zierliche **Stadtloggia** aus dem 16. Jh., in der unter venezianischer Herrschaft öffentliche Bekanntmachungen verkündet, finanzielle Transaktionen verhandelt und Feste veranstaltet wurden. Heute findet darin am Vormittag ein Obst- und Gemüsemarkt statt.

Kirche der heiligen Maria vom Schnee KIRCHE
(Sveta Marije Snježne; Pod Urom; ⊙nur zur Messe geöffnet) Hinter der Loggia führt ein Tor aus dem 16. Jh. zur Pfarrkirche Maria Schnee. An der Fassade fällt das Renaissanceportal mit einem Relief der Jungfrau mit dem Kinde auf. Vor oder nach der Messe ist der feierliche Kirchenraum zugänglich, dessen wertvollster Schmuck, eine hölzerne Pietà aus dem 15. Jh., geschützt hinter Glas auf dem linken Altar steht.

Ruta HANDWERKSZENTRUM
(📞571 835; www.ruta-cres.hr; Zazid 4; ⊙unregelmäßig oder nach Anmeldung) Die faszinierende lokale Kooperative bemüht sich um die traditionsreiche Kunst des Webens und Filzens von Wolle. Aus der überschüssigen Wolle der einheimischen Cres-Schafe stellen die Handwerker wunderschöne Pantoffeln, Hüte, Handtaschen und Kleidung her. In der Werkstatt lernen Besucher alles übers Filzen und können es auch persönlich ausprobieren (Drei-Stunden-Kurs 150 Kn).

🏃 Aktivitäten

An der Westseite der Bucht verläuft eine hübsche Promenade; sowohl Sonnenanbeter als auch Schwimmer kommen hier auf ihre Kosten. Rund ums Hotel Kimen liegen schöne Strände. **Diving Cres** (📞571706; www.divingcres.de) im Autocamp Kovačine bietet Kurse und Tauchgänge an. **Cres-Insula Activa** (📞091 73 89 490; www.cres-activa. hr, auf Kroatisch) hat Windsurfing sowie Rad- und Klettertouren im Angebot. In der Touristeninformation ist eine Karte mit Spazier- und Wanderwegen in und um Cres erhältlich.

🛌 Schlafen

Am billigsten sind Privatunterkünfte, die von Reiseagenturen vermittelt werden. Einzelzimmer gibt's in Cres ab etwa 150 Kn pro Person, Doppelzimmer ab 220 Kn.

Autocamp Kovačine CAMPING €
(📞573 150; www.camp-kovacine.com; 76/31/71 Kn pro Erw./Kind/Zelt; ⊙Ostern–Mitte Okt.) Der Campingplatz etwa 1 km südwestlich der Stadt liegt wunderschön an der Spitze einer spärlich bewaldeten Halbinsel in direkter Strandnähe und bietet eine tolle Aussicht aufs Meer. Zum Platz gehören Badestege, mit Solarstrom beheizte Duschen, ein Restaurant und zahllose Freizeitangebote wie Basketball, Volleyball und Tauchen. Ein Teil der Anlage ist Nudisten vorbehalten, und es gibt einen FKK-Strand.

Tamaris ZIMMER €€
(📞573150; www.camp-kovacine.com; Melin 1/20; EZ/DZ 364/641 Kn; ❄) Das Gebäude gehört zum Campingplatz Kovačine und bietet Unterkunft in 13 modernen Zimmern mit Bad/WC, Telefon und Satellitenfernsehen, die teilweise über Balkone mit Meerblick verfügen.

Hotel Kimen RESORTHOTEL €€
(📞573 305; www.hotel-kimen.com; Melin 1/16; EZ/DZ 575/786 Kn; P❄@🛜) Das weitläufige Resorthotel profitiert von seiner Strandlage und den umliegenden Kiefernwäldern. Die gepflegten Zimmer haben Balkone, es gibt ein neues Wellnesszentrum und kostenloses WLAN. Beliebt bei deutschen, italienischen und kroatischen Familien.

🍴 Essen & Ausgehen

Bukaleta LP TIPP GRILLRESTAURANT €€
(📞571 606; www.bukaleta.hr; Loznati; Hauptgerichte ab 44 Kn; ⊙April–Okt.) Cres-Lamm (ab 85 Kn) ist das Gebot der Stunde in diesem hübschen Dorfrestaurant, einem über 30 Jahre alten Familienbetrieb. Es wird gebacken, gegrillt oder am Spieß gebraten, für Vegetarier gibt's Gnocchi oder Pasta. Holzbänke, karierte Tischdecken und selbst gebrannter *rakija* (Obstbrand) machen das gemütlich-rustikale Ambiente perfekt. Wer gar nicht mehr gehen möchte, übernachtet einfach in einem der günstigen

Zimmer auf dem Gelände (ab 240 Kn). Das Bukaleta befindet sich in Loznati, 5 km südlich von Cres (Stadt); einfach den Schildern ab der Schnellstraße folgen.

Busola   MEDITERRAN €€
(Kopača 2; Hauptgerichte ab 60 Kn) Unterhalb eines alten Bogenganges stehende Tische und ein Speisesaal mit Balkendecke und Steinwänden sorgen in der kleinen *konoba* direkt hinter der Kirche für jede Menge Atmosphäre. Spezialität des Hauses ist frischer Fisch – einfach einen aus der vereisten Auslage wählen.

Café Inn Port   CAFÉ-BAR €
(Lungomare Sveti Mikule 4/1; Snacks ab 10 Kn) In dem schicken Hafencafé an der Promenade kann man sich in entspannter Atmosphäre morgens mit Kaffee und einem Croissant stärken oder abends den Tag bei einem Bier ausklingen lassen.

Restaurant Riva   MEERESFRÜCHTE €€
(Riva Creskih Kapetana 13; Hauptgerichte ab 50 Kn) In dem beliebten Restaurant am Hafen mit seiner reizenden Terrasse gibt es Fisch und Meeresfrüchte wie Scampi und Tintenfisch aus der Adria oder Krabben.

Luna Rossa   ITALIENISCH €
(Palada 4b; Pizza ab 20 Kn, Hauptgerichte ab 38 Kn) Hier kommen italienische Klassiker wie Pizza, Pasta, Risotto und Gnocchi auf den Tisch.

Santa Lucia   MEERESFRÜCHTE
(Lungomare Sveti Mikule 4; Hauptgerichte ab 45 Kn) Spezialität des an der Küstenpromenade gelegenen Restaurants ist in Salzkruste gebackener Fisch.

Der **Supermarkt** (Trg Frane Petrića) befindet sich gegenüber der Loggia.

Praktische Informationen

Autotrans (572 050; www.autotransturizam.com; Zazid 4) Die professionelle Agentur vermittelt Privatunterkünfte, verleiht Räder (20 Kn pro Std.), organisiert Ausflüge und verkauft Bustickets.

Cresanka (750 600; www.cresanka.hr; Varozina 25) Vermittlung von Privatunterkünften, Ausflüge und Geldwechsel.

Erste Banka (Cons 8) Mit Bankautomat.

Gonzo Bikes (571 000) Vermietet hochwertige Fahrräder (90 Kn für 24 Std.).

Postamt (Cons 3; Mo–Fr 7.30–19, Sa 7.30–13 Uhr)

Reisebüro Croatia (573 053; www.crestravel.com; Melin 2/33) Vermittelt Privatunterkünfte, verfügt über Internetzugang (1 Kn pro Min.) und verleiht Fahrräder und Motorroller.

Touristeninformation (571 535; www.tzg-cres.hr; Cons 10; Juli & Aug. Mo–Sa 8–20, So 9–13 Uhr, Sept.–Juni Mo–Fr 8–14 Uhr) Große Auswahl an Karten und Broschüren sowie eine Liste mit Unterkünften samt Fotos.

An- & Weiterreise

Täglich fahren zwei Busse nach Opatija (87 Kn, 2 Std.), vier nach Rijeka (107 Kn, 2¼ Std.) und zwei nach Brestova in Istrien (inkl. Fährticket 69 Kn, 1½ Std.).

Infos zu Busverbindungen zwischen Cres, Mali und Veli Lošinj gibt's auf S. 166.

BELI
30 EW.

Beli, eine der ältesten Inselsiedlungen, liegt im Herzen der Tramuntana, umgeben von urwüchsigen Wäldern, verlassenen Dörfern, einsamen Kapellen und den Mythen von guten Feen. Es erstreckt sich auf einem 130 m hohen Hügel über einem zauberhaften Kiesstrand. Bis heute ist die 4000 Jahre alte Geschichte des Ortes in seinen gewundenen Gassen und einfachen, grün überwucherten Steinhäusern noch spürbar. Der zauberhafte winzige Ort ist in fünf Minuten erkundet, wobei sich von den Aussichtspunkten atemberaubende Ausblicke über die Adria bis hin zu den Gebirgen auf dem Festland bieten.

Sehenswertes & Aktivitäten

Ökozentrum Caput Insulae   ÖKOZENTRUM
(/Fax 840 525; www.supovi.hr; Beli 4; Erw./erm. 40/20 Kn; 9–20 Uhr, Nov.–März geschl.) Das 1994 gegründete Ökozentrum fungiert teils als Naturpark, teils als Reservat für bedrohte Gänsegeier (s. Kasten S. 162) und setzt sich für Pflege und Erhalt des Lebensraums der majestätischen Vögel ein. In Zusammenarbeit mit einheimischen Bauern sorgt es dafür, dass ausreichend Schafe zur Verfügung stehen, um das Überleben der Geier zu sichern. Auch Bootskapitäne aus der Region kooperieren mit dem Zentrum, indem sie abgestürzte Junggeier vor dem Ertrinken retten: Jeden Sommer wird rund ein Dutzend Jungtiere aus dem Wasser gefischt. Die Jungvögel können kaum mehr als 500 m weit fliegen; wenn sie von zu nahe vorbeifahrenden Booten aufgescheucht werden, stürzen sie ins Meer und ertrinken. Weil die Schafzucht auf Cres durch die Ansiedlung von Wildtieren zu Jagdzwecken (insbesondere von Wildschweinen) zurückgeht, ist der Gänsegeier akut bedroht.

DER BEDROHTE GÄNSEGEIER

Mit einer Flügelspannweite von fast 3 m, einer Länge von 1 m und einem Gewicht von 7–9 kg wirkt der Gänsegeier riesig. Meist ist er mit 40–50 km/h gemütlich unterwegs, doch er kann durchaus auf 120 km/h beschleunigen. Der kräftige Schnabel und der lange Hals eignen sich perfekt, um in Eingeweiden (meist eines toten Schafes) herumzustochern.

Die Suche nach den raren Schafskadavern erledigen die Gänsegeier im Team: Meist startet eine ganze Kolonie und fliegt in lockerer Formation mit bis zu 1 km Abstand. Sobald ein Geier einen Kadaver entdeckt, beginnt er zu kreisen und signalisiert den anderen, dass es etwas zu fressen gibt. Schäfer schätzen die Geier, denn diese verhindern durch ihre rasche Aasbeseitigung, dass die Krankheit oder Infektion, die das Schaf getötet hat, auf die restliche Herde überspringt.

In Kroatien leben etwa 230 Gänsegeier, mehr als die Hälfte davon auf den Küstenfelsen von Cres, die restlichen in kleinen Kolonien auf den Inseln Krk und Prvić. Gänsegeier folgen ihrer bevorzugten Nahrungsquelle, den Schafherden, fressen aber auch andere Säuger, was nicht ganz ungefährlich ist: Die letzten Geier im Nationalpark Paklenica verendeten vor Kurzem, weil sie vergiftete Füchse gefressen hatten. 2005 kamen auch auf Cres 20 Vögel durch vergiftetes Fleisch um.

Als bedrohte Tierart stehen Gänsegeier in Kroatien unter Naturschutz. Wer einen Vogel tötet oder beim Nisten stört, riskiert 5000 € Strafe. Gezielt werden sie nur noch selten umgebracht; allerdings sterben häufig Jungtiere, weil sie von Urlaubern mit Motorbooten aufgescheucht und verfolgt werden. Die jungen Tiere können an windstillen Tagen gerade 500 m weit fliegen, dann stürzen sie erschöpft ins Wasser und ertrinken; wenn sie Glück haben, werden sie entdeckt und ins Ökozentrum Caput Insulae in Beli gebracht.

Die Brutgewohnheiten der Geier verhindern ein schnelles Wachstum der Population. Ein Paar bekommt pro Jahr nur ein einziges Junges; dieses ist erst nach fünf Jahren ausgewachsen. Die heranwachsenden Vögel wandern weit: Ein im Nationalpark Paklenica beringter Gänsegeier wurde im Tschad (4000 km von seiner Heimat entfernt) gefunden. Mit etwa fünf Jahren kehren die Tiere nach Cres zurück (manchmal an denselben Felsen, auf dem sie geboren wurden), um einen Partner fürs Leben zu finden.

Man nimmt an, dass Geier bis zu 60 Jahre alt werden können, ein Alter von 35 ist normal. 90 % sterben allerdings, bevor sie voll ausgewachsen sind. Gefahren für die Jungvögel sind italienische Jäger, Gift und Stromleitungen, doch das größte Problem ist der massive Rückgang der Schafzucht auf Cres, wodurch die Nahrungsquellen der Vögel mehr und mehr reduziert werden (siehe S. 159). Inzwischen müssen sie an verschiedenen Stationen im Norden der Insel von Vogelschützern und freiwilligen Helfern gefüttert werden.

Der Besuch des Zentrums in einem alten Schulgebäude beginnt mit einer Ausstellung, die Biologie und Gewohnheiten der Geier erläutert. Höhepunkt sind aber die Vögel. Meist hüpfen rund 15 Pflegegäste durch ein großes umzäuntes Gelände hinter dem Zentrum. Hier lebt außerdem ein afrikanischer Ohrengeier, der an einem Strand in Kroatien gefunden und wohl als Haustier gehalten wurde. Mit etwas Glück sieht man vielleicht auch in der Luft einen Geier über der Insel schweben.

Das Ökozentrum organisiert das ganze Jahr über ein gut etabliertes Programm für Praktikanten und bietet Geier-Patenschaften an (50 € genügen, um einen Geier zu retten). Der labyrinthähnliche Kräutergarten ist als unterhaltsamer Lehrpfad für Kinder angelegt.

Der Eintritt für das Zentrum berechtigt zur Nutzung von sieben gut ausgeschilderten **Ökopfaden** (zwischen 1,5 und 20 km Länge), die die verlassenen Dörfer der Tramuntana miteinander verbinden und an Oliven-, Feigen- und Granatapfelbäumen sowie an Eichen und alten Steinmauern vorbeiführen. Bemerkenswert sind außerdem die Labyrinthe und die 20 **Steinskulpturen**; diese sind den alten Gottheiten der Kroaten und Slawen gewidmet und sollen die Verbindung der Wanderer mit den Kräften der Natur intensivieren. Im Zentrum sind ein informatives Büchlein und Karten erhältlich, die Geschichte, Kultur, Flora und Fauna der Region erläutern.

Diving Beli TAUCHEN

(840 519 www.diving-beli.com) Bietet Tauchgänge vom Boot oder vom Strand aus an; auch für Nicht-Taucher geeignet.

Schlafen & Essen

Pansion Tramontana
LÄNDLICHE KÜCHE €

(840 519; www.beli-tramontana.com; Gerichte ab 40 Kn; P@🛜) Das rustikale Restaurant ist direkter Nachbar des Gänsegeierzentrums und serviert ordentliche Grillteller sowie köstliche biologische Salate und Guiness vom Fass. Oben können Gäste in hübschen, kürzlich renovierten Zimmern (182–378 Kn pro Person) übernachten.

Den Strand hinunter etwa 1 km von der Stadt entfernt gibt es eine Snackbar und den kleinen **Campingplatz Brajdi** (/Fax 840 532; Beli bb; 56 Kn pro Person & Stellplatz; Mai–Sept.).

❶ An- & Weiterreise

Im Sommer fahren täglich (außer So) zwei Busse von Cres-Stadt nach Beli (29 Kn, 30 Min.).

OSOR
70 EW.

Der winzige historische Ort Osor gehört wohl zu den friedlichsten Flecken, die man sich vorstellen kann, auch wenn er auf eine bedeutende und bewegte Vergangenheit zurückblickt.

Das Dorf liegt an einem engen Kanal, der Cres und Lošinj voneinander trennt und angeblich von den Römern angelegt wurde – Osor war dadurch in der Lage, eine bedeutende Schifffahrtsroute zu kontrollieren. Im 6. Jh. wurde Osor Bischofssitz und hatte im Mittelalter das Sagen über beide Inseln. Bis zum 15. Jh. bildete es einen bedeutenden wirtschaftlichen und religiösen Machtfaktor in der Region. Doch das Zusammentreffen von Pest, Malaria und neuen Seewegen entzog der Wirtschaft die Grundlage und leitete den Niedergang ein.

Heute hat Osor mit seinen Kirchen, den im Freien aufgestellten Skulpturen und den Gassen, die vom Stadtzentrum aus dem 15. Jh. herausführen, eine neue Bestimmung als Museumsstadt gefunden. Eine Touristeninformation gibt es allerdings noch nicht.

Bei der Überfahrt von Lošinj nach Osor muss man eventuell an der Zugbrücke warten, die über den **Kavuada-Kanal** verläuft; diese wird zweimal täglich (um 9 und 17 Uhr) hochgelassen, damit Schiffe passieren können.

◉ Sehenswertes

Vom Kanal führt ein Tor an der alten Stadtmauer und den Überresten der Burg vorbei ins Stadtzentrum.

Archäologisches Museum MUSEUM

(Eintritt 10 Kn; Juni–Sept. Di–So 10–13 & 19–22 Uhr, Okt.–Mai Di–Sa 10–13 Uhr) Das Museum ist im Rathaus aus dem 15. Jh. am Hauptplatz untergebracht und zeigt eine Ausstellung mit steinernen Fragmenten und Reliefs aus der römischen und frühchristlichen Zeit sowie Keramikarbeiten und Skulpturen.

Himmelfahrtskirche KIRCHE

(Crkva Uznesenja; Juni–Sept. 10–12 & 19–21 Uhr) Direkt neben dem Museum steht die Himmelfahrtskirche aus dem 15. Jh., deren Fassade ein verziertes Renaissanceportal schmückt. Auf dem Barockaltar im Inneren werden Reliquien des heiligen Gaudentius, des Stadtpatrons von Osor, aufbewahrt.

Daleki Akordi STATUE

Vor Verlassen des Platzes verdient die von Ivan Meštrović geschaffene Statue *Daleki Akordi* (Ferne Akkorde) Bewunderung, die wie die anderen über die Stadt verstreuten Statuen einem musikalischen Thema gewidmet ist.

Festivals & Events

An den **Musikabenden von Osor** (Osorske Glazbene Večeri) Mitte Juli bis Mitte August geben zahlreiche hochkarätige kroatische Künstler in der Kathedrale und am Hauptplatz Konzerte. Das Programm ist in den Touristeninformationen von Mali Lošinj und Cres-Stadt erhältlich.

Schlafen & Essen

Es gibt Privatunterkünfte und zwei Campingplätze in der Nähe. Listen der Privatzimmer und Apartments sind in den Touristeninformationen von Mali Lošinj und Cres-Stadt erhältlich.

Osor Pansion HOTEL, RESTAURANT €

(237 135; ossero@rit-com.hr; Osor bb; Zi. 184–221 Kn pro Person, Hauptgerichte ab 40 Kn; März–Nov.; P❄) Das wunderschöne Gartenrestaurant ist das Highlight dieses ge-

ABSTECHER

LUBENICE

Auf einem Felskamm, 378 m über der Westküste, thront einer der faszinierendsten Orte auf Cres. Das mittelalterliche Lubenice, mit 17 Einwohnern fast verlassen, scheint mit seinem Irrgarten aus kargen Steinhäusern und Kirchen dem Muttergestein der Insel entwachsen und ähnelt einer maurischen Festung.

Die in Rijeka beheimatete Organisation für nachhaltige Entwicklung, **Ekopark Pernat** (*513 010; www.ekoparkpernat.org), hat viel zu Lubenices Rettung beigetragen. Sie unterhält in der ehemaligen Schule am Ortsausgang einen **kulturpädagogischen Raum** (*840 406; Spende von 7 Kn erbeten; ☉Ostern–Okt. 9–22 Uhr) mit einer kleinen Ausstellung zur Schafzucht und verschiedenen Workshops.

Lubenice thront über einem der abgelegensten und schönsten **Strände** der Kvarnerbucht. Der 45-minütige Abstieg durch Buschwerk ist ein Spaziergang, der Weg zurück hinauf erweist sich als Herausforderung. Alternativ kann man auch mit dem Wassertaxi von Cres oder Valun zum Strand gelangen.

Ein weiterer Grund, Lubenice zu besuchen, sind die jährlichen **Musiknächte von Lubenice** (Lubeničke Glazbene Večeri). Jeden Freitagabend im Juli und August werden klassische Konzerte im Freien abgehalten.

In der Touristeninformation von Cres-Stadt sind Listen mit Privatunterkünften in Lubenice erhältlich, die Auswahl ist naturgemäß begrenzt.

Für das leibliche Wohl sorgen zwei Lokale: Die **Konoba Hibernicia** (Lubenice 17; Hauptgerichte ab 45 Kn) serviert leckere Lammgerichte und Schinken aus der Region, das **Bufet Loza** am Ortseingang eignet sich für ein gemütliches Bier.

Im Sommer fahren täglich (außer So) zwei Busse von Lubenice nach Cres-Stadt (29 Kn, 35 Min.).

---

pflegten Hotels. Unter Weinreben inmitten blühender Sträucher werden Gerichte vom Cres-Lamm und Fische aus der Adria serviert. Auch die sieben hübschen Zimmer mit Kiefernholzeinrichtung im Obergeschoss (184–221 Kn pro Person) können sich sehen lassen.

Konoba Bonifačić　　　　　　　　KROATISCH €€
(Osor 64; Hauptgerichte ab 50 Kn) In diesem Gartenrestaurant gibt's rustikale, verlässliche Gerichte wie Risotto, Grillspeisen und Fisch. Wer schon mal hier ist, genehmigt sich am besten auch ein Schlückchen Holunder-Grappa.

Bijar　　　　　　　　　　　　　　　CAMPING €
(*/Fax 237 027; www.camps-cres-losinj.com; Person 65 Kn) Der Zeltplatz liegt 500 m von Osor entfernt auf dem Weg nach Nerezine an einer reizenden Kiesbucht mit tollen Schwimmmöglichkeiten. Gäste können Tischtennis, Volleyball und Basketball spielen.

Preko Mosta　　　　　　　　　　CAMPING €
(*237 350; www.jazon.hr; Osor bb; 55/43 Kn pro Person/Stellplatz) Auf dem kleinen einfachen Campingplatz mit Blick auf den Kanal sorgen ein paar Kiefern für etwas Schatten.

ℹ️ An- & Weiterreise

Alle Busse aus Cres (37 Kn, 45 Min.) und Mali Lošinj (30 Kn, 30 Min.) fahren über die einzige Schnellstraße der Insel und stoppen in Osor.

VALUN
68 EW.

Der hübsche Küstenort Valun, 14 km südwestlich von Cres-Stadt, duckt sich eingerahmt von Kiesstränden am Fuß steiler Klippen. Nachdem man sich einen Parkplatz gesucht hat, läuft man die steilen Stufen hinunter zur Stadt. Die Bucht und die Restaurants in Valun sind so gut wie nie überlaufen und angenehmerweise fast frei von Souvenirläden oder anderem touristischem Schnickschnack.

Die **Touristeninformation** (*525 050; ☉Juli & Aug. 8–21 Uhr), ein Geldautomat und ein Büro von **Cresanka** (www.cresanka.hr; ☉unregelmäßig) liegen ein paar Schritte vom Hafen entfernt. Unterkünfte sind leider ziemlich rar gesät und sollten weit im Voraus gebucht werden.

Hauptsehenswürdigkeit ist die aus dem 11. Jh. stammende **Tafel von Valun**, ein Grabstein, der in der leider nur selten geöffneten Pfarrkirche aufbewahrt wird. Die Inschrift in glagolitischen und lateinischen Lettern spiegelt die damalige ethnische Zusammensetzung der Inselbevölkerung wider: Die Insel wurde von Nachkommen der Römer und Neuankömmlingen, die Kroatisch sprachen, bewohnt.

Valun lockt vor allem mit seiner idyllischen Ruhe und den **Stränden** an den Buchten. Ein Pfad führt rechts vom Hafen zu einem Kiesstrand mit Campingplatz. Ungefähr 700 m westlich des Weilers gibt es einen weiteren hübschen, von Pinien gesäumten Strand.

Die Stellplätze des kleinen idyllischen Zdovice-Campingplatzes (101 Kn pro Person; ⊙Mai–Sept.) verteilen sich auf einstigen Ackerterrassen. Die Strandlage, tolle Schwimmmöglichkeiten und ein Volleyballfeld locken deutsche und österreichische Familien an. Man kann nicht reservieren.

In Valun gibt es insgesamt sechs Restaurants, bis auf eins liegen alle direkt am Meer. Die Konoba Toš-Juna (Valun bb; Hauptgerichte ab 40 Kn) serviert exzellente Meeresfrüchte, untergebracht ist sie in einer umgebauten Olivenmühle mit Steinwänden und einer hübschen Terrasse am Hafen.

Valun wird kaum von öffentlichen Verkehrsmitteln angefahren. Es gibt täglich nur einen Bus (außer So) ab Cres-Stadt (25 Kn, 20 Min.). Zurück gibt es lediglich zwei wöchentliche Verbindungen (Mo & Mi um 5.31 Uhr).

KRK

Krk (italienisch: Veglia) ist Kroatiens größte Insel. Über die Brücke, die Krk mit dem Festland verbindet, strömen vornehmlich Deutsche und Österreicher zu ihren Ferienhäusern, Zeltplätzen und Hotels. Krk mag nicht gerade die grünste oder schönste Insel sein – tatsächlich ist sie touristisch zu sehr erschlossen – dafür sorgen gute Verkehrsverbindungen und eine ausgebaute Infrastruktur für einen entspannten Aufenthalt.

Die steile, felsige Nordwestküste der Insel ist im Winter der heftigen *bura* ausgesetzt, hier gibt es deshalb nur wenige Siedlungen. Im Süden ist das Klima milder, die Vegetation dichter – Strände, Buchten und Fjorde prägen die Küste. An der bewaldeten Südwestküste liegen deshalb auch die größeren Inselstädte Krk, Punat und Baška.

Krk-Stadt ist dank seiner zentralen Lage die perfekte Ausgangsbasis. Über das nahe gelegene Punat gelangt man auf die Insel und zum Kloster Košljun. Baška schmiegt sich an eine große Sandbucht am Fuß eines malerischen Bergzuges und garantiert schöne Strandtage. Das mittelalterliche Bergdorf Vrbnik, an der Ostküste und etwas abseits der Hauptrouten gelegen, ist berühmt für seinen *žlahtina*-Wein.

Geschichte

Die ältesten bekannten Bewohner von Krk waren die illyrischen Liburner. Auf sie folgten die Römer, die an der Nordküste siedelten. Später fiel Krk an Byzanz, ging dann an Venedig über und schließlich an die kroatisch-ungarischen Könige.

Im 11. Jh. wurde die Insel ein Zentrum der glagolitischen Schrift. Das älteste erhaltene Beispiel entdeckte man in einer ehemaligen Benediktinerabtei in Krk-Stadt. Die Schrift wurde hier bis ins 19. Jh. verwendet.

1358 übergab Venedig die Regierungsgewalt über die Insel den Fürsten von Krk, den späteren Frankopanen. Sie wurden eines der reichsten und mächtigsten Geschlechter in ganz Kroatien. Obwohl sie Vasallen Venedigs waren, regierten sie die Insel weitgehend unabhängig. 1480 ging Krk vom letzten Mitglied der Linie auf Venedig über.

Neben dem Tourismus als wichtigstem Wirtschaftszweig der Insel existieren zwei Werften in Punat, auch Landwirtschaft und Fischfang spielen eine Rolle.

ℹ An- & Weiterreise

Auf Krk liegt der Flughafen von Rijeka, das Haupteinfallstor für Flüge in die Region Kvarner. Er wird jedoch nur eingeschränkt genutzt, lediglich ein paar Billigflieger und Charter-Airlines fliegen ihn im Sommer an. Eine gebührenpflichtige Brücke verbindet den Nordteil der Insel mit dem Festland.

Im Sommer fährt zwölfmal täglich eine Jadrolinija-Autofähre von Valbiska nach Merag auf Cres (18/115 Kn pro Passagier/Auto, 30 Min.), im Winter weniger häufig, aber regelmäßig. Ein von Split Tours betriebenes Fährschiff verkehrt im Sommer viermal täglich zwischen Valbiska und Lopar auf Rab (37/225 Kn pro Passagier/Auto, 1½ Std.), im restlichen Jahr (und zu niedrigeren Ticketpreisen) zweimal.

Täglich gibt es 9 bis 13 Busverbindungen zwischen Rijeka und Krk-Stadt (56 Kn, 1–2 Std.), manche über Punat. Zwei Busse pro Tag fahren Montag bis Freitag weiter nach Vrbnik (25 Kn, 35 Min.). Täglich verkehren neun Busse von Krk-Stadt nach Baška (29 Kn, 45 Min.). An den Wochenenden fahren nur vereinzelt oder gar keine Busse.

Von Zagreb starten täglich sechs Busse nach Krk-Stadt (179–194 Kn, 3–4 Std.). Einige fahren direkt, andere halten unterwegs in jedem Dorf. **Autotrans** (www.autotrans.hr) schickt täglich zwei schnelle Busse auf die Reise. Außerhalb der Sommersaison gilt für alle Verbindungen ein eingeschränkter Fahrplan.

Für die Fahrt von Krk nach Cres und Lošinj muss man in der Stadt Malinska in den Bus nach Lošinj umsteigen, der von Rijeka nach Zagreb kommt. Abfahrt und Ankunft sollten genau auf der Website überprüft werden, da die Verbindung nur mit bestimmten Abfahrtszeiten funktioniert.

❶ Unterwegs vor Ort

Es gibt zahlreiche Busverbindungen zwischen den Inselorten, weil die Busse von und nach Rijeka in allen wichtigen Städten der Insel Fahrgäste mitnehmen.

Krk (Stadt)

3373 EW.

Die Stadt Krk an der Südwestküste der Insel besteht aus dem mittelalterlichen, von Mauern umschlossenen Zentrum und einem modernen Teil, der sich mit Hafen, Stränden, Campingplätzen und Hotels über die angrenzenden Buchten und Hügel ausbreitet. Wenn im Sommer Touristen und kroatische Wochenendausflügler durch die schmalen Kopfsteinpflastergassen der hübschen Altstadt strömen, ist die Uferpromenade schnell überlaufen.

Blendet man die sommerlichen Urlauberströme aus, dann ist dieses steinerne Labyrinth der Höhepunkt der Stadtbesichtigung von Krk. In der ehemals römischen Siedlung sind immer noch Teile der Stadtmauer, Tore, eine romanische Kathedrale und eine Frankopanenburg aus dem 12. Jh. erhalten.

Ein paar Stunden genügen, um all das zu besichtigen. Krk-Stadt bietet sich dennoch als Nachtquartier an, da man von hier aus problemlos die ganze Insel erkunden kann.

◉ Sehenswertes

Kathedrale Mariä Himmelfahrt KIRCHE

(Katedrala Usnesenja; Trg Svetog Kvirina; ⊙ Morgen- & Abendmesse) Der eindrucksvolle romanische Kirchenbau aus dem 12. Jh. erhebt sich dort, wo sich einst ein römisches Bad und eine Basilika befanden. Beachtenswert ist die frühchristliche Gravierung an der ersten Säule neben der Apsis: Sie zeigt zwei Vögel, die einen Fisch fressen. Eine gotische Kapelle aus dem 15. Jh. im linken Schiff ist mit dem Wappen der Frankopanenfürsten geschmückt, die hier ihre Gebete verrichteten.

Kirche des heiligen Quirinus KIRCHE

(Sv. Kvirina; Eintritt 5 Kn; ⊙ Mo–Sa 9–13 Uhr) Den von einer Engelssskulptur gekrönten Campanile (18. Jh.) teilt die Kathedrale mit der angrenzenden Kirche des heiligen Quirinus. Das frühromanische Gotteshaus ist aus weißem Stein erbaut und dem Stadtpatron geweiht. Das **Kirchenmuseum** ist eine Schatzgrube sakraler Kunst, zu deren schönsten Exponaten ein silbernes Altarblatt der Madonna von 1477 sowie ein Altarbild von Paolo Veneziano gehören.

Kaštel FESTUNG

(Trg Kamplin) Die Festung an der Küste schützte einst die Altstadt vor Piratenangriffen. Ein Turm aus dem 12. Jh. diente den Frankopanen als Gerichtssaal, der zweite runde Verteidigungsturm wurde von den Venezianern errichtet. In der Burg finden Konzerte und Theateraufführungen unter freiem Himmel statt.

🏃 Aktivitäten

Am besten besorgt man sich bei der Touristeninformation eine Karte der Insel und erkundet die Straßen von Krk-Stadt per Fahrrad: **Speed** (☏ 221 587; S Nikolića 48) und **Losko** (☏ 091 91 50 264) am Busbahnhof vermieten Räder für 80 Kn pro Tag.

Die Tauchschulen **Diving Centre Krk** (☏ 222 563; www.fun-diving.com; Braće Juras 3) und **Adria Krk** (☏ 604 248; Creska 12) bieten Kurse und Tauchgänge rund um die Insel an. Zu den besten Spots gehören *Peltastis*, das Wrack eines 60 m langen griechischen Lastschiffs, sowie die Riffe Punta Silo und Kamenjak mit ihrem facettenreichen Meeresleben (u. a. Schnecken und Kraken) und einem Netz aus Unterwasserhöhlen.

Krks exzellenter **Wakeboard Club Krk** zwischen Krk-Stadt und Punat (☏ 091 27 27 302; www.wakeboarder.hr; 5 Runden 50 Kn; ⊙ April–Sept.) betreibt einen 650 m langen Kabelkran für Wakeboarder und Wasserskifahrer, der mit einer Geschwindigkeit von 32 km/h läuft. Nur keine Angst, die meisten Teilnehmer sind blutige Anfänger. Fortgeschrittene können sich Wakeboards, Wakeskates und Neoprenanzüge ausleihen.

🎉 Festivals & Events

Beim **Sommerfestival Krk** im Juli und August gibt es Konzerte, Theater- und Tanzaufführungen in einem alten Franziskanerkloster 500 m nördlich des Hafens sowie auf den Plätzen in der Altstadt. Das Programm ist bei der Touristeninformation erhältlich. Mitte August prägt der **Jahrmarkt von Krk** drei Tage lang die Stadt. Zum Programm des venezianisch inspirierten Festes gehören Konzerte, mittelalterlich gewandete Menschen und Imbissstände, die traditionelle Speisen verkaufen.

Schlafen

In der Altstadt gibt es nur ein Hotel, alle anderen liegen in einer großen Ferienanlage östlich des Zentrums und sind auf Familienurlauber eingestellt. Reiseagenturen vermitteln Privatunterkünfte. Das einzige Hostel vor Ort hat seine Glanzzeiten bereits hinter sich.

LP TIPP Hotel Marina BOUTIQUE-HOTEL €€€
(221 357; www.hotelikrk.hr; Obala Hrvatske Mornarice 6; Zi./Suite 890/1606 Kn; P✻@☎) Das einzige Hotel der Altstadt kann sich sehen lassen. Es liegt erstklassig direkt am Meer, die Balkone der zehn Deluxe-Zimmer bieten eine tolle Aussicht über den Hafen und die Yachten. Besonders schön ist der Blick von den Zimmern mit Terrasse. Die Einrichtung ist stilvoll und modern, die Bäder elegant.

Bor STRANDHOTEL €€
(220 200; www.hotelbor.hr; Šetalište Dražica 5; EZ/DZ ab 471/825 Kn; ☀April–Okt.; P☎) Das Hotel steht nah bei einem kleinen Strand und der schönen Felsküste und verfügt über 22 einfache Zimmer, teilweise mit Balkon und einer hübschen Terrasse zur Straße hin. Es liegt inmitten hoher Kiefern, nur einen zehnminütigen Fußmarsch vom Zentrum entfernt. In der Nebensaison sinken die Preise beträchtlich.

Autocamp Ježevac CAMPING €
(221 081; camping@valamar.com; Plavnička bb; 47/59 Kn pro Erw./Stellplatz; ☀Mitte April–Mitte Okt.) Der Campingplatz in Strandlage, zehn Gehminuten südwestlich der Stadt, bietet schattige Stellplätze auf Ackerterrassen sowie tolle Schwimm- und Grillanlagen.

Politin FKK CAMPING €
(221 351; www.camping-adriatic.com; 46/56 Kn pro Erw./Stellplatz; ☀Mitte April–Sept.; ☎) Ein wirklich schönes Nudistencamp auf der bewaldeten Halbinsel Prniba, nicht weit von der Stadt und mit Blick auf die Inseln Plavnik und Cres. Es gibt kostenloses WLAN und frisch renovierte Duschen.

Camping Bor CAMPING €
(221 581; www.camp-bor.hr; Crikvenička 10; 46/29 Kn pro Erw./Stellplatz; ☀April–Okt.) Gepflegte Duschen sowie ein Restaurant gehören zu diesem Zeltplatz. Er liegt auf einem Hügel inmitten von Olivenhainen und Kiefernwäldern, zehn Gehminuten westlich der Küste.

Hostel Krk HOSTEL €
(220 212; www.hostel-krk.hr; D Vitezića 32; 145 Kn pro Person) Das Hostel ist in einem hübschen historischen Gebäude untergebracht, das dringend einen Anstrich nötig hätte. Der recht erbärmliche Zustand sorgt für nur wenige Gäste, eine Nacht kann man es hier allerdings aushalten.

Essen

Konoba Nono KROATISCH €
(Krčkih Iseljenika 8; Hauptgerichte ab 40 Kn) Das rustikale Lokal ist für seine kroatische Küche bekannt, empfehlenswert ist der Klassiker *šurlice sa junećim* (Pasta mit Gulasch). Das Nono hat sogar eine eigene Olivenölpresse und die Besitzer lassen einen gerne ihre eigenen Erzeugnisse probieren.

Galija PIZZA €
(www.galija-krk.com; Frankopanska 38; Hauptgerichte ab 45 Kn) In dem atmosphärischen alten Steinhaus abseits der Küste, inmitten der engen Altstadtstraßen, ist dieser Mix aus *konoba* und Pizzeria untergebracht. Unter Balkendecken werden hier Pizza Margarita oder à la *vagabondo*, Pasta, Risotto, gegrilltes Fleisch oder frischer Fisch serviert.

Konoba Šime KROATISCH €
(Antuna Mahnića 1; Hauptgerichte ab 45 Kn) Das beliebte Lokal punktet mit seiner Lage am Hafen und der wohl besten Küche in diesem geschäftigen Teil der Stadt. Serviert werden Pasta, *ćevapčići* (kleine, scharf gewürzte Hackfleischwürstchen aus Lamm-, Schweine- oder Rindfleisch) und frischer Tintenfisch aus der Adria.

Selbstversorger werden im gut bestückten Konzum-Supermarkt auf der Stjepana Radića fündig.

Ausgehen & Unterhaltung

Casa dei Frangipane CAFÉ-BAR
(Šetalište Svetog Bernardina bb) Auf der Terrasse der stilvollen Café-Bar in traumhafter Lage am Meer gibt's eine gute Kaffeeauswahl sowie eine Cocktailkarte. Empfeh-

lenswert sind die süßen Leckereien wie frisches *baklava*. Nachts sorgen DJs im Club für jede Menge Stimmung.

Volonis BAR, CLUB
(Vela Placa) In der eleganten Bar mit Terrasse und gewölbeartigem Innenbereich gibt es Cocktails, Lounge-Musik und eine Sammlung archäologischer Relikte. Am Wochenende legen DJs auf.

Jungle CLUB
(Stjepana Radića bb; ⊖Mai–Sept.) Hier vergnügt sich die junge Klientel zu lauter Tanzmusik und mitreißenden Rhythmen. Das Dekor à la Tarzan – künstliche Lianen ranken sich die Wände hinauf – könnte geschmackvoller sein.

❶ Praktische Informationen

Aurea (☏221 777; www.aurea-krk.hr; Vršanska 26l; ⊖8–14 & 15–20 Uhr) Bietet Inselausflüge per Boot und Bus an und vermittelt Privatunterkünfte.

Autotrans (☏222 661; www.autotrans-turizam.com; Šetalište Svetog Bernardina 3) Die Agentur im Busbahnhof vermittelt Privatunterkünfte und verkauft Bustickets.

Erste Banka (Trg Bana Josipa Jelačića 4) Devisentausch und Geldautomat.

Krankenhaus (☏221 224; Vinogradska bb)

Krk Sistemi (☏222 999; Šetalište Svetog Bernardina 3; Internetzugang 10 Kn für 20 Min.; ⊖Mo–Sa 9–14 & 17–22, So 10–21 Uhr) Verkauft Guthaben für WLAN-Zugang und verfügt über vier Computerterminals.

Postamt (Bodulska bb; ⊖Mo–Fr 7.30–21, Sa 7.30–14 Uhr) Hier bekommt man Bargeld mit seiner Kreditkarte.

Touristeninformation (☏220 226; www.tz-krk.hr, auf Kroatisch) Obala Hrvatske Mornarice (Obala Hrvatske Mornarice bb; ⊖Juni–Sept. 8–20 Uhr, Ostern–Mai & Okt. So 8–14 Uhr); Vela Placa (Vela Placa 1; ⊖Mo–Fr 8–15 Uhr) Die während der Saison geöffnete Touristeninformation stellt Prospekte und Infomaterial in verschiedenen Sprachen zur Verfügung, darunter eine Karte mit Wanderwegen. In der Nebensaison ist alles im Hauptbüro in der Nähe erhältlich.

Punat
1789 EW.

Die kleine Stadt Punat 8 km südöstlich von Krk ist dank ihrer Marina ein beliebtes Ziel für Segler. Hauptattraktion ist das Kloster auf der Insel Košljun, die man per Boot in zehn Minuten erreicht. Auf der winzigen Insel errichtete man im 16. Jh. an der Stelle einer Benediktinerabtei aus dem 12. Jh. das **Franziskanerkloster** (Eintritt 20 Kn; ⊖Mo–Sa 9.30–18, So 10.30–12.30 Uhr). Zu seinen Höhepunkten zählen das eindrucksvolle Gemälde eines *Jüngsten Gerichts* (1653), das in der Klosterkirche aufbewahrt wird, und ein kleines Museum mit weiteren religiösen Gemälden, einer ethnografischen Sammlung und einer seltenen Ausgabe des *Atlas* von Ptolemäus, die im späten 16. Jh. in Venedig gedruckt wurde. Anschließend lohnt sich ein Spaziergang über die bewaldete Insel mit über 400 Pflanzenarten.

Nach Košljun gelangt man problemlos per Bus ab Krk-Stadt. Wassertaxis setzen vom Hafen zur Insel über (Hin- & Rückfahrt 25 Kn). Im Sommer kann man sich mit anderen Urlaubern ein Boot teilen.

Mit seiner hübschen, von Eiscafés gesäumten Promenade und anständigen Stränden vor den Stadttoren eignet sich auch Punat als Nachtquartier, allerdings geht's hier recht gesetzt zu. Bessere Optionen sind die zwei Zeltplätze an der Küste. Der weitläufige **Campingplatz Pila** (☏854 020; www.hoteli-punat.hr; Šetalište Ivana Brusića 2; 41/130 Kn pro Erw./Stellplatz; ⊖April–Mitte Okt.; @), unmittelbar südlich des Zentrums, richtet sich an Urlauber, die eine gute Infrastruktur zu schätzen wissen. Zum Gelände gehören ein Internetcafé und gepfleg-

---

ABSTECHER

STRANDIDYLLE

Viele der besten Strände Krks sind im Sommer gnadenlos überlaufen. Wer es idyllischer mag, fährt auf der einsamen Straße südlich von Punat nach Stara Baška (nicht in Richtung Südosten nach Baška). Die wunderschöne Route führt vorbei an steilen, kargen Hügeln und einer faszinierenden Mondlandschaft. Stara Baška selbst ist ein ganz gewöhnlicher Urlaubsort mit Ferienwohnungen und Wohnmobilparks, 500 m vor dem ersten Zeltplatz stößt man jedoch auf eine Reihe wunderschöner Buchten mit Kies- und Sandstränden und tollen Schwimmmöglichkeiten. Einfach an der Straße parken und einem der felsigen Pfade fünf Minuten lang zur Küste hinunter folgen.

te Washräume, das Ganze wird ökologisch und mit Solarstrom betrieben. Im Naturistencamp **FKK Konobe** (⌕854049; www.hoteli-punat.hr; Obala 94; 51/98 Kn pro Erw./Stellplatz; ⊙Mitte April–Sept.; ☎) etwa 3 km weiter südlich geht's ungezwungener zu; der Platz liegt hübsch neben einem Strand mit blauer Flagge.

Vrbnik
947 EW.

Das zauberhafte mittelalterliche Dorf mit seinen steilen, überwölbten Gassen thront auf einer 48 m hohen Klippe mit Blick über das Meer. Es ist zwar kein echter Geheimtipp (ab und an kommen Reisegruppen vorbei), doch meist geht es hier friedlich und entspannt zu.

Vrbnik war einst ein Zentrum der glagolitischen Schrift und Aufbewahrungsort glagolitischer Manuskripte. Dafür verantwortlich waren auch viele Priester: So mancher junge Mann wurde lieber Pfarrer statt alternativ auf venezianischen Galeeren dienen zu müssen.

Heute lockt das Städtchen mit wunderschönen Panoramen und der Verkostung von *žlahtina*, dem hier angebauten Weißwein. Den Spaziergang durch die eng bebauten, schmalen Kopfsteinpflastergassen kann man unten am Stadtstrand mit einem Sprung ins Meer abschließen.

Die kleine **Touristeninformation** (⌕857479; Placa Vrbničkog Statuta 4; ⊙Juli & Aug. Mo-Fr 8–15, Sa & So 9–13 Uhr) ist nur begrenzt hilfreich. Als alternative Informationsquelle dient **Mare Tours** (⌕604400; www.mare-vrbnik.com; Pojana 4), das außerdem geführte Touren durch das Dorf und die Region anbietet und Privatunterkünfte vermittelt (weit im Voraus buchen!).

LP TIPP **Restaurant Nada** (www.nada-vrbnik.hr; Glavača 22; Hauptgerichte ab 55 Kn) ist zu Recht das bekannteste Lokal in diesem Teil der Insel. Unter der überdachten Terrasse im Obergeschoss werden Lamm aus Krk, *šurlice* mit Gulasch, Scampi-Risotto oder Salzfisch serviert. Im Keller (nur von März bis November geöffnet) können inmitten von Weinfässern Schafskäse, Wein, Prosciutto und Olivenöl verkostet werden. Der Besitzer des Nada vermietet außerdem einige hübsche Steinhäuser in der Stadt und der näheren Umgebung.

Werktags fahren täglich vier Busse von Krk-Stadt nach Vrbnik (25 Kn, 20–35 Min.) und wieder zurück; manche halten in Punat. Am Wochenende gibt es leider keine Verbindungen.

Baška
904 EW.

Zur Südspitze der Insel Krk führt eine malerische Straße durch ein fruchtbares Tal, eingerahmt von erodierten Bergen, bis nach Baška, einem der bekanntesten Urlaubsorte auf Krk. Hier erstreckt sich ein feiner sichelförmiger Strand unter kargen Hügeln, die gemeinsam mit den dramatischen Bergen des Festlands direkt gegenüber den Eindruck erwecken, man sei komplett von Gebirge umringt.

Im Sommer allerdings liegen die Touristen dicht an dicht und der sonst so hübsche, wenn auch schmale Kiesstrand verwandelt sich in eine Kampfarena um einen Platz an der Sonne. Zudem säumt Baškas Promenade eine Überdosis an kitschigen Souvenirständen.

Das kleine aus dem 16. Jh. stammende Zentrum mit seinen venezianischen Stadthäusern ist recht hübsch, doch rundherum beherrscht die gleichförmige Hotelzone mit modernen Apartmentblocks und Spezialitätenrestaurants die Szenerie. Es gibt unzählige Freizeitmöglichkeiten, schöne Wanderwege durch die umliegenden Berge und abgelegene Strände östlich der Stadt, die nur zu Fuß oder mit dem Wassertaxi erreichbar sind.

◉ Sehenswertes & Aktivitäten

Ein Wanderweg führt zur 2 km entfernten, romanischen **Kirche der heiligen Lucia** (Sveta Lucija; Eintritt 10 Kn; ⊙8–12 & 14–20 Uhr) im Dorf Jurandvor, wo die Tafel von Baška aus dem 11. Jh. gefunden wurde. In der Kirche ist eine Kopie zu sehen – das Original befindet sich im Archäologischen Museum in Zagreb.

Rund um den Campingplatz Zablaće beginnen beliebte Wanderwege, darunter der eindrucksvolle 8 km lange Pfad nach Stara Baška, einer Bucht, die von kahlen, vom Salzwasser ausgewaschenen Kalksteinfelsen eingerahmt wird.

In der Region gibt es zwei Stellen zum **Felsklettern**; die Touristeninformation hilft mit Karten und Infomaterial weiter.

🛏 Schlafen

Privatunterkünfte vermitteln die Agenturen **PDM Guliver** (⌕/Fax 856004; www.pdm-guliver.hr; Zvonimirova 98) oder **Primaturist**

(📞856 132; www.primaturist.hr; Zvonimirova 98) direkt daneben. Die Mindestaufenthaltsdauer im Sommer liegt bei vier Tagen (es sei denn, man bezahlt einen hohen Aufschlag) und die Zimmer sind schnell ausgebucht. Viele der Hotels und die beiden Campingplätze gehören zur Hotelgruppe **Hoteli Baška** (📞656 111; www.hotelibaska.hr).

Hotel Tamaris STRANDHOTEL €€€
(📞864 200; www.baska-tamaris.com; Zi. ab 899 Kn; P❄🛜) Das kleine Drei-Sterne-Hotel direkt am Strand im Westen der Stadt verfügt über anständige, wenn auch etwas kleine Zimmer mit Teppichboden. Sie sind gut in Schuss, die meisten haben frisch renovierte Bäder und Kabelfernsehen. Das Café-Restaurant bietet eine tolle Aussicht über die Bucht.

Atrium Residence Baška STRANDHOTEL €€€
(📞656 111; www.hotelibaska.hr; Zi. ab 878 Kn; P❄🛜) Zimmer und Apartments des Strandhotels sind standesgemäß schick und modern und verfügen größtenteils über einen tollen Meerblick. Die eigentliche Anlage liegt allerdings 1 km im Landesinneren, in den Genuss der Innen- und Außenpools sowie des Wellnesszentrums kommt man erst nach einem kurzen Fußmarsch.

FKK Camp Bunculuka CAMPING €
(📞856 806; www.bunculuka.info; 47/98 Kn pro Erw./Stellplatz; ⊙April–Okt.) Das schattige Naturistencamp liegt einen 15-minütigen Fußmarsch über den Hügel östlich des Hafens an einem hübschen Strand. Kinder können sich mit Minigolf und Tischtennis beschäftigen, es gibt ein Restaurant, einen Obst- und Gemüsemarkt und eine Bäckerei.

Camping Zablaće CAMPING €
(📞856 909; www.campzablace.info; 47/98 Kn pro Erw./Stellplatz; ⊙April–Mitte Okt.) Erstreckt sich entlang eines Kiesstrands und verfügt über gute Duschen sowie Waschmaschinen.

✕ Essen

Bis auf ein paar Ausnahmen kommt touristische Einheitsküche auf den Teller.

Cicibela INTERNATIONAL €€
(Emila Geistlicha bb; Hauptgerichte ab 60 Kn) Im besten Restaurant vor Ort am östlichen Ende der Strandpromenade werden in schickem Ambiente Fisch, Meeresfrüchte und Fleischgerichte serviert.

Bistro Forza INTERNATIONAL €
(Zvonimirova 98; Hauptgerichte ab 40 Kn) Hier gibt's Pizza und das übliche Angebot an Grillgerichten, Pasta und Salaten zu günstigen Preisen.

Für Selbstversorger gibt's jede Menge kleiner Lebensmittelläden.

ℹ Praktische Informationen

Vom Busbahnhof die Straße hinunter zwischen Strand und Hafen liegt die **Touristeninformation** (📞856 817; www.tz-baska.hr; Zvonimirova 114; ⊙Juni–Mitte Sept. Mo–Sa 7–21, So 8–13 Uhr, Mitte Sept.–Mai Mo–Fr 7–14 Uhr). Wer eine Wandertour plant, sollte sich hier die entsprechenden Karten besorgen. Das Personal spricht vier Sprachen.

RAB

Rab (italienisch: Arbe) ist landschaftlich betrachtet die schönste Insel in der Kvarnerbucht. Der dichter besiedelte Südwesten hüllt sich in das Grün üppiger Pinienwälder und wird von Sandstränden und Buchten eingerahmt. Die windumtoste Nordostküste mit hohen Klippen und nur wenigen Siedlungen wirkt dagegen unzugänglich. Hohe Berge schützen das Inselinnere vor den kalten, aus Nordosten wehenden Winden, sodass hier Oliven, Trauben und verschiedene Gemüsesorten gedeihen. Die schönsten Sandstrände der Insel liegen rund um die Halbinsel Lopar.

Kulturelles und historisches Schaufenster ist die zauberhafte Stadt Rab. Als Wahrzeichen erheben sich vier elegante Kirchtürme über den alten steinernen Gassen. Selbst wenn die Insel auf dem Höhepunkt der Sommersaison von Besuchern überrannt wird, vermittelt ein Bummel durch die alten Stadtviertel das Gefühl, auf Entdeckungsreise zu sein; einsame Strände liegen nur eine kurze Bootsfahrt entfernt. Im Frühjahr und Herbst ist Rab dank seines milden Klimas ein wunderbares und kaum besuchtes Reiseziel.

Geschichte

Rab wurde ursprünglich von Illyrern besiedelt und unterstand römischer, byzantinischer und kroatischer Herrschaft, bevor es 1409 zusammen mit Dalmatien an Venedig verkauft wurde. Die wichtigsten Einkommenszweige waren Landwirtschaft, Fischerei und Salzgewinnung, doch ein Großteil der Erträge landete in Venedigs Kassen. Im 15. Jh. löschten zwei Pestepidemien die Bevölkerung nahezu vollständig aus, die Wirtschaft kam zum Erliegen.

Rab

Auf Venedigs Sturz 1797 folgte eine kurze Ära österreichischer Herrschaft, die 1805 durch die Ankunft der Franzosen beendet wurde. Als Napoleon 1813 scheiterte, wurde Rab den österreichischen Territorien einverleibt. Die Österreicher bevorzugten die italienisch geprägte Elite, erst 1897 wurde das Kroatische zur offiziellen Sprache erklärt. Um die Wende zum 20. Jh. kam der Tourismus ins Rollen. Nach dem Niedergang der k. u. k.-Monarchie 1918 wurde Rab Teil des Königreiches Jugoslawien. In den 1940er-Jahren war die Insel zuerst von Italienern, dann von Deutschen besetzt und wurde 1945 befreit. Unter Tito wurde Goli Otok („Nackte Insel") vor der Halbinsel Lopar zu einem berüchtigten Gefangenenlager; Stalinisten, Antikommunisten und politische Gegner wurden heimlich dorthin gebracht, wo sie unter elenden Bedingungen leben mussten.

Heute ist der Tourismus Rabs Haupteinnahmequelle und es gibt mehrere zweckmäßig eingerichtete Feriensiedlungen. Sogar in den 1990er-Jahren riss der deutsche und österreichische Besucherstrom nicht ab.

❶ An- & Weiterreise

Die Fähre von Split Tours verkehrt von Oktober bis Mai zweimal täglich und in der Hochsaison viermal täglich zwischen Valbiska auf Krk und Lopar (37/225 Kn pro Passagier/Auto, 1½ Std.); im Winter sinken die Preise.

Eine Autofähre von Rapska Plovidba pendelt in den Sommermonaten ohne Zwischenhalt zwischen Mišnjak an der Südostküste der Insel und Jablanac auf dem Festland (16/94 Kn pro Passagier/Auto, 20 Min.); und sogar im Winter gibt es etwa ein Dutzend täglicher Fährverbindungen. Bei Jablanac wird gerade ein neuer Hafen gebaut, der größeren Fähren die Nutzung der ständig überlaufenen Route ermöglicht; so soll sich die Kapazität im Laufe des Jahres 2011 verdreifachen.

Von der Stadt Rab verkehrt täglich eine Fähre der Rapska Plovidba nach Lun auf Pag (58 Kn, 40 Min.); Tagesausflüge sind nur am Dienstag, Donnerstag und Freitag möglich. Von Juni bis September düst ein Jadrolinija-Katamaran (nur für Personen) von Rijeka nach Rab (40 Kn, 2 Std.) und weiter nach Novalja auf Pag.

Es gibt keine direkte Busverbindung von Rab nach Zadar, allerdings kann man einen der mehrmals täglich nach Senj verkehrenden Busse nehmen und dort in einen der Busse umsteigen, die von Rijeka nach Zadar fahren (210 Kn, 5 Std.). Zwischen Rab und Rijeka verkehrt zweimal täglich ein Bus (129 Kn, 3 Std.). In der Hochsaison gibt es drei bis vier tägliche Verbindungen zwischen Zagreb und Rab (197 Kn, 4–5 Std.); man sollte im Voraus reservieren, denn die Route ist recht überlaufen.

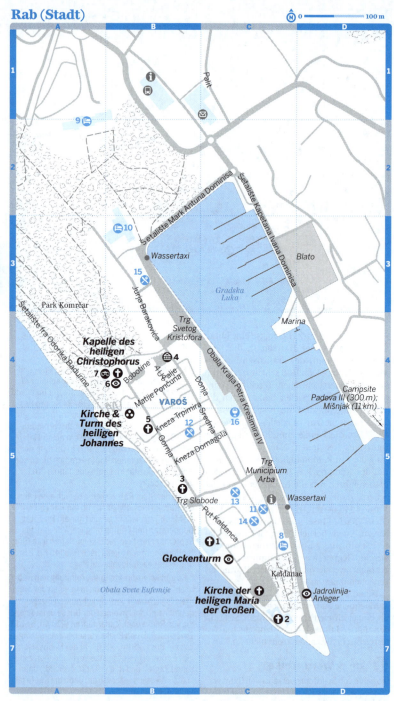

Rab (Stadt)

Highlights
- Glockenturm...C6
- Kapelle des heiligen Christophorus............B4
- Kirche & Turm des heiligen Johannes........B5
- Kirche der heiligen Maria der Großen.........C6

Sehenswertes
1. Kirche des heiligen Andreas C6
2. Kirche des heiligen Antonius C7
3. Kirche der heiligen Justina B5
4. Palast Dominis.....................................B4
5. Heilig-Kreuz-Kirche..............................B5
6. Lapidarium...B4
7. Aussichtspunkt....................................B4

Schlafen
8. Hotel Arbiana......................................C6
9. Hotel Imperial.....................................A2
10. Hotel Istra..B3

Essen
11. Astoria C6
12. Konoba Rab B5
13. Paradiso C5
14. Santa Maria C6
15. Supermarkt.......................................B3

Ausgehen
16. Dock 69 ....C5

Unterwegs vor Ort
Zwischen Rab-Stadt und Lopar (25 Kn, 15 Min.) verkehren täglich elf Busse in beide Richtungen (sonntags neun); manche sind auf die Abfahrtszeiten der Fähre Valbiska–Lopar abgestimmt.

Zwischen Rab-Stadt und Suha Punta verkehrt im Juli und August viermal täglich ein Wassertaxi (25 Kn); es legt am Hafen ab. Die Inselstrände sind mit privaten Taxibooten erreichbar, so etwa Frkanj und der FKK-Strand Kandarola; (25 Kn pro Person; von Juni bis September fast stündlich).

Rab (Stadt)

556 EW.

Die mittelalterliche Stadt Rab zählt zu den spektakulärsten Sehenswürdigkeiten der nördlichen Adria: Dicht hintereinander auf einer schmalen Halbinsel gestaffelt, erheben sich vier Kirchtürme wie Ausrufezeichen über den roten Dächern der Altstadt. Ein Labyrinth aus Straßen führt in den oberen Teil der Stadt mit der alten Kirche und den eindrucksvollen Aussichtspunkten. Das glitzernde, azurblaue Wasser von Rabs winzigem Hafen vor der Kulisse einer hügeligen Landschaft, die die Bucht vor kalten *bura*-Winden schützt, ist ein malerischer Anblick. Sobald die Stadt ausgiebig erforscht ist, lassen sich im Rahmen von Ausflügen oder mit dem Wassertaxi die schönsten Buchten und Strände der Insel entdecken.

Rund fünf Minuten zu Fuß sind es von der Altstadt zum etwas verwahrlosten Einkaufszentrum mit seinen Geschäften und zum Busbahnhof.

Sehenswertes
Ein Spaziergang durch die engen alten Straßen von Rab, die Hafengegend, die Oberstadt und die Parks ist ein echtes Vergnügen.

Oberstadt
Rabs Hauptattraktionen sind die historischen Kirchen und Türme auf der schmalen Straße Gornja Ulica (und ihrer Verlängerung Ivana Rabljanina) in der Oberstadt. Die im Folgenden aufgeführten Kirchen sind meist nur zur Morgen- und Abendmesse geöffnet, durch die Metallgitter kann man jedoch einen Blick ins Innere erhaschen.

Kirche und Turm des heiligen Johannes
KIRCHENRUINE

(Svetog Ivana; Eintritt zum Turm 5 Kn; ☉10–13 Uhr) Läuft man aus westlicher Richtung über die Gornja, stößt man zuerst auf diese angeblich aus dem 5. Jh. stammende Kirchenruine. Die romanische Basilika ist nur in Ansätzen zu erkennen, ein paar Säulen stehen allerdings noch. Wer den restaurierten **Kirchturm** aus dem 12. Jh. erklimmt, wird mit einem fantastischen Meerblick belohnt.

Heilig-Kreuz-Kirche
KIRCHE

(Svetog Križa) In dieser aus dem 13. Jh. stammenden Kirche soll der Christus am Kreuz einst über das unmoralische Verhalten der Stadtbewohner geweint haben. Heute dient sie als Veranstaltungsort für Konzerte während der Musikalischen Abende von Rab.

Kirche der heiligen Justina
KIRCHE

(Svete Justine) Zur Kirche gehören ein Glockenturm aus dem Jahr 1572 sowie eine Sammlung sakraler Gegenstände. Das Gebäude, das gerade restauriert wird, steht samt Meerblick und Eiche am hübschen **Trg Slobode**.

Kirche des heiligen Andreas
KIRCHE

(Svetog Andrije) Die Kirche hat den ältesten Glockenturm Rabs. Durch das Gitter ist das dreigliedrige Kirchenschiff zu sehen; ein

Teil des Putzes wurde entfernt, um das originale Mauerwerk freizulegen.

Glockenturm KIRCHTURM
(Svetog Andrije; Eintritt 7 Kn; ☉Mai–Sept. 10–13 & 19.30–22 Uhr) Rabs höchster Kirchturm stammt aus dem 13. Jh. und gehört zu den schönsten der kroatischen Küste. Den 26 m hohen Bau krönt eine achteckige Pyramide, um die eine romanische Brüstung verläuft. Die Pyramide trägt ein Kreuz mit fünf kleinen Kugeln, die Reliquien verschiedener Heiliger enthalten. Wer die steile Holztreppe erklimmt, gelangt direkt zum Schlagwerk und wird mit einer eindrucksvollen Aussicht auf die Dächer der Altstadt und das Meer belohnt.

Kirche der heiligen Maria der Großen KIRCHE
(Crkva svete Marije Velike) Die prachtvollste Kirche der Oberstadt wird von Einheimischen einfach *katedrala* (Kathedrale) genannt. Bemerkenswert sind die schmucklose Fassade, das Chorgestühl aus dem 15. Jh., das lange Kirchenschiff und die verwitterten Säulen. Der Bau wurde im Laufe der Zeit häufig umgestaltet, hier gefundene Mosaiken sprechen jedoch dafür, dass er ab dem 4. oder 5. Jh. als christliches Gotteshaus diente.

Kirche des heiligen Antonius KIRCHE
(Svetog Antuna) Am östlichen Ende der Straße steht diese Kirche mit Marmorintarsien. Den Altar schmückt eine Holzfigur, die den heiligen Antonius, den Einsiedler, sitzend darstellt. Das Kloster nebenan wird von Franziskanerinnen geführt. Sie bearbeiten den Garten und klöppeln Tischdecken aus Agavenfasern.

Unmittelbar nördlich der Antonius-Kirche führen Stufen hinab zu dem wunderschön angelegten **Park Komrčar**, einer tollen Ruheoase an heißen Sommertagen.

Weitere Sehenswürdigkeiten
Kapelle des heiligen Christophorus KAPELLE
(Svetog Kristofora) Die hübsche Kapelle beherbergt eine kleine Ausstellung alter Steindenkmäler in ihrem **Lapidarium** (Eintritt gegen Spende; ☉Mai–Sept. Mo–Sa 10–12.30 & 19.30–21, So 19.30–21 Uhr). Zudem gibt's einen grandiosen **Aussichtspunkt**.

Palast Dominis PALAST
(Srednja) Der Palast wurde Ende des 15. Jhs. für eine bekannte Adelsfamilie erbaut, die hier das einfache Volk im Schreiben und Lesen unterrichtete. Die Fassade präsentiert sich mit reich geschmückten Renaissancefenstern und einem auffälligen Portal mit dem Wappen der Familie.

🏃 Aktivitäten
Rab ist von 100 km markierten **Wanderwegen** und 80 km **Radwegen** überzogen, von denen einige von der Stadt Rab aus erreichbar sind. In der Touristeninformation ist die ausgezeichnete Karte *Biking & Trekking* erhältlich. Hinter dem Hotel Istra führt eine nur 30-minütige Wanderung nach Nordosten auf den Berg Sveti Ilija, wo sich eine herrliche Aussicht bietet. Mehrere Reiseagenturen vermieten Fahrräder.

Es gibt viele verschiedene Tauchspots wie z. B. das Wrack der *Rosa* mit seinen roten Gorgonien, Meeraalen und Hummern, unterirdische Höhlen und Tunnel sowie eine geschützte meeresarchäologische Stätte mit Amphoren vor dem Kap von Sorinj. Das **Mirko Diving Centre** (✆721154; www.mirkodivingcenter.com; Barbat 710) mit Sitz im nahe gelegenen Barbat bietet Kurse („Discover Diving" 30 €) und Tauchgänge an.

👉 Geführte Touren
Viele Reisebüros organisieren Schiffsausflüge um die Insel (ab 125 Kn); zum Programm gehören dabei häufige Badestopps und Besuche nahe gelegener Inseln wie Sveti Grgur und des berüchtigten Goli Otok. Abends füllen Ausflugsdampfer den Hafen und man kann sich auch einfach bei den Bootsführern direkt erkundigen. Fahrten nach Lošinj (170 Kn), Krk (170 Kn) und Plitvice (385 Kn) werden ebenfalls angeboten.

🎉 Festivals & Events
Beim **Jahrmarkt von Rab** (Rapska Fjera; 25.–27. Juli) tritt die Stadt eine Reise ins Mittelalter an. Die Einwohner tragen historische Kostüme und es gibt Trommelprozessionen, Feuerwerk, mittelalterliche Tänze und Wettbewerbe im Bogenschießen.

Die **Musikalischen Abende** finden zwischen Juni und September statt – wichtigste Veranstaltung sind die Donnerstagabend-Konzerte (21 Uhr), die u. a. in der Heilig-Kreuz-Kirche und der Kirche der heiligen Maria stattfinden.

Im Juli richtet Rab eine unterhaltsame **Modewoche** aus und Anfang August sorgen beim **Sommerfestival** in Blato im Norden der Stadt namhafte Trance- und House-DJs sowie kroatische Popbands für Stimmung.

🛏 Schlafen

In Rab-Stadt gibt es viele Zeltplätze und Hotels, echte Qualität findet man jedoch nur selten. Die meisten werden von der Hotelgruppe Imperial (www.imperial.hr) betrieben. Reiseagenturen vermitteln Privatunterkünfte und Apartments, man kann jedoch auch auf eigene Faust suchen, an der Zufahrtsstraße der Schnellstraße gibt es jede Menge Auswahl.

Pansion Tamaris   KLEINES HOTEL €€
(724 925; www.tamaris-rab.com; Palit 285; DZ 742 Kn; P❄🛜) Das kleine gepflegte Hotel liegt idyllisch zehn Gehminuten östlich der Stadt und hat hilfsbereites Personal. Die einfachen, doch recht stilvollen Zimmer mit Laminatboden, weicher Bettwäsche und Balkon blicken fast alle aufs Meer. Es gibt ein gutes Restaurant (der Aufpreis für Halbpension lohnt sich), das leckere Frühstück wird auf der Terrasse samt schöner Aussicht serviert.

LP TIPP Hotel Arbiana   HISTORISCHES HOTEL €€€
(775 900; www.arbianahotel.com; Obala Kralja Petra Krešimira IV 12; EZ/DZ 876/1300 Kn; P❄@🛜) Das historische Hotel wurde 1924 eröffnet und ist mit seinem Charme vergangener Zeiten und der förmlichen Eleganz die edelste Adresse vor Ort. Die 28 gerade renovierten Zimmer verfügen über LCD-Fernseher, Schreibtische, hochwertige Möbel und größtenteils Balkone (Zimmer 301 hat sogar zwei). Zudem gibt's ein tolles Restaurant (Santa Maria).

Hotel Istra   HOTEL €€
(724 134; www.hotel-istra.hr; Šetalište Markantuna Dominisa bb; EZ 458 Kn, DZ 509–771 Kn; P) Pluspunkte gibt's für die tolle Lage direkt am Hafen. Die Zimmer sind etwas altmodisch und klein, tun's jedoch für ein oder zwei Nächte; Klimaanlage gibt's keine, aber Heizung.

Hotel Imperial   HOTEL €€
(724 522; www.imperial.hr; Palit bb; DZ 960 Kn; P❄@🛜) Etwas altbacken, dafür aber in toller Lage inmitten des schattigen Komrčar-Parks. Qualität und Einrichtung der Zimmer variieren, die mit Meerblick sind eindeutig denen mit Blick auf den Parkplatz vorzuziehen. Zur Anlage gehören Tennisplätze, ein Fitnessbereich und ein Spa, zudem ist eine Bootsfahrt zum Strand im Preis inbegriffen.

Campsite Padova III   CAMPING €
(724 355; www.rab-camping.com; Banjol bb; 47/32 Kn pro Erw./Stellplatz; ☉April–Okt.) Der Zeltplatz liegt 2 km östlich der Stadt an einem Sandstrand und verfügt über weitläufige Anlagen und einen Wohnmobilverleih.

🍴 Essen

Rabs Spezialitäten sind frischer Fisch, Meeresfrüchte und Pastagerichte. Bis auf ein paar Ausnahmen unterscheiden sich Qualität und Preis nicht groß voneinander.

LP TIPP Astoria   GOURMET €€
(www.astoria-rab.com; Trg Municipium Arba 7; Hauptgerichte 90–160 Kn) In dem edlen Gourmettempel wird auf einer Terrasse mit Blick auf den Hafen anspruchsvolle Küche formvollendet serviert. Empfehlenswert sind der Seeteufel oder die wunderbaren *scampi municipium arbe* (in Weißwein und Knoblauch), außerdem gibt es vegetarische Gerichte, Schafskäse aus der Region zum Probieren und köstliche kroatische und italienische Weine.

Santa Maria   KROATISCH €€
(Dinka Dokule 6; Hauptgerichte ab 55 Kn) Wären nur alle Hotelrestaurants so wunderbar wie dieses! Gespeist wird höchst stimmungsvoll auf einer romantischen Terrasse bei Kerzenschein, umgeben von alten Stadtmauern. Die Küche ist innovativ und hochwertig, empfehlenswert ist das Hühnchen mit Salbeihonig und Limettensauce oder gebratene Calamari.

Paradiso   KROATISCH €€
(www.makek-paradiso.hr; Stjepana Radića 1; Hauptgerichte 75–140 Kn; ☉Mai–Okt. 8–24 Uhr) Kunst, Wein und gutes Essen vereint in einem alten Stadthaus aus Stein – was will man mehr? Bevor man sich in der wunderschönen venezianischen Loggia oder im Patio Fleisch, Fisch oder Pasta schmecken lässt, kann man in der *vinoteka* Weine aus Istrien und Pelješac probieren.

Konoba Rab   KROATISCH €€
(Kneza Branimira 3; Hauptgerichte ab 65 Kn; ☉So mittags geschl.) Hier wird leckere ländliche Küche serviert, die Übersetzungen auf der Speisekarte sind allerdings gewöhnungsbedürftig. Am besten eines der Fleisch- und Fischgerichte wählen oder im Voraus in der *peka* gebratenes Lamm bestellen.

Am Hafen gibt es einen Supermarkt.

⭐ Unterhaltung

Viele Partyfreudige machen sich per Katamaran am späten Nachmittag auf zum

> **ABSTECHER**
>
> ### DIE HEILIGE EUPHEMIA
>
> Das **Franziskanerkloster der heiligen Euphemia** (Samostan Svete Eufemije; Kampor; Eintritt 10 Kn; Mo-Sa 10–12 & 16–18 Uhr) und die barocke Kirche des heiligen Bernhard nebenan lohnen die 2,5 km Fußweg von Palit nordwestlich nach Kampor. Die Franziskanermönche unterhalten ein kleines Museum mit alten Pergamenten, Steinfragmenten und religiösen Gemälden, doch seinen ganz besonderen Reiz verdankt das Kloster der friedvollen Atmosphäre. Besondere Beachtung verdienen der idyllische Kreuzgang und das ätherisch wirkende Deckenfresko der Kirche, das in eindrücklichem Kontrast zu dem Leiden steht, welches das spätgotische Kruzifix ausdrückt. Der Flügelaltar der Gebrüder Vivarini stammt aus dem 15. Jh.

Zrce-Strand auf der benachbarten Insel Pag und kehren mit dem ersten Schiff um 6 Uhr wieder zurück.

Dock 69 BAR, CLUB
(Obala Kralja Petra Krešimira IV) Zu der schicken neuen Lounge-Bar gehören eine Terrasse mit Blick auf den Hafen sowie ein Clubbereich drinnen, in dem DJs abends mit R&B, House und aktuellen Hits für Stimmung sorgen.

Santos Beach Club STRANDCLUB
(www.sanantonio-club.com; Pudarica-Strand; Ende Juni-Anfang Sept. 10 Uhr bis Sonnenaufgang) Der Strandclub liegt etwa 10 km von Rab-Stadt entfernt in der Nähe von Barbat (nachts verkehren Shuttlebusse) und ist nur im Sommer geöffnet. Abends heizen DJs der vergnügten Partymeute ein und es gibt Livekonzerte und Modenschauen, tagsüber ist hier Faulenzen in den Liegestühlen und Beachvolleyball angesagt.

❶ Praktische Informationen

Rund um die Touristeninformation und den Trg Svetog Kristofora gibt es kostenloses WLAN.
Digital X (777 010; Donja bb; 30 Kn pro Std.; Mo-Sa 10–14 & 18–24, So 18–24 Uhr) Internetzugang.
Erste Banka (Mali Palit bb) Devisenumtausch und Geldautomat.
Garderoba (Mali Palit bb; 1 Kn pro Std.; 5.30–20 Uhr) Gepäckaufbewahrung am Busbahnhof.
Katurbo (724 495; www.katurbo.hr; Šetalište Markantuna Dominisa 5) Vermittlung von Privatunterkünften, Geldwechsel, Fahrradverleih (20 Kn pro Std.) und Touren in den Nationalpark Plitvice und zu anderen Zielen.
Numero Uno (724 688; www.numero-uno.hr; Šetalište Markantuna Dominisa 5) Vermittelt Privatunterkünfte, verleiht Fahrräder und organisiert Trekkingausflüge sowie Boots-, Kajak- (320 Kn) und Radtouren (290 Kn).
Post (Mali Palit 67; Mo-Fr 7–20, Sa 7–14 Uhr).
Touristeninformation (771 111; www.tzg-rab.hr; Trg Municipium Arba 8; Mitte Mai–Sept. 8–22 Uhr, Okt.–Mitte Mai Mo–Fr 8–20 Uhr) Gut organisierte Touristeninformation mit hilfsbereitem Personal sowie stapelweise Karten, Broschüren und Flyern. Eine Zweigstelle (Juni–September 8–22 Uhr) befindet sich beim Busbahnhof um die Ecke.

Lopar
1194 EW.

Die Touristenzone auf der Halbinsel Lopar an der Nordspitze von Rab hat wenig Charme, und doch gibt es einen überzeugenden Grund, hierher zu fahren: 22 von Kiefernwäldern gesäumte Sandstrände. In den Sommermonaten ist die Halbinsel fest in der Hand von Familien, denn das Meer ist flach und ideal für Kleinkinder. Das gilt besonders für den 1550 m langen **Paradiesstrand** (Rajska Plaža) in der Crnika-Bucht; von dort kann man fast bis zu einer kleinen Insel vor der Küste waten. Am nahe gelegenen **Livačina-Strand** geht's ruhiger zu.

Wer den Bikini fallen lassen möchte, ist am **Saharastrand**, einem FKK-Strand in einer hübschen Bucht im Norden, gut aufgehoben. Hierher führt ein 45-minütiger Spaziergang durch Kiefernwälder über einen ausgeschilderten Pfad, der hinter dem Hotelkomplex San Marino beginnt. Etwas näher liegt der FKK-Strand **Stolac**, vom Paradiesstrand aus 15 Gehminuten Richtung Norden.

Im Zentrum gibt es eine **Touristeninformation** (775 508; www.lopar.hr; Lopar bb; Juli & Aug. 8–21 Uhr, Juni & Sept. Mo-Sa 8–20, So 8–14 Uhr). **Sahara Tours** (775 444; www.sahara-tours.hr; Lopar bb) vermittelt Privatunterkünfte, darunter Zimmer, Häuser und

Apartments, und organisiert Bootstouren rund um die Insel.

Die Ferienanlage an der Bucht von Crnika besteht aus dem Campingplatz San Marino, fünf von Imperial betriebenen Hotels, zahlreichen Souvenirständen und Nullachtfünfzehn-Restaurants. Eine bessere Alternative ist das familienbetriebene **Epario Hotel** (✆777 500; www.epario.net; Lopar 456a; EZ/DZ 252/612 Kn; P✱@✈) mit 28 sauberen, komfortablen Zimmern, die größtenteils über Balkone verfügen.

Direkt am Paradiesstrand serviert das günstige **Lukovac** (Hauptgerichte ab 35 Kn) leckere *picarels* (frittierte Fischchen) und Salate. Im **Fortuna** (Lopar bb; Hauptgerichte ab 50 Kn) vor den Stadttoren speist man etwas schicker auf einer hübschen schattigen Terrasse.

Die aus Valbiska kommende Fähre legt ungefähr 1 km vom Zentrum entfernt an. Eine Minibahn befördert Passagiere, die ohne eigenes Fahrzeug (Erw./Kind 10/5 Kn) anreisen.

Norddalmatien

022, 023

Inhalt »

Zadar 180
Nationalpark
Plitwitzer Seen 188
Nationalpark
Paklenica 191
Starigrad 193
Sali 195
Telašćica-Bucht 196
Božava 196
Pag (Stadt) 197
Novalja 200
Šibenik 200
Nationalpark Krka . . 205
Kornati-Inseln 207

Auf nach Norddalmatien

Norddalmatien, vom Rest Europas durch das Velebit-Gebirge abgeschirmt, ist klimatisch mild und hinreißend malerisch. Kein Wunder, ist es in erster Linie ein Feriengebiet, lockt es doch mit einer hübschen Küste, historischen Städten, schönen Inseln und Nationalparks. Dennoch ist Norddalmatien alles andere als überlaufen: Weite Teile sind unberührt und von bezaubernder Schönheit.

Die Kulturstadt Zadar, das Tor zu Norddalmatien, ist reich an Museen, römischen Ruinen, Restaurants und Musikfestivals. Das nahe Šibenik hat eine entzückende mittelalterliche Altstadt. Von den Dutzenden Inseln in der Adria ist Pag im Sommer das Top-Ziel für Partygäste, während Dugi Otok und die Kornaten paradiesische Ruhe bieten.

Auch die hiesigen Nationalparks beeindrucken: Paklenica eignet sich hervorragend zum Wandern und Klettern; Krka und Plitvice warten mit einer Vielzahl an Wasserfällen und Seen auf.

Gut essen

» Pelegrini (S. 203)
» Boškinac (S. 200)
» Foša (S. 185)
» Taverna-Konoba Marasović (S. 193)
» Bistro Na Tale (S. 198)

Schön übernachten

» Boškinac (S. 200)
» Hotel Bastion (S. 184)
» Hotel Adriana (S. 185)
» Pansion Eco-House (S. 190)

Reisezeit

Zadar

April & Mai Das milde Wetter garantiert angenehmes Wandern in den hiesigen Nationalparks.

Juni & Juli Bei dem berühmten Kinderfestival zeigt sich Šibenik von seiner besten Seite.

August & September In Petrčane steigen etliche Musikfestivals.

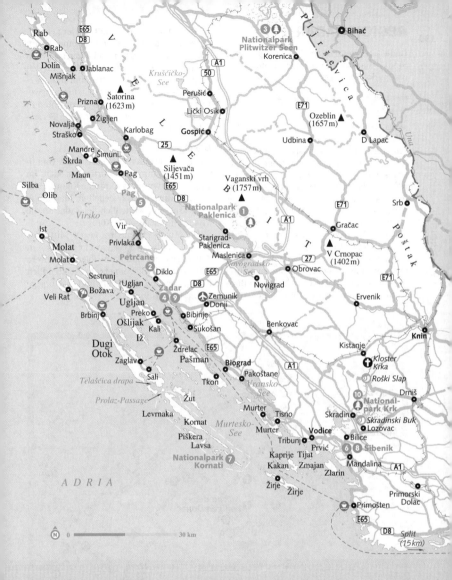

Highlights

1 Durch imposante Schluchten und über Gebirgswege im **Nationalpark Paklenica** (S. 191) wandern

2 Feiern in **Petrčane** (S. 188), Heimat der innovativsten Musikfestivals in Europa

3 Türkisfarbene Seen und Wasserfälle im **Nationalpark Plitwitzer Seen** (S. 188) bewundern

4 **Zadar** (S. 180), eine der am meisten unterschätzten Küstenstädte, erkunden

5 Die Vorzüge von **Pag** (S. 197) – das Nachtleben, die Panoramen und den hervorragenden Käse – genießen

6 Die mittelalterlichen Gassen von **Šibenik** (S. 200) durchstreifen

7 Auf den **Kornati-Inseln** (S. 207) entspannen

8 Im **Sokolarski-Zentrum** (S. 205) viel über Raubvögel erfahren

9 Im **Acquapura Thalasso** (S. 183) entspannen

10 In den unberührten Seen des **Nationalparks Krka** (S. 205) schwimmen

REGION ZADAR

In dieser Gegend liegen die kosmopolitische Stadt Zadar und die beeindruckenden Nationalparks Plitwitzer Seen und Paklenica.

Zadar

♪ 023 / 73 442 EW.

Allmählich macht Zadar mit seiner historischen Altstadt voll römischer Ruinen, mittelalterlicher Kirchen, kosmopolitischer Cafés und hervorragender Museen von sich reden. Es ist weder zu voll noch von Touristen überlaufen und hat zwei einzigartige Attraktionen: das akustische Highlight der Meeresorgel und das Lichtspektakel des Kunstwerks *Gruß an die Sonne*. Beides muss man gehört und gesehen haben.

Eine Postkartenidylle wie Dubrovnik bietet Zadar nicht – bei einem Bummel durch die Altstadt trifft man auf hässliche Bürobauten neben eleganter Habsburger Architektur. Zadar ist eine Stadt, in der gearbeitet wird, und ein Verkehrsknotenpunkt mit erstklassigen Fährverbindungen zu den kroatischen Inseln in der Adria, in den Kvarner, nach Süddalmatien und Italien.

Hotels gibt es im Stadtzentrum nur wenige. Die meisten Besucher übernachten in dem nahe gelegenen üppig grünen Feriengebiet Borik.

Geschichte

Zadar wurde bereits im 9. Jh. v. Chr. vom illyrischen Stamm der Liburner besiedelt. Im 1. Jh. v. Chr. wurde es römische Kolonie. Slawische Einwanderer siedelten hier im 6. und 7. Jh., und schließlich fiel Zadar an die kroatisch-ungarischen Könige.

Der Aufstieg Venedigs gegen Mitte des 12. Jhs. rief heftige Gegenwehr hervor – in den nächsten 200 Jahren folgten mehrere Aufstände der Bewohner, aber letztendlich kaufte Venedig die Stadt und das übrige Dalmatien 1409.

Häufige Kriege zwischen Venedig und den Türken führten im 16. Jh. zum Bau der berühmten Stadtmauer von Zadar. Mit dem Fall Venedigs 1797 geriet die Stadt unter österreichische Herrschaft. Diese verwaltete die Stadt mithilfe der in Zadar etablierten stark italienisierten Aristokratie. Der italienische Einfluss hielt sich bis weit ins 20. Jh. – Zadar blieb eine italienische Provinz. Als Italien 1943 vor den Alliierten kapitulierte, wurde die Stadt von den Deutschen besetzt. Die Bombenangriffe der Alliierten machten sie fast dem Erdboden gleich; 60 % der Altstadt wurden zerstört. Dem ursprünglichen Straßenplan entsprechend wurde Zadar dann wieder aufgebaut.

Die Geschichte wiederholte sich 1991, als Zadar von jugoslawischen Raketen beschossen und drei Monate lang belagert wurde. Heute sind Kriegsspuren jedoch nicht mehr sichtbar und Zadar zählt wieder zu den dynamischsten Städten Kroatiens.

Zadar

⊙ Highlights
Kirche des heiligen Donat B2
Museum für antikes Glas D3
Römische Ruinen B2
Meeresorgel A2
Gruß an die Sonne A1

⊙ Sehenswertes
1 Archäologisches Museum B2
2 Kathedrale der heiligen Anastasia B2
3 Franziskanerkloster &
 -kirche A2
4 Sveti-Rok-Tor D2
5 Loggia C3
6 Museum für Kirchenkunst B3
7 Orthodoxe Kirche B2
8 Hafentor C2
9 Kirche des heiligen Grisogonus C2
10 Kirche des heiligen Simeon D4
11 Stadttor D4
12 Stadtwache C3

Aktivitäten, Kurse & Touren
Castell .... (siehe 13)

🛌 Schlafen
13 Hotel Bastion B1
14 Venera Guest House C4

🍴 Essen
15 Do ortuna C4
16 Kornat B1
17 Na po ure C4
18 Supermarkt C3
19 Trattoria Canzona C4
20 Markt D3

🍷 Ausgehen
21 Arsenal B1
22 Caffe Bar Lovre C3
23 Galerija Đina C4
24 Garden B1
25 Kult Caffe C4
26 Zodiac C4

⊙ Unterhaltung
27 Nationaltheater C3
28 Satir D3

⊙ Sehenswertes
Meeresorgel & Gruß an die Sonne
ZEITGENÖSSISCHE KUNST

Die Meeresorgel des lokalen Architekten Nikola Bašić ist einzigartig. In den löchrigen Steinstufen, die zum Meer führen, befindet sich ein Orgelsystem mit Flöten und Pfeifen. Durch die Bewegung des Meeres wird Luft nach oben durch die Pfeifen gedrückt und es entstehen klagende Töne. Das Resultat wirkt hypnotisierend. Die lieblichen Töne werden lauter, wenn Boote oder Fähren vorbeifahren. Von den Stufen der Promenade aus kann man hinausschwimmen und dabei den Geräuschen der Meeresorgel zuhören.

Direkt daneben befindet sich der *Gruß an die Sonne*, ein weiteres wundervoll-verrücktes Werk von Bašić. In den Boden wurde ein 22 m großer Kreis eingelassen, dessen 300 mehrschichtige Glasplatten das Sonnenlicht während des Tages auffangen. Von Sonnenauf- bis Sonnenuntergang produzieren sie, begleitet vom Rhythmus der Wellen und den Klängen der Meeresorgel, eine effektvolle Lichtshow, die das Sonnensystem simulieren soll. Dank der vielen sonnigen Tage in Kroatien sammelt der *Gruß an die Sonne* so viel Energie, dass damit die gesamte Beleuchtung der Seepromenade betrieben werden kann.

Kirche des heiligen Donat & römische Ruinen
KIRCHE

(Crkva Svetog Donata; Šimuna Kožičića Benje; Eintritt 12 Kn; ☉Mai–Sept. 9–21 Uhr, Okt.–April 9–16 Uhr) Die Kirche aus dem frühen 9. Jh. wurde nach Bischof Donat benannt, der den Bau im frühbyzantinischen Stil errichten ließ. Der ungewöhnliche runde Grundriss ist vor allem an der Südfassade gut zu erkennen, denn hier fehlt der Anbau. Das Innere ist hingegen wundervoll schlicht und schnörkellos und an heißen Tagen erfrischend kühl. Gottesdienste finden hier nicht mehr statt.

Die Kirche wurde über dem **Römischen Forum** erbaut, das zwischen dem 1. Jh. v. Chr. und dem 3. Jh. n. Chr. entstand. Erhalten blieben nur wenige architektonische Fragmente, darunter zwei komplette Säulen, die in die Kirche integriert wurden. Der Boden der Kirche wurde entfernt, sodass man die Felsplatten des antiken Forums erkennen kann. Beachtenswert sind die lateinischen Inschriften auf den Überresten der römischen Opferaltäre.

Vor der Kirche steht an der Nordwestfassade eine römische Säule. Sie wurde im Mittelalter als **Pranger** genutzt, wo so mancher Übeltäter angekettet und öffentlich bestraft oder erniedrigt wurde. An der Westfassade der Kirche findet man weitere **römische Spuren**, darunter Säulen mit Reliefs von Göttern und mythischen Figuren, u. a. Jupiter-Amun und Medusa. Darunter erkennt man die Reste eines Altars aus dem 1. Jh. v. Chr., der bei heidnischen Zeremonien für Blutopfer benutzt wurde. Wahrscheinlich stand hier ein Tempel, der Jupiter, Juno und Minerva geweiht war.

Stadtmauer VERTEIDIGUNGSWALL

Ein Rundgang entlang der Stadtmauer gewährt einen guten Einblick in die Geschichte der Stadt. Man beginnt an der östlichen Mauer nahe der Fußgängerbrücke. Hier befinden sich die einzigen Überreste der antiken römischen und frühen mittelalterlichen Befestigungen. Der größte Teil der Stadtmauer wurde unter venezianischer Herrschaft gebaut. Vier alte Stadttore sind noch erhalten: im Nordwesten das **Sveti-Rok-Tor**, dann das **Hafentor**, das 1573 errichtet wurde und den venezianischen Löwen und Teile eines römischen Triumphbogens zeigt. Eingelassen ist auch eine Inschrift zur Erinnerung an die Schlacht von Lepanto. Im Südosten liegt das prächtige **Landtor** von 1543. Die Verzierungen im Stil der Renaissance zeigen den heiligen Krževan hoch zu Ross und den venezianischen Löwen. Das vierte Tor liegt am Trg Pet Bunara.

Museum für antikes Glas MUSEUM

(www.mas-zadar.hr; Poljana Zemaljskog Odbora 1; Erw./erm. 30/10 Kn; ☻Mai–Sept. Mo–Sa 9–21 Uhr, Okt.–April 9–19 Uhr) Zadars neueste Attraktion ist dieses beeindruckende und gut konzipierte Museum, dessen Besuch viel Spaß macht. Es hat fantastische Räumlichkeiten; große Leuchtkästen und ätherische Musik sorgen für ein besonderes Museumserlebnis. Mit Beispielen wie Werkzeug, Blasrohren und frühen Gefäßen aus Ägypten und Mesopotamien wird die Erfindung von Glas und seine historische Bedeutung erklärt. Zu den Tausenden von Exponaten zählen Kelchgläser, Krüge und Fläschchen, Schmuck, Ringe und Amulette; viele Stücke fand man in der Gegend von Zadar, darunter römische Miniaturen, in denen Frauen Parfüm und ätherische Öle aufbewahrten.

Bis Ende 2011 wird hier auch die imposante griechische Statue des **Apoxyomenos** (Eintritt im Preis enthalten) ausgestellt. Dem Athleten aus Bronze ist eine eigene Ausstellung gewidmet. Hervorragende Erklärungen veranschaulichen seine Bedeutung und die aufwendige Restaurierung, die den Griechen wieder in Form brachte.

Gradski Trgovi PLÄTZE DER STADT

Der **Narodni Trg** war schon immer das Zentrum des öffentlichen Lebens. Die Westseite des Platzes wird von der **Stadtwache** beherrscht, die 1562 im Stil der Spätrenaissance erbaut wurde. Der Uhrenturm wurde 1798 unter österreichischer Herrschaft errichtet. Öffentliche Bekanntmachungen und Urteile verkündete man von der **Loggia** auf der anderen Seite des Platzes. Hier finden heutzutage Ausstellungen statt. Einige Hundert Meter nordwestlich des Narodni Trg steht die **orthodoxe Kirche**, dahinter schließt sich ein kleines serbisches Viertel an.

Der **Trg Pet Bunara** (Platz der fünf Brunnen) wurde 1574 über einem alten Stadtgraben angelegt. Die fünf Brunnen versorgten Zadar bis 1838 mit Wasser.

Der kleinere Bruder **Trg Tri Bunara** (Platz der drei Brunnen), liegt am anderen Ende der Stadt beim Arsenal, einem früheren Lagerhaus, das in ein Kulturzentrum mit Bar, Restaurant und Geschäften umgebaut wurde. Direkt um die Ecke befindet sich die Garden Bar mit Club, die diese Gegend zum Trendviertel macht.

Kirche des heiligen Simeon HISTORISCHE KIRCHE

(Crkva Svetog Šime; Trg Šime Budinica; ☻Juni–Sept. 8–12 & 18–20 Uhr) Diese Kirche wurde im 16. und 17. Jh. an der Stelle eines früheren Gotteshauses errichtet. Der Sarkophag des heiligen Simeon ist ein Meisterwerk mittelalterlicher Goldschmiedekunst. Er wurde 1377 in Auftrag gegeben, ist aus Zedernholz gefertigt und innen und außen mit fein gearbeiteten vergoldeten Silberreliefs verziert. Das mittlere Relief zeigt Jesus im Tempel und ist eine Kopie des Giotto-Freskos der Scrovegni-Kapelle (Capella dell' Arena) in Padua. Andere Reliefs stellen Szenen aus dem Leben von Heiligen und den Besuch von König Ludovic in Zadar dar. Auf dem Sargdeckel findet sich der liegende Simeon.

Kathedrale der heiligen Anastasia
KATHEDRALE
(Katedrala Svete Stošije; Trg Svete Stošije; Mo-Fr 8–12 & 17–18.30 Uhr) Die romanische Kathedrale der heiligen Anastasia wurde im 12. und 13. Jh. an der Stelle einer älteren Kirche erbaut. Hinter der reich verzierten Fassade verbirgt sich ein beeindruckender dreischiffiger Innenraum. Die Seitenkapellen sind mit Wandmalereien aus dem 13. Jh. geschmückt. In der linken Apsis befindet sich auf dem Altar ein Marmorsarg mit den sterblichen Überresten der heiligen Anastasia, während im Presbyterium ein aufwendig geschnitztes Chorgestühl steht. Im Zweiten Weltkrieg wurde die Kathedrale stark beschädigt, ist aber seitdem wieder aufgebaut worden. Vom **Glockenturm** (10 Kn) hat man einen eindrucksvollen Blick auf die Altstadt.

Museum für Kirchenkunst
MUSEUM
(Trg Opatice Čike bb; Erw./erm. 20/10 Kn; Mo-Sa 10–12.45 & 18–20, So 10–12 Uhr) Das faszinierende Museum im Benediktinerkloster zeigt eine hochwertige Ausstellung mit Reliquien und religiösen Gemälden. Besonders sehenswert sind neben den Goldschmiedearbeiten ein Madonnengemälde aus dem 14. Jh. sowie Marmorskulpturen und ein Werk von Paolo Veneziani. Im zweiten Stock sind Skulpturen und Stickereien des 15. und 16. Jhs. ausgestellt, außerdem sechs Gemälde des venezianischen Meisters der Historiendarstellung, Vittore Carpaccio, aus dem 15. Jh.

Archäologisches Museum
MUSEUM
(Arheološki Muzej; Trg Opatice Čike 1; Erw./erm. 12/6 Kn; Mai–Sept. Di–Fr 9–20, Sa 9–13, So 10–13 Uhr, Okt.–April Di–Fr 9–15, Sa & So 10–13 Uhr) Dieses Museum wird derzeit renoviert. Abgeschlossen sind die Arbeiten bereits im oberen Stock mit prähistorischen, illyrischen und liburnischen Keramik- und Metallwaren. Die mittlere Etage ist leer, bis auf eine imposante römische Stele aus Asseria und eine 2,5 m hohe Marmorstatue des Augustus aus dem 1. Jh. n. Chr. Im unteren Stock sind lokale archäologische Funde zu sehen, darunter bedeutende aus Kroatien.

Franziskanerkloster & -kirche
KLOSTER
(Samostan Svetog Frane; Zadarskog mira 1358; Eintritt frei; 7.30–12 & 16.30–18 Uhr) Die älteste gotische Kirche Dalmatiens wurde im Jahre 1280 geweiht. Das Kircheninnere prägen Stilelemente der Renaissance, etwa in der hübschen Antonius-Kapelle. In der Sakristei erinnert eine Gedenktafel an den Vertrag von 1358, in dem Venedig Dalmatien an den kroatisch-ungarischen König Ludovic abtrat.

Kirche des heiligen Grisogonus
KIRCHE
(Crkva Svetog Krševana; Brne Krnarutića; nur zur Messe geöffnet) Diese schöne Kirche war früher Teil eines Benediktinerklosters aus dem 12. Jh. Sie ist derzeit wegen Renovierung geschlossen, hat aber einen sehenswerten barocken Altar und byzantinische Fresken.

🏃 Aktivitäten

Zadar lässt sich großartig mit dem Fahrrad erkunden. **Supernova** (311 010; Obala Kneza Branimira 2a) vermietet Fahrräder für 90 Kn pro Tag.

An der Küstenpromenade Kralja Dmitra Zvonimira gibt es einen **Badebereich** mit Sprungbrettern, einem kleinen Park und einem Café. Die Promenade wird von Pinien und Grünanlagen gesäumt und führt zu einem Strand vor dem Hotel Kolovare. Von dort zieht sie sich noch ungefähr 1 km am Meer entlang.

Statt über die Brücke zu gehen, kann man auch in ein *barkarioli* (Ruderboot) steigen und die Strecke zwischen der Halbinsel mit der Altstadt und dem Festland entspannt zurücklegen.

Spas

Acquapura Thalasso
WELLNESSZENTRUM
(206 184; www.borik.falkensteiner.com; Club Fulmination Borik, Majstora Radovana 7, Borik; 8–22 Uhr) Dieses ungewöhnliche Wellnesszentrum wurde kürzlich zu Kroatiens Spa des Jahres gewählt. Es ist eine riesige, hübsch renovierte Anlage mit Sauna und Whirlpools, verschiedenen Pools und Tauchbereichen; angeboten werden auch Massagen und Schönheitsanwendungen. Eine Stunde Aromatherapiemassage kostet 290 Kn, die Anwendung „Vital Eyes" 200 Kn. Das sollte man sich gönnen!

Castell HOTELSPA
(494 950; www.hotel-bastion.hr; Hotel Bastion, Bedemi Zadarskih Pobuna 13; 9–21 Uhr) Natürliches Licht hat das kleine Spa im Keller des Hotels Bastion nicht, es bietet aber höchst professionelle Massagen und Gesichtsbehandlungen. Das Dampfbad „Aura" mit ätherischen Ölen kostet ab 240 Kn.

Geführte Touren

Reisebüros bieten Bootsausflüge zur Telašćica-Bucht und den schönen Inseln der Kornaten an. Im Preis inbegriffen sind das Mittagessen und Schwimmen im Meer oder einem Salzsee. **Aquarius Travel Agency** (212 919; www.juresko.hr; Nova Vrata bb) nimmt 250 Kn pro Person für einen Ganztagesausflug, oder man erkundigt sich am Liburnska Obala (wo die Ausflugsboote liegen).

Organisierte Ausflüge zu den Nationalparks Paklenica, Krka und Plitwitzer Seen sind ebenfalls sehr beliebt.

Festivals & Events

In der Region Zadar finden inzwischen mehrere international renommierte **Musikfestivals** statt; siehe S. 187. Weitere Events:

Musikabende KLASSISCHE MUSIK
Klassische Konzerte mit internationalen Interpreten sind in der Kirche des heiligen Donat und an anderen Veranstaltungsorten in Zadar zu hören.

Zadar-Träume THEATER
(Zadar Snova; www.zadarsnova.hr) Zeitgenössisches Theater, Tanz, Musik und Kunst in den Parks und auf den Plätzen der Stadt während des Theaterfestivals zwischen dem 7. und 14. August.

Vollmondfestival
Bei diesem Festival in der Vollmondnacht im August erstrahlen Zadars Uferpromenaden im Licht von Fackeln und Kerzen; Stände verkaufen lokale Spezialitäten und Boote verwandeln das Ufer in einen schwimmenden Fischmarkt.

Chorfestival CHORMUSIK
In den Kirchen von Zadar geben im Oktober einige der bekanntesten Chöre Europas Konzerte.

Schlafen

In Zadar selbst gibt es nicht viele Unterkünfte. Die meisten Besucher übernachten in dem Touristengebiet Borik, was nicht so schlecht ist, wie es sich anhört, denn dort gibt es schöne Schwimmmöglichkeiten, viel Grün und eine hübsche Promenade. Die meisten Hotels in Borik stammen aus jugoslawischer Zeit (oder sind noch älter). Es gibt auch eine Pension, einen Campingplatz und *sobe* (Zimmer). Viele Hotels gehören zu der österreichischen Gruppe **Falkensteiner** (www.falkensteiner.com).

Reisebüros vermitteln auch Privatunterkünfte; in der Altstadt gibt's allerdings nur sehr wenige.

Zadar

Hotel Bastion BOUTIQUE-HOTEL €€€
LP TIPP (494 950; www.hotel-bastion.hr; Bedemi Zadarskih Pobuna 13; EZ/DZ/Suite ab 905/1140/1290 Kn; P✱@☎) Endlich ein gutes und stilvolles Hotel in Zadars Altstadt! Das Bastion wurde über den Resten einer Burg erbaut und mit viel Flair im Art-déco-Stil gestaltet. Die 28 Zimmer sind sehr gut ausgestattet; die Suite hat eine eigene Terrasse mit Hafenblick. Die Lage direkt neben der Garden Bar und dem Arsenal könnte nicht besser sein. Zum Hotel gehören ein erstklassiges Restaurant und ein Spa im Keller. Allerdings lässt der Fitnessbereich zu wünschen übrig. Parken kann man für 70 Kn pro Tag.

Villa Hrešć UMGEBAUTE VILLA €€
(337 570; www.villa-hresc.hr; Obala Kneza Trpimira 28; EZ/DZ 650/850 Kn; P✱☎) Diese Privatvilla liegt ca. 20 Minuten von Zadars historischen Sehenswürdigkeiten entfernt. Vom Garten am Meer blickt man direkt auf die Altstadt. Die hochwertigen Zimmer und Apartments sind attraktiv und farblich ansprechend eingerichtet; einige haben große Terrassen.

Venera Guest House PENSION €
(214 098; www.hotel-venera-zd.hr; Šime Ljubića 4a; DZ 450 Kn) Zwei Dinge sprechen für diese einfache Pension: die gute Lage in einer ruhigen Straße der Altstadt und die freundliche Besitzerfamilie. Die schlichten Zimmer sind sauber, aber altmodisch und klein. Alle sind mit Doppelbetten, Föhn, Schreibtisch und Dusche ausgestattet. Eine Klimaanlage und ein Restaurant im Erdgeschoss sind geplant. Das Frühstück ist nicht im Preis enthalten.

Studentenwohnheim HOSTEL €
(224 840; Obala Kneza Branimira bb; B 147 Kn; Juli & Aug.) Das Studentenwohnheim wird im Juli und August als Jugendherberge genutzt. Es liegt zentral – man braucht nur die Fußgängerbrücke zu überqueren – und hat schnörkellose Dreibettzimmer.

Borik

Hotel Adriana STRANDHOTEL €€€
LP TIPP
(☏206 636; www.falkensteiner.com; Majstora Radovana 7; EZ/DZ 1494/2286 Kn; ⊙Mitte Mai–Mitte Okt.; P✲@🛜🏊) Das elegante Hotel in einer hübschen Villa aus dem 19. Jh. ist eine erholsame Unterkunft auf schattigem Gelände, das sich bis zum Mittelmeer erstreckt. Die Zimmer in einem Anbau aus den 1960er-Jahren präsentieren sich noch im Retrolook und bieten oberen Standard. Viele Gäste buchen Halbpension, denn das Restaurant mit Tischen auf einer vornehmen Terrasse ist hervorragend.

Hotel Niko STRANDHOTEL €€€
(☏337 888; www.hotel-niko.hr; Obala Kneza Trpimira 9; EZ/DZ 732/952 Kn; P✲🛜) Vom Gelände und der Restaurantterrasse dieses kleinen, gut geführten Hotels bietet sich ein schöner Blick über das Meer zur Altstadt. Die großen Zimmer sind mit dicken roten Teppichen und hochwertigen Möbeln eingerichtet; viele haben Balkone mit Meerblick. Das Personal ist effizient und freundlich.

Club Funimation Borik RESORTHOTEL €€€
(☏206 636; www.falkensteiner.com; Majstora Radovana 7; EZ/DZ 1296/1714 Kn; P✲🛜🏊) Der effizient geführte Familienbetrieb direkt an der Uferpromenade von Borik hat eine hervorragende Infrastruktur, z. B. einen großartigen Fitnessbereich und einen Innen- und Außenpool. Kinder werden in ihrem eigenen „Falky Land" betreut. Das Hotel stammt aus den 1960er-Jahren. Bei der Renovierung wurde mit schriller Beleuchtung und einer kitschigen Bar im Safaristil der Epochencharakter erhalten. Die Zimmer sind sehr groß und die Suiten fürstlich. Doch der Trumpf des Funimation ist das hervorragende Spa.

Pansion Albin PENSION €€
(☏331 137; www.albin.hr; Put Dikla 47; EZ 327 Kn, DZ 436–509 Kn; P✲@🛜🏊) Diese gastfreundliche Pension mit gepflegten Zimmern (einige mit Balkon) ist eine gute Wahl. Auch das Restaurant ist gut und serviert großzügiges Frühstück. Das Haus liegt ruhig in der Nähe eines Strandes.

Jugendherberge Zadar HOSTEL €
(☏331 145; zadar@hfhs.hr; Obala Kneza Trpimira 76; 12–17 € pro Person; P@) Diese große Jugendherberge (mit 300 Betten) und typischer Einrichtung ist eine der wenigen günstigen Unterkünfte in Zadar. Sie hat einfache Zimmer (elf Doppelzimmer) und große Schlafsäle, liegt in der Nähe der Küste und ist für ein oder zwei Übernachtungen okay. Allerdings fallen ab und zu große Schulklassen ein.

Autocamp Borik CAMPING €
(☏332 074; 56 Kn pro Erw., 94–146 Kn pro Stellplatz; ⊙Mai–Okt.) Dieser Campingplatz in der Nähe der Küste von Borik ist eine gute Wahl, wenn man schnell nach Zadar fahren möchte. Große Pinien spenden Schatten und die Infrastruktur ist prima.

Essen

In Zadar gibt es viele und in der Regel preisgünstige Restaurants. Man findet sowohl elegante Lokale, die sich auf dalmatinische Küche (insbesondere Fisch) spezialisiert haben, als auch pragmatische kantinenartige Restaurants, in denen man satt wird.

Stadtzentrum

Foša MEDITERRAN €€
LP TIPP
(www.fosa.hr; Kralja Dmitra Zvonimira 2; Hauptgerichte ab 85 Kn) Das klassische Restaurant hat eine hübsche Terrasse zum Hafen; die schicke Inneneinrichtung verbindet alte Steinwände mit dem Stil des 21. Jhs. Am besten probiert man zuerst die Olivenöle und bestellt dann einen Mittelmeerfisch, Thunfisch oder Garnelen. Auch Fleischliebhaber kommen hier auf ihre Kosten. Zum Nachtisch gibt es z. B. dalmatinischen Mandelkuchen und Panna cotta mit Sauerkirschsauce.

Kornat KROATISCH €€
(Liburnska Obala 6; Hauptgerichte ab 70 Kn) Dieses elegante Restaurant in Top-Hafenlage mit viel geschliffenem Holz und einer schicken Terrasse zur Straße zählt zu Zadars besten Lokalen. Die Küche ist sehr schmackhaft, wenn auch traditionell mit vielen schweren Saucen; zu empfehlen sind das Rindersteak in Trüffelsauce, das Lamm mit Rosmarin und Rotwein oder schwarzer Risotto.

Zalogajnica Ljepotica DALMATINISCH €
(Obala Kneza Branimira 4b; Hauptgerichte ab 35 Kn) Das billigste Restaurant von Zadar serviert täglich zu konkurrenzlosen Preisen drei bis vier Gerichte (z. B. Risotto, Pasta und Fleisch vom Grill) in schlichter Umgebung.

Trattoria Canzona ITALIENISCH €
(Stomorića 8; Hauptgerichte ab 40 Kn) Das einfache, nette Lokal hat Tische mit karierten Tischdecken auf dem Bürger-

steig und ist für ein preisgünstiges Essen perfekt. Die Salate sind reichhaltig und die Gnocchi dick und saftig.

Na po ure KROATISCH €
(Špire Brusine 8; Hauptgerichte ab 40 Kn) Diese schlichte familiengeführte *konoba* ist die richtige Adresse für herzhafte dalmatinische Küche: Gegrilltes Lamm, Kalbsleber und frischer Fisch kommen mit Kartoffeln und Gemüse auf den Tisch.

Do ortuna GOURMETSNACKS €
(Stomorića 4; Mahlzeiten 12–30 Kn) Diese Kneipe mit zwei Tischen draußen serviert große Sandwiches, Crêpes, *papaline* (kleine in Brotkrumen gebratene Fische) und Salat. Alles ist sehr gut.

Zadars **Markt** (6–15 Uhr), nahe der Juria Barakovica, bietet preisgünstig saisonale lokale Produkte und ist einer der besten Kroatiens. Man bekommt hier saftige Wassermelonen und Orangen, luftgetrockneten Schinken und Käse aus Pag (ca. 100 Kn pro ½ kg). Es gibt auch einen **Supermarkt** (Ecke Široka & Sabora Dalmatinske) mit langen Öffnungszeiten.

Borik

Pearl of Siam THAILÄNDISCH €€
(Put Dikla 9; Hauptgerichte ab 60 Kn; Feb.–Nov. 17–23.30 Uhr) Das hübsche Restaurant in einem Wohnhaus voller siamesischer Souvenirs wird von einem deutsch-thailändischen Team geführt. Ein sechsgängiges Menü kostet 230 Kn, aber man bekommt auch einfachere Gerichte für ca. 60 Kn.

Niko FISCH €€
(www.hotel-niko.hr; Obala Kneza Domagoja 9; Hauptgerichte ab 60 Kn) Dieses überaus beliebte Hotelrestaurant serviert tollen gegrillten Fisch und Meeresfrüchte, aber auf der Speisekarte stehen auch Fleisch- und vegetarische Gerichte. Am Besten isst man auf der großen Terrasse mit Adria-Blick.

Ausgehen

In Zadar gibt es Straßencafés, Lounge- und Designerbars und alles dazwischen. Interessante kleine Szenebars, die bei Studenten und Kreativen angesagt sind, findet man in Varoš an der Südwestseite der Altstadt.

LP TIPP
Garden CHILL-OUT-BAR
(www.thegardenzadar.com; Bedemi Zadarskih Pobuna; Ende Mai–Okt.) Wenn überhaupt, dann ist Zadar wegen dieser bemerkenswerten Kombination aus Bar, Club, Garten und Restaurant kein weißer Fleck mehr auf der Landkarte. Von seinem Standort auf der Stadtmauer bietet sich ein umwerfender Blick auf den Hafen. Mit den Matratzenkissen, separaten Alkoven, großen Sonnensegeln, seinem purpurnen und weißen Dekor und zeitgenössischer Techno-Musik erinnert das Garden an Ibiza, ist aber erstaunlich preisgünstig. Hier bleibt jeder länger als geplant, denn der Ort hat hypnotischen Charme. Mehr zum Garden-Imperium siehe Kasten S. 187.

Arsenal BAR, RESTAURANT
(www.arsenalzadar.com; Trg Tri Bunara 1) Das alte, umgebaute Bootslagerhaus beherbergt nun ein Restaurant, eine Galerie und ein Kulturzentrum mit lässiger, gepflegter Atmosphäre. Es ist ein faszinierender Ort, an dem man gern etwas mehr Zeit verbringt, mit schrillen Nischen zum Chillen, Kunst zum Schauen, Boutiquen, Musikevents, guter Küche, guten Drinks und sogar einem Schalter der Touristeninformation (nicht immer besetzt).

Caffe Bar Lovre CAFÉ
(Narodni Trg 1) Das nette Café hat eine riesige Terrasse am Narodni Trg und dank der Überreste der Kirche des heiligen Lovre auf dem Gelände (im hinteren Teil) sehr viel Flair. Ein idealer Ort für ein leichtes Frühstück: Hier kann man ein Croissant essen, Cappuccino trinken und den innerstädtischen Trubel genießen.

Kult Caffe IN-BAR
(Stomorića 4) Das stilvolle Kult Caffe mit angesagter Musik zieht ein junges modisches Publikum an. Seine große Terrasse zählt zu den wichtigsten Treffpunkten von Zadar.

Zwei der besten Adressen in Varoš:

Zodiac IN-BAR
(Olica Simana Ljubavca bb) Hier treffen sich die Künstler, Schriftsteller, Tagträumer und Macher von Zadar. Auf den Stühlen in einer Nebenstraße lassen sich viele interessante Typen nieder.

Galerija Đina BAR IM ZENTRUM
(Varoška 2) Die Gäste dieser lebhaften Bar bevölkern die enge Gasse im Zentrum von Varoš. Am Wochenende wird es hier ansteckend laut.

Unterhaltung

Satir CLUB
(www.satir.hr; Poljana Zemaljskog Odbora 2; Do–Sa) Führende House- und Techno-DJs legen in diesem kleinen neuen Club

DAS GARDEN EXPANDIERT

Zwischen Juli und September präsentieren sich in der Region Zadar einige der renommiertesten Electronic-Künstler, Bands und DJs. Musik und Stilrichtungen sind vielfältig: Cosmic Disco, Soul und Funk, Electronic mit Folkelementen, House und jazzige Loungemusik. Das Publikum ist musikalisch gebildet und reif. Organisiert werden die Festivals von der Garden Bar in Zadar, veranstaltet aber in Petrčane, 10 km nördlich von Zadar an der Küste.

Das ursprüngliche Event, das **Garden Festival** (www.thegardenzadar.com), findet bereits seit 2006 statt, doch 2010 gab es zwischen Juli und September in Petrčane noch vier weitere Festivals (Soundwave, Suncebeat, Electric Elephant und Stop Making Sense). Alle präsentieren innovative Künstler (eher als große Namen und einheizende DJs), z. B. Carl Craig, Hercules und Love Affair, Crazy P, Andrew Weatherhall und Phil Mison. Gefeiert wird in schöner Umgebung nahe beim Strand, mit schattigen Chill-out-Zonen und drei verschiedenen Musikbereichen, darunter ein Club namens Barbarella, der seit der Restaurierung wieder in alter Spiegelsaalpracht der 1970er-Jahre erstrahlt. Ein Highlight sind die berüchtigten Argonaughty-Bootpartys auf der funkelnden Adria.

auf. Ab und zu gibt's Fetisch-Partys, Bandauftritte und Modenschauen.

Callegro KINO
(www.callegro.com; Široka 18; Tickets 20–25 Kn) Das Miniplex-Kino zeigt alles von Programmkino bis zu Hollywood-Blockbustern in Originalsprache.

Nationaltheater THEATER
(314 552; Široka; Mo–Fr 9–17 Uhr) Für Kulturinteressierte.

Praktische Informationen

Aquarius Travel Agency (212 919; www.juresko.hr; Nova Vrata bb) Bucht Unterkünfte und Ausflüge.

Garderoba (Gepäckaufbewahrung 15 Kn pro Tag) Busbahnhof (Mo–Fr 6–22 Uhr); Jadrolinija-Dock (Mo–Fr 7–20.30, Sa 7–15 Uhr); Bahnhof (24 Std.)

Geris.net (Federica Grisogona 81; Internetzugang 25 Kn pro Std.) Zadars bestes Cybercafé.

Krankenhaus (315 677; Bože Peričića 5)

Miatours (/Fax 212 788; www.miatours.hr; Vrata Svetog Krševana) Organisiert Ausflüge und Unterkünfte.

Postamt (Poljana Pape Aleksandra III; Mo–Sa 7.30–21, So 7.30–14 Uhr) Es gibt hier Telefone und einen Geldautomaten.

Touristeninformation (316 166; www.tzzadar.hr; Mihe Klaića 5; Juni–Sept. Mo–Fr 8–22, Sa & So 8–21 Uhr, Okt.–Mai 8–20 Uhr) Veröffentlicht eine gute farbige Karte sowie den kostenlosen *Zadar City Guide*.

Zagrebačka Banka (Knezova Šubića Bribirskih 4) Mit Bankautomat und Schalter zum Geldwechseln.

An- & Weiterreise

Bus

Croatia Express (250 502; www.croatiaexpress.com; Široka 14) verkauft Tickets nach Zagreb, Split und Triest (Italien), außerdem in viele deutsche Städte.

Der **Busbahnhof** (211 035; www.liburnijazadar.hr, auf Kroatisch) liegt ca. 2 km östlich der Altstadt. Busse fahren von hier nach Zagreb (95–143 Kn, 3½–7 Std., alle 30 Min.), Rijeka (149 Kn, 5 Std., 6-mal tgl.), Split (105 Kn, 3 Std., 8-mal tgl.) und Dubrovnik (174–215 Kn, 8 Std., 7-mal tgl.).

Flugzeug

Der Flughafen von Zadar liegt etwa 12 km östlich von der Innenstadt. Für die ankommenden Fluggäste stehen Busse von Croatia Airlines bereit (20 Kn).

Croatia Airlines (250 101; www.croatiaairlines.hr; Poljana Natka Nodila 7) hat Verbindungen nach Zagreb und Pula. **Ryanair** (www.ryanair.com) fliegt u. a. nach Frankfurt (Hahn) und Düsseldorf (Weeze).

Schiff/Fähre

Das Büro von **Jadrolinija** (254 800; Liburnska Obala 7) am Hafen verkauft Tickets für alle lokalen Fähren. Internationale Fahrkarten gibt es bei **Jadroagent** (211 447; jadroagent-zadar@zd.t-com.hr; Poljana Natka Nodila 4), gleich innerhalb der Stadtmauer.

Zug

Der **Bahnhof** (212 555; www.hznet.hr; Ante Starčevića 3) befindet sich direkt neben dem Busbahnhof. Jeden Tag gibt es fünf Verbindungen nach Zagreb, allerdings kommt man mit den Zügen nur sehr langsam voran: Der schnellste braucht über acht Stunden.

ⓘ Unterwegs vor Ort

Vom Busbahnhof verkehren regelmäßig Busse zum Hafen und nach Borik. Busse mit der Fahrtrichtung „Poluotok" fahren zum Hafen, Busse mit der Aufschrift „Puntamika" (5 und 8) fahren alle 20 Minuten nach Borik (So stündlich). Die Tickets kosten 8 Kn (13 Kn für zwei am *tisak*).

Ein sehr effizientes und günstiges Taxiunternehmen ist **Lulic** (✆494 494). Für Fahrten bis zu 5 km zahlt man nur 20 Kn.

Rund um Zadar

PETRČANE

Petrčane, 12 km nördlich von Zadar, besteht aus einem schmalen Kieselstrand und ein paar Ferienhäusern und würde das 21. Jh. weiterhin verdösen, wenn es hier nicht im Sommer die Festivals des Garden aus Zadar gäbe (siehe unten).

Das die Küste dominierende **Pinija** (✆20 2500; www.hotel-pinija.hr; EZ/DZ 548/952 Kn; P✱@🛜🏊) ist einer der typischen Betonkästen mit 300 Zimmern, Animation und Büfett. Die Festivals finden auf dem Gelände dieses Hotels statt. Einige Kilometer weiter in Punta Skala erhebt sich wie ein El Dorado aus der Küstenebene das neue große Hotel der Gruppe Falkensteiner. Es folgt einem unglaublich organisierten, effizienten und bis ins Detail durchgeplanten Tourismuskonzept: Das **Familienhotel Diadora** (✆555 911; www.falkensteiner.com; Zi. ab 718 Kn; P✱@🛜🏊) eröffnete 2010 und hat zahlreiche hervorragende Freizeiteinrichtungen, hochwertig ausgestattete moderne Zimmer und Restaurants. Ein ultramodernes Falkensteiner Spa-Hotel soll 2011 oder 2012 direkt nebenan eröffnen. Die richtige Adresse für Camper ist das **Camp Pineta** (✆364 261; www.camp-pineta.com; 20 Kn pro Person, 30–38 Kn pro Zelt) wo man sein Zelt unter Pinien am Meer aufschlagen kann. Eine Alternative ist der einfache, gut geführte **Auto Camp Peros** (✆265 830; www.camp-pineta.com; 56/124 Kn pro Person/Zelt; 🏊) ein Stück weiter die Küste hoch.

In Petrčane gibt es ein paar Restaurants, darunter das tradionelle **Konobo Amore** (Hauptgerichte ab 70 Kn) nahe am Meer. Eine große Meeresfrüchteplatte für zwei Personen kostet 250 Kn.

UGLJAN
1320 EW.

Die Insel Ugljan ist von Zadar aus bequem mit der Fähre erreichbar und bei Einheimischen ein beliebtes Ausflugsziel. Viele in Zadar Arbeitende wohnen auf der grünen Insel, mit insgesamt 7500 Menschen ist sie dicht besiedelt. An den Sommerwochenenden kann es durch die vielen Besucher voll werden. Auf der Insel stehen einige Wälder, größtenteils dominiert aber Macchia. Es gibt Kiefernhaine und Kulturland mit Gemüsegärten, Ölbäumen und Weinbergen. Die Ostküste ist am stärksten zersiedelt und bietet die beste Infrastruktur der Insel, der Westen ist immer noch ziemlich unberührt. Der Inselhafen mit zwei kleinen Hafenbecken und einem Fähranleger heißt **Preko** und liegt direkt gegenüber von Zadar. Hier gibt es zwar einen Stadtstrand, aber den besseren Strand findet man auf der Insel **Galovac**, nur 80 m vom Stadtzentrum entfernt. Galovac ist winzig, dafür ungemein schön und bewaldet; außerdem steht hier ein Franziskanerkloster aus dem 15. Jh. Wer mit einem Mietwagen unterwegs ist, kann auch das **Dorf Ugljan** an einer zerklüfteten Bucht mit Sandstrand, das Fischerdorf **Kali** und die mit Kiefern und Zypressen bewachsene Insel **Ošljak** besuchen.

Jadrolinija (www.jadrolinija.hr) betreibt ganzjährig zwischen 5.30 und 23.30 Uhr im Stundentakt Fähren zwischen Zadar und Preko (18 Kn, 25 Min.).

Nationalpark Plitwitzer Seen
✆053

Der Nationalpark Plitwitzer Seen liegt etwa auf halbem Wege zwischen Zagreb und Zadar. Seine bezaubernd malerischen, bewaldeten Hügel umringen türkisfarbene Seen, die durch Wasserfälle und Kaskaden miteinander verbunden sind. Holzbrücken und Pfade mit einer Gesamtlänge von 18 km schlängeln sich am Ufer der Seen entlang und leiten die Besucher über Flüsse, unter oder dicht am herabstürzenden Wasser vorbei. So kann ein Besuch ein sehr feuchtes Vergnügen werden. 1979 erklärte die Unesco die Plitwitzer Seen zum Weltnaturerbe.

Für den Besuch in diesem außerordentlich schönen Park sollte man sich eigentlich mehrere Tage Zeit nehmen. Man kann ihn aber auch auf einem Tagesausflug von Zadar oder Zagreb aus besichtigen, und das ganzjährig: Im Frühjahr führen die Wasserfälle sehr viel Wasser, im Sommer sind die Hügel strahlend grün und im Herbst

WILDTIERE

Die Stars des Parks sind Bären und Wölfe, doch es gibt auch Rehe, Wildschweine, Hasen, Füchse und Dachse. Auch Vogelarten kann man hier beobachten, z. B. Habichte, Eulen, den Kuckuck, Eisvögel, wilde Enten und Reiher – manchmal sogar Schwarzstörche und Fischadler.

hat man das wechselnde Farbenspiel des Laubs dank der wenigen Besucher fast ganz für sich allein.

Das Seensystem wird in die Oberen und Unteren Seen unterteilt: Die Oberen Seen liegen in dichten Wäldern und sind durch mehrere gewaltige Wasserfälle (*slap*) verbunden. Die Unteren Seen sind kleiner und flacher. Das meiste Wasser führen die beiden Flüsse Bijela und Crna (der „weiße" und der „schwarze" Fluss), die sich südlich des Prošćansko-Sees vereinen. Zusätzlich werden die Seen durch unterirdische Quellen gespeist. Gleichzeitig versickert Wasser an einigen Punkten im porösen Kalkgestein und tritt an anderen Stellen wieder aus. Alle Wassermassen sammeln sich am Ende im Fluss Korana nahe beim Sastavci-Fall.

Barrieren aus Dolomitgestein trennen die Oberen Seen voneinander. Moose und Algen speichern das Kalziumkarbonat (das durch Lösung von Kalk im Wasser mittels Kohlensäure entsteht), lagern es in ihren Wurzeln oder an ihrer Oberfläche ab und sorgen so für ein ständiges Weiterwachsen der Barrieren. Der dabei entstehende Travertin (Kalksinter) bildet allmählich dicke Krusten – Wasserfälle entstehen. Die Unteren Seen wurden durch die vom Wasser der Oberen Seen geformten Vertiefungen geschaffen: Sie sind einem ähnlichen Prozess unterworfen, da sich auch hier kontinuierlich Travertin bildet und die Landschaft immer wieder überformt. Dieser interaktive Prozess zwischen Wasser, Felsen und Pflanzen spielt sich mehr oder weniger ungestört seit der letzten Eiszeit ab.

Auch die Farben der Seen wechseln ständig. Meist schimmern sie in surrealem Türkis, changieren aber abhängig von der Anzahl an Mineralien oder Mikroorganismen im Wasser, von Regenfällen und dem Winkel des einfallenden Sonnenlichts. An manchen Tagen schimmern die Seen grün wie Jade, an anderen stahlgrau.

Doch auch die üppig grüne Vegetation des Nationalparks, die sich im Herbst bunt färbt, ist sehenswert: Den nordöstlichen Teil des Parks bedecken Buchenwälder, in anderen Teilen wachsen neben Buchen auch Tannen, Fichten und Weymouthkiefern, dazwischen findet man Mehlbeeren, Hainbuchen und Blumeneschen.

Leider kann man in den Seen nicht baden. Die Busse halten am Campingplatz und an beiden Eingängen.

Geschichte

1893 wurde ein Naturschutzverein gegründet, um die Seen zu schützen; das erste Hotel entstand 1896. 1951 wurden die Grenzen des Nationalparks festgelegt und die Seen avancierten zur bedeutenden Touristenattraktion, bis der Bürgerkrieg begann (tatsächlich brach er in Plitvice los, wo am 31. März 1991 serbische Rebellen das Nationalparkzentrum besetzten). Der im Park ermordete kroatische Polizeibeamte Josip Jović war das erste Kriegsopfer. Die Serben hielten das Gebiet bis Kriegsende, verwandelten Hotels in Armeeunterkünfte und plünderten den Park. Im August 1995 wurde der Park von der kroatischen Armee zurückerobert und im Rahmen eines langjährigen Programms neu aufgebaut. Heute ist er wieder ein touristisches Top-Ziel: Wenn man seine schönen Seen und Wasserfälle erkundet, begegnet man Touristengruppen aus so fernen Gegenden wie Korea, Südamerika oder Russland.

⊙ Sehenswertes

Betritt man den Park durch den Eingang 2, den südlicheren der beiden, ist der Abstieg zum Ufer des Kozjak jezero leicht. Dort liegt auch P1 (Hütte mit Bootsanleger), wo man Ruderboote ausleihen kann (50 Kn pro Std.). Der Kozjak ist mit 4 km Länge der größte See im Park und bildet eine Art Grenze zwischen den Oberen und den Unteren Seen. Steile, bewaldete Hänge umgeben ihn, mitten im See liegt eine schmale Insel aus Travertin. Ein guter Weg führt am östlichen Seeufer entlang und weiter zu den spektakulären Unteren Seen mit ihren Wäldern, Höhlen, steilen Klippen und Wasserfällen. Alternativ fährt alle 20 Minuten ein Boot. Als nächster See folgt der smaragdgrüne Milanovac jezero, von dort verläuft der Pfad zwischen Felsen am Gavanovac jezero entlang. Darüber liegt die Höhle Šupljara, von der man einen schönen Blick über den unteren Abschnitt der Plitwitzer

Seen hat. Ein Holzsteg führt hinüber zum Nordufer und um den schilfbewachsenen **Kaluđerovac jezero**, vorbei an zwei hohen Wasserfällen. Der zweite, genannt **Veliki Slap**, ist mit 78 m der höchste Wasserfall Kroatiens.

Um die Oberen Seen zu erkunden, kehrt man zu P1 zurück und folgt den Wegen zum **Gradinsko jezero**, in dessen Schilfgrasflächen am Ufer oft Wildenten nisten. Mehrere Kaskaden verbinden den See mit dem schönen **Galovac jezero**. Hier hat das Wasser eine ganze Serie von Wasserfällen und Becken geschaffen. Einige Betontreppen, die vor langer Zeit über die Fälle gebaut wurden, sind inzwischen mit Travertin bedeckt und haben neue Wasserfälle gebildet. Einige kleinere Seen führen bis zum größeren **Okrugljak jezero**, der von zwei mächtigen Wasserfällen gespeist wird. Wer noch weiter hinaufwandert, erreicht die **Ciginovac jezero** und den **Prošćansko jezero**, die von dichten Wäldern umgeben sind.

Schlafen

Eine Reihe von Gästehäusern und *sobe* (Zimmer) findet man entlang der Zugangsstraßen am Nationalpark.

Die meisten Mittelklassehotels konzentrieren sich in Velika Poljana, sehr nah am Eingang 2 mit Blick über den Kozjak-See. Sie sind alle im jugoslawischen Stil gestaltet (viel Braun, Beige und dunkel getöntes Glas), aber einige wurden renoviert. Zimmer kann man unter www.np-plitvicka-jezera.hr buchen.

LP TIPP **Pansion Eco-House** PENSION €
(774 760; www.plitviceetnohouse.com; DZ 436 Kn; P 🛜 ❄) Diese hübsche Berghütte hat zehn mit Pinienholz eingerichtete Zimmer voller Charakter und Komfort: Alle verfügen über TV, Schreibtische, geschliffene Dielenböden und helle Bettüberzüge. Das Frühstück oder Abendessen nimmt man unten in dem kleinen Speiseraum ein. Der Vater des Besitzers baut nebenan ein ähnliches Haus mit auch weiteren Zimmern. Auch eine Sauna und ein Pool sind im Bau. Die Pension liegt 1,5 km südlich vom Eingang 2.

Hotel Plitvice HOTEL €€
(751 100; EZ/DZ 533/858 Kn; P @) Das Hotel liegt ruhig im Wald und hat Zimmer in drei verschiedenen Kategorien; die eleganteren sind recht modern, geräumig und attraktiv.

Hotel Jezero GROSSES HOTEL €€
(751 400; EZ/DZ 614/873 Kn; P @ ❄) Auch dieses Hotel stammt aus jugoslawischer Zeit. Es bietet zahlreiche Einrichtungen (Sauna, Pool, Bowlingbahn, Fitnessraum und Tennisplätze). In seinen 229 Zimmern logieren vorwiegend Reisegruppen.

Hotel Bellevue HOTEL €€
(751 700; EZ/DZ 407/548 Kn; P) Die beheizten Zimmer mit Teppichboden und älteren Datums, aber funktional; die meisten haben Balkone mit Waldblick. Auf jeden Fall ist die Lage in der Nähe vom Eingang 2 großartig.

Korana Camping Ground CAMPING €
(751 015; 51/65 Kn pro Person/Zelt; ⏱ April–Okt.) Dieser Campingplatz mit Restaurant, Café-Bar und 40 Mietbungalows liegt ca. 6 km nördlich vom Eingang 1 an der Straße nach Zagreb.

Hotel Grabovac HOTEL €€
(751 999; EZ/DZ 385/518 Kn; P @) Etwa 10 km vom Park entfernt an der Straße Richtung Zagreb findet man dieses in die Jahre gekommene Hotel aus den 1970er-Jahren mit originaler Einrichtung. Für eine Nacht ist es okay.

Essen

Alle oben genannten Hotels haben auch Restaurants. In der Nähe der Touristeninformation gibt es ein günstiges Selbstbedienungsrestaurant.

Lička Kuća LÄNDLICHE KÜCHE €
(Hauptgerichte ab 55 Kn) In dem lebhaften Restaurant gegenüber vom Eingang 1 isst man gutes Lamm, lokale Würste und *đuveč* (Eintopf mit Reis, Möhren, Tomaten, Pfeffer und Zwiebeln).

Praktische Informationen

Die **Touristeninformation** (751 015; www.np-plitvicka-jezera.hr; Erw./erm. April–Okt. 110/80 Kn, Nov.–März 80/60 Kn; ⏱ 7–20 Uhr) hat Filialen an Eingang 1 (Plitvička Jezera) und Eingang 2 (Velika Poljana) in der Nähe der Hotels. An beiden Eingängen befinden sich Ticketschalter und man bekommt Broschüren und einen Plan mit den Wanderwegen um die Seen. Im Eintritt sind auch die Fahrten mit Booten und Bussen im Park inbegriffen. Der ganze Park ist durch ein Netz gut ausgeschilderter Wege erschlossen – man kann zwischen einstündigen bis zehnstündigen Touren wählen. Von hölzernen Stegen lässt sich die Landschaft in all ihrer Schönheit bewundern, ohne die Natur allzu sehr zu stören.

Im Hotel Bellevue gibt es einen Geldautomaten. Das Gepäck kann man im Büro der Touristeninformation am Haupteingang lassen. Parken ist teuer (7/70 Kn pro Stunde/Tag).

 An- & Weiterreise

Nicht alle Busse auf der Strecke Zagreb–Zadar halten am Nationalpark, da die schnelleren die Autobahn nehmen – also vorher fragen. Die Fahrpläne findet man unter www.akz.hr. Die Fahrt dauert drei Stunden von Zadar (75–89 Kn) und 2½ Stunden von Zagreb (62–70 Kn), täglich verkehren zehn Busse.

Nationalpark Paklenica
♪023

Hoch über der Adria erstreckt sich das kahle Velebit-Massiv über 145 km und formt eine spektakuläre Grenze zwischen dem kontinentalen Kroatien und der Küste. 36 km² dieser Gebirgskette umfasst der Nationalpark Paklenica. Für jeden, vom Sonntagsspaziergänger bis zum Kletterer, bieten sich hier vielfältige Möglichkeiten, auf Entdeckungsreise zu gehen und einer der schönsten Landschaften Kroatiens nahe zu kommen: ob man nun durch Schluchten wandert, auf Steinwälle klettert oder den schattigen Pfaden neben reißenden Gebirgsbächen folgt.

Den Nationalpark prägen zwei tiefe Schluchten: Velika Paklenica (Große Paklenica) und Mala Paklenica (Kleine Paklenica). Beide bilden tiefe Einkerbungen im Gebirge, die Felsen ragen vom Boden der Schluchten bis zu 400 m hoch auf. Der trockene Kalkstein, aus dem das Velebit-Gebirge besteht, saugt Niederschläge extrem gut auf. Dank einiger Quellen wird die üppig grüne Vegetation kontinuierlich mit Wasser versorgt. Rund die Hälfte des Parks ist mit Wald bedeckt, zumeist mit Buchen und Kiefern, aber auch mit Steineichen und anderen Baumarten wie der Hainbuche. Mit zunehmender Höhe ändert sich die Vegetation ebenso wie das Klima, das an der Küste mediterran ist und nach oben hin immer kontinentaler und schließlich subalpin wird. Die unteren Gebiete, vor allem solche in Südlagen, können im Sommer sehr heiß werden. Im Winter fegt die *bura* (Bora, ein kalter, aus Nordosten wehender Wind) über das Gebirge und bringt Regen und plötzliche Unwetter. Sie entsteht als Fallwind zwischen warmem Meer und kaltem Hinterland.

Im Park gibt es nur wenige Tierarten; mit etwas Glück sieht man Gänsegeier, Stein- und Schlangenadler sowie Wanderfalken, die auf den Felsklippen der beiden Schluchten nisten. Angeblich leben hier in den höheren Lagen des Parks auch Luchse, Bären und Wölfe, die Chancen, eines dieser faszinierenden Tiere zu sichten, sind aber minimal! Am besten besucht man den Park im April, Mai, Juni oder September. Im Spätfrühling ist der Park üppig grün, die Bäche verwandeln sich in reißende Bergflüsse, die Zahl der Besucher ist gering. Auch im Juli und August sind viele Wanderwege relativ einsam, da die meisten Urlauber lieber am Meer bleiben. Manchem ist es dann zum Wandern auch schlicht zu heiß.

 Aktivitäten

Wandern

Die meisten Wanderungen im Park beginnen in Starigrad oder Seline oder bei einer der Berghütten und sind Tagestouren.

Von der Mala Paklenica zur Velika Paklenica
WANDERN

Eine spektakuläre acht- bis zehnstündige Wanderung führt zu beiden Schluchten. Sie beginnt an der Schlucht Mala Paklenica (Eingang 2) und verläuft durch die beeindruckende Karstschlucht. Die ersten drei Stunden sind recht anstrengend – man muss über große Felsbrocken klettern (ab und zu sind Seile erforderlich) –, aber die Route ist gut beschildert. Wenn es geregnet hat, kann der Weg rutschig sein, mehrmals überquert er einen Bach. Durch die Schlucht Mala Paklenica geht es stetig bergauf, dann im Zickzack die Westflanke eines Hügels hinauf bis auf 680 m. Allmählich öffnet sich ein hübsches Hochtal; dann windet sich der Weg durch Weideland und das verlassene Dorf Jurline, ein idealer Ort für die Mittagspause. Bevor es durch Wald steil ins Tal hinabgeht, wird man mit einem eindrucksvollen Blick über die canyonartige Schlucht Velika Paklenica belohnt. Etwa eine Stunde lang folgt der Weg einem Fluss, vorbei an Bergmassiven aus grauem Stein und durch **Tunnel** (vor Kurzem renoviert und wieder für Besucher zugänglich), die zu Titos Zeiten als geheime Bunker dienten. Der Weg endet am Parkplatz an der Velika Paklenica. Von hier führt eine ausgeschilderte Strecke über die kurvige Landstraße in etwa einer Stunde zurück zur Mala Paklenica.

Von Starigrad zur Schutzhütte Planinarski Dom
WANDERN

Diese Wanderung beginnt am Eingang 1. Von dort geht es direkt zur Schlucht Velika

Paklenica. Hinter einem Felssturz (der Fluss liegt auf der rechten Seite) erreicht man **Anića Luka**, ein grünes, halbrundes Plateau. Etwa 1 km weiter führt ein steiler Weg hinauf zur Karsthöhle **Manita Peć** (Eintritt 10 Kn; ⊙ Juli–Sept. 10–13 Uhr, Okt.–Juni unregelmäßig geöffnet). Von der Vorhalle führen Stufen in die 40 m lange und 32 m hohe Hauptkammer der Tropfsteinhöhle hinunter, wo unzählige Stalagmiten und Stalaktiten durch geschickt angebrachte Beleuchtung in Szene gesetzt werden. Vom Parkplatz braucht man für den Fußweg zur Höhle ca. zwei Stunden. Sie ist nur mit Führung zu besichtigen (nicht im Eintritt enthalten, am Parkeingang organisieren).

Von der Karsthöhle führt ein Wanderweg zum **Vidakov Kuk**, (etwa 1½ Std.). Der Aufstieg zum 866 m hohen Gipfel ist beschwerlich, dafür erwartet einen oben an klaren Tagen ein unvergesslicher Fernblick bis zur Insel Pag. Ein einfacher Weg führt weiter nach **Ramići**, von dort geht's auf dem Hauptwanderweg weiter Richtung Osten zur Schutzhütte Planinarski Dom Paklenica.

Alternativ kann man auf den Abstecher zur Manita Peć verzichten und weiter bergauf wandern bis zur Waldhütte von **Lugarnica** (vom Parkplatz etwas mehr als zwei Stunden Fußweg). Sie ist von Mitte April bis Ende Oktober täglich geöffnet und verkauft Snacks und Getränke. Ein Wanderweg durch Buchen- und Pinienwald führt dann zur Schutzhütte Planinarski Dom Paklenica.

Oberes Velebit-Gebirge   WANDERN

Von der Schutzhütte Planinarski Dom Paklenica lassen sich alle Velebit-Gipfel problemlos auf einer Tageswanderung erreichen – allerdings benötigt man eine ganze Woche, um jeden einzelnen zu erklimmen. Der höchste Berg des Velebit-Gebirges ist der **Vaganski vrh** (1757 m). Von der flachen, grasüberwucherten Spitze hat man an klaren Tagen eine grandiose, 150 km weit reichende Fernsicht über alle umliegenden Gipfel hinweg. Der Aufstieg dauert einen ganzen Tag (und ist, je nach körperlicher Verfassung, ganz schön anstrengend), also jedes überflüssige Gepäckstück vermeiden. Aber man kann rechtzeitig genug oben sein, dass noch vor Einbruch der Dunkelheit die nächste Hütte erreichbar ist.

Ein anderes populäres Ziel ist der **Babin vrh** (Großmutter-Gipfel; 1741 m). Dafür folgt man einfach dem Pfad mit dem Fluss Brezimenjača auf der linken Seite bis zum Buljma-Pass (1394 m) und steigt dann weiter durch dichten Laubwald bis zur Marasova gora auf. Am Fuße des Babin vrh liegt ein Bergsee, der ganzjährig Wasser führt (kein Trinkwasser, da es durch Schafe verunreinigt ist).

Alle Gipfel des Velebit-Gebirges sind auch über die Mala Paklenica erreichbar, dafür sollte man aber sehr gut ausgerüstet sein, eine gute Wanderkarte dabeihaben und sich vorab versichern, dass beide Hütten geöffnet sind. Hinter **Sveti Jakov** in der Mala Paklenica zweigt der rechte Weg zur Berghütte Ivine Vodice ab. Markierte Wege führen am **Sveto brdo** (1751 m), **Malovan** (1709 m), Vaganski vrh und Babin vrh vorbei, bevor es wieder bergab zur Schutzhütte Planinarski Dom Paklenica geht.

Felsklettern

Der Nationalpark Paklenica bietet sowohl Anfängern als auch Erfahrenen (oder Suizidgefährdeten, wie böse Zungen sagen würden) eine große Auswahl an Kletterrouten. Die harten und teilweise scharfen Kalksteinfelsen haben Routen in unterschiedlichen Schwierigkeitsstufen, darunter 72 kurze und 250 längere Passagen. Die Einsteigerrouten liegen gleich am Parkeingang mit bis zu 40 m hohen Felsklippen. Die besten und schwierigsten Routen finden Kletterenthusiasten am Anića Kuk, dort sind über 100 Touren mit Höhenunterschieden bis zu 350 m möglich. Viele Routen sind mit Felshaken gesichert – abgesehen von der (absolut zutreffend benannten) **Psycho-Killer-Route**.

Die beliebtesten Kletterrouten sind **Mosoraški** (350 m), **Velebitaški** (350 m) und **Klin** (300 m). Das Frühjahr gilt als beste Saison für das Felsklettern, denn der Sommer kann ziemlich heiß werden und im Winter ist es oft zu windig. Der Park unterhält einen eigenen Rettungsdienst.

🛏 Schlafen

Die Parkverwaltung vermittelt ein paar rustikale Unterkünfte für Wanderer und Kletterer.

GRATIS **Ivine Vodice**   BERGHÜTTE

(Sklonište; ⊙ Juni–Sept. tgl., Okt.–Mai Sa & So) Die östlich des Planinarski Dom Paklenica gelegene Hütte für zehn Personen mit Schlafsack hat keine Betten und kein fließendes Wasser. Sie ist kostenlos und muss nicht im Voraus reserviert werden.

Planinarski Dom Paklenica BERGHÜTTE €
(📞301 636; pd.paklenica@zd.t-com-hr; B 70 Kn; ⊙Mitte Juni–Mitte Sept. tgl., restliches Jahr Sa & So) Die bequemste Berghütte hat weder warmes Wasser noch Strom. Dafür liegt sie günstig, um von hier die höchsten Gipfel des Velebit-Gebirges zu besteigen. Sie bietet vier Zimmer mit 45 Betten, eine Küche und einen Essraum. An Sommerwochenenden ist eine Reservierung empfehlenswert.

🛈 Praktische Informationen

Das **Büro des Paklenica-Nationalparks** (📞/Fax 369 202; www.paklenica.hr; Dr Franje Tuđmana 14a; Erw./erm. April–Okt. 40/20 Kn, Nov.–März 30/20 Kn; ⊙Büro April–Okt. Mo–Fr 8–16 Uhr, Park ganzjährig ab 7 Uhr) verkauft Bücher und Landkarten. Der Parkführer *Paklenica National Park* bietet einen ausgezeichneten Überblick und gibt Wanderempfehlungen. Eine Klettererlaubnis kostet je nach Saison 60–80 Kn; wer klettern oder bergsteigen möchte, sollte sich im Büro des Parks beraten lassen.

Auch die **kroatische Bergsteigervereinigung** (📞01-48 24 142; www.plsavez.hr; Kozaričeva 22, Zagreb) bietet aktuelle Informationen und gibt eine nützliche Wanderkarte heraus. Einen kompletten Überblick bietet der Kletterführer *Paklenica* von Boris Čulić.

🛈 An- & Weiterreise

Wer nicht mit dem Auto unterwegs ist, erreicht Paklenica am einfachsten mit einem Bus der Linie Rijeka–Zadar (siehe www.autotrans.hr). Die Busse halten alle in Starigrad (28 Kn, ab Zadar 45 Min., 6-mal tgl.). Am besten steigt man schon am Hotel Alan aus.

Starigrad

📞023 / 1103 EW.

Starigrad erstreckt sich zu beiden Seiten der Küstenstraße von Rijeka nach Zadar und ist ein guter Ausgangspunkt für Touren im Nationalpark Paklenica.

⊙ Sehenswertes

GRATIS **Ethno-Haus Marasović** MUSEUM
(⊙Mai–Okt. 13–20 Uhr) Dieses Zentrum befindet sich in einem restaurierten Haus im Dorf Marasović, 1 km landeinwärts vom Eingang 1 entfernt. Ausgestellt sind einfache landwirtschaftliche Werkzeuge, Fotos der Region und ein alter Webstuhl. Es werden Karten und Postkarten verkauft, und Park-Ranger stehen mit Informationen zur Verfügung.

🛌 Schlafen

In der Gegend von Starigrad braucht man nicht lange nach einem Campingplatz, Apartment oder Zimmer zu suchen; es gibt reichlich Auswahl entlang sowie rund um die Hauptstraße. Hotels sind allerdings seltener zu finden.

Hotel Alan RESORT €€
(📞209 050; www.bluesunhotels.com; Dr Franje Tuđmana 14; EZ/DZ 754/1216 Kn; ⊙Mitte März–Mitte Nov.; 🅿❄@🛜🏊) Diese Hotelanlage prägt mit ihrem kleinen Turm die Landschaft. Sie hat moderne Zimmer und Einrichtungen, z. B. Tennisplätze und ein Spa (mit Dampfbad und etlichen Anwendungen). Auch das Unterhaltungsprogramm ist überaus vielseitig.

Camping Pinus CAMPING €
(📞658 652; www.camping-pinus.com; Dr Franje Tuđmana bb; 32/25 Kn pro Erw./Zelt; ⊙April–Okt.) Sehr erholsamer, einfacher, aber hübscher Campingplatz direkt an der Küste, 3 km nördlich der Straße nach Rijeka.

Camping Paklenica CAMPING €
(📞209 062; www.paklenica.hr; Dr Franje Tuđmana bb; 40 Kn pro Erw.; ⊙April–Okt.) Der kleine Campingplatz neben dem Nationalparkbüro liegt an einem Kieselstrand, der zum Baden einlädt. Er ist bei Wanderern sehr beliebt, reservieren kann man nicht.

Hotel Vicko HOTEL €€
(📞369 304; www.hotel-vicko.hr; Jose Dokoze bb; EZ/DZ 608/805 Kn; 🅿❄@) Das gut geführte moderne Hotel hat 18 helle, freundliche Zimmer, teilweise mit Balkonen. Der Garten ist üppig grün und der Strand nur etwa 50 m entfernt.

🍴 Essen

LP TIPP **Taverna-Konoba Marasović**
DALMATINISCH €
(Hauptgerichte ab 40 Kn; ⊙Mai–Okt.) Die *konoba* in einem fantastischen alten Dorfhaus mit Terrasse und massiven Tischen im Speiseraum liegt nur 1 km vom Eingang 1 entfernt. Zu empfehlen sind dalmatinischer Schinken, Risotto mit Tintenfisch, Calamares oder Lamm bzw. Schwein in der *peka* gebacken (nur mit Vorbestellung). Liegt unterhalb des renovierten Ethno-Hauses.

Buffet Dinko MEERESFRÜCHTE €
(Hauptgerichte ab 45 Kn) An der Kreuzung der Schnellstraße mit der Zugangsstraße zum Eingang 1 findet man dieses beliebte

Restaurant. Auf der schattigen Terrasse schmecken Fisch und Meeresfrüchte hervorragend.

Pizzeria Tomate PIZZA €
(Mahlzeiten ab 40 Kn; ☎) Einfache Pizzeria an der Autobahn zwischen dem Hotel Alan und dem Zentrum von Starigrad. WLAN gratis.

ⓘ Praktische Informationen

Die **Touristeninformation** (☏ 369 245; www.rivijera-paklenica.hr; ⊙Juli & Aug. 8–21 Uhr, Sept.–Juni Mo–Sa 8–15 Uhr) befindet sich im Ortszentrum an der Hauptstraße, gleich gegenüber dem kleinen Hafen. Die HVB Splitska Banka (liegt zwischen der Touristeninformation und dem Hotel Alan) verfügt über einen Geldautomaten. Im Hotel Alan gibt's Internetzugang (30 Kn pro Std.).

ⓘ An- & Weiterreise

Starigrad ist rund 51 km von Zadar und 165 km von Rijeka entfernt. Jeden Tag kommen hier sechs Busse aus beiden Richtungen durch (Fahrpläne kann man unter www.autotrans.hr abrufen). Sie halten vor dem Hotel Alan und entlang der Schnellstraße.

Leider gibt es in Starigrad keine Taxis. Einige Hotels bieten einen Bring- und Abholservice zu den Eingängen des Parks an.

DUGI OTOK

☏ 023 / 1800 EW.

Die Insel Dugi Otok bietet nichts als unberührte Natur – wer einen ruhigen, erholsamen Urlaub verbringen will, findet hier sein Paradies. Zu den Highlights zählen der aus vielen kleinen Inselchen bestehende Naturpark in der Bucht von Telaščica ebenso wie der nahe gelegene Salzwassersee Mir (Frieden) oder die Sandstrände der Sakarun-Bucht. Eine weitere Attraktion ist eine Panoramafahrt entlang der zerklüfteten Felsküste.

Der Name Dugi Otok bedeutet „lange Insel". Das Eiland erstreckt sich von Nordwesten nach Südosten über eine Länge von 43 km, ist aber nur 4 km breit. Die Südostküste ist von steilen Bergen und Klippen geprägt, während die Nordhälfte Weinberge, Obstgärten und Schafweiden aufweist. Dazwischen liegt eine Hügelkette aus Karstgestein, die im 338 m hohen Vela Straža den höchsten Punkt der Insel erreicht. Die meisten Besucher beziehen entweder in Sali an der Südostküste oder in Božava an der Nordostküste Quartier. Sali bietet eine größere Auswahl an Privatunterkünften, Božava hat mehr den Charakter eines Urlaubsortes.

Es gibt eine kurze Hochsaison in den ersten drei Augustwochen, denn dann kommen scharenweise Italiener hierher.

Geschichte

Ruinen auf der Insel erzählen von den ersten Siedlungen der Illyrer, Römer und ersten Christen, doch schriftlich wird die Insel erst Mitte des 10. Jhs. erwähnt. Später war sie im Besitz der Klöster von Zadar. Die Siedlungen wuchsen mit den türkischen Angriffen im 16. Jh., als Zuwanderer aus anderen Küstenregionen herkamen.

Das Schicksal von Dugi Otok war lange Zeit eng mit dem von Zadar verbunden, das ja von Venedig an Österreich und schließlich Frankreich überging. Als jedoch Norddalmatien an Italien und damit unter die Regentschaft von Mussolini fiel, blieb die Insel kroatisch. Ältere Inselbewohner erinnern sich noch an das harte Leben, als es medizinische Versorgung und die gesamte Verwaltung nur in Šibenik gab. Wer dorthin wollte, musste eine lange und beschwerliche Bootsfahrt die Küste entlang auf sich nehmen.

Begrenzender Faktor für die wirtschaftliche Entwicklung ist seit jeher der Trinkwassermangel: Das gesamte Trinkwasser muss aus Niederschlägen gewonnen oder per Boot von Zadar aus auf die Insel transportiert werden. Wie auf vielen Inseln Dalmatiens, schrumpfte auch auf Dugi Otok die Inselbevölkerung in den vergangenen Jahrzehnten – besonders die Jugend wandert ab. Heute leben hier nur noch ein paar hartgesottene Insulaner, die den trockenen Sommern und den eiskalten, von der Bora geprägten Wintern trotzen.

ⓘ An- & Weiterreise

Jadrolinija (www.jadrolinija.hr) bietet täglich Fährverbindungen von Zadar nach Brbinj (24 Kn, 1½ Std., 2–3-mal tgl.); eine Fähre und ein Katamaran verbinden Zaglav und Sali (18 Kn, 45 Min. bis 1½ Std., 3-mal tgl.).

ⓘ Unterwegs vor Ort

Die einzige Buslinie auf Dugi Otok ist zeitlich auf die Fährverbindungen zwischen Božava und Brbinj im Norden sowie Sali und Zaglav im Süden abgestimmt. Die Busse fahren bei Ankunft und Abfahrt der Boote. In Sali und in Božava kann man Motorroller mieten.

Sali

1152 EW.

Sali, größter Inselort und Hafenstadt, wirkt im Vergleich zu den anderen Ortschaften und Dörfern auf Dugi Otok schon fast wie eine Großstadt. Der Name leitet sich von den Salinen ab, in denen die Bewohner im Mittelalter tätig waren. Heute wirkt Sali ein bisschen heruntergekommen. Sein kleiner Hafen ist immer noch ein belebter Fischerhafen. Im Sommer legen hier viele Ausflugsboote und Yachten an, die zwischen der Telašćica-Bucht und den Kornaten unterwegs sind. Der Ort liegt zwar in unmittelbarer Reichweite dieser Naturschönheiten, aber nur wer ein Boot mietet oder sich einer Tour anschließt, gelangt dorthin.

◉ Sehenswertes & Aktivitäten

Es gibt hier nicht viele Sehenswürdigkeiten, aber man kann die **Kirche der heiligen Maria** (Crkva Svete Marije; Svete Marije; ☺nur zur Messe geöffnet) aus dem 15. Jh. besichtigen. Ihr Holzaltar und mehrere Renaissancegemälde sind beeindruckend.

Der Meerespark der Kornaten bietet außergewöhnliche Tauchmöglichkeiten in klarem Wasser, mit Steilwänden und zahlreichen Höhlen. In der benachbarten Bucht von Zaglav gibt es zwei Tauchschulen: **Dive Kroatien** (☏377 079; www.dive-kroatien.de) und **Kornati Diver** (☏377167; www.kornati-diver.com). Um im Nationalpark Kornaten tauchen zu dürfen, muss man 20 € Parkeintritt bezahlen.

Bootsausflüge (350 Kn), u. a. eine Vergnügungsfahrt in die Telašćica-Bucht und ein Abstecher zu den Kornaten, starten vom Hafen von Sali aus. Wer eine Angeltour machen möchte, kann sich an **Tome** (☏377 489; www.tome.hr; ab 350 Kn) wenden.

✨ Festivals & Events

Am Wochenende vor Mariä Himmelfahrt (15. Aug.) feiert die Insel das **Saljske Užance Festival**, das mit Esel-Wettrennen und einer Kerzenprozession der Boote durch den Hafen Besucher aus der ganzen Region anlockt. Männer und Frauen tragen traditionelle Festkleidung, spielen Instrumente aus Rinderhörnern und tanzen klassische Dorftänze.

🛏 Schlafen

Sali bietet eine gute Auswahl an Privatquartieren, besonders außerhalb der Saison. Die Touristeninformation vermittelt schöne, auch abgelegene Unterkünfte, darunter sogar ein Haus auf einer eigenen kleinen Insel. Auf der Website www.salidugiotok.com (auf Kroatisch) werden Ferienwohnungen angeboten.

Der Mindestaufenthalt für Zimmer und Apartments ist überall drei Nächte, bei kürzerer Dauer erhöht sich der Preis um 30 %. Der Aufschlag entfällt normalerweise in der Nebensaison. Da auf der Insel große Trockenheit herrscht, sollte man auf den Luxus langen Duschens verzichten.

Campingplätze gibt es nicht.

Hotel Sali HOTEL €€
(☏377 049; www.hotel-sali.hr; Zi. 571 Kn; ☺April–Okt.; P ✺) Dieses Hotel liegt vom Hafen aus ca. 1 km landeinwärts an seiner eigenen felsigen Bucht auf einem Gelände mit Schatten spendenden alten Pinien. Seine vier separaten Gebäude sind weiß und marineblau gestrichen, auch ein Restaurant gehört zur Anlage. Die einfach eingerichteten Zimmer haben alle Satelliten-TV, einen Kühlschrank und einen Balkon (meist mit Meerblick). Es werden Fahrräder vermietet.

Apart Šoštarić HOTEL €
(☏377 050; bsostaric@gmail.com; Zi./Apt. 219/366 Kn; P ✺) Dieser Komplex in Pink am Nordende des Hafens ist so etwas wie ein Schandfleck, aber selten ausgebucht und daher einen Versuch wert, wenn alles andere voll ist. Die Zimmer sind ein wenig in die Jahre gekommen, aber funktional; nach vorne hinaus hat man einen schönen Blick.

🍴 Essen & Ausgehen

Ein halbes Dutzend Restaurants gruppiert sich am Hafen, dort gibt es auch einen gut sortierten Supermarkt.

Maritimo BAR
Egal, ob Regen oder Sonnenschein – in dieser brummenden Bar schlägt das Herz von Sali. Mit der langen Holztheke und den Fotografien aus alten Zeiten an den Wänden verströmt sie sehr viel Flair. Beliebt ist auch die Terrasse, wo man gut einen Cocktail, einen Café oder ein Bier vom Fass trinken kann. Das Rauchverbot wird systematisch ignoriert.

Pizza Bruc ITALIENISCH €
(Pizza ab 38 Kn; ☺April–Okt.) Das gastfreundlichste Restaurant der Stadt hat eine Terrasse in der Nähe der Yachten. Hier sollte man die scharfe *pizza picante* probieren.

ⓘ Praktische Informationen

Die **Touristeninformation** (☏/Fax 377 094; www.dugiotok.hr; ☼Juni–Sept. Mo–Fr 8–21 Uhr, Okt.–Mai 8–15 Uhr) an der Hafenpromenade informiert sehr gut über die Insel und verteilt eine hervorragende farbige Karte mit Wander- und Radwegen sowie weitere Broschüren. Außerdem werden Privatunterkünfte und Ausflüge vermittelt und man kann im Internet (15 Kn für 30 Min.) surfen.

Eine Bank gibt es nicht, aber dafür findet man am Hafen einen Geldautomaten. In der **Post** (Obala Petra Lorinija; ☼Mo–Sa 8–14 Uhr) kann man Geld wechseln oder Bargeld mit der MasterCard beziehen.

Motorroller kann man bei **Louvre** (☏098 650 026) mieten.

Telašćica-Bucht

Die südöstliche Spitze von Dugi Otok wird durch die stark zerklüftete Telašćica-Bucht geteilt. In der Bucht verstreut liegen fünf winzige Inseln und fünf noch winzigere Felsen. Dank ihrem herrlich ruhigen und azurblauen Wasser gilt die Bucht als einer der größten und schönsten Naturhäfen der Adria.

Die Kornaten reichen fast bis an den Rand der Bucht; beide Inselgruppen weisen die gleiche Topografie auf: kahlen weißen Kalkstein, der nur teilweise mit Macchia bedeckt ist. Die Spitze der Westküste ist dem offenen Meer ungeschützt ausgesetzt: Hier haben Wind und Wellen nackte Meeresklippen mit bis zu 166 m Höhe aus dem Fels erodiert. Auf diesem Teil von Dugi Otok gibt es weder Ortschaften noch Straßen – nur einige Restaurants an der Mir-Bucht, in die vor allem Segler einkehren.

Neben der Bucht liegt der Mir-Salzsee, der über unterirdische Kanäle mit dem Meer verbunden ist. Er ist von Pinienwäldern umgeben, viel wärmer als das Meer und sehr klar, nur sein Grund ist schlammig-trüb. Wie immer und überall, wenn man Schlamm an ungewöhnlichen Orten findet, wird auch diesem allerlei Gutes nachgesagt: Angeblich soll er gut für die Haut sein.

Božava

111 EW.

Das ruhige Božava erstreckt sich um einen bezaubernden Naturhafen und hat sich in wenigen Jahrzehnten vom Fischerdorf zum Ferienort verwandelt. Überall im Ort stehen üppig grüne blühende Bäume und schattige Wege säumen die Küste. Inzwischen dominiert der Tourismus in Gestalt der vier Hotels des „Touristendorfs" die lokale Wirtschaft, zudem gibt es ein paar Restaurants am Hafen.

Die **Touristeninformation** (☏/Fax 377 607; turisticko-drustvo-bozava@zd.t-com.hr; ☼Juni–Sept. Mo–Sa 9–14 & 18–20, So 9–12 Uhr), etwas oberhalb des kleinen Hafens, vermittelt Mietwagen, Fahrräder und Motorroller sowie private Unterkünfte.

Der **Hotelkomplex Božava** (☏291 291; www.hoteli-bozava.hr; P✱@☎✼) besteht aus drei Drei-Sterne-Hotels (Zimmer kosten jeweils 564 Kn pro Person); das Hotel Mirta wurde vor Kurzem renoviert. Gehobener ist das Vier-Sterne-Hotel Maxim (622 Kn pro Person) mit eleganten Zimmern und Apartments für Familien. Alle haben Satelliten-TV, Kühlschrank, Internetzugang und Balkone mit Meerblick. Den Gästen stehen Tennisplätze mit Flutlichtanlage, Fitnessräume und Massageangebote zur Verfügung.

Veli Rat ist ein hübsches Dorf mit einem Yachthafen, das in einer geschützten Bucht an der Nordwestspitze der Insel liegt. Busse fahren von/nach Brbinj, wo die Boote ankommen und abfahren, ansonsten ist es ein abgeschiedener Ort mit nur wenigen Dutzend Einwohnern und einer einzigen Bar mit Laden.

PAG

Die Insel Pag wirkt wie das Set eines italienischen Schwarz-Weiß-Films von Antonioni aus den 1950er-Jahren: eine karge, felsige Insel, in Sepiatöne getaucht, deren einsame Landstriche bis zum Horizont reichen. Das Meer hat die Farbe von Stahl, und bei stürmischem Wetter ist die Insel der spektakulärste Ort ganz Kroatiens. Seine karstigen Felsen bilden eine Mondlandschaft mit zwei Gebirgsgraten, viel Gebüsch und etwa einem Dutzend Dörfern und Weilern.

Pag ist eigentlich keine Insel mehr, seitdem eine Brücke sie mit dem Festland verbindet, hat aber ihre eigene Kultur und Produkte, die sich von denen des Festlands unterscheiden. Der schlechte Boden gibt nicht viel her, und doch wird hier ein ziemlich guter Weißwein, der *šutica*, produziert. Die zähen heimischen Schafe weiden auf kargen Salz- und Kräuterwiesen, aus ihrer Milch entsteht der wunderbare *paški*

KÄSE AUS PAG

Der einzigartige Käse aus Pag, *paški sir*, ist unverwechselbar: Seinen typischen, salzig-scharfen Geschmack verdankt er den speziellen Bedingungen auf Pag. Hier peitscht der Wind vom Meer über die niedrigen Hügel, sodass sich ein Salzschleier auf den Boden legt und nach und nach zu den Pflanzenwurzeln durchsickert. Die frei grasenden Schafe der Insel fressen die salzigen Inselkräuter und übertragen diesen Geschmack allmählich auf ihr Fleisch und ihre Milch.

Die Milch für den Käse wird im Mai gesammelt, wenn der Geschmack am intensivsten ist. Sie wird nicht pasteurisiert, sodass sich der Geschmack im Gärungsprozess hält. Der fertige Käse wird mit Meersalz eingerieben, in Olivenöl eingelegt und reift dann sechs bis zwölf Monate lang. Das Ergebnis ist ein würziger, fester Käse, der mit der Zeit noch aromatischer, zunehmend trockener und etwas krümelig wird. Man serviert ihn als Vorspeise in dünnen Scheiben mit schwarzen Oliven, er kann aber auch in geriebener Form wie Parmesan verwendet werden.

Probieren sollte man auch den ricottaähnlichen *skuta*, einen feinaromatischen (aber recht seltenen) Weichkäse, den es in manchen Restaurants gibt, etwa im Boškinac bei Novalja.

sir (Pager Käse, in Olivenöl eingelegt und in Steinen gereift; siehe oben). Die fein gearbeitete Spitze aus Pag ist in ganz Kroatien berühmt.

Aber Pag bietet viel mehr als jahrhundertealte Traditionen und Kultur. Der Nordhafen Novalja zählt zu Kroatiens ausgelassensten, lebhaftesten Ferienorten und der nahe Strand Zrće ist eine Art Mekka für Partygänger.

Geschichte

Auf der Insel siedelten zunächst Illyrer, bevor das Gebiet im 1. Jh. v. Chr. an die Römer fiel. Diese bauten hier Festungen und Aquädukte. Im 7. Jh. ließen sich Slawen rund um Novalja nieder und errichteten Kirchen und Basiliken. Im 11. Jh. begann die Salzgewinnung, was zu Handelskonflikten mit Zadar und Rab führte. 1409 wurde Pag mit Zadar und dem Rest Dalmatiens an Venedig verkauft. Bei den darauf folgenden Auseinandersetzungen wurde die Insel von Venezianern, Habsburgern, Franzosen (und erneut den Österreichern) besetzt, im Zweiten Weltkrieg dann von Deutschen und Italienern.

An- & Weiterreise

Bus

Im Sommer verkehren täglich fünf Busse von **Antonio Tours** (www.antoniotours.hr) zwischen Novalja, Pag-Stadt und Zadar. Zwei Busse fahren täglich von Montag bis Samstag (einer am So) von Pag-Stadt nach Rijeka (166 Kn, 3½ Std.) und halten unterwegs in Novalja; ein Bus fährt nach Split (158 Kn, 4 Std.); nach Zagreb (243 Kn, 6 Std.) gibt es täglich drei Verbindungen.

Schiff/Fähre

Ein täglicher Katamaran von **Jadrolinija** (www.jadrolinija.hr) verbindet Rijeka mit Novalja (40 Kn, 2½ Std.) via Rab. Autofähren (12 Kn) verkehren regelmäßig zwischen Žigljen an der Nordostküste von Pag und Prizna auf dem Festland; sie fahren im Winter stündlich, von Juni bis September nonstop.

Unterwegs vor Ort

Täglich fahren sechs Busse zwischen Pag-Stadt und Novalja (22 Kn, 30 Min.).

Pags flache Landschaft eignet sich zum Radfahren. **Jadranka** (098 306 602) in Pag-Stadt vermietet Räder für 20/100 Kn pro Std./Tag. Das Radwegenetz auf der Insel ist 115 km lang.

Pag (Stadt)

 023 / 2709 EW.

Pag liegt spektakulär am Rand einer Landspitze zwischen sonnenverbrannten Hügeln, im Osten erstreckt sich eine azurblaue Bucht und im Westen stößt man auf funkelnde Salzpfannen. In der historischen Stadt, einer Ansammlung enger Gassen und ausgebleichter Steinhäuser, spielt sich das Leben vor allem draußen ab. Die Bewohner sitzen auf Schemeln und fertigen Spitze an. Zentraler Treffpunkt ist der schöne Marktplatz aus weißem Marmor. Ganz in der Nähe befinden sich Kiesstrände.

Pag verdankt seine Gründung dem Reichtum aus dem Salzhandel Anfang des 15. Jhs. Damals war Stari Grad nicht mehr in der Lage, die anwachsende Bevölkerung unterzubringen. Also beauftragten die Venezianer, die ihren alten Besitz zurückgewonnen hatten, den besten Baumeister seiner Zeit, Juraj Dalmatinac, mit der Planung einer neuen Stadt. Die Grundsteinlegung erfolgte 1443. Ganz nach den damaligen neuesten Ideen der Stadtplanung wurden die Haupt- und Querstraßen in einem rechtwinkligen Raster angelegt und enden an den vier Stadttoren. Im Zentrum liegt ein Platz mit einer Kathedrale, einem Rektorenpalast sowie der unvollendeten Residenz des Bischofs. 1499 begann Dalmatinac mit dem Bau der Stadtmauern, doch nur die Nordecke und Teile der Burganlage blieben erhalten.

Sehenswertes & Aktivitäten

Spitzenmuseum MUSEUM
(Kralja Dmitra Zvonimira; Trg Kralja Krešimira IV; Eintritt 10 Kn; ⊙Juni–Sept.10–12 & 18–22 Uhr, restliches Jahr nur für Gruppen) Dieses hervorragende Museum ist nun in dem hervorragend restaurierten Rektorenpalast (Kneževa Palača), einem Entwurf von Juraj Dalmatinac, untergebracht. Es zeigt einige bemerkenswerte, aufwendige Designs. Sehenswerte Fotografien und gute Hinweistafeln veranschaulichen die Geschichte der Spitzenherstellung in Pag und ihre Bedeutung für die Bewohner.

Kirche der heiligen Maria KIRCHE
(Crkva Svete Marije; Trg Kralja Krešimira IV; ⊙Mai–Sept. 9–12 & 17–19 Uhr, Okt.–April nur zur Messe geöffnet) Die einfache gotische Marienkirche, ebenfalls ein Werk des Baumeisters Juraj Dalmatinac, bildet mit den eher bescheidenen umliegenden Gebäuden ein wunderschönes harmonisches Ensemble. Die Lünette über dem Portal zeigt die Jungfrau mit Frauen aus Pag in mittelalterlichen Blusen und Kopfschmuck, daneben gibt es zwei Reihen mit unvollendeten Heiligenskulpturen. Die im 16. Jh. fertiggestellte Kirche wurde innen im 18. Jh. renoviert und mit barockem Deckenschmuck ausgestattet.

Salzmuseum MUSEUM
(Stari Grad; Eintritt 10 Kn; ⊙Juni–Sept. 10–12 & 20–22 Uhr, restliches Jahr nur für Gruppen) Jenseits der Brücke in den wenigen Überresten des alten Stari Grad dokumentiert dieses neue Museum in einem ehemaligen Salzlagerhaus mit Fotografien und Objekten die Salzgewinnung in Pag.

Festivals & Events

Am letzten Julitag wird der **Pager Karneval** gefeiert – eine gute Gelegenheit, um den traditionellen *kolo* (einen turbulenten slawischen Rundtanz) und die kunstvollen Inseltrachten zu bewundern. Der Hauptplatz füllt sich schnell mit Tänzern und Musikern, und eine Schauspielertruppe führt das volkstümliche Stück *Paška robinja* (Das Sklavenmädchen aus Pag) auf.

Schlafen

Die meisten Hotels in Pag konzentrieren sich im Westen der Stadt. Von Oktober bis Mai sind sie geschlossen.

Reisebüros vermitteln Privatunterkünfte, und an den Bushaltestellen bieten Frauen *sobe* (Zimmer) an. Viele Zimmer und Apartments liegen auf der anderen Seite der Brücke.

Hotel Pagus HOTEL €€€
(☎611 310; www.coning-turizam.hr; Starčevića 1; EZ/DZ 542/1055 Kn; P✱@🛜☒) Das kürzlich renovierte Hotel liegt großartig am Strand in Fußnähe zur Altstadt. Die Zimmer sind stilvoll und elegant, und das Wellnesszentrum ist eine echte Attraktion.

Camping Šimuni CAMPING €
(☎697 441; www.camping-simuni.hr; Šimuni; 60 Kn pro Person) Der Platz liegt an der Südwestküste in einer wunderschönen Bucht mit Kiesstrand, etwa auf halbem Weg zwischen der Stadt Pag und Novalja. Zum Hafen Šimuni ist es nicht weit. Alle Busse, die zwischen den Inseln fahren, halten hier. Die „Mobile Homes" (ab 30 €) sind hübsch und außerhalb der Saison preisgünstig.

Barcarola ZIMMER €
(☎611 239; Vladimira Nazora 12; Zi. 293 Kn; ⊙April–Nov.) Diese modernen Zimmer neben der Bushaltestelle befinden sich über einer *konoba*. Sie sind alle geräumig, haben Holzböden und eine hübsche, aber einfache Einrichtung mit Garderobe und Bad.

Meridijan Hotel HOTEL €€
(☎492 200; www.meridijan15.hr; Starčevića bb; Zi. 674 Kn; P✱@🛜☒) Das neue Vier-Sterne-Hotel hat gut ausgestattete geräumige Zimmer mit Kühlschrank, modernen Möbeln und großen Bädern. Die Zimmer der oberen Etage bieten einen schönen Blick über Insel und Bucht. Der Pool ist allerdings klein.

Essen

Man sollte in Pag unbedingt ein Stück Pager Käse probieren.

Bistro Na Tale (LP TIPP) TRADITIONELL €
(Radićeva 2; Hauptgerichte ab 40 Kn) Solides, zwangloses und beliebtes Restaurant

mit kleiner Terrasse vor der Saline und einer weiteren mit viel Schatten. Pager Lamm ist eine echte Spezialität hier, oder man nimmt den in Wein und Kräutern zubereiteten frischen Fisch des Tages.

Konoba Bodulo DALMATINISCH €€
(Vangrada 19; Hauptgerichte ab 40 Kn) Das attraktive traditionelle Lokal direkt an der Stadtmauer serviert Meeresfrüchte (Garnelen, Muscheln oder Tintenfisch). Es hat einen hübschen Innenhof.

Bistro Diogen KROATISCH €€
(K Lidija Uhl 9; Hauptgerichte ab 50 Kn) Das Bistro zeichnet sich durch eine lange Speisekarte, freundlichen Service und gute Fisch- und Fleischgerichte aus. Und der Blick ist fantastisch.

Selbstversorger können Obst, Gemüse und einheimischen Käse auf dem allmorgendlichen Markt kaufen. Was dann noch fehlt, von der Zahnbürste bis zur Seife, bekommt man im Supermarkt „Konzum".

Ausgehen & Unterhaltung

Pag ist eine ziemlich verschlafene Stadt und hat nur wenige Bars oder Nachtclubs, aber im Sommer kann man hier ausgelassene Partys erleben.

Club Vanga CLUB
Diese neue Disko auf der anderen Seite der Brücke ist der einzige Ort zum Tanzen in der Stadt. Sie bietet jede Woche im Wechsel Nächte mit R&B, House und Musik aus den 1970ern, -80ern und -90ern. Rauchen kann man draußen auf der Terrasse.

Shoppen

Bei einem Einkaufsbummel lassen sich die inseltypischen Souvenirs erstehen. Kein Besucher sollte die Insel verlassen, ohne ein Stückchen Spitze gekauft zu haben. Die Preise sind relativ günstig, und jede verkaufte Spitze trägt dazu bei, eine alte Tradition am Leben zu erhalten. Ein kleines, rundes Spitzendeckchen oder ein Stern mit 10 cm Durchmesser kosten etwa 125 Kn, die Frauen arbeiten daran 24 Stunden. An der Kralja Tomislava oder Kralja Dmitra Zvonimira kann man direkt bei den Spitzenproduzentinnen kaufen; sie haben fast alle feste Preise.

Käse aus Pag ist nicht so einfach zu finden, eine Möglichkeit ist der vormittags stattfindende Markt. Wer über die Insel fährt, sollte nach Schildern mit der Aufschrift „Paški Sir" Ausschau halten. Ein Kilo kostet um die 130 Kn.

BEACH CLUBBING

Trotz seiner überwältigenden Ruhe werden im Sommer auf Pag einige wilde Partys gefeiert. Etwa 3 km südöstlich von Novalja befinden sich drei Clubs und mehrere Bars am **Zrće-Strand**. Gespielt wird eher Mainstream – man sollte kein Subkultur-Flair erwarten. Die Clubs liegen direkt am Strand (anders als in Ibiza, mit dem Zrće oft verglichen wird).

Den meisten Stil hat das **Kalypso**, ein hübsch designter Club in einer Bucht am Nordende des Strands mit zahlreichen Bars unter Palmen. Tagsüber kann man hier auf herrlichen Matratzen chillen, nach Einbruch der Dunkelheit spielen DJs House für ein älteres Publikum.

Am angesagtesten ist das **Aquarius** (www.aquarius.hr), eine weitläufige Location mit stilvollen Nischen, tollem Blick und einem verglasten Bereich. Zu den großen Namen, die hier 2010 spielten, gehören Roger Sanchez und Benny Benassi. Der attraktive Club **Papaya** (www.papaya.com.hr) erstreckt sich auf mehreren Terrassen, eine davon ist die Tanzfläche, und zieht ein bunt gemischtes Publikum an. Die Musik ist Glückssache, allerdings legten hier schon mehrere große Trance-DJs, darunter Tiesto und Paul Van Dyk, für das amüsierfreudige Publikum auf. Alle Clubs sind von Ende Juni bis Mitte September geöffnet. Die Eintrittspreise variieren je nach Veranstaltung; zu Beginn der Saison verlangen die Clubs oft gar keinen Eintritt, Mitte August bis zu 35 €.

Der Strand selbst ist eine geschützte Bucht, eine 1 km lange baumlose Mondsichel aus Kieseln. Man kann Sonnenschirme mieten und hervorragend schwimmen, muss jedoch den Lärm der Jetskis ertragen (die nur in bestimmten Bereichen fahren dürfen). Vom Zrće bietet sich ein hübscher Blick auf den ausgedörrten Osten der Insel Pag und zu den Bergen des Festlands am Horizont. Parken kostet 5 Kn pro Stunde.

ⓘ Praktische Informationen

Erste Banka (Vela 18) Geldwechsel.

Medizinisches Zentrum (☏611 001; Gradska Plaža bb)

Mediteran (☏/Fax 611 238; www.mediteran-pag.com; Vladimira Nazora 12) Reisebüro mit großer Auswahl an Privatunterkünften.

Meridian 15 (☏612 162; www.meridijan15.hr; Ante Starčevića 1) Dieses Reisebüro organisiert Inselausflüge und Fahrten in die Nationalparks, inklusive Paklenica. Auch Zimmervermittlung.

Postamt (Antuna Šimića; ⊙Mo–Fr 8–20, Sa 8–14 Uhr)

Sunturist (☏612 040; www.sunturist-pago.hr; Vladimira Nazora bb) Bietet Unterkünfte und Ausflüge an.

Touristeninformation (☏/Fax 611 286; www.pag-tourism.hr; Trg Kralja Krešimira IV 1; ⊙Mai–Okt. 8–22 Uhr, Nov.–April Mo–Fr 8–16 Uhr) Ein sehr engagiertes Büro. Hier bekommt man einen Stadtplan mit den örtlichen Stränden.

Novalja

☏023 / 2084 EW.

Novalja widersetzt sich dem Trend im Land der ruhigen Ferienorte, denn seine Bars und Clubs bieten das wildeste Nachtleben in ganz Kroatien. Das Interesse an Kultur beschränkt sich auf eine aufrührerische Clubszene am nahen Strand von Zrće, historische Sehenswürdigkeiten gibt es nicht. Allerdings lädt die Promenade zum Flanieren ein und in der Nähe liegen einige schöne Strände.

🛏 Schlafen & Essen

Die Touristeninformation vermittelt Privatunterkünfte.

LP TIPP **Boškinac** LANDHOTEL €€€
(☏663 500; www.boskinac.com; EZ/DZ 1183/1343 Kn; Hauptgerichte ab 140 Kn; P✱@🛜🏊) Etwa 5 km östlich von Novalja liegt eines von Kroatiens genussreichsten Hotels mit einem hervorragenden Restaurant und Weinkeller, umgeben von Weinbergen. Die acht Zimmer und drei Suiten sind elegant, stilvoll und einfach riesig, alle haben ein Schlafsofa und ein hübsches Bad. In der *vinoteka* im Keller kann man die Weine des Anwesens verkosten, ein kleiner Lebensmittelladen verkauft Snacks. Das Restaurant (Degustationsmenüs 220–490 Kn) mit Speisesaal und einer fantastischen Terrasse gehört zu Dalmatiens besten. Auf der Speisekarte stehen lokales Lamm, Käse (empfehlenswert ist der *skuta*), Olivenöl und sogar Schnecken aus Pag. Ein Pool, ein Fitnessraum und ein Spa sind in Planung. Auf der Website des Hotels werden ab und zu Gastro-Pauschalpakete angeboten.

Hotel Loža HOTEL €€
(☏663 381; www.turno.hr; Trg Loža; EZ/DZ 356/734 Kn; P@🛜) Dieses attraktive Hotel direkt an der Promenade hat eher kleine, aber ordentliche Zimmer; viele mit Meerblick vom Balkon. WLAN gratis.

Hotel Liburnija STRANDHOTEL €€
(☏661 328; www.turno.hr; Šetalište Hrvatskih Mornara bb; EZ/DZ 316/750 Kn; P) Das mittelgroße Hotel im Stil der 1970er-Jahre liegt nur einen kurzen Fußweg vom Zentrum entfernt an einem Kieselstrand. Die einfach möblierten Zimmer haben alle Kühlschrank und TV.

Starac i More MEERESFRÜCHTE €
(Braće Radić; Hauptgerichte ab 40 Kn) Authentisches, bodenständiges und renommiertes Fisch- und Meeresfrüchte-Restaurant in Hafennähe. Die gemischte Platte ist zu empfehlen.

ⓘ Praktische Informationen

Aurora (☏663 493; Slatinska bb) Gut organisiertes Reisebüro mit einer großen Auswahl an Apartments und Zimmern. Auch Vermittlung von Ausflügen.

Fremdenverkehrsamt Novalja (☏663 570; www.tz-novalja.hr; Šetalište Hrvatskih Mornara 1; ⊙Juni–Sept. Mo–Fr 8–21, Okt.–Mai bis 15 Uhr) Vermittelt Privatunterkünfte und informiert über die Abfahrtszeiten der Boote und Busse.

REGION ŠIBENIK-KNIN

Diese unterschätzte Region Kroatiens ist reich an Attraktionen. Dazu zählen die einzigartige mittelalterliche Altstadt von Šibenik, die unberührten Inseln der Kornaten und der Nationalpark Krka, der sich hervorragend zum Schwimmen und Wandern eignet.

Šibenik

☏022 / 37 170 EW.

Šibenik erfreut sich allmählich immer größerer Beliebtheit – und dies zu Recht. Die in ihren Randbereichen etwas schäbige Stadt strotzt nur so vor Energie, und jedes Jahr kommen neue Sehenswürdigkeiten, Restaurants und Bars dazu. Dennoch sind Šibeniks wirkliche Reize seit Jahrhunderten eigentlich dieselben: der wundervolle mittelalterliche Kern mit einem steinernen Labyrinth aus steilen Seitengassen und Straßen, alten Kapellen und einer beeindruckenden Kathedrale, die zur Besichtigung einlädt.

Die Stadt ist auch ein idealer Ausgangspunkt für einen Besuch im Nationalpark Krka, auf den Kornaten und im Sokolarski-Zentrum für Raubvögel.

Geschichte

Im Gegensatz zu vielen anderen Küstenstädten Dalmatiens wurde Šibenik nicht zuerst von Illyrern oder Römern, sondern von kroatischen Stämmen besiedelt.

Eine erste Erwähnung erfuhr die Stadt im 11. Jh. durch den kroatischen König Krešimir IV. Im Jahr 1116 eroberte Venedig die Stadt. Von da an wechselte die Herrschaft zwischen Venedig, Ungarn, Byzanz und dem Königreich Bosnien, bis Venedig 1412 endgültig die Kontrolle übernahm. Im 16. und 17. Jh. griffen die Türken die Stadt immer wieder an und behinderten Handel und Landwirtschaft. Bis heute sind die Festungen der Venezianer erhalten. Die venezianische Herrschaft wurde 1797 von der österreichischen Herrschaft abgelöst, die bis 1918 währte.

1991 wurde Šibenik von der jugoslawischen Armee angegriffen und mit schwerem Geschützfeuer beschlossen. Erst 1995 konnte die kroatische Armee die Stadt in der „Operation Sturm" befreien. Schäden sind kaum mehr zu sehen, doch wurde die Aluminiumindustrie stark geschädigt. Šibenik bemüht sich sehr, wieder an die alten Zeiten anzuknüpfen, und der Tourismus hat sich zu einem wichtigen Wirtschaftszweig entwickelt.

◉ Sehenswertes

Kathedrale des heiligen Jakob

KATHEDRALE

(Katedrala Svetog Jakova; Trg Republike Hrvatske; ☉Juni–Sept. 8–20 Uhr, Okt.–Mai 8–19 Uhr) Die Kathedrale des heiligen Jakob ist ein Meisterwerk von Juraj Dalmatinac. Das architektonische Juwel an der dalmatinischen Küste wurde zum Weltkulturerbe erklärt und lohnt jeden Umweg. Sehr bemerkenswert ist der Fries mit 71 Köpfen, der an der Außenwand der Apsiden entlangläuft. Die steinernen Porträts – ob friedlich, verärgert, komisch, stolz oder ängstlich – wirken fast wie Karikaturen, sind aber die Gesichter von Bürgern aus dem 15. Jh. Der Bau der Kathedrale kostete sehr viel Geld und es heißt, je geiziger der Einzelne gewesen sei, desto grotesker sei er karikiert worden.

Dalmatinac war nicht der erste (und auch nicht der letzte) Bildhauer, der an der Kathedrale tätig war. Die Arbeiten begannen 1431. Nach zehn Jahren Streitigkeiten mit verschiedenen venezianischen Baumeistern beauftragte die Stadt den in Zadar geborenen Dalmatinac. Er vergrößerte die Kirche und konzipierte sie im Übergangsstil von der Gotik zur Renaissance völlig neu.

Neben dem **Fries** an der Außenfassade gehen auf Dalmatinac auch die beiden Treppen in den Seitenschiffen zurück. Eine führt in die Sakristei, die andere in das wunderschöne **Baptisterium** (Eintritt 10 Kn), in dem drei Engel das Taufbecken stützen. Es wurde von Andrija Aleši nach einem Entwurf von Dalmatinac gefertigt. Ebenso sehenswert sind die **Krypta** des Bischofs Šižigorić (auch von Dalmatinac), der sich besonders für den Bau der Kathedrale einsetzte, das Altargemälde, das den heiligen Fabian und den heiligen Sebastian zeigt (von Zaniberti), das Bild *Das Geschenk der Heiligen Drei Könige* (von Ricciardi) und direkt daneben die beiden Marmorreliefs mit Engeln (von Firentinac). Ein Blick lohnt sich auch auf das Löwenportal an der Nordseite, das von Dalmatinac und Bonino da Milano geschaffen wurde: Zwei Löwen tragen die Säulen mit den Figuren von Adam und Eva, denen ihre Nacktheit offensichtlich peinlich ist.

Die Kathedrale besteht komplett aus Steinen, die von den Steinbrüchen auf den Inseln Brač, Korčula, Rab und Krk stammen. Angeblich ist sie die größte Kirche der Welt, die ausschließlich aus Stein und ohne Zuhilfenahme von Ziegeln oder Holz gebaut wurde. Das ungewöhnliche Kuppeldach wurde nach Dalmatinacs Tod von Nikola Firentinac fertiggestellt, der auch die Fassade in reinem Renaissancestil errichtete. Erst 1536 war der Kirchenbau vollendet.

Museum Bunari

MUSEUM

(www.bunari.hr; Obala Palih Omladinaca 2; Erw./erm. 15/10 Kn; ☉8–24 Uhr) Besonders interessant ist dieses interaktive Museum, denn es befindet sich in dem stimmungsvollen Komplex eines alten Wasserreservoirs mit hohem Tonnengewölbe. Zahlreiche Infota-

Šibenik

feln und Exponate veranschaulichen Šibeniks Geschichte und Kultur. Es wird lokales Handwerk vorgeführt und jede Menge Unterhaltsames für Kinder geboten (beispielsweise ein Schiffswrack-Flipperautomat).

Stadtmuseum   MUSEUM
(Gradski Muzej; www.muzej-sibenik.hr; Gradska Vrata 3; Eintritt 10 Kn; Juni–Sept. 10–13 & 18–20 Uhr, Okt.–Mai 7.30–15.30 Uhr) Das renovierte Museum zeigt eine gut konzipierte Dauerausstellung historischer Objekte mit Bezug zu Šibenik und zur Region Dalmatien. Daneben sind Wechselausstellungen mit Kunstwerken, Gemälden, Fotos und Keramik zu sehen.

Mittelalterlicher Garten am Kloster des heiligen Lorenz   GARTEN
(Vrt Svetog Lovre; Andrije Kačića bb; Erw./erm. 15/10 Kn; Mai–Okt. 8.30–19.30 Uhr, im Winter kürzer) Für das Design und die Realisierung dieses wiederhergestellten Gartens zeichnet der preisgekrönte Landschaftsarchitekt Dragutin Kiš verantwortlich. Beete mit Kräutern und Heilpflanzen säumen die Wege in der formellen Anlage. Es gibt ein nettes Café (Speiseeis und Getränke) und ätherische Öle zu kaufen.

Šibenik

Highlights
- Museum Bunari A2
- Kathedrale des heiligen Jakob B3
- Stadtmuseum B3
- Mittelalterlicher Garten am Kloster
  des heiligen Lorenz B2

Sehenswertes
1. Kirche der heiligen Barbara B3
2. Kirche des heiligen Johannes C3
3. Franziskanerkirche & Kloster D4
   Museum für Kirchenkunst .... (siehe 1)
4. Festung des heiligen Michael B1

Schlafen
5. Hotel Jadran B3

Essen
6. Konoba Kanel C4
7. Pelegrini B2
8. Restoran Tinel B2
9. Supermarkt D3

Ausgehen
10. No 4 Club/Četvorka C3

Festung des heiligen Michael FESTUNG
(Tvrđava Sv Mihovila; Eintritt 20 Kn; ☉9–21 Uhr) Vom Wehrgang dieser großen mittelalterlichen Festungsanlage bietet sich ein wundervoller Blick über Šibenik, den Fluss Krk und die Adria. Einige Elemente der Burg stammen noch aus dem 13. Jh. Sie hat vier gut erhaltene Türme und einen Eingang im gotischen Stil.

Viele der schönen Kirchen von Šibenik sind nur während der Messe geöffnet.

Kirche des heiligen Johannes KIRCHE
(Crkva Svetog Ivana; Trg Ivana Paula II) Ein schönes Beispiel für die Architektur am Übergang von der Gotik zur Renaissance; sie wurde Ende des 15. Jhs. errichtet.

Franziskanerkirche & Kloster KIRCHE
(Franjevački Samostan; Ćulinovića) Diese Anlage stammt aus dem späten 14. Jh. Sehenswert sind ihre hübschen Fresken und mehrere venezianische Barockgemälde.

Museum für Kirchenkunst MUSEUM
(Kralja Tomislava; Eintritt 10 Kn; ☉Mo–Fr 9–13 Uhr) Das Museum in der Kirche der heiligen Barbara präsentiert Gemälde sowie Stiche und Skulpturen aus dem 14. bis 18. Jh.

Festivals & Events
Während der letzten Juni- und der ersten Juliwoche findet in Šibenik das bekannte **Internationale Kinderfestival** statt. Zu diesem Anlass gibt es Workshops, Musik, Tanz, Kinderkino und -theater, Marionettentheater und Umzüge.

Schlafen
In Šibenik, das nur ein Hotel hat, sind die Unterkünfte rar. Übernachten kann man in den nahen Küstenorten Primošten, Tribunj und Vodice. In der Hochsaison bieten manchmal Frauen *sobe* (Zimmer) an. Privatunterkünfte findet man auch über Reisebüros.

Camp Solaris CAMPING €
(☎364 450; www.solaris.hr; Solaris; 55/143 Kn pro Erw./Stellplatz; ☉Mitte März–Nov.; @ 🛜 ⛱) Solaris zählt zu Kroatiens am besten ausgestatteten Campingplätzen. Zur Anlage gehören ein Meerwasserpool, Sporteinrichtungen wie ein Tennis- und Minigolfplatz, viel Infrastruktur für Kinder und ein Spa. Man verdurstet auch nicht, denn es gibt zehn Bars! Der Platz liegt 6 km östlich des Zentrums.

Hotel Jadran ZENTRAL €€
(☎242 000; www.rivijera.hr; Obala Oslobođenja 52; EZ/DZ 512/835 Kn; P @) Dieser altmodische fünfstöckige Betonkasten hat zumindest eine hervorragende Lage am Hafen. Er lässt etwas Charme vermissen und ist darüber hinaus übertreuert, allerdings auch das einzige Hotel der Stadt. Die Zimmer haben Satelliten-TV und Minibars, aber keine Klimaanlage, sodass es im Sommer heiß werden kann.

Essen
Am Hafen gibt's eine Reihe beliebter Restaurants mit schönem Blick, aber gute Küche bekommt man eher in der Altstadt.

LP TIPP Pelegrini MODERN-MEDITERRAN €€
(☎485 055; www.pelegrini.hr; Obala Palih Omladinaca 2; Hauptgerichte ab 60 Kn) Dieses wundervolle Restaurant hängt Šibeniks kulinarische Messlatte hoch. Auf der Speisekarte tauchen Gewürze aus aller Welt auf; Einflüsse aus Japan und Frankreich prägen die im Kern mediterrane Küche. Zu empfehlen ist gegrillter Schweinebauch mit weißen Feigen und Schinken. Das Design des Pelegrini ist eine gelungene Mischung aus Minimalismus und Historischem, das Personal kompetent und

mehrsprachig. Auf der Weinkarte stehen viele dalmatinische Weine. Um einen der Tische draußen mit einzigartigem Blick zur Kathedrale zu bekommen, reserviert man am besten telefonisch.

Restoran Tinel KROATISCH €€
(Trg Puckih Kapetana 1; Hauptgerichte ab 75 Kn) Das stilvolle und renommierte Restaurant in der Altstadt hat eine entzückende, etwas höher gelegene Terrasse an einem kleinen Platz und Speiseräume auf zwei Etagen. Serviert werden zahlreiche interessante Gerichte, z. B. Tintenfisch *a la tinel* (erinnert an Gulasch) und vegetarische Gerichte, z. B. Ricotta-Salat mit gegrillten Zucchini.

Uzorita KROATISCH €€
(Bana Josipa Jelačića 50; Hauptgerichte ab 60 Kn) Šibeniks ältestes Restaurant stammt aus dem Jahr 1899. Es serviert Fleisch (die Kebabs sind köstlich) oder Meeresfrüchte im Schatten von Weinreben auf der Terrasse oder in dem stimmungsvollen Innenraum mit einem alten Kamin.

Konoba Kanela KROATISCH €€
(Obala Franje Tuđmana 5; Hauptgerichte ab 65 Kn) Dies ist das beste unter den eher mittelmäßigen touristischen Restaurants am Hafen. Hier kann man sich Muscheln, Tintenfisch oder „unter der Glocke" gegartes Fleisch schmecken lassen. Bei schlechtem Wetter wechselt man ins Innere mit offenen Steinmauern und Holzbalken.

Penkala RUSTIKAL €
(Fra Jeronima Milete 17; Hauptgerichte ab 25 Kn; Mo–Sa) Das legere preiswerte Lokal ist bei Einheimischen beliebt und serviert Hausmannskost, vor allem herzhafte Eintöpfe mit Fleisch.

Selbstversorger finden alles, was sie brauchen, im **Supermarkt** (Kralja Zvonimira) oder auf dem **Obst- & Gemüsemarkt** (zwischen Ante Starčevića & Stankovačka).

 Ausgehen

No 4 Club/Četvorka BAR, RESTAURANT
(Trg Dinka Zavorovića 4) Die skurrile kleine Künstlerbar bezeichnet sich selbst als Steakhaus, ist aber eher eine lockere Bar, in der man sich zu Wein oder Bier trifft.

Praktische Informationen

Atlas Travel Agency (330 232; atlas-sibenik@si.t-com.hr; Kovačića 1a) Wechselt Geld und organisiert Ausflüge.

Krankenhaus (334 421; Stjepana Radića 83)

NIK Travel Agency (338 540; www.nik.hr; Ante Šupuka 5) Das große Reisebüro vermittelt Ausflüge auf die Kornaten und in den Nationalpark Krka, Privatunterkünfte sowie Busfahrkarten und Flugtickets.

Öffentliche Bibliothek (Gradska Knjižnica Jurga; Mo–Sa 8–12 & 18–21 Uhr;) Internetzugang für 10 Kn pro Stunde; auch WLAN.

Postamt (Vladimira Nazora 51; Mo–Fr 8–19, Sa 9–12 Uhr) Hier kann man telefonieren und Geld tauschen.

Touristeninformation (214 441; www.sibenik-tourism.hr; Obala Franje Tuđmana 5; Juni–Okt. 8–21 Uhr, April–Nov. 8–16 Uhr) Bietet hervorragende Beratung und Informationen in nicht weniger als 14 Sprachen.

 An- & Weiterreise

Jadrolinija (213 468; Obala Franje Tuđmana 8; Mo–Fr 9–18 Uhr) verkauft Fährtickets.

Šibeniks ziemlich heruntergekommener Busbahnhof liegt einen kurzen Fußweg von der Altstadt entfernt.

BUSSE VON ŠIBENIK

ZIEL	FAHRPREIS (KN)	DAUER	TÄGLICHE ABFAHRTEN
Dubrovnik	226	6 Std.	9
Murter	25	45 Min.	8
Osijek	338	8½ Std.	1
Primošten	17	30 Min.	7
Pula	228	8 Std.	3
Rijeka	181	6 Std.	11
Split	84	1¾ Std.	22
Zadar	63	1½ Std.	34
Zagreb	164	6½ Std.	16

RAUBVOGELRETTUNG

Sokolarski Centar (Falkenzentrum) — RAUBVOGELRESERVAT

(022-330 116; www.sokolarskicentar.com; Eintritt 30 Kn; April–Okt. 9–17 Uhr) Dieses Zentrum widmet sich dem Schutz der Raubvögel in Kroatien, nimmt jährlich etwa 150 verletzte Vögel auf und wildert sie wieder aus. In einer höchst unterhaltsamen und lehrreichen Vorführung zeigt Direktor Emilo Mendušić Besuchern das Geschick und die Fähigkeiten von Eulen, Falken und Habichten.

Dabei erfährt man auch, wie Uhus jagen: Sie sind in der Lage, in Zeitlupe zu sehen, und können sich so aus einer großen Schar eine schwache Taube herauspicken. Ihr Gehör ist so scharf, dass sie sich auf einen Quadratmeter Boden konzentrieren und die Geräusche der Umgebung ausblenden können.

Die meisten Raubvögel im Zentrum wurden bei Kollisionen auf kroatischen Straßen verletzt. Weitere Bedrohungen sind illegale Vergiftung, Jäger und Pestizide. Die Vögel dürfen etwa eine Stunde am Tag frei umherfliegen, die meisten werden wieder in die Wildnis entlassen, sobald sie gesund sind.

Das Sokolarski-Zentrum ist ca. 7 km von Šibenik entfernt und nicht mit öffentlichen Verkehrsmitteln zu erreichen. Man nimmt die Straße zum Nationalpark Krka, biegt nach Osten Richtung Bilice ab und folgt den Schildern.

Zwischen Zagreb und Šibenik verkehren ein Nachtzug (156 Kn, 8 Std.) und zwei Züge tagsüber (11 Std.).

Nationalpark Krka
022

Der Fluss Krka entspringt am westlichen Fuß des Dinarischen Gebirges und mündet nach einer Strecke von 72,5 km bei Šibenik ins Meer. Der Fluss und seine wunderschönen Wasserfälle prägen die Landschaft der Region Šibenik-Knin und bilden die Hauptattraktion im Krka-Nationalpark. Die Krka-Wasserfälle sind ein Karstphänomen: Über Jahrtausende höhlte das kalziumkarbonathaltige Flusswasser im Kalkstein bis zu 200 m tiefe Schluchten aus. Moose und Algen speichern das Kalziumkarbonat und lagern es in ihren wurzelähnlichen Aufnahmeorganen ab. Der dabei durch Milliarden übereinander wachsender Pflanzen entstehende Kalktuff bildet allmählich dicke Krustenlagen und schließlich Barrieren im Fluss: Wasserfälle entstehen.

Sehenswertes & Aktivitäten

Die Landschaft mit ihren Felsen, Klippen, Höhlen und Spalten ist absolut sehenswert, doch auch kulturell hat der Nationalpark einiges zu bieten. Fast schon am Nordende liegt das orthodoxe Kloster Aranđelovac (Kloster des heiligen Erzengels), meist nur **Kloster Krka** genannt. 1402 wurde es erstmalig als Mitgift von Jelena Šubić, der Schwester des serbischen Zaren Dušan, erwähnt. Bis gegen Ende des 18. Jhs. wurde es mehrmals erweitert und umgebaut. Das Kloster zeigt eine einzigartige Kombination von byzantinischer und mediterraner Architektur.

Unterhalb des Klosters weitet sich der Fluss zu einem See, der von einem der größten Wasserfälle des Parks, dem **Roški Slap**, gespeist wird. Das Flusstal verengt sich am Seeende zu einer nur 150 m breiten Schlucht. Der Roški Slap erstreckt sich über einen 650 m langen Flussabschnitt, der mit flachen Stufen beginnt, sich dann verzweigt, Inselchen bildet und in einer 27 m hohen Kaskade gipfelt. Auf der Ostseite der Fälle sind noch die Wassermühlen zu sehen, in denen früher Getreide gemahlen wurde.

Auf dem ersten Kilometer wird der See von Schilf und Binsen gesäumt, die vielen Wasservögeln Schutz bieten. Ein Stück flussabwärts kommt die **Schlucht Meðu Gredama** mit 150 m hohen, dramatisch geformten Klippen in Sicht. Sie öffnet sich zum See Visovac. Auf einer Insel im See liegt das hübsche Kloster **Samostan Visovac**. Im 14. Jh. erbauten Einsiedler ein kleines Kloster mit Kirche; unter der türkischen Herrschaft bis 1699 lebten hier bosnische Franziskaner. Die Kirche der Insel datiert ins ausgehende 17. Jh., der Glockenturm wurde 1728 gebaut. Am Westufer erstreckt sich ein Wald aus Steineichen, am Ostufer wachsen Traubeneichen.

AUSFLÜGE AB ŠIBENIK

Von Šibenik aus sind auf einem Tagesausflug (wer möchte, auch mit Übernachtung) mit der Fähre mehrere kleine Inseln erreichbar. Ein Ziel auf dem Festland, nur 20 km südlich, ist **Primošten**, der schönste Ort in der Umgebung Šibeniks. Die kleine Ortschaft mit mittelalterlichen Gassen wird von einem großen Glockenturm überragt. Ihre Lage auf einer Halbinsel erinnert an die istrische Stadt Rovinj. Gegenüber der Bucht liegt eine weitere Halbinsel mit dichtem Pinienwald und vielen Kiesstränden. Die zahlreichen Hotels wurden geschickt in die Landschaft integriert.

Zlarin, nur eine 30-minütige Bootsfahrt von Šibenik entfernt, ist bekannt für seine Korallen, die hier einst in großen Mengen vorkamen und zu Schmuck verarbeitet wurden. Die autofreie Insel mit Pinienwäldern, einem Sandstrand und einem großen Hafen ist ideal für ein paar ruhige Tage. Nur 15 Minuten von Zlarin entfernt liegt die Insel **Prvić** mit den beiden Dörfern Prvić Luka und Šepurine (weitere 10 Minuten Fahrt mit der Fähre), die sich das Flair einfacher Fischerdörfer bewahrt haben.

Die Insel **Murter**, 29 km nordwestlich von Šibenik, trennt ein schmaler Kanal vom Festland. Ihre steile Südwestküste prägen kleine Buchten; zum Baden besonders geeignet ist **Slanica**. Das Dorf Murter liegt im Nordwesten. Es hat einen schönen Hafen; der Strand ist leider weniger schön. Weitere Infos bekommt man bei der **Touristeninformation** (✆434 995; www.tzo-murter.hr; Rudina bb; ☉Mitte Juni–Mitte Sept. 7.30–21.30 Uhr, Mitte Sept.–Mitte Juni 8–12 Uhr).

Der Ort Murter hat wenig zu bieten, eignet sich aber gut als Ausgangspunkt für eine Exkursion zu den Kornaten. Wer hier einen Ausflug bucht, hat den Vorteil, dass die lange Anfahrt von Šibenik oder Zadar entfällt. **Coronata** (✆435 933; www.coronata.hr; Žrtava Ratova 17) zählt zu den zahlreichen Reisebüros, die von hier Ganztagesausflüge auf die Kornaten (Erw./erm. 250/125 Kn) organisieren.

Wer auf den Kornaten übernachten möchte, kann sich an **KornatTurist** (✆435 854; www.kornatturist.hr; Hrvatskih Vladara 2, Murter) wenden, das Privatunterkünfte vermittelt. Für eine kleine Hütte zahlt man ab 4763 Kn pro Woche, inklusive Bootstransfer, zwei wöchentliche Lebensmittellieferungen, Gas und Eintritt in den Nationalpark Kornaten. Für 1465 Kn pro Woche kann man auch ein Motorboot mieten.

6 km flussabwärts folgt der größte Wasserfall **Skradinski Buk**. Er stürzt auf 800 m Länge über 17 Stufen beinahe 46 m in die Tiefe. Früher wurde hier Getreide gemahlen, Filz gewalkt und Stoff hergestellt. Die Mühlen sind längst aufgegeben. Hinter dem Skradinski Buk wird der Fluss uninteressant, seit dort 1904 das Jaruga-Kraftwerk errichtet wurde. Eine Stunde Zeit sollte man einplanen, um den Skradinski Buk zu besichtigen und die Wasserfälle auf sich wirken zu lassen. Der untere See eignet sich gut zum Schwimmen, aber im Sommer kann es sehr voll werden.

🛏 Schlafen & Essen

Restaurants und Läden säumen den Hafen. Am Skradinski Buk gibt es Imbissstände und preiswerte Restaurants und in Skradin ein Hotel.

Hotel Skradinski Buk HOTEL €€
(✆771 771; www.skradinskibuk.hr; Burinovac bb, Skradin; EZ/DZ 417/652 Kn; P❋@) Ein modernes Hotel mit 29 renovierten, aber ziemlich kleinen Zimmern, die jeweils über einen Schreibtisch, Satelliten-TV und einen Internetzugang verfügen. Unten serviert das gute Restaurant mit überdachter Terrasse gegrillte Fleischgerichte und dalmatinische Spezialitäten.

❶ Praktische Informationen

Skradins **Touristeninformation** (✆771 306; www.skradin.hr, auf Kroatisch; Trg Male Gospe 3; ☉Juli & Aug. 8–21 Uhr, Sept.–Juni 9–13 & 16–18 Uhr) befindet sich am Hafen. Die Angestellten sind einem gern auch bei der Buchung von Privatzimmern behilflich. Das **Krka-Nationalparkbüro** (✆217 720; www.npkrka.hr; Trg Ivana Pavla II, Skradin; ☉Mo–Fr 9–17 Uhr) bietet gute Karten und Informationen und organisiert Ausflüge.

Den **Eintritt zum Park** (Erw./erm. Juli & Aug. 95/70 Kn, April–Juni, Sept. & Okt. 80/60 Kn, Nov.–März 30/20 Kn) muss man in Skradin bezahlen. Im Preis enthalten ist eine Boots- oder Busfahrt zum Skradinski Buk.

ℹ An- & Weiterreise

Diverse Reisebüros bieten organisierte Ausflüge zu den Wasserfällen an, sie starten u. a. in Šibenik und Zadar. Normalerweise kann man die Kaskaden aber auch leicht auf eigene Faust besuchen.

Von Šibenik aus fahren jeden Tag sieben Busse (im Winter sind es weniger) nach Skradin; die Fahrt dauert 30 Minuten. Der Bus hält vor den Toren der Altstadt, hier zahlt man auch die Eintrittsgebühren für den Park. Im Preis eingeschlossen ist die Bootsfahrt zum Skradinski Buk. Wer nicht auf das Boot warten möchte: Zu Fuß ist der Wasserfall in etwa 45 Minuten erreichbar. Vom Skradinski Buk fahren von März bis November täglich drei Boote nach Visovac (Erw./erm. 100/55 Kn) und zum Roški Slap (130/65 Kn). Vom Roški Slap verkehren von April bis September Boote zum Kloster Krka (100/55 Kn).

Zu anderen Zeiten des Jahres steht der Park Touristengruppen offen.

Kornati-Inseln

Die Inselwelt der Kornaten besteht aus 147 meist unbewohnten Inseln und Riffen. Mit einer Fläche von 69 km² – ein Teil davon bildet den Nationalpark – sind die Kornaten das größte Archipel in der Adria. Die Karstinseln sind durchsetzt von Spalten, Höhlen, Grotten und wild zerklüfteten Klippen. Da es keine Quellen gibt, sind die Eilande meist kahl oder mit struppigem Gras bewachsen. Die einstige Vegetation aus immergrünen Pflanzen und Steineichen wurde vor Langem durch Brandrodung vernichtet. Die Entwaldung kann der Schönheit der Inseln nichts anhaben – stattdessen kommen die bizarren Felsformationen noch besser zur Geltung. Die strahlend weißen Steine vor dem tiefblauen Wasser der Adria sind ein faszinierender Anblick.

> **ABSTECHER**
>
> ### KNIN & DAS HINTERLAND
>
> Im Hinterland der Region Šibenik-Knin befindet sich auch ein Teil der Vojna Krajina, jener Militärgrenze, die die Habsburger im 16. Jh. zum Schutz vor den Türken eingerichtet hatten. Das Gebiet wurde von orthodoxen Walachen und Morlachen besiedelt, wodurch sich in der Folge ein sehr hoher serbischer Bevölkerungsanteil ergab. Nach der Unabhängigkeitserklärung Kroatiens im Jahre 1990 errichteten die Krajina-Serben ihren eigenen Staat mit Knin als Hauptstadt. Als Kroatien das Gebiet 1995 zurückeroberte, floh fast die gesamte serbische Bevölkerung. Zurück blieben zahlreiche zerstörte Gebäude und niedergebrannte Dörfer. Auch wenn die Schäden mittlerweile repariert sind, liegt die Wirtschaft immer noch am Boden und nur wenige Serben kehren zurück. Vielen der einstmals blühenden Dörfer mangelt es immer noch an Bewohnern.
>
> Knin liegt an einer historisch hochsensiblen Stelle, nämlich an der Grenze zwischen Dalmatien und Bosnien. Im Mittelalter war es ein bedeutendes Wirtschaftszentrum an der Kreuzung einiger Handelsstraßen zwischen Slawonien, Bosnien und der dalmatinischen Küste. Unter der Herrschaft der kroatischen Könige im 10. Jh. wurde Knin erstmals zur Hauptstadt ernannt. Der kroatische Adel erkannte jedoch die Verwundbarkeit dieses Ortes und ließ deshalb eine Festung errichten, die noch heute auf dem steilen Berg Spas hoch über der Stadt thront. Nach dem Ende des kroatischen Königreichs wurde Knin mehrmals belagert und 1522 von den Türken eingenommen. Später fiel es an Venedig, Österreich, Frankreich und schließlich wieder an Österreich.
>
> Die riesige kroatische Fahne, die heute über der Festung weht, hat mehr mit den jüngsten Ereignissen zu tun als mit mittelalterlicher Geschichte. Ein Aufstieg zur teilweise restaurierten Festung lohnt wegen des Ausblicks über die Berge nach Bosnien und Herzegowina; oben gibt es auch ein Café.
>
> In Sommer besucht man die Stadt am besten am 13. Juni, dem Tag des Schutzpatrons von Knin, der mit religiösen, sportlichen und musikalischen Ereignissen begangen wird. Weitere Information bekommt man bei der **Touristeninformation** (☏ 022-664 822; www.tz-knin.hr; Tuđmana 24). Das freundliche **Hotel Mihovil** (☏ 022-664 444; www.zivkovic.hr, auf Kroatisch; Vrpolje bb; Zi. 220 Kn) hat einfache Zimmer und eine gute Küche; es liegt 3 km östlich der Stadt.

◉ Sehenswertes

Die Kornaten reihen sich in vier Gruppen von Nordwesten nach Südosten aneinander. Die ersten beiden Gruppen liegen dichter beim Festland und werden von den Einheimischen Gornji-Kornaten genannt. Die größte und am meisten zerklüftete dieser Inseln ist Žut.

Die beiden anderen Inselreihen, die am offenen Meer liegen, bilden den Nationalpark Kornaten und sind weitaus stärker zerklüftet. Das größte Eiland des Parks ist die Insel Kornat – sie ist 25 km lang, aber nur 2,5 km breit. Zum Nationalpark gehören aber nicht nur die Inseln, auch das Meer ist unter Schutz gestellt. Fischen ist stark eingeschränkt, damit sich die Fischpopulationen erholen können. Zackenbarsche, Muränen, Meeraale, Meerbrassen, Hechte, diverse Tintenfische und Sardinen sind einige der Arten, die hier wieder heimisch werden sollen.

Die Insel Piškera, ebenfalls auf dem Gebiet des Nationalparks, war im Mittelalter besiedelt und diente als Fischlager. Bis ins 19. Jh. unterstanden die Inseln dem Adeligen aus Zadar. Vor etwa 100 Jahren erwarben dann Vorfahren der heutigen Bewohner von Murter und Dugi Otok die Inseln. Sie errichteten dort kilometerlange Steinmauern, um das Land zu parzellieren und für die Schafzucht zu nutzen. Bis heute sind die Inseln in Privatbesitz: 90% gehören Bewohnern von Murter, der Rest Bewohnern von Dugi Otok. Auch wenn niemand mehr ganzjährig hier lebt, haben doch viele Eigentümer hier Hütten und Felder und kommen hin und wieder vorbei, um ihren Grund und Boden zu pflegen. Es werden auch Häuser vermietet (siehe S. 206). 80% der landwirtschaftlich genutzten Fläche sind mit Ölbäumen bebaut, daneben werden Wein, Obst und Gemüse kultiviert. Insgesamt gibt es auf den Kornaten nur ungefähr 300 Gebäude, die meisten von ihnen stehen an der Südwestküste der Insel Kornat.

❶ Praktische Informationen

Das **Nationalparkbüro der Kornaten** (☎434 662; www.kornati.hr; Butina 2; ⊙Mo–Fr 8.30–17 Uhr) in Murter hält zahlreiche Informationen bereit. Die Eintrittspreise berechnen sich nach der Größe der Boote; für ein kleines Schiff zahlt man 150 Kn pro Tag, wenn man das Ticket im Voraus kauft. Genehmigungen zum Angeln und Tauchen kosten 150 Kn pro Person und Tag.

❶ An- & Weiterreise

Zwischen den Kornaten und anderen Inseln oder dem Festland fahren keine Fähren. Wer kein eigenes Boot hat, bucht einen Ausflug von Zadar, Sali, Šibenik, Split und anderen Küstenorten oder eine private Unterkunft von Murter (siehe S. 206) aus.

Der größte Hafen liegt auf der Insel Piškera, am südlichen Ende der Meerenge zwischen Piškera und Lavsa. Einen weiteren großen Hafen gibt es auf Žut. Boote können in zahlreichen kleinen Buchten der Inseln ankern.

Split & Mitteldalmatien

♪ 021

Inhalt »

Split	212
Trogir	230
Makarska	236
Brela	238
Brač	239
Supetar	240
Bol	242
Hvar	246
Hvar (Stadt)	246
Stari Grad	252
Vis	253
Vis (Stadt)	254
Komiža	257

Gut essen

» Pojoda (S. 256)
» Konoba Trattoria Bajamont (S. 222)
» Zlatna Školjka (S. 250)
» Konoba Jastožera (S. 258)

Schön übernachten

» Hotel Vestibul Palace (S. 219)
» Hotel Peristil (S. 219)
» Bračka Perla (S. 241)
» Hotel San Giorgio (S. 255)

Auf nach Split & Mitteldalmatien

Mitteldalmatien ist Kroatiens vielfältigste Region mit der meisten Action und den meisten Sehenswürdigkeiten: hübsche Inseln, idyllische Häfen, Berge, Dutzende Burgen und eine aufstrebende kulinarische Szene. Ganz zu schweigen vom Diokletianpalast in Split und dem mittelalterlichen Trogir (beides Welterbestätten).

Römische Ruinen, eine mediterrane Stadt, erstklassige Gastronomie und das Nachtleben auf der glamourösesten Insel der Adria machen die Region zum beliebten Reiseziel. Zur Attraktivität tragen zudem wunderschöne feine Sandstrände, abgeschiedene Kiesbuchten auf den Inseln der Umgebung sowie versteckte FKK-Oasen bei. Mit dem zerklüfteten, bis zu 1500 m hohen Dinarischen Gebirge, das die dramatische Kulisse der Küstenlinie bildet, überzeugt dieser Teil Kroatiens auch den anspruchsvollsten Besucher.

Und das Beste: Hier ist es immer wärmer als in Istrien oder in der Kvarnerbucht. Daher lädt die kristallklare Adria von Mitte Mai bis Ende September zum Baden ein.

Reisezeit

Split

Mai Das Meer hat Badetemperatur und man kann vor dem Massenandrang Sonne tanken.

Juli & August Bei traumhaftem Wetter gibt's überall jede Menge Festivals und Aktivitäten.

September Das Meer ist warm, der Besucheransturm vorüber und die Preise sinken.

Highlights

① Den **Diokletianpalast** (S. 212) erkunden, in dem Tag und Nacht Splits Herzschlag vibriert

② Die Gastronomie und wunderschönen Strände von Kroatiens abgelegenster Insel **Vis** (S. 253) genießen

③ Sich am sexy **Zlatni Rat** (S. 242), Kroatiens hippstem Strand in Bol, räkeln

④ In die Glitzerwelt der **Stadt Hvar** (S. 246) eintauchen und in den Strandbars die Nächte durchfeiern

⑤ Das imposante **Biokovo-Gebirge** (S. 237) erklimmen und sich an der Aussicht auf Italien erfreuen

⑥ Staunen über die gut erhaltenen alten Bauten des winzigen **Trogir** (S. 230), als Welterbe der Star Mitteldalmatiens

⑦ Das traumhafte Innere der Insel **Hvar** (S. 246) mit endlosen Lavendelfeldern, Meerpanoramen und verlassenen Weilern entdecken

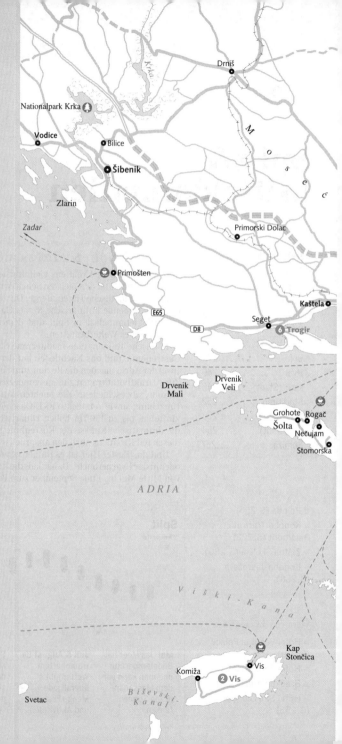

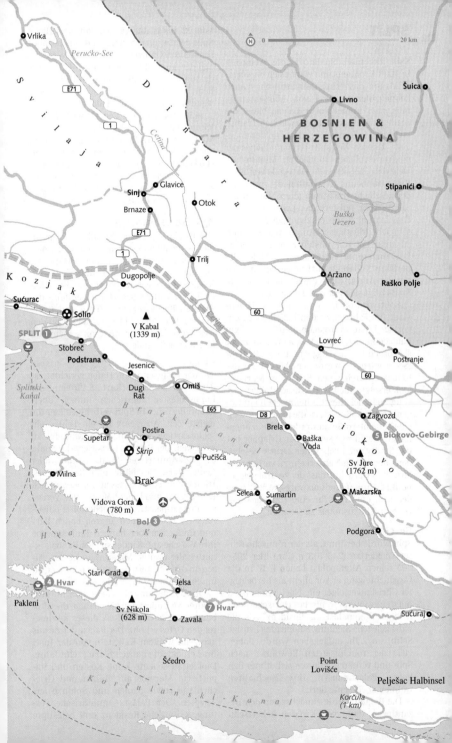

SPLIT

188 694 EW.

Split (italienisch: Spalato) ist die zweitgrößte Stadt Kroatiens und eignet sich hervorragend, um das echte dalmatinische Leben kennenzulernen. Frei von Massentourismus, aber immer voller Leben, bietet die Stadt die richtige Balance zwischen Tradition und Moderne. Wer den Diokletianpalast – Unesco-Weltkulturerbe und eines der eindrucksvollsten römischen Monumente weltweit – betritt, sieht Dutzende von Bars, Restaurants und Geschäften, die innerhalb der geschichtsträchtigen alten Mauern florieren. Hier pulsiert das Leben seit über 1700 Jahren! Seine einzigartige Lage und sein lebenslustiges Naturell machen Split zu einer der reizvollsten Städte Europas. Das imposante Küstengebirge bildet die perfekte Kulisse zum türkisfarbenen Wasser der Adria; die wunderschöne Skyline Splits zeigt sich gut von der Fähre aus.

Split wird oft in erster Linie als Hafenstadt für Fahrten zu den beliebten Inseln vor der Küste wahrgenommen (was sie genau genommen auch ist). Aber die Stadt hat sich ordentlich herausgeputzt: Die alte Riva (Seepromenade) wurde verschönert, ihr Betonbelag durch einen Boden im Marmorlook ersetzt. Auch wenn diese Modernisierung nicht bei allen Einheimischen auf Gegenliebe gestoßen ist, ist die neue Riva doch eine Prachtstraße geworden. Die zunehmende Nachfrage seitens der Urlauber hat die Stadtväter auch unter Druck gesetzt, den öffentlichen Nahverkehr zu verbessern. So gibt es Gerüchte, dass der zentral gelegene Busbahnhof stadtauswärts verlegt werden soll, um Platz für eine Hafenerweiterung und Luxushotels zu schaffen.

Geschichte

Split wurde berühmt, als der römische Kaiser Diokletian (245-313 n. Chr.) hier 295-305 seinen Alterspalast bauen ließ. In die Geschichte ging er vor allem als berüchtigter Christenverfolger ein. Nach seinem Tod nutzten weitere römische Herrscher den riesigen Steinpalast als Residenz. Als die nahe gelegene Siedlung Salona (das heutige Solin) im 7. Jh. aufgegeben wurde, flohen viele der romanisierten Bewohner nach Split und verbarrikadierten sich hinter den hohen Palastmauern. Ihre Nachfahren wohnen noch heute dort.

Die Region wurde zunächst von den Byzantinern, dann von den Kroaten beherrscht. Vom 12. bis 14. Jh. war das mittelalterliche Split relativ unabhängig und wuchs über seine alten Grenzen hinaus: Der westliche Teil der Altstadt um den Narodni Trg wurde nun der Mittelpunkt des städtischen Lebens, der religiöse Mittelpunkt lag auch weiterhin innerhalb der Palastmauern.

1420 eroberten die Venezianer Split und leiteten einen allmählichen Niedergang der Stadt ein. Im 17. Jh. wurde sie dann zum Schutz vor den osmanischen Türken mit starken Stadtmauern gesichert. 1797 kamen die Österreicher und blieben – mit nur kurzer Unterbrechung während der Napoleonischen Kriege – bis 1918.

⊙ Sehenswertes

Die Obala Hrvatskog Narodnog Preporoda – kurz Riva (Seepromenade) genannt – ist in Split der beste Orientierungspunkt. Die meisten großen Hotels und die besten Restaurants, das Nachtleben und die Strände liegen östlich des Hafens entlang der Buchten Bačvice, Firule, Zenta und Trstenik. Der bewaldete Marjan-Hügel prägt den westlichen Zipfel der Stadt; an seinem Fuß liegen viele Strände.

Diokletianpalast   ALTSTADT

Mit der Frontseite zum Hafen gerichtet, ist der Diokletianpalast (Karte S. 216) eine der imposantesten römischen Ruinen überhaupt. Besucher in Split verbringen hier die meiste Zeit. Aber es wäre ein Fehler, ein schlossartiges Gebäude oder Museum zu erwarten: Der Palast ist das Herz der Stadt, die labyrinthartigen Straßen sind voller Leute, Bars, Geschäfte und Restaurants. Hinter den engen Gassen verbergen sich Durchgänge und Innenhöfe, manche verlassen und gespenstisch, manche voller pulsierender Musik aus den angrenzenden Bars und Cafés. Darüber hängen Einheimische ihre Wäsche auf, Kinder spielen Fußball inmitten der uralten Mauern, und Omas sitzen an den Fenstern und sehen dem Treiben unten zu. Ein bezaubernder Ort.

Obwohl der ursprüngliche Bau im Mittelalter verändert wurde, haben die Umbauten nur noch den Reiz dieses faszinierenden Ortes erhöht. Der Palast wurde aus glänzend weißem Kalkstein von der Insel Brač erbaut; die Bauzeit betrug zehn Jahre. Diokletian scheute keine Kosten und importierte Marmor aus Italien und Griechenland sowie Säulen und Sphinxe aus Ägypten. Der Palast – militärische Festung, kaiserliche Residenz und befestigte

Stadt zugleich – erstreckt sich 215 m von Ost nach West (inkl. der quadratischen Ecktürme) und ist an der südlichsten Stelle 181 m breit. Die Mauern sind bis zu 26 m hoch; die gesamte Anlage umfasst eine Fläche von 31 000 m².

Jede Außenmauer enthält ein Tor, das nach einem Metall benannt ist: An der Nordseite steht das Goldene Tor, an der Südseite das Bronzene Tor; das östliche ist das Silberne Tor, und im Westen steht das Eiserne Tor. Zwischen dem Ost- und dem Westtor verläuft eine gerade Straße (zu römischer Zeit hieß sie Decumanus, heute Krešimirova). Sie trennt die kaiserliche Residenz mit ihren Repräsentationsgemächern und Tempeln auf der Südseite von der Nordseite, wo einst Soldaten und Diener wohnten. Das Bronzene Tor in der Südmauer führte von den Wohngemächern zum Meer. Vor dem Bronzenen und dem Goldenen Tor stehen zwei Wahrzeichen der Stadt: die **Skulpturen** des Literaten Marko Marulić und des mittelalterlichen Bischofs Grgur Ninski, die beide von **Meštrović** geschaffen wurden.

Innerhalb der Palastmauern befinden sich 220 Gebäude, hier wohnen rund 3000 Leute. Auf kleinen Schildern am Anfang und Ende jeder Straße stehen Hinweise, was Besucher dort vorfinden werden, seien es Bars, Cafés, Restaurants, Geschäfte oder Museen. Die Orientierung wird so sehr leicht gemacht. Andererseits ist es reizvoll, sich durch den Palastkomplex treiben zu lassen: Das Areal ist klein genug, dass man immer wieder leicht hinausfindet. Über Straßennamen braucht man daher nicht mehr nachdenken, sobald man den Palast betreten hat.

Um die Hauptsehenswürdigkeiten des Palasts zu erkunden, bietet sich der ausgeschilderte Spaziergang an.

Stadtmuseum MUSEUM

(Muzej Grada Splita; Karte S. 216; www.mgst.net; Papalićeva 1; Erw./erm. 10/5 Kn; ☉ Juni–Sept. Di–Fr 9–21, Sa–Mo 9–16 Uhr, Okt.–Mai Di–Fr 10–17, Sa–Mo 10–13 Uhr) Der Papalić-Palast wurde von Juraj Dalmatinac für einen der vielen Edelmänner gebaut, die im Mittelalter im Palast lebten. Er gilt als schönes Beispiel für den spätgotischen Stil und hat ein reich verziertes Eingangstor, das die Macht des einstigen Bewohners unterstreicht. Außen ist der Palast authentischer als innen, da dort vieles grundlegend für das Museum restauriert wurde. Die Beschriftungen sind auf Kroatisch abgefasst, aber Wandtafeln in verschiedenen Sprachen erläutern den historischen Kontext der Ausstellungsstücke. Auf drei Etagen sind Zeichnungen, Wappen, Waffen aus dem 17. Jh., Möbel, Münzen und historische Dokumente (z. T. aus dem 14. Jh.) ausgestellt.

Kathedrale des heiligen Domnius KIRCHE

(Katedrala Svetog Duje; Karte S. 216; Kraj Svetog Duje 5; Eintritt frei; ☉ Juni–Sept. Mo–Sa 8–20, So 12.30–18.30 Uhr) Splits Kathedrale wurde als Mausoleum für Kaiser Diokletian gebaut. Seine von 24 Säulen umgebene oktogonale Form blieb fast vollständig erhalten. Der runde, mit einer Kuppel versehene Innenraum hat zwei Reihen korinthischer Säulen sowie einen Fries, der den Kaiser und seine Frau Prisca zeigt. Die ältesten Kunstwerke in der Kathedrale sind die Szenen aus dem Leben Christi auf den Domtüren aus Nussholz. Die Darstellungen stammen aus dem 13. Jh. und wurden von Andrija Buvina geschaffen. Die 28 Quadrate (14 auf jeder Seite) sind im Stil zeitgenössischer romanischer Miniaturen gehalten.

Zu den Schätzen zählen der rechte Altar, der von Bonino da Milano 1427 geschnitzt wurde, sowie das Gewölbe oberhalb des Altars mit Wandgemälden von Dujam Vušković. Linker Hand steht der Altar des heiligen Anastasius (Sveti Staš; 1448) von Dalmatinac. Das Relief *Die Geißelung Christi* ist eine der besten bildhauerischen Arbeiten seiner Zeit in ganz Dalmatien.

Der Chorraum hat eine romanische Bestuhlung aus dem 13. Jh., sie ist die älteste noch erhaltene in Dalmatien. Hinter dem Altar weisen Schilder den Weg zur **Schatzkammer** (Eintritt 10 Kn), die wertvolle Reliquien, Ikonen, Kirchengewänder, bebilderte Handschriften und Schriftstücke in glagolitischer Schrift zeigt.

Ein Teil des Gebäudes, der romanische **Glockenturm** (Eintritt 10 Kn), wurde zwischen dem 12. und 16. Jh. erbaut und 1908 nach einem Einsturz rekonstruiert. Interessant sind die beiden Löwenfiguren am Fuß des Glockenturms sowie die ägyptische Sphinx aus schwarzem Granit an der rechten Wand, die aus dem 15. Jh. v. Chr. stammt. Südlich des Mausoleums befinden sich die Überreste eines römischen Bades, eines römischen Gebäudes mit einem Mosaik sowie der kaiserliche Speisesaal. Die Räume sind unterschiedlich gut erhalten.

Von Oktober bis Mai sind die Öffnungszeiten sporadisch.

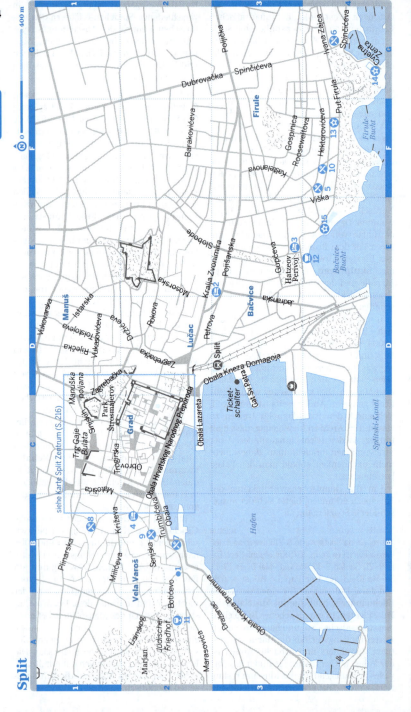

Split

Aktivitäten, Kurse & Touren
1 Treppen zum Marjan-Hügel B2

Schlafen
2 Dalmatian Villas E3
3 Hotel Park E3
4 Villa Varoš B2

Essen
5 Boban F4
Bruna .... (siehe 3)
6 Kadena G4
7 Kod Fife B2
8 Makrovega B1
9 Perun B2
10 Pimpinella F4

Ausgehen
11 Vidilica A2
12 Žbirac E4

Unterhaltung
Egoist .... (siehe 13)
13 Hedonist F4
Kino Bačvice .... (siehe 15)
14 O'Hara G4
15 Tropic Club Equador E4

Jupitertempel TEMPEL
(Karte S. 216; Eintritt 5 Kn; ⊙Juni–Sept. 8–20 Uhr) Eine kopflose Sphinx aus schwarzem Granit bewacht den Eingang. Sie wurde im 5. Jh. während des Tempelbaus aus Ägypten importiert. Früher hatte der Tempel ein Vordach auf Säulen, von denen nur eine erhalten ist. Die Tempelwände stützen ein Dach mit Tonnengewölbe, geschmückt werden sie von einem kunstvollen Fries. Unterhalb des Tempels befindet sich eine Krypta, die vormals als Kirche diente.

Ethnografisches Museum MUSEUM
(Etnografski Muzej; Karte S. 216; www.etnografski-muzej-split.hr, auf Kroatisch; Severova 1; Erw./erm. 10/5 Kn; ⊙Juni–Mitte Sept. Mo–Fr 9–21, Sa 9–13 Uhr, Ende Sept.–Mai Mo–Fr 9–15, Sa 9–13 Uhr) Das nur durchschnittlich interessante Museum zeigt eine Sammlung von Fotos des alten Split, Nationaltrachten und Erinnerungsstücke auf zwei Stockwerken sowie im Dachgeschoss. Unten sind moderne Ausstellungen mit Infotafeln auf Kroatisch zu sehen. Besonders lohnenswert ist ein Spaziergang durch den frühmittelalterlichen Palast, von wo ein nachgebauter römischer Treppenaufgang auf eine Terrasse im Renaissancestil im südlichen Teil des Vestibüls führt. Die Aussicht von dort oben ist das Highlight des Besuchs.

Kellergewölbe HISTORISCHES GEBÄUDE
(Karte S. 216; Erw./erm. 25/10 Kn; ⊙Juni–Sept. 9–21 Uhr, Okt., April & Mai Mo–Sa 9–20, So 9–18 Uhr, restliches Jahr Mo–Sa 9–18, So 9–14 Uhr) Obwohl bis auf ein oder zwei Exponate fast ganz leer, strahlen die Räume und Flure unter dem Diokletianpalast ein eindringliches Gefühl der Zeitlosigkeit aus und lohnen schon deshalb den zusätzlich erhobenen Eintrittspreis. Die Kellergewölbe mit ihren Souvenir- und Kunstgewerbeständen öffnen sich zum Südtor.

Gregor von Nin STATUE
(Karte S. 216; Grgur Ninski) Im 10. Jh. stritt der kroatische Bischof Gregor von Nin für das Recht, die Liturgie auf Altkroatisch lesen zu dürfen. Die ausdrucksvolle Skulptur ist eine Arbeit von Ivan Meštrović und ein Wahrzeichen von Split. Ihr linker großer Zeh glänzt auffallend poliert: Ihn zu reiben, soll Glück bringen und außerdem dafür sorgen, dass man nach Split zurückkehrt.

Archäologisches Museum MUSEUM
(Arheološki Muzej; www.armus.hr; Zrinsko-Frankopanska 25; Erw./erm. 20/10 Kn; ⊙Juni–Sept. Mo–Sa 9–14 & 16–20 Uhr, Okt.–Mai Mo–Fr 9–14 & 16–20, Sa 9–14 Uhr) Das Archäologische Museum nördlich des Zentrums ist den zehnminütigen Fußmarsch allemal wert. Sein Hauptaugenmerk liegt auf der römischen und frühchristlichen Periode; Teile der Ausstellung zeigen Grabskulpturen und Funde aus Salona. Die Bildhauerarbeiten sind von hoher Qualität; einige interessante Reliefs gehen auf mythische Figuren der Illyrer zurück. Gezeigt werden außerdem Schmuck, Keramik und Münzen.

Galerie der Schönen Künste MUSEUM
(Galerija Umjetnina Split; Karte S. 216; www.galum.hr; Kralja Tomislava 15; Erw./erm. 20/10 Kn; ⊙Juni–Sept. Di–Sa 11–19, So 10–13 Uhr, Okt.–Mai Di–Fr 11–19, Sa & So 10–13 Uhr) Nach langem Umbau öffnete das Museum 2009 seine Pforten in dem Gebäude, das einst Splits erstes Krankenhaus beherbergte. Die Ausstellung umfasst 400 Werke aus einem Zeitraum von 700 Jahren. Die Dauerausstellung im Obergeschoss zeigt Gemälde sowie einige Skulpturen und stellt eine chronologische Zeitreise dar, die mit den Alten Meistern beginnt und bei zeitgenössischen kroatischen Künstlern wie Vlaho Bukovac und Ignjat Job endet. Die Ausstellungen im Un-

Split Zentrum

tergeschoss wechseln alle paar Monate. Von der Terrasse des hübschen Cafés überblickt man den Palast.

Meštrović-Galerie KUNSTGALERIE
(Galerija Meštrović; Šetalište Ivana Meštrovića 46; Erw./erm. 30/15 Kn; ☺Mai–Sept. Di–So 9–19 Uhr, Okt.–April Di–Sa 9–16, So 10–15 Uhr) Das herausragende Kunstmuseum zeigt eine umfangreiche und gut aufbereitete Sammlung von Arbeiten des Bildhauers Ivan Meštrović. Der wichtigste moderne Bildhauer Kroatiens ließ sich die Galerie 1931–1939 als Wohn-

Galerie); Meštrović kaufte und restaurierte die Festung und schmückte sie mit seinem Holzreliefzyklus *Das Leben Christi*.

🏃 Aktivitäten

Bačvice   STRAND

Ein dynamisches Strandleben verleiht Split im Sommer sein lässig-entspanntes Flair. **Bačvice** ist der beliebteste Strand und wurde mit dem Ökolabel Blaue Flagge ausgezeichnet. Der Kiesstrand ist zum **Schwimmen** gut geeignet, auch sonst herrscht hier immer eine lebhafte Stimmung, so widmen sich die Einheimischen z. B. dem *picigin*-Spiel (siehe S. 222). An beiden Enden des Strands gibt es Duschen und Umkleidemöglichkeiten. Im Sommer ist der Bačvice auch als Bar- und Clubareal beliebt – es lohnt sich, hier einmal abends vorbeizuschauen.

Marjan   NATURSCHUTZGEBIET

Für einen Nachmittag abseits des Stadttrubels eignet sich der Marjan-Hügel (178 m) perfekt. Das Naturschutzgebiet gilt als grüne Lunge der Stadt. **Pfade** führen durch duftende Pinienwälder, vorbei an malerischen **Aussichtspunkten** und alten **Kapellen**. Es gibt verschiedene Wege hinauf, einer davon führt über die Meštrović-Galerie. Dazu geht man an der Westseite der Galerie die Tonča Petrasova Marovića entlang und steigt dann die Treppe zur Put Meja hoch. Dort nach links abbiegen und in westliche Richtung der Straße bis zum Haus Put Meja 76 folgen. Der Wanderweg beginnt auf der Westseite des Gebäudes. Alternativ lässt sich die Wanderung näher beim Stadtzentrum starten, und zwar von der Treppe in Varoš (Marjanske Skale), direkt hinter der Kirche Sveti Frane. Zunächst geht es über alte Steintreppen sanft bergauf, dann führt ein zehnminütiger malerischer Spaziergang hinauf zum Vidilica-Café. Von dort, direkt beim alten jüdischen Friedhof, gelangt man über einen ausgeschilderten Weg, vorbei an verschiedenen Kapellen, zur **Kašjuni-Bucht**, die im Gegensatz zum geschäftigen Bačvice einen idyllischen Strandtag verspricht.

Meeresufer des Marjan   SPAZIERGANG

Ein weiterer hübscher Spaziergang zum Strand führt entlang der Küste des Marjan. Ausgangspunkt ist der ACI-Yachthafen im Meje-Viertel, von dort geht es zur Halbinsel Sustipan südwestlich des Hafens von Split, vorbei an der Schwimmanlage Jadran, der Zvončac-Bucht und weiter bis zum Kaštelet.

haus bauen. Meštrović wollte sich hier eigentlich zur Ruhe setzen, emigrierte aber kurz nach dem Zweiten Weltkrieg in die USA. Bemerkenswert ist das nahe gelegene **Kaštelet** (Šetalište Ivana Meštrovića 39; Eintritt im Ticket für die Meštrović-Galerie enthalten; ⊙ wie

Split Zentrum

Highlights
Archäologisches Museum	A1
Kathedrale des heiligen Domnius	E5
Diokletianpalast	E4
Stadtmuseum	E4

Sehenswertes
1	Kellergewölbe	E5
	Bronzenes Tor	(siehe 1)
	Eingang zum Diokletianpalast	(siehe 1)
2	Ethnografisches Museum	D5
3	Galerie der Schönen Künste	E3
4	Goldenes Tor	E3
5	Gregor-von-Nin-Statue	E3
6	Eisernes Tor	D4
7	Silbernes Tor	F5
8	Jupitertempel	D4

Schlafen
9	Al's Place	D3
10	B&B Kaštel 1700	D5
11	Hotel Adriana	C5
12	Hotel Bellevue	A4
13	Jupiter	D5
14	Hotel Peristil	E5
15	Hotel Vestibul Palace	E5
16	Marmont Hotel	C4
17	Silver Central Hostel	C2
18	Split Hostel Booze & Snooze	C3
19	Split Hostel Fiesta Siesta	D3

Essen
20	Art & Čok	C4
21	Galija	B2
22	Konoba Hvaranin	A3
23	Konoba Trattoria Bajamont	D4
24	Noštromo	B3
25	Šperun	A5
26	Šperun Deva	A4

Ausgehen
27	Bifora	D3
28	Galerija	E4
29	Ghetto Club	D5
30	Le Petit Paris	E3
31	Libar	A4
32	Luxor	E5
	Mosquito	(siehe 28)
	Porta	(siehe 34)
33	Red Room	E4
34	Teak	E3
35	Tri Volta	D5

Unterhaltung
36	Kroatisches Nationaltheater	B1
37	Fluid	D5
38	Kinoteka Zlatna Vrata	E4
	Puls	(siehe 37)

Shoppen
	Diocletian's Cellars	(siehe 1)
39	Izvorno	C4
40	Markt	F6
41	Zlatna Vrata	E4

Ab der Riva benötigt man für diesen Abschnitt 25 Minuten. Nun geht es hoch zur Šetalište Ivana Meštrovića an der Meštrović-Galerie vorbei. Nach weiteren 20 Minuten in westliche Richtung gelangt man zur Kašjuni-Bucht. Alternativ kann man sich für 15 Kn pro Stunde bei Spinutska Vrata auf dem Marjan ein Fahrrad leihen.

Geführte Touren

Atlas Airtours organisiert **Ausflüge** zu den Wasserfällen des Nationalparks Krka (390 Kn), nach Hvar (440 Kn), Plitvice (550 Kn) und den Kornaten (500 Kn) sowie Raftingtouren auf dem Cetina-Fluss (460 Kn). Tägliche Bootsfahrten mit Partystimmung bietet **Split Hostel Booze & Snooze** (342787; www.splithostel.com). Das **Silver Central Hostel** (490805; www.silvercentralhostel.com) wiederum veranstaltet **Bootstouren** nach Brač und Šolta (280 Kn) sowie Tagesausflüge nach Krka (315 Kn).

Travel 49 (Dioklecijanova 5, www.diocletianpalacetour.com) hat von Mai bis Oktober täglich eine 2½-stündige **Radtour** durch Split für 170 Kn im Angebot. Dreimal am Tag steht eine **Stadtführung** ab dem Peristyl (80 Kn) auf dem Programm, zudem gibt's tägliche **Kajaktouren** (220 Kn) vom Trstenik-Strand bis nach Stobreč und einen Fahrradverleih (60/100 Kn für 4/12 Std.). Auch die Agentur Lifejacket Adventures (www.lifejacketadventures.com) hat ein vielfältiges Programm, darunter eine **Tour bei Sonnenuntergang** auf einem traditionellen dalmatinischen Fischerboot nach Čiovo; zudem betreibt sie den Waschsalon Modrulj.

Meist organisiert auch das eigene Hotel Ausflüge und Aktivitäten.

🎉 Festivals & Events

Die meisten Festivals in Split finden entlang der Riva statt. Die Touristeninformation informiert über alle Events und Umzüge. Von Juni bis September wird eine Palette an Abendvorstellungen in der Altstadt angeboten, meist rund um das Peristyl.

Karneval   KARNEVAL
Beim traditionellen, zwei vergnügte Tage dauernden Karneval verkleiden sich Einheimische und tanzen in den Straßen.

Fest des heiligen Domnius   RELIGIÖSES FEST
Das Fest, auch Split-Tag genannt, wird am 7. Mai mit Gesang und Tanz in der ganzen Stadt gefeiert.

Picigin-Weltmeisterschaft   SPORT
Seit sechs Jahren zeigen Einheimische bei diesem unterhaltsamen Event Anfang Juni am Bačvice ihre *picigin*-Künste.

Popmusik-Festival   MUSIK
Viertägiges Musikfestival Ende Juni oder Anfang Juli.

Sommerfestival von Split   KUNST
(www.splitsko-ljeto.hr) Von Mitte Juli bis Mitte August stehen Opern-, Ballett- und Konzertaufführungen auf Freiluftbühnen auf dem Programm.

Jazzfestival von Split   MUSIK
Für etwa eine Woche im August finden in ganz Split verschiedene Jazzkonzerte statt.

Filmfestival von Split   FILM
(www.splitfilmfestival.hr) Das Mitte September stattfindende Festival legt den Schwerpunkt auf neue internationale Produktionen sowie Arthouse-Filme.

🛏 Schlafen

In den letzten Jahren wuchs in Split die Zahl der guten preiswerten Unterkünfte, meist Hostels. Auch Privatunterkünfte sind eine tolle Option. Im Sommer bieten viele Frauen am Busbahnhof den Touristen *sobe* (freie Zimmer) an. Wichtig ist dabei, gleich zu klären, wo das Zimmer liegt – sonst übernachtet man womöglich mehrere Bushaltestellen von der Stadtmitte entfernt. Am besten bucht man über eine Reiseagentur, in der eigentlichen Altstadt gibt es jedoch nur sehr wenige Unterkünfte.

Für ein Doppelzimmer muss man mit 200–400 Kn rechnen, bei den billigeren teilt man sich das Badezimmer aber in der Regel mit dem Vermieter. Wer motorisiert ist und sich nicht daran stört, etwas außerhalb zu wohnen, findet eine Riesenauswahl an Pensionen entlang der Hauptstraße von Split nach Dubrovnik, gleich südlich der Stadtgrenze.

Eine weitere Option ist **Dalmatian Villas** (Karte S. 214; 340 680; www.dalmatinskevile.hr; Kralja Zvonimira 8; DZ/Apt. 370/450 Kn), das Zimmer oder Apartments in renovierten Steinbungalows in der Altstadt sowie Ferienhäuser (350–750 Kn) und Villen (2000–3500 Kn) auf Brač vermietet.

In Split öffnen vermehrt Luxushotels ihre Pforten, so im Sommer 2010 das noble Radisson Blue mit seinem exklusiven Spa. Zudem ist gerade ein Hilton-Hotel am Meer im Bau. Wer sich also nach einem faulen Strandtag an der Adria in einem Whirlpool oder Wellnesszentrum entspannen möchte, ist in Split an der richtigen Adresse.

LP TIPP **Hotel Vestibul Palace**   HOTEL €€€
(Karte S. 216; 329 329; www.vestibulpalace.com; Iza Vestibula 4; EZ/DZ 1200/1950 Kn; ❄@🛜) Das schickste Hotel im Diokletianpalast ist eine echte Luxusoase. Die sieben Zimmer und Suiten haben alle freigelegte uralte Mauern, viel Leder und Holz sowie das volle Programm an edlen Extras. Für 100 Kn am Tag kann man parken. In dem Anbau Villa Dobrić, einen Steinwurf entfernt, gibt's vier Doppelzimmer.

Hotel Peristil   HOTEL €€€
(Karte S. 216; 329 070; www.hotelperistil.com; Poljana Kraljice Jelene 5; EZ/DZ 1000/1200 Kn; ❄@🛜) Das reizende Hotel mit Blick auf das Peristyl liegt im Zentrum des Diokletianpalastes. Es hat freundliches Personal sowie zwölf tolle Zimmer mit Hartholzböden, antiker Einrichtung, schöner Aussicht und etwas kleinen Bädern. Zimmer 304 birgt in seinem Alkoven sogar einen Teil der uralten Palastmauer *und* bietet einen Blick über das Peristyl.

Marmont Hotel   HOTEL €€€
(Karte S. 216; 308 060; www.marmonthotel.com; Zadarska 13; EZ/DZ 1298/1828 Kn; ❄@🛜) Marmor, freigelegte Steinwände, Dachfenster und Hartholzböden zeichnen das kürzlich eröffnete Boutique-Hotel aus. Von der Terrasse im zweiten Stock bieten sich tolle Ausblicke. Die 21 großen modernen Zimmer verfügen über dunkle Nussholzmöbel, Eichenböden und schicke Bäder. Die Präsidentensuite kostet schlappe 13 100 Kn.

Hotel Park   HOTEL €€€
(Karte S. 214; 406 400; www.hotelpark-split.hr; Hatzeov Perivoj 3; EZ/DZ 950/1376 Kn; 🅿❄🛜)

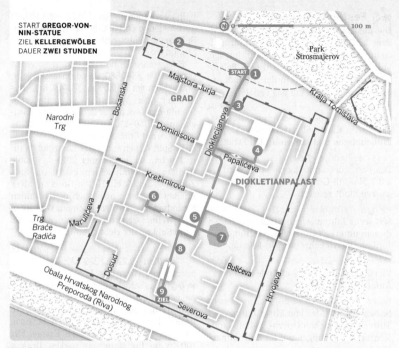

START **GREGOR-VON-NIN-STATUE**
ZIEL **KELLERGEWÖLBE**
DAUER **ZWEI STUNDEN**

Stadtspaziergang:
Diokletianpalast

Los geht's vorm Palast an der imposanten Statue ❶ **Gregor von Nins** (Grgur Ninski) – seinen Zeh zu reiben, soll Glück bringen. Zwischen der Statue und dem gut erhaltenen Eckturm des Palastes stehen die Ruinen der vorromanischen Benedikt-Kirche mit der ❷ **Kapelle des Arnir** aus dem 15. Jh. Hinter schützendem Glas sieht man den von Juraj Dalmatinac geschaffenen Altarblock mit Sarkophag.

Die Statue steht vor dem ❸ **Goldenen Tor**, an dem einst die Straße nach Solin begann. Statuen, Säulen und Bögen, die das Tor verzierten, lassen sich nur noch erahnen. An der Papalićeva biegt man links ab und stößt bei Nr. 5 auf den ❹ **Palast Papalić** mit Innenhof, Loggia und Außentreppe.

Zurück auf der Dioklecijanova, geht man nach links bis zum Peristyl. Der zeremonielle Innenhof liegt drei Stufen niedriger als die umliegenden Straßen. An der Längsseite stehen sechs Granitsäulen, die mit Bögen verbunden und mit einem Steinfries verziert sind. Die südliche Seite wird vom ❺ **Protiron** eingeschlossen, dem Eingang zu den prächtigen kaiserlichen Gemächern. Der Platz hat ein Café, die uralten Steine sind nette Sitzgelegenheiten und laden zum Verweilen ein.

Die nach rechts (Westen) abzweigende Gasse Kraj Sveti Ivana führt zum ehemals zeremoniellen und religiösen Teil des Palastes. Die zwei Tempel, die früher rechts und links der Straße standen, sind längst verschwunden. Aber man erkennt noch Teile der Säulen und andere Reste. Am Ende der Straße steht der ❻ **Jupitertempel**, der später in ein Baptisterium umgebaut wurde.

Zum Peristyl zurückgekehrt, gelangt man über die Stufen auf der Ostseite zur ❼ **Kathedrale des heiligen Domnius**. Westlich davon führt eine große Treppe durch das Protiron ins ❽ **Vestibül**, den besterhaltenen Teil der kaiserlichen Residenz. Das runde Erdgeschoss wird von einer Kuppel überwölbt, die früher mit Mosaiken und Marmor geschmückt war. Leider blieb ihre Mitte nicht erhalten. Aufgrund der tollen Akustik geben hier morgens verschiedene *klapas* (Gesangsgruppen) ihr Können zum Besten. Linker Hand befindet sich der Eingang zum ❾ **Kellergewölbe** des Palastes.

Splits ältestes Hotel (von 1921) punktet mit seiner Lage am Meer hinter dem Bačvice, der großartigen, von Palmen gesäumten Terrasse und köstlichen Frühstücksbüfetts. Die kleinen, jedoch komfortablen Zimmer blicken zum Meer, die gehobene Küche des renommierten Hotelrestaurants Bruna ist eine Sünde wert. Die Anlage soll bald wegen Umbauten vorübergehend geschlossen werden.

Hotel Bellevue HOTEL €€€
(Karte S. 216; 345 644; www.hotel-bellevue-split.hr; Bana Josipa Jelačića 2; EZ/DZ 620/850 Kn; P @) Seine Glanzzeiten hat das alteingesessene Hotel mit Rezeption im zweiten Stock schon hinter sich, trotzdem gehört es mit seinem Flair zu den atmosphärischsten Adressen der Stadt. So erwarten Gäste königlich gemusterte Tapeten, dunkelbraunes Holz, Art-déco-Einrichtung, bauschige Tüllgardinen und blasse, aber gepflegte Zimmer, teilweise mit Meerblick.

Villa Varoš PENSION €€
(Karte S. 214; 483 469; www.villavaros.hr; Miljenka Smoje 1; DZ/Suite 500/800 Kn; ✳🛜) Mit Hotels wie der Villa Varoš (der Besitzer ist ein Kroate aus New York) hat sich das Angebot im mittleren Segment deutlich verbessert. Das Haus liegt zentral, die Zimmer sind einfach, hell und luftig und das Apartment exzellent (mit einer gut ausgestatteten Küche, Whirlpool und kleiner Terrasse).

Hotel Adriana HOTEL €€€
(Karte S. 216; 340 000; www.hotel-adriana.com; Obala Hrvatskog Narodnog Preporoda 8; EZ/DZ 700/1000 Kn; ✳🛜) Gutes Preis-Leistungs-Verhältnis und eine ausgezeichnete Lage. Die Zimmer sind mit ihren dunkelblauen Vorhängen und dem beigefarbenen Mobiliar nicht gerade der Reißer, dafür haben einige Meerblick. Wer mit Bus, Fähre oder Zug abreist, kann tagsüber ein Zimmer zum halben Preis mieten.

Silver Central Hostel HOSTEL €
(Karte S. 216; 490 805; www.silvercentralhostel.com; Kralja Tomislava 1; B pro Person 150–180 Kn; ✳@🛜) Das hübsche, in hellen Gelbtönen gehaltene Hostel ist im Obergeschoss eines Gebäudes untergebracht und verfügt über vier Schlafsäle, kostenloses Internet, einen netten Aufenthaltsraum mit Fernseher sowie Wäscheservice. Zudem organisiert es unterhaltsame Tagesausflüge und betreibt ein Zwei-Zimmer-Apartment in der Nähe (440–510 Kn) sowie ein weiteres Hostel mit der gleichen Ausstattung, das Silver Gate (322 857; www.silvergatehostel.com; Hrvojeva 6; B 165 Kn) in der Nähe des Lebensmittelmarktes.

B&B Villa Kaštel 1700 B&B €€
(Karte S. 216; 343 912; www.kastelsplit.com; Mihovilova Širina 5; EZ/DZ 560/750 Kn; ✳@🛜) Das B&B an einer Gasse innerhalb der Palastmauern hat mit das beste Preis-Leistungs-Verhältnis der Stadt. Die Bars liegen in Sichtweite, man schaut auf den Radićev Trg, die kleinen Zimmer sind gepflegt, der Service freundlich und WLAN umsonst. Zur Auswahl stehen außerdem Dreibettzimmer und Apartments mit kleinen Küchen.

Hotel Consul HOTEL €€€
(340 130; www.hotel-consul.net; Tršćanska 34; EZ/DZ 690/950 Kn; P ✳🛜) Das ruhige Consul mit seiner grünen Terrasse liegt gut 20 Minuten zu Fuß vom Stadtzentrum entfernt und bietet sich für Besucher mit eigenem Auto an. Es verfügt über geräumige Zimmer mit Teppichen und Flachbildfernseher, einige mit Jacuzzi. Wer zu Fuß unterwegs ist, läuft die Držićev Prilaz entlang, sie liegt unweit der Ulica Domovinskog Rata.

Le Meridien Grand Hotel Lav HOTEL €€€
(500 500; www.lemeridien.com; Grljevačka 2A; EZ/DZ 1595/1813 Kn; P ✳@🛜♨) Das tollste Hotel in Split: Der Fünf-Sterne-Koloss liegt 8 km südlich von Split bei Podstrana, bietet 800 m Hotelstrand, fünf miteinander verbundene Gebäude und 381 wunderschön gestaltete Zimmer. Rot, Weiß und Schwarz dominieren, die Gäste genießen einen scheinbar endlosen Blick über das Meer, einen langen Pool, prächtige Gärten, einen Yachthafen, mehrere Restaurants, ein Spa und den kostenlosen Eintritt zu Splits Kunstsammlungen. Ein Tipp: Im Internet werden attraktive Wochenendtarife angeboten.

Hotel Globo HOTEL €€€
(481 111; www.hotelglobo.com; Lovretska 18; EZ/DZ 1113/1298 Kn; P ✳🛜) Das schicke Vier-Sterne-Hotel richtet sich an Geschäftsreisende und verfügt über eine Lobby mit rotem Teppich, eine Rezeption mit Marmorflächen sowie 33 elegant eingerichtete Zimmer mit hohen Decken und luxuriösen Betten. Es liegt in einer etwas tristen Gegend etwa 15 Gehminuten vom Zentrum entfernt.

Art Hotel HOTEL €€€
(302 302; www.arthotel.hr; Ulica Slobode 41; EZ/DZ 909/1212 Kn; P ✳@) Das Vier-Sterne-

Hotel der Best-Western-Kette ist irgendwo zwischen Boutique- und Businesshotel anzusiedeln. Die Zimmer haben schicke Betten, Minibars und große Bäder, zudem gibt's einen Fitnessbereich und ein Spa. Die beste Wahl sind die Räume auf der ruhigen Seite. Im Anbau im hinteren Bereich sind kleinere, einfachere Zimmer mit Duschen untergebracht (EZ/DZ 658/877 Kn).

Split Hostel Booze & Snooze HOSTEL €
(Karte S. 216; 342 787; www.splithostel.com; Narodni trg 8; B 150–180 Kn; ❄@☎) Das mitten im Zentrum gelegene Hostel wird von zwei australischen Wahl-Kroatinnen geleitet und verfügt über vier Schlafsäle mit 25 Betten, eine Terrasse, eine Buch-Tauschbörse und kostenloses Internet. Zudem organisiert es Bootstouren und betreibt einen nagelneuen Ableger, das **Split Hostel Fiesta Siesta** (Karte S. 216; Kružićeva 5; B 150–180 Kn, DZ 440–500 Kn; ❄@☎) über der beliebten Charlie's Backpacker Bar mit fünf blitzblanken Schlafsälen sowie einem Doppelzimmer.

Al's Place HOSTEL €
(Karte S. 216; 098 91 82 923; www.hostelsplit.com; Kružićeva 10; B 110–130 Kn; ❄@) Das ruhige, unprätentiöse Hostel wird von einem freundlichen Briten, Al, betrieben und ist in einer zweigeschossigen Wohnung untergebracht. Es gibt einfache Schlafsäle und eine Küche für Gäste. Die Einnahmen aus Internetnutzung, Handtuchverleih und Wäscheservice gehen an ein Waisenheim in Kambodscha. Wer spät abends oder zwischen 14 und 17 Uhr anreist, sollte vorher anrufen.

Hotel Dujam HOTEL €€
(538 025; www.hoteldujam.com; Velebitska 27; EZ/DZ 490/660 Kn; P❄@) Das Hotel Dujam ist 20 Gehminuten vom Zentrum entfernt (bzw. eine kurze Busfahrt mit Linie 9 ab dem Hafen) und in einem Wohnblock im sowjetischen Stil untergebracht. Zur Anlage gehören ein etwas verwohntes Hostel (120 Kn pro Person) sowie ein Hotel, dessen Zimmer mit Teppichen, Bad und Fernseher ausgestattet sind.

Jupiter PENSION €
(Karte S. 216; 344 801; www.sobe-jupiter.info; Grabovčeva Širina 1; Zi. 200–250 Kn pro Person; ❄☎) In der einfachen Pension sind Gemeinschaftsbäder angesagt. Die Betten sind niedrig, die Beleuchtung ist deprimierend spärlich und der Service teilweise recht lahm. Einzige Pluspunkte sind die Lage und Zimmer 7 mit Balkon zum Platz hinaus (es kann allerdings laut werden).

Camping Stobreč CAMPING €
(325 426; www.campingsplit.com; Lovre 6, Stobreč; 40/39 Kn pro Erw./Zelt; @) Der gut ausgestattete Campingplatz liegt auf halbem Weg zwischen Split und Solin und bietet zwei Strände (der Sandstrand ist ideal für Kinder), drei Bars, ein Restaurant und ein Geschäft. Außerdem sind verschiedene Aktivitäten wie Ausritte und Rafting möglich. Hierher fährt Buslinie 25.

Essen

LP TIPP **Konoba Trattoria Bajamont**
DALMATINISCH €
(Karte S. 216; Bajamontijeva 3; Hauptgerichte ab 60 Kn; So abends geschl.) Das winzige Lokal innerhalb der Palastmauern ist eines der authentischsten der Stadt und wirkt wie ein gemütliches, altmodisches Wohnzimmer. Ein Paar alte Nähmaschinen auf der einen Seite dienen als Tische, auf der anderen steht die viel genutzte Theke. Ein Schild über der Tür gibt es nicht; das Menü wird

---

PICIGIN

Wer Spaß haben will, kann sich den Einheimischen am Strand beim dalmatinischen Lokalsport *picigin* anschließen. Die Regeln sind einfach: Bis zu den Knien/dem Bauch im Wasser stehen und einen kleinen Ball (etwa die Größe eines Squashballs) mit Schwung an die Mitspieler befördern, indem man mit der flachen Hand draufhaut. Sinn der Sache ist, zu verhindern, dass der Ball ins Wasser fällt. Ganz wichtig: Man sollte sich möglichst viel im und auf dem Wasser umherschmeißen. Und auf keinen Fall vergessen, die lieben Mitspieler dabei möglichst nass zu spritzen und den eigenen sportlichen Elan beeindruckend zur Schau zu stellen.

Wer will, kann sich unter www.picigin.org, (auf Kroatisch, aber die Bilder reichen wahrscheinlich) oder mit verschiedenen YouTube-Videos über die *picigin*-Techniken (die zwischen Split, Krk und anderen Teilen der Küste variieren) schlaumachen. Es gibt auch ein spezielles *picigin*-Spiel an Silvester – ist aber nichts für Weicheier.

mit Filzstift geschrieben und am Eingang in einer Ecke aufgestellt. Serviert wird frische leckere Küche wie kleine gebratene Fische, schwarzer Risotto, Oktopus-Salat und *brujet* (Fisch- oder Meeresfrüchteeintopf mit Wein, Zwiebeln und Gewürzen, serviert mit Polenta).

Šperun   MEERESFRÜCHTE €€
(Karte S. 216; Šperun 3; Hauptgerichte ab 70 Kn) Ein putziges kleines Restaurant mit rustikaler Einrichtung und freigelegten Steinmauern. Bei Ausländern ist das Lokal beliebt – vielleicht weil die Kellner mit ihren Matrosen-T-Shirts scheinbar jede erdenkliche Sprache sprechen. Die Karte ist klassisch dalmatinisch – mit gutem *brujet*, frischen Muscheln in einer Tomaten-Petersilien-Sauce und gegrilltem Thunfisch mit Kapern. Das **Šperun Deva** (Karte S. 216), ein hübsches Eckbistro auf der anderen Straßenseite mit ein paar Tischen im Freien, ist sogar noch charmanter und serviert Frühstück, leichte sommerliche Gerichte und ein großartiges Tagesmenü (ab 50 Kn).

Kod Fife   DALMATINISCH €
(Karte S. 214; Trumbićeva Obala 11; Hauptgerichte ab 40 Kn) Dragans Stammkundschaft besteht aus einem bunten Haufen aus Seeleuten, Künstlern und Eigenbrötlern, die seine einfache dalmatinische Hausmannskost sowie seine spezielle und doch herzliche Art zu schätzen wissen. Zur Auswahl stehen u. a. *pašticada* (Schmorbraten vom Rind mit Wein und Gewürzen) und mit Fleisch gefüllte Zucchini.

Perun   DALMATINISCH €€
(Karte S. 214; Senjska 9; Hauptgerichte ab 70 Kn) Das reizende neue Lokal in Varoš mit seinem rustikalen Flair serviert auf einer schattigen Terrasse inmitten alter Steinmauern auf Tischen mit blau karierten Decken fangfrische Meeresfrüchte sowie Fleisch *na gradele* (vom Grill). Als Willkommensgruß gibt's selbst gebrannten *rakija* (Grappa). Der Service ist zwar freundlich, jedoch manchmal etwas lahm.

Konoba Hvaranin   DALMATINISCH €€
(Karte S. 216; Ban Mladenova 9; Hauptgerichte ab 70 Kn) Das winzige Familienunternehmen (Vater, Mutter, Sohn), das an wenigen Tischen Splits Journalisten und Schriftsteller beköstigt, ist seit Langem das Lokal der Wahl für die kreativen Köpfe der Stadt. Mama und Papa schmoren großartige Fisch- und Meeresfrüchtegerichte, backen ihr eigenes Brot und kochen hausgemachte Tomatensoße. Besonders zu empfehlen: *rožata*, kroatische Crème brulée.

Pimpinella   DALMATINISCH €
(Karte S. 214; Spinčićeva 2A; Hauptgerichte ab 50 Kn; Mo-Sa) Authentischer als in dieser *konoba* (familienbetriebene Taverne) im Erdgeschoss eines Familienhauses neben dem Boban geht's kaum. Auf einer kleinen Terrasse sowie in einem einfachen Speiseraum wird unprätentiöse, leckere Küche serviert. Freitags gibt's köstliche Thunfisch-*pašticada*, auch der mit Garnelen, dalmatinischem Schinken und Kalmar-Tentakeln gefüllte Tintenfisch ist empfehlenswert.

Makrovega   VEGETARISCH €
(Karte S. 214; Leština 2; Hauptgerichte ab 40 Kn; Mo-Fr 9–20, Sa 9–17 Uhr) Das vegetarische Restaurant serviert in seinen schicken weitläufigen Räumen köstliche Büfetts (55–70 Kn). Auf der Speisekarte finden sich makrobiotische und fleischlose Speisen – jede Menge Seitan, Tofu und Tempeh – eine tolle Auswahl an Tee sowie exzellentes Gebäck.

Galija   PIZZA €
(Karte S. 216; Tončićeva 12; Pizza ab 20 Kn) Schon seit Jahrzehnten ist das Galija die beliebteste Pizzeria der Stadt und wird nicht umsonst von Einheimischen für seine gute, einfache Küche gelobt. Nach dem Essen entspannen alle auf Holzbänken, vor sich die Reste einer Quattro Stagioni oder Margherita ...

Black Cat   INTERNATIONAL €
(Šegvićeva 1; Hauptgerichte ab 45 Kn; Mo-Sa) Wer statt kroatischem Essen ein Verlangen nach Quesadillas, Thai-Curry, Cajun-Fischsalat, englischem Frühstück oder sonstiger internationaler Küche verspürt, ist in diesem kleinen Bistro genau richtig. Es liegt fünf Minuten zu Fuß vom Meer und vom Busbahnhof entfernt. Die kleine überdachte Terrasse wird im Winter beheizt.

Bruna   INTERNATIONAL €€
(Karte S. 214; Hatzeov Perivoj 3; Hauptgerichte ab 90 Kn) Das Restaurant des Hotels Park hat seit 30 Jahren denselben Chefkoch und einen guten Ruf. Hier werden nur saisonale Produkte wie Trüffeln oder wilder Spargel verarbeitet. Zu den Spezialitäten des Hauses gehören Tatar und Schoko-Crêpes, dekoriert mit 24-karätigem Gold.

Kod Joze   DALMATINISCH €
(Sredmanuška 4; Hauptgerichte ab 60 Kn) Ein harter Kern Einheimischer hält diese schlichte *konoba* am Leben. Im dunklen

Souterrain und auf der Terrasse im Obergeschoss wird typisch dalmatinische Küche serviert, etwa Schinken, Käse, Tintenfisch-Risotto und grüne Tagliatelle mit Meeresfrüchten.

Boban MEERESFRÜCHTE €€
(Karte S. 214; Hektorovićeva 49; Hauptgerichte ab 70 Kn) Bereits seit 1975 ist das Boban im Viertel Firule beliebter Treffpunkt von Splits Gutbetuchten, die den saftigen, scharf angebratenen Fisch mit kreativen Saucen, viele davon mit Trüffeln, zu schätzen wissen. Die Besitzerfamilie bemüht sich, innovative Gerichte anzubieten und seinen guten Ruf zu halten.

Kadena KREATIV-MEDITERRAN €€€
(Karte S. 214; Ivana Zajca 4; Hauptgerichte ab 120 Kn) Restaurant, Weinbar und Lounge mit schicker weißer, moderner Einrichtung und luftiger Terrasse mit Blick auf die Zenta-Bucht. Auf der Karte finden sich Slow Food, über 330 Weinsorten und so originelle Speisen wie Gänseleber mit Orangen- und Cognacsauce. Der renommierte Küchenchef arbeitete früher im Valsabbion in Pula.

Noštromo MEERESFRÜCHTE €€
(Karte S. 216; Kraj Sv Marije 10; Hauptgerichte ab 80 Kn) Das mehrgeschossige Restaurant gehört zu Splits beliebtesten Adressen für gehobene Küche. Die Einheimischen schätzen es, dass hier Fisch zubereitet wird, der täglich frisch vom Fischmarkt, der *ribarnica* auf der anderen Straßenseite, kommt. Es gibt keine kulinarischen Überraschungen, nur frisches, gutes Essen, ergänzt durch hervorragende Weine.

Art & Čok SANDWICHBAR €
(Karte S. 216; Obrov 2; Sandwiches ab 14 Kn; ⊙Mo–Sa) Exzellente Sandwiches aus selbst gebackenem Brot. Besonders lecker ist die *porchetta* mit würzigem Schweinefleisch, gebratener roter Paprika und Essiggurken.

Ausgehen

Das Nachtleben von Split ist klasse, vor allem im Frühling und Sommer. Von den Palastmauern hallt Freitag- und Samstagabend laute Musik wider. Man kann die Nacht damit verbringen, in den verwinkelten Gassen umherzubummeln und neue Adressen auszukundschaften. Da innerhalb des Palastes auch Leute wohnen, schließen die Bars gegen 1 Uhr. Die Amüsiermeile von Bačvice bietet eine Vielzahl von Freiluftbars und -clubs, die bis in die frühen Morgenstunden geöffnet haben. Für einen Kaffee untertags bieten sich die Riva oder einer der Plätze innerhalb der Palastmauern an.

Žbirac CAFÉ
(Karte S. 214; Bačvice bb) Das Strandcafé hat Kultcharakter und dient Einheimischen quasi als Open-Air-Wohnzimmer. Zum Programm gehören Meerblick, Schwimmen bei Tag und Nacht, *picigin*-Spiele und gelegentliche Konzerte.

Bifora CAFÉ-BAR
(Karte S. 216; Bernardinova 5) Das Kunstcafé liegt an einem hübschen kleinen Platz und zieht mit seiner intimen, unprätentiösen Atmosphäre kreative Köpfe an.

Ghetto Club BAR
(Karte S. 216; Dosud 10) Splits unkonventionellste Bar in einem intimen Innenhof zwischen Blumenbeeten und einem plätschernden Springbrunnen. Die Atmosphäre ist genauso gut wie die Musik.

Luxor CAFÉ-BAR
(Karte S. 216; Kraj Sv Ivana 11) Die Bar ist zwar touristisch, serviert ihren Kaffee jedoch vor einer schönen Kulisse im Innenhof der Kathedrale. Auf den Stufen liegen Kissen bereit und man kann bestens das bunte Treiben beobachten.

Tri Volta BAR
(Karte S. 216; Dosud 9) In der legendären Bar treffen sich jede Menge Exzentriker, Fischer und Künstler in einem alten Gewölbe zu günstigen Getränken und *sir i pršut* (Käse und Schinken).

Vidilica CAFÉ-BAR
(Karte S. 214; Nazorov Prilaz 1) Eine Steintreppe führt durch das alte Varoš-Viertel zu dem auf einem Hügel gelegenen Café, das sich mit seinem traumhaften Blick auf Stadt und Hafen bestens für einen Drink bei Sonnenuntergang eignet.

Galerija CAFÉ-BAR
(Karte S. 216; Vuškovićeva bb) Für frisch Verliebte oder Freunde gedacht, die sich treffen wollen, ohne dass ohrenbetäubende Musik jegliche Unterhaltung zerstört. Die Einrichtung ist schicker Oma-Stil, mit hübschen geblümten Sofas und Sesseln, Gemälden und kleinen Lämpchen überall.

Libar CAFÉ-BAR
(Karte S. 216; Trg Franje Tuđmana 3) Das stimmungsvolle kleine Café serviert den ganzen Tag leckeres Frühstück und Tapas und hat eine hübsche Terrasse sowie einen großen

KLAPA ACAPELLA! *VESNA MARIĆ*

Es gibt wohl kaum einen Kroatienurlauber, der nicht die lieblichen Klänge eines *klapa*-Liedes gehört hat. Dabei stellt sich eine Gruppe stattlicher Männer in einem Kreis auf und singt in honigsüßen, polyphonen Harmonien von Liebe, Verrat, Patriotismus, Tod, Schönheit und anderen lebensbejahenden Themen (siehe auch S. 337).

Branko Tomić, erster Tenor, dessen hohe Stimme die Bässe und Baritone ergänzt, sagt über die Musik: „Ich singe seit 35 Jahren bei der Filip-Devič-*klapa*. Es ist meine Leidenschaft. Ich habe an der weiterführenden Schule mit dem Singen angefangen und fand es toll. Wir singen über so viele verschiedene Sachen: Wir bringen Ständchen, singen traditionelle Lieder, gefühlvolle Lieder darüber, dass man seine Familie oder Heimatstadt vermisst. Es ist eine sanfte, freundschaftliche Erfahrung, auch wenn die jüngeren Generationen unsere Coverversionen von Popliedern inzwischen richtig gut finden. In Kroatien ist das heutzutage eine richtig große Sache."

In der Hochsaison geben morgens *klapas* ihr Können im Vestibül zum Besten.

Fernseher für Sportveranstaltungen. Entspannte Adresse abseits des Palasttrubels.

Mosquito
CAFÉ-BAR
(Karte S. 216; Vuškovićeva 4) Direkt neben dem Galerija. Hier kann man auf der Terrasse sitzend einen Cocktail schlürfen, Musik hören und mit den Splićani abhängen.

Le Petit Paris
CAFÉ-BAR
(Karte S. 216; Majstora Jurja 5) Die klitzekleine, unter französischer Leitung stehende Cocktailbar zaubert tagsüber Smoothies, Milchshakes und Eiskaffee zum Mitnehmen. Draußen gibt es Tische und zwischen 18 und 20 Uhr eine Happy Hour.

Teak
CAFÉ-BAR
(Karte S. 216; Majstora Jurja 11) Die Terrasse des Teak liegt an einem geschäftigen Platz und ist tagsüber beliebter Treffpunkt für einen Kaffee; auch abends ist viel los.

Porta
CAFÉ-BAR
(Karte S. 216; Majstora Jurja 4) Die Cocktailbar teilt sich den Platz mit ein paar weiteren Bars. Wenn es abends richtig voll wird, vermischt sich alles: Also sollte man sich gut merken, welche Bedienung man hat!

Red Room
CAFÉ-BAR
(Karte S. 216; Carrarina Poljana 4) Tropische Farben, eine Bar im Leopardenmuster sowie House und Techno. Freitags, zum australischen Abend, ist hier am meisten los.

☆ Unterhaltung
Nachtclubs & Bars
Wenn die Bars um 1 Uhr schließen, geht's in den Vorort Bačvice zum Clubbing unter Sternen. Alternativ liegen in verschiedenen Bars Flyer aus.

Fluid
BAR, CLUB
(Karte S. 216; Dosud 1) Schicke, stimmungsvolle Jazzbar. Im Obergeschoss zieht das elegante **Puls** Fans von Elektromusik an, die beiden Clubs lassen sich am späten Freitag- oder Samstagabend jedoch kaum auseinanderhalten. Dann sind die Dutzend Stufen, die beide Bars verbinden, voller junger Leute.

O'Hara Music Club
CLUB
(Karte S. 214; Uvala Zenta 3) In dem stimmungsvollen Club mit Terrasse am Meer wird unter freiem Himmel gefeiert. Je nach Abend kann man hier zu dalmatinischen Hits, Clubmusik, House und Reggae tanzen.

Außerdem empfehlenswert:

Jungla
BAR, CLUB
(Šetalište Ivana Meštrovića bb) Auf der Strandterrasse beim ACI-Yachthafen sorgt gute Elektro-, House- und Rockmusik bei den jungen feierlustigen Gästen für Stimmung.

Obojena Svjetlost
BAR, CLUB
(Šetalište Ivana Meštrovića 35) Live- und DJ-Musik, eine Terrasse am Wasser und viel Platz innen machen die Bar unter dem Kaštelet zu einer guten Partyadresse. Besonders romantisch: ein Strandspaziergang bei Sonnenaufgang.

Tropic Club Equador
BAR, CLUB
(Karte S. 214; Bačvice bb) Disko auf einer Strandterrasse mit Palmen, fruchtigen Cocktails, House, Pop und kroatischer Musik (je nach Abend) sowie dem Rauschen der Adria.

Quasimodo
CLUB
(Gundulićeva 26) Die *Splićani* feiern in dem Miniclub im ersten Stock schon seit

Jahrzehnten. Livebands und DJs spielen alternative Musik wie Rock, Indie-Rock, Jazz und Blues; in den Sommermonaten geschlossen.

Kocka   CLUB
(Savska bb) Gothic Rock, Drum'n'Bass, Punk und Hip Hop sorgen in dem Kellerclub im Jugendzentrum für Underground-Atmosphäre.

Hedonist   CLUB
(Karte S. 214; Put Firula bb) In dem edlen kleinen Club in Zenta und seinem älteren Bruder Egoist direkt nebenan trifft sich eine gut betuchte Klientel – iPhones und Designermode dominieren.

Kinos

Kino Bačvice   KINO
(Karte S. 214; Put Firula 2) Die nächtliche Unterhaltungsmeile von Bačvice ist der ideale Platz für das Open-Air-Kino, das im Sommer allabendlich Filme zeigt.

Kinoteka Zlatna Vrata   KINO
(Karte S. 216; Dioklecijanova 7) Das Kino wird von der Uni betrieben und zeigt Klassiker, Arthouse-Produktionen und Themenfilme; im Juli und August geschlossen.

Theater

Kroatisches Nationaltheater   THEATER
(Karte S. 216; ☎306 908; www.hnk-split.hr; Trg Gaje Bulata 1) Das ganze Jahr über stehen Opern, Ballette und Konzerte auf dem Programm. Karten (ab 80 Kn) gibt's an der Abendkasse oder online. Erbaut wurde das Theater 1891, 1979 wurde es originalgetreu renoviert: Ein Theaterbesuch lohnt sich deshalb allein schon wegen der Architektur.

🛍 Shoppen

Wer ohnehin schon kaufsüchtig ist, der kann in Split schwelgen, denn hier gibt es die meisten Schuhgeschäfte in ganz Kroatien. Innerhalb der Mauern des Diokletianpalastes finden sich unzählige Läden – kleine Boutiquen ebenso wie internationale Ketten. Die Einheimischen gehen allerdings genauso gerne in Marmontova einkaufen.

Die Diokletiankeller sind ein Teil des Palastgewölbes. Hier werden auf einem Markt handgemachter Schmuck, Nachbildungen römischer Büsten, silberne Zigarettenetuis, Kerzenständer, hölzerne Segelschiffe, Lederwaren und vieles mehr verkauft. Die Preise sind bezahlbar, sodass sich vielleicht das ideale (und leichte) Mitbringsel für zu Hause findet.

Oberhalb der Obala Lazareta findet täglich ein Markt statt, hier kauft man Obst, Gemüse, Schuhe, Süßes, Bekleidung, Blumen, Souvenirs … Was hier nicht angeboten wird, wird man wahrscheinlich auch nirgendwo sonst in Split finden.

Zlatna Vrata   ANTIQUITÄTEN
(Karte S. 216; Carrarina Poljana 1) Liebhaber von Antiquitäten und Ramsch werden begeistert sein. Mit ein bisschen Wühlen lassen sich alte jugoslawische Uhren, antike Töpferwaren und klassische Telefone aus der sozialistischen Zeit finden.

Izvorno   ESSEN, SOUVENIRS
(Karte S. 216; Šubićeva 6) Hier gibt's authentische kroatische Produkte auf rein pflanzlicher Basis, von Kräutertee über Honig und Bioseifen bis hin zu Lavendelsäckchen.

ℹ Praktische Informationen

Geld

Reisebüros und Postämter wechseln Geld. Am Bahnhof, Busbahnhof und in der Stadt stehen Geldautomaten.

Gepäckaufbewahrung

Backpackers Cafe (☎338 548; Obala Kneza Domagoja 3; Gepäckstück 4 Kn pro Std.; ⊙7–21 Uhr)

Garderoba Busbahnhof (erste Std. 5 Kn, danach 1,50 Kn pro Std.; ⊙6–22 Uhr); Bahnhof (15 Kn pro Tag; ⊙6–23.30 Uhr)

Internetzugang

In vielen Cafés gibt es kostenloses WLAN, darunter im Luxor und im Twins an der Riva.

Backpackers Cafe (☎338 548; Obala Kneza Domagoja 3; 30 Kn pro Std.; ⊙7–21 Uhr) Verkauft gebrauchte Bücher, bewahrt Gepäck auf und bietet Infos für Backpacker. Zwischen 15 und 17 Uhr surft man für die Hälfte.

Medizinische Versorgung

KBC Firule (☎556 111; Spinčićeva 1) Splits Krankenhaus.

Post

Hauptpost (Kralja Tomislava 9; ⊙Mo–Fr 7.30–19, Sa 7.30–14.30 Uhr)

Reisebüros

Atlas Airtours (☎343 055; www.atlasairtours.com; Bosanska 11) Touren, Privatunterkünfte und Geldtausch.

Daluma Travel (☎338 484; www.daluma-travel.hr; Obala Kneza Domagoja 1) Vermittelt Privatunterkünfte.

Maestral (☎470 944; www.maestral.hr; Boškovića 13/15) Übernachtungen in Klöstern und Leuchttürmen, Ausritte, Trekkingtouren, Seekajakfahrten und vieles mehr.

Split Tours (⌕352 553; www.splittours.hr; Gat Sv Duje bb; ⊙Sa & So nachmittags geschl.) Die Agentur im Fährhafen verkauft Tickets nach Ancona (Italien) von Blue Line und vermittelt Privatunterkünfte.

Touring (⌕338 503; Obala Kneza Domagoja 10) In der Nähe des Busbahnhofs; vertritt die Deutsche Touring und verkauft Fahrkarten für Busfahrten in deutsche Städte.

Turist Biro (⌕347 100; www.turistbiro-split.hr; Obala Hrvatskog Narodnog Preporoda 12) Auf die Vermittlung von Privatunterkünften spezialisiert.

Telefon

Direkt an der Hauptpost gibt es ein Telefonzentrum.

Touristeninformation

Backpackers Cafe (⌕338 548; Obala Kneza Domagoja 3) Infos für Backpacker, gebrauchte Bücher, Internetzugang und Gepäckaufbewahrung.

Kroatischer Jugendherbergsverband (⌕396 031; www.hfhs.hr; Domilijina 8; ⊙Mo-Fr 8–16 Uhr) Verkauft Jugendherbergsausweise und informiert über Jugendherbergen in ganz Kroatien.

Touristeninformation (⌕345 606; www.visitsplit.com; Peristyl; ⊙Juli & Aug. 8–20.30 Uhr, Juni & Sept. Mo–Sa 8–20.30, So 8–13.30 Uhr, Okt.–Mai Mo–Fr 9–17 Uhr) Hat Stadtinfos und verkauft die Split Card (35 Kn), die kostenlosen bzw. verbilligten Eintritt zu den städtischen Sehenswürdigkeiten sowie Rabatte bei Autovermietungen, Restaurants, Geschäften und Hotels bietet.

Waschsalon

Modrulj (⌕315 888; www.modrulj.com; Šperun 1; ⊙April–Okt. 8–20 Uhr, Nov.–März Mo–Sa 9–17 Uhr) Ein blitzblanker Waschsalon mit Münzbetrieb (Waschen/Trocknen 25/20 Kn), inklusive Internetzugang (5 Kn pro 15 Min.) und Gepäckaufbewahrung (10 Kn pro Tag).

An- & Weiterreise

Auto

Wer in Split ein Auto mieten will, hat folgende Auswahl:

Budget Rent-a-Car (⌕399 214; www.budget.hr) Büros in der Obala Lazareta 3 und am Flughafen von Split.

Dollar Thrifty (⌕399 000; www.thrifty.com.hr) Büros in der Trumbićeva Obala 5 und am Flughafen von Split.

Bus

Es ist empfehlenswert, Bustickets mit Sitzplatzreservierung im Voraus zu kaufen. Vom **Busbahnhof** (⌕060 327 777; www.ak-split.hr) neben dem Hafen fahren Busse zu verschiedenen Reisezielen; Details zu den Verbindungen gibt's im Kasten auf S. 228.

JADROLINIJA-VERBINDUNGEN VON SPLIT

Die aufgeführten Verbindungen der lokalen Fähren gelten von Juni bis September. Während der restlichen Monate gilt ein eingeschränkter Fahrplan.

Autofähren

ZIEL	FAHRPREIS PRO PERSON/AUTO (KN)	DAUER (STD.)	TÄGLICHE ABFAHRTEN
Supetar (Brač)	33/160	1	12–14
Stari Grad (Hvar)	47/318	2	6–7
Šolta	33/160	1	6
Vis	54/370	2½	2–3
Vela Luka (Korčula)	60/530	2¾	2

Katamarane

ZIEL	FAHRPREIS (KN)	DAUER (STD.)	TÄGLICHE ABFAHRTEN
Bol (Brač)	22	1	1
Jelsa (Hvar)	22	1½	1
Hvar Town	22	1	2
Vis	26	1¼	1
Vela Luka (Korčula)	27	1¾	1

BUSSE VON SPLIT

ZIEL	FAHRPREIS (KN)	DAUER (STD.)	TÄGLICHE ABFAHRTEN
Dubrovnik	105–157	4½	20
Makarska	45	1½	30
Međugorje (Bosnien & Herzegowina)	100	3–4	4
Mostar (Bosnien & Herzegowina)	114	3½–4½	8
Pula	397	10–11	3
Rijeka	305	8–8½	11
Sarajevo (Bosnien & Herzegowina)	190	6½–8	4
Zadar	120	3–4	27
Zagreb	185	5–8	29

Die Buslinie 37 zum Flughafen und nach Trogir (20 Kn, alle 20 Min.) hält auch in Solin; die Busse fahren von einem örtlichen Busbahnhof auf der Domovinskog Rata (1 km nordöstlich der Stadtmitte) ab. Schneller und bequemer geht es mit Intercitybussen, die Richtung Norden nach Zadar oder Rijeka fahren.

Wichtig: Die Busse von Split nach Dubrovnik fahren ein kurzes Stück über bosnisches Staatsgebiet; Fahrgäste sollten daher ihren Pass für den Grenzübertritt bereithalten.

Flugzeug

Flughafen Split (www.split-airport.hr) Liegt 20 km westlich der Stadt, 6 km vor Trogir.

Unter anderem wird Split von den folgenden Linien angesteuert:

Croatia Airlines (362 997; www.croatiaairlines.hr; Obala Hrvatskog Narodnog Preporoda 9; Mo–Fr 8–20, Sa 9–12 Uhr) Fliegt mehrere Male täglich zwischen Split und Zagreb sowie einmal pro Woche nach Dubrovnik.

Easyjet (www.easyjet.com)

Germanwings (www.germanwings.com)

Schiff/Fähre

Die Passagierfähren legen am Kai Obala Lazareta und die Autofähren am Kai Gat Sv Duje ab. Tickets verkauft das Hauptbüro von Jadrolinija im großen Fährterminal gegenüber vom Busbahnhof. Das Büro vertreibt auch die Tickets aller anderen Autofähren, die von den umliegenden Kais ablegen. Alternativ gibt es noch zwei Ticketschalter in der Nähe der Kais. Im Sommer müssen die Autofähren in der Regel mindestens einen Tag im Voraus reserviert werden, die Autofahrer sollten mehrere Stunden vor Abfahrt am Kai sein. In der Nebensaison ist es selten ein Problem, eine Fahrkarte zu bekommen – für die Monate Juli und August sollte man aber so früh wie möglich reservieren.

Jadrolinija (338 333; Gat Sv Duje bb) im großen Fährterminal gegenüber vom Busbahnhof betreibt die Mehrheit der Fähren und Katamarane, die Split und die Inseln miteinander verbinden. Zweimal wöchentlich verkehrt eine Fähre zwischen Rijeka und Split (164 Kn, Mo–Fr 20 Uhr, Ankunft 6 Uhr) und fährt weiter über Stari Grad (Hvar), Korčula und Dubrovnik nach Bari (406 Kn) in Italien. Viermal die Woche schippert eine Autofähre von Split nach Ancona in Italien (361 Kn, 9–11 Std.). Details zu den Verbindungen siehe Kasten S 227.

Weitere Anbieter:

BlueLine (www.blueline-ferries.com) Autofähren nach Ancona (Italien), an manchen Tagen nach Hvar-Stadt und Vis (ab 333/450 Kn pro Person/Auto, 10–12 Std.).

Krilo (www.krilo.hr) Täglich verkehrt ein schnelles Passagierschiff nach Hvar-Stadt (22 Kn, 1 Std.) und weiter nach Korčula (55 Kn, 2¾ Std.). Tickets verkauft Jadrolinija.

LNP (www.lnp.hr) Zwei tägliche Katamarane nach Šolta (16,50 Kn) sowie vier wöchentliche nach Milna auf Brač (18 Kn).

SNAV (322 252; www.snav.it) Von Mitte Juni bis Ende September tägliche Fähren nach Ancona (660 Kn, 4½ Std.), von Ende Juli bis Ende August nach Pescara, Italien (698 Kn, 6½ Std.); am Fährhafen.

Zug

Täglich verkehren fünf Züge zwischen dem **Bahnhof** (338 525; www.hznet.hr; Obala Kneza Domagoja 9) in Split und Zagreb (179–189 Kn, 5½–8 Std.), zwei davon fahren über Nacht. Es gibt drei tägliche Verbindungen zwischen Šibenik und Split (40 Kn, 2 Std.), wobei man in Perković umsteigen muss. Zudem fahren täglich zwei Züge von Split über Knin nach Zadar (88 Kn, 5 Std.).

Unterwegs vor Ort

Busbahnhof, Bahnhof und Fährhafen liegen im Osten des Hafens, einen kurzen Fußmarsch von der Altstadt entfernt.

Split Rent Agency (095 887 5626; www.split-rent.com) verleiht Motorroller, Fahrräder, Schnellboote und Autos.

Bus

Lokalbusse von Promet Split verbinden die Stadtmitte und den Hafen mit den Vororten. Die Stadt ist in vier Tarifzonen eingeteilt. Das Ein-Zonen-Ticket für eine Fahrt innerhalb des Zentrums kostet 10 Kn, für Fahrten in umliegende Zonen 20 Kn. Ein Ein-Zonen-Ticket für zwei Fahrten kostet an Kiosks 16 Kn, ein Vier-Zonen-Ticket für zwei Fahrten 31 Kn. Busse fahren zwischen 5.30 und 23.30 Uhr im 15-Minuten-Takt.

Vom/Zum Flughafen

Bus 37 Ab der Bushaltestelle Domovinskog Rata (20 Kn, 50 Min.).

Pleso Prijevoz (www.plesoprijevoz.hr) Drei- bis sechsmal täglich fahren Busse ab der Obala Lazareta zum Flughafen von Split (30 Kn).

Promet Žele (www.split-airport.com.hr) Etwa 18-mal am Tag verkehren Busse zwischen der Obala Lazareta und dem Flughafen.

Taxis kosten zwischen 200 und 260 Kn.

RUND UM SPLIT

Šolta

Die wunderschöne, bewaldete Insel ist nur 59 km² groß. Sie ist der Zufluchtsort der Einwohner von Split, wenn es in der Stadt zu heiß und schwül wird. Einziger Hafen der Insel ist **Rogač**, dort legen die aus Split kommenden Fähren vor der **Touristeninformation** (654 491; www.solta.hr; Juni–Sept. 7.30–14.30 & 15.30–21.30 Uhr) am Rande einer großen Bucht an. Ein schattiger Weg führt um die Bucht herum zu weiteren kleinen Buchten mit Felsstränden, eine andere recht schmale Straße geht bergauf zu einem Markt. **Nečujam** liegt 7 km von Rogač entfernt an einem geschwungenen Strand. Dort gibt es ein Hotel, eine Snackbar und eine Außendusche. Auf der Insel stehen nur zwei Geldautomaten, in **Stomorska** und in **Grohote**; in Letzterem befindet sich außerdem die größte **Touristeninformation** (654 657; www.solta.hr; Juni–Sept. 7.30–14.30 & 15.30–21.30 Uhr, Okt.–Mai Mo–Fr 8–13 Uhr) vor Ort.

In der Hochsaison verkehren zwischen Split und Rogač (33 Kn, 1 Std.) jeden Tag sechs Fähren sowie zwei Katamarane (16,50 Kn).

Solin (Salona)

Die Ruinen der antiken Stadt Solin (das römische Salona) liegen zwischen Weinbergen am Fuß der Bergkette nordöstlich von Split. Solin zählt zu den bedeutendsten archäologischen Fundstätten des Landes.

Heute ist Solin von lärmenden Schnellstraßen und Industrieanlagen umgeben. Schon 119 v. Chr. wird es als wichtige Siedlung eines illyrischen Stammes erwähnt. Die Römer eroberten den Ort 78 v. Chr., unter der Herrschaft von Augustus wurde es Verwaltungszentrum der römischen Provinz Dalmatien.

Als Kaiser Diokletian Ende des 3. Jhs. seinen Palast in Split bauen ließ, war die Nähe zu Salona ein ausschlaggebender Grund für die Wahl des Standortes, die Stadt war nämlich sein Geburtsort. Solin wurde im 6. Jh. in das Oströmische Reich eingegliedert, die Slawen und Awaren machten es aber bei einem Heereszug 614 dem Erdboden gleich. Die Bewohner flohen nach Split und auf die benachbarten Inseln, in der Folgezeit verfiel Solin.

Sehenswertes

Ein guter Startpunkt für die Besichtigung der Stadt ist der Haupteingang in der Nähe der Caffe Bar Salona, wo sich eine Infokarte des Komplexes befindet. Im **Tusculum-Museum** (Eintritt 20 Kn; Juni–Sept. Mo–Sa 9–19, So 9–13 Uhr, Okt.–Mai Mo–Fr 9–15, Sa 9–13 Uhr) zahlen Besucher den Eintritt für die gesamte archäologische Anlage, so auch für das kleine Museum, das interessante Skulpturen an den Wänden und im Garten zeigt. Zudem dient es als Informationszentrum und stellt Broschüren über Salona bereit. Die Nekropole **Manastirine** (der eingezäunte Bereich hinter dem Parkplatz) war die Grabstätte früher christlicher Märtyrer, die vor der Legalisierung des christlichen Glaubens für ihren Glauben starben. Die freigelegten Reste der **Kapljuč-Basilika**, die auf einem der ersten christlichen Friedhöfe errichtet wurde, und die **Kapjinc-Basilika** aus dem 5. Jh., die sich darin befindet, sind die größten Sehenswürdigkeiten von Solin. Der Bereich lag damals allerdings außerhalb der antiken Stadt.

Zypressen säumen den Pfad, der vom Informationszentrum Richtung Süden zur nördlichen Stadtmauer von Salona führt. Südlich der Mauer ist ein **überdachter Aquädukt** zu sehen. Er wurde wahrscheinlich um das 1. Jh. erbaut und versorgte Salona und den Diokletianpalast mit Wasser aus dem Jadro. Wenn man auf der Mauer steht, sind Ruinen einer frühchristlichen Stätte erkennbar, u. a. eine dreischiffige **Kathedrale** (5. Jh.) mit einem oktogonalen **Baptisterium** sowie die Reste der **Basilika des Bischofs Honorius**. Ihr Grundriss hat die Form eines griechischen Kreuzes. Im Osten der Kathedrale liegen **öffentliche Bäder**.

Südwestlich der Kathedrale von Salona erhebt sich das östliche Stadttor, die **Porta Caesarea**; es stammt aus dem 1. Jh. Als sich die Stadt später in alle Himmelsrichtungen ausdehnte, wurde das Tor von anderen Bauwerken eingeschlossen. In der mit Steinen gepflasterten Straße am Tor haben antike Räder Kerben hinterlassen. Südlich des Stadttors lag damals die Stadtmitte mit dem Forum. Hier standen Tempel zu Ehren von Jupiter, Juno und Minerva – keiner dieser Tempel blieb erhalten.

Am westlichen Ende von Salona erhob sich im 2. Jh. ein riesiges **Amphitheater**, das von den Venezianern im 17. Jh. zerstört wurde. Sie wollten verhindern, dass es den türkischen Angreifern als Unterschlupf diente. Zu römischer Zeit konnten hier 18 000 Zuschauer die Spiele verfolgen – allein schon diese Zahl vermittelt einen Eindruck von der Größe und Bedeutung des römischen Salona.

In der südöstlichen Ecke liegt die **Gradina**, eine mittelalterliche Festung, die um die Überreste einer rechteckigen frühchristlichen Kirche gebaut wurde.

❶ An- & Weiterreise

Die Ruinen sind von Split aus mit der Stadtbuslinie 1 (12 Kn) leicht erreichbar. Der Bus fährt alle halbe Stunde vom Trg Gaje Bulata direkt zur Caffe Bar Salona (auf der rechten Seite nach dem blau-weißen Salona-Schild Ausschau halten).

Vom Amphitheater in Solin kann man leicht nach Trogir weiterreisen. Man nimmt an der nahen Bushaltestelle auf der benachbarten Schnellstraße die Linie 37 Richtung Westen. Für die Fahrt lohnt es sich, in Split für 20 Kn ein Vier-Zonen-Ticket zu kaufen; Fahrkarten sind u. a. im Bus erhältlich.

Wer nach Split zurückfahren will, geht durch die Unterführung unter der Schnellstraße hindurch und nimmt Linie 37 in östlicher Richtung.

TROGIR & UMGEBUNG

Trogir

12 995 EW.

Trogir (ehemals Trau) liegt wunderschön hinter mittelalterlichen Mauern, die ein Gewirr verwinkelter Gassen umschließen. Die breite Seepromenade wird von Bars und Cafés gesäumt, im Sommer dümpeln Luxusyachten vor der Promenade. Trogir ist einzigartig unter den dalmatinischen Städten: Keine andere hat so viele historische Gebäude, die im Stil der Romanik und Renaissance gebaut wurden. Die Renaissancebauten sind ein Erbe der venezianischen Herrschaft. Zusammen mit der prächtigen Kathedrale wurde die Altstadt von Trogir 1997 von der Unesco zum Weltkulturerbe erklärt.

Trogir lässt sich von Split aus bequem im Rahmen eines Tagesausflugs besuchen, ist aber auch ein entspannender Ort, um hier ein paar Tage zu verbringen und einige benachbarte Inseln zu besuchen.

Geschichte

Mit den hohen Bergen im Norden, dem Meer im Süden und den schützenden Stadtmauern war Trogir (unter den Römern Tragurion genannt) ein attraktiver Ort zum Wohnen. Die frühen Kroaten besiedelten die alte illyrische Stadt im 7. Jh. Aufgrund seiner guten Verteidigungsmöglichkeiten behielt Trogir seine Unabhängigkeit auch während der kroatischen und byzantinischen Herrschaft. Handel und der Bergbau in der Umgebung waren die wirtschaftlichen Säulen der Stadt. Im 13. Jh. florierten die Bildhauerei und die Architektur – sie waren sichtbarer Ausdruck einer lebendigen, dynamischen Kultur. Als Venedig 1409 Dalmatien erwarb, weigerte sich Trogir, die neuen Regenten anzuerkennen. Die Venezianer zwangen die Bewohner durch Beschuss ihrer Stadt zur Aufgabe. Während das restliche Dalmatien unter der venezianischen Herrschaft stagnierte, brachte Trogir weiterhin große Künstler hervor, die die Schönheit der Stadt noch steigerten.

⊙ Sehenswertes

Obwohl Trogir klein ist, gibt's hier viel zu sehen. In der Stadt stehen noch viele intakte Gebäude aus ihrer Blütezeit vom 13. bis 15. Jh. Die Altstadt konzentriert sich auf einer winzigen Insel im Meeresarm zwischen der Insel Čiovo und dem Festland, die Küstenschnellstraße ist nicht weit weg. Viele Sehenswürdigkeiten lassen sich auf einem 15-minütigen Spaziergang rund um die Insel besichtigen.

Kathedrale des heiligen Laurentius
KIRCHE

(Katedrala Svetog Lovre; Trg Ivana Pavla II; Eintritt 20 Kn; ⊙Juni–Sept. Mo–Sa 8–20, So 14–20 Uhr, April & Mai Mo–Sa 8–18, So 14–18 Uhr, Okt.–März Mo–Sa 8–12 Uhr) Das Schmuckstück Trogirs ist diese dreischiffige venezianische Kathedrale. Sie wurde zwischen dem 13. und 15. Jh. errichtet und ist eines der schönsten Gebäude Kroatiens. Bemerkenswert ist das **romanische Portal** (1240) von Meister Radovan. Die Seiten des Portals zeigen Löwenfiguren (das Symbol Venedigs), auf denen Adam und Eva stehen. Hierbei handelt es sich um die erste Darstellung nackter Figuren in der dalmatinischen Bildhauerei. Am Ende des Portikus befindet sich die **Taufkapelle**, die 1464 von Andrija Aleši gestaltet wurde. Wenn man das Gebäude durch eine versteckte Hintertür betritt, kommt man zu der reich verzierten **Kapelle Sveti Ivan Ursini** – ein Meisterwerk der Renaissance. Erschaffen wurde sie zwischen 1461 und 1497 durch die Bildhauer Nikola Firentinac und Ivan Duknović. In der **Sakristei** befinden sich Gemälde, die den heiligen Hieronymus und Johannes den Täufer zeigen. Ein Muss ist die **Schatzkammer**, die u. a. ein Triptychon aus Elfenbein und mittelalterliche, reich bebilderte Manuskripte birgt. Wer den 47 m hohen **Turm** der Kathedrale erklimmt, wird mit einer wunderschönen Aussicht belohnt.

Ein Schild weist auf eine korrekte Kleidung beim Betreten der Kathedrale hin: Generell sollten Schultern und Arme bedeckt sein, Shorts sind ebenfalls tabu. Die Öffnungszeiten der Kathedrale sind unregelmäßig.

Festung Kamerlengo
FESTUNG

(Tvrđava Kamerlengo; Eintritt 15 Kn; ⊙Mai–Okt. 9–21 Uhr) Ursprünglich war die Festung aus dem 15. Jh. mit der Stadtmauer verbunden. Am westlichen Ende der Insel steht ein eleganter Rundpavillon, den der französische Marschall Marmont während der napoleonischen Besetzung Dalmatiens errichten ließ. Hier pflegte er zu sitzen und inmitten der Wellen Karten zu spielen. Damals war der westliche Teil der Insel noch eine Lagune; die malariaverseuchten Sümpfe wurden erst im 20. Jh. trockengelegt. In der Festung finden während des **Sommerfestivals von Trogir** Konzerte statt.

Stadtmuseum
MUSEUM

(Gradski Muzej; Kohl-Genscher 49; Eintritt 15 Kn; ⊙Juli–Sept. 10–17 Uhr, Okt.–Mai Mo–Fr 9–14, Sa 9–12 Uhr) Das Museum ist im früheren Garagnin-Fanfogna-Palast untergebracht. In fünf Räumen werden Bücher, Dokumente, Gemälde und historische Kleidung aus der langen Geschichte Trogirs ausgestellt.

Kloster des heiligen Nikolaus
KLOSTER

(Samostan Sv. Nikole; Eintritt 20 Kn; ⊙Juni–Sept. 10–12 & 16–18 Uhr) Die Schatzkammer des Benediktinerklosters beherbergt ein eindrucksvolles, aus orangefarbenem Marmor gefertigtes Relief von Kairos, dem griechischen Gott der günstigen Gelegenheit. Von Oktober bis Mai müssen Besucher sich im Voraus anmelden.

Rathaus
HISTORISCHES GEBÄUDE

(Gradska Vijecnica) Das aus dem 15. Jh. stammende Gebäude gegenüber der Kathedrale hat einen gotischen Innenhof, den Wappen und ein gewaltiger Treppenaufgang zieren. Der Brunnen trägt einen gut erhaltenen Markuslöwen, das Wappen der Republik Venedig.

Palast Ćipiko
PALAST

(Palaca Cipiko) Der Palast ging aus einem ursprünglich romanischen Bau hervor, der im 15. Jh. einer bekannten Familie als Wohnsitz diente. Das aus Stein gearbeitete gotische Triforium ist das eindrucksvolle Werk von Andrija Aleši.

✸ Festivals & Events

Alljährlich lädt die Stadt vom 21. Juni bis Anfang September zum **Sommerfestival von Trogir** ein. Bei dem Musikevent werden Klassik- und Folkkonzerte in Kirchen, auf Plätzen und in der Festung abgehalten. Plakate, die für die Konzerte werben, hängen in der ganzen Stadt.

🛏 Schlafen

Atlas Trogir (S. 233) vermittelt Privatunterkünfte, Doppelzimmer kosten ab 200 Kn. Auch Portal bietet Zimmer und Apartments an, Doppelzimmer gibt's ab 300 Kn, ein Apartment für zwei Personen für 450 Kn.

Trogir

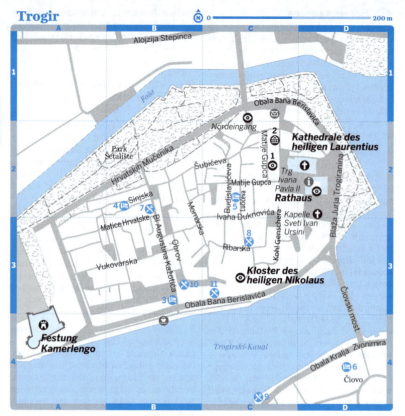

Unter www.trogir-online.com stehen die entsprechenden Angebote.

Hotel Tragos HOTEL €€
LP TIPP
(✆ 884 729; www.tragos.hr; Budislavićeva 3; EZ/DZ 600/800 Kn; P ✳ @) Das mittelalterliche Wohnhaus ist vorzüglich mit jeder Menge freigelegter Steinwände und Originaldetails restauriert worden. Alle zwölf Zimmer sind elegant und wunderschön eingerichtet, mit Satelliten-TV, Minibar und Internetzugang. Auch wer hier nicht nächtigt, sollte das Hotelrestaurant wegen seiner hervorragend zubereiteten Hausmannskost aufsuchen (Hauptgerichte ab 60 Kn); besonders lecker ist *trogirska pašticada* (Rindereintopf nach Trogir-Art).

Hotel Pašike HOTEL €€
(✆ 885 185; www.hotelpasike.com; Sinjska bb; EZ/DZ 650/800 Kn; ✳ @ ⌂) Das hübsche, in einem Gebäude aus dem 15. Jh. untergebrachte Hotel schmücken Möbel aus dem 19. Jh., Nussholz und schmiedeeiserne Betten. Jedes der 14 farbenfrohen Zimmer verfügt über einen separaten Sitzbereich und eine Hydromassagedusche. Die freundlichen Mitarbeiter tragen traditionelle Kleidung, es gibt eine Dachterrasse mit zwei Tischen und als Willkommensgeschenk bekommen Gäste *rafioli*, den traditionellen Mandelkuchen aus Trogir.

Vila Sikaa HOTEL €€
(✆ 881 223; www.vila-sikaa-r.com; Obala Kralja Zvonimira 13; EZ/DZ 672/728 Kn; P ✳ @ ⌂) Das Hotel liegt auf der Insel Čiovo und bietet zehn anständige Zimmer mit fantastischem Ausblick auf die Altstadt. Manche verfügen über Sauna, Massagedusche und Whirlpool, Nr. 14 außerdem über einen Balkon. Negativ schlagen die winzigen Zimmer im Dachgeschoss und der recht nachlässige Service zu Buche. An der Rezeption kann man Motorroller, Boote und Autos leihen.

Trogir

⦿ Highlights
Kathedrale des heiligen Laurentius D2
Kloster des heiligen Nikolaus C3
Festung Kamerlengo......................................A4
Rathaus...D2

⦿ Sehenswertes
1 Palast Ćipiko...C2
2 Stadtmuseum..C2

⦿ Schlafen
3 Concordia..B3
4 Hotel Pašike..B2
5 Hotel Tragos...C2
6 Vila Sikaa..D4

⦿ Essen
7 Alka..B2
8 Capo...C3
9 Ćelica...C4
10 Fontana...B3
11 Pizzeria Mirkec C3

Hotel Palace HOTEL €€€
(☎685 555; www.hotel-palace.net; Put Gradine 8; EZ/DZ 930/1206 Kn; P ❄ @) Das kürzlich eröffnete Luxushotel ist in einem neuen blassrosa-weißen Gebäude mit jeder Menge Marmor, Hartholzböden und einem Restaurant auf der Insel Čiovo untergebracht. Die 36 beigefarbenen Zimmer haben Badewannen und Balkone, Nr. 305 verfügt zudem über eine tolle Aussicht auf die Altstadt.

Concordia HOTEL €€
(☎885 400; www.concordia-hotel.net; Obala Bana Berislavića 22; EZ/DZ 450/600 Kn; P ❄) Die etwas in die Jahre gekommenen Zimmer sind sauber, aber schlicht, Service und Lage am Meer jedoch wunderbar. Am schönsten sind die frisch renovierten Zimmer mit Meerblick. Direkt vor der Haustür legen Boote zu den Stränden ab.

Villa Tina FAMILIENHOTEL €€
(☎888 305; www.vila-tina.hr; Arbanija; EZ/DZ 413/665 Kn; P ❄) Wer relaxen und schwimmen möchte, ist hier absolut richtig. Die geschmackvollen Zimmer sind großzügig und hell eingerichtet. Die Villa Tina liegt etwa 5 km östlich von Trogir, direkt in Strandnähe. Der Ausblick von der Terrasse hilft beim Entspannen.

Seget CAMPING €
(☎880 394; www.kamp-seget.hr; Hrvatskih Žrtava 121, Seget Donji; 35/90 Kn pro Erw./Stellplatz; ⦿April–Okt.) Der familiäre Campingplatz liegt 2 km von Trogir entfernt und verfügt über einen kleinen Kiesstrand und einen zementierten Anleger zum Schwimmen, außerdem über Tennisplätze, Fahrräder sowie die Möglichkeit zum Windsurfen und zu weiteren sportlichen Aktivitäten.

🍴 Essen

Capo MEERESFRÜCHTE €
(Ribarska 11; Hauptgerichte ab 45 Kn) Das familiengeführte Lokal liegt versteckt in einer Gasse der Altstadt und hat einige Tische im Freien, maritime Deko und viel Charakter. Fischgerichte dominieren – zu den Spezialitäten des Hauses gehören Sardinen, *gavuni* (Stinte) und Anchovis, jeweils mit Gemüsebeilage serviert. Die Familie betreibt außerdem eine Pizzeria an der Riva.

Fontana MEERESFRÜCHTE €€
(Obrov 1; Hauptgerichte ab 80 Kn) Die große Terrasse am Wasser ist das Plus des alteingesessenen Restaurants. Auf der Karte findet sich fast alles von preiswerten Risottos und Spaghetti bis hin zu teurerem gegrilltem Fleisch; Spezialität des Hauses ist allerdings Fisch (300 Kn pro kg).

Alka INTERNATIONAL €€
(☎881 856; Augustina Kažotića 15; Hauptgerichte ab 80 Kn) Hier gibt's eine Terrasse und eine umfangreiche Speisekarte, auf der jede Menge Fleischgerichte wie Hühnerleber im Speckmantel sowie Hummerkreationen zu finden sind.

Pizzeria Mirkec PIZZA €
(Obala Bana Berislavićeva 15; Pizza ab 30 Kn) Direkt am Meer kommt man in den Genuss eines Frühstücks oder von Steinofenpizzas.

Ćelica BOOTSRESTAURANT €
(Obala Kralja Zvonimira; Hauptgerichte ab 60 Kn) Das Bootsrestaurant auf Čiovo punktet mit einer frischen Meeresbrise und tollem Blick auf die Altstadt. Die Gerichte mit Schwerpunkt auf Meeresfrüchten sind ganz gut.

ℹ️ Praktische Informationen

Atlas Trogir (☎881 374; www.atlas-trogir.hr; Obala Kralja Zvonimira 10) Das Reisebüro vermittelt Privatunterkünfte und organisiert Ausflüge.

Garderoba (13 Kn pro Tag; ⦿6–19.30 Uhr) Gepäckaufbewahrung im Busbahnhof.

Hauptpost (Kralja Tomislava 9; ⦿Mo–Fr 7.30–19, Sa 7.30–14.30 Uhr) Hier gibt's ein Telefonzentrum.

YACHT- UND BOOTSVERLEIH

Segelenthusiasten können ihrer Leidenschaft auf einem eigenen Charterboot nachgehen. Erfahrene Segler chartern eine Yacht auf „Bareboat"-Basis, alternativ bucht man einen ortskundigen Kapitän mit dazu. Der Preis richtet sich nach der Größe des Boots, Anzahl der Kojen und der Saison.

Cosmos Yachting (www.cosmosyachting.com) Das britische Unternehmen verleiht Yachten ab Dubrovnik, Pula, Rovinj, Split, Trogir, Lošinj, Punat und anderen Orten.

Nautilus Yachting (www.nautilus-yachting.com) Weiterer britischer Anbieter; verleiht Yachten ab Pula, Split, Dubrovnik und den Kornaten.

Sunsail (www.sunsail.com) Der internationale Anbieter hat Yachten auf „Bareboat"-Basis oder mit Kapitän ab Dubrovnik, den Kornaten und Kremik, südlich von Šibenik, im Angebot.

Portal Trogir (885 016; www.portal-trogir.com; Obala Bana Berislavića 3) Vermittelt Privatunterkünfte, verleiht Fahrräder, Motorroller und Kajaks, organisiert Ausflüge – von Squad-Safaris bis zu Canyoning-Trips – und verfügt über Internetzugang.

Touristeninformation (885 628; Trg Ivana Pavla II 1; Juni–Aug. Mo–Sa 8–21, So 8–14 Uhr, Sept.–Mai kürzer) Hat einfache Stadtpläne auf Lager.

❶ An- & Weiterreise

Intercitybusse von Zadar Richtung Süden (130 km) und von Split Richtung Norden (28 km) halten in Trogir. Per Bus von Trogir nach Zadar zu kommen, kann schwierig werden, da die Busse aus Split oft schon bei ihrer Ankunft in Trogir voll besetzt sind.

Der Stadtbus 37 von Split fährt tagsüber alle halbe Stunde, auf dem Weg nach Trogir hält er unterwegs am Flughafen Split. Dieser Bus fährt aber vom örtlichen Busbahnhof ab und ist länger als der Intercitybus unterwegs. Das Vier-Zonen-Ticket (20 Kn) kann für beide Richtungen (Split bzw. Zadar) beim Fahrer gekauft werden.

Viermal täglich verkehren Boote zwischen Split (20 Kn) und Čiovo (150 m links der Brücke). Zudem legt stündlich von 8.30 bis 11.30 Uhr eine Passagierfähre direkt vor dem Hotel Concordia nach Okrug Gornji ab; dort starten auch welche nach Medena (10 Kn, 10-mal tgl.). Dreimal täglich gibt's eine Fährverbindung nach Drvenik Veli (17 Kn).

❶ Unterwegs vor Ort

Die Reiseagentur Portal veranstaltet von Mai bis Oktober zweimal täglich (abends & morgens) eine 90-minütige Führung durch die Altstadt; los geht's direkt vor ihrem Büro.

Die Altstadt liegt nur ein paar Minuten zu Fuß vom Busbahnhof entfernt. Nach Überqueren der kleinen Brücke am Busbahnhof geht man durch das Nordtor. Biegt man am Ende des Platzes links (nach Osten) ab, gelangt man auf Trogirs Hauptstraße, die Gradska. Trogirs schönste Sehenswürdigkeiten befinden sich geradeaus am Trg Ivana Pavla II. Die Uferpromenade Obala Bana Berislavića mit Blick auf die Čiovo-Insel säumen Bars, Restaurants und Cafés. Die Altstadt ist durch eine Zugbrücke mit der Insel Čiovo im Süden verbunden.

Rund um Trogir

Rund um Trogir gibt es jede Menge Strände. Der Stadt am nächsten liegt der Kies- und Sandstrand **Pantan**. Er befindet sich 1,5 km östlich der Altstadt an der Mündung des Pantan-Flusses, inmitten eines Naturschutzgebietes; von der Altstadt führt ein Pfad hierher. Der beliebteste Strand, **Okrug Gornji**, liegt 5 km südlich von Čiovo. Der 2 km lange, von Café-Bars gesäumte Kiesstreifen wird auch Copacabana genannt und ist auf dem Land- und auf dem Seeweg zu erreichen. Die umfangreichsten Serviceeinrichtungen findet man 4 km südwestlich am **Medena-Strand** an der Seget-Riviera, wo auch das riesige **Hotel Medena** (www.hotelmedena.com) ansässig ist.

Sehr viel idyllischer sind übrigens die Strände auf den Inseln Drvenik Mali und Drvenik Veli, die schnell mit einer Personenfähre erreichbar sind; diese legen am Fähranleger vor dem Hotel Concordia ab. Beide Inseln haben nur wenige Einwohner und sind entsprechend einsam.

Außerdem gibt es den schönen Festungsbereich Kaštela mit sieben Häfen und verschiedenen Burgen, die der dalmatinische Adel dort vor über 500 Jahren errichten ließ.

DRVENIK MALI & DRVENIK VELI

Die kleinere Insel, Drvenik Mali, hat Olivenbäume, 56 Einwohner und einen Sandstrand, der sich um die Bucht Vela Rina zieht. Drvenik Veli bietet ebenfalls abgeschiedene Buchten und Olivenhaine, aber auch ein paar kulturelle Highlights: Die **Kirche des heiligen Georg** wurde im 16. Jh. errichtet und mit barockem Mobiliar und einem venezianischen Altarbild ausgestattet. Außerhalb des Dorfes Drvenik Veli steht die unvollendete **Kirche des heiligen Nikolaus** aus dem 18. Jh. – ihr Baumeister hat aus unbekannten Gründen nur die monumentale Vorderseite fertiggestellt.

Die Strecke von Trogir zu den Inseln bedient **Jadrolinija** (www.jadrolinija.hr). Von Juni bis Ende September gibt es drei tägliche Fährverbindungen, freitags sind es zwei. Der Fahrplan ermöglicht einen Tagesausflug nach Drvenik Veli, nach Drvenik Mali ist dies problematischer. Die Fahrt nach Drvenik Veli (16 Kn) dauert eine Stunde, nach weiteren 20 Minuten gelangt man nach Drvenik Mali.

Wer auf den Inseln übernachten möchte, wendet sich an die Agentur Portal; sie vermittelt Privatunterkünfte.

KAŠTELA

Wenn man sicher bauen will, dann gibt es nichts Besseres als ein Gebirge im Rücken und vor sich das Meer. Zumindest dachte das der dalmatinische Adel, als er sah, wie die Türken im 15. und 16. Jh. in Europa einmarschierten. Der 20 km lange Küstenabschnitt zwischen Trogir und Split wird landseitig durch den langen, niedrigen Kozjak-Höhenrücken geschützt und war damals der perfekte Ort, um sich in einer gut befestigten Burg sicher zu fühlen. Eine reiche Familie nach der anderen zog deshalb von Split an die Kaštela-Bucht, um sich dort einen Familiensitz bauen zu lassen. Glücklicherweise drangen die Türken nie so weit vor, sodass die Burgen bis heute erhalten blieben.

Als Kaštela-Bucht bezeichnet man die sieben kleinen Häfen mit diesen befestigten Küstenburgen. Ihr Besuch ist ein reizvoller Tagesausflug von Split oder Trogir. Beginnend im Westen (von Trogir aus gesehen), kommt zunächst **Kaštel Štafilić** in Sicht. Die Burg auf einem Inselchen ist nur durch eine Zugbrücke mit dem Festland verbunden. Im nahen Ort steht eine Renaissancekirche. Dann erreicht man **Kaštel Novi** (1512 erbaut), gefolgt vom **Kaštel Stari**, der ältesten Burg in der Bucht (1476). Ein Kreuzgang mit Arkaden steht im Burginnern. Es folgt die imposanteste Burg, **Kaštel Lukšić**. Sie wurde 1487 im Übergang von der Renaissance zum Barock erbaut. Inzwischen beherbergt sie städtische Verwaltungsbüros, ein kleines Museum und die Touristeninformation der Region. Hier spielte auch eine komplizierte Geschichte von einem unglücklichen Liebespaar, das hier heiratete und hier begraben liegt. Weiter ostwärts geht es zum **Kaštel Kambelovac**, einer zylinderförmigen Befestigungsburg, die 1517 von Adligen und Grundbesitzern aus der Gegend errichtet wurde. Dann folgt **Kaštel Gomilica**; die Burg wurde von Benediktinernonnen erbaut und ist von seichten Sandstränden umgeben. Den Schluss bildet **Kaštel Sućurac**. Von dort führt ein Weg am Friedhof vorbei hoch zur Schutzhütte bei Putalj (480 m). Sie ist Ausgangspunkt für eine Wanderung über den Höhenrücken des Kozjak.

Informationen zu Unterkünften in Kaštela erhält man in der **Touristeninformation** (227 933; www.dalmacija.net/kastela.htm; Kaštel Lukšić; Juni–Sept. Mo-Sa 8-21, So 8-12 Uhr, Okt.-Mai Mo-Sa 8-15 Uhr).

Die Buslinie 37 von Split nach Trogir (20 Kn, alle 30 Min.) hält in allen Orten entlang der Bucht von Kaštela. Am besten steigt man am Kaštel Štafilić aus und läuft in Richtung Osten die Uferpromenade entlang durch die verschiedenen Orte, bis man genug hat. Dann geht's ab der Hauptstraße mit dem Bus zurück.

MAKARSKA RIVIERA

Die Makarska Riviera ist ein 58 km langer Küstenabschnitt am Fuß des Biokovo-Gebirges, wo eine Ansammlung von Klippen und Kämmen einen dramatischen Hintergrund für eine Reihe wunderschöner Kiesstrände bildet. Die Berge schützen den Küstenstreifen vor rauen Winden – entsprechend mediterran sieht die Landschaft mit ihren Pinienwäldern, Olivenhainen und Obstbäumen aus. Dieser Teil der dalmatinischen Küste gehört zu den touristisch erschlossensten und die Strandorte sind auf Pauschaltourismus ausgerichtet. Familienurlauber finden hier jede Menge Serviceeinrichtungen sowie ein umfangreiches Freizeitangebot. Im Juli und insbesondere im August wird die gesamte Riviera von Urlaubern bevölkert und in vielen Hotels gilt ein Mindestaufenthalt von sieben Nächten.

Wer den Massen aus dem Weg gehen möchte, besucht Makarska am besten vor oder nach dem sommerlichen Besucheransturm.

Makarska

13 716 EW.

Makarska ist eine attraktive Hafenstadt; der Ortskern mit seinen Häusern aus Kalkstein wird bei Sonnenuntergang in pfirsichfarbenes Licht getaucht. Aktivurlauber finden hier ausreichend Betätigung – beim Wandern, Klettern, Gleitschirmfliegen, Mountainbiken, Windsurfen oder Schwimmen. Die Lage mit dem wunderbaren Biokovo-Massiv im Hintergrund ist spektakulär. Der Ort zieht viele Pauschaltouristen an; die sich vor allem am langen Stadtstrand aus Kieselstein tummeln. So ist dort immer viel los, man trifft sich zum Beachvolleyball oder sonstigen Strandvergnügen, dazwischen spielen fröhlich Kinder.

Makarska ist ein Lieblingsziel der Urlauber aus dem benachbarten Bosnien-Herzegowina, die im Sommer in Scharen hier einfallen. In der Hauptsaison geht es sehr lebhaft zu, das Nachtleben floriert und Familien mit Kindern wird viel geboten. Wer in Strandbars und Clubs abhängen möchte, Beachvolleyball spielen und sich mit Gleichgesinnten am Strand sonnen will, dem wird Makarska gefallen. Deutlich ruhiger wird es in der Nebensaison.

Als größte Stadt der Region besitzt Makarska eine sehr gute Verkehrsanbindung. Daher eignet sie sich auch als Ausgangspunkt für Erkundungsfahrten entlang der Küste und ins benachbarte Bosnien & Herzegowina. Fast schon ein Muss ist die Besteigung des Biokovo.

◉ Sehenswertes & Aktivitäten

Franziskanerkloster KLOSTER
(Franjevački Samostan; Franjevački Put 1; ⊙nur zur Messe geöffnet) Die einschiffige Kirche des Klosters liegt östlich vom Zentrum. Ihre Apsis schmückt ein riesiges zeitgenössisches Mosaik, außerdem beherbergt das Kloster ein hübsch gestaltetes **Muschelmuseum** (Eintritt 10 Kn; ⊙9–13 & 17–21 Uhr), das die weltweit größte Sammlung von Muscheln und Schnecken zeigt.

Strände STRAND
Makarska liegt an einer großen Bucht, die vom Kap Osejava im Südosten und der Halbinsel Sveti Petar im Nordwesten begrenzt wird. Der lange, von Hotels gesäumte **Kies-Stadtstrand** beginnt am Park Sveti Petar (an der Obala Kralja Tomislava) und zieht sich Richtung Nordwesten um die Bucht. Im Südosten sind die Strände felsiger und schöner, so auch der beliebte FKK-Strand **Nugal**, zu dem ein ausgeschilderter Weg ab dem östlichen Ende der Riva führt.

Botanischer Garten am Biokovo
BOTANISCHER GARTEN
Der Garten liegt über dem Dorf Kotišina im Biokovo-Gebirge und war einst eine echte Attraktion der Region. Heute hat er nur noch ein bisschen einheimische Flora und einen eindrucksvollen Blick auf die Inseln Brač und Hvar zu bieten. Lohnenswert ist der malerische ausgeschilderte Weg, der nordöstlich der Stadt an gewaltigen Gipfeln vorbei hierher führt.

Stadtmuseum MUSEUM
(Gradski Muzej; Obala Kralja Tomislava 17/1; ⊙Mo–Fr 9–13 & 19–21, Sa 19–21 Uhr) An einem verregneten Tag bietet sich ein Besuch dieses Museums an, das mittels Fotos, alten Steinen und Seefahrtsinstrumenten die Stadtgeschichte dokumentiert. Es gibt allerdings Spannenderes!

🛏 Schlafen

Makarskas Hotels verbindet ein recht langweiliger Einheitslook und sie sind allesamt auf Pauschaltouristen ausgerichtet. Originalität sollte man nicht erwarten, bequeme

---

AUF SCHIENEN NACH MOSTAR

Eine tolle Möglichkeit, den Massen zu entgehen und mal was anderes zu machen, ist eine Zugfahrt von Ploče nach Mostar in Bosnien und Herzegowina. Der Zug, ein langsames, schnaubendes Gefährt, verlässt Ploče zweimal am Tag (30 Kn, 1½ Std.). Die Fahrt geht durch die tolle dalmatinische und herzegowinische Landschaft, oftmals am oberen Flusslauf der Neretva entlang. Alle Busse nach Dubrovnik, die in Makarska halten, fahren durch Ploče (ca. 50 Kn). Personen aus der EU benötigen kein Visum für die Einreise nach Bosnien-Herzegowina. Personen anderer Nationalitäten sollten sich bei ihrer Botschaft erkundigen.

ABENTEUER AUF DEM BIOKOVO

Das Biokovo-Gebirge, als **Naturpark Biokovo** (www.biokovo.com; Eintritt 35 Kn; April–Mitte Mai & Okt.–Mitte Nov. 8–16 Uhr, Mitte Mai–Sept. 7–20 Uhr) verwaltet und geschützt, übt auf Wanderer eine geradezu unwiderstehliche Anziehungskraft aus. Wer auf eigene Faust unterwegs ist, betritt den Park am Anfang der „Biokovo-Straße" und zahlt dort den Eintrittspreis. Da dies die einzige Straße ist, die den Berg hinaufführt, ist sie nicht zu verfehlen.

Der **Vošac** (1422 m) ist von der Straße aus gesehen der nächstgelegene Gipfel – von Makarska aus sind es nur 2,5 km dorthin. Von der Markuskirche auf dem Kačićev Trg nimmt man den Put Makra (zu Fuß oder mit dem Auto) und folgt den Schildern zum Dorf Makar. Von dort führt ein Wanderweg zum Vošac, wo ein gut ausgeschilderter Weg zum **Sveti Jure** (4 Std.) beginnt. Dieser ist mit 1762 m der höchste Gipfel des Massivs. Von oben hat man einen spektakulären Ausblick auf die kroatische und – bei guter Sicht – auf die italienische Küste jenseits der Adria. Viel Wasser, Sonnencreme, Hut oder Mütze und Regenkleidung sind unentbehrlich. Oben auf dem Berg ist es deutlich kälter als am Meer.

Biokovo Active Holidays (www.biokovo.net) organisiert Wanderungen und Fahrten ins Biokovo-Massiv – sowohl für Geübte als auch weniger Trainierte. Man kann sich mit dem Minibus einen Teil der Strecke hochfahren lassen und eine kurze Wanderung zum Sveti Jure unternehmen, 5½ Stunden durch Schwarzkiefernwälder und grüne Weiden wandern oder am frühen Morgen den Sonnenaufgang über Makarska genießen.

Betten und ein schöner Blick sind jedoch in den gehobenen Häusern Standard. Im unteren Preissegment sind wie überall Privatunterkünfte die beste Option.

Biokovo HOTEL €€€
(615 244; www.hotelbiokovo.hr; Obala Kralja Tomislava bb; EZ/DZ 495/850 Kn; P ❄ 🛜) Das direkt an der Promenade gelegene Hotel gehört zu den besten vor Ort. Die Zimmer mit Balkon bieten eine exzellente Aussicht aufs Meer und die Stadt.

Makarska HOTEL €€
(616 622; www.makarska-hotel.com; Potok 17; EZ/DZ 400/640 Kn; P ❄) Das Hotel liegt etwa 200 m vom Strand entfernt und hat kitschige, jedoch gut ausgestattete Zimmer und freundliches Personal.

Meteor HOTEL €€€
(602 686; www.hoteli-makarska.hr; Kralja Petra Krešimira IV bb; EZ/DZ 478/870 Kn; P ❄ 🛁) An einem Kiesstrand 400 m westlich des Zentrums erwartet Gäste im Meteor mit seinen 270 Zimmern das übliche Programm eines Hotelriesen – Pools, ein Geschäft, Tennisplätze und ein Wellnesszentrum.

🍴 Essen & Ausgehen

Decima DALMATINISCH €
(Trg Tina Ujevića bb; Hauptgerichte ab 50 Kn) Gut zubereitete dalmatinische Klassiker und gelegentliche *klapa*-Vorstellungen stehen in dieser *konoba* direkt hinter der Riva auf dem Programm.

Riva MEERESFRÜCHTE €€
(Obala Kralja Tomislava 6; Hauptgerichte ab 80 Kn) Zu dem edlen Restaurant hinter der Hauptstraße gehört ein ruhiger, schattiger Innenhof. Das Essen ist gut, besonders die frischen Meeresfrüchte und Fischgerichte. Auch die Weinkarte kann sich sehen lassen.

Jež MEERESFRÜCHTE €€
(Kralja Petra Krešimira IV 90; Hauptgerichte ab 75 Kn) Spezialität des recht formellen Restaurants in Strandnähe mit Sitzgelegenheiten im Freien sind Meeresfrüchte; daneben gibt es verschiedene dalmatinische Klassiker.

Bookcafe CAFÉ
(Kačićev trg bb) In dem gemütlichen Café mit Buchladen am Hauptplatz treffen sich die Künstler und Intellektuellen der Stadt auf einen Kaffee und zum Lesen. Zudem finden verschiedene Veranstaltungen wie Lesungen, Musikabende und Ausstellungen statt. Im Mai richtet es außerdem das **MaFest**, ein internationales Comic-Festival, aus.

☆ Unterhaltung

Grota NACHTCLUB
(Šetalište Svetog Petra bb) Die beliebte Disko verbirgt sich in einer Höhle auf der Halbinsel Sveti Petar, kurz hinter dem Hafen. Ein-

Deep
NACHTCLUB

(Fra Jure Radića 21) Weiterer Club in Höhlenkulisse am anderen Ende der Stadt beim Osejava. Die Szene trifft sich, um Cocktails zu schlürfen, während ein DJ im Hintergrund die neuesten Scheiben auflegt.

Rockatansky
MUSIKBAR

(Fra Filipa Grabovca bb) In Makarskas alternativster Bar vergnügt sich eine bunt gemischte Klientel zu Rock-, Grunge-, Metal- und Jazzmusik, die live auf einer kleinen Bühne gespielt wird.

Petar Pan
NACHTCLUB

(Fra Jure Radića bb; www.petarpan-makarska.com) Der Open-Air-Club bietet Platz für 1500 Gäste. Einheimische und Gast-DJs legen Elektromusik auf und es gibt Hip-Hop-Nächte sowie Livemusik.

Praktische Informationen

Entlang der Obala Kralja Tomislava gibt es viele Banken und Geldautomaten. Die Reisebüros in der Straße tauschen Geld um.

Atlas Travel Agency (617 038; www.atlas-croatia.com; Kačićev trg 9) Das Reisebüro am anderen Ende der Stadt vermittelt Privatunterkünfte.

Biokovo Active Holidays (679 655; www.biokovo.net; Kralja Petra Krešimira IV 7b) Eine gute Informationsquelle über das Biokovo-Massiv; organisiert Wander-, Rafting- und Kajaktouren.

Marivaturist (616 010; www.marivaturist.hr; Obala Kralja Tomislava 15a) Hier kann man Geld wechseln und Ausflüge buchen. Vermittelt Privatunterkünfte entlang der ganzen Makarska-Küste, inkl. Brela.

Touristeninformation (612 002; www.makarska-info.hr; Obala Kralja Tomislava 16; ⊙Juni–Sept. 7–21 Uhr, Okt.–Mai Mo–Fr 7–14 Uhr) Gibt einen nützlichen Stadtführer mit Karte heraus, der hier und in den anderen Reisebüros erhältlich ist.

An- & Weiterreise

Im Juli und August verkehren täglich fünf Fähren zwischen Makarska und Sumartin auf Brač (33 Kn, 1 Std.), im Juni und September sind es vier. Der **Ticketschalter von Jadrolinija** (Obala Kralja Tomislava bb) befindet sich in der Nähe des Hotels Biokovo.

Vom **Busbahnhof** (612 333; Ante Starčevića 30), vom Zentrum der Altstadt 300 m bergaufwärts, fahren täglich 12 Busse nach Dubrovnik (116 Kn, 3 Std.), 34 nach Split (47 Kn, 1¼ Std.), 4 nach Rijeka (313–363 Kn, 7 Std.), 10 nach Zagreb (205 Kn, 6 Std.) sowie 5 nach Mostar (100 Kn, 2¼ Std.) und 2 nach Sarajevo (176 Kn, 4 Std.) in Bosnien-Herzegowina.

Brela

Der längste und zweifellos schönste Küstenabschnitt Dalmatiens erstreckt sich entlang des kleinen Orts Brela, der etwas mehr Chic ausstrahlt als das benachbarte Makarska 14 km weiter südöstlich. Auf 6 km ziehen sich Kiesstrände um die Buchten, deren Anhöhen dicht mit Pinien bewachsen sind und die wunderschön klares Wasser und fantastische Sonnenuntergänge bieten. Eine schattige Promenade mit Bars und Cafés windet sich um die Buchten an beiden Enden der Stadt. Der schönste Strand ist die **Punta Rata**, ein traumhafter Kiesstreifen etwa 300 m südwestlich des Stadtzentrums.

Schlafen & Essen

In Brela gibt es keine billigen Hotels, aber viele der Privatunterkünfte, die die Touristeninformation und die Reisebüros vermitteln, sind eigentlich kleine Pensionen; Doppelzimmer gibt's dort in der Hochsaison ab etwa 200 Kn.

RAFTING AUF DER CETINA

Die Cetina ist der längste Fluss in Mitteldalmatien: Von dem gleichnamigen Dorf fließt sie über 105 km, zuerst durch das Dinarische Gebirge, dann durch die Sümpfe bei Sinj, bis sie sich als breiter Strom bei Omiš in ein Kraftwerk ergießt. Die Strecke ist landschaftlich außergewöhnlich schön, das ruhige blaue Wasser von hohen, dicht bewachsenen Felswänden eingerahmt. Rafting ist von Frühling bis Herbst möglich, aber nach schweren Regenfällen können die Stromschnellen recht schnell werden. Für Ungeübte ist der Sommer die beste Zeit. Eine Raftingfahrt die Cetina hinunter dauert normalerweise drei bis vier Stunden. **Biokovo Active Holidays** (www.biokovo.net) in Makarska organisiert Rafting-, Canyoning- oder Kanutouren auf der Cetina für 395 Kn.

Die vier großen Hotels gehören zur Kette der **Blue Sun Hotels & Resorts** (www.bluesunhotels.com). 300 m östlich des Zentrums liegt das abgeschiedenste, der Vier-Sterne-Riese **Berulia** (✆ 603 599; Frankopanska bb; EZ/DZ 837/1164 Kn; P ✱ ✱). Das günstigste und familienfreundlichste der vier ist das **Hotel Marina** (✆ 608 608; EZ/DZ 662/1022 Kn; P ✱), das ein Pinienstreifen vom Brela-Strand trennt.

Köstliches Essen serviert die einladende **Konoba Feral** (Obala Domagoja 30; Hauptgerichte ab 50 Kn) mit ihren Holztischen und guten Meeresfrüchte- und Fischgerichten. Geangelter Kalmar wird hier lecker mit Knoblauch und Petersilie gegrillt.

❶ Praktische Informationen

Berulia Travel (✆ 618 519; www.beruliatravel-brela.hr; Frankopanska 111) Vermittelt Privatunterkünfte, tauscht Geld und nimmt Buchungen für Ausflüge entgegen.

Touristeninformation (✆ 618 455; www.brela.hr; Trg Alojzija Stepinca bb; ◷ Mitte Juni–Mitte Sept. 8–21 Uhr, Mitte Sept.–Mitte Juni Mo–Fr 8–15 Uhr) Bietet einen Stadtplan sowie eine Radkarte für die Region. Draußen steht ein Geldautomat.

❶ An- & Weiterreise

Alle Busse zwischen Makarska und Split halten in Brela, das somit ein gutes Tagesausflugsziel aus beiden Richtungen ist. Die Bushaltestelle (ohne Gepäckaufbewahrung) liegt hinter dem Hotel Soline, von dort ist man (bergab) schnell auf der Hafenstraße Obala Kneza Domagoja und in der Stadtmitte.

BRAČ

13 500 EW.

Zwei Dinge haben Brač berühmt gemacht: erstens der glänzende weiße Kalkstein, aus dem der Diokletianpalast in Split und das Weiße Haus in Washington, D.C., erbaut wurden, und zweitens Zlatni Rat, der lange Kiesstrand bei Bol, der sich in die Adria hineinzieht und 90 % aller Werbeposter Kroatiens schmückt. Auf der größten Insel Mitteldalmatiens befinden sich zwei Städte, ein paar verschlafene Dörfer und eine mediterrane Landschaft mit steilen Klippen, tiefblauem Gewässer und Pinienwäldern. Im Inselinneren sieht man überall Steinhaufen, die Frauen über Jahrhunderte in Schwerstarbeit aus dem Boden gelesen haben, um die Kultivierung von Weinbergen, Olivenhainen, Feigen, Mandeln und Sauerkirschen überhaupt erst möglich zu machen.

Aufgrund der harten Lebensbedingungen auf der Insel zogen viele Arbeitssuchende auf das Festland, sodass das Inselinnere nahezu unbewohnt ist. Es macht viel Spaß, mit dem Auto herumzufahren und die steinernen Dörfer auf Brač zu erkunden. Die beiden Hauptorte Supetar und Bol sind sehr unterschiedlich: Ersteres wirkt wie eine Durchgangsstation, während Bol in seinem exklusiven Ambiente schwelgt.

Geschichte

In der Kopačina-Höhle bei Supetar wurden zwar Überreste einer neolithischen Siedlung gefunden, die ersten überlieferten Siedler waren jedoch die Illyrer, die in Škrip eine Festung bauten, um sich gegen die griechischen Invasoren zu schützen. Die Römer kamen 167 v. Chr. und begannen, die Steinbrüche bei Škrip zu nutzen und Sommervillen rund um die Insel zu bauen. Während der vier Jahrhunderte langen venezianischen Herrschaft (1420–1797) wurden die Dörfer in der Inselmitte durch die Pest stark dezimiert. Die Bewohner zogen in die „gesünderen" Ortschaften an der Küste und hauchten den Orten Supetar, Bol, Sumartin und Milna wieder neues Leben ein. Nach einer kurzen Zeit unter napoleonischer Herrschaft ging die Insel an Österreich über. Der Weinbau expandierte, bis die Reblausepidemie zu Beginn des 20. Jhs. die Weinstöcke der Insel vernichtete. Immer mehr Einheimische wanderten aus – hauptsächlich nach Nord- und Südamerika (und dort vor allem nach Chile). Während des Zweiten Weltkriegs erlebten die Bewohner die Hölle, als deutsche und italienische Truppen die Inseldörfer brandschatzten und die Bewohner gefangen nahmen und/oder ermordeten.

Obwohl der Tourismus Mitte der 1990er-Jahre einbrach, hat er sich inzwischen wieder erholt: Über die Sommermonate ist die Insel nun wieder voll.

❶ An- & Weiterreise
Flugzeug

Der **Flughafen** (✆ 559 710; www.airport-brac.hr) auf Brač liegt 14 km nordöstlich von Bol bzw. 30 km südöstlich von Supetar. In der Hochsaison gibt es einmal pro Woche einen Flieger von Zagreb, vom Flughafen kommt man allerdings nur per **Taxi** (✆ 098 781 377) nach Supetar (340 Kn, nach Bol 150 Kn).

Schiff/Fähre

Im Juli und August verkehren täglich 14 Fähren zwischen Split und Supetar (33/160 Kn pro Person/Auto, 50 Min.), im Juni und September sind es 12, im Winter weniger. Die Anlegestelle liegt mitten in der Stadt, nur ein paar Schritte vom Busbahnhof entfernt. Fahrkarten gibt es bei **Jadrolinija** (📞 631 357; www.jadrolinija.hr; Hrvatskih Velikana bb, Supetar), das sein Büro rund 50 m östlich des Hafens hat.

Im Sommer verkehrt ein Jadrolinija-Katamaran zwischen Split und Bol (22 Kn, 1 Std.) und fährt von dort nach Jelsa auf Hvar; Tickets sollte man sich im Voraus in Bol besorgen, denn die Strecke ist in der Hochsaison sehr gefragt. Außerdem pendeln im Sommer fünf Autofähren pro Tag zwischen Makarska und Sumartin (33 Kn, 1 Std.), im Juni und September sind es vier, im Winter nur zwei. In Sumartin muss man gegebenenfalls ein bis zwei Stunden auf eine Busverbindung nach Supetar warten. Montags, mittwochs, freitags und sonntags verkehrt ein schnelles Passagierboot von **LNP** (www.lnp.hr) von Split nach Milna (18 Kn, 30 Min.).

ℹ️ Unterwegs vor Ort

Öffentliche Verkehrsmittel zu den Sehenswürdigkeiten der Insel sind rar. Daher ist ein eigenes Auto sehr nützlich, vor allem, wenn man in kurzer Zeit mehrere Orte besuchen möchte. Autos können vor Ort in Reisebüros gemietet oder mit der Fähre vom Festland mitgebracht werden, was allerdings recht teuer ist.

Supetar ist die Drehscheibe des Inselbusverkehrs. Täglich verbinden mehrere Busse pro Tag Supetar mit Bol (40 Min.) sowie Sumartin (1½ Std.). Sonntags fahren sie seltener.

Supetar

3900 EW.

Supetar ist keine Schönheit und wirkt mehr wie eine Durchgangsstation denn als ein Wohnort. Allerdings ist es eine bedeutende Verkehrsdrehscheibe. Wer sich die Mühe macht, entdeckt bei einem kurzen Spaziergang durch die Stadt einige schöne Straßen aus Stein und eine hübsche Kirche. Die Kiesstrände sind vom Ortszentrum schnell zu Fuß erreichbar und deshalb ein beliebtes Ausflugsziel für Familien.

In Supetar findet man sich leicht zurecht, da sich die meisten Büros, Geschäfte und Reisebüros entlang der Hauptstraße konzentrieren, die vom Hafen grob in Ost-West-Richtung verläuft. Die Straße wechselt des Öfteren ihren Namen. Am Hafen heißt sie Porat, weiter östlich Hrvatskih Velikana und Vlačica und in westlicher Richtung später Put Vele Luke. Der Busbahnhof (ohne Gepäckaufbewahrung) liegt neben dem Büro der Reederei Jadrolinija.

◉ Sehenswertes & Aktivitäten

Kirche Mariä Verkündigung KIRCHE
(☉ nur zur Messe geöffnet) Die barocke Kirche westlich des Hafens wurde 1733 erbaut. Von außen wirkt sie bis auf die halbkreisförmige Eingangstreppe sehr schlicht. Innen ist das Gotteshaus jedoch in kühlen, minzfarbenen Pastelltönen gehalten und mit interessanten Bildern ausgestattet.

Friedhof FRIEDHOF
Der von Zypressen durchzogene Friedhof liegt an der Spitze des Kaps St. Nikolaus. Unübersehbar ist das monumentale **Mausoleum der Familie Petrinović**. Der aus Split stammende Bildhauer Toma Rosandić baute byzantinische Elemente in das beeindruckende Bauwerk ein, das die Spitze des Kaps dominiert.

Fun Dive Club TAUCHEN
(📞 098 13 07 384; www.fundiveclub.com) Das beste Tauchrevier der Insel liegt vor der Südwestküste zwischen Bol und Milna. Dadurch ist Bol der bessere Standort für Taucher. Nichtsdestotrotz kann man in diesem Tauchclub Tauchgänge buchen, Kurse belegen und Ausrüstung leihen. Er liegt beim schicken **Waterman Supetrus Resort Hotel** (www.watermanresorts.com), von den Einheimischen Hotel Kaktus genannt.

Strände STRAND
An der Küste liegen fünf Felsstrände. Rund 100 m östlich der Stadtmitte liegt der **Vrilo-Strand**. In westlicher Richtung kommt man zunächst zum **Vlačica-Strand**, anschließend zum **Banj-Strand**, der von Pinien gesäumt wird. Der nächste ist **Bili Rat** mit einem Wassersportzentrum. Über das Kap St. Nikolaus geht's zum Strand **Vela Luka**, der mit seinen runden Kieselsteinen eine idyllische Bucht säumt.

🎭 Festivals & Events

Das **Sommerfestival von Supetar** dauert von Mitte Juni bis Mitte September. Volksmusik- und Tanzaufführungen sowie Klassikkonzerte werden mehrmals in der Woche auf öffentlichen Plätzen oder in den Kirchen veranstaltet. Manche Aufführungen sind kostenlos, andere kosten ein wenig Eintritt. Dazu kommen Kunstausstellungen, die überall in der Stadt und in regelmäßigen Abständen stattfinden.

🛌 Schlafen

Die meisten der großen Hotels liegen in einer Ferienanlage an der Bucht von Vela Luka, ein paar Kilometer westlich des Hafens. Die große Anlage passt sich überraschend gut in die Landschaft mit Pinien, Sträuchern und dem nahe gelegenen Strand ein.

Reisebüros vermitteln Privatzimmer mit gutem Standard. Unter www.supetar.hr gibt es detaillierte Infos zu freien Zimmern und Ferienhäusern.

LP TIPP **Brač̌ka Perla** HOTEL €€€
(755 530; www.brackaperla.com; Put Vele Luke; DZ/Suite 2016/2459 Kn; P ❄ 🛜 🏊) Supetars neueste Errungenschaft ist dieses exklusive Kunsthotel mit acht Suiten und drei Zimmern, alle bemalt von dem renommierten Künstler Srećko Žitnik. Geboten werden ein hübscher Garten, toller Meerblick sowie verschiedene Anlagen wie ein Pool, ein erstklassiges Restaurant und ein kleines Wellnesszentrum.

Hotel Amor HOTEL €€€
(606 606; www.velaris.hr; Put Vele Luke 10; EZ/DZ 797/1062 Kn; P ❄ 🛜 🏊) Die 50 Zimmer des Luxushotels sind farblich in Gelb, Oliv und Hellgrün gehalten und mit Balkonen ausgestattet. Die Anlage liegt inmitten idyllischer Oliven- und Pinienhaine in Strandnähe und umfasst ein Spa sowie ein Tauchzentrum.

Villa Adriatica HOTEL €€€
(343 806; www.villaadriatica.com; Put Vele Luke 31; EZ/DZ 915/1220 Kn; P ❄ 🏊) Das hübsche Hotel mit Palmen und Garten liegt nur 100 m vom Strand entfernt. Die kunstvoll eingerichteten Zimmer haben alle Balkone; das Hotelrestaurant tischt leckere vegetarische Platten auf.

Pansion Palute PENSION €
(631 541; palute@st.t-com.hr; Put Paške 16; EZ/DZ 210/380 Kn; ❄ P) Die kleine Familienpension hat saubere, gepflegte Zimmer (größtenteils mit Balkon), Parkettböden, Fernseher sowie einen redseligen Besitzer. Die hausgemachte Marmelade zum Frühstück ist köstlich.

Funky Donkey HOSTEL €
(630 937; Ive Jakšića 55; 150–170 Kn pro Person; Mai–Okt.; ❄ @ 🛜) Das Hostel in der Altstadt bietet Schlafsäle, Doppelzimmer, kostenloses WLAN, Wäscheservice, zwei Küchen, eine Terrasse mit Meerblick, Van-Touren rund um die Insel sowie jede Menge Partystimmung.

Camping Supetar CAMPING €
(630 088; 21/30 Kn pro Erw./Stellplatz; Juni–Sept.) Das mittelgroße Autocamp mit Zugang zu einem kleinen felsigen Strand liegt etwa 300 m östlich der Stadt.

🍴 Essen

Vinotoka MEERESFRÜCHTE €
(Jobova 6; Hauptgerichte ab 60 Kn) Eines der besten Restaurants der Stadt. Die exzellenten Meeresfrüchte, zu denen ideal ein regionaler Weißwein passt, werden in zwei Bereichen serviert, einer *konoba* in einem traditionellen Steinhaus mit schlichter maritimer Einrichtung sowie einer einfachen verglasten Terrasse auf der anderen Straßenseite.

Punta FISCH €
(Punta 1; Hauptgerichte ab 60 Kn) Das schön gelegene Restaurant hat eine Strandterrasse mit Blick auf das Wasser. Zur Wahl stehen ausgezeichnete Gerichte mit Fisch und Meeresfrüchten, aber auch Fleischgerichte oder Pizzen. Beim Essen können die Gäste entspannt die Wellen und die Windsurfer beobachten.

🍷 Ausgehen & Unterhaltung

Die beliebte, alteingesessene Bar **Maximus** (Put Vele Luke 7) in Strand- und Zentrumsnähe hat vor Kurzem den Besitzer gewechselt. Auch **Benny's Bar** (Put Vela Luke bb) und der **Havana Club** (Put Vela Luke bb) in der Nähe sind immer gut besucht.

ℹ️ Praktische Informationen

Atlas (631 105; Porat bb) Bucht Touren und vermittelt Privatunterkünfte; in Hafennähe.

Maestral (631 258; www.travel.maestral.hr; IG Kovačića 3) Vermittelt Privatunterkünfte.

Radeško (756 694; Bračka 5) Vermittelt Privatunterkünfte, nimmt Hotelreservierungen entgegen und tauscht Geld.

Touristeninformation (630 551; www.supetar.hr; Porat 1; Juli & Aug. 8–22 Uhr, Sept.–Juni Mo–Fr 8–16 Uhr) Nur ein paar Schritte östlich des Hafens. Bietet die ganze Palette an Broschüren zu allen Aktivitäten und Sehenswürdigkeiten in Supetar, außerdem aktuelle Fahrpläne für Busse und Fähren.

Rund um Supetar

Das Dorf **Škrip** ist die älteste Siedlung der Insel und liegt 8 km südöstlich von Supetar. Die Festung war ursprünglich ein Zufluchtsort der Illyrer, im 2. Jh. wurde sie dann von den Römern in Beschlag genommen. Ihnen folgten die Bewohner der antiken Stadt Solin, die im 7. Jh. vor barbarischen Eindringlingen auf der Flucht waren, danach kamen die ersten Slawen. Reste der **illyrischen Mauer** sind hinter der Zitadelle in der südöstlichen Ecke erkennbar. Das am besten erhaltene römische Monument der Insel ist das Mausoleum am Fuße des **Radojkovic-Wehrturms**. Als Festung während der venezianisch-türkischen Kriege erbaut, beherbergt der Wehrturm jetzt das Inselmuseum. Sarkophage aus dem frühen Christentum befinden sich in der Nähe des Kastells **Cerinic**. In einem benachbarten Steinbruch findet man ein Herkulesrelief aus dem 3. oder 4. Jh. Von Supetar aus kann man morgens mit dem Bus dorthin fahren, am frühen Nachmittag fährt wieder ein Bus zurück.

Der Hafenort *Milna* (20 km südwestlich von Supetar) ist ein wunderschönes, intaktes Fischerdorf. Die Ortschaft aus dem 17. Jh. liegt am Rand eines tiefen Naturhafens, der bereits von Kaiser Diokletian auf dem Weg nach Split genutzt wurde. Viele Pfade und Wege ziehen sich um den Hafen, der von meist menschenleeren Buchten und felsigen Stränden gesäumt wird. Sehenswert ist auch die *Kirche Mariä Verkündigung* (18. Jh.) mit einer barocken Front und einem Altargemälde aus dem frühen 18. Jh.

Das *Illyrian Resort* (☏636566; www.illyrian-resort.hr; Apt. 745–905 Kn; P ✱ ≋) liegt direkt am Milna-Strand und bietet stilvolle, komfortable Apartments mit Terrasse oder Balkon. Als Alternative zum Faulenzen am Pool werden jede Menge Wassersportarten angeboten.

Milna ist gut im Rahmen eines Tagesausflugs von Supetar zu besuchen: Morgens fährt der Bus in die Stadt und nachmittags wieder zurück. Im Sommer hält außerdem das Tragflügelboot von Bol auf dem Weg nach Split in Milna.

Bol

1921 EW.

Die Altstadt von Bol ist wunderschön – mit vielen kleinen Steinhäusern und gewundenen Straßen, die von rosa und lila Geranien gesäumt werden. Das eigentliche Highlight ist jedoch der berühmte Strand Zlatni Rat, der wie ein Horn in die Adria ragt und in den Sommermonaten Heerscharen von Schwimmern und Windsurfern anzieht. Eine lange, von Pinien gesäumte Küstenpromenade, an der sich die meisten Hotels befinden, verbindet Altstadt und Strand. Im Sommer ist hier richtig viel los: Bol zählt zu den Lieblingsferienzielen der Kroaten.

Die Stadtmitte wurde zur Fußgängerzone erklärt, sie beginnt östlich des Busbahnhofs. Die Sehenswürdigkeiten in der Altstadt sind mit Infotafeln versehen, die den kulturellen und historischen Kontext erklären. Der Zlatni Rat liegt 2 km westlich der Stadt, dazwischen befinden sich noch die Strände Borak und Potočine. Dahinter liegen mehrere Hotelanlagen, u. a. die Hotels Borak, Elaphusa und Bretanide.

⊙ Sehenswertes

Zlatni Rat STRAND

Die meisten Leute kommen wegen Zlatni Rat, sie wollen hier Sonne tanken und/oder windsurfen. Der Strand ragt westlich der Stadt etwa 500 m sichel- oder zungenförmig ins Meer. Er ist wunderschön und besteht aus glatten weißen Kieselsteinen. Die Form seiner Spitze ändert sich je nach Wind und Wellen. Pinien spenden Schatten und im Hintergrund ragen felsige Klippen steil empor. Landschaftlich ist dies sicherlich einer der schönsten Orte in Dalmatien. Hierher führt die mit Marmor gepflasterte, von subtropischen Gärten gesäumte Uferpromenade. In der Hochsaison wird es übrigens richtig voll.

Dominikanerkloster & Museum

KLOSTER & MUSEUM

(Dominikanski Samostan; Anđelka Rabadana 4; Eintritt 10 Kn; ⊙April–Okt. 10–12 & 17–20 Uhr) Das Kloster mit der angrenzenden **Kirche der Jungfrau von Gnaden** liegt östlich des Zentrums auf der Halbinsel Glavica. Das spätgotische Gotteshaus birgt eine Altarrückwand aus dem späten 16. Jh. sowie Deckengemälde des kroatischen Barockmalers Tripo Kikolija. Es ist teilweise mit Grabsteinen gepflastert, manche von ihnen tragen Inschriften in glagolitischer Schrift. Das kleine Museum zeigt prähistorische Funde aus der Kopačina-Höhle sowie eine Sammlung antiker Münzen, Amphoren und Kirchengewänder. Glanzstück der Sammlung ist das Altargemälde *Madonna mit Kind und Heiligen,* das Tintoretto zugeschrieben wird. Das Museum besitzt davon noch die Originalrechnung über 270 venezianische Dukaten.

Galerija Branislav Dešković GALERIE

(Eintritt 10 Kn; ⊙Mai–Nov. Di–So 10–12 & 18–22 Uhr) Die kürzlich renovierte Galerie ist in

NICHT VERSÄUMEN

TOP FIVE: MITTELDALMATINISCHE STRÄNDE

» Zlatni Rat (siehe links) – der berühmte ins Meer ragende Strand ist in fast jeder Kroatienwerbung abgebildet

» Brela (S. 238) – eine Kette von Buchten mit feinsten Kieselsteinen wird von Palmen gesäumt

» Pakleni-Inseln (S. 248) – felsige Inseln in der Nähe von Hvar mit FKK-Buchten

» Šolta (S. 229) – ruhige Felsbuchten unweit des lauten Split

» Stiniva (S. 257) – eindrucksvolle abgeschiedene Kiesbucht auf Vis, gesäumt von hohen Felsen

---

einem Stadthaus mit barocken und Renaissanceelementen direkt am Meer untergebracht und zeigt insgesamt etwa 300 Gemälde und Skulpturen kroatischer Künstler des 20. Jhs. Eine tolle Beschäftigung für einen bewölkten Tag.

Drachenhöhle   HÖHLE

Die Drachenhöhle kann zu Fuß besichtigt werden. Äußerst ungewöhnliche Reliefs, die ein fantasievoller Mönch im 15. Jh. angefertigt haben soll, zieren ihre Wände. Gemeißelte Engel, Tiere und ein Drache mit weit geöffnetem Maul präsentieren sich als fantasievolle Mischung christlicher und kroatisch-heidnischer Symbole. Zur Höhle läuft man zunächst 6 km ins westlich gelegene Dorf Murvica und von dort eine weitere Stunde bis zum Eingang. Die Höhle kann nur innerhalb einer Führung, die vorher angemeldet werden muss, besichtigt werden. Den Guide (er hat den Schlüssel) erreicht man am besten über die Touristeninformation. Die Fahrt von Murvica bis zur Höhle kostet etwa 50 Kn.

🏃 Aktivitäten

Bol ist ohne Zweifel die Hochburg der **Windsurfer** in Kroatien. Die Szene trifft sich am Potočine-Strand westlich der Stadt. Obwohl der *maestral* (ein starker, zuverlässig wehender Westwind) von April bis Oktober weht, sind die besten Wochen zum Windsurfen diejenigen Ende Mai/Anfang Juni bzw. Ende Juli/Anfang August. Der Wind frischt am frühen Nachmittag am stärksten auf und flaut gegen Ende des Tages wieder ab. **Big Blue** (☏ 635 614; www.big-blue-sport.hr) ist ein großer Laden, der Surfbretter verleiht (250 Kn pro halbem Tag) und Anfängerkurse anbietet (1090 Kn). Er liegt neben der Touristeninformation am Meer und verleiht außerdem **Mountainbikes** (30/110 Kn pro Std./Tag) und **Kajaks** (30/120 Kn pro Std./Tag).

Eine andere Firma, die verwirrenderweise ebenfalls **Big Blue** (☏ 306 222; www.bigblue-diving.hr; Hotel Borak, Zlatni Rat) heißt, bietet Tauchgänge (ab 180 Kn) an. Es gibt hier zwar keine Wracks, aber Korallenriffe in etwa 40 m Tiefe und eine große Höhle. In der Hauptsaison fahren regelmäßig Boote aufs Meer.

Das **Nautic Center Bol** (☏ 635 367; www.nautic-center-bol.com; Potočine-Strand; ab 435 Kn pro Tag) vermietet Boote. Tagsüber befindet sich der Stand des Bootsverleihers gegenüber dem Hotel Bretanide, abends am Hafen, wo man mehr Kundschaft erwartet.

Das **Tenniszentrum Potočine** (☏ 635 222; Zlatni Rat; 75 Kn pro Std.) an der Straße nach Murvica hat Aschenplätze auf Profiniveau. Schläger und Bälle kann man mieten.

Wer wandern möchte, kann in zwei Stunden den **Vidova Gora** (778 m), den höchsten Gipfel der Gegend, erklimmen. Zudem führen Mountainbike-Wege nach oben und man kann vom Gipfel Gleitschirmflüge unternehmen. Die örtliche Touristeninformation bietet Infos und einfache Karten.

🎉 Festivals & Events

Beim **Sommerfestival von Bol**, das jedes Jahr von Mitte Juni bis Ende September stattfindet, treten Tänzer und Musiker aus dem ganzen Land in Kirchen und unter freiem Himmel auf. Bei dem kürzlich kreierten jährlichen **Kulturfestival von Imena** Ende Juni geben Schriftsteller, Künstler und Musiker ihr Können bei Ausstellungen, Lesungen, Konzerten und anderen Events zum Besten.

Schutzpatronin von Bol ist Unsere Liebe Frau vom Berg Karmel. An ihrem **Festtag** (5. August) findet eine Prozession statt, bei

ABSTECHER

IDYLLISCHES BRAČ

Sumartin ist ein kleiner Hafen mit ein paar felsigen Stränden und wenig zu tun – eine friedliche Oase, wenn man sich von den lebhaften Stränden in Bol und Supetar erholen muss. Der Busbahnhof liegt im Stadtzentrum neben dem Fähranleger. Privatzimmer findet man über die *sobe*-Schilder. Wer von Makarska anreist, geht auf Brač in Sumartin an Land.

Das hübsche Dorf **Dol** im Inneren der Insel zählt zu den ältesten Siedlungen auf Brač. Ein Besuch dieser gut erhaltenen Steinhäuser auf einem kargen Felsen eröffnet seltene Einblicke in vergangene Zeiten, bevor der Tourismus auf die Insel einkehrte. Fantastische hausgemachte Küche serviert die **Konoba Toni** (www.toni-dol.info), eine rustikale Taverne in einem 300 Jahre alten Steinhaus.

Idyllische Ruhe verspricht auch die historische Stadt **Pučišća** an der Nordküste der Insel mit Blick auf die Makarska Riviera. Hier steht eines der besten Hotels von Brač: Das luxuriöse **Dešković Palace** (www.palaca-deskovic.com) mit 15 Zimmern ist in einem Palazzo aus dem 15. Jh. untergebracht.

Sehr empfehlenswert ist ein Ausflug zur **Einsiedlerklause Blaca**, 12 km von Bol entfernt, die zu Redaktionsschluss leider geschlossen war. Ab Bol führt eine drei- bis vierstündige Wanderung (alternativ fährt man mit dem Boot) zu dem alten Rückzugsort glagolitischer Priester, die hier im 16. Jh. Schutz vor den Türken suchten. Er liegt auf einer steilen Klippe inmitten einer der schönsten und wildesten Landschaften der Insel und wird von Einheimischen *pustinja* (Wüste) genannt. Ist die Klause geöffnet, können Besucher die Wohnräume sowie die Sammlung von Uhren, Lithografien und astronomischen Instrumenten besichtigen. Infos gibt's bei der Touristeninformation in Bol.

---

der die Einheimischen ihre traditionelle Tracht anlegen. Auf den Straßen wird mit Musik und Essen gefeiert.

🛏 Schlafen

Die Campingplätze liegen unweit der Stadt und sind recht klein. Die Zahl der kleineren Hotels ist gering, dafür gibt es mehrere große Ferienanlagen. Diese passen sich jedoch erstaunlich gut der Landschaft an. Ein paar Hotels sind All-inclusive-Anlagen. Die Buchungen für die meisten Häuser laufen über **Blue Sun Hotels** (www.bluesunhotels.com).

Reisebüros vermitteln Privatunterkünfte mit eigenem Bad für etwa 150–200 Kn pro Person. Kleine Apartments für zwei Personen kosten in der Hochsaison etwa 350 bis 400 Kn, es stehen auch andere Größen zur Auswahl.

Die Campingplätze in Bol sind klein und gemütlich. Westlich der Stadt (in der Nähe der großen Hotels) liegt das gepflegte **Camp Kito** (635551; www.camping-brac.com; Bračke Ceste bb; 50/8 Kn pro Erw./Zelt; ☉Mitte April–Mitte Sept.) vor einer malerischen Kulisse.

Ein weiterer Campingplatz – **Dominikanski Samostan** (635132; Anđelka Rabadana; 50/20 Kn pro Person/Zelt; ☉Juni–Okt.) – liegt östlich der Stadt in der Nähe des Dominikanerklosters und wird von Mönchen geführt. Die Touristeninformation weiß noch weitere Adressen.

LP TIPP **Villa Giardino**   HOTEL €€
(635 286; www.bol.hr/online/VillaGiardino.htm; Novi Put 2; DZ 770 Kn; P ❄ 🖥) Ein Eisentor führt in einen üppigen Garten, an dessen Ende diese elegante weiße Villa steht. Die zehn geschmackvoll restaurierten geräumigen Zimmer sind mit Antiquitäten möbliert, manche haben einen Blick auf den Garten, manche aufs Meer. Mit einem abgeschiedenen Garten im hinteren Bereich ist das Hotel eine echte Ruheoase.

Hotel Borak   HOTEL €€€
(306 202; www.bluesunhotels.com; Zlatni Rat; EZ/DZ 938/1230 Kn; P ❄ 🖥) Das Hotel liegt unweit vom Zlatni Rat und seinem Sportangebot und lässt aufgrund seiner Größe und der Architektur im sowjetischen Stil Individualität vermissen. Es ist jedoch ein bequemes Hotel, um sich nach dem Windsurfen, Tauchen, Mountainbiken, Kajakfahren oder Schwimmen zu entspannen.

Hotel Kaštil   HOTEL €€
(635 995; www.kastil.hr; Frane Radića 1; EZ/DZ 540/800 Kn; P ❄ 🖥) Das zentral gelegene

Hotel ist in einem alten barocken Stadthaus untergebracht und hat 32 Zimmer mit Teppichen und Meerblick, teilweise mit Balkonen. Das Dekor ist schlicht, die Badezimmer sind granitfarben. Im Restaurant mit hübscher Terrasse gibt es 10% Preisnachlass für Hotelgäste.

Elaphusa   HOTEL €€€
(306 200; www.hotelelaphusabrac.com; Put Zlatnog Rata bb; EZ/DZ 1155/1540 Kn; P✲@≋) Das Vier-Sterne-Hotel ist so riesig und glänzend, dass es den Eindruck vermittelt, man befände sich auf einem Kreuzfahrtschiff. Polierte Oberflächen, Glaswände, Salzwasserpools, schicke Zimmer und Extras wie ein Spa tragen zu diesem Eindruck bei. Wer es gerne elegant und glitzernd hat, ist hier an der richtigen Adresse.

Bretanide   HOTEL €€€
(740 140; www.bretanide.com; Zlatni Rat; EZ/DZ 927/1217 Kn; P✲≋) Das große Hotel liegt auf einem Hügel, am nächsten zum Zlatni Rat, und bietet ein umfangreiches Sport- und Wellnessprogramm. Die teureren Zimmer verfügen über Meerblick sowie Balkon oder Terrasse.

✘ Essen

In Bol wird anständige, wenn auch unspektakuläre Küche serviert. Frischer Fisch und Meeresfrüchte dominieren und man findet das ein oder andere kreative Gericht.

Konoba Gušt   DALMATINISCH €€
(Frane Radića 14; Hauptgerichte ab 70 Kn) Das Lokal serviert gutes Tavernenessen in einem Ambiente aus poliertem Holz, alten Fotos und Nippes. Fisch und Fleisch werden einfach, aber gut zubereitet. Empfehlenswert ist der *gregada*-Fischeintopf. An manchen Abenden gibt es dalmatinische Livemusik.

Taverna Riva   DALMATINISCH €€
(Frane Radića 5; Hauptgerichte ab 80 Kn) Auf der Terrasse direkt über der Riva treffen sich Einheimische gerne auf ein gutes Essen. Experimentierfreudige probieren *vitalac* (Spieß mit von Lammfleisch umhüllten Lamminnereien), zu empfehlen sind außerdem Lamm oder Tintenfisch unter der *peka* (gusseiserne Glocke) zubereitet.

No. 1 Finger Food   SNACKBAR €
(Rudina 32; Snacks ab 25 Kn) In der neu eröffneten Bar kommen Sandwiches, gebratener Tintenfisch, amerikanisches Frühstück, Hühnchenpfanne und Kleinigkeiten auf den Tisch. Gespeist wird im winzigen Innenraum oder an den Tischen auf der Straße. Abends herrscht hier jede Menge gute Stimmung.

Ribarska Kućica   MEERESFRÜCHTE €€
(Ante Starčevića bb; Hauptgerichte ab 80 Kn; ⊙ Juni–Nov.) Langusten gibt es zuhauf in diesem Restaurant am Meer. Auf der Terrasse oder unter Strohschirmen an einem kleinen Kiesstrand kommen lecker zubereitete Meeresfrüchte auf den Tisch.

Vagabundo   MEERESFRÜCHTE €€
(Ante Starčevića 36; Hauptgerichte ab 90 Kn) Der hochgelobte Küchenchef Vinko zaubert in diesem schicken, ganz in Weiß gehaltenen Restaurant mit Terrasse am Meer allerlei Köstlichkeiten wie Hummer aus dem hauseigenen Tank oder „Paella Vagabundo" (mit Meeresfrüchten, Hühnchen und Chorizo).

Konoba Mlin   DALMATINISCH €
(Ante Starčevića 11; Hauptgerichte ab 65 Kn; ⊙ 17–24 Uhr) Ein sommerliches Lokal neben einer Mühle aus dem 18. Jh. mit einer wunderschön begrünten Terrasse. Der Chefkoch bereitet die Meeresfrüchte und das Fleisch auf lokale Art zu.

☆ Unterhaltung

Varadero Cocktail Bar   CAFÉ-BAR
(Frane Radića bb; Cocktails 45–60 Kn; ⊙ Mai–Nov.) Eine Open-Air-Cocktailbar am Meer. Tagsüber werden hier Kaffee und frisch gepresster Orangensaft unter Strohschirmen getrunken, abends wird dann auf schicke Cocktails und DJ-Musik umgestellt. Die gemütlichen Korbstühle und -sofas laden zum Relaxen ein.

Marinero   CAFÉ-BAR
(Rudina 46) Vom Strand führt eine Treppe (dem Schild folgen) zu dieser kultigen Bar samt schattiger Terrasse auf einem Platz. Hier trifft sich eine gemischte, partylustige Meute, an manchen Abenden gibt's auch Livemusik.

ℹ Praktische Informationen

In der Stadt gibt es mehrere Bankautomaten und im Hafenviertel sind zahlreiche Wechselstuben ansässig.

Bol Tours (635 693; www.boltours.com; Obala Vladimira Nazora 18) Organisiert Ausflüge, vermietet Autos, wechselt Geld und vermittelt Privatunterkünfte.

Interactiv (092 134 327; Rudina 6; 30 Kn pro Std.; ⊙ Mai–Okt.) Ein Dutzend schneller Computer sowie ein Telefonzentrum. Die

Touristeninformation verkauft WLAN-Gutscheine, mit denen man in der ganzen Stadt Internetzugang hat.

More (☎ 642 050; www.more-bol.com; Obala Vladimira Nazora 28) Privatunterkünfte, Motorrollerverleih, Inseltouren und Ausflüge.

Touristinformation (☎ 635 638; www.bol.hr; Porat Bolskih Pomoraca; ⊙ Juli & Aug. 8.30–22 Uhr, Sept.–Juni Mo–Sa 8.30–14 & 16.30–21, So 9–12 Uhr) Die in einem gotischen Stadthaus aus dem 15. Jh. untergebrachte Touristeninformation informiert über Veranstaltungen in der Stadt und gibt jede Menge Broschüren aus.

HVAR

11 500 EW.

Hvar vereint die meisten Superlative Kroatiens auf sich: die luxuriöseste Insel, der sonnigste Platz des Landes (2724 Sonnenstunden pro Jahr) und – zusammen mit Dubrovnik – die beliebteste Urlaubsdestination Kroatiens. Hvar-Stadt, der Hauptort der Insel, definiert sich durch Luxushotels, elegante Restaurants, Szenebars und schicke Leute von den Segelyachten. Die Küstenstädte Stari Grad und Jelsa sind die kulturellen und historischen Mittelpunkte der Insel, dort geht es ruhiger und gepflegter zu.

Die Insel ist bekannt für die lilafarbenen Lavendelfelder in ihrem Inneren, außerdem wachsen hier mediterrane Pflanzen wie Rosmarin und Zistrose. Einige der Top-Luxushotels verwenden Hautpflegeprodukte, die aus diesen wunderbar duftenden Pflanzen gewonnen werden.

Das Innere der Insel mit seinen alten verlassenen Dörfchen, hoch aufragenden Gipfeln und grünen Landschaften ist vom Tourismus weitgehend unberührt und lohnt einen Tagesausflug, ebenso wie die Südspitze mit einigen der schönsten und abgelegensten Buchten Hvars.

❶ An- & Weiterreise

Die örtliche Jadrolinija-Autofähre von Split fährt im Sommer Sechsmal täglich nach Stari Grad (47 Kn, 2 Std.). Zudem verkehrt ein Katamaran von Jadrolinija täglich nach Hvar-Stadt (22 Kn, 1 Std.) und Jelsa (22 Kn, 1½ Std.). **Krilo** (www.krilo.hr), das schnelle Passagierboot, pendelt im Sommer einmal pro Tag von Split nach Hvar-Stadt (22 Kn, 1 Std.) und Korčula (55 Kn, 2¾ Std.). Tickets gibt es bei **Pelegrini Tours** (☎ 742 743; www.pelegrini-hvar.hr; Riva bb) in Hvar.

Die Autofähre von Drvenik auf dem Festland nach Sućuraj (16 Kn, 35 Min.) auf der Spitze der Insel Hvar fährt mindestens zehnmal am Tag (in der Nebensaison seltener). Das **Jadrolinija-Büro** (☎ 741 132; www.jadrolinija.hr) befindet sich neben der Anlegestelle in Stari Grad.

In der Sommersaison gibt es Verbindungen nach Italien. Die Jadrolinija-Fähren, die Rijeka und Dubrovnik verbinden, laufen zweimal die Woche auch Hvar an, legen einen Stopp in Stari Grad ein und fahren dann weiter nach Korčula, Dubrovnik und Bari in Italien. Zweimal wöchentlich verkehren Jadrolinija-Fähren von Stari Grad nach Ancona in Italien. Auch SNAV und Blue Line bieten regelmäßige Verbindungen von Hvar (Stadt) nach Ancona an. Pelegrini Tours in Hvar verkauft Tickets.

Unterwegs vor Ort

Die Busse verkehren, abgestimmt auf die in Stari Grad anlegenden Fähren, weiter nach Hvar (25 Kn, 50 Min.) und Jelsa (30 Kn). In den Sommermonaten fahren täglich sieben Busse zwischen Stari Grad und Hvar. Sonntags und in der Nebensaison sind weniger unterwegs. Eine Taxifahrt kostet 150–350 Kn. **Radio Taxi Tihi** (☎ 098 338 824) hat günstigere Tarife, wenn mehrere Fahrgäste sich einen der Minivans teilen. Die Taxis sind leicht zu erkennen – an einer Seite ist ein Bild von Hvar abgebildet.

Wer von Stari Grad nach Hvar fährt, sollte wissen, dass es dorthin zwei Wege gibt: Die landschaftlich schönere Straße ist sehr schmal und schlängelt sich durch die Berge im Inselinneren, die moderne Straße (2960) fährt den direkteren Weg.

Hvar (Stadt)

4200 EW.

Hvar ist Drehscheibe der Insel und der am stärksten besuchte Ort: Um die 30 000 Leute zieht es in der Hauptsaison pro Tag hierher. Es überrascht immer wieder, dass sie alle in diese kleine Stadt an der Bucht passen, wo Stadtmauern aus dem 13. Jh. wunderschön verzierte gotische Paläste und autofreie Marmorstraßen umschließen. Aber es klappt. Besucher schlendern den Hauptplatz entlang, erkunden die Sehenswürdigkeiten der gewundenen steinernen Straßen, gehen an den vielen Stränden schwimmen oder verschwinden zwecks FKK-Baden hinüber zu den Pakleni-Inseln. Aber die Hauptbeschäftigung ist es, nachts auszugehen.

Es gibt hier einige gute Restaurants und ein paar ausgezeichnete Hotels. Da die Stadt eine Vorliebe für eine gut betuchte Klientel hat, sind die Preise teilweise fast schon astronomisch hoch. Wer auf kleinerem Fuß lebt, sollte sich jedoch nicht abschrecken lassen: Es gibt Privatunterkünfte und ein paar Hostels, die sich an eine jüngere, bunt gemischte Kundschaft wenden.

◉ Sehenswertes

Man sollte sich nicht nach den Öffnungszeiten der Museen und Kirchen richten, denn sie sind unzuverlässig. Die angegebenen Zeiten gelten für die Sommersaison, die etwa von Juni bis September dauert. In der Nebensaison sind die Sehenswürdigkeiten – wenn überhaupt – zumeist morgens geöffnet.

Hvar ist eine so kleine, überschaubare Stadt, dass es noch nicht einmal Straßennamen gibt. Angeblich soll sich das ändern, bei Redaktionsschluss hatte sich jedoch noch nichts getan.

Die Hauptstraße ist die lange Seepromenade, an ihr liegen kleine, felsige Strände, Sehenswürdigkeiten, Hotels, Bars und ein paar Restaurants. Der Marktplatz heißt Trg Svetog Stjepana; die Bushaltestelle befindet sich ganz in der Nähe. Auf dem nördlichen Hang oberhalb des Platzes und innerhalb der alten Mauern stößt man auf Überreste von Palästen, die einst Adelsfamilien aus Hvar gehörten. Vom Busbahnhof bis zum Hafen ist die Stadt für den Autoverkehr gesperrt, so wird die mittelalterliche Ruhe bewahrt.

Trg Svetog Stjepana PLATZ

(Platz des heiligen Stefan) In der Stadtmitte liegt dieser rechteckige Platz. Dafür wurde extra ein Meeresarm, der damals in die Insel hineinragte, aufgefüllt. Mit seinen 4500 m² ist er einer der größten alten Plätze Dalmatiens. Die Stadt entwickelte sich im 13. Jh. zunächst nördlich des Platzes, erst im 15. Jh. dehnte sie sich auch in Richtung Süden aus. Der **Brunnen** auf der Nordseite wurde 1520 errichtet und hat ein schmiedeeisernes Gitter von 1780.

Franziskanerkloster & Museum KLOSTER

(Eintritt 20 Kn; ⊙ Mo–Sa 9–13 & 17–19 Uhr) Von dem aus dem 15. Jh. stammenden Kloster schaut man auf eine schattige Bucht. Der elegante **Glockenturm** aus dem 16. Jh. wurde von einer bekannten Steinmetzfamilie aus Korčula errichtet. Der **Kreuzgang** im Renaissancestil führt zu einem Refektorium mit einer Ausstellung. Dort werden Spitzenarbeiten, Münzen, Seekarten und wertvolle Dokumente (z. B. eine Ausgabe des *Atlas* von Ptolemäus von 1524) präsentiert. Unübersehbar ist das Gemälde *Das Abendmahl* des venezianischen Künstlers Matteo Ingoli: Es wurde im 16. Jh. gemalt und ist 8 m lang und 2,5 m hoch. Die Zypresse im **Garten des Kreuzgangs** soll über 300 Jahre alt sein. Die benachbarte **Kirche unserer lieben Frau der Nächstenliebe** enthält weitere beeindruckende Gemälde. Hierzu gehören die drei Polyptychen von Francesco da Santacroce (1583), die den Höhepunkt seiner Schaffenskraft dokumentieren.

Arsenal HISTORISCHES GEBÄUDE

(Trg Svetog Stjepana; Arsenal & Theater 20 Kn; ⊙ 9–21 Uhr) Auf der Südseite des Platzes steht das Arsenal. Es ersetzte 1611 ein von den Türken zerstörtes Gebäude. Venezianische Dokumente erwähnen es als „das schönste und praktischste Bauwerk in ganz Dalmatien", denn es wurde als Werkstatt für die Reparatur und Bestückung von Kriegsgaleeren verwendet.

Renaissancetheater HISTORISCHES THEATER

(Trg Svetog Stjepana; Arsenal & Theater 20 Kn; ⊙ 9–21 Uhr) Vom Arsenal führt eine Treppe hoch zu diesem 1612 errichteten Theater. Es soll das erste in Europa gewesen sein, das Adligen und Bürgerlichen offenstand. Das Theater blieb über die Jahrhunderte hinweg ein regionales kulturelles Zentrum. Bis 2008 wurden noch Stücke aufgeführt, nach Renovierungsarbeiten wurde es dann im Sommer 2010 wieder eröffnet. Die Umbauten dauern zwar noch an, es lohnt sich jedoch ein Spaziergang durch die atmosphärischen Hallen mit den verblassten Fresken und barocken Loggien.

Kathedrale des heiligen Stefan KIRCHE

(Katedrala Svetog Stjepana; Trg Svetog Stjepana; ⊙ 2-mal tgl. 30 Min. vor der Messe) Die Kathedrale rundet den Platz eindrucksvoll ab. Die vier Geschosse des Glockenturms sind nach oben zu immer reicher verziert. Sie wurde im 16. und 17. Jh. in der Blütezeit der dalmatinischen Renaissance erbaut. Vorher stand hier eine Kathedrale, die von den Türken zerstört wurde. Teile des älteren Baus sind noch im Hauptschiff und im geschnitzten Chorgestühl aus dem 15. Jh. erkennbar.

Bischöfliche Schatzkammer

RELIGIÖSES MUSEUM

(Riznica; Eintritt 10 Kn; ⊙ 9–12 & 17–19 Uhr) Die Schatzkammer grenzt an die Stefanskathedrale an und beherbergt Silbergefäße, bestickte Messgewänder, zahlreiche Madonnen, einige Ikonen aus dem 13. Jh. und einen Sarkophag mit aufwendig geschnitztem Sargdeckel.

Benediktinerkloster KLOSTER
(Eintritt 10 Kn; ⊙Mo–Sa 9.30–12 & 17–19 Uhr) Das Kloster liegt nordwestlich des Hauptplatzes und enthält eine Nachbildung eines Renaissancehauses sowie eine Sammlung von Spitze, die von Nonnen aus Fasern getrockneter Agavenblätter hergestellt wurde.

Fortica FESTUNG
(Eintritt 20 Kn; ⊙Juni–Sept. 8–21 Uhr) Das Haupttor im Nordwesten des Platzes führt zu einem undurchschaubaren Netz an winzigen Gassen mit kleinen Palästen, Kirchen und alten Häusern. Von dort verläuft ein Weg durch den Park zur Zitadelle der Festung, die an der Stelle eines mittelalterlichen Schlosses zum Schutz der Stadt vor den Türken errichtet wurde. Die Venezianer verstärkten sie 1557, im 19. Jh. wurde sie dann von den Österreichern restauriert und um einen Trakt mit Soldatenquartieren erweitert. Innen zeigt eine Mini-Ausstellung antike Amphoren, die auf dem Meeresgrund gefunden wurden. Der Blick über den Hafen ist grandios und ganz oben wartet ein reizendes Café.

🏃 Aktivitäten

In der Stadt gibt es mehrere Tauchzentren, darunter das **Marinesa Dive Centre** (☎091 515 7229) und das **Diving Centre Viking** (☎742 529; www.viking-diving.com). Beide bieten PADI-Kurse und Tauchausflüge (ab etwa 250 Kn) an.

Navigare (☎718 721; www.renthvar.com; Trg Svetog Stjepana) verleiht für 200–1000 Kn am Tag Motorroller.

Schwimmer finden Buchten in der Nähe der Hotels Amfora und Dalmacija sowie den noblen **Strand Bonj Les Bains**. Er wird von den Sunčani Hvar Hotels betrieben und hat Strandhütten aus Stein für Massagen unter freiem Himmel, tägliche Yogastunden und kostspielige Leihsessel (zwei Sessel 350 Kn pro Tag).

Die meisten Badelustigen machen sich jedoch zu den **Pakleni-Inseln** (Pakleni Otoci) auf. Ihr Name, der auf Kroatisch „Hölleninseln" bedeutet, geht auf Paklina (Pech) zurück: Mit Pech wurden früher Boote und Schiffe kalfatert. Die wunderschöne Kette aus 21 bewaldeten Inseln wartet mit kristallklarem Wasser, versteckten Stränden und verlassenen Lagunen auf. In der Hauptsaison fahren Wassertaxis (15 Kn, 30 Min.) regelmäßig vor dem Arsenal ab. Sie legen an den Inseln **Jerolim** und **Stipanska** an, die bei FKK-Urlaubern beliebt sind (Textilfreiheit ist dort aber kein Muss!) und fahren dann weiter nach **Ždrilca** und **Palmižana** samt Sandstrand und zum **Meneghello Place** (www.palmizana.hr); die wunderschöne Anlage von Villen und Bungalows, inmitten üppiger tropischer Gärten, wird von der Künstlerfamilie Meneghello betrieben. Es finden regelmäßig Konzertvorträge statt, zudem gibt's zwei ausgezeichnete Restaurants und eine Kunstgalerie.

Hvar Adventure (☎717 813; Obala bb; www.hvar-adventure.com) veranstaltet Abenteuertouren, zum Angebot gehören Segeln (halber Tag 420 Kn), Seekajakfahren (halber Tag 350 Kn), Wandern und Felsklettern.

👉 Geführte Touren

Äußerst empfehlenswert ist die tolle Off-road-Tour von **Secret Hvar** (☎717 615; www.secrethvar.com), auf der die versteckten Schönheiten des Inselinneren erkundet werden. Sie führt zu verlassenen Dörfern, malerischen Schluchten, alten Steinhütten, endlosen Lavendelfeldern und dem höchstem Gipfel der Insel, dem **Sveti Nikola** (626 m), und ist jede einzelne ihrer 500 Kn wert; im Preis eingeschlossen ist ein Mittagessen in einer traditionellen Taverne.

🎉 Festivals & Events

Hvars **Sommerfestival** dauert von Ende Juni bis Anfang September und bietet u. a. Klassikkonzerte im Franziskanerkloster. Das **Lavendelfest** findet am letzten Juniwochenende in dem Dorf Velo Grablje statt; Ausstellungen, Konzerte, Weinproben und eine Lavendelmesse sorgen für Unterhaltung.

🛏 Schlafen

Da Hvar als eines der beliebtesten Reiseziele an der Adria gilt, darf man hier nicht mit Schnäppchenpreisen rechnen. Die meisten Hotels werden von **Sunčani Hvar Hotels** (www.suncanihvar.com) gemanagt und viele davon wurden mittlerweile komplett umgestaltet.

Zimmer sind im Juli und August Mangelware, auch wenn viele Häuser um- oder neu gebaut worden sind, um der Urlauberflut Herr zu werden. Die Reisebüros können bei der Zimmersuche helfen. Wer ohne Reservierung anreist, kann auf die Privatzimmer hoffen, die am Fähranleger von Frauen angeboten werden (in der Stadt hängen viele *sobe*-Schilder). Wichtig: Wer am Hafen ein Zimmer oder Apartment mietet, sollte darauf achten, dass am Haus ein blaues *sobe*-Schild hängt. Wenn nicht, ist die Vermietung nicht genehmigt – bei Problemen genießt man als Gast dann keinerlei rechtlichen Schutz. Ganz hilfreich kann auch die Visitenkarte des Vermieters sein: Im Netz der namenlosen Altstadtstraßen hat sich schon mancher verlaufen. Die Preise sollten im Zentrum nicht höher als 150–300 Kn pro Person und Zimmer mit eigenem Bad liegen. Außerhalb der Hauptsaison lassen sich auch günstigere Preise aushandeln.

Hotel Adriana   HOTEL €€€
LP TIPP

(☏750 200; www.suncanihvar.com; Fabrika bb; EZ/DZ 2343/2785 Kn; ✱@🛜🏊) Das luxuriöse Spa-Hotel wurde in die Liste der „Leading Small Hotels of the World" aufgenommen – das lässt erkennen, welcher Standard hier zu erwarten ist. Die hellen, eleganten Zimmer blicken aufs Meer und die mittelalterliche Altstadt. Zum Angebot gehören das weitläufige Sensori Spa, ein traumhafter Dachpool samt Dachterrasse, ein edles Restaurant, 24-Stunden-Service, Ausflüge …

Hotel Riva   HOTEL €€€
(☏750 100; www.suncanihvar.com; Riva bb; EZ/DZ 1390/1492 Kn; ✱@) Der luxuriöse Klassiker gehört mit seinen 100 Jahren zu den Veteranen der hiesigen Hotelszene. Die 54 recht kleinen und in Schwarz, Rot und Weiß gehaltenen Zimmer schmücken Schwarz-Weiß-Bilder von Filmstars, Glaswände trennen Schlafzimmer und Bad. Zimmer 115 und 215 sind die geräumigsten. Die Lage direkt am Hafen ist ideal, um den Yachten beim An- und Ablegen zuzuschauen, deswegen auch der Spitzname „Yachthafenhotel".

Hotel Croatia   HOTEL €€€
(☏742 400; www.hotelcroatia.net; Majerovica bb; EZ/DZ 810/1080 Kn; 🅿✱🛜@) Das mittelgroße, aber weitläufig angelegte Gebäude aus den 1930er-Jahren liegt inmitten eines wunderschönen ruhigen Gartens und nur ein paar Schritte vom Meer entfernt. Die schlichten Zimmer sind in Gelb, Orange und Violett gehalten, viele haben Balkon mit Blick auf Garten und Meer.

Aparthotel Pharia   HOTEL €€
(☏778 080; www.orvas-hotels.com; Put Podstina 1; EZ/DZ/Apt. 467/675/895 Kn; 🅿✱) Diese blitzblanke Anlage liegt nur 50 m vom Wasser entfernt in einer ruhigen Gegend etwas westlich der Stadtmitte hinter dem Hotel Croatia. Alle Zimmer und Apartments haben Balkon, manche davon mit Seeblick. Zudem gibt's vier Villen für acht Personen mit Pool für 3330 Kn die Nacht.

Luka's Lodge   HOSTEL €
(☏742 118; www.lukalodgehvar.hostel.com; Lučica bb; B 140 Kn, DZ 120–175 Kn pro Person; ✱@🛜) Dem freundlichen Besitzer Luka liegen die Gäste seines einladenden Hostels, einen fünfminütigen Fußmarsch vom Zentrum entfernt, am Herzen. Die Zimmer haben Kühlschränke, teilweise auch Balkone, es gibt einen Aufenthaltsraum, zwei Terrassen, eine Küche und einen Wäscheservice. Auf Anfrage holt Luka seine Gäste vom Fährhafen ab und bringt sie sogar in sein Heimatdorf Brusje im Inselinneren, wo er ihnen seine Lavendelfelder zeigt und erklärt, wie Lavendelöl hergestellt wird.

Villa Skansi   HOSTEL €
(☏741 426; hostelvillaskansi1@gmail.com; Lučica bb; B 150–200 Kn, DZ 200–250 Kn pro Person; ✱@🛜) Das neue, von einem netten Pärchen betriebene Hostel, einen kurzen Fußmarsch vom Meer bergauf, wartet mit penibel sauberen Schlafsälen und Doppelzimmern, schicken Bädern, kostenlosem Internet, einer tollen Terrasse mit Meerblick, Bar und Grill, einer Tauschbörse für Bücher und Wäscheservice auf. Zudem kann man Roller, Boote und Fahrräder leihen.

Hotel Podstine   HOTEL €€€
(☏740 400; www.podstine.com; Podstine bb; EZ/DZ 1271/1424 Kn; ✱🅿🛜) Das Hotel im Familienbetrieb mit Privatstrand, Spa und Wellnesszentrum liegt 2 km südwestlich der Stadtmitte an der abgeschiedenen Podstine-Bucht. Sowohl das Gelände als auch die Zimmer sind ansprechend gestaltet. Das Hotel bietet einen Shuttleservice in die Stadt und zurück und vermietet Fahrräder, Roller und Motorboote. Die günstigsten Zimmer haben allerdings keinen Meerblick.

Green Lizard   HOSTEL €
(☏742 560; www.greenlizard.hr; Ulica Domovinskog Rata 13; B 140 Kn, DZ 120–175 Kn pro Person; ⊙April–Okt.; @🛜) Das einladende Hostel ein paar Gehminuten von der Fähre entfernt wird von zwei Schwestern betrieben und ist eine tolle preiswerte Option. Die Zimmer sind einfach und sauber und es gibt eine Gemeinschaftsküche, Wäscheservice sowie ein paar Doppelzimmer (mit eigenem oder Gemeinschaftsbad).

Camping Vira   CAMPING €
(☏741 803; www.campingvira.com; 50/87 Kn pro Erw./Stellplatz; ⊙Mai–Mitte Okt.; 🛜) Der Vier-

Sterne-Campingplatz liegt an einer wunderschönen bewaldeten Bucht, 4 km von der Stadt entfernt, und gehört zu den besten Zeltplätzen Dalmatiens. Es gibt einen traumhaften Strand, ein hübsches Café-Restaurant und ein Volleyballfeld. Die Einrichtungen sind gepflegt und hochwertig.

Essen

Hvars Gastronomie ist gut und recht facettenreich, allerdings ist es wie bei den Hotels: Die Restaurants zielen oft auf eher betuchte Gäste ab. Unbedingt probieren sollte man *hvarska gregada*; der traditionelle Fischeintopf wird in vielen Restaurants serviert und muss meist vorbestellt werden. Viele Restaurants sind zwischen Mittag- und Abendessen geschlossen.

Selbstversorger können im Supermarkt neben dem Busbahnhof einkaufen; Frisches gibt's auf dem Gemüsemarkt nebenan.

Konoba Menego DALMATINISCH €€
(Put Grode bb; Gerichte im Tapas-Stil 45–70 Kn) Einfach und authentisch ist das Motto des rustikalen Lokals am Treppenaufgang zur Fortica, so gibt's keinen Grill, keine Pizza und keine Coca-Cola. Die Einrichtung besteht aus Hvarer Antiquitäten, die Bedienung trägt traditionelle Kleidung und der Service ist informativ. Mariniertes Fleisch, Käse und Gemüse werden auf traditionelle dalmatinische Art zubereitet. Besonders empfehlenswert: das Dessert „Beschwipste Feige" und der lokale *prošek*-Wein.

Zlatna Školjka SLOW FOOD €€€
(Petra Hektorovića 8; www.zlatna.skoljka.com; Hauptgerichte ab 120 Kn) Die familiengeführte Slow-Food-Oase liegt an einer schmalen Gasse zwischen vielen anderen Restaurants und hat sich mit ihrer kreativen Küche, kreiert von einem lokalen Starkoch, einen Namen gemacht. Zu den innovativen Speisen, die im steinernen Inneren und auf der Terrasse im hinteren Bereich serviert werden, gehören Tintenfisch in Wildorangensauce, Truthahn mit getrockneten Feigen sowie eine grandiose *gregada* (Fischeintopf) mit Hummer, Schnecken und erstklassigem, fangfrischem Fisch.

Konoba Luviji DALMATINISCH €€
(Hauptgerichte ab 70 Kn) Die einfachen, durchweg leckeren Gerichte dieses Weinlokals werden im Holzofen zubereitet. In der *konoba* im unteren Stock kommen dalmatinische Snacks auf den Tisch, im Restaurant im Obergeschoss wird auf der kleinen Terrasse eines Privathauses mit Blick auf die Altstadt und den Hafen gespeist.

Luna INTERNATIONAL €€
(Petra Hektorovića 1; Hauptgerichte ab 70 Kn) Mit seinen hell gestrichenen Wänden und der „Himmelsleiter", die zur Dachterrasse führt, ist das Luna ein etwas verrücktes Lokal. Das macht es zu einer erfrischenden Abwechslung zu den sonstigen traditionellen und gehobenen Restaurants. Die Karte ist gut, so gibt's z. B. Gnocchi mit Trüffeln.

Giaxa MEERESFRÜCHTE €€
(Petra Hektorovića 3; www.giaxa.com; Hauptgerichte ab 100 Kn) Auch nach einem Besitzerwechsel ist das Edelrestaurant in einem Palazzo des 15. Jhs. der Ort schlechthin zum Sehen und Gesehenwerden. Der Garten nach hinten ist sehr schön angelegt, das Essen erstklassig. Hummer zählt eindeutig zu den Favoriten bei den Gästen.

Pirate Sushi Bar SUSHI €€
(Groda bb; www.piratehvar.com; Sushi ab 30 Kn; ⊙Juni–Sept. nur abends) Der charismatische französisch-kroatische Besitzer dieses kleinen Sushi-Lokals bereitet japanische Speisen aus frischem Fisch aus der Adria zu. Auf dem Laufband reihen sich leckeres Sushi, Sashimi, Maki und Chirashi aneinander. Gegen den Durst gibt's kalten Reiswein und zum Nachtisch Litschisalat.

Paradise Garden INTERNATIONAL €€
(Put Grode bb; Hauptgerichte ab 70 Kn) Das Lokal liegt ein paar Stufen hoch auf der nördlichen Seite der Kathedrale und serviert anständige Spaghetti mit Meeresfrüchten sowie die übliche Auswahl an gegrilltem Fleisch und Fisch (300 Kn pro kg). Die Tische stehen in einem Patio unter freiem Himmel.

Ausgehen & Unterhaltung

Das Nachtleben in Hvar konzentriert sich auf die Hafengegend, die Szene gehört zu den besten an der Adriaküste. Nach Sonnenuntergang wird hier wild gefeiert.

Falko Bar STRANDBAR
(⊙Mitte Mai–Mitte Sept. 10–22 Uhr) Zu dieser reizenden Oase inmitten eines Pinienwaldes oberhalb vom Strand führt ein 20-minütiger Fußmarsch von der Innenstadt, vorbei am Hula-Hula und Hotel Amfora. Die unprätentiöse Bar ist eine tolle Alternative zu den schickeren Pendants in Zentrumsnähe und serviert leckere Sandwiches, Salate (30–40 Kn) sowie hausgemachten Li-

moncello und *rakija* (lecker ist *danderica* aus einheimischen Beeren). Lässig-künstlerisches Flair, Hängematten und gelegentliche Partys mit Livemusik, Ausstellungen und anderen unterhaltsamen Events runden das Ganze ab.

Carpe Diem BAR-CLUB
(www.carpe-diem-hvar.com; Riva) Weiter braucht man nicht suchen, denn das Carpe Diem ist die Mutter aller Küstenclubs in Kroatien. Ob nun ein Katerfrühstück oder (recht teure) Cocktails spätabends für die Nachteulen – es gibt keine Tageszeit, zu der dieser schicke Schuppen nicht gut besucht ist. Ortsansässige DJs legen rhythmische House-Musik auf, die Getränkekarte ist lang und die Kundschaft glamourös. Das neu eröffnete Carpe Diem Beach auf der Insel Stipanska ist zwischen Juni und September die beste Partyadresse, dort gibt's ein Restaurant, ein Spa, vergnügliche Strandtage und gelegentliche Mondscheinpartys.

Hula-Hula STRANDBAR
(www.hulahulahvar.com) Das Hula-Hula ist der Ort schlechthin, um zu Techno- und House-Klängen den Sonnenuntergang zu genießen. Zu den berühmten Après-Beach-Partys (16–21 Uhr) scheint sich hier die gesamte trendbewusste Jugend von Hvar zu Cocktails zu treffen.

V-528 CLUB
(www.v-528.com; ab 21.30 Uhr) Das V-528 – 528 steht für die Frequenz der Liebe – befindet sich in einer ehemaligen Festung auf dem Hügel oberhalb des Meeres und wird vom früheren Besitzer des Carpe Diem betrieben. Der neu eröffnete Open-Air-Club (das ehemalige Veneranda) ist eine Art multikulturelles Medienzentrum in toller Aufmachung, mit gutem Soundsystem, DJ-Partys und einer alten Kapelle mit Sauerstoffbar, in der Gongs und tibetische Klangschalen für meditatives Ambiente sorgen.

Kiva Bar BAR-CLUB
(Fabrika bb; www.kivabarhvar.com) In dem beliebten Club in einer Gasse hinter dem Nautika ist fast jede Nacht Party angesagt. DJs sorgen mit Old Dance, Pop- und Rockklassikern für gute Stimmung, zu der auch Tequila-Dum-Dums beitragen. Dabei setzt der Kellner dem Gast einen Helm auf und stößt dann das Tequilaglas dagegen.

Nautika BAR-CLUB
(Fabrika bb) Hier werden die neuesten Cocktails gemixt, dazu läuft nonstop Musik zum Tanzen, und zwar alles von Techno bis Hip Hop; die Disko-Bar ist aus Hvars Nachtleben nicht mehr wegzudenken.

Shoppen

Lavendel, Lavendel und noch mehr Lavendel – in kleinen Flaschen, großen Flaschen, Flakons oder Wäschesäckchen. Je nach Jahreszeit reihen sich bis zu 50 Lavendelstände entlang des Hafens aneinander. Die Luft ist dann geschwängert vom Duft der Pflanze. Verschiedene Pflanzenöle, Tinkturen, Hautcremes und Salben werden ebenfalls angeboten. Im Coral Shop (www.coral-shop-hvar.com; Burak bb), Atelier und Laden zugleich, stellt das Besitzerpärchen wunderschönen Schmuck aus Silber, Halbedelsteinen und Korallen her.

Praktische Informationen

Atlas Hvar (741 911; www.atlas-croatia.com) Das Reisebüro auf der Westseite des Hafens vermittelt Privatunterkünfte, verleiht Fahrräder und Boote und organisiert Ausflüge nach Vis, Bol und Dubrovnik.

Del Primi (095 99 81 235; www.delprimi-hvar.com; Burak 23) Die Reiseagentur ist auf die Vermittlung von Privatunterkünften spezialisiert und verleiht zudem Jetskis.

Fontana Tours (742 133; www.happyhvar.com; Obala 16) Vermittelt Privatunterkünfte, organisiert Ausflüge, organisiert Wassertaxis rund um die Insel und betreibt einen Verleih. Zur Verfügung steht ein romantisches, abgelegenes Zwei-Personen-Apartment auf Palmižana für 500 Kn pro Nacht.

Francesco (Burak bb; 30 Kn pro Std.; 8–24 Uhr) Internetcafé und Telefonzentrum direkt neben der Post. Die Gepäckaufbewahrung kostet 35 Kn pro Tag.

Garderoba (10 Kn pro Std.; 7–22 Uhr) Die Gepäckaufbewahrung befindet sich in der Toilette neben dem Busbahnhof.

Krankenhaus (741 300; Sv Katarine) Die Klinik liegt 700 m von der Stadtmitte entfernt; die beste Adresse für Notfälle.

Pelegrini Tours (742 743; www.pelegrini-hvar.hr; Riva bb) Privatunterkünfte, Tickets für Schifffahrten nach Italien mit SNAV und Blue Line, Ausflüge (beliebt sind die Tagestouren nach Pakleni Otoci) sowie Fahrrad-, Roller- und Bootsverleih.

Post (Riva; Mo–Fr 7.30–21, Sa 7.30–14.30 Uhr) Mit Telefonkabinen.

Touristeninformation (742 977; www.tzhvar.hr; Juni & Sept. 8–14 & 15–21 Uhr, Juli & Aug. 8–14 & 15–22 Uhr, Okt.–Mai Mo–Sa 8–14 Uhr) Auf dem Trg Svetog Stjepana.

Stari Grad

2800 EW.

In Stari Grad (wörtlich: Altstadt) an der Nordküste der Insel geht es ruhiger, kultivierter und deutlich alkoholärmer zu als in der schicken, mondänen Schwesterstadt. Wem der Sinn nicht nach pulsierendem Nachtleben und Tausenden von Besuchern, die sich in der Hauptsaison durch die Straßen von Hvar-Stadt zwängen, steht, sollte sich nach Stari Grad begeben und die Insel an einem etwas gemütlicheren Ort genießen.

Die meisten Fähren, die die Insel mit dem Festland verbinden, geben Stari Grad als Fährhafen an, in Wirklichkeit liegt die Stadt ein paar Kilometer nordöstlich des Fähranlegers. Stari Grad zieht sich an einer hufeisenförmigen Bucht entlang; die Altstadt befindet sich auf der südlichen Seite. Der Busbahnhof (ohne Gepäckaufbewahrung) liegt am Anfang der Bucht. Die Nordseite nehmen Wohnhäuser, ein kleiner Pinienwald und die weitläufige Hotelanlage Helios ein.

Sehenswertes

Tvrdalj FESTUNG
(Trg Tvrdalj; Eintritt 10 Kn; Juni–Sept. 10–13 & 18–21 Uhr) Tvrdalj ist Petar Hektorovićs befestigte Burg aus dem 16. Jh. Der lauschige Fischteich spiegelt die Liebe des Dichters zu Fischen und Anglern wider. Sein Gedicht *Angeln und Anglergespräche* (1555) ist eine Hommage an sein Lieblingshobby. In der Burg sind Zitate aus seinen Werken in Lateinisch und Kroatisch an die Wände geschrieben.

Dominikanerkloster KLOSTER
(Dominikanski Samostan; Eintritt 10 Kn; Juni–Sept. 10–13 & 18–21 Uhr) Dieses alte Dominikanerkloster wurde 1482 gegründet, 1571 von den Türken beschädigt und später mit einem Turm befestigt. Neben der Bibliothek und archäologischen Funden im Klostermuseum lohnt noch der Blick in die Kirche aus dem 19. Jh.: Sie wartet mit dem Bild *Die Grablegung Christi* auf, das Tintoretto zugeschrieben wird, sowie mit zwei Gemälden von Gianbattista Crespi.

In der Altstadt von Stari Grad gibt es eine kleine, jedoch wachsende Zahl von Kunstgalerien:

Fantazam (Ivana Gundulića 6) Origineller Schmuck.

Maya Con Dios (Škvor 5) Gemälde mit maritimen Motiven.

Schlafen & Essen

Privatunterkünfte werden u. a. von der Reiseagentur **Hvar Touristik** (717580; www.hvar-touristik.com; Jurja Škarpe 13) vermittelt, Einzel- bzw. Doppelzimmer mit Bad kosten in der Hochsaison (Juli und August) 120 Kn.

Kamp Jurjevac CAMPING €
(765 843; www.heliosfaros.hr; Predraga Bogdanića; 33/33 Kn pro Erw./Stellplatz; Ende Juni–Anfang Sept.) Liegt unweit des Hafens östlich der Stadt, in der Nähe der Badebuchten.

Helios HOTELANLAGE €€
(765 865; www.heliosfaros.hr; P) Die große, recht charakterlose Anlage nimmt den nördlichen Teil der Stadt in Beschlag. Zur Auswahl stehen u. a. das Drei-Sterne-Hotel **Lavanda** (306 330; EZ/DZ 450/720 Kn), das Zwei-Sterne-Hotel **Arkada** (306 305; EZ/DZ 500/680 Kn) und das **Roko** (306 306; EZ/DZ 350/520 Kn).

Antika DALMATINISCH €€
(Donja Kola 24; Hauptgerichte ab 70 Kn) Eine von Hvars schönsten Restaurantbars. Die drei verschiedenen Essbereiche verteilen sich auf ein altes klappriges Stadthaus, Tische auf der Straße sowie eine Terrasse im Obergeschoss mit Bar, die sich bestens für einen gemütlichen Abend eignet.

Eremitaž DALMATINISCH €€
(Obala Hrvatskih Braniteja; Hauptgerichte ab 70 Kn) Das erstklassige Restaurant ist in einer Einsiedlerklause aus dem 15. Jh. untergebracht und liegt zehn Gehminuten vom Zentrum entlang der Küste in Richtung Hotel Helios. Im Speisesaal mit Steinwänden und auf einer Terrasse am Meer werden gut zubereitete dalmatinische Klassiker sowie kreativere Speisen wie Wildschwein mit Preiselbeeren serviert.

Praktische Informationen

Touristeninformation (765 763; www.stari-grad-faros.hr; Obala dr Franje Tuđmana bb; Juni–Sept. Mo–Sa 8–14 & 15–22, So 9–12 & 17.30–20.30 Uhr, Mitte Sept.–Mitte Juni Mo–Fr 9–14 Uhr) Hat gute Karten der Umgebung; draußen gibt's einen Geldautomaten.

Jelsa

1700 EW.

Die Kleinstadt Jelsa ist Hafen und Ferienort zugleich und liegt 27 km östlich von Hvar-Stadt. Um den Ort wachsen dichte Pinienwälder und hohe Pappeln. Hier gibt es zwar keine Renaissancegebäude wie in Hvar-Stadt, die kleinen Straßen und Plätze sind jedoch hübsch. Unweit von Jelsa bieten sich Sandstrände und Buchten zum Schwimmen an. Die Hotelzimmer sind billiger als in Hvar-Stadt – Jelsa ist inzwischen der zweitbeliebteste Ort der Insel.

Jelsa zieht sich um eine Bucht, an deren Ende mehrere große Hotels stehen. Die Altstadt beginnt am Hafen. Eine Promenade führt vom westlichen Ende der Bucht den Hügel auf der östlichen Seite hinauf und zu einer sandigen Bucht. Der Busbahnhof befindet sich am Rande der Hauptstraße, die in den Ort führt (Straßennamen braucht hier niemand).

Sehenswertes & Aktivitäten

Wenn man 30 Minuten vor der Messe in die **Kirche der Heiligen Fabian & Sebastian** (Crkva Sv Fabijana i Sebastijana; nur zur Messe geöffnet) geht, kann man noch einen Blick auf die Barockaltar des Holzschnitzers Antonio Porri aus dem 17. Jh. werfen. Die Holzfigur der Jungfrau Maria wurde von den Bewohnern des Dorfes Čitluk (bei Sinj) mitgebracht, als diese im 16. Jh. vor den Türken fliehen mussten.

Es gibt einen **Sandstrand** in der Nähe des Hotel Mina, alternativ fahren (teure) Wassertaxis zu den FKK-Stränden von **Zečevo** und **Glavica**. Wer motorisiert ist, kann über den Berg zu den Buchten bei **Zavala** fahren. Die kurvenreiche Straße führt durch das winzige Dorf **Pitve**, bietet fantastische Ausblicke und sorgt für ordentlichen Nervenkitzel.

Atlanta Co (761 953) verleiht Roller für 120–150 Kn pro Tag.

Taucher wenden sich am besten an das **Dive Center Jelsa** (761 822; www.tauchinjelsa.de; Hotel Jadran).

Schlafen & Essen

Pension Murvica PENSION €
(761 405; www.murvica.net; EZ/DZ 180/365 Kn; P) Die hübsche kleine Pension liegt auf einer Parallelstraße zur Hauptstraße, die in den Ort führt. Die bequemen Apartments sind hübsch eingerichtet. Ein wunderbar schattiges Terrassenrestaurant serviert leckere Gerichte.

Hotel Hvar HOTEL €€€
(761 024; www.hotelhvar-adriatiq.com; EZ/DZ 691/1136 Kn; P) Gehört mit zwei anderen Hotels zu einem Resort und bietet jede Menge Einrichtungen sowie 205 ansprechende Zimmer mit Balkon, davon einige mit Ausblick auf die blaue Adria. Außerdem ist es von dort nicht weit zum Strand.

Grebišće CAMPING €
(761 191; www.grebisce.hr; 34 Kn pro Erw.; Mai–Sept.) Der Campingplatz 5 km östlich vom Hotel Mina hat Zugang zu einem Strand. Es gibt auch ein paar Bungalows für vier Personen (650 Kn).

Konoba Nono DALMATINISCH €€
(Hauptgerichte ab 80 Kn) Die charmante Taverne in einer Gasse hinter der Kirche serviert traditionelle Inselküche. Spezialitäten sind Fischspieße und Wildgerichte (z. B. Wildschwein und Hase). Die Familie baut ihr Gemüse selbst an, Olivenöl und Wein stammen aus hauseigener Produktion.

Praktische Informationen

Jedes Reisebüro wechselt Geld. Am Hauptplatz bei der Privredna Banka gibt's einen Geldautomaten.

Atlas Travel Agency (761 038; www.atlas-croatia.com; Riva bb) Reisebüro am Hafen. Vermittelt Privatunterkünfte (120–150 Kn pro Person) und organisiert Ausflüge.

Touristeninformation (761 017; www.jelsa-online.com; Riva bb; Juni–Sept. Mo–Sa 8–22, So 10.30–12.30 & 19–21, Okt.–Mai Mo–Fr 8–14 Uhr) Gegenüber vom Reisebüro Atlas ein paar Schritte den Kai entlang. Vermittelt auch Privatunterkünfte.

VIS

5000 EW.

Von allen kroatischen Inseln ist Vis die rätselhafteste – sogar für die Einheimischen. Sie liegt weiter vom Festland entfernt als die anderen Hauptinseln Mitteldalmatiens und war über einen längeren Zeitraum Stützpunkt der ehemaligen jugoslawischen Armee. Deshalb durfte sie ab den 1960er-Jahren bis 1989 nicht von ausländischen Besuchern und Zivilisten betreten werden. Diese Isolierung bewahrte die Insel vor ihrer Erschließung und trieb viele Bewohner dazu, auf der Suche nach Arbeit wegzuziehen. Lange Jahre lebten deshalb extrem wenige Leute auf der Insel.

Aber wie bei vielen anderen verarmten Inseln im Mittelmeerraum, kehrte sich der einstige Nachteil (hier in Form von fehlender Entwicklung) in einen Vorteil um: Sowohl ausländische als auch einheimische Reisende strömen heute begeistert nach Vis

– auf der Suche nach Authentizität, Natur, gastronomischen Genüssen und Ruhe. Hier werden einige der bekanntesten Weine Kroatiens, der *vugava* (weiß) und der *plavac* (rot), produziert, es gibt zahllose Weinberge. Da auch die Fischerei floriert, mangelt es nicht an fangfrischem Fisch.

Auf Vis gibt es zwei wunderschöne kleine Städte, die jeweils an großen Buchten liegen: Vis-Stadt im Nordosten und Komiža im Südwesten. Zwischen beiden besteht eine freundschaftliche Rivalität – Vis-Stadt wird aus historischen Gründen mit der adligen Oberschicht assoziiert, während Komiža stolz auf seine Fischereitradition und Piratengeschichten ist. Entlang der zerklüfteten Küstenlinie wechseln sich tolle Buchten, Höhlen und ein paar Sandstrände ab. Die antiken Zeugnisse der Inselgeschichte, die im Archäologischen Museum und rund um die Stadt Vis zu sehen sind, bieten zusätzlich einen faszinierenden Einblick in den komplexen Charakter dieser winzigen Insel, die zu einem echten Geheimtipp geworden ist.

Geschichte

Erstmals wurde Vis (das antike Issa) in neolithischer Zeit besiedelt. Dann kamen die Illyrer, die sich im 1. Jh. v. Chr. auf der Insel niederließen. 390 v. Chr. entstand eine griechische Kolonie auf Issa. Von hier regierte der griechische Herrscher Dionysius der Ältere über seine Besitztümer an der Adria. Die Insel wurde schließlich ein mächtiger Stadtstaat und gründete eigene Kolonien auf Korčula und bei Trogir und Stobreč. Während der Illyrischen Kriege verbündete sich Vis mit Rom. Dennoch verlor es seine Unabhängigkeit und wurde ab 47 v. Chr. Teil des Römischen Reichs. Im 10. Jh. war Vis von slawischen Stämmen besiedelt; 1420 wurde die Insel zusammen mit anderen dalmatinischen Städten an Venedig verkauft. Auf der Flucht vor Piraten zog die Bevölkerung von der Küste ins Hinterland.

Mit dem Fall des venezianischen Reiches 1797 kam Vis dann unter die Regentschaft von Österreich, Frankreich, Großbritannien und erneut Österreich. Während des Zweiten Weltkriegs gehörte die Insel zu Italien und war ein Zankapfel unter den Großmächten, die um die Kontrolle des strategisch bedeutenden Außenpostens kämpften. Im Laufe der Zeit gehörte sie neun verschiedenen Ländern, was wohl erklärt, warum auf einer solch kleinen Insel vier Dialekte gesprochen werden.

Auch für Titos Partisanen war Vis ein wichtiger Stützpunkt: Er etablierte sein Hauptquartier in einer Höhle im Berg Hum, von dort koordinierte er die militärischen und diplomatischen Aktionen mit den alliierten Streitmächten. Hier machte Tito angeblich auch seinen berühmt gewordenen Ausspruch: „Das Fremde wollen wir nicht, das Unsere geben wir nicht."

An- & Weiterreise

Vis ist am besten per Autofähre ab Split (54 Kn, 2 Std., 2–3-mal tgl.) oder mit einem schnellen Passagierboot (26 Kn, 1¼ Std., 1-mal tgl.) zu erreichen. Im Sommer kann man problemlos einen Tagesausflug auf die Insel unternehmen, in der Nebensaison ist dies wegen der unregelmäßigen Fahrpläne nicht möglich.

Das örtliche **Jadrolinija-Büro** (711 032; www.jadrolinija.hr; Šetalište Stare Isse; Mo–Fr 8.30–19, Sa 9–12 Uhr) befindet sich in Vis-Stadt.

Der einzige Inselbus verbindet die Stadt Vis mit Komiža. Der Bus steht bei der Ankunft der Jadrolinija-Fähren in Vis-Stadt bereit. Im Juli und August klappt das gut, aber sonst muss man sich auf längere Wartezeiten einstellen.

Vis (Stadt)

1960 EW.

Die antike Stadt Vis, die älteste Siedlung der Insel, liegt auf der nordöstlichen Seite an einer breiten, hufeisenförmigen Bucht. Ein kurzer Spaziergang führt zu den Resten eines griechischen Friedhofs, eines römischen Bads und einer englischen Festung. Die Fährenankunft bringt kurzfristig Leben in die ansonsten friedliche Stadt mit ihren Küstenpromenaden, baufälligen Stadthäusern aus dem 17. Jh. und engen Gassen, die sich vom Meer aufwärts winden.

Die Stadt liegt auf dem Südhang des Gradina-Hügels. Zwei Siedlungen, Luka aus dem 19. Jh. an der nordwestlichen Seite der Bucht und das mittelalterliche Kut im Südosten, sind heute zu einer Stadt verschmolzen. Die Fähre legt in Luka an und eine malerische, von kleinen Stränden gesäumte Promenade führt dem Hafen entlang nach Kut. Der belebteste Stadtstrand liegt im Westen des Hafens gegenüber vom Hotel Issa, dahinter stößt man auf Buchten für FKKler und unberührte Badeplätze. Auf der anderen Seite, vorbei an Kut und dem Friedhof der britischen Marine, erstreckt sich der beliebte Strand von Grandovac mit einem schmalen Kiesstreifen, felsigen Stränden und einer Strandbar.

◉ Sehenswertes & Aktivitäten

Archäologisches Museum   MUSEUM
(Arheološki Muzej; Šetalište Viški Boj 12; Eintritt 20 Kn; ⊙Juni–Sept. Mo–Fr 10–13 & 17–21, Sa 10–13 Uhr) Das Museum zeigt viele archäologische Exponate, hat aber auch eine ansehnliche ethnografische Sammlung zu Themen wie Inselfischerei, Weinerzeugung, Schiffsbau und Zeitgeschichte. Das zweite Stockwerk beherbergt die landesweit umfangreichste Sammlung hellenistischer Artefakte, u. a. griechische Keramik, Schmuck und Skulpturen. Der zauberhafte Bronzekopf einer griechischen Göttin aus dem 4. Jh. wird als Aphrodite oder Artemis gedeutet. Eine Broschüre gibt einen Überblick über die Exponate, erläutert die Geschichte von Vis und enthält eine nützliche Karte, die die Lage der Ruinen rund um Vis skizziert. Von Oktober bis Mai müssen sich Besucher über die Touristeninformation anmelden.

Inselerkundung   RADFAHREN
Die malerischen **Küstenstraßen** mit ihren dramatischen Klippen und Haarnadelkurven eignen sich bestens für eine Tour auf zwei oder vier Rädern. Das Reisebüro Ionios (siehe S. 257) vermietet Fahrräder (20/100 Kn pro Std./Tag), Roller (120/200 Kn pro 3 Std./Tag) und Autos (ab 250 Kn für 6 Std.).

Tauchen   TAUCHEN
Die Gewässer um Vis sind ein ausgezeichnetes Tauchrevier: Fische gibt es in Hülle und Fülle, außerdem lockt das **Wrack** eines italienischen Schiffs aus der Seeschlacht zwischen Österreich und Italien (1866). Die **Tauchbasis Dodoro** (☎711 913; www.dodoro-diving.com; Trg Klapavica 1, Vis-Stadt) bietet verschiedene Tauchexkursionen an; Ein-Tank-Tauchgänge gibt's ab 185 Kn.

⟲ Geführte Touren

VisIt (www.visit.hr) bietet originelle Ausflüge sowie Abenteuertrips an. Äußerst lohnenswert ist die Tour zu **streng geheimen Militäreinrichtungen** (vierstündige Tour 350 Kn), die von der jugoslawischen Armee 1992 verlassen wurden. Die Tour wird als Halb- und Ganztagsausflug angeboten und führt zu Raketen-Schutzräumen, Bunkern, Waffenlagern, Parkbereichen von U-Booten, Titos Höhle, in der der langjährige jugoslawische Präsident im Zweiten Weltkrieg lebte, und Atombunkern, die dem jugoslawischen Geheimdienst als Kommunikationszentrale dienten. Die Anlagen wurden an einigen der schönsten Flecken der Insel erbaut und sind erst seit Kurzem öffentlich zugänglich.

VisIt bietet außerdem Kletterausflüge in Höhlen auf der ganzen Insel (ab 350 Kn), Trekking (ab 200 Kn), eine Inselentdeckungstour mit Essens- und Weinverköstigung (400 Kn) und Bootsausflüge zu umliegenden Inseln (1000 Kn) an. Die sachkundigen Guides, die in Vis geboren oder aufgewachsen sind, machen die Touren zu etwas Besonderem.

Die Agenturen Ionios und Navigator haben Bootstouren zur Blauen Grotte, Grünen Grotte und zu anderen entlegenen Orten im Programm.

🛏 Schlafen

In Vis gibt es keine Campingplätze und nur wenige Hotels. Eine gute Alternative sind **Privatunterkünfte** (Zimmer oder Apartments), die man recht problemlos findet. In den Sommermonaten sind die Kapazitäten begrenzt und man muss im Voraus buchen.

Navigator (☎717 786; www.navigator.hr; Šetalište Stare Isse 1) vermittelt Privatunterkünfte, ein Doppelzimmer mit Gemeinschaftsbad kostet etwa 220 Kn, ein Doppelzimmer mit eigenem Bad und Terrasse 370 Kn. Apartments gibt's zwischen 370 und 470 Kn. Die Agentur hat außerdem drei **luxuriöse Villen am Meer** (www.visvillas.com; Villa 1600–2200 Kn) für vier bis sechs Personen im Angebot.

Hotel San Giorgio   HOTEL €€€
(☎711 362; www.hotelsangiorgiovis.com; Petra Hektorovića 2; EZ/DZ 780/1180 Kn; P✱⊛) Das wunderschöne Hotel in Kut steht unter italienischer Leitung und verfügt über zehn stilvolle, farbenfrohe Zimmer und Suiten, die auf zwei Gebäude verteilt sind. Zur Ausstattung gehören Parkettboden, bequeme Betten, viele edle Extras wie Minibars sowie zum Teil Jacuzzis und Terrassen mit Meerblick. Das Restaurant serviert kreative mediterrane Gerichte und Weine vom hoteleigenen Weingut auf der Insel. Das San Giorgio vermietet wochenweise einen Leuchtturm auf der nahe gelegenen Insel Host (1875 Kn pro Nacht).

Hotel Tamaris   HOTEL €€€
(☎711 350; www.vis-hoteli.hr; Svetog Jurja 30; EZ/DZ 540/820 Kn; P✱) Das Hotel ist in einem hübschen alten Gebäude untergebracht und punktet mit seiner Lage am Meer, etwa 100 m südöstlich des Fähranlegers. Die 25 recht kleinen, jedoch komfor-

tablen Zimmer sind mit Klimaanlage, Telefon und Fernseher ausgestattet; der Aufschlag von 30 Kn pro Person für eines mit Meerblick lohnt sich. Das Hotel Issa auf der anderen Seite der Bucht mit seinen 128 kürzlich renovierten Zimmern mit Balkonen wird von dem gleichen Unternehmen betrieben.

Dionis   B&B €€
(711 963; www.dionis.hr; Matije Gubca 1; EZ/DZ 430/504 Kn; ❄) Das wunderschön renovierte Steinhaus beherbergt ein freundliches, familiengeführtes B&B und liegt über der gleichnamigen Pizzeria in Küstennähe. Die acht Zimmer sind mit Fernseher, Doppelbetten und Kühlschränken ausgestattet, manche haben einen Balkon. Das Dreibettzimmer im Dachgeschoss hat eine hübsche Terrasse mit Blick auf die Berge und die Stadt.

Essen

Auf Vis gibt es mit die besten Restaurants Dalmatiens, sowohl in den beiden kleinen Städten als auch im Landesinneren. Zu den lokalen Spezialitäten gehören *viška pogača,* ein mit Salzfisch und Zwiebeln gefülltes Fladenbrot, sowie *viški hib,* getrocknete geriebene Feigen mit aromatischen Kräutern. Viele Restaurants auf der Insel servieren außerdem exzellentes Thunfisch-Prosciutto.

Kantun   DALMATINISCH €€
(Biskupa Mihe Pušića 17; Hauptgerichte ab 70 Kn; ⊙nur abends) Auf der kleinen, aber feinen Speisekarte der reizenden Taverne finden sich leckere lokale Gerichte aus erstklassigen Zutaten. Gegessen wird im gemütlichen, weinberankten Gartenbereich oder im stilvoll-rustikalen Speiseraum mit Steinwänden. Empfehlenswert sind das Thunfisch-Prosciutto und die Artischocken bei Birnen, zudem gibt's leckeren *rakija,* 40 Weinsorten und hausgemachte Limonade.

Pojoda   MEERESFRÜCHTE €€
(711 575; Don Cvjetka Marasovića 8; Hauptgerichte ab 70 Kn) Kroatische Feinschmecker schwärmen von dem Restaurant mit seinem grünen Garten voller Bambussträucher, Orangen- und Zitronenbäume. In der Küche werden Köstlichkeiten aus Fisch (ab 240 Kn pro kg), Meeresfrüchten (260 Kn pro kg) und Krustentieren (ab 230 Kn pro kg) gezaubert. Spezialität des Hauses ist *orbiko,* Orzo-Nudeln mit Birnen und Garnelen. Im August muss man reservieren.

Karijola   PIZZA €
(Šetalište Viškog Boja 4; Pizza ab 45 Kn) Die Pizzeria wird von den Besitzern ihres Namensvetters in Zagreb betrieben und serviert die leckerste Pizza der Insel, dünn und knusprig mit hochwertigem Belag. Spezialität des Hauses ist die Pizza Karijola mit Tomate, Knoblauch, Mozzarella und Prosciutto, doch auch die Varianten ohne Sauce schmecken erstaunlich gut.

Villa Kaliopa   MEDITERRAN €€€
(Vladimira Nazora 32; Hauptgerichte ab 120 Kn) Das gehobene Restaurant befindet sich in den Gärten der Villa Gariboldi aus dem 16. Jh. und ist bei Seglern beliebt. Große Palmen, Bambus und klassische Statuen sorgen dafür, dass die täglich wechselnden dalmatinischen Spezialitäten im richtigen Ambiente genossen werden. Gelegentlich finden Konzerte und Ausstellungen statt.

Val   DALMATINISCH €€
(Don Cvjetka Marasovića 1; Hauptgerichte ab 70 Kn) Das Val (Welle) befindet sich in einem alten Steinhaus mit schattiger Terrasse und Meerblick. Die saisonale Karte hat einen italienischen Einschlag. Besonders zu empfehlen: wilder Spargel im Frühling, Wildschwein und Pilze im Winter und ganz viel Fisch und frische, bunte Gemüseteller im Sommer. Den süßen Abschluss bildet der traditionelle Johannisbrotkernkuchen.

Buffet Vis   MEERESFRÜCHTE €
(Obala Svetog Jurja 35; Hauptgerichte ab 40 Kn) Das preiswerteste und ursprünglichste Lokal der Stadt befindet sich direkt am Fähranleger neben der Ionios-Agentur. Es ist klein und einfach mit ein paar Tischen im Freien und bietet billige, leckere Meeresfrüchte und lokales Flair.

🍷 Ausgehen & Unterhaltung

Lambik   BAR
(Pod Ložu 2) In Kuts bester Bar, nur einen Katzensprung vom Meer entfernt, machen es sich die Gäste in einem zauberhaften weinberankten alten Säulengang aus Stein oder an den Tischen auf einem kleinen Platz gemütlich. An manchen Abenden treten Akustikbands und Sänger auf.

Bejbi   CAFÉ-BAR
(Šetalište Stare Isse 9) Vis' In-Bar liegt gegenüber dem Fähranleger. Tagsüber lassen sich Strandgänger hier ihren Kaffee schmecken, abends wird inmitten von tropischen Wandmalereien und weißen Vorhängen getanzt. Gelegentlich gibt's Livemusik.

SCHWIMMEN & SCHLEMMEN AUF VIS

Rund um Vis-Stadt und Komiža gibt's jede Menge **Strände**, zu einigen der schönsten gelangt man nur per Boot oder Motorroller. Oft muss man bergab laufen, feste Schuhe sind von Vorteil. In den Touristeninformationen und Reisebüros gibt es Karten, viele organisieren auch die Anfahrt.

Die unberührtesten Strände liegen an der Südküste. **Stiniva** ist die spektakulärste Bucht von Vis: Ein steinernes Nadelöhr führt zu einem von 35 m hohen Felsen gesäumten Kiesstrand. Auch **Srebrna** und **Milna** sowie die sandige Bucht **Stončica** östlich von Vis, an der ein Strandlokal herrliches gegrilltes Lamm serviert, sind einen Ausflug wert.

Das Inselinnere und die abgelegenen Buchten entwickeln sich zu echten Feinschmeckerparadiesen. Seit ein paar Jahren bieten vermehrt ländliche Familienlokale hausgemachte Küche an, darunter das **Golub** (098 96 50 327; Hauptgerichte ab 70 Kn) im Dörfchen Podselje, 5 km von Vis-Stadt entfernt. Es serviert Lamm und Tintenfisch, unter der *peka* zubereitet, marinierten und geräucherten Fisch, darunter Thunfisch-Carpaccio. Empfehlenswert sind auch die hausgemachten Grappas aller Geschmacksrichtungen, von Kaktus über Nessel bis zu Salbei. Die **Konoba Pol Murvu** (091 56 71 990) in dem Dorf Žena Glava ist bekannt für ihre großartige Thunfisch-*pašticada*, einen langsam gegarten Eintopf mit Wein und Gewürzen. Die **Konoba Roki's** (098 303 483) in Plisko Polje wird von einem lokalen Winzer betrieben, sein *plavac* (Rotwein) und *vugava* (Weißwein), die zu köstlichem Räucheraal und leckeren *peka*-Gerichten kredenzt werden, gehören zu den besten der Insel. Viele Lokale holen ihre Gäste (oft kostenlos) ab und bringen sie wieder zurück.

Sommerkino
OPEN-AIR-KINO

Die Vorstellungen des Sommerkinos finden auf einer Terrasse auf halbem Weg zwischen Kut und Luka statt. Über das Programm informieren Plakate, Karten kosten 25 Kn.

 Praktische Informationen

Geld wechseln kann man auf der Bank, auf der Post oder in jedem Reisebüro.

In Vis gibt's mehrere Hotspots; für deren Nutzung benötigt man eine Karte (ab 39 Kn), die in den Reisebüros erhältlich ist.

Biliba (Korzo 13; 30 Kn pro Std.; Mo–Sa 8–22 Uhr) Internetterminals.

Ionios Travel Agency (711 532; Obala Svetog Jurja 37) Das Reisebüro vermittelt Privatunterkünfte, wechselt Geld, vermietet Autos, Fahrräder und Roller, organisiert Ausflüge und verkauft Fahrkarten für die Schnellboote von **Termoli Jet** (www.termolijet.it) nach Termoli in Italien.

Post (Obala Svetog Jurja 25; Mo–Fr 8–20, Sa 8–14 Uhr)

Touristeninformation (717 017; www.tz-vis.hr; Šetalište Stare Isse 2; Mitte Juni–Mitte Sept. Mo–Fr 8.30–16 & 18–20, Sa 8.30–14.30 & 18–20, So 10.30–12.30 Uhr, Ende Sept.–Anfang Juni Mo–Fr 8.30–14.30 Uhr) Die Touristeninformation liegt gleich neben dem Jadrolinija-Fähranleger.

Komiža

Komiža liegt an einer Bucht an der Westküste. Die zauberhafte kleine Stadt am Fuße des Hum hat Sand- und Kiesstrände an der Ostseite des Ortes und eine treue kroatische Fangemeinde, die auf ihren eigenwilligen Bohème-Charme schwört.

Schmale Gassen mit goldgelben Stadthäusern aus dem 17. und 18. Jh. ziehen sich vom Hafen den Berg hoch. Der Hafen wird schon mindestens seit dem 12. Jh. von Fischern angesteuert. Östlich der Stadt steht eine Kirche aus dem 17. Jh., die an der Stelle eines Benediktinerklosters gebaut wurde. Am Ende des Hauptkais erhebt sich die Zitadelle im Renaissancestil (1585), **Kaštel** genannt. In den Räumen des **Fischereimuseums** (Eintritt 15 Kn; Mo–Sa 9–12 & 18–21 Uhr) in ihrem Inneren ist altes verstaubtes Angelwerkzeug ausgestellt, und von der hübschen Dachterrasse hat man einen tollen Ausblick auf die Stadt und das Meer.

Der Bus aus Vis hält am Stadtrand neben dem Postamt, ein paar Blocks von der Zitadelle entfernt. Geht man ganz um den Hafen herum, am Kaštel vorbei, kommt man zur städtischen **Touristeninformation** (713 455; www.tz-komiza.hr; Riva Svetog Mikule 2; Juli & Aug. 8–21 Uhr, Sept.–Juni Mo–Fr 9–12 Uhr), die nur recht dürftige Infos bereithält.

🏃 Aktivitäten

Das **Reisebüro Darlić & Darlić** (📞 713 760; www.darlic-travel.hr; Riva Svetog Mikule 13) – vom Busbahnhof aus stadteinwärts gleich bei der Riva – vermittelt Privatunterkünfte (DZ ab 250 Kn), verleiht Motorroller (300 Kn pro Tag), Mountainbikes (100 Kn pro Tag), Cabriolets (450 Kn pro Tag) und Quads (400 Kn pro Tag). Zudem gibt's Internetterminals (30 Kn pro Std.), WLAN und einen Taxiservice für 20 Kn pro Kilometer (ca. 120 Kn nach Vis-Stadt).

👉 Geführte Touren

Das **Reisebüro Darlić & Darlić** (📞 713 760; www.darlic-travel.hr; Riva Svetog Mikule 13) veranstaltet eine Sonnenuntergangstour zum Hum, dem höchsten Punkt der Insel (75 Kn für 2 Std.).

Alter Natura (📞 717 239; www.alternatura.hr; Hrvatskih Mučenika 2) ist auf Abenteuertourismus spezialisiert, zum Programm gehören Gleitschirmfliegen, Trekking, Kajakfahren und Abseilen. Zudem gibt's Ausflüge zur Blauen Grotte sowie auf die Inseln Brusnik, Sveti Andrija, Jabuka, Sušac und sogar bis nach Palagruža. Die Agentur bietet auch Bootsfahrten zu den besten Stränden der Insel, darunter Stiniva und Porat, an.

🛏 Schlafen & Essen

Das Leben spielt sich größtenteils entlang der Riva und rund um den Škor, einen kleinen Platz am Meer, ab.

Villa Nonna   APARTMENTS €€
(📞 713 500; www.villa-nonna.com; Ribarska 50; Apt. 600–800 Kn; ❋🛜) Das reizende alte Stadthaus beherbergt sieben renovierte Apartments mit Parkettböden und Küche; manche haben Balkone oder Patios. Direkt daneben steht ein weiteres wunderschönes Haus, die Casa Nono (ab 1700–2000 Kn pro Tag), mit einem hübschen Garten, drei Bädern, einem Wohnzimmer mit freigelegten Steinwänden und Kochmöglichkeiten; hier finden sechs bis neun Personen Platz.

Hotel Biševo   HOTEL €€
(📞 713 279; www.hotel-bisevo.com.hr; Ribarska 72; EZ/DZ ab 440/660 Kn; ❋@) Die Einrichtung ist bescheiden, das Dekor erinnert an Sowjetzeiten, dafür liegt das Hotel in Strandnähe. Die beste Wahl trifft man mit einem renovierten Zimmer (inkl. Kühlschrank und TV) mit Meerblick (60 Kn extra).

Konoba Jastožera   MEERESFRÜCHTE €€
(📞 713 859; Gundulićeva 6; Hauptgerichte ab 90 Kn) Das alteingesessene Lokal serviert seine perfekt zubereiteten Fischgerichte auf Holzbohlen über dem Wasser, inmitten alter Möbel und maritimen Dekors. Spezialität des Hauses ist Hummer (ab 700 Kn pro kg) aus dem hauseigenen Tank, der in allen möglichen Varianten (gegrillt, gratiniert, gekocht …) zubereitet wird. Im Voraus reservieren.

Bako   MEERESFRÜCHTE €€
(Gundulićeva 1; Hauptgerichte ab 85 Kn; ⊙nur abends) Das Bako hat eine Strandterrasse und serviert ausgezeichnetes Essen. Zu empfehlen ist der Hummer-*brodet* (Eintopf mit Polenta) und die regionale *komiška pogača* (selbst gemachtes Brot mit Fischfüllung). Innen ist alles aus kühlem Stein, ein Fischteich und eine Sammlung griechischer und römischer Amphoren sorgen für ein besonderes Ambiente.

Rund um Komiža

BIŠEVO

Das winzige Inselchen Biševo bietet im Prinzip nur Rebstöcke, Pinien und die spektakuläre **Blaue Grotte** (Modra Špilja). Zwischen 11 und 12 Uhr scheinen die Sonnenstrahlen durch eine Unterwasseröffnung in die Höhle und tauchen sie in ein außerirdisch wirkendes blaues Licht. Im kristallklaren blauen Wasser schimmern die Felsen bis in eine Tiefe von 16 m silbern und rosa. Der einzige Nachteil: Außerhalb der Sommermonate und wenn der *jugo* (Südwind) bläst, sind die Wellen oft zu hoch, um in die Höhle einzufahren. Während der Hauptsaison im Juli und August kann es schon mal unangenehm voll werden, dann stauen sich die Boote vor der Höhle. Außerhalb der Hochsaison können gute Schwimmer bei der Höhle schwimmen.

Im Juli und August fährt täglich um 8 Uhr ein Boot von Komiža nach Biševo (25 Kn pro Pers.), zurück geht's um 16.30 Uhr; Ausnahme ist der Freitag, dann legt es nachmittags ab und fährt direkt nach der Ankunft zurück. Alternativ lässt sich der Ausflug über eines der Reisebüros buchen. Sie vermieten auch Boote, mit denen man selbst dorthin fahren kann (Zulassung 30 Kn). Zudem werden Ausflüge zur weniger frequentierten **Grünen Grotte** (Zelena Špilja) auf der kleinen Insel Ravnik angeboten.

Dubrovnik & Süddalmatien

020

Inhalt »

Dubrovnik	261
Lokrum	278
Elafiti-Inseln	278
Mljet	279
Cavtat	281
Trsteno-Gärten	283
Korčula	283
Korčula (Stadt)	284
Lumbarda	290
Vela Luka	290
Halbinsel Pelješac	291
Orebić	291
Ston & Mali Ston	293

Gut essen

» LD (S. 289)
» Lucín Kantun (S. 273)
» Stermasi (S. 281)
» Konoba Komin (S. 289)
» Konoba Šiloko (S. 291)

Schön übernachten

» Karmen Apartments (S. 271)
» Hotel Bellevue (S. 270)
» Hotel Korkyra (S. 291)
» Lešić Dimitri Palace (S. 287)
» Ostrea (S. 294)

Auf nach Dubrovnik

Dubrovnik ist einzigartig. Lord Byron nannte die Stadt „Perle der Adria", George Bernard Shaw sprach vom „Paradies auf Erden". Angesichts ihrer Schönheit und traumhaften Lage verschlägt es vielen Besuchern erst einmal die Sprache. Dabei ist Dubrovnik kein Geheimtipp, ganz im Gegenteil: Tausende von Besuchern flanieren Tag für Tag über die Marmorstraßen, staunen und starren. Trotzdem findet man problemlos menschenleere Orte zum Durchatmen.

Die bemerkenswerte Altstadt, von gewaltigen Verteidigungsmauern umgeben, ist das eigentliche Highlight. Wie eine Zeitkapsel bewahrt sie faszinierende Beispiele barocker Architektur.

Dubrovnik eignet sich hervorragend als Ausgangspunkt für Ausflüge zu den Inseln und Küstenstreifen in der Umgebung, darunter das idyllische kleine Lokrum, Korčula (berühmt für exzellente Weißweine und die Zitadelle), der Mljet-Nationalpark, die bergige Pelješac-Halbinsel und die umwerfend schönen Trsteno-Gärten.

Reisezeit

Dubrovnik

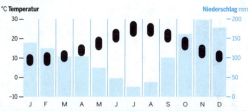

März oder April Spektakuläre Osterprozessionen in den Straßen von Korčula.

Juli & August Beim Sommerfestival in Dubrovnik wird der Hunger nach Kultur gestillt.

Oktober An diesem Küstenabschnitt ist das Wasser noch warm genug zum Schwimmen.

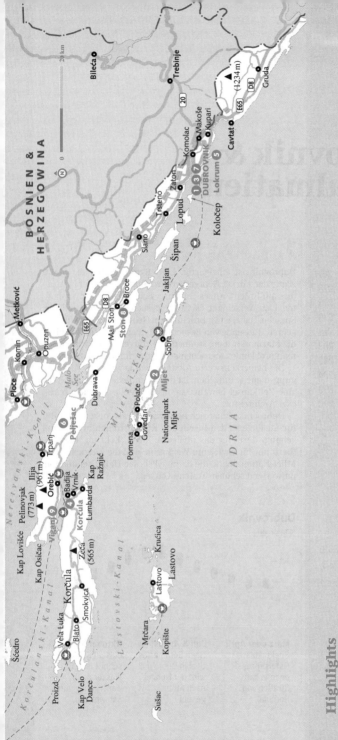

Highlights

① Die schönste und touristischste Aktivität von allen Möglichkeiten: **Dubrovnik** (S. 263) von der Stadtmauer aus bestaunen

② Auf der bukolischen Insel **Mljet** (S. 279), Kroatiens Version eines paradiesischen Eilands, ein paar herrliche Tage verbringen

③ In der exzellenten Galerie **War Photo Limited** (S. 263) in die kroatische Geschichte blicken

④ Innerhalb der Mauern von **Korčula** (S. 284) die beeindruckende mittelalterliche Atmosphäre auf sich wirken lassen

⑤ Auf der faszinierenden Insel **Lokrum** (S. 278) Zuflucht vor den Menschenmassen suchen

⑥ Auf Wanderwegen die Höhen der **Halbinsel Pelješac** (S. 291) erklimmen

⑦ In einer der **Buža-Bars** (S. 275) in Dubrovnik einen Drink bei Sonnenuntergang genießen

⑧ Im alten Hafen **Ston** (S. 293) Austern schlürfen

⑨ Wellenreiten auf der Adria vom Surfermekka **Viganj** (S. 293) aus

DUBROVNIK

29 995 EW.

Egal, ob man Dubrovnik nun zum ersten oder zum hundertsten Mal besucht, angesichts der traumhaft schönen Stradun wird es einem jedes Mal aufs Neue die Sprache verschlagen. Kaum vorstellbar, dass sich irgendjemand je an den Marmorstraßen, Barockgebäuden und der funkelnden Adria sattsehen kann oder einen der Anblick der 500 Jahre alten Stadtmauern kaltlässt.

Die Bombenangriffe auf Dubrovnik 1991 schockierten die Welt, doch die Stadt hat inzwischen zu ihrer alten Lebendigkeit zurückgefunden und verzaubert Reisende von nah und fern. Der Aufstieg und Niedergang Dubrovniks wird in Museen mittels Kunstwerken und Artefakten illustriert, und mit der neu hergerichteten Seilbahn geht's auf den Berg Srđ hinauf. Besucher dürfen in den mediterranen Lifestyle eintauchen und sich am Zusammenspiel von Licht und Schatten auf den steinernen Gemäuern erfreuen. Wenn man genug über die Geschichte gelernt hat, ist es Zeit für ein Bad im azurblauen Meer.

Geschichte

Die Geschichte Dubrovniks beginnt im 7. Jh. mit einem Angriff der Slawen, der die römische Stadt Epidaurum (das heutige Cavtat) auslöschte. Die Einwohner flohen an den sichersten Ort, der sich finden ließ: Auf eine felsige Insel (Ragusa), die vom Festland durch einen schmalen Kanal getrennt war. Da weitere Invasionen drohten, mussten dringend Stadtmauern errichtet werden. Im 9. Jh. war die Stadt bereits mit einer ausreichend starken Wehranlage versehen und konnte der Belagerung durch die Sarazenen 15 Monate lang trotzen.

Unterdessen war auf dem Festland eine weitere Siedlung entstanden, die sich von Zaton im Norden nach Cavtat im Süden erstreckte: Dubrovnik. Sie wurde nach den *dubrava* (Steineichen) benannt, die in dieser Gegend verbreitet waren. Die beiden Siedlungen verschmolzen im 12. Jh. zu einer Stadt und der Kanal, der die Orte trennte, wurde aufgefüllt.

Gegen Ende des 12. Jhs. hatte sich Dubrovnik zu einem bedeutenden Handelszentrum an der Küste entwickelt und fungierte als Bindeglied zwischen dem Mittelmeer und den Balkanstaaten.

1205 geriet es unter die Herrschaft der Seerepublik Venedig, aus der es sich erst 1358 wieder befreien konnte.

Im 15. Jh. hatte die Republica Ragusina (Republik Ragusa) ihre Grenzen über die Stadtmauern hinweg erweitert: Der gesamte Küstenstreifen von Ston nach Cavtat fiel nun in ihr Territorium, außerdem die Insel Lastovo, die Halbinsel Pelješac und die Insel Mljet. Damit war die Republik zu einer Macht avanciert, mit der man rechnen musste. Die Stadt wandte sich dem Seehandel zu und gründete eine eigene Flotte, deren Schiffe bis nach Ägypten, Syrien, Sizilien, Spanien, Frankreich und Istanbul entsandt wurden. Aufgrund gewitzter Diplomatie unterhielt die Stadt zu allen Staaten gute Beziehungen – sogar zum Osmanischen Reich, dem Dubrovnik dann im 16. Jh. Tributzahlungen leistete.

Jahrhundertelang herrschten Frieden und Wohlstand, sodass auch Wissenschaft und Literatur blühten. Leider wurde ein Großteil der Renaissancearchitektur und Kunst 1667 durch ein Erdbeben zerstört, bei dem 5000 Menschen ums Leben kamen. Die Stadt lag in Schutt und Asche, nur der Sponza-Palast und der Rektorenpalast überdauerten die Katastrophe. Die Stadt wurde anschließend einheitlich im Stil des Barock wieder aufgebaut, mit bescheidenen Wohnhäusern und Geschäften im Erdgeschoss. Dieses Erdbeben markierte auch den beginnenden wirtschaftlichen Niedergang der Stadt, bedingt durch die Öffnung neuer Handelswege gen Osten und den Aufstieg rivalisierender Seemächte in Westeuropa.

Den letzten Schlag versetzte schließlich Napoleon der Stadt, als er mit seinen Truppen 1808 in Dubrovnik einfiel und hier das Ende der Republik proklamierte. Der Wiener Kongress sprach Dubrovnik 1815 Österreich zu; die Stadt konnte ihren Status als Seehafen behalten, doch es machten sich zunehmend gesellschaftliche Probleme bemerkbar. Bis 1918 blieb Dubrovnik Teil der österreichisch-ungarischen Monarchie. Anschließend widmete es sich immer stärker dem Aufbau seiner Tourismusindustrie.

Schließlich geriet die Stadt in die Kriegswirren des ehemaligen Jugoslawiens. An die 2000 Bomben hagelten 1991 und 1992 auf Dubrovnik nieder und verursachten beträchtliche Schäden. Sämtliche Gebäude sind jedoch inzwischen restauriert worden.

◉ Sehenswertes

Heute ist Dubrovnik die wohlhabendste, eleganteste und teuerste Stadt Kroatiens. In vielerlei Hinsicht wirkt sie wie ein geo-

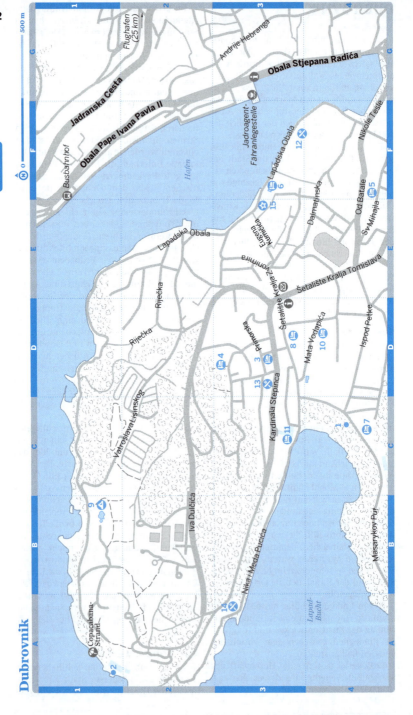

Dubrovnik

Aktivitäten, Kurse & Touren
- 1 Blue Planet Diving C4
- 2 Navis Underwater Explorers A1

Schlafen
- 3 Begović Boarding House D3
- 4 Dubrovnik Backpackers Club D3
- 5 Hotel Ivka F4
- 6 Hotel Lapad F3
- 7 Hotel Uvala C4
- 8 Hotel Zagreb D3
- 9 Solitudo B1
- 10 Vila Micika D4
- 11 Villa Wolff C3

Essen
- 12 Blidinje F3
- 13 Konoba Atlantic D3
- 14 Levenat A3

Unterhaltung
- 15 Open-Air-Kino E3

grafisch und historisch vom Rest der Nation isolierter Stadtstaat. Die Touristenflut ist so überwältigend, dass man überlegt, die Besucherzahlen in der Altstadt zu begrenzen: Wenn mehrere Kreuzer gleichzeitig im Hafen anlegen und ihre Passagiere an Land strömen, sind die wichtigsten Straßen regelrecht verstopft.

Dubrovniks Nord-Süd-Ausdehnung beträgt etwa 6 km. Ein Großteil der Hotels erhebt sich auf dem üppig grünen Kap Lapad im Nordwesten. Die Sehenswürdigkeiten verteilen sich in der Altstadt; dort dürfen nirgendwo Autos fahren. Über der Stadt ragt der Berg Srđ auf, der mit der Seilbahn erreicht werden kann.

Das Pile-Tor ist der Haupteingang zur Altstadt; dort befindet sich auch die Endhaltestelle der Busse aus Lapad und dem Hafen von Gruž.

DIE ALTSTADT

LP TIPP   Stadtmauern & Festungen

VERTEIDIGUNGSWALL

(Gradske Zidine; Karte S. 264; April–Okt. 9–18.30 Uhr, Nov.–März 10–15 Uhr) Ein Besuch in Dubrovnik wäre ohne einen Spaziergang auf den spektakulären Stadtmauern nicht vollständig. Sie zählen zu den schönsten der Welt – ihnen verdankt die Stadt einen Großteil ihres Ruhmes. Gebaut zwischen dem 13. und 16. Jh., sind sie bis heute komplett erhalten.

Der erste Mauergürtel um die Stadt entstand im 13. Jh. Mitte des 14. Jhs. wurden die 1,5 m dicken Mauern dann mit 15 viereckigen Forts befestigt. Als im 15. Jh. die Gefahr eines Türkenangriffs drohte, wurden die bestehenden Forts weiter verstärkt und durch neue ergänzt. Die gesamte Altstadt ist heute von einer 2 km langen und bis zu 25 m hohen Wehrmauer umgeben. Auf der Landseite sind die Mauern dicker (bis zu 6 m), zur See hin sind es 1,5–3 m. Der **Minčeta-Turm** schützt den nördlichen Stadtrand vor einer Invasion vom Festland her, während im Westen die **Festung Lovrjenac** Angreifer vom Land und vom Meer abwehrt. Das Pile-Tor wird durch den **Bokar-Turm** gesichert, die **Festung Revelin** wacht über den östlichen Zugang zur Stadt.

Der Blick auf Dubrovnik und das Meer ist traumhaft. Allein deshalb ist der Mauerspaziergang ein Muss (Erw./erm. 70/30 Kn): Er gilt als Höhepunkt einer jeden Stadtbesichtigung. Den Haupteingang und den Ticketschalter findet man neben dem Pile-Tor, man kann jedoch auch durch das Ploče-Tor im Osten auf die Mauern gelangen (eine gute Idee zu den hektischsten Zeiten). Auf den Mauern bewegt man sich übrigens im Uhrzeigersinn fort.

Pile-Tor   MONUMENTALES TOR

(Karte S. 264) Der nahe liegende Ausgangspunkt für eine Stadtbesichtigung ist das wunderschöne Stadttor von 1537. Wer am Eingang die Zugbrücke überquert, sollte sich vor Augen halten, dass diese Brücke früher jeden Abend hochgezogen, das Tor abgesperrt und der Schlüssel dem Prinzen übergeben wurde. Eine **Statue des heiligen Blasius**, des Schutzpatrons der Stadt, steht in einer Nische über dem Renaissancebogen. Nach dem äußeren Tor folgt das innere Tor von 1460, dahinter öffnet sich ein herrlicher Blick auf die Hauptstraße, **Placa** oder Stradun, Dubrovniks Flaniermeile. Sie erstreckt sich bis zum Ende der Altstadt und verbreitert sich am östlichen Ende zum **Luža-Platz**, auf dem früher der Markt abgehalten wurde.

War Photo Limited   FOTOGALERIE

(Karte S. 264; 326 166; www.warphotoltd.com; Antuninska 6; Eintritt 30 Kn; Juni–Sept. 9–21 Uhr, Mai & Okt. Di–Sa 9–15, So 9–13 Uhr) Der Besuch dieser modernen Fotogalerie wird bleibenden Eindruck hinterlassen. Die Fo-

Dubrovnik Altstadt

tos und Ausstellungen sind wunderbar präsentiert; Kurator ist der Fotojournalist Wade Goddard, der in den 1990er-Jahren in den Balkanländern arbeitete.

Die Mission von War Photo ist, „den Kriegsmythos bloßzustellen ... Menschen den Krieg zu zeigen, wie er ist: grausam, beängstigend und korrupt; zu zeigen, wie Unschuldige und Kämpfer gleichermaßen zu Opfern der Ungerechtigkeit werden." Dieses Ziel wird souverän erreicht, denn die Galerie belegt die Auswirkungen der krie-

gerischen Auseinandersetzungen mit unglaublich bewegendem und fesselndem Fotomaterial – ein überaus intensives visuelles Erlebnis.

Zu den jüngeren Ausstellungen zählten Zijah Gafićs „Troubled Islam" und Emilio Morenattis „Tribal Regions". Die Dauerausstellung mit Fotos von Ron Haviv und audiovisuellen Darstellungen im Obergeschoss behandelt den Krieg in Jugoslawien. Achtung: War Photo Limited ist von November bis April geschlossen.

Dubrovnik Altstadt

Highlights
Seilbahn...F1
Stadtmauer...C2
Dominikanerkloster & Museum........F3
Franziskanerkloster & Museum......D2
Pile-Tor..C2
Rektorenpalast....................................F4
War Photo Limited.............................D2

Sehenswertes
1 Bokar-Turm.....................................B3
2 Kathedrale Mariä
   Himmelfahrt................................E4
3 Uhrturm..F3
4 Ethnografisches Museum..............C4
   Jesuitenkolleg........................(siehe 16)
5 Festung Lovrjenac.........................A3
6 Schiffahrtsmuseum........................G4
   Gedenkraum der
   Verteidiger Dubrovniks........(siehe 14)
7 Minčeta-Turm.................................D1
8 Morgenmarkt..................................E4
9 Onofrio-Brunnen............................C2
10 Orlando-Säule...............................E3
11 Ploče-Tor..G2
12 Festung Revelin............................G2
13 Serbisch-orthodoxe Kirche &
    Museum..D3
14 Palast Sponza...............................F3
15 Kirche des heiligen Blasius.........E3
16 Kirche des heiligen Ignatius........D5
17 Erlöserkirche................................C2
   Staatsarchive........................(siehe 14)
18 Synagoge......................................E2
   Schatzhaus............................(siehe 2)

Aktivitäten, Kurse & Touren
19 Adriatic Explore............................F5

Schlafen
20 Apartments Amoret.....................E4
21 Fresh Sheets................................D5
22 Hotel Hilton Imperial...................A1
23 Hotel Stari Grad...........................D2
24 Karmen Apartments...................F4
25 Pucić Palace.................................E4
26 Rooms Vicelić..............................D2

Essen
27 Buffet Skola..................................D3
28 Defne..E4
29 Dubravka 1836............................B2
30 Gil's...F3
31 Kamenice.....................................E4
   Konzum...................................(siehe 8)
32 Lucín Kantun..............................D2
   Markt....................................(siehe 16)
33 Nishta..D2
34 Orhan..B2
35 Pizzeria Baracuda.....................D3
36 Proto..D3
37 Revelin..G2
38 Taj Mahal....................................D4
39 Wanda...D2

Ausgehen
40 Buža...E5
41 Buža II..D5
42 Gaffe..E3
43 Troubadur...................................E4

Unterhaltung
44 Latino Club Fuego.....................B2
45 Lazareti......................................H2
46 Open-Air-Kino...........................C3
   Sloboda Cinema...................(siehe 3)
   Blasius-Kirche.....................(siehe 15)
   Erlöserkirche.......................(siehe 17)

Shoppen
47 Green Room..............................E5
48 Gulliver......................................E4
49 Maria..F3
   Morgenmarkt.........................(siehe 8)
50 Photo Gallery Carmel...............E2

Franziskanerkloster & Museum KLOSTER
(Muzej Franjevačkog Samostana; Karte S. 264; Placa 2; Erw./erm. 30/15 Kn; ☉9–18 Uhr) Über dem Klostereingang prangt eine bemerkenswerte *Pietà* der hiesigen Bildhauer Petar und Leonard Andrijić von 1498. Leider überdauerte nur das Portal der reich verzierten Kirche das Erdbeben 1667. In der Klosteranlage lohnt der **Kreuzgang** (Mitte 14. Jh.) einen Blick; er zählt zu den schönsten Baudenkmälern Dalmatiens aus der Zeit der Spätromanik. Jedes Kapitell über den unglaublich schmalen Doppelsäulen zeigt eine andere Darstellung: Köpfe, Tiere und Blumenornamente. Ebenfalls sehenswert ist der kleine Garten, den Orangenbäume und Palmen beschatten.

Im Inneren findet man die drittälteste Apotheke Europas: Sie ist seit 1391 in Betrieb und war wohl die erste in Europa, die auch das „gemeine Volk" bediente. Das kleine Klostermuseum beherbergt Reliquien, liturgische Objekte (darunter Kelche), Gemälde, Goldschmuck, pharmazeutisches Gerät und medizinische Bücher. Die Munition, die die Klostermauern während des Bürgerkriegs durchlöcherte, wurde ebenfalls aufbewahrt.

Hier finden häufig gute Foto- oder Kunstausstellungen statt.

Dominikanerkloster & Museum   KLOSTER
(Muzej Dominikanskog Samostana; Karte S. 264; bei der Ulica Svetog Dominika 4; Erw./erm. 20/10 Kn; ☉Mai–Okt. 9–18 Uhr, Nov.–April 9–17 Uhr) Dieses wirklich beeindruckende architektonische Meisterwerk im Übergangsstil von der Gotik zur Renaissance birgt eine Fülle herrlicher Gemälde. Das Kloster entstand etwa zur selben Zeit wie die Stadtmauern (im 14. Jh.) und erinnert von außen mehr an eine Festung als an ein religiöses Bauwerk. Im Innern befindet sich ein schöner Kreuzgang aus dem 15. Jh., den einheimische Künstler nach dem Entwurf des florentinischen Architekten Massa di Bartolomeo gestalteten. In der großen, einschiffigen Kirche beeindruckt das Altargemälde von Vlaho Bukovac. Im Ostflügel ist die imposante Kunstsammlung des Klosters untergebracht; sehenswert sind z. B. die Werke von Nikola Božidarević, Dobrić Dobričević und Mihajlo Hamzić.

Rektorenpalast   PALAST
(Karte S. 264; Pred Dvorom 3; Erw./erm. 35/15 Kn; Audioguide 30 Kn; ☉ Mai–Okt. 9–18 Uhr, Nov.–April 9–16 Uhr) Der Rektorenpalast mit Elementen aus Gotik und Renaissance stammt aus dem späten 15. Jh. und weist zahlreiche prachtvolle Ornamente auf. Er wurde zwar mehrfach umgebaut, beeindruckt aber trotzdem durch seine Einheitlichkeit. Sehenswert sind die schön gemeißelten Kapitelle und das Treppenhaus im Atrium, in dem im Sommer oft Konzerte stattfinden. Hier befindet sich auch eine **Statue** von Miho Pracat, der sein Vermögen der Republik vermachte und als einziger Bürgerlicher in der tausendjährigen Republik mit einer Statue (1638) geehrt wurde. Seine Hinterlassenschaft muss also ganz erheblich gewesen sein. Der Palast wurde für den Rektor gebaut, der Dubrovnik regierte; er enthält sowohl sein Amtszimmer und seine Privatgemächer als auch öffentliche Säle und Amtsstuben. Zu den Eigenheiten des politischen Systems der Republik Ragusa gehörte, dass der jeweils gewählte Rektor das Gebäude während seiner einmonatigen Amtszeit ohne Genehmigung des Senats nicht mehr verlassen durfte. Heute wird das Haus als **Museum** genutzt und beeindruckt Besucher mit seinen kunstvoll restaurierten Räumen, Porträts, Wappen und Münzen aus der glanzvollen Stadtgeschichte.

Kathedrale Mariä Himmelfahrt
KATHEDRALE
(Stolna Crkva Velike Gospe; Karte S. 264; Poljana M Držića; ☉morgens & spätnachmittags zur Messe geöffnet) Die Kirche entstand an der Stelle einer Basilika aus dem 7. Jh. und wurde im 12. Jh. erweitert. Die ursprüngliche Kathedrale Mariä Himmelfahrt soll angeblich vom englischen König Richard Löwenherz gestiftet worden sein, der bei der nahe gelegenen Insel Lokrum Schiffbruch erlitten hatte, jedoch gerettet wurde. Nachdem der erste Bau durch das Erdbeben 1667 zerstört worden war, nahmen die Arbeiten an der neuen Kathedrale ihren Anfang. Sie wurde 1713 im Barockstil fertiggestellt. Die Kathedrale ist für ihre schönen Altäre bekannt, vor allem für den Nepomuk-Altar aus violettem Marmor. Im **Schatzhaus** (Riznica; Erw./erm. 10/5 Kn; ☉Mai–Okt.Mo–Sa 8–17.30, So 11–17.30 Uhr, Nov.–April 10–12 & 15–17 Uhr) befinden sich die Reliquien des heiligen Blasius sowie 138 Reliquienschreine aus Gold und Silber, die Goldschmiede aus Dubrovnik vom 11. bis 17. Jh. in ihren Werkstätten fertigten. Von den religiösen Gemälden ist die Himmelfahrt Mariens, ein mehrfarbiges Polyptychon aus der Werkstatt von Tizian, erwähnenswert.

Palast Sponza   PALAST
(Karte S. 264; Stradun) Der Sponza-Palast war im 16. Jh. als Zollamt gebaut worden und diente dann als Münze sowie als Schatzhaus und als Bank. Heutzutage sind darin die **Staatsarchive** (Državni Arhiv u Dubrovniku; Eintritt 15 Kn; ☉Mo–Fr 8–15, Sa 8–13 Uhr) untergebracht. Von unbezahlbarem Wert ist eine Sammlung von fast 1000 Jahre alten Manuskripten. Das edle Bauwerk präsentiert sich in einer Mischung aus Stilelementen der Gotik und Renaissance. Der Renaissance-Portikus ruht auf sechs Säulen. Im ersten Obergeschoss beeindrucken spätgotische Fenster, die Fenster im zweiten Stock sind im Stil der Renaissance gehalten. Eine Nische birgt die Statue des heiligen Vlaho. Im **Gedenkraum der Verteidiger Dubrovniks** (☉Mo–Fr 10–22, Sa 8–13 Uhr) sieht man eine ergreifende Samm-

lung von Porträts junger Leute, die zwischen 1991 und 1995 bei der Verteidigung ihrer Stadt ums Leben kamen.

Kirche des heiligen Ignatius KIRCHE
(Crkva Svetog Ignacija; Karte S. 264; Uz Jezuite; ☺spätabends zur Messe geöffnet) Diese Kirche wurde im selben Stil wie die Kathedrale erbaut und 1725 vollendet. Die Fresken zeigen Szenen aus dem Leben des heiligen Ignatius, dem Begründer des Jesuitenordens. An die Kirche grenzt das **Jesuitenkolleg**, von dort führt eine breite Treppe hinunter zum Gundulićeva-Poljana-Platz, auf dem ein lebendiger **Morgenmarkt** stattfindet. Das Denkmal in der Mitte des Platzes stellt einen berühmten Dichter aus Dubrovnik dar: Ivan Gundulić. Die Reliefs am Sockel zeigen einige Szenen aus seinem epischen Gedicht *Osman*.

Kirche des heiligen Blasius KIRCHE
(Crkva Svetog Vlahe; Karte S. 264; Luža Sq; ☺Mo-Sa morgens & spätnachmittags zur Messe geöffnet) Die imposante Kirche wurde 1715 im Barockstil erbaut. Ihre reich geschmückte Fassade steht in starkem Kontrast zu den nüchternen Wohngebäuden der Umgebung. Im Kirchenraum sind vor allem die Marmoraltäre und eine Statue des Stadtpatrons (Blasius) mit Silberauflage aus dem 15. Jh. erwähnenswert. Letzterer hält ein maßstabsgetreues Modell von Dubrovnik aus der Zeit vor dem großen Erdbeben in der Hand.

Onofrio-Brunnen BRUNNEN
(Karte S. 264) Eines der bekanntesten Wahrzeichen von Dubrovnik ist der Onofrio-Brunnen. Er wurde 1438 als Teil der städtischen Wasserversorgung errichtet; das Wasser wurde damals von einer Quelle 12 km in die Stadt geleitet. Ursprünglich war der Brunnen mit einer Skulptur geschmückt, doch das Erdbeben von 1667 verursachte so schlimme Schäden, dass nur 16 Masken erhalten geblieben sind, aus denen jetzt das Wasser ins Becken sprudelt.

Serbisch-orthodoxe Kirche & Museum
KIRCHE, MUSEUM
(Muzej Pravoslavne Crkve; Karte S. 264; Od Puča 8; Erw./erm. 10/5 Kn; ☺Mo-Sa 9-14 Uhr) Die serbisch-orthodoxe Kirche wurde 1877 errichtet und zeigt eine faszinierende Ikonensammlung aus dem 15. bis 19. Jh. Neben Abbildungen der Heiligen Familie aus Kreta, Italien, Russland und Slowenien sind auch mehrere Porträts des illustren kroatischen Malers Vlaho Bukovac zu sehen.

Synagoge SYNAGOGE
(Sinagoga; Karte S. 264; Žudioska 5; Eintritt 10 Kn; ☺Mai-Okt. Mo-Fr 10-20 Uhr, Nov.-April 10-15 Uhr) Die älteste sephardische und zweitälteste Synagoge auf dem Balkan stammt aus dem 15. Jh. Heute hat hier ein Museum seine Räumlichkeiten. Zu sehen sind Kultgegenstände und eine Dokumentation über die jüdische Bevölkerung sowie Relikte aus dem Zweiten Weltkrieg.

Erlöserkirche KIRCHE
(Crkva Svetog Spasa; Karte S. 264; Placa) Die Kirche entstand zwischen 1520 und 1528 und ist eins der wenigen Gebäude, die das Erdbeben von 1667 überstanden. Sie ist gelegentlich im Rahmen von Ausstellungen oder Konzerten bei Kerzenlicht geöffnet.

Ethnografisches Museum MUSEUM
(Etnografski Muzej; Karte S. 264; Od Rupa; Erw./erm. 40/20 Kn; ☺So-Fr 9-16 Uhr) Das im Rupe-Getreidespeicher aus dem 16. Jh. untergebrachte Ethnografische Museum zeigt Exponate zu den Themen Landwirtschaft und lokales Brauchtum.

Orlando-Säule SÄULE
(Karte S. 264) Die Orlando-Säule ist ein beliebter Treffpunkt. Früher wurden hier Edikte und Schuldsprüche erlassen und Feste gefeiert. Der Unterarm des mittelalterlichen Ritters von 1417 diente einst als offizielle Maßeinheit der Republik – die Elle von Dubrovnik ist 51,1 cm lang.

Schifffahrtsmuseum MUSEUM
(Erw./erm. 35/15 Kn; ☺Mai-Sept. 9-18 Uhr, Okt.-April 9-16 Uhr) In der Johannes-Festung spürt das Schifffahrtsmuseum der Geschichte der Seefahrt in Dubrovnik anhand von Schiffsmodellen, Gerätschaften und Gemälden nach.

ÖSTLICH DER ALTSTADT

Seilbahn SEILBAHN
LP TIPP (Karte S. 264; www.dubrovnikcablecar.com; Petra Krešimira IV; Erw./erm. 40/20 Kn; ☺Mai-Okt. Di-So 9-22 Uhr, restliches Jahr kürzer) Nach 19 Jahren wurde Dubrovniks Seilbahn endlich wieder in Betrieb genommen und befördert Passagiere in weniger als vier Minuten von der Stadtmauer (bzw. gleich nördlich davon) auf den Berg Srđ (405 m). Oben erwartet einen ein umwerfender Blick auf die terrakottafarbenen Dächer der Altstadt, die Insel Lokrum, die Adria und die Elafiti-Inseln in der Ferne. Mithilfe von Ferngläsern kann man noch die kleinsten Details wahrnehmen. Es gibt eine Imbiss-

bude und ein Restaurant. Außerdem ist das **Bürgerkriegsmuseum** (wird derzeit renoviert) ganz in der Nähe.

| GRATIS | **Museum für Moderne Kunst** |

MUSEUM

(Frana Supila 23; ⊙Di–So 10–19 Uhr) Zeitgenössische Kunst aus Kroatien, vor allem aus der Hand von Vlaho Bukovac.

Aktivitäten

Schwimmen

Es gibt ein paar Stadtstrände in Dubrovnik, wer es aber gern etwas abgeschiedener und ruhiger hätte, sollte mit dem Schiff nach Lokrum oder auf die Elafiten übersetzen.

Der **Banje-Strand** ist nicht weit vom Ploče-Tor entfernt und war der beliebteste Stadtstrand, bis ein Abschnitt abgetrennt wurde, der jetzt nur noch vom exklusiven EastWest Club genutzt werden darf. Gleich südöstlich liegt **Sveti Jakov**, ein netter, ruhiger Strand mit Duschen, einer Bar und einem Restaurant. Die Buslinien 5 und 8 fahren dorthin.

Im Westen der Stadt, jenseits des Pile-Tors, erstrecken sich die Strände **Šulići** (steinig) und **Dance** (felsig). Der schönste Strand in Altstadtnähe liegt unterhalb des Hotels Bellevue. Dort findet man eine geschützte Bucht mit hohen Klippen (die das steinige Ufer ab dem späten Nachmittag beschatten). Es macht Spaß, den Kids bei ihren Sprüngen ins Meer zuzusehen.

An der **Lapad-Bucht** (Karte S. 262) liegen jede Menge Hotels mit Stränden, die man problemlos nutzen kann. Nett ist z. B. die Bucht beim Hotel Kompas. In der Nähe befindet sich der **Copacabana-Strand** auf der Halbinsel Babin Kuk mit seichtem Wasser und einer Rutsche für Kinder. FKK-Fans ziehen weiter nach **Cava** (beim Copacabana-Strand ausgeschildert).

In der Altstadt kann man unterhalb der beiden Buža-Bars an der Außenseite der Stadtmauern schwimmen. Stufen erleichtern den Einstieg ins bzw. Ausstieg aus dem Wasser, zwischen den Felsen kann man auf einer zementierten Fläche sonnenbaden.

Tauchen, Kajakfahren & Raften

Rund um Dubrovnik befinden sich ein paar schöne Tauchgründe.

Navis Underwater Explorers (Karte S. 262; ☎099 35 02 773; www.navisdubrovnik.com; Copacabana-Strand) organisiert Ausflüge für Freizeittaucher (z. B. zum Schiffswrack der *Taranto*) sowie Kurse. **Blue Planet Diving** (Karte S. 262; ☎091 89 90 973; www.blueplanet-diving.com; Hotel Dubrovnik Palace, Masarykov Put 20) hat dasselbe Angebot.

Adriatic Kayak Tours (☎091 72 20 413; www.adriatickayaktours.com; Zrinsko Frankopanska 6) veranstaltet Kajakexkursionen (halbtägige Paddelausflüge bis einwöchige Touren) und Rafting-Abenteuer auf dem Tara-Fluss in Montenegro.

Geführte Touren

Dubrovnik Walks HISTORISCHE FÜHRUNG

(☎095 80 64 526; www.dubrovnikwalks.com) Ausgezeichnete geführte Spaziergänge in englischer Sprache. Die einstündigen Rundgänge durch die Altstadt (70 Kn) beginnen täglich um 10 sowie um 18 Uhr (Mai, Juni, September & Oktober) bzw. 19 Uhr (Juli & August). Außerdem kann man täglich um 9.30 und 15.30 Uhr (17.30 Uhr im Juli und August) 1½ Stunden mit einem Führer über die Stadtmauer spazieren und sich dabei die Forts ansehen (140 Kn). Treffpunkt ist der Latino Club Fuego gleich westlich des Pile-Tors. Eine Anmeldung ist nicht notwendig.

Adriatic Explore AUSFLÜGE

(Karte S. 264; ☎323 400; www.adriatic-explore.com; Bandureva 4) Die Tagestouren nach Mostar und Montenegro (beide 380 Kn) sind sehr beliebt. Außerdem im Programm: Ausflüge nach Mljet, Korčula und zu den Elafiti-Inseln (250 Kn).

Festivals & Events

Die **Dubrovniker Sommerspiele** (☎326 100; www.dubrovnik-festival.hr) zählen zu den hochkarätigsten Veranstaltungen des Landes. Im Juli und August finden fünf Wochen lang in der gesamten Stadt Theater-, Konzert- und Tanzvorführungen unter freiem Himmel statt. Neben nationalen Künstlern und Folkloregruppen aus der Region treten auch internationale Größen auf. Es werden Theaterstücke von Shakespeare sowie griechische Tragödien aufgeführt, und man kann Kammermusik oder Symphonieorchestern lauschen. Karten (50–300 Kn) sind im Festspielbüro an der Placa bzw. eine Stunde vor Beginn der Vorstellungen am Veranstaltungsort erhältlich (auch Onlinereservierungen möglich).

Das **Libertas-Filmfestival** (www.libertasfilmfestival.com) zeigt vom 29. Juni bis 4. Juli in der Altstadt unter freiem Himmel Filme, Dokumentationen und Kurzfilme.

Das **Fest des heiligen Blasius** (3. Feb.) wird mit historischen Aufführungen und

DUBROVNIK: ZERSTÖRUNG & WIEDERAUFBAU

Viele erinnern sich noch an die Fernsehbilder vom Bombenhagel auf Dubrovnik. Auch wenn inzwischen einige Zeit ins Land gegangen ist, bleibt unter Einheimischen das Jahr des Krieges unvergessen. Gedenkplaketten in der Altstadt erinnern an die schweren Zeiten.

Die Bomben vernichteten 68 % der 824 historischen Gebäude in der Altstadt und durchlöcherten zwei von drei Dächern. Die Fassaden sowie die gepflasterten Straßen und Plätze bekamen 314 Treffer ab, die herrliche Stadtmauer 111. Neun historische Paläste brannten völlig nieder, der Sponza-Palast, der Rektorenpalast, die Blasius-Kirche, das Franziskanerkloster und der Amerling- und Onofrio-Brunnen wurden schwer beschädigt. Insgesamt belief sich der Schaden auf schätzungsweise 10 Mio. US-Dollar. Rasch fasste man den Beschluss, Reparaturen und Wiederaufbau mit traditionellen Techniken durchzuführen und nach Möglichkeit ausschließlich traditionelle Materialien zu verwenden.

Inzwischen erstrahlt Dubrovnik wieder in alter Pracht – zumindest fast. Die imposanten Stadtmauern sind wieder intakt, die marmornen Straßen schimmern im alten Glanz und berühmte Monumente wie der Onofrio-Brunnen aus dem 15. Jh. und der Uhrturm wurden liebevoll restauriert. Die Schäden an Sponza-Palast, Rektorenpalast, Blasius-Kirche, Kathedrale und verschiedenen Bürgerhäusern des 17. Jhs. wurden mithilfe eines internationalen Teams aus speziell ausgebildeten Steinmetzen repariert.

Prozessionen in der ganzen Stadt begangen. Ebenfalls im Februar wird mit dem **Karneval** der Frühling begrüßt.

🛏 Schlafen

Dubrovnik ist nicht groß, aber so heiß begehrt bei Touristen, dass Unmengen von Unterkünften über das Stadtgebiet verteilt sind. Dies ist die teuerste Stadt des Landes, man muss also tiefer in die Tasche greifen als anderswo. Viele Mittelklassehotels sind in Lapad, 4 km westlich des Zentrums, angesiedelt; in der Altstadt befinden sich kaum Schlafgelegenheiten. Weil der öffentliche Nahverkehr gut ausgebaut ist, macht es nichts, wenn man etwas außerhalb des Zentrums wohnt. Unterkünfte müssen weit im Voraus gebucht werden, insbesondere im Sommer.

Wer nur ein kleines Budget hat, wählt am besten Privatleute als Gastgeber. Einfach renommierte Reiseveranstalter oder die Touristeninformation kontaktieren. Vorsicht bei den Pensionsbesitzern, die einen am Busbahnhof bzw. Fährterminal bestürmen: Manche halten, was sie versprechen, andere mogeln. Man sollte versuchen, den Standort der Unterkunft vorab zu bestimmen, falls man die Altstadt zu Fuß erreichen möchte. Wer in einer nicht registrierten „Pension" übernachtet, kann im Falle eines Problems nicht mit Unterstützung rechnen. Die offiziellen Bleiben erkennt man gewöhnlich an den blauen *sobe*-Schildern (heißt „Zimmer frei"). In der Hauptsaison zahlt man ab 300 Kn für ein Doppelzimmer, für ein Apartment ab 500 Kn.

ALTSTADT & UMGEBUNG

Hotel Bellevue *LP TIPP* LUXUSHOTEL €€€
(📞 330 000; www.hotel-bellevue.hr; Petra Čingrije 7; DZ ab 1835 Kn; P ❋ @ 🌐 ≋) Die etwas altbacken wirkende Fassade mit getöntem Glas sollte man einfach ignorieren, denn eigentlich ist das Bellevue wirklich stilvoll. Es thront auf einem Felsen über der Adria, 15 Gehminuten westlich des Pile-Tors. Alle Zimmer haben Balkone mit herrlichem Ausblick. Das Dekor ist modern, das Restaurant, Vapor, erstklassig, die Einrichtungen sind hervorragend und die Mitarbeiter auf Zack, aber das Allerbeste ist die Bucht mit Badestrand unterhalb, zu der man dank des Hotelaufzugs direkten Zugang hat. Die Fitnessausstattung kann man vergessen, dafür ist der Wellnessbereich sehr nett.

Fresh Sheets *LP TIPP* HOSTEL €
(Karte S. 264; 📞 091 79 92 086; www.igotfresh.com; Sv Šimuna 15; B/DZ 210/554 Kn; @ 🌐) Das einzige Hostel in der Altstadt ist eine klassische Backpackerunterkunft: einladend, mit echtem Partyflair, aber trotzdem ruhig gelegen (direkt an der Stadtmauer, nahe der Buža-Bar). Die Zimmer und

Rezeptionsbereiche sind in ulkigen Farben gehalten. Unten hat man Platz zum Geselligsein und kann kaltes Bier im Kühlschrank deponieren, oben findet man zwei funktionale Achtbettzimmer mit Schließfächern und Ventilatoren (bei den Matratzen handelt es sich leider nur um Schaumstoffmatten) sowie ein separates Doppelzimmer. Das Fresh Sheets wird von einem sehr gastfreundlichen Team betrieben, das legendäre Saufgelage organisiert.

Hotel Excelsior   LUXUSHOTEL €€€
(353 353; www.hotel-excelsior.hr; Frana Supila 12; EZ/DZ ab 1640/1960 Kn; P❄@🌐⛱) Dubrovniks bestes Hotel ist nur einen kurzen Fußweg von der Altstadt entfernt und hat eine umfassende, 22 Mio. Euro teure Renovierung hinter sich. Hier hat man immer das Gefühl, dass etwas Besonderes ansteht; königliche Hoheiten und Hollywoodstars stiegen schon hier ab. Die Zimmer und Suiten sind schlichtweg umwerfend: Sie sind mit modernen Möbeln ausgestattet und warten vielfach mit tollen Blicken auf die Altstadt auf. In den vier Restaurants wird alles vom slowenischen Paprikaeintopf bis Sushi aufgetischt. Auch die Freizeiteinrichtungen (Pools drinnen und draußen) sind toll und der Service lässt nichts zu wünschen übrig.

LP TIPP Karmen Apartments   APARTMENTS €€
(Karte S. 264; 323 433, 098 619 282; www.karmendu.com; Bandureva 1; Apt. 437–1165 Kn; ❄🌐) Vier anheimelnde, gemütliche Apartments in toller Lage, nur einen Steinwurf vom Hafen Ploče entfernt. Alle haben viel Charme und sind in einem individuellen Stil gestaltet (mit Kunstwerken, kräftigen Farben, geschmackvollem Mobiliar und vielen Büchern). Der Besitzer ist der Engländer Marc Van Bloemen, der schon seit Jahrzehnten in Dubrovnik lebt. Das Apartment 2 hat einen kleinen Balkon, vom Apartment 1 hat man einen schönen Blick auf den Hafen. Marc und seiner Mutter liegt das Wohl ihrer Gäste sehr am Herzen. Weit im Voraus reservieren.

LP TIPP Apartments Amoret   APARTMENTS €€
(Karte S. 264; 091 53 04 910; www.dubrovnik-amoret.com; Dinke Ranjine 5; Apt. 655–874 Kn; ❄🌐) Elf sehr hochwertige, renovierte Studios (alle inkl. Bad und WLAN) sind über drei historische Gebäude in der Altstadt verteilt. Die Besucher dürfen sich auf elegantes Dekor, geschmackvolle Möbel, das eine oder andere Kunstwerk und Parkettböden freuen. Außerdem gehören Küchenzeilen zur Ausstattung. Das Amoret 1 bietet eine nette Terrasse für die Gäste. Kein Frühstück.

Apartments & Rooms Biličić   ZIMMER €
(417 152; www.geocities.com/apartments_bilicic; Priveźna 2; Zi./Apt. 437/874 Kn; ❄) Eine sehr atmosphärische Option; über ein paar extrem steile Stufen gelangt man zu Fuß in die Altstadt. Die Zimmer sind hell, sauber, anheimelnd und bequem und mit TVs ausgestattet, die Bäder liegen extra. Es gibt einen traumhaft schönen Garten voller subtropischer Pflanzen und eine Küche für die Gäste. Die Besitzerin Marija ist unheimlich gastfreundlich und holt die Besucher vom Busterminal oder anderswo ab. Außerdem hat sie jede Menge Tipps rund um Dubrovnik parat.

Villa Klaić   PRIVATUNTERKUNFT €€
(411 144; Šumetska 11; EZ/DZ 288/492 Kn; P❄@⛱) In Sachen Service könnten viele Fünf-Sterne-Hotel-Betreiber noch etwas von Milo Klaić, dem Inhaber dieser Bleibe, lernen. Er tut wirklich alles, damit sich seine Gäste wohlfühlen. Die Zimmer sind einfach, aber komfortabel, mit Duschen ausgestattet und teilweise auch klimatisiert. Die Reisenden können sich kostenlos von Bus oder Fähre abholen lassen und im Swimmingpool planschen. Die Villa Klaić liegt unweit der Küstenstraße, hoch über der Stadt. Kostenlose Bustickets sind im Preis inbegriffen.

Hotel Stari Grad   BOUTIQUE-HOTEL €€€
(Karte S. 264; 322 244; www.hotelstarigrad.com; Od Sigurate 4; EZ/DZ 1180/1580 Kn; ❄🌐) Toplage in der Altstadt unweit des Pile-Tors und bei der Stradun. Die acht Zimmer sind ordentlich, ansprechend aufgemacht und komfortabel, wenn auch etwas klein, die Angestellten supernett. Von der Dachterrasse hat man einen umwerfenden Blick auf die Stadt. Achtung: Man muss viele Treppen bewältigen, es gibt keinen Aufzug.

Pucić Palace   HISTORISCHES HOTEL €€€
(Karte S. 264; 326 222; www.thepucicpalace.com; Od Puča 1; EZ/DZ 2294/3751 Kn; ❄@🌐) Dies ist das einzige Luxushotel innerhalb der Stadtmauern. Es ist in einer umgebauten Aristokratenvilla neben dem Luža-Platz untergebracht. Die Zimmer sind hübsch möbliert und sehr komfortabel (Antiquitäten, Bettlaken aus ägyptischer Baumwolle etc.), dem Dekor fehlt allerdings der Wow-Effekt. Schlagwörter sind vielmehr Klasse

und Bequemlichkeit. Die Lage bringt leider astronomisch hohe Preise mit sich (immerhin ist die Nutzung des nahe gelegenen Privatstrands inklusive). Außerdem könnte der Service besser sein.

Grand Villa Argentina   LUXUSUNTERKUNFT €€€
(☎440 555; www.gva.hr; Frana Supila 14; DZ ab 1457 Kn; P✻@🖵≋) Eine Art luxuriösen Stadtstaat bilden die vier Luxusvillen dieses Fünf-Sterne-Hotels. Der Komplex befindet sich zehn Gehminuten östlich des Ploče-Tors in der Altstadt. Das Dekor wirkt etwas billig (Bettwäsche und Teppiche mit hektischen Mustern), doch der Blick auf die Stadtmauern ist herrlich, und auch das Maß an Komfort lässt keine Wünsche offen. Es gibt z. B. Schwimmbecken drinnen und draußen und einen Wellnessbereich.

Hotel Hilton Imperial   LUXUSHOTEL €€€
(Karte S. 264; ☎320 320; www.hilton.com; Blažiča 2; DZ ab 1821 Kn; P✻@🖵≋) Dies ist alles andere als Hotel-Hilton-Einheitsbrei, vielmehr ein sorgfältig renoviertes Habsburger Herrenhaus aus dem 19. Jh., nur wenige Schritte vom Pile-Tor entfernt. Den stattlichen Empfangsbereichen haftet ein Hauch klassischer Erhabenheit an, die Zimmer sind moderner (viele mit Blick auf die Festung Lovrjenac). Es gibt einen netten Fitnessraum, aber leider keinen Außenpool.

Apartments Darrer   APARTMENTS €€
(☎098 92 43 105; www.villadarrer.hr; Bosanka; Apt. 437–815 Kn; P✻🖵≋) Hoch über der Stadt (ca. 7 km vom Zentrum entfernt) im Dorf Bosanka, nicht weit vom Berg Srđ entfernt, liegen die fünf makellos sauberen, modern ausgestatteten Apartments – etwas isoliert, aber dafür sehr friedlich (Bus 17 nehmen). Im Sommer kann man im Pool planschen und den Garten genießen.

Rooms Vicelić   ZIMMER €€
(Karte S. 264; ☎098 97 90 843; www.roomsvicelic.hostel.com; Antuninska 9 & 10; Zi. 585 Kn; ✻@🖵) Eigentümliche Altstadtunterkunft, die von einer netten Familie betrieben wird. Man hat die Wahl zwischen leicht heruntergekommenen und ordentlichen, modernen Zimmern (alle mit eigenem Bad, sie sind aber nicht immer en suite). Außerdem gibt's eine Kochgelegenheit. Nur Bargeldzahlungen.

YHA Hostel   HOSTEL €
(☎423 241; dubrovnik@hfhs.hr; Vinka Sagrestana 3; B 148 Kn; @) Die Lage dieses mittelgroßen Hostels in einer ruhigen Gegend 1 km westlich der Altstadt ist ziemlich gut. Die Mehrbettzimmer sind einfach, aber geräumig. Außerdem gibt's ein Doppelzimmer. Falls man sich ein Bett aussuchen darf (nur selten der Fall): Die besten Zimmer sind die Nr. 31 und 32; sie bieten Zugang zu einer gemeinschaftlich genutzten Dachterrasse. Frühstück inbegriffen. Im Voraus buchen.

LAPAD

Die üppig grüne Halbinsel Lapad liegt 4 km westlich der Altstadt und ist wunderbar ruhig. Hier findet man eine Mischung aus Wohn- und touristischen Vierteln mit dem ein oder anderen Pauschalhotel. Wer an der Küste entlangspaziert, vorbei am Hotel Kompas, gelangt zu mehreren Stellen, die zum Sonnenbaden oder Schwimmen einladen. Die Buslinie 6 verkehrt zwischen dem Pile-Tor und Lapad.

🔖 LP TIPP Begović Boarding House
PRIVATUNTERKUNFT €
(Karte S. 262; ☎435 191; www.begovic-boardinghouse.com; Primorska 17; B/Zi./Apt. 146/292/364 Kn; P@) Vom Hafen Lapads geht's steil bergauf zu diesem extrem beliebten, einladenden Familienbetrieb. Die Besitzer sprechen Englisch und scheuen keine Mühen, um ihre Gäste rundum zu verwöhnen. Sie organisieren auch Ausflüge. Die mit Pinienholz verzierten Zimmer sind eher klein, aber sehr sauber. Manche gehen auf einen hübschen Garten mit schönem Ausblick hinaus. Man kann sich am Busbahnhof oder Fährterminal abholen lassen (kostenlos). Das Frühstück ist nicht inbegriffen, aber der Internetzugang ist umsonst. Außerdem gibt's eine Küche.

Hotel Ivka   HOTEL €€
(☎362 600; www.hotel-ivka.com; Put Sv Mihajla 21; EZ/DZ 585/760 Kn; P✻@🖵) Modernes Drei-Sterne-Hotel mit schönen, geräumigen Zimmern (fast alle mit Balkon), Holzböden und kostenlosem WLAN. Gemessen am Preis wird hier wirklich viel Komfort geboten. Das Ivka liegt näher an Lapad und dem Fährterminal als an der Altstadt, aber es fährt regelmäßig ein Bus vorbei.

Dubrovnik Backpackers Club   HOSTEL €
(Karte S. 262; ☎435 375; www.dubackpackers.com; Mostarska 2d; B 120–170 Kn; P@🖵) Beliebte Backpackerunterkunft mit geselliger Atmosphäre, betrieben von einer sehr netten Familie. Internetzugang, Ortsgespräche und Tee/Kaffee sind kostenlos (hin und wieder auch *rakija*-Schnäpse). Man zahlt

für sein Bett (!) und dann noch mal extra für Mehrbettzimmer mit eigenem Bad. Wer mag, kann an einem Ausflug nach Mostar teilnehmen. Außerdem gibt's eine Gästeküche und einen Balkon mit Blick auf die Bucht.

Vila Micika BUDGETUNTERKUNFT €€
(Karte S. 262; ✆ 437 332; www.vilamicika.hr; Mata Vodapića; B 290 Kn; P ❋ ⓢ) Ansprechendes zweigeschossiges Steingebäude mit zwei gepflegten Dreibettzimmern und fünf einfachen Zimmern (alle inkl. Bad). Die Vila Micika ist ca. 300 m von der Küste entfernt und hat eine Terrasse zum gemütlichen Zusammensitzen und Erzählen. Gutes Preis-Leistungs-Verhältnis, fürs Frühstück, kurze Aufenthalte und die Klimaanlage zahlt man allerdings extra.

Dubrovnik Palace LUXUSHOTEL €€€
(✆ 430 000; www.dubrovnikpalace.hr; Masarykov Put 20; DZ ab 1780 Kn; P ❋ @ ⓢ ≋) Das moderne, große Hotel mit geräumigen Zimmern (umwerfende Panoramablicke auf die Adria!) erstreckt sich an einem Hang auf Lapad. Der Service ist gut und die Einrichtungen sind exzellent: Es gibt einen Wellnessbereich, Swimmingpools (drinnen und draußen) und einen Tauchladen. Direkt vorm Dubrovnik Palace befindet sich eine Haltestelle der Linie 6; dieser Bus fährt bis nachts in die Altstadt und zurück.

Hotel Uvala HOTEL €€€
(Karte S. 262; ✆ 433 580; www.hotelimaestral.com; Masarykov Put 6; DZ ab 979 Kn; P ❋ @ ≋ 🐾) Renoviertes Vier-Sterne-Hotel mit jeweils einem Schwimmbecken drinnen und im Freien sowie einem beeindruckenden Wellnesszentrum (inkl. Sprudel- und Dampfbädern sowie Saunabereich). Die Zimmer sind ein wenig farblos, aber groß; Meerblick und Internetzugang kosten extra. Im Uvala quartieren sich zahlreiche Pauschaltouristen ein.

Solitudo CAMPING €
(Karte S. 262; ✆ 448 200; www.camping-adriatic.com; 52/80 Kn pro Person/Stellplatz; ⊙ April–Nov.) Gleich westlich des Hafens Lapad und ca. 5 km von der Altstadt entfernt erstreckt sich dieser Zeltplatz in Strandnähe. Die Duschen sind hell und modern. Außerdem gibt's eine Café-Bar.

Ebenfalls zu empfehlen:

Hotel Zagreb HOTEL €€€
(Karte S. 262; ✆ 430 930; www.hotels-sumratin.com; Šetalište Kralja Zvonimira 27; DZ 1110 Kn;

P ❋ ⓢ) Ein hübsches Hotel aus dem 19. Jh. mit 23 komfortablen, wenn auch etwas altmodischen Zimmern (alle klimatisiert), die unterschiedlich groß sind. WLAN kostet extra.

Hotel Lapad LUXUSHOTEL €€€
(Karte S. 262; ✆ 432 922; www.hotel-lapad.hr; Lapadska Obala 37; DZ ab 1455 Kn; ⊙ Mai–Okt.; P ❋ @ ⓢ ≋) Ansprechendes historisches Hotel mit elegantem Dekor und modernem Mobiliar (einziger Nachteil ist das geschmacklose Unterhaltungsprogramm).

Villa Wolff KLEINES HOTEL €€€
(Karte S. 262; ✆ 438 710; www.villa-wolff.hr; Nika i Meda Pucića 1; DZ/Suite 1356/1569 Kn; P ❋ ⓢ) Steht an einer schönen Uferpromenade und wartet mit sechs hübschen Zimmern sowie einem üppig grünen Garten auf. Der Service ist erstklassig, die Preise sind allerdings ein wenig überzogen.

🍴 Essen

Weil es in Dubrovnik eine Reihe sehr unspektakulärer Lokale gibt, sollte man bei der Restaurantwahl kritisch vorgehen. Die Preise sind hier so hoch wie nirgendwo sonst in Kroatien.

ALTSTADT & UMGEBUNG
Wer in der Altstadt essen geht, muss auf der Hut sein. In vielen Restaurants geht man davon aus, dass man die meisten Gäste einmal und nie wieder sehen wird (bei Kreuzfahrtpassagieren trifft das ja auch zu). Durchschnittliches Essen ist auf der Stradun und der Prijeko an der Tagesordnung; interessantere Lokale findet man in den Seitenstraßen.

LP TIPP Lucín Kantun KROATISCH €€
(Karte S. 264; ✆ 321 003; Od Sigurate bb; Gerichte um 140 Kn) Ein bescheiden aufgemachtes Lokal mit ein paar Tischen im Freien und schäbig-schickem Dekor. Man würde es nicht vermuten, doch hier wird mit das kreativste Essen der ganzen Stadt zubereitet. Nahezu alle Gerichte auf der kleinen, aber feinen Karte sind exzellent; vieles wird in Form einer Selektion kleiner Portionen serviert. Es gibt z. B. Tintenfisch, gefüllt mit geräuchertem Schinken in einer Zitronen-Butter-Sauce, eine Kreation aus Linsen und Krabben, Käsesorten (darunter *paški sir*) und dalmatinische Schinken. Alle Speisen werden in einer offenen Küche frisch zubereitet; wenn es voll ist, muss man sich also einen Moment gedulden.

Wanda
ITALIENISCH €€

(Karte S. 264; ☎ 098 94 49 317; www.wandarestaurant.com; Prijeko 8; Hauptgerichte ab 70 Kn) Dieser sehr klassische Italiener rettet den Ruf der Restaurants auf der Prijeko. Die Gäste laben sich an Ossobuco (Kalbshaxe) mit Safranrisotto und wunderbaren Pasta-Kreationen. Wer wissen möchte, was die Köche alles draufhaben, sollte ein Probiermenü zum Fixpreis nehmen (150–580 Kn). Ein weiteres Plus: Die Auswahl an kroatischen Weinen ist super.

Defne
MEDITERRAN €€

(Karte S. 264; ☎ 326 200; www.thepucicpalace.com; Od Puča 1; Hauptgerichte ab 85 Kn) Einzigartiges Altstadtambiente ist das Markenzeichen dieses edlen Restaurants mit der riesigen Terrasse unter freiem Himmel. Die Kellner servieren vor allem mediterrane Küche des Ostens, sprich: Es gibt jede Menge türkische, griechische und Balkanspezialitäten. Die Speisekarte ist zwar etwas nervig, denn die Gerichte stehen unter asiatischen Mottos („Sultan's Dreams" ist z. B. ein Rindersteak in Kräuterfolie), doch das Essen ist toll und die Lage einfach genial.

Gil's
MEDITERRAN €€€

(Karte S. 264; ☎ 322 222; www.gilsdubrovnik.com; Ulica Svetog Dominika bb; Hauptgerichte ab 170 Kn) Genial und glanzvoll oder einfach nur übertrieben anmaßend – jeder scheint eine Meinung zum Gil's zu haben. Egal, was man nun denken mag, die Küche ist erstklassig: es gibt Kalbfleisch mit Scampifüllung, gegrillten Steinbutt mit Zitronen-Pinienkern-Confit und andere Leckereien; im Weinkeller lagern 6000 Flaschen. Unvergleichlich ist die Lage über der Stadtmauer; von den Tischen kann man durch die Festungsmauern auf den Hafen blicken.

Dubravka 1836
CAFÉ-RESTAURANT €

(Karte S. 264; www.dubravka1836.hr; Brsalje 1; Hauptgerichte ab 49 Kn) Die wohl schönste Terrasse von ganz Dubrovnik befindet sich gleich neben dem Pile-Tor und gewährt einen tollen Blick über die Mauern hinweg auf die Adria. Das Dubravka ist ziemlich touristisch und die Küche international, aber auch Einheimische schätzen den frischen Fisch, die Risottos und Salate, Pizzen und Pastagerichte. Gemessen an der Lage sind die Preise sehr moderat.

Taj Mahal
BOSNISCH-INTERNATIONAL €

(Karte S. 264; www.tajmahaldubrovnik.com; Nikole Gučetićeva 2; Hauptgerichte ab 40 Kn) Mit dem gedämpften Licht und dem üppigen, durch und durch türkischen Dekor erinnert das Lokal ein wenig an Aladins Höhle. Hinter dem Gericht *džingis kan* verbirgt sich ein „Best of" der bosnischen Küche. Lecker ist die scharfe *sudžukice* (Rindswurst). Auch für Vegetarier wird gesorgt, z. B. mit *aubergines alla edina* (Auberginen mit Käsefüllung). Man kann auch draußen sitzen; drei Tische stehen auf dem Bürgersteig.

Nishta
VEGETARISCH €

(Karte S. 264; www.nishtarestaurant.com; Prijeko bb; Hauptgerichte ab 59 Kn; ⊙Mo geschl.) Angenehmes vegetarisches Restaurant mit legerer Atmosphäre. Auf der Speisekarte sind Gerichte aus aller Welt vertreten, z. B. *leće u šumia* (Linsenküchlein und Pilze), Misosuppe, Nachos, indische Speisen, thailändische Currys und chinesisches Chow Mein.

Buffet Skola
CAFÉ €

(Karte S. 264; Antuninska 1; Snacks ab 17 Kn) Die perfekte Adresse für den kleinen Hunger. Wir empfehlen das Sandwich mit Schinken und Käse – der Schinken ist getrockneter Prosciutto *(pršut)* aus der Region, der Käse in Öl eingelegt und beides wird auf hausgemachtem Brot serviert. Himmlisch!

Revelin
MEDITERRAN €€

(Karte S. 264; www.revelinclub-dubrovnik.com; Ulica Svetog Dominika bb; Hauptgerichte ab 65 Kn) Dient im Sommer als Bar-Restaurant und im Winter als Bar-Club. Von der tollen Terrasse blickt man auf den Hafen, die moderne Speisekarte umfasst leckere Pastagerichte und Salate, frischen Fisch aus der Adria und auch anspruchsvollere Kreationen wie Rindertartufo (Steak mit Sahne und istrischen Trüffeln).

Ebenfalls empfehlenswert:

Orhan
INTERNATIONAL €€€

(Karte S. 264; ☎ 414 183; Od Tabakarije 1; Hauptgerichte 50–170 Kn) Edles Restaurant in toller Lage am Pile-Tor. Die Fisch- und Meeresfrüchtegerichte sind gut, man bezahlt aber auch ordentlich dafür.

Proto
MEERESFRÜCHTE €€

(Karte S. 264; ☎ 323 234; www.esculap-teo.hr; Široka 1; Hauptgerichte ab 80 Kn) Elegant und teuer. Das Proto ist für frischen Fisch und Meeresfrüchte bekannt, die mit leichten Saucen serviert werden. Die tolle Altstadtatmosphäre gibt's gratis dazu.

Kamenice
GÜNSTIGE MEERESFRÜCHTE €

(Karte S. 264; Gundulićeva Poljana 8; Hauptgerichte ab 40 Kn) Erinnert ein wenig an eine Kantine aus Ostblockzeiten – auch die

Preise. Wir empfehlen Tintenfisch, Anchovis oder *kamenice* (Austern).

Pizzeria Baracuda   PIZZA €
(Karte S. 264; Nikole Božidarevića 10; Hauptgerichte ab 35 Kn) Nette, günstige Pizzeria. Die Tische stehen in einem ruhigen Hof.

Auf dem Morgenmarkt (Karte S. 264; Gundulićeva Poljana; ⊙7–13 Uhr) werden täglich teure Frischwaren feilgeboten; am selben Platz findet man einen kleinen Konzum-Supermarkt.

LAPAD
Die Hauptstraße von Lapad, Šetalište Kralja Tomislava, wird von zahlreichen Cafés, Bars und Restaurants gesäumt.

Levanat   KROATISCH €€
LP TIPP (Karte S. 262; ☎435 352; Nika i Meda Pucića 15; Hauptgerichte ab 50 Kn) Das Levanat erhebt sich auf einem bewaldeten Hügel zwischen der Bucht von Lapad und Babin Kuk und gewährt einen Ausblick aufs Meer. Die Küche ist innovativ – es gibt Meeresfrüchte mit ungewöhnlichen Saucen (z. B. Garnelen mit Honig und Salbei) und köstliche Gerichte für Vegetarier. Schilder an der Hauptstraße und am Fußweg entlang der Küste weisen den Weg.

Konoba Atlantic   MEDITERRAN €
(Karte S. 262; Kardinala Stepinca 42; Hauptgerichte ab 45 Kn) Einladendes, preiswertes Esslokal mit legerer Atmosphäre, das für hausgemachte Pasta bekannt ist. Lecker sind die Ravioli mit Spinat-Ricotta-Füllung, frischer Fisch und Gnocchi in Kaninchensauce.

Blidinje   GRILLFLEISCH €€
(Karte S. 262; ☎358 794; Lapadska Obala 21; Hauptgerichte ab 70 Kn) Ein beliebter Treff für Fleischfans. Man ruft an und bestellt eine Portion Lamm oder Kalb, langsam gegart unter heißen Kohlen. Wenn man dann einige Stunden später auftaucht, wartet ein echtes Festgelage.

🍷 Ausgehen
In „Dub" muss niemand auf dem Trockenen sitzen. Die Stadt bietet die komplette Palette von schnieken Loungebars über Irish Pubs bis hin zu Intellektuellenkneipen auf Felsvorsprüngen und darüber hinaus jede Menge kroatische Cafés – und das war nur das Angebot in der Altstadt!

Buža   BOHEMIENBAR
LP TIPP (Karte S. 264; Ilije Sarake) Diese abgeschirmte Bar auf einem Felsvorsprung zu finden, ist ein echtes Abenteuer: Entlang der Stadtmauer geht's zum Eingangstunnel. Bei ihrem Anblick hat man einen echten Wow-Effekt: Geschmackvolle Musik (Soul, Funk) und das entspannte Publikum, das den Blick aufs Meer und die Sonnenstrahlen genießt, schaffen ein tolles Flair. Einfach ein kaltes Getränk bestellen, Platz nehmen und mitgenießen.

Buža II   BOHEMIENBAR
(Karte S. 264; Crijevićeva 9) Einen Hauch gediegener als das Original. Nr. 2 liegt etwas tiefer auf den Felsen und trumpft mit einer schattigen Terrasse auf, auf der man Chips, Erdnüsse oder Sandwiches bestellen und einen sorglosen Tag mit Herumsitzen und Aufs-Meer-starren vertrödeln kann.

Gaffe   IRISH PUB
(Karte S. 264; Miha Pracata bb) Die am besten besuchte Kneipe der Stadt, vor allem, wenn gerade ein Fußballspiel läuft. Der riesige Pub hat ein anheimelndes Dekor und eine lange, geschützte Terrasse, die Mitarbeiter sind nett und das Essen macht ordentlich satt, ist allerdings etwas überteuert.

Troubadur   MUSIKBAR
(Karte S. 264; ☎412 154; Bunićeva Poljana 2) Sieht tagsüber zwar ziemlich nichtssagend aus, doch an Sommerabenden, wenn Livejazz gespielt wird, ist hier einiges los. Häufig tritt der Besitzer, Marko, mit seiner Band auf.

EastWest Club   BAR-CLUB
(www.ew-dubrovnik.com; Frana Supila bb) Tagsüber können in diesem gehobenen Bar-Club am Banje-Strand Sonnenliegen und -schirme gemietet werden. Außerdem werden die Sonnenanbeter mit Getränken versorgt. Zu späterer Stunde tummelt sich dann die Schickeria in der Cocktailbar und im Restaurant.

☆ Unterhaltung

Lazareti   KULTURZENTRUM
LP TIPP (Karte S. 264; ☎324 633; www.lazareti.com; Frana Supila 8) In Dubrovniks bestem Kulturzentrum gibt's Kino- und Clubabende, Livemusik und andere vergnügliche Veranstaltungen.

Open-Air-Kino   KINO
(Karte S. 262; Kumičića, Lapad) Im Juli und August werden allabendlich nach Sonnenuntergang Filme unter freiem Himmel gezeigt. Auch auf der Za Rokom in der Altstadt (Karte S. 264).

ABSTECHER

SPRITZTOUREN ÜBER DIE GRENZE

Von Dubrovnik lassen sich die schönen Städte Kotor, Herceg Novi und Budva in **Montenegro** problemlos mit dem Bus erreichen. Alle drei haben herrliche Altstädte mit gewundenen Marmorstraßen und schöner Architektur. Kotor liegt zudem an einem der größten Meeresarme Europas, der Bucht von Kotor. Wer die Region in aller Ruhe erkunden möchte, sollte sich ein Auto mieten, es fahren allerdings auch Busse. Täglich gibt's drei Verbindungen nach Montenegro; sowohl Herceg Novi und Kotor als auch Budva (3 Std.) werden angesteuert. EU-Bürger und Schweizer benötigen kein Visum für Montenegro.

Busse fahren auch nach **Mostar** (siehe gegenüber); dort kann man einen Blick auf die berühmte alte Brücke werfen (und anschließend stolz verkünden, dass man mal in Bosnien-Herzegowina war). Ein Tagestrip lässt sich mit öffentlichen Verkehrsmitteln relativ schwierig bewerkstelligen, doch ein paar Reiseagenturen, wie Adriatic Explore und Atlas, organisieren Tagesausflüge (ca. 380 Kn) in privaten Minibussen. Abfahrt ist gegen 8 Uhr. Unterwegs wird ein Stopp in dem betörend schönen Dorf Počitelj eingelegt, bevor man etwa um 11.30 Uhr Mostar erreicht. Nach einer (gewöhnlich sehr kurzen) Führung ist man bis 15 Uhr sich selbst überlassen – es bleibt also nicht viel Zeit fürs Mittagessen und die Besichtigung der Attraktionen. Mostar ist immer noch eine „geteilte" Stadt mit dem Fluss als Grenze zwischen Kroatien und Bosnien, die meisten Sehenswürdigkeiten liegen auf bosnischer Seite.

Blasius-Kirche FOLKLORE
(Karte S. 264; Luža-Platz; Eintritt frei) Folkloreshows unter freiem Himmel finden sonntags um 11 Uhr vor der Kirche statt (Mai, Juni & September).

Erlöserkirche KONZERTE
(Karte S. 264; Erlöserkirche, Placa) Das Streichquartett spielt den ganzen Herbst über immer montagabends auf.

Sloboda Cinema KINO
(Karte S. 264) Das am zentralsten gelegene Kino in Dubrovnik.

Shoppen

Die Stradun ist von kitschigen Souvenirläden gesäumt. Die besten Boutiquen befinden sich in den Seitenstraßen.

LP TIPP **Green Room** SCHMUCKGARTEN
(Karte S. 264; www.dubrovnikgreenroom.com; Buićeva Poljana; ☼Mai–Okt.) Eine außergewöhnliche Idee: In einem wunderschönen Garten werden die hochwertigen Arbeiten (ab 200 Kn) von sechs Schmuckdesignern präsentiert. Vielfach handelt es sich um Einzelstücke.

Photo Gallery Carmel GALERIE
(Karte S. 264; www.photogallerycarmel.com; Zamanjina 10; ☼Mo–Sa) In der Fotogalerie finden Ausstellungen mit aufwühlenden und fesselnden Bildern lokaler und internationaler Künstler statt. Außerdem stehen Drucke zum Verkauf.

Maria BOUTIQUE
(Karte S. 264; www.maria-dubrovnik.hr; Ulica Svetog Dominika bb) Hier findet man Miu-Miu-Handtaschen, Designs von Stella McCartney und Givenchy sowie traumhafte Celine-Kleider.

Gulliver BOUTIQUE
(Karte S. 264; Gundulićeva Poljana 4) Hochpreisige Boutique, in der superschöne Handtaschen, Schuhe, Gürtel und Accessoires verkauft werden.

Auch auf dem **Morgenmarkt** (Karte S. 264; Gundulićeva Poljana; ☼7–13 Uhr) bekommt man Kunsthandwerk sowie Frischwaren aus der Gegend.

Praktische Informationen

Buchläden

Algebra (Placa 9) Souvenirs und Bücher (auch Reiseführer in englischer Sprache).

Algoritam (Placa 8) Hat englischsprachige Bücher auf Lager.

Internetzugang

Netcafé (www.netcafe.hr; Prijeko 21; 30 Kn pro Std.) Ein Ort zum Entspannen und Surfen; schnelle Verbindungen, WLAN, leckere Drinks und Kaffee. Außerdem kann man CDs brennen, Fotos drucken und Dokumente scannen.

Geld

In der Stadt, in Lapad sowie am Fähr- und Busterminal gibt's zahlreiche Geldautomaten. In

Reisebüros und in der Post kann Bargeld getauscht werden.

Gepäckaufbewahrung

Garderoba (erste Std. 5 Kn, danach 1,50 Kn pro Std.; ⊙4.30–22 Uhr) Am Busbahnhof.

Medizinische Versorgung

Krankenhaus (📞431 777; Dr Roka Mišetića) 1 km südlich der Lapad-Bucht.

Post

Hauptpost (Ecke Široka & Od Puča)
Post & Telefonzentrum Lapad (Šetalište Kralja Zvonimira 21)

Reisebüros

Atlas Travel Agency (www.atlas-croatia.com) Gruž-Hafen (📞418 001; Obala Papa Ivana Pavla II 1); Pile-Tor (📞442 574; Sv Đurđa 1) Diese Reiseagentur organisiert Ausflüge innerhalb Kroatiens, nach Mostar und Montenegro und vermittelt darüber hinaus auch Privatunterkünfte.

OK Travel & Trade (📞418 950; okt-t@du.t-com.hr; Obala Stjepana Radića 32) Unweit des Jadrolinija-Fährterminals.

Touristeninformation

Touristenbüro (www.tzdubrovnik.hr; ⊙Juni–Sept. 8–20 Uhr, Okt.–Mai Mo–Fr 8–15, Sa 9–14 Uhr) Busbahnhof (📞417 581; Obala Pape Ivana Pavla II 44a); Gruž-Hafen (📞417 983; Obala Stjepana Radića 27); Lapad (📞437 460; Šetalište Kralja Zvonimira 25); Altstadt (📞323 587; Široka 1); Altstadt 2 (📞323 887; Ulica Svetog Dominika 7) Karten, Infos und der unentbehrliche Guide *Dubrovnik Riviera*. Die schicke neue Hauptfiliale, die gegenwärtig gleich westlich des Pile-Tors entsteht, soll 2011 eröffnen werden.

❶ An- & Weiterreise

Bus

Infos zu internationalen Busverbindungen siehe S. 352. Die Busse, die den **Busbahnhof** (📞060 305 070; Obala Pape Ivana Pavla II 44a) von Dubrovnik verlassen, können recht voll sein; im Sommer sollte man Tickets im Voraus besorgen.

Die Strecke Split–Dubrovnik führt kurz durch bosnisches Territorium, deshalb muss man seinen Pass bereithalten.

Sämtliche Busfahrpläne findet man unter www.libertasdubrovnik.hr.

Flugzeug

Croatia Airlines (📞01 66 76 555; www.croatiaairlines.hr) bietet täglich drei Flüge nach Zagreb und zurück. Angebote gibt's ab 270 Kn, flexible Tickets kosten bis zu 760 Kn. Croatia Airlines fliegt zudem nach Frankfurt (nonstop) und, je nach Saison, auch nach Rom, Paris und Amsterdam.

Mehr als 20 weitere europäische Airlines nehmen Kurs auf den Flughafen von Dubrovnik, darunter Germanwings und Air Berlin.

Schiff/Fähre

Zweimal wöchentlich nimmt die Küstenfähre von **Jadrolinija** (📞418 000; www.jadrolinija.hr; Gruž Harbour) Kurs auf Korčula, Hvar, Split, Zadar und Rijeka im Norden. Das ganze Jahr über fährt ein Schiff von Dubrovnik nach Sobra und Polače auf Mljet (60 Kn, 2½ Std.); im Sommer verkehren täglich zwei Fähren. Ebenfalls ganzjährig gibt es mehrmals täglich Verbindungen zu den weiter entfernten Elafiti-Inseln Koločep, Lopud und Šipan.

Weitere Schiffe fahren von Dubrovnik nach Bari im Süden Italiens; im Sommer bestehen wöchentlich sechs Verbindungen (291–401 Kn, 9 Std.), im Winter zwei.

BUSSE VON DUBROVNIK

ZIEL	FAHRPREIS (KN)	DAUER (STD.)	TÄGLICHE ABFAHRTEN
Korčula	95	3	2
Kotor	96	2½	2–3
Mostar	105	3	3
Orebić	84	2½	2
Plitvice	330	10	1
Rijeka	357–496	13	4–5
Sarajevo (Bosnien & Herzegowina)	210	5	2
Split	122	4½	19
Zadar	174–210	8	8
Zagreb	250	11	7–8

Jadroagent (📞419 000; Obala Stjepana Radića 32) können Fährtickets gebucht und Infos eingeholt werden.

ℹ Unterwegs vor Ort

Auto

Die gesamte Altstadt ist Fußgängerzone. Ansonsten sind die Straßen das ganze Jahr über voll, vor allem im Sommer. Das nächstgelegene **Parkhaus** (70 Kn pro Tag; ⏱24 Std.) beim Zentrum ist an der Ilijina glavica, zehn Gehminuten vom Pile-Tor entfernt. Folgende Autovermietungen sind vertreten:

Budget Rent-a-Car (📞418 998; www.budget.hr; Obala Stjepana Radića 24)

Gulliver (📞313 313; www.gulliver.hr; Obala Stjepana Radića 31)

OK Travel & Trade (📞418 950; okt-t@du.t-com.hr; Obala Stjepana Radića 32) Nahe dem Jadrolinija-Fährterminal.

Bus

Der Nahverkehr ist hervorragend organisiert. Busse verkehren zahlreich und sind üblicherweise pünktlich. Auf den wichtigsten Routen für Touristen fahren die Busse im Sommer bis nach 2 Uhr morgens. So müssen auch diejenigen, die auf Lapad übernachten, abends nicht hetzen. Beim Fahrer kostet ein Ticket 10 Kn, am *tisak* (Zeitungskiosk) nur 8 Kn. Fahrpläne findet man unter www.libertasdubrovnik.hr.

Die Linien 1a, 1b, 3 und 8 fahren vom Busterminal zur Altstadt, Nr. 7 fährt nach Lapad.

Vom Pile-Tor nimmt man die Linie 6 nach Lapad oder die Linie 4 zum Hotel Dubrovnik Palace.

Vom/Zum Flughafen

Der internationale Flughafen Čilipi (www.airport-dubrovnik.hr) liegt 24 km südöstlich von Dubrovnik. Am Hauptbusterminal starten unregelmäßig Atlas-Busse (35 Kn), angeblich zwei Stunden vor Abflug der Inlandsflüge von Croatia Airlines, am besten prüft man die aktuellen Fahrpläne beim Atlas-Büro neben dem Pile-Tor. Diese Flughafenbusse halten auf dem Weg aus der Stadt hinaus an der Zagrebačka cesta, gleich nördlich der Altstadt, jedoch nicht am Pile-Tor. Mehrmals täglich gibt's Verbindungen vom Flughafen zum Busbahnhof (in diese Richtung wird das Pile-Tor passiert); die Abfahrt ist auf die Ankunft der Flüge abgestimmt. Wenn der Flieger also verspätet landet, wartet der Busfahrer normalerweise.

Eine Taxifahrt in die Altstadt kostet ca. 240 Kn.

RUND UM DUBROVNIK

Dubrovnik ist ein idealer Standort für Tagesausflüge in die Umgebung. So kann man z. B. zu den Elafiten fahren und dort den Tag mit Sonnenbaden vertrödeln. Oder man besucht die wunderschönen Inseln Korčula und Mljet, um gut zu essen, leckeren Wein zu trinken und den schweren Duft der Trsteno-Gärten auf sich wirken zu lassen. Cavtat bietet sich als ruhigere Alternative zu Dubrovnik an und lädt zum Sightseeing, Schwimmen und Schlemmen ein.

Lokrum

Im Sommer setzt etwa stündlich eine Fähre zur vegetationsreichen Insel Lokrum über (Hin- & Rückfahrt 40 Kn, letztes Boot um 18 Uhr), die als Nationalpark unter dem Schutz der Unesco steht. Lokrum ist traumhaft schön und von Steineichen, Schwarzeschen, Pinien und Olivenbäumen bestanden – der ideale Rückzugsort, wenn man genug vom Dubrovniker Trubel hat. Schwimmen lässt sich wunderbar, die Strände sind allerdings felsig. Die Hüllen fallen lassen kann man am herrlichen **FKK-Strand** (als solcher beschildert); er ist beliebt bei schwulen Sonnenanbetern. Sehenswert ist der **Botanische Garten** mit riesigen Agaven und brasilianischen bzw. südafrikanischen Palmen. Die Ruinen des mittelalterlichen **Benediktinerklosters** werden derzeit restauriert.

In dem netten Café-Restaurant **Lacroma** (Gerichte ab 80 Kn) gleich oberhalb des Hafens gibt's Snacks, vollwertige Mahlzeiten und Eiscreme. Manchmal wird Gitarrenmusik gespielt.

Achtung: Gäste dürfen nicht über Nacht bleiben und das Rauchen ist nirgendwo auf der Insel gestattet.

Elafiti-Inseln

Ein Tagesausflug zu einer der Inseln im Nordwesten Dubrovniks ist genau das Richtige, um den Menschenmassen im Sommer zu entfliehen. Die beliebtesten Inseln sind **Koločep**, **Lopud** und **Šipan**. Alle drei können im Rahmen der **Tour** „Drei Inseln & ein Fischpicknick" (250 Kn inkl. Getränke und Mittagessen) innerhalb eines Tages besucht werden. Diese Touren werden von mehreren Veranstaltern am Ploče-Hafen angeboten. Abfahrt ist um 10 Uhr, zurück geht's schon um 18 Uhr – man wird also nicht viel mehr als einen kurzen Blick auf jede Insel werfen können.

Koločep ist die Dubrovnik am nächsten gelegene Insel; dort leben gerade mal

150 Menschen. Sie hat mehrere Sand- und Kiesstrände, Steilklippen und Meereshöhlen, außerdem jahrhundertealte Kiefernwälder, Olivenhaine sowie Orangen- und Zitronengärten.

Das autofreie Lopud kann mit diversen interessanten Kirchen und Klöstern aus dem 16. Jh. aufwarten – einer Zeit, als die Anwohner wahre Heldentaten auf See vollbrachten. Das Dorf Lopud besteht aus Steinhäusern inmitten von exotischen Gärten. Wer Lust hat, kann zum herrlichen Sandstrand Šunj laufen. In der dortigen kleinen Bar gibt's gegrillte Sardinen und anderen Fisch.

Šipan ist die größte der Inseln und war früher bei den Adligen von Dubrovnik sehr beliebt; sie ließen sich hier im 15. Jh. Häuser bauen. Das Boot kommt in Šipanska Luka an. Dort befinden sich auch die Ruinen einer römischen Villa und eines gotischen Herzogspalastes aus dem 15. Jh. Im Kod Marka (⌐758 007; Šipanska Luka; Hauptgerichte ab 50 Kn) gibt's hervorragend zubereitete Meeresfrüchte. Köstlich ist auch der Fischeintopf nach Korčula-Art.

Anreise & Unterwegs vor Ort

Die Autofähre von **Jadrolinija** (www.jadrolinija.hr) nimmt Kurs auf die Inseln. Sie fährt ganzjährig dreimal täglich und legt auf Koločep (15 Kn, 30 Min.), Lopud (18 Kn, 50 Min.) und Šipan (23 Kn, 1 Std.) an. Im Winter sind die Tickets etwas günstiger.

Mljet
1232 EW.

Von allen Adria-Inseln ist Mljet (mil-jet) die wohl hübscheste. Ein Großteil der Insel ist von Wäldern bedeckt, den Rest teilen sich Felder, Weingärten und kleine Dörfer. Die Nordwesthälfte umfasst den **Nationalpark Mljet**, dessen üppige Vegetation, Pinienhaine und wunderschöne Salzwasserseen einen spektakulären Anblick bieten. Mljet ist eine unberührte Oase der Ruhe. Der Legende nach soll sie Odysseus sieben Jahre lang in ihren Bann gezogen und verzaubert haben. Wir sind überzeugt davon, dass er keinen einzigen Tag hier bereut hat.

Geschichte

Die alten Griechen nannten die Insel „Melita" (Honig), weil in den Wäldern so viele Bienen summten. Wahrscheinlich kamen griechische Seeleute auf die Insel, um Schutz vor Stürmen und Quellen für die

AUSFLUG NACH MLJET

In der Hauptsaison legen Ausflugsboote aus Korčula und Katamarane aus Dubrovnik an der Werft von Polače an, die Jadrolinija-Fähren nutzen den Hafen von Sobra nahe dem Inselzentrum. Der Zugang zum **Mljet-Nationalpark** (www.np-mljet.hr; Erw./erm. 90/40 Kn) liegt zwischen Pomena und Polače. Die Fahrkarte beinhaltet den Bus- und Boottransfer zum Benediktinerkloster. Wer auf der Insel übernachtet, muss den Parkeintritt nur einmal zahlen.

Aufstockung ihrer Süßwasservorräte zu suchen. Damals lebten Illyrer auf Mljet. Sie errichteten Festungen auf den Hügeln und trieben Handel mit dem Festland. 35 v. Chr. wurden sie von den Römern unterworfen, die die Siedlung um Polače ausbauten und einen Palast, Bäder und Quartiere für Bedienstete hinzufügten.

Die Insel geriet im 6. Jh. unter die Herrschaft der Byzantiner. Im 7. Jh. wurde sie von Invasionen der Slawen und Awaren überrannt. Mehrere Jahrhunderte lang wurde die Insel dann vom Festland aus regiert, bis Mljet im 13. Jh. schließlich dem Benediktinerorden übergeben wurde, der mitten im Veliko jezero (einem der beiden Seen auf der Insel) ein Kloster errichtete. Dubrovnik annektierte die Insel 1410 offiziell.

Die Geschicke von Mljet waren von da an zwar eng mit Dubrovnik verbunden, doch am Alltag der Inselbewohner änderte sich wenig: Sie verdienten ihren Lebensunterhalt als Bauern, Winzer und Seeleute. Ackerbau und Weinproduktion stellen noch heute die Grundlage der Inselwirtschaft dar. Mit der Gründung des Nationalparks 1960 hielt der Tourismus Einzug auf Mljet, doch die Zahl der Besucher ist überschaubar. Sie tummeln sich fast ausschließlich in und rund um Pomena. Nach Ruhe und Beschaulichkeit muss man auf Mljet nicht lange suchen.

◉ Sehenswertes

Die beiden Hauptattraktionen der Insel sind der **Malo Jezero** und der **Veliko Jezero**. Beide Seen im Westen sind durch einen Kanal verbunden. Da der Veliko jezero über den Soline-Kanal einen Zufluss vom Meer hat, machen sich in beiden Seen die Gezeiten bemerkbar.

In der Mitte des Veliko jezero liegt eine Insel mit dem **Benediktinerkloster**. Dieses stammt ursprünglich aus dem 12. Jh., wurde aber mehrmals umgebaut, sodass der romanische Bau heute auch Renaissance- und Barockelemente aufweist. Zur Anlage gehört die **Marien-Kirche** (Crkva Svete Marije). Die Mönche vertieften und erweiterten auch den Kanal zwischen den beiden Seen und nutzten das einströmende Meerwasser, um eine **Mühle** am Zugang zum Veliko jezero zu betreiben. Das Kloster wurde 1869 aufgegeben. Bis 1941 beherbergte es die Forstverwaltung der Insel, später ein Hotel, das in den 1990er-Jahren durch den Krieg zerstört wurde. Inzwischen ist hier das stimmungsvolle, aber teure Restaurant Melita untergebracht.

Mali Most liegt am Malo jezero, ca. 1,5 km von Pomena entfernt. Dort legt stündlich (10 Min. nach der vollen Stunde) ein Boot zur Klosterinsel ab. Leider kann man den größeren See nicht zu Fuß umrunden, da es keine Brücke über den Kanal zwischen Meer und See gibt. Wer schwimmen will, sei gewarnt: Die Strömung kann sehr stark sein.

In Polače stehen Ruinen aus dem 1. bis 6. Jh. Am eindrucksvollsten ist der **römische Palast**, der vermutlich aus dem 5. Jh. stammt. Er hatte einen rechteckigen Grundriss mit zwei polygonalen Türmen an der Vorderfront. Auf dem Hügel über der Stadt sind die Ruinen einer spätantiken **Festung** erkennbar, im Nordwesten des Dorfes stehen Reste einer **frühchristlichen Basilika** sowie einer **Kirche** aus dem 5. Jh.

🏃 Aktivitäten

Eine tolle Möglichkeit, den Nationalpark zu erkunden, bietet das Fahrrad (20/100 Kn pro Std./Tag). Drahtesel können an verschiedenen Stellen gemietet werden, z. B. im Hotel Odisej in Pomena. Zwischen Pomena und Polače erhebt sich ein steiler Hügel, der Radweg am See entlang ist einfacher und sehr malerisch, verbindet aber nicht die beiden Ortschaften miteinander. Für die „Faultiere" vermietet **Radulj Tours** (☎091 88 06 543) in Polače Cabrios (260 Kn für 5 Std.) und Roller (180 Kn für 5 Std.). Gleiches gilt für **Mini Brum** (☎745 084), ebenfalls in Sobra vertreten.

Mit einem **Paddelboot** kann man zum Kloster hinüberrudern. Achtung: Das erfordert ziemlich viel Ausdauer!

Die Insel bietet einige recht ungewöhnliche **Tauchreviere**. Im relativ seichten Wasser liegt ein römisches Schiffswrack aus dem 3. Jh. Seine Überreste – einschließlich Amphoren – sind mit einer Kalkschicht überzogen, die sich über die Jahrhunderte gebildet und Plünderungen vorgebeugt hat. Weitere Unterwasserattraktionen sind ein deutsches Torpedoboot aus dem Zweiten Weltkrieg und einige Mauern. Auskunft erteilt **Kronmar Diving** (☎744 022; Hotel Odisej).

👉 Geführte Touren

Reisebüros in Dubrovnik und Korčula organisieren Ausflüge nach Mljet. Die Touren (um 390 Kn ab Dubrovnik, um 245 Kn ab Korčula, Parkeintritt inbegriffen) dauern von ca. 8.30 bis 18 Uhr.

🛏 Schlafen

Die Touristeninformation in Polače vermittelt Privatunterkünfte (ca. 260 Kn für ein Doppelzimmer), wer in der Hochsaison unterwegs ist, muss sich allerdings frühzeitig um eine Bleibe kümmern. In Pomena sieht man mehr *sobe*-Schilder („Zimmer frei") als in Polače, in Sobra praktisch gar keine. Auch in Restaurants werden z. T. Zimmer vermietet.

LP TIPP   **Stermasi**   APARTMENTS €€€
(☎098 93 90 362; Saplunara; Apt. 401–546 Kn; P ❄) Diese neun Apartments „auf der anderen Seite" von Mljet sind genau das Richtige, um das einfache Leben und die Schönheit der Insel zu genießen. Alle sind hübsch hergerichtet, hell und modern, entweder mit Terrasse oder Balkon, und bieten zwei bis vier Personen Platz. Sandstrände erstrecken sich direkt vor der Tür, und die Besitzerfamilie ist sehr hilfsbereit. Auch der Transport kann arrangiert werden. Gäste erhalten 20 % Rabatt in dem hervorragenden Restaurant vor Ort.

Soline 6   ÖKOHOTEL €€
(☎744 024; www.soline6.com; Soline; DZ 546 Kn) Was für ein Konzept! Diese „supergrüne" Unterkunft ist die einzige Schlafgelegenheit im Nationalpark. Sie besteht vollständig aus Recyclingmaterialien, das Regenwasser wird wieder verwendet und der Biomüll kompostiert. Die Toiletten kommen ohne Spülung aus, auch Strom gibt's (bislang) nicht. Wer sich jetzt eine Hippie-Kommune vorstellen, liegt falsch, denn die vier Studios sind modern, sauber und jeweils mit Bad, Balkon und Küche ausgestattet.

Hotel Odisej   RESORTHOTEL €€€
(☎744 022; www.hotelodisej.hr; Pomena; DZ ab 580 Kn; P ❄ @ ✆) Das einzige konventionelle Hotel auf Mljet ist traurigerweise nicht

besonders toll. Es wirkt ein wenig unpersönlich und altmodisch – das Dekor hat sich seit den 1970er-Jahren nur unwesentlich geändert –, die Gesichter der Mitarbeiter sind häufig wie versteinert. Davon abgesehen ist es erschwinglich. Wahrscheinlich kann man hier das ganze Jahr über ein Zimmer bekommen.

Weitere Optionen:

Camping Mungos CAMPING €
(745 300; www.mungos-mljet.com; Babino Polje; 52 Kn pro Person; Mai–Sept.) Nah am Strand und der hübschen Grotte des Odysseus gelegen. Dieser Zeltplatz hat ein Restaurant, eine Wechselstube und einen kleinen Supermarkt.

Marina CAMPING €
(745 071; Ropa; 25/47 Kn pro Person/Stellplatz; Juni–Sept.) Ein kleiner Zeltplatz in Ropa, ca. 1 km vom Park entfernt.

Essen

Pomena bietet die größte Auswahl an Restaurants, z. B. an der hübschen Strandpromenade. Fisch und Meeresfrüchte sind sehr frisch und reichlich vorhanden, allerdings nicht gerade billig. Ebenfalls beliebt sind Ziegen- und Lammfleisch; sie werden von glühenden Kohlen bedeckt gegart. Ein Tipp für Leute, die mit dem Boot unterwegs sind: Man kann an allen Restaurants umsonst anlegen, wenn man dort speist.

LP TIPP Stermasi DALMATINISCH €€€
(098 93 90 362; Saplunara; Hauptgerichte 90–360 Kn) Eins der Toprestaurants in Dalmatien. Alle Gerichte sind sehr lecker und authentisch und werden mit Liebe und Können zubereitet. Zu den Spezialitäten des Hauses zählen Gemüse, Tintenfisch oder Ziege, gegart unter glühenden Kohlen (200/260/300 Kn), das Wildschwein mit Gnocchi (360 Kn) wird bis zu vier Personen satt machen. Empfehlenswert ist auch der Fischeintopf nach Mljet-Art. Der Blick von der Terrasse auf die winzigen Inseln in der Saplunara-Bucht ist traumhaft!

Melita KROATISCH €€
(www.mljet-restoranmelita.com; Marieninsel, Veliko jezero; Hauptgerichte ab 60 Kn) Romantischer (und touristischer) geht es nicht: Das Restaurant ist an die Kirche auf der kleinen Insel inmitten des großen Sees angeschlossen. Man kann sich an Fisch, Meeresfrüchten und Fleischgerichten laben, es gibt Mljet-Hummer, Tintenfisch, schwarzen Risotto und Käse aus der Region.

Konoba Ankora KROATISCH €€
(Polače; Hauptgerichte ab 70 Kn) Direkt am Meer gelegen, ist dies das netteste Lokal an der Restaurantmeile in Polače. Die kurze Speisekarte wird mit Kreide auf eine Tafel geschrieben; normalerweise umfasst das Angebot gegrilltes Lamm, Wild, Ziegenfleisch und Frisches aus dem Meer. Lecker ist z. B. *brodetto* (Meeresfrüchteintopf).

Triton GEGRILLTES FLEISCH €€
(745 131; Srsenovići 43, Babino Polje; Hauptgerichte ab 70 Kn) Der Schwerpunkt liegt auf Fleischgerichten, Kalb und Ziege schmecken am besten, wenn sie unter Kohlen gegart werden (im Voraus reservieren). Anschließend sollte man etwas Hochprozentiges kosten; der Besitzer brennt die Schnäpse selbst.

Praktische Informationen

Die **Touristeninformation** (744 186; www.mljet.hr; Juni–Sept. Mo–Sa 8–13 & 17–19, So 9–12 Uhr, Okt.–Mai Mo–Fr 8–13 Uhr) ist in Polače. Dort bekommt man eine gute Wanderkarte und Broschüren, gleich nebenan befindet sich ein Geldautomat. Einen weiteren findet man im Hotel Odisej in Pomena.

Babino Polje, 18 km östlich von Polače, ist die Hauptstadt der Insel. Dort befinden sich eine weitere **Touristeninformation** (745 125; www.mljet.hr; Mo–Fr 9–17 Uhr) und eine Post.

Anreise & Unterwegs vor Ort

Die Jadrolinija-Fähren halten nur in Sobra (32 Kn, 2 Std.), der **Melita-Katamaran** (313 119; www.gv-line.hr; Vukovarska 34, Dubrovnik) legt während der Sommermonate in Sobra (22 Kn, 1 Std.) und Polače (50 Kn, 1½ Std.) an. Abfahrt ist zweimal täglich vom Gruž-Hafen von Dubrovnik (9.15 und 18.15 Uhr), Rückfahrt ab Polače um 16 Uhr und zweimal täglich ab Sobra um 6.15 und 16.40 Uhr. Man kann Tickets nicht im Voraus reservieren; in der Hauptsaison muss man sehr früh aufstehen und sich am Hafenbüro anstellen, um eine Karte zu bekommen (Fahrradmitnahme ist gewöhnlich auch nicht erlaubt). Im Winter gibt's nur eine Katamaranverbindung pro Tag. Tourboote ab Korčula setzen während der Hauptsaison ebenfalls nach Polače über.

Unregelmäßig verkehren Busse zwischen Sobra und Polače.

Cavtat

2021 EW.

Ohne Cavtat gäbe es kein Dubrovnik. Zumindest nicht das Dubrovnik, das alle kennen und lieben. Die Einwohner der ursprünglich griechischen Siedlung flohen vor den Slawen und ließen sich in Dubrovnik nieder; die Stadt wurde 614 gegründet. Doch auch Cavtat ist interessant. Hier geht es ursprünglicher zu als in Dubrovnik – der Ort wird nicht ständig von einer Welle Touristen überrollt, obwohl er einen besonderen Charme hat. An den hübschen Hafen grenzen Strände und im Hintergrund ragen beeindruckende Hügel auf. Die Lage ist einfach traumhaft.

Geschichte

Cavtat war ursprünglich eine griechische Siedlung namens Epidaurus. In der Zeit um 228 v. Chr. wurde es römische Kolonie und dann im 7. Jh. von Slawen zerstört. Im Mittelalter gehörte der Ort fast durchgehend zur Republik Dubrovnik und profitierte vom Kultur- und Wirtschaftsleben der Hauptstadt. Als berühmtester Sohn der Stadt gilt der Maler Vlaho Bukovac (1855–1922), einer der Vorreiter der kroatischen Moderne.

Sehenswertes

Cavtat wartet mit einigen faszinierenden Sehenswürdigkeiten auf. Der **Rektorenpalast** (Obala Ante Starčevića 18; Erw./erm. 10/5 Kn; Mo-Sa 9.30–13 Uhr) aus der Renaissance beherbergt beispielsweise eine sehr gut bestückte Bibliothek, die im 19. Jh. dem Rechtsanwalt und Historiker Baltazar Bogišić gehörte. Darüber hinaus werden auch Lithografien und eine kleinere archäologische Sammlung gezeigt. Nebenan erhebt sich die barocke **Kirche des heiligen Nikolaus** (Crkva Svetog Nikole; Eintritt 10 Kn; 10–13 Uhr). Sie verfügt über beeindruckende Holzaltäre.

Das **Geburtshaus von Vlaho Bukovac** (Rodna Kuća Vlahe Bukovca; Bukovca 5; Eintritt 20 Kn; Di-Sa 10–13 & 16–18, So 16–18 Uhr), dem berühmtesten Sohn der Stadt, steht ganz am nördlichen Ende der Obala Ante Starčevića. Die Architektur des frühen 19. Jhs. bildet einen würdigen Rahmen für die zahlreichen Erinnerungsstücke und Gemälde des berühmtesten kroatischen Malers. Nebenan beeindruckt das **Kloster Maria Schnee** (Samostan Snježne Gospe; Bukovca) mit wunderschönen Bildern aus der Frührenaissance.

Vom Kloster führt ein Pfad zum Friedhof mit dem **Mausoleum** (Eintritt 5 Kn; Juli & Aug. 10–12 & 17–19 Uhr) der Familie Račić, ein Werk von Ivan Meštrović. Das kunstvolle Monument reflektiert die Religiosität und Spiritualität des Bildhauers.

Schlafen & Essen

Privatunterkünfte findet man mithilfe von Atlas oder einer anderen Reiseagentur in der Stadt.

Castelletto   B&B €€
(478 246; www.dubrovnikexperience.com; Tiha bb; EZ/DZ 640/910 Kn; P✻@≋) Dieser tolle Familienbetrieb offeriert in einer umgebauten Villa 13 geräumige, blitzblanke Zimmer mit geschmackvollen, modernen Möbeln, Klimaanlage und Satelliten-TV. Viele haben eine schöne Aussicht auf die Bucht. Das Haus liegt friedlich, ein Stück vom Hafen entfernt (nach einem strammen zehnminütigen Marsch über einen hübschen Pfad ist man da), und die Mitarbeiter sind auf Zack. Der Pool ist mehr zum Abkühlen als zum Schwimmen gedacht. Weitere Extras: WLAN und Flughafentransfer sind kostenlos.

Hotel Major   LÄNDLICHES HOTEL €€€
(773 600; www.hrmajor.hr; Uskoplje bb; Suite 893 Kn, Hauptgerichte ab 75 Kn; P✻@≋) Nach fünf Minuten Fahrt landeinwärts von Cavtat aus erreicht man dieses kleine Hotel mit fünf sehr großen (und dafür preisgünstigen) Zimmern. Alle sind klimatisiert und mit Heizungen ausgestattet und blicken aufs Meer oder die Berge. Die Mitarbeiter sind äußerst hilfsbereit, und das Restaurant ist hervorragend: Es hat eine riesige Terrasse und auf der Speisekarte stehen jede Menge dalmatinische Gerichte (z. B. geschmorte Kalbshaxe). Außerdem gibt's eine ganze Reihe offener Weine.

Galija   MEERESFRÜCHTE €€
(www.galija.hr; Vuličelićeva 1; Hauptgerichte ab 70 Kn) Etabliertes, angesehenes Restaurant. Die tolle Terrasse mit Meerblick liegt im Schatten von Pinien, drinnen schaffen die nackten Steinwände eine stimmungsvolle Atmosphäre. Los geht's mit dalmatinischen Vorspeisen (z. B. Seeigelsuppe). Als Hauptspeise gibt's vor allem Fisch und Meeresfrüchte. Man könnte beispielsweise die hervorragende Meeresfrüchteplatte bestellen (mit Austern, Muscheln, Krabben und Scampi) – ein teurer Spaß, aber eindeutig jede Kuna wert.

Am Hafen reihen sich preiswerte Cafés und Restaurants aneinander.

Praktische Informationen

Antares (479 707; www.antarestravel.hr; Vlaha Paljetka 2) Organisiert Ausflüge und Privatunterkünfte.

Atlas Travel Agency (⌕479 031; www.atlas-croatia.hr; Trumbićev Put 2) Exkursionen und Privatunterkünfte.

Postamt (Kneza Domagoja 4; ⊙Mo–Sa 9–18.30 Uhr) Nahe dem Busbahnhof.

Touristeninformation (⌕479 025; www.tzcavtat-konavle.hr; Tiha 3; ⊙Juli & Aug. 8–19 Uhr, Sept.–Juni Mo–Fr 8–15.30, Sa 9–12 Uhr) Hat jede Menge Broschüren und eine gute farbige Karte vorrätig.

 An- & Weiterreise

Die Buslinie 10 fährt etwa stündlich von Dubrovniks Busbahnhof nach Cavtat (18 Kn, 45 Min.). Der letzte Bus kehrt gegen Mitternacht nach Dubrovnik zurück. Alternativ kann man ein Boot am Lokrum-Schiffsdock, nahe dem Ploče-Tor, nehmen (Hin- & Rückfahrt 80 Kn, Juni–Sept. 12-mal tgl., restliches Jahr 3–5-mal tgl.).

Trsteno-Gärten

Nur 13 km nordwestlich von Dubrovnik lohnen diese traumhaften Gärten einen Besuch. Trsteno machte im 16. Jh. Furore, als die Adligen aus Dubrovnik großen Wert auf das Aussehen ihrer Gartenanlagen legten. Einer von ihnen, Ivan Gučetić, pflanzte hier die ersten Setzlinge und wurde so zum Trendsetter.

Seine Nachfahren hegten und pflegten den Garten jahrhundertelang, bis das Land von der (ehemals jugoslawischen, heute kroatischen) Akademie der Wissenschaften übernommen wurde, die es zu einem **Arboretum** (⌕751 019; Erw./erm. 30/15 Kn; ⊙Juni–Sept. 8–19 Uhr, Okt.–Mai 8–16 Uhr) umbauen ließ. Der Garten ist wunderschön mit geometrischen Formen im Stil der Renaissance angelegt. Mediterrane Pflanzen und Büsche dominieren (Lavendel, Rosmarin, Fuchsien, Bougainvilleen), in der Luft liegt der betörende Duft der Zitrusbäume in den Obsthainen. Der Garten ist jedoch nur in Teilen durchgestaltet – einige Bereiche sind herrlich wild und ursprünglich geblieben. Kinder werden das **Labyrinth** lieben, außerdem gibt es schöne Palmen (u. a. chinesische Hanfpalmen) und einen hübschen **Teich** voller weißer Seerosen und mit Dutzenden Ochsenfröschen, an dem eine Neptunstatue prangt. Unbedingt ansehen sollte man die beiden **Platanen** am Eingang zum Ort Trsteno; sie sind über 400 Jahre alt und um die 50 m hoch.

Der lokale Campingplatz, **Autocamp Trsteno** (⌕751 060; www.trsteno.hr/camping.htm; 26/20 Kn pro Person/Zelt), ist gut ausgestattet und hat eine nette Bar. Bis zur Küste mit einigen Felsbuchten spaziert man fünf Minuten.

In Trsteno halten alle Busse (30 Min., 19-mal tgl.) von Dubrovnik Richtung Split.

KORČULA

16 438 EW.

Korčula ist reich an Weingärten, Olivenhainen, Dörfern und Weilern. Da die Insel so dicht bewaldet ist, wurde sie von den ursprünglich griechischen Siedlern Korkyra Melaina (Schwarzes Korfu) genannt. Die wichtigste Siedlung ist Korčula-Stadt: Ihre hübschen Straßen sind mit Marmor gepflastert und werden von imposanten Gebäuden flankiert. Entlang der steilen Südküste trifft man immer wieder auf stille Buchten und kleine Strände, die Nordküste ist flacher und hat mehrere Naturhäfen. Bis heute wird auf der Insel die alte Kultur gepflegt. Die Leute halten jahrhundertealte religiöse Zeremonien am Leben, und der Tourismus sorgt dafür, dass auch Volkstänze und Musik ihr Publikum finden. Weinkenner kommen ebenfalls auf ihre Kosten. Bekannt ist vor allem der Süßwein, der rund um Lumbarda aus der *grk*-Traube gekeltert wird.

Korčula ist mit einer Länge von knapp 47 km die sechstgrößte Insel der Adria und wird von der Halbinsel Pelješac durch einen schmalen Kanal getrennt.

Geschichte

Eine Höhle aus dem Neolithikum (Vela Špilja) bei Vela Luka im Westen der Insel weist auf eine prähistorische Besiedlung des Eilands hin. Die Griechen ließen sich hier im 6. Jh. v. Chr. nieder, ihre bedeutendste Siedlung befand sich etwa im 3. Jh. v. Chr. in der Gegend des heutigen Lumbarda. Im 1. Jh. eroberten die Römer die Insel, ihnen folgten im 7. Jh. Slawen. Die Venezianer lösten sie im Jahr 1000 ab, danach kamen die Ungarn. Kurz gehörte die Insel zur Republik Dubrovnik, bis sie 1420 wieder an Venedig fiel, wo sie bis 1797 verblieb. Während der Herrschaft der Seerepublik wurde die Insel für ihren Stein berühmt, der in Steinbrüchen gewonnen und exportiert wurde. Auch der Schiffsbau florierte.

Nachdem Napoleon 1797 Dalmatien erobert hatte, ereilte Korčula das gleiche Schicksal wie den Rest der Region: Die Insel fiel in die Hände Frankreichs, Österreich-Ungarns und Englands, bis sie schließlich 1921 ein Teil von Jugoslawien wurde. Heutzutage entwickelt sich Korčula rasch zu einer der wohlhabendsten Inseln Kroatiens, und ihre historische Hauptstadt empfängt immer mehr Besucher.

ℹ️ Anreise & Unterwegs vor Ort

Bus

Busse fahren nach Dubrovnik (85 Kn, 3 Std., 1–3-mal tgl.) und einmal täglich nach Zagreb (239 Kn, 11 Std.). Im Sommer im Voraus reservieren.

Schiff/Fähre

Auf der Insel befinden sich zwei wichtige Häfen: Korčula-Stadt und Vela Luka. Alle Jadrolinija-Fähren von Split nach Dubrovnik machen in Korčula halt.

Wer von Split nach Korčula reist, hat mehrere Optionen. Täglich (ganzjährig) fährt das Schnellboot **Krilo** (www.krilo.hr) von Split nach Korčula (55 Kn, 2¾ Std.) und hält unterwegs in Hvar. Von Juni bis September fährt täglich ein Jadrolinija-Katamaran von Split nach Vela Luka (60 Kn, 2 Std.) mit Zwischenstopps in Hvar und Lastavo. Außerdem verkehrt nachmittags regelmäßig eine Autofähre zwischen Split und Vela Luka (45 Kn, 3 Std.), die an den meisten Tagen auch Kurs auf Hvar nimmt (dort darf man allerdings nicht als Autos an Land gehen).

Auf der Halbinsel Pelješac bestehen regelmäßige Bootsverbindungen zwischen Orebić und Korčula. Passagierboote (15 Kn, 10 Min., Juni–Sept. 13-mal tgl., restliches Jahr mind. 5-mal tgl.) nehmen Kurs auf Korčula-Stadt. Auf dieser Strecke sind auch Autofähren unterwegs (17 Kn, 15 Min., ganzjährig mind. 14-mal tgl.), sie gehen allerdings im tieferen Hafen Dominče, 3 km von Korčula-Stadt entfernt, vor Anker. (Die Busverbindungen sind schlecht und Taxis mit 80 Kn für 3 km exorbitant teuer, deshalb sollte man versuchen, eine Passagierfähre zu erwischen.)

Korčula (Stadt)

3135 EW.

Korčula ist nicht nur bildschön, sondern auch ein historischer Ort. Die Zitadelle an der Küste liegt geschützt hinter beeindruckenden Wehrmauern. Entlang der mit Marmor gepflasterten Straßen stehen zahlreiche Gebäude aus der Zeit der Renaissance und Gotik. Die Straßen wurden im Fischgrätmuster angelegt – ein großartiges Konzept, das gleichermaßen der Sicherheit wie auch dem Komfort der Bürger diente: Die Straßenzüge nach Westen verlaufen gerade, damit der starke sommerliche Westwind *maestral* eine frische Brise durch die Stadt schicken kann. Die Straßen gen Osten haben dagegen eine leichte Biegung, in der sich der kalte Nordostwind *bura* bricht. Die Stadt besitzt einen Hafen, über dem runde Wehrtürme aufragen, viele Häuser sind mit roten Ziegeln gedeckt.

Überall stehen Palmen, mehrere Strände liegen in Laufweite. Da der Ort bei Familien so beliebt ist, suchen sich viele Backpacker einen entlegenen Strand weiter außerhalb, um ein wenig Ruhe genießen zu können. Die Stadt ist ein guter Standort für Tagesausflüge nach Lumbarda, zur Mini-Insel Badija, nach Orebić auf der Halbinsel Pelješac und zur Insel Mljet.

Geschichte

Alten Dokumenten ist zu entnehmen, dass an dieser Stelle bereits im 13. Jh. eine von Mauern geschützte Stadt existierte. Die Stadt in ihrer heutigen Form wurde jedoch erst im 15. Jh. errichtet. Zu dieser Zeit erlebte die Steinmetzkunst auf der Insel gerade eine Blüte, und so kamen die Gebäude und Straßenzüge zu ihrem schönen, charakteristischen Aussehen. Im 16. Jh. wurden die Fassaden der Bauwerke zudem mit dekorativen Elementen wie Schmucksäulen und Wappen verziert. Sie verliehen dem ursprünglich gotischen Zentrum sein Renaissancegepräge. Im 17. und 18. Jh. begann man, südlich der Altstadt zu bauen, denn die Gefahr einer Invasion war nicht mehr so groß und es bestand keine Notwendigkeit mehr, sich hinter dicken Mauern zu verschanzen. Die schmalen Straßen und Steingebäude in der „neuen" Vorstadt lockten Kaufleute und Kunsthandwerker an – bis zum heutigen Tag spielt sich hier ein Großteil des Handels ab.

👁 Sehenswertes

Wehrmauer & -türme   WEHRBAUTEN

Die Türme (und Überreste der Stadtmauer) von Korčula sehen besonders beeindruckend aus, wenn man sich der Stadt vom Meer her nähert. Früher, als die Wehrmauern noch vollständig waren und aus zwölf Türmen und 20 m hohen Mauern bestanden, bedeuteten sie Piraten und Plünderern recht unmissverständlich, dass dieser Ort uneinnehmbar ist.

Am Westhafen ragen der konische **Große Fürstenturm** (1483) und der **Kleine Fürstenturm** (1449) auf. Sie schützten früher den Hafen, die Handelsflotte und den Gouverneurspalast, der neben dem Rathaus stand. Folgt man dem Ufer der Altstadthalbinsel im Uhrzeigersinn, gelangt man zum **Turm des Westhafentors** mit einer lateinischen Inschrift von 1592, die darauf hinweist, dass Korčula nach dem Fall Trojas gegründet wurde. Als Nächstes entdeckt man den renovierten **Kula-Kanovelić-Turm**, der von Zinnen gekrönt ist, sowie einen kleineren Turm, der bizarrerweise zur Cocktailbar Massimo umfunktioniert wurde.

Das südliche Landtor in die Altstadt war der **Veliki-Revelin-Turm**. Er wurde im 14. Jh. gebaut und später erweitert und ist mit Wappen der venezianischen Dogen und der Fürsten von Korčula verziert. Ursprünglich befand sich hier eine hölzerne Zugbrücke; sie wurde im 18. Jh. durch eine breite Steintreppe ersetzt, die dem Eingang nun etwas Prunkvolles verleiht. Der am besten erhaltene Teil der Stadtmauer verläuft von hier nach Westen. Der obere Teil des Turms beherbergt ein kleines **Museum** (Eintritt 15 Kn; ☉Juni-Sept. 9-21 Uhr, Mai & Okt. 10-16 Uhr, restliches Jahr geschl.), das der Moreška-Tanztradition gewidmet ist und Tanztrachten sowie alte Fotos zeigt.

Kathedrale des heiligen Markus
KATHEDRALE

(Katedrala Svetog Marka; Statuta 1214; ☉Juli & Aug. 9-21 Uhr, Sept.-Juni nur zur Messe geöffnet) Den Trg Svetog Marka (Markus-Platz) dominiert die wunderschöne Kathedrale aus dem 15. Jh. Sie wurde von italienischen und hiesigen Künstlern im Stil der Gotik und Renaissance aus dem heimischen Kalkstein errichtet. Über dem Portal ist das dreieckige Giebelfeld mit einer Meerjungfrau, einem Elefanten und anderen Skulpturen geschmückt. Der **Glockenturm** ragt hoch über der Stadt auf und wird von einer Balustrade und einer schmucken Kuppel gekrönt – ein Werk von Marko Andrijić aus Korčula.

Drinnen erwartet einen ein 30 m hohes Kirchenschiff mit einer zweifachen Kolonnade aus Kalksteinsäulen. Nicht verpassen sollte man das Ziborium, das ebenfalls von Andrijić gestaltet wurde, und das Altargemälde *Die Drei Heiligen* von Tintoretto dahinter. Auch ein weiteres Gemälde wird Tintoretto oder seiner Schule zugeschrieben, nämlich *Die Verkündung* am Barockaltar des heiligen Antonius. Bemerkenswert sind außerdem eine Bronzefigur des heiligen Blasius von Meštrović unweit des Altars im nördlichen Seitenschiff sowie ein Gemälde des venezianischen Künstlers Jacopo Bassano in der Apsis des südlichen Seitenschiffs. Ebenfalls sehenswert sind die modernen Skulpturen im **Baptisterium**, darunter eine *Pietà* von Ivan Meštrović.

Stadtmuseum
MUSEUM

(Gradski Muzej; Statuta 1214; Eintritt 15 Kn; ☉Juni-Aug. 9-21 Uhr, Sept.-Mai Mo-Sa 9-13 Uhr) Das Stadtmuseum ist im Palais der Gabriellis aus dem 16. Jh. untergebracht und erläutert die Geschichte und Kultur von Korčula. Es ist recht unübersichtlich, doch auf den vier Etagen gibt es ein paar interessante Dinge zu entdecken, z. B. eine Tafel, die die Anwesenheit der Griechen auf der Insel im 3. Jh. v. Chr. belegt. Das Lapidarium zeigt die Entwicklung der Bildhauerei samt dem entsprechenden Werkzeug. Darüber hinaus gibt es Ausstellungen zum Thema Schiffsbau mit Modellen lokaltypischer Boote, eine archäologische Sammlung mit prähistorischen Objekten und eine Sammlung mit traditioneller Kleidung und Kunsthandwerk, Möbeln, Textilien und Porträts aus Korčula.

Bevor man den Platz verlässt, lohnt ein Blick auf den **Palast Arneri** nebenan. Er hat viele elegante Zierornamente und erstreckt sich entlang der gleichnamigen schmalen Straße gen Westen.

Marco-Polo-Museum
TURMMUSEUM

(De Polo; Eintritt 15 Kn; ☉Juni-Sept. 9-19 Uhr, Mai & Okt. 10-16 Uhr) Es heißt, dass Marco Polo 1254 in Korčula geboren wurde. Auch wenn mehrere Städte dieses Privileg für sich beanspruchen, weisen doch stichhaltige Beweise auf Korčula hin. Das winzige Museum (nichts für Klaustrophobiker) befindet sich im schmalen Turm des Hauses, das einst dem Entdecker gehört haben soll. Man kann Karten und Grafiken von Marco Polos Reisen bestaunen, dazu Porträts und Büsten des berühmten Mannes. Das eigentliche Highlight ist jedoch die Aussicht von oben. Wer die steilen Stufen erklommen hat, kann die Halbinsel und die Adria aus der Vogelperspektive betrachten. Achtung: Die steile Treppe ist nichts für kleine Kinder.

Museum Riznica
KUNST

(Statuta 1214; Eintritt 15 Kn; ☉Mai-Nov. Mo-Sa 9-19.30 Uhr) Das Riznica-Museum im Bischofspalast aus dem 14. Jh. wartet mit einer Ikonensammlung im Vorraum und einem Saal voller dalmatinischer Kunst auf (Letzterer beherbergt schöne dalmatinische Gemälde aus dem 15. und 16. Jh.). Das

Korčula (Stadt)

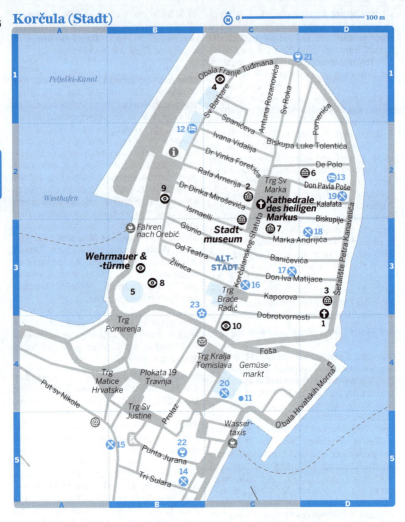

herausragendste Werk ist das Polyptychon *Die Jungfrau* von Blaž Trogiranin. Außerdem werden liturgische Objekte, Schmuck, Möbel und alte Dokumente zur Geschichte Korčulas gezeigt.

Ikonenmuseum & Kirche MUSEUM
(Trg Svih Svetih; Eintritt 10 Kn; Mo–Sa 10–12 & 17–19 Uhr) Im bescheidenen Ikonenmuseum ist neben rituellen Objekten aus dem 17. und 18. Jh. eine kleine Sammlung interessanter byzantinischer Ikonen auf Holz mit goldenem Hintergrund zu sehen. Die Besucher haben auch Zugang zur wunderschönen **Allerheiligenkirche** (Crkva Svih Svetih) nebenan. In der Barockkirche aus dem 18. Jh. beeindrucken zahlreiche sakrale Bilder, ein Holzgemälde aus dem 15. Jh. und eine Pietà aus dem späten 18. Jh.

Aktivitäten

Auf Korčula gibt es fantastische Wander- und Radwanderrouten; eine Karte bekommt man in der Touristeninformation oder bei Kantun Tours (hier können für 100 Kn pro Tag auch Räder geliehen werden). Roller (291 Kn für 24 Std.) und Boote (580 Kn pro Tag) gibt's bei **Rent a Đir** (711908; www.korcula-rent.com; Biline 5).

Korčula (Stadt)

◎ Highlights
Wehrmauer & -türme	B3
Kathedrale des heiligen Markus	C2
Stadtmuseum	C3

◎ Sehenswertes
1	Allerheiligenkirche	D3
2	Palast Arneri	C2
3	Ikonenmuseum	D3
4	Kula-Kanovelić-Turm	C1
5	Großer Fürstenturm	B3
6	Marco-Polo-Museum	D2
	Moreška-Museum	(siehe 10)
7	Museum Riznica	C3
8	Kleiner Fürstenturm	B3
9	Turm des Westhafentors	B2
10	Veliki-Revelin-Turm	C4

Aktivitäten, Kurse & Touren
11	Rent a Đir	C4

◎ Schlafen
12	Hotel Korčula	B2
13	Lešić Dimitri Palace	D2

◎ Essen
14	Buffet-Pizzeria Doris	B5
15	Cukarin	B5
16	Gradski Podrum	C3
17	Konoba Komin	C3
18	Konoba Marinero	D3
19	LD	D2
20	Supermarkt	C4

◎ Ausgehen
21	Cocktail Bar Massimo	C1
22	Vinum Bonum	B5

◎ Unterhaltung
23	Moreška-Säbeltanz	B3

Unbedingt ansehen sollte man die hübsche Stadt Orebić mit ihrem schönen Strand und guten Wandermöglichkeiten.

Im Sommer setzen Wassertaxis zur Insel **Badija** über. Dort steht ein Franziskanerkloster aus dem 15. Jh. Wer sich gern entblättert, wird sich über den FKK-Strand freuen.

☞ Geführte Touren

Reisebüros organisieren Inseltouren oder Exkursionen nach Mljet sowie Ausflüge mit dem Mountainbike (195 Kn), Kajaktrips und Schnorchelabenteuer (220 Kn).

✱ Festivals & Events

Die **Karwoche** wird auf Korčula in großem Stil begangen. Los geht's am Palmsonntag, die ganze Woche vor Ostern finden Prozessionen statt. Sie werden von den Bruderschaften organisiert, die dann ihre traditionelle Tracht tragen. Die Einwohner der Stadt singen mittelalterliche Weisen und Kirchenlieder, es werden Bibelszenen aufgeführt und die Stadttore gesegnet. Die feierlichsten Prozessionen finden am Karfreitag statt, wenn die Bruderschaften durch die Straßen ziehen. Die Touristeninformation hat einen genauen Veranstaltungskalender.

🛏 Schlafen

Viele Hotels auf Korčula fallen unter die Marke Resort. Die hier aufgeführten sind aber allesamt angenehm. Wer keine Lust auf eine Bettenburg hat, schaut sich nach einer Pension um. Das Reisebüro Atlas und Marko Polo Tours vermitteln Privatunterkünfte (ab 250 Kn in der Hauptsaison).

LP TIPP **Lešić Dimitri Palace**
BOUTIQUE-STIL €€€
(☏715 560; www.lesic-dimitri.com; Don Pavla Pošelka 1–6; Apt. 2731–8741 Kn; ❉🛜) Diese außergewöhnliche Unterkunft spielt in einer eigenen Liga (auch preislich). Die insgesamt sechs „Residenzen" mit immens hohem Standard sind über mehrere Stadthäuser verteilt. Benannt wurden sie nach den Reisen Marco Polos: So gibt es eine chinesische Wohnstatt mit (dezent) asiatischer Note, die Behausung „Indien" erinnert an den Subkontinent. Hier wird Wert auf Details gelegt, dazu gehören iPods, Marmorelemente im Bad und Espressomaschinen. Auch optisch enttäuschen die Räumlichkeiten mit hübschem Balkenwerk, alten Steinwänden und -fliesen nicht. Und das Restaurant ist das beste in der ganzen Stadt.

Hotel Bon Repos RESORTHOTEL €€
(☏726 800; www.korcula-hotels.com; DZ 524 Kn; 🅿@⌘🛜) Ein riesiges Hotel mit gepflegtem Grundstück an der Straße nach Lumbarda. Der große Pool liegt gleich an einem kleinen Strand. Die Zimmer sind gut in Schuss (vernünftiges Preis-Leistungs-Verhältnis), die Einrichtungen nett. Es gibt z. B. Tennisplätze. Ein Wassertaxi fährt nach Korčula-Stadt und zurück; alternativ kann man zu Fuß gehen (30 Min.).

Hotel Liburna RESORTHOTEL €€€
(☏726 006; www.korcula-hotels.com; Put Od Luke 17; DZ ab 815 Kn; 🅿@⌘🛜) Noch ein großes

MOREŠKA-SÄBELTÄNZE

Zu den farbenfrohsten Bräuchen der Insel Korčula zählt der Morisken- oder Säbeltanz, der hier seit dem 15. Jh. aufgeführt wird. Er ist vermutlich spanischen Ursprungs, wird heute aber nur noch auf Korčula gepflegt. Der Tanz erzählt die Geschichte zweier Könige, des Weißen (in Rot gewandet) und des Schwarzen Königs, die um eine vom Schwarzen König entführte Prinzessin kämpfen. In der Einleitung erklärt die Prinzessin ihre Liebe zum Weißen König. Da der Schwarze König sie nicht freigeben will, rasseln die Armeen beider Herrscher mit den Säbeln und „kämpfen" in einem kunstvollen Tanz zu den Klängen eines Orchesters. Bis heute führen die Einwohner den Tanz mit Begeisterung am Südtor auf. Inzwischen ist er von Juni bis September jeden Montag- und Donnerstagabend zu sehen, früher wurde er ausschließlich am 29. Juli, dem „Korčula-Tag", getanzt.

Kumpanija-Tänze werden auf der Insel regelmäßig in Pupnat, Smokvica, Blato und Čara gezeigt. Auch bei diesem Tanz geht es um einen „Kampf" zwischen feindlichen Armeen, der dann im Hissen einer riesigen Flagge gipfelt. Begleitet wird er von Trommeln und der *mišnice*, einem traditionellen Instrument, das an einen Dudelsack erinnert.

Hotel; viele Zimmer blicken aufs Wasser. Es gibt einen Pool, Tennisplätze und einen zementierten Strand (dort kann man sich aufs Surfbrett schwingen), die Zimmer sind allerdings ziemlich nichtssagend.

Hotel Korčula HISTORISCHES HOTEL €€€
(711 078; www.hotelkorcula.com; Obala Franje Tuđmana 5; EZ/DZ 720/960 Kn; P) Tolle Lage am Westhafen, allerdings ist eine Renovierung überfällig. Falls möglich, sollte man sich die Zimmer vorher anschauen, manche haben nämlich nur sehr kleine Fensterchen, und man sieht kaum etwas von der Bucht. Das Dekor ist durch und durch 1960er-Jahre. Keine Klimaanlage, kein Aufzug.

Villa DePolo WOHNEINHEITEN €
(711 621; tereza.depolo@du.t-com.hr; Svetog Nikole bb; DZ 330 Kn; ❄🛜) Tolle Budgetoption. Kleine, schlichte, aber hübsch aufgemachte und moderne Räumlichkeiten in matten Farben mit gemütlichen Betten. Eins der Zimmer hat eine Terrasse mit fantastischem Blick. Die Lage ist hervorragend – bis zur Altstadt bzw. zum Busbahnhof kann man bequem zu Fuß gehen. In den Einheiten können zwei, vier oder sechs Leute übernachten. Im Sommer zahlen Kurzurlauber drauf.

Pansion Hajduk PENSION €
(711 267; olga.zec@du.t-com.hr; DZ ab 430 Kn; ❄🍴🛜) Ein paar Kilometer außerhalb der Stadt an der Straße nach Lumbarda dürfen Gäste sich auf einen freundlichen Empfang, klimatisierte Zimmer mit TV und einen Swimmingpool freuen. Das Restaurant ist ebenfalls nett, und es gibt ein paar Schaukeln für Kinder.

Ojdanić GÄSTEHAUS €
(091 51 52 555; www.korcula-roko.com; Apt. ab 420 Kn; ❄) Spaziert man von der Altstadt aus ungefähr drei Minuten am Hafen entlang gen Westen, gelangt man zu zwei sauberen, sehr schlichten, aber dafür günstigen Apartments. „Ela" hat Wohnstudiogröße, im „Roko" (inkl. Terrasse mit tollem Blick aufs Festland) findet eine Familie mit zwei kleinen Kindern Platz. Ratko, der Besitzer, hat ein Wassertaxi und bietet Angelausflüge an.

Es gibt einen großen und mehrere kleinere Zeltplätze. **Autocamp Kalac** (711 182; www.korculahotels.com; 54/48 Kn pro Person/Stellplatz; ☀Mai–Okt.) liegt am nächsten bei der Altstadt (zu Fuß 30 Min.) in einem dichten Pinienhain und bietet Tennisplätze und einen schmalen Strand. Hier kann es im Sommer allerdings sehr voll werden.

Ca. 10 km westlich der Stadt bei Račišće findet man drei kleinere Campingplätze. Dort hat man mehr Privatsphäre und Zugang zu weniger überlaufenen Stränden. Alle sind von Juni bis Mitte September geöffnet und kosten ca. 90 Kn pro Person inkl. Zelt oder Wagen: **Kamp Oskorušica** (710 747), **Kamp Tri Žala** (721 244; trizala@vip.hr) und **Kamp Vrbovica** (721 311).

🍴 Essen

Lebensmittel für den täglichen Bedarf oder ein Picknick gibt's im Supermarkt.

LP TIPP **LD** MODERN MEDITERRAN €

(☎715 560; www.lesic-dimitri.com; Don Pavla Poše 1–6; Hauptgerichte ab 45 Kn) Korčulas bestes Restaurant hebt sich mit der modernen, perfekt zubereiteten Küche deutlich von den restlichen Lokalen in der Stadt ab. Als Vorspeise empfehlen wir *crostini* mit köstlichen mediterranen Zutaten (nur 8 Kn pro Häppchen), als Hauptgericht scharfen slawonischen Wursteintopf, Wolfsbarsch, Pager Lamm oder Carpaccio aus geräuchertem Thunfisch. Man sollte den Sommelier seines Amtes walten und einen Wein passend zum Gang kredenzen lassen (die Auswahl an kroatischen Weinen ist großartig). Auch die Lage direkt am Wasser überzeugt. Gemessen an der Qualität der Zutaten und des Ambientes sind die Preise wirklich prima.

LP TIPP **Konoba Komin** DALMATINISCH €

(☎716 508; Don Iva Matijace; Hauptgerichte ab 45 Kn) Ein sehr stimmungsvoller, einladender Ort ist diese schöne *konoba*, die beinahe mittelalterlich anmutet mit ihrem *komin* (knisterndem Feuer), dem gegrillten Fleisch, den alten Steinwänden und rustikalen Holztischen. Die Speisekarte ist schlicht, aber das Essen köstlich: Lamm, Fisch, Muscheln (je nach Saison) und Wild werden formvollendet zubereitet. Außerdem werden lokale Weine ausgeschenkt. Da die Sitzplätze knapp bemessen sind, sollte man reservieren.

Konoba Maslina DALMATINISCH €

(Lumbarajska cesta bb; Hauptgerichte ab 50 Kn) Dieses traditionelle Lokal bietet alles, was man von einer *konoba* auf dem Lande erwartet: rustikales Flair und bodenständige, „ehrliche" Küche. Der Koch und Besitzer Ivan erklärt seinen Gästen die Gerichte und gibt Empfehlungen. Man hat die Wahl zwischen frischem Fisch, Lamm und Kalb sowie Schinken und Käse aus der Region. Das Maslina liegt etwa 3 km außerhalb der Stadt an der Straße nach Lumbarda.

Konoba Marinero MEERESFRÜCHTE €€

(Marka Andrijića; Hauptgerichte ab 50 Kn) Der nette Familienbetrieb besticht mit Marinedekor und Gemütlichkeit. Die Söhne fangen den Fisch, die Eltern bereiten ihn nach traditionellen Rezepten zu.

Cukarin DELIKATESSEN €

(Hrvatske Bratske Zajednice; Kuchen ab 10 Kn) Erinnert an einen Feinkostladen. Hier gibt's umwerfende Spezialitäten aus Korčula wie *klajun* (Walnussgebäck) oder *amareta* (runder, mächtiger Mandelkuchen), aber auch Weine, Marmeladen und Olivenöl von der Insel.

Gradski Podrum KROATISCH €€

(Kaporova; Hauptgerichte ab 70 Kn) Atmosphärisches Altstadtrestaurant. Der Fischeintopf nach Korčula-Art ist ein Gedicht.

Buffet-Pizzeria Doris RESTAURANT €

(Tri Sulara; Hauptgerichte ab 40 Kn) Einfaches Lokal. Pasta und Pizza, Meeresfrüchte und Steaks, leckere Platten mit gegrilltem Gemüse – es ist alles da.

Ausgehen

Vinum Bonum WEINBAR

(Punta Jurana 66; ◷11–14 & 18–0 Uhr) Liegt versteckt an einer kleinen Fußgängerstraße gleich beim Hafen. In entspannter Atmosphäre kann man ein paar der besten (offenen) Weine der Insel kosten. Zu den angebotenen typisch dalmatinischen Snacks gehören Schafskäse und Schinken.

Dos Locos BAR

(Šetalište Frana Kršinića 14) Hier trifft sich die Jugend von Korčula. Es läuft R'n'B und Musikvideos werden an die Wand eines Gebäudes projiziert. Hinter dem Busbahnhof.

Cocktail Bar Massimo TURMBAR

(Šetalište Petra Kanavelića) Diese Bar ist in einem Türmchen untergebracht und kann nur über eine Leiter erreicht werden; die Getränke werden mit dem Flaschenzug nach oben transportiert. Ein Besuch lohnt sich wegen des Blicks auf die Küste und die Kathedrale, nicht wegen der Cocktailkarte. Kinder haben keinen Zutritt.

Unterhaltung

So ziemlich jeder, der im Sommer nach Korčula reist, landet früher oder später bei einem der **Moreška-Säbeltänze** (S. 288), die zwischen Juni und September montags und donnerstags um 21 Uhr am Altstadttor aufgeführt werden. Die Eintrittskarten kosten 100 Kn und können gleich vor Ort oder in einem der Reisebüros gekauft werden. Sehenswert sich auch die Kumpanija-Tänze in den Dörfern Pupnat, Smokvica, Blato und Čara, man benötigt allerdings einen eigenen fahrbaren Untersatz, um dorthin zu gelangen.

❶ Praktische Informationen

In der Stadt gibt es mehrere Geldautomaten, z. B. in der HVB Splitska Banka. Geld kann bei der Post oder in einem der Reisebüros getauscht werden.

Atlas Travel Agency (711 231; atlas-korcula@du.htnet.hr; Trg 19 Travnja bb) Repräsentiert American Express, organisiert Exkursionen und vermittelt Privatunterkünfte.

Kantun Tours (715 622; www.kantun-tours.com; Plokata 19 Travnja bb) Der wahrscheinlich am besten organisierte und größte Reiseveranstalter vor Ort vermittelt Privatunterkünfte und Mietwagen, arrangiert jede Menge Exkursionen und Tickets für Bootsfahrten. Außerdem: Internetzugang (25 Kn pro Std.) und Gepäckaufbewahrung.

Krankenhaus (711 137; Kalac bb) Etwa 1 km hinter dem Hotel Marko Polo.

PC Centrar Doom (Obvjeknik Vladimir DePolo) Internetzugang (25 Kn pro Std.) und relativ günstige Auslandsgespräche.

Postamt (Trg Kralja Tomislava)

Touristeninformation (715 701; www.korcula.net; Obala Franje Tuđmana 4; Juli & Aug. Mo–Sa 8–15 & 17–20, So 9–13 Uhr, Sept.–Juni Mo–Sa 8–14 Uhr) Am Westhafen. Erstklassige Infos für Reisende.

An- & Weiterreise

Infos zur Reise nach Korčula-Stadt siehe S. 284. Ein **Büro von Jadrolinija** (715 410) befindet sich ca. 25 m hinter dem Westhafen.

Lumbarda

Lumbarda ist ein entspanntes Dorf im Südosten der Insel Korčula. Es hat einen Hafen und ist umgeben von Buchten und Weingärten. Auf dem sandigen Boden wachsen die Reben besonders gut. Kein Wunder also, dass der Wein der *grk*-Traube Lumbardas „Vorzeigeprodukt" ist. Im 16. Jh. erbauten Adlige aus Korčula hier ihre Sommerhäuser. Bis heute gilt der Ort als Refugium für alle, die der Hektik der Stadt entfliehen wollen. Die Stadtstrände sind klein und sandig. Ein weiterer schöner Strand (Plaza Pržina) liegt auf der anderen Seite der Weingärten hinter dem Supermarkt.

Schlafen & Essen

Es gibt mehrere kleine und preiswerte Zeltplätze. Vom Busbahnhof geht es ein Stück bergauf.

Zure LÄNDLICHES HOTEL €€
(712 008; www.zure.hr; Apt. ab 590 Kn; Mai–Nov.;) Der wunderbare *agroturizam*-Betrieb wird von einer gastfreundlichen deutsch-kroatischen Familie geführt und liegt herrlich ruhig. Man übernachtet in zwei modernen, toll ausgestatteten Apartments oder in dem kleinen Haus (jeweils mit Terrasse). Auf dem Gelände werden *grk*- und *plavac-mali*-Weine, Käse und getrockneter Schinken hergestellt. Das Restaurant serviert frischen Fisch und Meeresfrüchte. Hauptgerichte ab 70 Kn; wir empfehlen die *buzara*.

Pansion Marinka LÄNDLICHES HOTEL €
(712 007; marinka.milina-bire@du.t-com.hr; DZ 380 Kn; Mai–Nov.). Dies ist Hotel, Bauernhof und Weingut in einem. Die Gäste haben die Wahl zwischen Doppelzimmern und drei Apartments, die schön aufgemacht sind und erst kürzlich renoviert wurden. Die ländliche Szenerie ist traumhaft und der Strand nur einen Fußmarsch entfernt. Die Besitzer stellen hervorragende Weine, Olivenöl und Käse her und räuchern selbst gefangenen Fisch.

Hotel Borik HOTEL €€
(712 215; www.hotelborik.hr; DZ 720 Kn;) Dieses Hotel mit einer wunderschönen Terrasse liegt abseits der Straße auf einem kleinen Hügel im Stadtzentrum und wartet mit 23 renovierten, stilvoll-modernen Zimmern auf (klimatisiert, Satelliten-TV). Außerdem gibt's einen großen Anbau. Praktisch: Man kann Fahrräder ausleihen.

Praktische Informationen

Die **Touristeninformation** (/Fax 712 005; www.lumbarda.hr; Mitte Juni–Aug. 8–12 & 16–20 Uhr, restliches Jahr kürzer) hilft bei der Unterkunftssuche.

An- & Weiterreise

In Korčula-Stadt warten Wassertaxis am Osthafen auf Fahrgäste nach Lumbarda. Busse nach Lumbarda (10 Kn, 15 Min.) verkehren stündlich bis zum Nachmittag, am Sonntag allerdings nicht.

Vela Luka

Vela Luka ist ein hübsches Städtchen mit Hafen unweit der westlichen Spitze von Korčula. In Stadtnähe gibt es ein paar Badebuchten, aber keine Strände. Kleine Boote bringen Besucher zu den idyllischen Inseln Proizd und Osjak (S. 292).

Die Hügel rund um Vela Luka sind von Olivenbäumen bestanden. Korčulas Olivenöl ist berühmt – Produktion und Handel sind tragende Säulen der Inselwirtschaft. Weitere Standbeine bilden der Tourismus und die Fischerei.

👁 Sehenswertes & Aktivitäten

Der Hafen von Vela Luka eignet sich gut für einen schönen Spaziergang, „echte" Sehenswürdigkeiten gibt es nur wenige. Man könnte einen Blick auf die Vela-Špilja-Höhle aus der Jungsteinzeit werfen. Sie ist so groß, dass der Gedanke an ein Leben als Höhlenbewohner plötzlich gar nicht mehr so abschreckend ist. Schilder in der Stadt weisen den Weg; von der Höhle hat man einen schönen Blick auf Vela Luka und den Hafen. Der Eingang ist den Großteil des Jahres über verschlossen, aber man kann den Schlüssel bei der Touristeninformation abholen. In der Höhle findet man Infotafeln in englischer und kroatischer Sprache.

Das Olivenölmuseum (Eintritt 20 Kn; ☺Juni–Sept.), 2 km östlich von Vela Luka an der Hauptstraße, ist neu. Neben restaurierten Olivenölpressen können auch Werkzeuge besichtigt und feine Öle gekauft werden.

Gradina, eine wunderschöne, friedliche Bucht 5 km nordwestlich von Vela Luka, wird bevorzugt von Yachtbesitzern angesteuert. Zwar befinden sich dort keine Strände, doch das sehr seichte Wasser lädt zum Schwimmen ein, und auch das Restaurant ist ein Magnet. Um dorthin zu gelangen, benötigt man einen Wagen.

🛏 Schlafen & Essen

Die Hotelgruppe Hum Hotels (www.humhotels.hr) betreibt mehrere Häuser in dieser Gegend.

LP TIPP **Hotel Korkyra** LUXUSHOTEL €€
(☎601 000; www.hotel-korkyra.com; Obala 3; DZ/Suite 626/918 Kn; P✻☎☎) Das komplett renovierte, gediegene Hotel sorgt für ein hohes Maß an Komfort in Vela Luka. Die 58 Zimmer haben ein schickes Dekor und moderne Bäder. Ebenso schick ist die Rezeption mit Sitzgelegenheiten und cooler Beleuchtung. Das Fitnessstudio blickt auf die Bucht, hinter dem Haus befindet sich ein Pool, und das Restaurant ist gut – insgesamt ein erstklassiges Preis-Leistungs-Verhältnis.

Hotel Dalmacija HOTEL €€
(☎812 022; www.humhotels.hr; Obala bb; Zi. 526 Kn) Kleines Zwei-Sterne-Hotel am Wasser mit 14 modernen Zimmern in schönen, mediterranen Farben. Ein besonderes Extra sind die Balkone zum Meer.

Camp Mindel CAMPING €
(☎813 600; www.mindel.hr; 28/25 Kn pro Erw./Zelt; ☺Mai–Sept.) Eine kompakte, günstige Anlage etwa 5 km westlich der Stadt – toll, wenn man ausgedehnte Wanderungen auf dem Lande mag. Busse fahren leider nicht hierhin.

LP TIPP **Konoba Šiloko** MEERESFRÜCHTE €€
(Gradina; Hauptgerichte ab 50 Kn) An der Gradina-Bucht, ungefähr 5 km westlich der Stadt, liegt dieses vorzügliche Meeresfrüchterestaurant, das von einer gastfreundlichen Familie betrieben wird und sich bei Bootsbesitzern besonders großer Beliebtheit erfreut. Hier gibt es z. B. gegrillten Fisch, fangfrischen Hummer, schwarzen Risotto mit Tintenfisch und Muscheln, Pager Käse oder Korčula-Lamm. Beim Essen kann man den Blick aufs Meer und die Inseln vor der Küste genießen.

Nautica INTERNATIONAL €
(Obala 2; Hauptgerichte ab 35 Kn; @☎) Hübsches Café-Restaurant mit entspannter Atmosphäre und toller Terrasse am Hafen. Die Speisen (Burritos, Fisch, Salate) sind preiswert. Ein weiteres Plus: Nirgendwo in der Stadt gibt's bessere Pizza.

ℹ Praktische Informationen

Atlas Travel Agency (☎812 078; www.atlasvelaluka.com; Obala 3) Am Kai. Organisiert Unterkünfte und bietet Internetzugang (25 Kn pro Std.).

Touristeninformation (☎/Fax 813 619; www.tzvelaluka.hr; Ulica 41; ☺Juni–Sept. Mo–Fr 8–14 & 17–20, Sa 9–12, Okt.–Mai Mo–Fr 8–14 Uhr) Liegt gleich am Ufer. Die Mitarbeiter der Touristeninformation sind sehr hilfsbereit.

ℹ An- & Weiterreise

Wie man nach Vela Luka kommt, ist auf S. 284 nachzulesen.

HALBINSEL PELJEŠAC

Die Halbinsel Pelješac ragt wie ein schlanker Finger ins Meer und verströmt eine äußerst entspannte Atmosphäre. Gesegnet mit zerklüfteten Bergen, weiten Tälern und idyllischen Buchten, ist es ein wunderbarer Ort zum Ferienmachen.

Orebić

1954 EW.

Orebić an der Südküste der Halbinsel Pelješac wirbt mit den besten Stränden Süddalmatiens. Die sandigen Buchten werden von Pinien und Tamarisken gesäumt.

ABSTECHER

IDYLLISCHE INSELN

Wer einfach mal nichts tun will, und das möglichst am Strand, sollte zu den Inseln **Proizd** oder **Osjak** übersetzen. Proizd besticht durch klares, tiefblaues Wasser und weißen Stein, das größere Osjak ist bekannt für seine Wälder. Man sollte dennoch viel Sonnencreme mitbringen, da es nur wenig Schatten gibt. Auf beiden Inseln kann man günstig essen. Im Juli und August legen jeden Morgen mehrere kleine Boote in Vela Luka ab; nachmittags geht's wieder zurück.

Bis nach Korčula-Stadt hinüber sind es nur 2,5 km, somit eignet sich der Ort hervorragend für einen Tagestrip auf die Insel oder als Basis für weitere Ausflüge. Wer vom Faulenzen am Strand genug hat, kann tolle Wanderungen unternehmen, z. B. auf den Berg Ilija (961 m). Kulturinteressierte finden sehenswerte Kirchen und Museen. Da der Berg Ilija die Stadt vor dem kalten Nordwind schützt, wachsen die mediterranen Pflanzen hier sehr üppig. Es ist meist ein paar Grad wärmer als auf Korčula; entsprechend früher hält der Frühling Einzug, und der Sommer währt ein wenig länger.

Geschichte

Orebić und die Halbinsel Pelješac gehören seit 1333 zu Dubrovnik; sie wurden dem früheren Besitzer, Serbien, abgekauft. Die Stadt hieß bis zum 16. Jh. Trstenica (so wie die östliche Bucht) und war ein bedeutendes Zentrum der Seefahrt. Den Namen Orebić erhielt sie nach einer betuchten Seefahrerfamilie, die 1658 eine Zitadelle zur Verteidigung gegen die Türken errichten ließ. Bis heute bilden die vielen Häuser und exotischen Gärten der wohlhabenden Kapitäne einen Blickfang in der Umgebung. Den Höhepunkt der Seefahrt erlebte die Stadt im 18. und 19. Jh. als Sitz eines der größten Handelsimperien der damaligen Zeit: der Associazione Marittima di Sabioncello. Nach dem Niedergang der Schifffahrt gewann schnell der Tourismus an Bedeutung.

◉ Sehenswertes & Aktivitäten

Die Passagierboote und Fähren aus Korčula legen nur wenige Schritte von der Touristeninformation und der Bushaltestelle entfernt an. Die wichtigste Einkaufsstraße, Bana Josipa Jelačića, verläuft parallel zur Hafenpromenade.

Trstenica STRAND
Westlich des Docks erstreckt sich ein schmaler Strand, den schönsten (mit Sand und feinem Kies) findet man allerdings in Trstenica, ca. 700 m östlich des Docks. Er ist lang und halbmondförmig und wird von alten Bäumen gesäumt. Das ruhige, türkisfarbene Wasser lässt an die Karibik denken.

Schifffahrtsmuseum MUSEUM
(Obala Pomoraca; Eintritt 10 Kn; ⊙Mai–Okt. Mo–Sa 10–12 & 17–20 Uhr, im Winter kürzer) Es lohnt sich, einen kurzen Blick in das Museum neben der Touristeninformation zu werfen. Zu sehen sind Gemälde von Booten, allerlei Schiffsteile, Navigationshilfen und prähistorische Funde aus der archäologischen Stätte auf Majsan.

Wandern TREKKING
Orebić eignet sich perfekt zum Wandern, am besten besorgt man sich eine der kostenlosen Wanderkarten in der Touristeninformation. Einer der Wege führt durch Pinienwälder vom Hotel Bellevue zu einem **Franziskanerkloster** (Eintritt 10 Kn; ⊙Mo–Fr 15–20 Uhr) aus dem 15. Jh., das 152 m über dem Meer thront. Von oben konnten die Patrouillen aus Dubrovnik ein Auge auf die venezianischen Schiffe haben, die bei Korčula vor Anker lagen, und die Behörden über verdächtige Bewegungen an Bord und auf See in Kenntnis setzen. Das Dorf **Karmen** in der Nähe des Klosters bildet den Ausgangspunkt für einen Spaziergang zu den malerischen Bergdörfern sowie für die anspruchsvolle Besteigung des **Bergs Ilija**, der als kahles, graues Massiv hinter Orebić aufragt. Der Lohn für Schweiß und Mühen ist ein umwerfender Blick auf die gesamte Küste. Auf einem Hügel östlich des Klosters steht neben einigen riesigen Zypressen die **Kirche der Jungfrau von Karmen** (Gospa od Karmena), sehenswert sind auch die barocke **Loggia** und die **Burgruinen**.

🛏 Schlafen & Essen

Die Touristeninformation und Orebić Tours vermitteln Privatzimmer (ab 170 Kn pro Person), Wohnstudios und Apartments.

Westlich der Stadt befindet sich eine Handvoll moderner Ferienresorts des Unternehmens **HTP Orebić** (www.orebic-htp.hr).

Hotel Indijan HOTEL €€€
(⌂714 555; www.hotelindijan.hr; Škvar 2; EZ/DZ 735/1245 Kn; P❋@🛜🏊) Ein neues, schön

gestaltetes Hotel mit durchweg modernem Flair. Die Zimmer sind hübsch eingerichtet, manche haben sogar Balkone mit Blick über die Adria bis nach Korčula. Der beheizte Pool ist winzig, hat aber ein ausfahrbares Glasdach, sodass er das ganze Jahr über genutzt werden kann. Der Service ist erstklassig, auch Weinproben der Halbinsel werden angeboten.

Glavna Plaža CAMPING, APARTMENTS €
(713 399; www.glavnaplaza.com; Trstenica; Zelten 29/22 Kn pro Erw./Stellplatz, Apt. 375–885 Kn; April–Sept.) Der kleine, familienbetriebene Campingplatz erstreckt sich entlang des langen Sandstrands von Trstenica und bietet neben Stellplätzen auch vier einfache Apartments (darunter zwei Studios und eins für sechs Personen) in neutralen Farben. Geschäfte und Cafés sind ganz in der Nähe.

Hotel Bellevue RESORTHOTEL €€
(713 148; www.orebic-htp.hr; Svetog Križa 104; Zi. ab 400 Kn pro Person; P ✱ @ ✱ ✱) Großes Hotel am Strand mit 140 modernen, funktionalen Zimmern, teilweise mit Balkonen zur funkelnden Adria hin. Für die Gäste gibt es Tennisplätze und Wassersportmöglichkeiten. Das Bellevue ist das nächstgelegene Resort zur Stadt.

Dalmatino KROATISCH €
(Jelačića 47; Hauptgerichte ab 40 Kn; ✱) Das beliebte Dalmatino liegt gleich westlich vom Hafen am Meer und zeichnet sich durch eine angenehme Atmosphäre aus. Wenn man auf die Fähre wartet, eignet es sich gut für eine Pause. Die Tische werden von Pinien beschattet und es gibt einen Spielbereich für Kinder. Auf der Speisekarte stehen Tintenfisch (75 Kn), Krabben, Fisch (290 Kn pro kg), Steaks und Pastagerichte.

 Praktische Informationen

Orebić Tours (713 367; www.orebic-tours.hr; Bana Josipa Jelačića 84a) Vermittelt Privatunterkünfte, wechselt Bargeld und organisiert Touren (darunter Weinproben und Bootsfahrten).
Post (Trg Mimbeli bb) Neben der Touristeninformation.
Touristeninformation (713 718; www.tz-orebic.com; Trg Mimbeli bb; Juli & Aug. 8–20 Uhr, Sept.–Juni Mo–Fr 8–14 Uhr) Hier gibt's eine gute Wander- und Radkarte für die Halbinsel sowie Broschüren. Die Mitarbeiter vermitteln zudem Privatunterkünfte.

 An- & Weiterreise

Drei oder vier Fähren (im Sommer sieben) setzen täglich von Ploče nach Trpanj über. Dort hat man Anschluss an einen Bus nach Orebić. Busse aus Korčula nach Dubrovnik, Zagreb und Sarajevo halten unterwegs in Orebić (am Ufer beim Fährhafen). Mehr Infos zu Bussen und Fähren siehe S. 284.

Ston & Mali Ston
722 EW.

Ston und Mali Ston liegen 59 km nordwestlich von Dubrovnik an einer Meerenge, die die Halbinsel Pelješac mit dem Festland verbindet. Ston gehörte einst zur Republik Dubrovnik und war damals ein wichtiger Salzproduzent. Aufgrund der wirtschaftlichen Bedeutung für Dubrovnik wurde 1333 eine 5,5 km lange Mauer um den Ort gebaut – eine der längsten Wehranlagen Europas. Zu den Architekten, die hinter dem Bau und dem Design der Mauer mit 40 Türmen und fünf Forts stehen, zählt u. a. Juraj Dalmatinac. Die Mauern stehen bis heute und schützen die vielen schönen mittelalterlichen Gebäude in der Innenstadt. Mali Ston, ein kleines Dorf mit Hafen rund 1 km nordöstlich von Ston, wurde zusammen mit der Mauer als Bestandteil der Wehranlage errichtet. Sowohl Ston als auch Mali Ston sind ein Mekka für Feinschmecker: Hier kommen mit die besten Meeresfrüchte ganz Kroatiens auf den Tisch. Besonders

---

DER RICHTIGE WIND

Wer gern surft, fährt am besten nach Viganj, ein Küstendorf am Südwesten von Pelješac mit drei Surfschulen. Dort herrschen mit die besten Windbedingungen Kroatiens, entsprechend trifft man fast ausschließlich Windsurfer an. Es gibt eine Handvoll Restaurants und eine gut besuchte Strandbar mit netter Atmosphäre, **Karmela 2** (719 097; @ ✱), die Essen serviert (nur Juli und August) und mit Tischfußball und Billard ausgestattet ist. **Antony-Boy** (719 077; www.antony-boy.com; 39/39 Kn pro Person/Zelt; @ ✱) ist ein netter Zeltplatz mit Surfschule hinter einem Kieselsteinstrand.

berühmt sind die Austern und Muscheln, die schon zu römischen Zeiten in der Gegend gezüchtet wurden.

◉ Sehenswertes & Aktivitäten

Die Hauptsehenswürdigkeit von Ston sind die **Wehrmauern** (Eintritt 30 Kn; ⊘10 Uhr bis Sonnenuntergang), die sich von der Stadt den Hügel hinaufziehen und mittlerweile vollständig restauriert wurden. Man kann auf langen Abschnitten über den Wall laufen, die saubere Luft ermöglicht einen tollen Blick auf die Halbinsel.

Wer mag, kann sich die **Salzpfannen** (www.solanaston.hr; Eintritt 10 Kn; ⊘Mai–Okt. 10–18 Uhr) in Ston ansehen, die der Gemeinde zu ihrem Wohlstand verhalfen. Hier wird vor allem nach vor Salz gewonnen; von Juli bis September werden dafür freiwillige Helfer gesucht. Auf der Website findet man genauere Informationen über diese Kombi aus Arbeit und Ferien.

Der Ort hat keine Strände, aber Prapratno liegt nur etwa 4 km entfernt südwestlich der Stadt. Dort gibt's eine wunderschöne Bucht, einen Zeltplatz und einen hübschen **Kieselsteinstrand**. Vorsicht vor Seeigeln im seichten Wasser.

🛏 Schlafen & Essen

Ostrea   HISTORISCHES HOTEL €€€
(☎754 555; www.ostrea.hr; Mali Ston; EZ/DZ ab 690/890 Kn; P✱@) Nur wenige Schritte vom Hafen in Mali Ston entfernt steht dieses sehr ansprechende historische Steinhaus mit grünen Fensterläden. Die Angestellten sind sehr herzlich und professionell. Es gibt drei Zimmerkategorien, in allen neun Zimmern gehören polierte Holzböden und moderne Bäder zur Grundausstattung. Das Restaurant gilt als eines der besten in der Stadt (Halbpension ist eine gute Idee).

Camping Prapratno   CAMPING €
(☎754 000; www.duprimorje.hr; 45/37 Kn pro Erw./Stellplatz; ✱) Dieser riesige Zeltplatz liegt etwa 4 km südwestlich von Ston direkt an der Prapratno-Bucht. Die Einrichtungen sind gut – es gibt Tennis- und Basketballplätze, einen Supermarkt sowie ein Restaurant.

Stagnum   INTERNATIONAL €
(Imena Isusova 23, Ston; Hauptgerichte ab 45 Kn; ⊘April–Okt.) In diesem Restaurant in einem Innenhof werden Gäste aufmerksam umsorgt und mit großzügigen Portionen köstlicher Muscheln, Steak, gegrilltem Fisch und Risottos verwöhnt.

Kapetanova Kuća   MEERESFRÜCHTE €€
(☎754 452; Mali Ston; Hauptgerichte ab 75 Kn) Eins der renommiertesten Meeresfrüchterestaurants in der Region. Wie wär's mit Austern und Muscheln aus Ston auf der schattigen Terrasse?

❶ Praktische Informationen

Die Bushaltestelle befindet sich im Zentrum von Ston, unweit der Touristeninformation und der Post. In der **Touristeninformation** (☎754 452; www.ston.hr; Peljestki put 1; ⊘Juni–Sept. 8–20 Uhr, Mai & Okt. 8–14 & 16–19 Uhr, Nov.–April Mo–Fr 8–14 Uhr) erhält man Broschüren und Busfahrpläne und kann Privatunterkünfte buchen.

❶ An- & Weiterreise

Jeden Tag fahren fünf Busse von Ston nach Dubrovnik (56 Kn, 1½ Std.), einer nach Zagreb (219 Kn, 9 Std.).

Kroatien verstehen

KROATIEN AKTUELL 296
In der kroatischen Politik herrscht kein Mangel an Dramen.
Auch der geplante EU-Beitritt wird daran wohl nichts ändern.

GESCHICHTE 299
Kroatien ist ein Produkt seiner langen, komplexen Geschichte.
Hier erfährt man, was sich seit dem Auftauchen der Neandertaler in Slawonien alles getan hat.

KULTUR & BEVÖLKERUNG.................. 316
Die Kroaten sind ein religiöses, stilbewusstes und sportverrücktes Völkchen.

DIE KROATISCHE KÜCHE 321
Dank Trüffeln, wildem Spargel, Slow Food und Wein ist Kroatien ein Paradies für Feinschmecker.

ARCHITEKTUR 328
Dominko Blažević beschreibt die Highlights der kroatischen Architektur vom römischen Diokletianpalast bis zu Nikola Bašićs hochmoderner Meeresorgel.

NATUR & UMWELT.......................... 331
Traveller können unberührte Landschaften erkunden … oder sich einer Tour zu Titos Menagerie anschließen.

KUNST & KULTUR 335
Kunst und Kultur sind ein wesentlicher Teil des kroatischen Lebens. Hier gibt's Einblick in Traditionelles und Modernes.

Bevölkerung pro km²

Kroatien Deutschland

≈ 30 Personen

Kroatien aktuell

Kroatien im Umbruch

Kroatien, zwischen Balkan und Zentraleuropa gelegen, verbindet eine Art Hassliebe mit der EU und seinen Nachbarn – und sogar mit seinen eigenen Politikern.

Das größte politische Drama der letzten Jahre war die überraschende Abdankung des damaligen Premierministers Ivo Sanader im Juli 2009. Gerüchten zufolge segelte er nach der Rücktrittserklärung auf seiner Yacht davon. Rasch ernannte das Parlament die Vizeministerpräsidentin und frühere Journalistin Jadranka Kosor zur ersten Regierungschefin Kroatiens. Sie behielt, zum Unwillen der Opposition, Sanaders Kabinett weitgehend bei.

Mit der Wahl von Ivo Josipović im Januar 2010 kam es zum nächsten großen Wechsel. Der Kandidat der Sozialdemokratischen Partei schlug den unabhängigen Milan Bandić (Zagrebs Bürgermeister in vierter Amtszeit) in einer Stichwahl mit 60,26 %. Im Februar trat er als dritter Präsident des Landes sein Amt an. Josipović ist bekannt dafür, Facebook für politische Kommentare zu nutzen. Während des Wahlkampfs hatte der Komponist verkündet, er wolle eine Oper über den Mord an John Lennon schreiben. Viele Kroaten halten Josipović für unfähig und eine Marionette des korrupten Regimes. Andere schätzen ihn dagegen als proeuropäischen Politiker, der (wenn auch schwache) Versuche unternimmt, die Auslandsinvestitionen zu fördern, und Korruption kompromisslos bekämpft.

Die Beitrittsverhandlungen mit der Europäischen Union dauern an, denn Kroatien kämpft mit den Auswirkungen der globalen Wirtschaftskrise. Sein Ziel ist, 2012 der EU beizutreten, doch dies ist abhängig vom Verhandlungsverlauf und von der Ratifizierung des Beitrittsvertrags durch die 27 Mitgliedsstaaten. Die Haltung der Kroaten zum EU-Bei-

Top-Bücher

» **Schwarzes Lamm und grauer Falke** (Rebecca West) Die Autorin berichtet von ihrer Balkanreise im Jahr 1941.

» **Another Fool in the Balkans** (Tony White) White folgt den Spuren Rebecca Wests und stellt das moderne Leben der Region ihrer politischen Geschichte gegenüber.

» **Café Paradies oder die Sehnsucht nach Europa** (Slavenka Drakulić) Beschreibt witzig, wie die westliche Kultur Osteuropa infiltriert.

Über Jugoslawien

» **Croatia: a Nation Forged in War** (Marcus Tanner)

» **Jugoslawien. Der Krieg, der nach Europa kam** (Misha Glenny)

» **Bruderkrieg. Der Kampf um Titos Erbe** (Laura Silber und Allan Little)

Religiöse Gruppen
(% der Bevölkerung)

Wenn in Kroatien nur 100 Personen leben würden

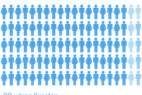

tritt ist gespalten. Viele sind dafür, wenn auch inzwischen weniger enthusiastisch wegen der „endlosen Liste an Vorschriften", wie einige Einheimische sagen. Wenig überraschend unterstützt vor allem die jüngere Generation den EU-Beitritt, während die Älteren eher den Verlust der industriellen und landwirtschaftlichen Unabhängigkeit bedauern. Es wird sich zeigen müssen, ob Kroatien in der Lage ist, im Land Ordnung zu schaffen.

Wirtschaft

Vor einem Jahrzehnt ging in Kroatien eine schwere Periode zu Ende, die in den späten 1990er-Jahren mit einer Reihe von Korruptions- und Privatisierungsskandalen ihren Höhepunkt erreicht hatte. Zwischen 2000 und 2007 gab es eine Phase der Erholung, in der das Bruttoinlandsprodukt konstant wuchs und die Kuna stabil blieb, was größtenteils der Wiederbelebung des Tourismus zu verdanken war. Darauf folgte jedoch erneut eine Reihe von Korruptions- und politischen Bestechungsfällen, und bisher hat die Regierung bei der Aufklärung und Strafverfolgung keine großen Fortschritte erzielt. Der bevorstehende EU-Beitritt des Landes sorgte für eine vorsichtige Zunahme von Auslandsinvestitionen, besonders aus Österreich und Italien im Bankensektor, aus Deutschland in der Telekommunikation und aus Ungarn in der Ölindustrie. Natürlich spielt der Tourismus eine große Rolle, der etwa 15 % des BIP erwirtschaftet.

Aus der Sicht des durchschnittlichen Kroaten ist das Leben hart, und auch die globale Finanzkrise hat sich bemerkbar gemacht. Die Arbeitslosigkeit ist hoch, Renten und Arbeitslosengeld sind lächerlich niedrig, und die Lebenshaltungskosten steigen. Etwa 17 % der Kroaten leben unterhalb der Armutsgrenze, vor allem in ländlichen Gebieten. Dazu

» Bevölkerung: 4 489 409 Ew.
» BIP pro Kopf: 17 500 US$ (2009)
» Jährliche Inflation: 2,4 % (2009)
» Arbeitslosenrate: 16,1 % (2009)
» Alphabetisierungsrate: 98,1 %
» Durchschnittliches Monatsgehalt: 5277 Kn

Top-Filme

» A Paper House (Mark Thompson)
» Die Geister des Balkan (Robert D. Kaplan)
» Europe's Backyard War (Mark Almond)

» Okkupation in 26 Bildern (Okupacija u 26 slika; 1978) Lordan Zafranović
» Man liebt nur einmal (Samo jednom se ljubi; 1981) Rajko Grlić
» Zyklopen (Kiklop; 1982) Antun Vrdoljak

» Wie der Krieg auf meiner Insel begann (Kako je počeo rat na mom otoku; 1997) Vinko Brešan
» Eine wundervolle Nacht in Split (Ta divna splitska noć; 2004) Arsen A. Ostojić
» Armin (2006) Ognjen Sviličić

kommen hohe Auslandsschulden, ein angespannter Staatshaushalt und die große Abhängigkeit des Landes von den Einnahmen aus dem Tourismus. All dies sind Hürden für den EU-Beitritt Kroatiens.

Bevölkerung

Der jüngsten Zählung zufolge (2001) hat Kroatien ca. 4,5 Mio. Einwohner, vor dem Krieg waren es noch fast 5 Mio. Etwa 59 % leben in städtischen Gebieten. In den frühen 1990er-Jahren verließen ungefähr 280 000 Serben (etwa 50 % der serbischen Bevölkerung in Kroatien) das Land, etwa 110 000 sind wieder zurückgekehrt. Während der Wirtschaftskrise, die der Unabhängigkeit folgte, wanderten 120 000–130 000 Kroaten aus, etwa gleich viele kroatische Flüchtlinge sind jedoch aus Bosnien und Herzegowina ins Land gekommen, 30 000 weitere aus der serbischen Region Vojvodina. In Ostslawonien ist der Anteil der Serben am höchsten, außerdem leben dort auch etliche Ungarn und Tschechen. Italiener konzentrieren sich besonders in Istrien; Albaner, Bosnier und Roma findet man in Zagreb, Istrien und einigen Städten Dalmatiens.

Für den steten Rückgang der kroatischen Bevölkerung sind der Krieg und die schlechten wirtschaftlichen Aussichten verantwortlich. Gerade junge gebildete Kroaten gehen auf der Suche nach besseren Chancen ins Ausland. Eine Patentlösung für dieses Problem gibt es nicht, doch die Regierung sucht Wege, wie sie Kinder von im Ausland arbeitenden Kroaten zur Rückkehr ermutigen kann.

Etwa 1 Mio. Kroaten lebt in den anderen Staaten des ehemaligen Jugoslawiens, vor allem in Bosnien und Herzegowina, im Norden der Vojvodina und in Montenegro rund um die Bucht von Kotor. Ca. 2,7 Mio. Kroaten leben im Ausland, hauptsächlich in den USA, in Deutschland, Österreich, Kanada und Argentinien. Die größten kroatischen Gemeinden außerhalb Europas gibt es in Pittsburgh und Buenos Aires. Ausgewanderte Kroaten behalten das Recht zu wählen und nutzen dies auch. Viele Auswanderer sind überzeugte Nationalisten und wählen häufig rechts stehende Parteien.

> Aktuelle Infos zu allem, was mit Kroatien zu tun hat, gibt es auf der Website www.croatiantimes.com.

Medien

» Fernsehsender: HRT (staatliches Fernsehen), Nova und RTL

» Zeitungen: *Vjesnik, Večernji List, Jutarnji List*

» Zeitschriften: *Globus, Nacional, Gloria*

Etikette

» Kroaten sehen sich nicht als Ost-, sondern als Mitteleuropäer an.

» Kirchen in angemessener Kleidung betreten.

» Bei Gesprächen über den jüngsten Krieg Sensibilität und Zurückhaltung zeigen.

» Gastgebern erlauben, die Rechnung zu bezahlen, wenn man in ein Restaurant oder eine Bar eingeladen wurde.

Geschichte

Kroatien hat eine lange, wechselhafte Geschichte, die die Kroaten geprägt und den Charakter des Landes beeinflusst hat. Seit Urzeiten kamen und gingen die Menschen, fielen ins Land ein, trieben Handel, siedelten sich an. Über lange Phasen hinweg wurden die Kroaten von fremden Völkern beherrscht, gegen die sie sich zur Wehr setzen mussten – Venezianer, Osmanen, Ungarn, Habsburger, Franzosen und Deutsche. Die Gründung Jugoslawiens nach dem Zweiten Weltkrieg schien die südslawischen Nationen zu einen, doch dies sollte nicht lange anhalten. Nach dem Tod des jugoslawischen Staatspräsidenten Tito 1980 zerfiel Jugoslawien allmählich und stürzte in einen brutalen Bürgerkrieg. Kroatien erklärte 1991 seine Unabhängigkeit, doch erst mit dem Dayton-Abkommen 1995 begannen die Kriegswunden langsam zu heilen. Heute ist die junge Demokratie mit neu gewähltem Präsidenten ein Land mitten im Wandel. Trotz vieler Probleme, wie weitverbreitete Korruption, extreme nationalistische Strömungen oder eines Grenzstreits mit dem benachbarten Slowenien, bewegt es sich langsam aber sicher auf die EU-Mitgliedschaft zu. Bis zum Beitritt, der wahrscheinlich 2012 erfolgen wird, befindet sich Kroatien weiterhin am Rand Europas, was sowohl zu seinem Reiz als auch zu seinen Schwierigkeiten beiträgt.

Die Bezeichnung Adria geht auf den illyrischen Stamm der Ardiaier zurück.

Kroatien vor der Christianisierung

Frühe Bewohner

Vor 30 000 Jahren war Kroatien von Neandertalern besiedelt, die durch die Wälder Slawoniens zogen. Im Naturhistorischen Museum in Zagreb werden Funde aus dieser Epoche ausgestellt, und in Krapina vermittelt das Neandertaler-Museum ein realistisches Bild von ihrem Leben.

Um 300 v. Chr. nahmen die Illyrer eine Schlüsselrolle im Gebiet des heutigen Kroatien, Serbien und Albanien ein. Hier konkurrierten sie mit Griechen, die im 4. Jh. v. Chr. Handelskolonien an der adriatischen

ZEITACHSE

300 v. Chr.
Illyrische Stämme übernehmen die Vorherrschaft auf dem Balkan, gründen Stadtstaaten – darunter auch Histri (der alte Name Istriens) und Liburnia – und etablieren sich als Seemächte an der Adria.

11 v. Chr.
Die römische Provinz Illyricum, in der auch das heutige Dalmatien lag, erstreckt sich nach der Unterwerfung der pannonischen Stämme bis zur Donau. Sie umfasst große Teile des heutigen Kroatiens.

257 n. Chr.
Salona, Hauptstadt der römischen Provinz, wird das erste Bistum der Provinz Dalmatia. 30 Jahre später wird der Bischof von Salona zum Papst ernannt.

Die besten römischen Ruinen

» Diokletianpalast in Split, Mitteldalmatien

» Salona in Solin, Mitteldalmatien

» Amphitheater in Pula, Istrien

Die Herkunft der Kroaten ist noch immer ein Rätsel. Sie sind eindeutig verwandt mit anderen slawischen Völkern, nennen sich selbst aber Hrvat, ein eindeutig nichtslawisches Wort. Eine Theorie besagt, dass der Begriff Hrvat persischen Ursprungs ist und dass die Kroaten, ein slawischer Stamm, kurze Zeit von persischsprachigen Alanen aus Zentralasien beherrscht und von diesen so benannt wurden.

Küste, u. a. auf Vis, errichtet hatten, und mit Kelten, die von Norden herandrängten.

231 v. Chr. beging die stolze illyrische Königin Teuta einen fatalen Fehler, als sie versuchte, die griechischen Kolonien zu erobern. Die Griechen baten Rom um militärischen Beistand, und dies gab den Römern Gelegenheit, in die Region vorzudringen. 168 v. Chr. besiegten sie den letzten illyrischen König Gentius, und so wurden die Illyrer allmählich latinisiert.

Rom & Byzanz

Die Römer richteten die Provinz Illyricum ein und weiteten ihren Machtbereich entlang der dalmatinischen Küste aus. 11 v. Chr. unterwarfen sie die pannonischen Stämme im Landesinneren und vergrößerten das Reich bis zur Donau. In der Folge wurde das Gebiet neu in die Provinzen Dalmatia (das frühere Illyricum), Pannonia Inferior und Pannonia Superior aufgeteilt.

Römisches Verwaltungszentrum war die Stadt Salona (heute Solin). Andere wichtige Städte waren Jadera (Zadar), Parentium (Poreč) und Polensium (Pula). Das Amphitheater in Pula erinnert auf anschauliche Weise an den einstigen Ruhm – und die damalige Begeisterung für blutige Spiele.

Die Römer bauten ein Netz an Straßen zwischen Ägäischem und Schwarzem Meer und der Donau, was den Handel erleichterte und zur Ausbreitung der römischen Kultur beitrug. Gleichzeitig beschleunigte dies auch die Verbreitung der christlichen Religion, die die Römer ursprünglich verfolgt hatten.

Diokletian, der 285 v. Chr. Kaiser geworden war, versuchte die Regierung des unüberschaubaren Reiches zu vereinfachen. Er teilte das Reich administrativ auf und machte Maximian zum Mitregenten. Damit schuf er eine der Grundlagen für die spätere Teilung in Oströmisches und Weströmisches Reich. 305 n. Chr. zog Diokletian sich in seinen Palast nach Spalato (Split) zurück – heute das bedeutendste Relikt der römischen Kultur in Osteuropa.

Der letzte römische Herrscher des Gesamtreiches war Theodosius der Große, der die westgotische Bedrohung von Norden geschickt abwehrte. Nach seinem Tod 395 v. Chr. wurde das Reich offiziell in West- und Ostreich geteilt. Aus der Osthälfte ging das Byzantinische Reich hervor, das bis 1453 existierte. Das Weströmische Reich zerfiel im 5. Jh. nach Invasionen der Westgoten, Hunnen und Langobarden.

Die Ankunft der Slawen

Im Gefolge dieser „barbarischen" Stämme kamen nach dem Zerfall des Römischen Reiches Kroaten und Slawen aus ihrem Ursprungsgebiet

---

395

Nach dem Tod Theodosius' des Großen kommt es zur Spaltung des Römischen Reiches. Slowenien, Kroatien und Bosnien fallen an das Weströmische Reich, Serbien, der Kosovo und Makedonien an Ostrom.

614

Die Awaren, zentralasiatische Stämme, plündern Salona und Epidaurus. Manche vermuten, dass die Kroaten ihnen folgten, andere glauben, Kaiser Heraklius habe sie zur Abwehr der Awaren eingeladen.

» Römisches Amphitheater, Solin

nördlich der Karpaten nach Süden. Zur gleichen Zeit bedrohten die Awaren (eurasische Nomaden) auf dem Balkan die Grenzen des Byzantinischen Reiches. Sie zerstörten die alten römischen Städte Salona und Epidaurus, ihre Bewohner flohen nach Spalato bzw. Ragusa (Dubrovnik).

Mitte des 7. Jhs. hatten die Slawen sich in zwei Bevölkerungsgruppen aufgeteilt: Die Kroaten ließen sich in Pannonien und Dalmatien rund um die dalmatinischen Städte Jadera, Aeona (Nin) und Tragurium (Trogir) nieder, während die Serben im zentralen Balkangebiet siedelten. Im 8. Jh. waren die dalmatinischen und pannonischen Kroaten zu zwei mächtigen Stämmen gewachsen, jeweils geführt von einem Fürsten (*knez*).

Christentum & kroatische Könige

Nach und nach drang das Frankenreich bis nach Mitteleuropa vor und eroberte 800 n. Chr. Dalmatien. Unter den bisher heidnischen Kroaten kam es zu Massentaufen. Nach dem Tod Karls des Großen 814 erhoben sich die pannonischen Kroaten erfolglos gegen die fränkische Herrschaft – ohne Unterstützung seitens der dalmatinischen Kroaten, deren wichtigste Küstenstädte im Herrschaftsbereich von Byzanz blieben.

Trpimir, der zwischen 845 und 864 *knez* war, wird allgemein als Begründer der ersten kroatischen Herrscherdynastie angesehen. Seine Nachfolger behaupteten sich erfolgreich gegen die konkurrierenden Mächte an der Adria. Den entscheidenden Durchbruch erzielten die Kroaten, als sich Branimir gegen die byzantinische Herrschaft erhob und die Anerkennung von Papst Johannes VIII. gewann. Dies brachte die Kroaten dem Vatikan näher und der Katholizismus wurde ein wesentliches Merkmal der kroatischen Identität.

Tomislav, dem es als Erstem gelang, Pannonien und Dalmatien zu einigen, war auch der Erste, der sich 925 selbst zum König krönte. Sein Herrschaftsgebiet umfasste fast das gesamte heutige Staatsgebiet von Kroatien sowie Teile Bosniens und die Küste Montenegros.

Im 11. Jh. bemächtigten sich erneut Byzantiner und Venezianer der dalmatinischen Küste. Von Norden drangen als neue Gegner die Ungarn nach Pannonien vor. Krešimir IV. (reg. 1058–1074) konnte das Blatt wenden und Dalmatien zurückgewinnen, aber Kroatiens Stärkung war nicht von Dauer. Seine Nachfolger Zvonimir und Stjepan blieben beide ohne Erben, was die Ungarn ausnutzten, um ihr Land einzudringen und die Ära der kroatischen Könige Ende des 11. Jhs. zu beenden.

Begehrliche Nachbarn: Ungarn & Venedig

1102 regelte der ungarische König Koloman in den *Pacta conventa*, dass Ungarn und Kroatien selbstständig bleiben, aber in Personalunion dem

---

Die schönsten gotischen Bauwerke

» Kathedrale des heiligen Domnius in Split, Mitteldalmatien

» Kathedrale der heiligen Anastasia in Zadar, Norddalmatien

» Kathedrale Mariä Himmelfahrt in Zagreb

» Kathedrale des heiligen Jakob in Šibenik, Norddalmatien

Die Dalmatiner gehören zu den ältesten bekannten Hunderassen. Es gibt jedoch keinen endgültigen Beweis dafür, dass sie aus Dalmatien stammen. Manche Experten gehen davon aus, dass die Hunde ursprünglich von den Roma nach Dalmatien gebracht worden sind.

845–864
Trpimir begründet Kroatiens erste Herrscherdynastie. Er besiegt das mächtige Bulgarien und fügt den Byzantinern schwere Niederlagen zu. Kroatien vergrößert sich bis weit ins heutige Bosnien hinein.

869
Auf Anweisung von Byzanz entwickeln die makedonischen Mönche Method und Kyrill das kyrillische Alphabet, um die Ausbreitung des Christentums unter den slawischen Völkern zu beschleunigen.

910–928
Tomislav ernennt sich zum König. Er vergrößert sein Herrschaftsgebiet auf Kosten der Ungarn und siegt über den bulgarischen Zaren Simeon. Zudem eint er die pannonischen und dalmatinischen Kroaten.

1000
Venedig nutzt die Instabilität in Kroatien aus und breitet sich an der dalmatinischen Küste aus. So beginnt der Kampf der Venezianer mit anderen Mächten um die Kontrolle über Dalmatien.

ungarischen König unterstehen sollten. Zwar erhielt Kroatien einen Vizekönig oder Gouverneur (*ban*) und ein Parlament (*sabor*), tatsächlich aber verdrängten die Ungarn zunehmend den kroatischen Adel.

Unter der Herrschaft der Ungarn, die die Bezeichnung Slawonien für Pannonien einführten, wurden die Städte im Binnenland – vor allem Zagreb, Vukovar und Varaždin – blühende Kultur- und Handelszentren. 1107 gelang es Koloman, den dalmatinischen Adel hinter sich zu scharen und auch die Herrschaft an der Küste zu übernehmen. Doch schon bald kehrten die Venezianer zurück. Nach Kolomans Tod 1116 wurden die Stadt Biograd, nur wenig südöstlich von Zadar gelegen, und die Inseln Lošinj, Pag, Rab und Krk erneut von den Venezianern angegriffen.

In der Zwischenzeit war Zadar zur größten und reichsten Stadt Dalmatiens aufgestiegen und hatte Ende des 12. Jhs. zwei Angriffe venezianischer Flotten erfolgreich abgewehrt. Ein rachsüchtiger venezianischer Doge beauftragte (und bezahlte) die Ritter des vierten Kreuzzuges dafür, Zadar anzugreifen und einzunehmen. Nach erfülltem Auftrag zogen diese weiter nach Konstantinopel.

Neue Unruhen zeichneten sich am Horizont ab: 1242 überrannten mongolische Horden auf ihrem Zug durch Mitteleuropa auch Ungarn. König Bela IV. floh und verschanzte sich in Trogir, konnte aber nicht verhindern, dass das kroatische Binnenland verwüstet wurde. Die opportunistischen Venezianer nutzten die Verwirrung, ihre Kontrolle über Zadar zu festigen. Der Tod König Belas 1270 führte zu einem weiteren Machtkampf innerhalb des kroatischen Adels, der es Venedig ermöglichte, Šibenik und Trogir in Besitz zu nehmen.

König Ludwig I. von Ungarn (reg. 1342–1382) erlangte die Kontrolle über das Land zurück und brachte Venedig sogar dazu, sich aus Dalma-

Croatia Through History von Branka Magaš vermittelt einen sehr detaillierten und tiefen Einblick in die kroatische Geschichte, der sich auf Schlüsselereignisse konzentriert und die allmähliche Entwicklung der nationalen Identität nachzeichnet.

DIE HERRSCHAFT DER VENEZIANER

Fast 800 Jahre lang versuchten die Dogen von Venedig, die kroatische Küste zu kontrollieren und auszubeuten. Von Rovinj im Norden bis Korčula im Süden zeigen die Städte an der Küste und auf den Inseln noch heute unverkennbar venezianische Einflüsse in Architektur, Kochkunst und Kultur. Doch für die Bewohner war dies damals keine leichte Zeit.

Die venezianische Herrschaft in Dalmatien und Istrien war eine Phase andauernder wirtschaftlicher Ausbeutung. Systematisch holzten die Venezianer die Landschaft für ihren Schiffbau ab. Staatliche Monopole hielten die Preise für Olivenöl, Feigen, Wein, Fisch und Salz künstlich niedrig und verhalfen venezianischen Käufern zu billigen Rohstoffen, während hiesige Händler und Produzenten verarmten. Der regionale Schiffsbau wurde strikt unterbunden. Die Venezianer bauten weder Straßen noch Schulen noch investierten sie in die Wirtschaft der Region.

1058–1074
Kurz nach der Spaltung zwischen orthodoxer und katholischer Kirche erkennt der Papst Krešimir IV. als König von Dalmatien und Kroatien an. Damit gerät Kroatien in den katholischen Einflussbereich.

1091–1102
Der ungarische König Ladislaus beansprucht den slawonischen Thron. Sein Nachfolger Koloman besiegt den kroatischen König und festigt die ungarische Herrschaft über Kroatien mit den *Pacta conventa*.

1242
Im Mongolensturm werden die Königshäuser von Ungarn und Kroatien vernichtet. Die Adelsfamilien der Šubić und Frankopanen füllen die Lücke und werden politisch und wirtschaftlich sehr einflussreich.

14. Jh.
Die ungarische Anjou-Dynastie unter Karl und Ludwig stellt die königliche Autorität in Kroatien wieder her und versucht, die Venezianer zu vertreiben, die kurz zuvor dalmatinisches Gebiet erobert haben.

tien zurückzuziehen. Doch der ungarische Sieg war nur von kurzer Dauer, nach Ludwigs Tod brachen neue Konflikte aus. Der kroatische Adel stellte sich geschlossen hinter Ladislaus von Neapel, der 1403 in Zadar zum König gekrönt wurde. Da dieser knapp bei Kasse war, verkaufte er Zadar zum Spottpreis von 100 000 Dukaten an Venedig und erklärte seinen Verzicht auf Dalmatien. Anfang des 15. Jhs. konnte Venedig seine Herrschaft über die dalmatinische Küste südlich von Zadar also noch einmal festigen; der Küstenstreifen blieb bis zur Invasion Napoleons 1797 in venezianischer Hand. Nur den gewieften Bürgern von Ragusa gelang es, ihre Unabhängigkeit zu behalten.

Heranrückende Osmanen

Eigentlich hatte Kroatien genug mit Venezianern, Ungarn und allen anderen zu kämpfen, die die Reste des ursprünglichen kroatischen Reiches an sich bringen wollten. Im 14. Jh. kam jedoch eine weitere Bedrohung aus dem Osten dazu: Die Türken waren im frühen 14. Jh. aus Anatolien herangerückt und hatten rasch den gesamten Balkan in Besitz genommen.

Die Serben wurden 1389 in Kosovo Polje (Amselfeld) überrollt, ein hastig geplanter Kreuzzug der Ungarn unterlag den Türken 1396, mit Bosnien machte man 1463 kurzen Prozess. Als schließlich der kroatische Adel 1493 den Osmanen in Krbavsko Polje gegenüberstand, wurde auch er vernichtend geschlagen.

Obwohl die verbliebenen Adelsfamilien Geschlossenheit demonstrierten, fiel eine Stadt nach der anderen an die Sultane. In der wichtigen Diözese Zagreb blieb die Kathedrale in Kaptol dank ihrer starken Befestigung unversehrt, doch die Grenzstadt Knin 1521 wurde erobert. Fünf Jahre später griffen die Osmanen die Ungarn in Mohács an. Wieder siegten die Türken, die ungarische Armee wurde vernichtet. Dies war das Ende der ungarischen Herrschaft über Kroatien.

Die Habsburger treten auf

Nachdem die Ungarn von der Bildfläche verschwunden waren, suchten die Kroaten bei den Österreichern Schutz. Das Habsburgerreich, das von Wien regiert wurde, annektierte denn auch prompt einen schmalen Streifen im nördlichen Kroatien um Zagreb (damals Agram genannt), Karlovac und Varaždin. Die adriatische Küste wurde zwar von den Türken bedroht, aber nie erobert – und Ragusa schaffte es, die ganze Zeit über unabhängig zu bleiben.

Die türkischen Angriffe auf dem Balkan hatten schlimme Folgen. Städte wurden zerstört, Menschen versklavt und gezwungen, ins türkische Heer einzutreten, und Flüchtlinge irrten durch die Region. Die Habsburger versuchten deshalb, eine Pufferzone gegen die Osmanen

> Die Krawatte ist eine Weiterentwicklung des Halstuchs, das ursprünglich in Kroatien zur militärischen Uniform gehörte und von den Franzosen im 17. Jh. übernommen wurde. Die Bezeichnung „Krawatte" ist eine Verknüpfung von Kroate und Hrvat.

1358	1409	1493	1526–1527
Ragusa (das heutige Dubrovnik) befreit sich selbst von Venedig und entwickelt sich zu einer fortschrittlichen, liberalen Stadtrepublik, die sich geschickt gegenüber Venezianern und Osmanen behauptet.	Ladislaus von Neapel besteigt Kroatiens Thron, scheut aber Streit und verkauft Dalmatien für 100 000 Dukaten an Venedig. Bald reicht der Machtbereich der Venezianer von Zadar bis Ragusa.	In Krbavsko Polje kämpft eine kroatisch-ungarische Armee gegen die Türken und wird vernichtend geschlagen, sodass Kroatien türkischen Überfällen ungeschützt ausgesetzt ist. Hungersnöte sind die Folge.	In der Schlacht von Mohács besiegen die Osmanen den ungarischen Adel und beenden Ungarns Herrschaft über Kroatien. König Ludwig stirbt ohne Erben, die Habsburger übernehmen die Macht.

DIE REPUBLIK RAGUSA

Während der Großteil der dalmatinischen Küste viele Jahre unter der Herrschaft der Venezianer litt, hatten die Menschen der eigenständigen Republik Ragusa, dem heutigen Dubrovnik, ein angenehmes Leben. Die herrschende Oberschicht verband Geschäftssinn mit diplomatischem Geschick und sorgte dafür, dass der winzige Stadtstaat sich gut behaupten konnte und eine wichtige Rolle über die unmittelbare Umgebung hinaus spielte.

Die Einwohner Ragusas baten den Papst 1371 um die Erlaubnis, mit den Türken Handel zu treiben, und errichteten in der Folge florierende Handelszentren im gesamten Osmanischen Reich. Dies förderte auch die Künste und die Wissenschaften. Die Menschen in Ragusa, als „mild und edel" beschrieben, waren für ihre Zeit äußerst liberal und schafften im 15. Jh. den Sklavenhandel ab. Sie erzielten auch wissenschaftliche Fortschritte und führten z. B. 1377 ein Quarantänesystem ein.

Dennoch war es für die Republik nicht leicht, zwischen türkischen und venezianischen Interessen zu lavieren. Ein Erdbeben 1667 brachte schwere Zerstörungen, 1808 schließlich eroberte Napoleon die Republik.

---

aufzubauen, und errichteten die Vojna Krajina (Militärgrenze). In diesem Gebiet mit seiner Festungskette südlich von Zagreb stand eine überwiegend aus Walachen und Serben bestehende Armee den Osmanen gegenüber.

Genau ein Jahrhundert nach der Niederlage gegen die Osmanen gelang es den Kroaten, den Spieß umzudrehen. In Sisak schlug die habsburgische Armee (mithilfe von kroatischen Soldaten) 1593 die Türken. 1699 mussten diese in Sremski Karlovci erstmals um Frieden bitten, die türkische Vormachtstellung in Südosteuropa war gebrochen.

Die Habsburger erhielten bald danach Slawonien zurück und vergrößerten so die Krajina, das spätere Kronland Krain. Es folgte eine Zeit der Stabilität, in der sich die Landwirtschaft weiterentwickelte, doch die kroatische Kultur und Sprache wurden vernachlässigt. Zudem wurden die Venezianer, nun nicht mehr von osmanischen Schiffen bedroht, erneut zu einer Plage entlang der dalmatinischen Küste.

Napoleon & die illyrischen Provinzen

Weil Habsburg nach der Französischen Revolution Bestrebungen zur Wiederherstellung der französischen Monarchie unterstützte, marschierte Napoleon 1796 in die italienischen Besitzungen Österreichs ein. Nachdem er 1797 Venedig erobert hatte, willigte er im Abkommen von Campo Formio ein, Dalmatien im Austausch gegen andere Zugeständnisse an Österreich abzutreten. Die geheimen Hoffnungen der

» Burg Klis bei Split

1537–1540
Die Türken stürmen Klis, die letzte kroatische Bastion in Dalmatien. Ihr Vormarsch endet in Sisak, unmittelbar südlich von Zagreb. Es ist unklar, warum sie nie versucht haben, Zagreb einzunehmen.

1593
In Sisak erringen die Habsburger erstmals einen wichtigen Sieg über die Türken. Damit leiten sie den langen, aber langsamen Rückzug der Osmanen ein.

Kroaten auf eine Vereinigung Dalmatiens mit Slawonien wurden aber bald zunichte gemacht, denn die Habsburger hatten nicht die Absicht, die getrennte Verwaltung beider Gebiete aufzugeben.

Österreich kontrollierte Dalmatien allerdings nur bis zu Napoleons Sieg über die österreichischen und preußischen Streitkräfte bei Austerlitz im Jahr 1805. Dann musste es die kroatische Küste an Frankreich abtreten. Ragusa (das heutige Dubrovnik) ergab sich schon bald den französischen Truppen, die sich auch Kotor in Montenegro sicherten. Napoleon benannte die eroberten Gebiete in „Illyrische Provinzen" um und machte sich rasch daran, das arg vernachlässigte Land zu sanieren. Die kahlen und unfruchtbaren Hügel wurden aufgeforstet, neue Feldfrüchte eingeführt, Straßen und Krankenhäuser entstanden. Da fast alle Einwohner Analphabeten waren, richtete die neue Regierung Schulen und eine Hochschule in Zadar ein. Trotzdem war das französische Regime unbeliebt.

Nach Napoleons Russlandfeldzug und dem Zusammenbruch seines Reiches erkannte der Wiener Kongress von 1815 Österreichs Ansprüche auf Dalmatien an und stellte den Rest Kroatiens unter die Rechtshoheit der österreichischen Provinz Ungarn. Für Dalmatien bedeutete das eine Rückkehr zu den alten Verhältnissen, da die Österreicher der früheren venezianisch-italienischen Elite wieder zur Macht verhalfen. Die Kroaten im Norden wurden im Zuge einer Madjarisierung von den Ungarn bedrängt, die ungarische Sprache und Kultur zu übernehmen.

Aufkommende Autonomiebestrebungen

Napoleon begeisterte sich für die Aufklärung und förderte deshalb die Entstehung eines südslawischen Bewusstseins. Das Gefühl einer gemeinsamen Identität manifestierte sich in den 1830er-Jahren in der „Illyrischen Bewegung", die sich für die Wiederbelebung der kroatischen Sprache einsetzte. Napoleons Pläne schlossen auch eine Förderung der serbischen Kultur ein, doch Serbien blieb weiter unter osmanischer Herrschaft.

Traditionell sprach die dalmatinische Oberschicht Italienisch, im Norden wurde Deutsch oder Ungarisch gesprochen. Nach Gründung der ersten illyrischen Zeitung 1834, die im Zagreber Idiom verfasst worden war, forderte der kroatische *sabor*, slawische Sprachen an den Schulen zu unterrichten.

Nach der Revolution 1848 in Paris begannen auch die Ungarn, auf Reformen im Habsburgerreich zu drängen. Die Kroaten wiederum sahen dies als Chance, einen Teil der Kontrolle zurückzugewinnen und Dalmatien, die Krajina und Slawonien zu einigen. Die Habsburger reagierten mit Lippenbekenntnissen auf die Wünsche und ernannten Josip Jelačić zum *ban* von Kroatien. Der rief sofort Wahlen aus und er-

> In seiner detaillierten und fundierten Beschreibung *Dubrovnik: A History* setzt sich Robin Harris mit Ereignissen, Personen und Entwicklungen auseinander, die den architektonischen und kulturellen Charakter der „Perle der Adria" geprägt haben.

> Ivan Vučetić (1858–1925), der Erfinder der Daktyloskopie (Identifizierung mittels Fingerabdruck), wurde auf der Insel Hvar geboren.

1671
Eine Abordnung unter Franjo Frankopan und Petar Zrinski wird von den Habsburgern abgewiesen. Sie wollten Kroatien von der Vorherrschaft der Ungarn befreien, werden aber gehängt, ihr Land wird konfisziert.

1699
Im Frieden von Karlovci verzichten die Türken auf alle Ansprüche in Kroatien. Venedig und Ungarn beanspruchen das befreite Land in den nächsten 20 Jahren für sich.

1780–1790
Unter den Habsburgern beginnt ein Prozess der Germanisierung. In der gesamten Verwaltung muss Deutsch gesprochen werden. Dies führt zu wachsendem Nationalgefühl bei den nicht deutschen Untertanen.

1797–1815
Napoleon macht der Republik Venedig ein Ende, ihre Herrschaftsgebiete fallen zunächst an Österreich. 1806 erobert Napoleon die adriatische Küste und formt die „Illyrischen Provinzen".

Träume von Jugoslawien

Nach 1848 machte sich Ernüchterung breit, und als 1867 die Doppelmonarchie Österreich-Ungarn aus der Taufe gehoben wurde, wuchs die Enttäuschung weiter. Die Krone unterstellte Kroatien und Slawonien der ungarischen Administration, während Dalmatien mit Häfen wie Makarska zu Österreich gehörte. Die eingeschränkte Selbstverwaltung, die den Kroaten vorher immerhin zugestanden hatte, verschwand.

Die große Unzufriedenheit sorgte Ende des 19. Jhs. für eine Spaltung der Kroaten in zwei Lager, die ein ganzes Jahrhundert lang bestehen bleiben sollte. Die alte „Illyrische Bewegung" ging in der Nationalpartei auf, die von Bischof Josip Juraj Strossmayer geführt wurde. Er war der Überzeugung, dass Habsburg und Ungarn die Unterschiede zwischen Serben und Kroaten bewusst betonten und dass die Wünsche beider Völker nur durch eine *jugoslavenstvo* (Vereinigung der Südslawen) in Erfüllung gehen könnten. Strossmayer unterstützte den serbischen Unabhängigkeitskampf, zog allerdings ein jugoslawisches (also südslawisches) Staatsgebilde innerhalb des Reiches einer vollständigen Unabhängigkeit vor.

Im Gegensatz dazu strebte die Partei des Rechts unter Führung des militanten Serbenfeindes Ante Starčević ein unabhängiges Kroatien an, bestehend aus Slawonien, Dalmatien, der Krajina, Slowenien, Istrien und Teilen von Bosnien und der Herzegowina. Damals unterstützte die orthodoxe Kirche die Serben bei ihrer Suche nach einer nationalen Identität, deren Basis die Religion bilden sollte. Bis ins 19. Jh. hatten sich die orthodoxen Bewohner Kroatiens als Walachen, Morlachen, Serben, Orthodoxe oder Griechen gesehen. Unter dem Einfluss der politischen Kämpfe Starčevićs entwickelte sich das Bewusstsein einer eigenständigen serbisch-orthodoxen Identität innerhalb Kroatiens.

Gemäß dem Motto „Teile und herrsche" bevorzugte der von Ungarn ernannte *ban* eindeutig die Serben und die orthodoxe Kirche. Doch seine Strategie ging nicht auf: Die Kroaten organisierten ihren Widerstand, zunächst in Dalmatien. Kroaten aus Rijeka und Serben aus Zadar verbündeten sich 1905 und forderten die Vereinigung von Dalmatien und Slawonien, wobei die Serben als Nation gleiche Rechte erhalten sollten. Die Idee der Vereinigung war in der Welt und breitete sich aus. 1906 übernahmen kroatisch-serbische Koalitionen die Gemeindeverwaltungen in Dalmatien und Slawonien und wurden nun auch in Ungarn als ernsthafte Bedrohung wahrgenommen.

Der in Šibenik geborene Faust Vrančić (1551–1617) konstruierte den ersten funktionierenden Fallschirm.

1830–1850	1867	1905	1908
Das erwachende südslawische Bewusstsein richtet sich darauf, die Ungarisierung und Germanisierung der Habsburger rückgängig zu machen. Die „Illyrische Bewegung" ist Teil dieser Entwicklung.	Das Habsburgerreich gesteht Ungarn eine eigene Regierung zu, die Doppelmonarchie Österreich-Ungarn entsteht. Dalmatien fällt an Österreich, während Slawonien von den Ungarn regiert wird.	Das steigende kroatische Nationalbewusstsein manifestiert sich in der Resolution von Rijeka, die mehr Demokratie und eine Wiedervereinigung von Dalmatien und Slawonien fordert.	Österreich-Ungarn annektiert Bosnien und die Herzegowina und bringt die slawischen Muslime auf dem Balkan in seinen Einflussbereich. So entsteht der Kern der späteren jugoslawischen Föderation.

Das Königreich der Serben, Kroaten & Slowenen

Mit dem Ausbruch des Ersten Weltkriegs lag die Zukunft Kroatiens im Ungewissen. Um ihr Land nicht erneut in die Hände der Großmächte zu geben, überzeugte eine kroatische Delegation, „Jugoslawisches Komitee" genannt, die serbische Regierung von der Einführung einer parlamentarischen Monarchie, die beide Länder regieren würde. Aus diesem Komitee wurde nach dem Zusammenbruch Österreich-Ungarns die Nationalversammlung der Slowenen, Kroaten und Serben mit Sitz in Belgrad. Viele Kroaten blieben den Serben gegenüber misstrauisch, die Ziele der Italiener dagegen waren offensichtlich: Diese hatten sich im November 1918 unverzüglich Pula, Rijeka und Zadar einverleibt. Vor die Wahl gestellt, ihr Schicksal in die Hände Italiens oder Serbiens zu legen, entschieden sich die Kroaten für Letzteres.

Bald gab es erste Probleme im neuen serbischen Königreich. Von Währungsreformen profitierten die Serben auf Kosten der Kroaten. In einem Abkommen wurden Istrien, Zadar und mehrere Inseln an Italien abgetreten. Die neue Verfassung sah kein kroatisches Parlament mehr vor und konzentrierte die Macht in Belgrad; in den neuen Wahlbezirken waren die Kroaten unterrepräsentiert, an eine weiter gehende Autonomie als unter den Habsburgern war nicht zu denken.

Der Widerstand gegen dieses zentralistische Regime wurde von dem Kroaten Stjepan Radić angeführt, der zwar ein vereintes Jugoslawien anstrebte, aber in Form einer föderalen Demokratie. Seine Allianz mit dem Serben Svetozar Pribićevic erwies sich als ernst zu nehmende Bedrohung für Belgrad; 1928 wurde der Abgeordnete Radić während einer Parlamentssitzung erschossen. Die Angst vor einem Bürgerkrieg ausnutzend, rief König Alexander am 6. Januar 1929 eine Königsdiktatur aus und machte mit dem Verbot der politischen Parteien und der Auflösung der parlamentarischen Regierung alle Hoffnungen auf demokratischen Wandel zunichte. Unterdessen gewann die Kommunistische Partei immer größeren Zulauf; zu ihrem Vorsitzenden wurde 1937 Josip Broz Tito gewählt.

Zweiter Weltkrieg & Aufkommen der Ustaša

Einen Tag nach Einführung der Diktatur durch den Monarchen rief ein bosnischer Kroate, Ante Pavelić, in Zagreb die Kroatische Befreiungsbewegung Ustaša ins Leben, die sich an Mussolini orientierte. Ihr Ziel war die Bildung eines unabhängigen kroatischen Staates, notfalls auch mit Gewalt. Aus Angst vor einer Verhaftung floh Pavelić zunächst nach Sofia und nahm Kontakt mit anti serbischen Revolutionären in Makedonien auf. Dann fuhr er weiter nach Italien, wo er mit dem Einver-

Der Balkan. Kleine Weltgeschichte vom bekannten Historiker Mark Mazower ist eine sehr lesenswerte Einführung ins Thema. Sie gibt einen guten Überblick über die Geografie, Kultur und historische Entwicklung der Balkanregion.

1918	1920	1941	1943
Nach der Loslösung von Österreich-Ungarn entsteht das Königreich der Serben, Kroaten und Slowenen. Prinz Alexander Karađorđević wird König.	Stjepan Radić gründet die Kroatische Bauernpartei, die zum wichtigsten Sprachrohr kroatischer Interessen gegenüber der serbischen Vorherrschaft wird.	Ante Pavelić ruft den Unabhängigen Staat Kroatien (NDH) aus, einen Marionettenstaat der Nationalsozialisten. Die Ustaša verfolgt Serben, Roma und Juden. Viele Serben leisten Widerstand.	Titos kommunistische Partisanen bilden eine erfolgreiche antifaschistische Front und fordern Gebiete von den zurückweichenden Italienern zurück. Die Briten und die USA unterstützen die Bewegung.

ständnis Mussolinis Ausbildungslager für seine Organisation errichtete. 1934 ermordete die Ustaša gemeinsam mit makedonischen Nationalisten König Alexander während eines Staatsbesuches in Marseille. Italien reagierte auf französischen Druck mit der Auflösung der Lager und der Verhaftung Pavelićs und vieler seiner Anhänger.

Als Deutschland am 6. April 1941 in Jugoslawien einmarschierte, übernahm die Ustaša unter Ante Pavelić formal die Regierungsgeschäfte, unterstützt von Deutschen ebenso wie von Italienern, die sich einen Gebietszuwachs in Dalmatien erhofften. Unmittelbar nach der Regierungsübernahme durch die Ustaša verabschiedete der Unabhängige Staat Kroatien (NDH = Nezavisna Država Hrvatska) unter Führung von Pavelić zahlreiche Erlasse, die darauf abzielten, die „Feinde" des Regimes, vor allem Juden, Roma und Serben, zu verfolgen und zu eliminieren. Die meisten Juden wurden zwischen 1941 und 1945 zusammengetrieben und in Vernichtungslager gebracht.

Auch den Serben ging es nicht viel besser. Im Programm der Ustaša war ausdrücklich festgehalten, dass „ein Drittel der serbischen Bevölkerung getötet, ein Drittel ausgewiesen und das letzte Drittel zum Katholizismus bekehrt werden sollte" – ein Plan, der mit erschreckender Brutalität umgesetzt wurde. Viele Dörfer führten ihre eigenen Pogrome durch, Vernichtungslager wurden eingerichtet. Am berüchtigtsten war Jasenovac (südlich von Zagreb), in dem Juden, Roma und antifaschistische Kroaten ermordet wurden. Die genaue Zahl serbischer Opfer ist umstritten. Man geschätzt, dass jeder sechste Serbe umkam.

Tito & die Partisanen

Nicht alle Kroaten hielten diese Politik für richtig, manche wandten sich offen dagegen. Den größten Rückhalt fand das Ustaša-Regime in der Region Lika südwestlich von Zagreb sowie im Westen der Herzegowina. Doch Pavelićs Zugeständnis, einen beträchtlichen Teil Dalmatiens an Italien abzutreten, war sehr unpopulär; in dieser Region hatte die Ustaša so gut wie keine Unterstützung.

Bewaffneten Widerstand gegen das Regime leisteten serbische Tschetnik-Milizen unter General Draža Mihailović. Was als antifaschistischer Aufstand begann, führte schon bald zu Massakern an Kroaten im Osten Kroatiens und in Bosnien.

Am wirksamsten bekämpften die Partisanen der Volksbefreiungsarmee unter ihrem Führer Josip Broz, genannt Tito, den Faschismus. Hervorgegangen aus der verbotenen Kommunistischen Partei, zogen sie vom Regime verfolgte jugoslawische Intellektuelle, von den Tschetnik-Massakern angewiderte Kroaten und von der Ustaša verfolgte Serben an. Dazu gesellten sich Antifaschisten verschiedenster Couleur. Mit ihrem frühen Programm, in dem sie ein Nachkriegs-Jugoslawien auf der

---

Eine kuriose oder vielleicht auch respektvolle Präsentation von Tito (wer will das schon unterscheiden) findet sich auf der Homepage www.titoville.com. Dort finden sich Bilder, die ihn in der Pose des Staatsmannes zeigen, Abschriften seiner Reden, aber auch eine Liste seiner „Frauen" und Witze über ihn.

1945–1948
Gründung der Volksrepublik Jugoslawien. Es kommt zum Bruch mit Stalin, Tito bewegt sich zwischen den Blöcken und gehört zu den Gründern der Blockfreien Staaten.

1960–1970
Unzufriedenheit mit Belgrad sorgt für Spannungen. Protestiert wird dagegen, dass Geld aus Kroatien in die ärmeren Provinzen fließt und Serben in der kroatischen Regierung überrepräsentiert sind.

1971
Im „Kroatischen Frühling" fordern Reformer der Kommunistischen Partei sowie Studenten und Nationalisten größere wirtschaftliche und staatliche Unabhängigkeit für Kroatien.

1980
Präsident Tito stirbt. Es herrscht ehrliche Trauer in der Bevölkerung, viele Länder bekunden ihr Mitgefühl. Jugoslawien leidet danach unter Inflation, Arbeitslosigkeit und Auslandsschulden.

Grundlage einer lockeren Förderation anvisierten, fanden die Partisanen breite Unterstützung in der Bevölkerung.

Die Alliierten unterstützten zunächst die serbischen Tschetniks, merkten aber bald, dass die Partisanenbewegung gegen die Nazis zielgerichteter und entschlossener vorging. Dank der diplomatischen und militärischen Unterstützung Churchills und anderer Alliierter gelang es den Partisanen bis 1943, den größten Teil Kroatiens unter ihre Kontrolle zu bringen. Sie bauten Kommunalverwaltungen in den eroberten Territorien auf, was sich später bei der Regierungsübernahme als sehr nützlich erwies. Am 20. Oktober 1944 marschierten sie zusammen mit der Roten Armee in Belgrad ein. Als nach der Kapitulation der Deutschen 1945 Pavelić und die Ustaša flohen, rückten sie auch nach Zagreb vor.

Der Rest der NDH-Armee versuchte verzweifelt, nach Österreich zu entkommen, um nicht in die Hände der Partisanen zu fallen. Eine kleine britische Einheit traf auf die 50 000 Mann starken Truppen und lockte sie mit dem Versprechen, sie außerhalb Jugoslawiens zu internieren, in eine Falle. Die Soldaten wurden gezwungen, in Züge Richtung Jugoslawien zu steigen, wo die Partisanen sie bereits erwarteten. Das folgende Massaker kostete mindestens 30 000 Mann das Leben (die genaue Zahl ist unbekannt) – ein dunkles Kapitel, das einen bleibenden Makel bei der jugoslawischen Regierung hinterließ.

Die Geburt Jugoslawiens

Titos Versuch, die Kontrolle über die italienische Stadt Triest und Gebiete im Süden Österreichs zu übernehmen, scheiterte am Widerstand der Alliierten. Dalmatien und Istrien allerdings wurden nach dem Krieg Teil des Nachkriegs-Jugoslawiens. Bei der Gründung der Föderativen Volksrepublik Jugoslawien ging es Tito darum, einen Staat zu schaffen, in dem keine ethnische Gruppe politisch eine dominante Rolle spielen sollte. Kroatien wurde – neben Makedonien, Serbien, Montenegro, Bosnien und Herzegowina und Slowenien – eine von sechs Republiken einer eng miteinander verflochtenen Föderation. Tito konnte das zerbrechliche Gleichgewicht jedoch nur erhalten, indem er einen Einparteienstaat schuf und jegliche Opposition rigoros unterband.

Während der 1960er-Jahre wurde die Machtkonzentration in Belgrad zu einem zunehmend schwierigen Thema, weil Geld aus den reichen Republiken Slowenien und Kroatien in die ärmeren autonomen Provinzen Kosovo und Bosnien-Herzegowina umverteilt wurde. Das Problem war vor allem ein kroatisches: Das Geld, das nach Belgrad floss, hatten sie im gut gehenden Tourismusgeschäft an der Adria verdient. Außerdem waren die Serben in der kroatischen Regierung sowie in der Armee und der Polizei sichtlich überrepräsentiert.

In *Croatia: A Nation Forged in War* erläutert Marcus Tanner verständlich die komplexe Geschichte von der römischen Herrschaft bis zur Regierungszeit Tuđmans. Das Buch zeigt lebendig und gut lesbar die historischen Herausforderungen und Probleme des Landes.

» Tito-Statue, Kumrovec

1989

In Osteuropa bricht das kommunistische System zusammen. Franjo Tuđman gründet die Kroatische Demokratische Union (HDZ). 1990 leistet er seinen Amtseid als Präsident.

1991

Das kroatische Parlament ruft die Unabhängigkeit Kroatiens aus. Die Serben der Krajina erklären mit Unterstützung von Milošević ihre Unabhängigkeit. Es kommt zum Krieg zwischen Kroaten und Serben.

TITO

Josip Broz wurde 1892 in Kumrovec als Sohn eines kroatischen Vaters und einer slowenischen Mutter geboren. Als der Erste Weltkrieg ausbrach, wurde er in die österreichisch-ungarische Armee eingezogen und von den Russen gefangen genommen. Er entkam kurz vor der Revolution 1917, wurde Kommunist und trat in die Rote Armee ein. 1920 kehrte er nach Kroatien zurück und wurde Gewerkschafter bei den Metallarbeitern.

Als Sekretär des Zagreber Komitees der verbotenen Kommunistischen Partei setzte er sich dafür ein, die Partei zu einigen und die Zahl der Mitglieder zu erhöhen. Nach dem Einmarsch der Nazis 1941 nahm er den Namen Tito an und organisierte Guerillagruppen, die den Kern der Partisanenbewegung bildeten. Sie wurde von Briten und Amerikanern unterstützt. Die Sowjetunion wies, trotz der gemeinsamen kommunistischen Ideologie, wiederholt seine Bitten um Hilfe zurück.

1945 wurde er Ministerpräsident des wieder errichteten Jugoslawiens. Zwar hielt er an der kommunistischen Ideologie fest und verhielt sich loyal gegenüber Russland, doch achtete er darauf, unabhängig zu bleiben. 1948 überwarf er sich mit Stalin und schlug gegenüber dem Westen einen versöhnlichen Kurs ein.

Was Tito am meisten Kopfschmerzen bereitete, waren die Rivalitäten innerhalb Jugoslawiens. Dieses Problem versuchte er zu lösen, indem er Dissens grundsätzlich unterdrückte und dafür sorgte, dass die ethnischen Gruppen in den oberen Rängen der Regierung gleichmäßig vertreten waren. Als überzeugter Kommunist betrachtete er ethnische Auseinandersetzungen als Abweichungen, die dem Allgemeinwohl schadeten.

Tito war sich sehr wohl bewusst, dass die ethnischen Spannungen unter der Oberfläche des gemeinsamen Staates weiterhin existierten. Die Vorbereitungen für seine Nachfolge begannen bereits in den frühen 1970er-Jahren, als er versuchte, ein Machtgleichgewicht zwischen den verschiedenen Bevölkerungsgruppen herzustellen. Er führte eine kollektive Präsidentschaft ein, die jährlich wechseln sollte, musste jedoch feststellen, dass ein solches System nicht funktionsfähig war. Die späteren Ereignisse zeigten, wie sehr Jugoslawien auf seinen intelligenten, charismatischen Führer angewiesen war.

Als Tito im Mai 1980 starb, wurde sein Leichnam von Ljubljana (Slowenien) nach Belgrad (Serbien) gebracht. Tausende von Trauernden standen an den Straßen, um den Mann zu ehren, der 35 Jahre lang ein schwieriges Land geeint hatte. Es war das letzte Mal, dass die verschiedenen Nationalitäten trotz aller gegenseitigen Ressentiments ein Gefühl der Gemeinsamkeit demonstrierten.

Diese Spannungen erreichten einen Höhepunkt im „Kroatischen Frühling" 1971: Angeführt von Reformern der Kommunistischen Partei Kroatiens forderten Intellektuelle und Studenten eine Lockerung der Bindung Kroatiens an Jugoslawien. Neben dem Ruf nach größerer wirtschaftlicher Autonomie und einer Verfassungsreform spielten auch nationalistische Bestrebungen eine Rolle. Tito schlug zurück und ging

1992
Ein erster von der Uno vermittelter Waffenstillstand tritt in Kraft. Die EU erkennt die Unabhängigkeit Kroatiens an, das Land wird in die Uno aufgenommen. Im Nachbarland Bosnien bricht der Krieg aus.

1995
In der Militäraktion „Oluja" erobern kroatische Einheiten verlorenes Gebiet zurück und vertreiben die Serben aus der Krajina. Im Friedensvertrag von Dayton werden die kroatischen Grenzen festgelegt.

» Denkmal zur Erinnerung an den Wiederaufbau Vukovars

scharf gegen die Liberalisierungsbestrebungen vor, die in ganz Jugoslawien immer lauter geäußert wurden. Für die Serben war diese Protestbewegung gleichbedeutend mit einer Wiederbelebung der Ustaša. Im Gegenzug gaben inhaftierte Reformer den Serben die Schuld an ihrem Schicksal. Damit war die Bühne für den Aufstieg des Nationalismus und den Krieg der 1990er-Jahre geschaffen.

Der Tod Jugoslawiens

Als Tito 1980 starb, hinterließ er ein instabiles Land. Der Versuch einer rotierenden Präsidentschaft zwischen den sechs Republiken konnte seine feste Hand in der desolaten wirtschaftlichen Lage nicht ersetzen. Die Autorität der Zentralregierung sank in gleichem Maße, wie die wirtschaftlichen Probleme zunahmen – das lange unterdrückte Misstrauen zwischen den einzelnen ethnischen Gruppierungen trat schon bald offen zutage.

1989 schürte die Unterdrückung der albanischen Minderheit im serbischen Kosovo erneut die Angst vor einer serbischen Hegemonie; in dieser Krise zeichnete sich bereits das nahende Ende des föderativen Jugoslawiens ab. Als die politischen Verhältnisse sich überall in Osteuropa änderten, suchte Slowenien die Autonomie. Auch viele Kroaten fanden die Zeit reif für einen autonomen Staat Kroatien. Bei den Wahlen in Kroatien im April 1990 gewann die Kroatische Demokratische Union (HDZ, Hrvatska Demokratska Zajednica) unter Führung von Franjo Tuđman 40 % der Stimmen. Die Kommunistische Partei, die sich auf die Serben und auf Wähler in Istrien und Rijeka stützte, erhielt nur 30 %. Am 22. Dezember 1990 trat eine neue kroatische Verfassung in Kraft, die den Serben den Status eines „konstitutiven Volkes" aberkannte und sie zu einer Minderheit in Kroatien degradierte.

Diese Verfassung räumte Minderheiten keine Rechte ein und bewirkte die massenhafte Entlassung von Serben aus dem Staatsdienst. Bald schon forderten die 600 000 kroatischen Serben ihrerseits Autonomie ein. Anfang 1991 inszenierten serbische Extremisten gewalttätige Proteste, um eine militärische Intervention der jugoslawischen Volksarmee zu provozieren. Beim Referendum im Mai 1991 (das von den Serben boykottiert wurde) stimmten 93 % der Kroaten für die Unabhängigkeit. Als Kroatien dann allerdings am 25. Juni 1991 tatsächlich seine Unabhängigkeit erklärte, sagte sich die serbische Enklave Krajina im Gegenzug von Kroatien los.

Der Krieg um Kroatien

Auf Druck der EU erklärte sich Kroatien zu einem dreimonatigen Moratorium bei der Durchsetzung seiner Unabhängigkeit bereit. Dennoch brachen in der Krajina, Baranja und in Slawonien schwere Kämpfe aus

> Misha Glenny erklärt in seinem Buch *The Balkans: Nationalism, War & the Great Powers, 1804–1999*, wie die Einmischung von außen sich historisch auf dem Balkan ausgewirkt hat. In *Jugoslawien. Der Krieg, der nach Europa kam* untersucht er die komplizierten politischen und historischen Hintergründe und das Wiedererwachen der kulturellen Unterschiede, das zu den Kriegen in den 1990er-Jahren geführt hat.

1999
Kroatiens erster Präsident, Franjo Tuđman, stirbt. Im folgenden Januar erringt das gegen Tuđman gerichtete Bündnis einen klaren Wahlsieg. Die Koalition der Mitte wird von Ivica Račan und Stipe Mesić angeführt.

2003
Die HDZ kehrt an die Macht zurück, nachdem sie den nationalistischen Ballast der Tuđman-Ära abgeworfen hat. Sie plant Wirtschaftsreformen und strebt die Mitgliedschaft in der EU und der Nato an.

2005
Der als Kriegsverbrecher gesuchte Ante Gotovina wird festgenommen und dem Internationalen Strafgerichtshof übergeben. Seine Verhaftung ist in Kroatien umstritten, wird aber in der EU positiv aufgenommen.

2006
Ein Bericht der Europäischen Kommission fordert Kroatien zu größeren Anstrengungen in der Korruptionsbekämpfung und im Kampf gegen die Diskriminierung von Nichtkroaten auf.

und lösten den Bürgerkrieg aus. Die von Serben dominierte jugoslawische Volksarmee begann, sich zugunsten von serbischen Freischärlern einzumischen – unter dem Vorwand, Gewalt gegen ethnische Gruppen zu verhindern. Als die kroatische Regierung eine Schließung von militärischen Anlagen des jugoslawischen Staates in der Republik Kroatien anordnete, blockierte die jugoslawische Marine die adriatische Küste und belagerte die strategisch wichtige Stadt Vukovar an der Donau. Im Laufe des Sommers 1991 fiel ein Viertel Kroatiens an serbische Milizen und die von Serben geführte jugoslawische Volksarmee.

Später im selben Jahr griffen die jugoslawische Armee und montenegrinische Milizen Dubrovnik an (siehe Kasten S. 270). Zudem wurde der Präsidentenpalast in Zagreb von Raketen aus jugoslawischen Kampfflugzeugen getroffen – offensichtlich, um Präsident Tuđman zu töten. Nach drei Monaten endete das Moratorium und Kroatien erklärte sich zum unabhängigen Staat. Nachdem Vukovar gefallen war, ging die jugoslawische Armee mit einer der brutalsten Aktionen der Balkankriege vor (siehe S. 97). In den sechs Monaten des Kroatienkriegs starben etwa 10 000 Menschen, Hunderttausende flohen und Zehntausende von Häusern und Wohnungen wurden zerstört.

The Labyrinth von Blanka Raguz ist eine Geschichte vom Erwachsenwerden während der tragischen Ereignisse in Vukovar. Es ist eine ungeschminkte, doch zutiefst menschliche Darstellung von Ereignissen, von denen Außenstehende nur wenig wissen.

Die Uno greift ein

Am 3. Januar 1992 trat ein von der Uno ausgehandelter Waffenstillstand in Kraft, der demilitarisierte „Schutzzonen" vorsah und im Wesentlichen eingehalten wurde. Die jugoslawische Armee zog sich aus ihren Stützpunkten in Kroatien zurück, die Spannungen nahmen ab. Gleichzeitig gab die EU dem Drängen Deutschlands nach: Kroatien wurde als souveräner Staat anerkannt. Es folgte die Anerkennung seitens der USA, und im Mai 1992 wurde Kroatien Mitglied der Uno.

Der Friedensplan für die Krajina sollte eigentlich zur Entwaffnung der serbischen paramilitärischen Einheiten, der Rückführung der Flüchtlinge und der Wiederangliederung an Kroatien führen. Stattdessen brachte er nur ein Einfrieren des Status quo und bot keine dauerhafte Lösung. Im Januar 1993 startete die kroatische Armee eine Offensive im Süden der Krajina, drängte die Serben in bestimmte Gebiete zurück und eroberte erneut strategisch wichtige Punkte. Die Serben der Krajina schworen, sich niemals der Regierung in Zagreb zu unterstellen, und stimmten im Juni 1993 mit überwältigender Mehrheit dafür, sich den bosnischen Serben (und damit letztlich Großserbien) anzuschließen. „Ethnische Säuberungen" ließen von den ursprünglich 44 000 in der Krajina ansässigen Kroaten nur 900 übrig. 1994 führte ein umfassender Waffenstillstand zu einer deutlichen Reduzierung der Gewalt in der Region und zur Einführung demilitarisierter Zonen zwischen beiden Parteien.

2007
Die HDZ gewinnt bei den Parlamentswahlen im November die meisten Sitze, benötigt für die Regierungsmehrheit aber Koalitionspartner.

2008
Im Januar bestätigt das Parlament die neue Koalitionsregierung unter Führung von Ministerpräsident Ivo Sanader. Im April wird Kroatien beim Nato-Gipfel in Bukarest zum Nato-Beitritt eingeladen.

» Gedenkwand in Zagreb zu Ehren der Kriegsopfer

Krieg in Bosnien

Auch das benachbarte Bosnien und die Herzegowina waren in dieser Zeit der Gewalt der jugoslawischen Armee und der serbischen Paramilitärs ausgesetzt. Anfangs kämpften bosnische Kroaten und Muslime angesichts des serbischen Vormarsches Seite an Seite; 1993 zerfiel dieses Bündnis und beide Lager begannen, sich gegenseitig zu bekämpfen. Die bosnischen Kroaten waren – mit dem schweigenden Einverständnis der Regierung in Zagreb – verantwortlich für mehrere furchtbare Ereignisse in Bosnien, u. a. die Zerstörung der alten Brücke von Mostar. Dieser Brandherd wurde gelöscht, als die USA die Entstehung einer muslimisch-kroatischen Föderation 1994 unterstützten, während die Weltöffentlichkeit voller Entsetzen auf die serbische Belagerung Sarajevos blickte.

Während die grauenvollen Ereignisse in Bosnien-Herzegowina noch im Gange waren, begann die kroatische Regierung, insgeheim ihre Streitkräfte mit ausländischen Waffen aufzurüsten. Am 1. Mai 1995 besetzten kroatische Armee und Polizei den Westen Slawoniens (das Gebiet östlich von Zagreb) und gewannen innerhalb weniger Tage die Kontrolle über die gesamte Region. Die Krajina-Serben antworteten darauf mit Granatangriffen auf Zagreb, bei denen sieben Menschen getötet und 130 weitere verletzt wurden. Bei der kroatischen Gegenoffensive flohen ca. 15 000 Serben aus Westslawonien.

Die Regierung in Belgrad schwieg zu dieser Militäraktion und signalisierte damit, dass die Serben der Krajina ihre Unterstützung verloren hatten. Das wiederum ermutigte die Kroaten, weiter vorzudringen. Am 4. August starteten sie einen Angriff auf die aufständische Hauptstadt Knin. Die serbische Armee floh in den bosnischen Norden, zusammen mit 150 000 Zivilisten, deren Familien seit Generationen in der Krajina verwurzelt waren. Die Operation endete nach wenigen Tagen, aber es folgten Monate des Terrors. Serbische Dörfer wurden niedergebrannt, Plünderungen waren an der Tagesordnung. Das Friedensabkommen von Dayton, das im Dezember 1995 in Paris unterzeichnet wurde, bestätigte die alten Grenzen Kroatiens und sorgte für die Wiedereingliederung Ostslawoniens. Die Übergangsphase verlief relativ ruhig, aber beide Bevölkerungsgruppen betrachten einander nach wie vor mit Argwohn und Feindseligkeit.

Richard Holbrooke berichtet in Meine Mission. Vom Krieg zum Frieden in Bosnien *über die Ereignisse, die zum Daytoner Friedensvertrag geführt haben. Der amerikanische Diplomat, der die kriegführenden Parteien an den Verhandlungstisch brachte, beurteilt die beteiligten Personen und die politischen Vorgänge aus dieser besonderen Position heraus.*

Kroatien nach dem Krieg

Obwohl sich die Lage in Kroatien stabilisiert hat, wurde eine der wichtigsten Bestimmungen des Abkommens – die Garantie der kroatischen Regierung, serbischen Flüchtlingen die Rückkehr zu erleichtern – bisher noch kaum umgesetzt. Zwar hat die Zentralregierung in Zagreb die Rückkehr der Flüchtlinge gemäß den Forderungen der internationalen

2009
Im Zusammenhang mit einem 18 Jahre alten Streit um die kleine Hafenbucht Piran in der Adria droht Slowenien, den EU-Beitritt Kroatiens zu blockieren. Im April tritt Kroatien der Nato bei.

Juli 2009
Ministerpräsident Ivo Sanader tritt unerwartet zurück. Seine Stellvertreterin, die frühere Journalistin Jadranka Kosor, wird Kroatiens erste Ministerpräsidentin.

2010
Ivo Josipović, Mitglied der Oppositionspartei SDP (Sozialdemokratische Partei Kroatiens) wird als Präsident des Landes vereidigt.

Juni 2010
In Slowenien findet ein Referendum zum Grenzstreit mit Kroatien statt. Eine knappe Mehrheit unterstützt die Kompromisslösung und macht damit den Weg für den EU-Beitritt Kroatiens frei.

Gemeinschaft zum vorrangigen Ziel erklärt, doch werden ihre Bemühungen häufig von Kommunalbehörden sabotiert, denen die ethnische Reinheit ihrer Region wichtiger ist.

In vielen Fällen haben aus Bosnien-Herzegowina geflohene Kroaten die von den früheren serbischen Eigentümern verlassenen Häuser in Besitz genommen. Serben, die auf die Rückgabe ihres Eigentums pochen, sehen sich mit unüberwindlichen juristischen Hürden und mit großen Problemen bei der Arbeitssuche im boomenden Kroatien konfrontiert. Auch 15 Jahre nach dem Ende der Feindseligkeiten ist nur die Hälfte der Serben in ihre Heimat zurückgekehrt.

Die Popularität von Franjo Tuđman, der während des Krieges der mächtigste Mann auf der politischen Bühne gewesen war, sank rapide, als das Land nicht mehr bedroht war. Sein autoritärer Regierungsstil, die Kontrolle der Medien, die Verwendung alter Symbole der NDH und die Hinwendung zu äußersten Rechten – all das fand nur noch wenig Unterstützung. 1999 schlossen sich die Oppositionsparteien gegen Tuđman und die HDZ zusammen. Als Tuđman Ende 1999 unerwartet verstarb, wurden die geplanten Wahlen auf Januar 2000 verschoben. Die Wähler entschieden sich für eine Mitte-Links-Koalition, verdrängten die HDZ und wählten stattdessen den Kandidaten der Mitte – Stipe Mesić – zu ihrem neuen Präsidenten.

Schritte der Annäherung an Europa

Das Wahlergebnis zeigte, dass Kroatien einen Richtungswechsel hin zum Westen und zur Integration in das moderne Europa vollzogen hatte. Allmählich lebte auch der Tourismus wieder auf, und die Wirtschaft öffnete sich für den internationalen Wettbewerb. Diese Bewegung Richtung Westen verlor an Schwung, als zwei kroatische Generäle für Verbrechen gegen die serbische Bevölkerung der Krajina vom UN-Kriegsverbrechertribunal angeklagt wurden. Die Auslieferung von General Norac nach Den Haag 2001 spaltete die Kroaten und ist eine mögliche Erklärung für die Rückkehr der HDZ an die Macht bei den Wahlen 2003, als Ivo Sanader Ministerpräsident wurde. Die HDZ-Politiker hatten Abstand vom harten Kurs der Tuđman-Ära genommen und konzentrierten sich nun, ebenso wie die Parteien der Mitte, auf wirtschaftliche Reformen und die Aufnahme in die EU und die Nato.

Der friedliche Machtwechsel zeigte Europa, dass die kroatische Demokratie deutliche Fortschritte gemacht hatte. Die Auslieferung von General Ante Gotovina an Den Haag 2005 war die wichtigste Bedingung für Mitgliedsverhandlungen mit der EU. Als der berüchtigte Flüchtling in Spanien festgenommen wurde, schien Kroatiens Weg in die EU geebnet. Im selben Jahr traten jedoch mehrere Probleme auf, die dem EU-Beitritt des Landes entgegenstanden. Nachdem Kroatien einen Teil der Adria zur ökologischen Schutzzone erklärt hatte, verschärften sich die Grenzstreitigkeiten mit dem benachbarten Slowenien. Als die Europäische Kommission in einem 2006 veröffentlichten Bericht feststellte, dass Kroatien sich ernsthaft mit der Korruption und der Diskriminierung von Nichtkroaten auseinandersetzen müsse, geriet der Beitrittsfahrplan ernsthaft ins Stocken.

Bei den Parlamentswahlen im November 2007 gewann die bis dahin regierende HDZ zwar die meisten Sitze, benötigte aber für eine Regierungsmehrheit Koalitionspartner. Nach mehreren unruhigen Monaten wurde das Kabinett von Ivo Sanader im Januar 2008 schließlich vom Parlament bestätigt. Im März begann vor dem UN-Kriegsverbrechertribunal in Den Haag der Prozess gegen die ehemaligen kroatischen Generäle Ante Gotovina, Ivan Čermak und Mladen Markač. Sie bestritten den Vorwurf der Ermordung kroatischer Serben in den 1990er-Jahren.

Gotovina wird in seiner Heimatregion Zadar verehrt und von vielen als Held betrachtet, und sein Prozess zeigte einige kontroverse Aspekte des kroatischen Bürgerkrieges auf.

Im Frühling 2008 wurde Kroatien beim Nato-Gipfel in Bukarest offiziell zum Beitritt eingeladen, genau ein Jahr später wurde das Land Mitglied der Nato. Gleichzeitig kam es 2008 in Kroatien zu einer Reihe von Morden, die mit der Mafia in Verbindung gebracht wurden. Dies zwang die Regierung dazu, energischer gegen Korruption und organisiertes Verbrechen vorzugehen – zumindest nach außen, denn dies war eine Bedingung für den EU-Beitritt. Auch die Grenzstreitigkeiten mit Slowenien standen diesem noch im Wege. Anfang 2009 drohte Slowenien, die EU-Mitgliedschaft seines Nachbarn mit seinem Veto zu verhindern. Die EU rügte Kroatien, weil es den Streit mit Slowenien nicht beilegte, und stellte die Beitrittsverhandlungen ein. Im Oktober 2009 wurden sie wieder aufgenommen, nachdem beide Länder dem Einsatz internationaler Vermittler in dem Konflikt zugestimmt hatten.

Die Rechtsreform, der Kampf gegen die grassierende Korruption und die Verbesserung der Bedingungen für die Gründung privater Unternehmen im Land sind noch im Gange. Erst wenn diese Probleme gelöst sind, kann Kroatien Mitglied des begehrten europäischen Clubs werden.

Kultur & Bevölkerung

Ein Land mit zwei Gesichtern

Mit seiner Hauptstadt auf dem Festland und den meisten großen Städten an der Küste ist Kroatien in gewisser Weise gespalten: Zagreb und Nordkroatien sind geprägt von der mitteleuropäischen Mentalität, die sich z. B. in der herzhaften Küche und im Vorrang von Arbeit vor Vergnügen äußert, in der Küstenregion herrscht dagegen eine offenere, mediterrane Atmosphäre. Istrien, wo neben Kroatisch auch Italienisch gesprochen wird, zeigt starke italienische Einflüsse, und in Dalmatien herrscht nicht nur bei Feriengästen, sondern auch im Alltag eine ungezwungene Atmosphäre. Geschäfte und Büros leeren sich hier oft schon ab 15 Uhr, weil die Beschäftigten lieber am Strand oder auf einer Caféterrasse die Sonne genießen.

Wer beruflich mit Touristen zu tun hat, spricht meist Deutsch, Englisch und Italienisch, mit jungen Leuten klappt die Verständigung am besten auf Englisch. Zuweilen wirken die Kroaten desinteressiert und unhöflich, und manchem Besucher sind sie zu direkt. Doch das ist einfach ihre Art, und wenn man darüber hinwegsieht, kann man Freunde fürs Leben finden.

Einen ausführlichen Einblick in das Kulturleben Kroatiens vermittelt – auf Kroatisch und Englisch – die informative Website www.culturenet.hr.

Kroatien: Westen oder Osten?

Die allermeisten Kroaten identifizieren sich mit dem westlichen Europa und legen Wert darauf, dass sie „westlicher" geprägt sind als ihre Nachbarn in Bosnien-Herzegowina und Serbien. Wer von Kroatien als Teil

---

DIE KROATEN: GANZ NORMALE MENSCHEN

Der Unabhängigkeitskrieg in den 1990er-Jahren wird von Region zu Region anders beurteilt. Die Zerstörung Vukovars, die ethnischen Säuberungen in der Krajina und die Beschießung Dubrovniks und Osijeks haben in den betroffenen Gegenden tiefe Verletzungen hinterlassen. Wer dort Zweifel äußert, dass in diesem Krieg die Kroaten immer die Guten und die Serben die Bösen waren, macht sich keine Freunde. In anderen Landesteilen sind die Menschen für ein offenes Gespräch über die Geschehnisse eher zugänglich.

Wenn Kroaten über sich selbst sprechen, fällt häufig das Wort „normal". „Wir wollen ein normales Land sein", sagen sie beispielsweise. Nicht als fanatische, Fahnen schwenkende Nationalisten möchten sie gesehen werden, sondern als „normale Leute", die einfach nur in Frieden leben wollen. Die Vorbehalte des Auslands und jede Art von Isolierung empfinden sie darum als besonders schmerzlich, und so haben sie sich schließlich zögernd dem internationalen Druck gebeugt und angefangen, ihre Kriegsverbrecher auszuliefern.

MUSIK FÜR BRÜDER & FREUNDE ODER EINFACH NUR UNFUG?

Turbofolk, eine überdrehte Techno-Variante serbischer Folkloremusik, lässt sich keiner gängigen Musikrichtung zuordnen; er ist eine Klasse für sich. Die rasanten Klänge sind in Kroatien ebenso beliebt wie in Serbien, Montenegro, Makedonien oder Bosnien und Herzegowina und damit ein wichtiges Element der Gemeinsamkeit im früheren Jugoslawien. Die unangefochtene Königin des Turbofolk ist Svetlana „Ceca" Ražnatović, Witwe des serbischen Milizenführers „Arkan", der von der Uno als Kriegsverbrecher angeklagt wurde. Ceca hat zahlreiche Alben produziert und füllt bei ihren Auftritten die größten Stadien der Region.

Turbofolk entstand und verbreitete sich unter dem Milošević-Regime und wird weithin mit der Mafia in Verbindung gebracht; Ceca selbst wurde wegen ihrer Verbindungen zu Mitgliedern des Zemun-Klans (der 2003 für den Mord am serbischen Regierungschef Zoran Đinđić verantwortlich zeichnete) verhaftet, später allerdings von allen Vorwürfen entlastet. Einige *folkotekas* –Turbofolkclubs – haben Metalldetektoren an ihren Türen und werden, besonders in Bosnien-Herzegowina, gelegentlich Ziel von Bombenanschlägen, mit denen vermutlich örtliche Mafiaklans offene Rechnungen begleichen. Intellektuelle sehen Turbofolk als Zeichen eines um sich greifenden kulturellen Flachsinns, doch das ändert nichts an der stetig wachsenden Popularität dieser Musik.

Osteuropas spricht, wird sich nicht gerade beliebt machen. Die Überzeugung, dass ihr Land den letzten Außenposten Westeuropas an der Grenze zum osmanischen Osten darstellt, ist in allen Bevölkerungskreisen nach wie vor sehr lebendig, auch wenn der überwältigende Zuspruch, den die in den 1990er-Jahren noch verpönte serbische Turbofolkmusik neuerdings erlebt, diese Vorstellung ein wenig infrage stellt. Es scheint, als würde mit dem Abflauen der Spannungen nach den Bruderkriegen in Teilen der kroatischen Gesellschaft das Bewusstsein für die Gemeinsamkeiten der Balkanvölker wieder zum Leben erwachen.

Ein sportliches Land

Fußball, Tennis und Skisport sind in Kroatien äußerst beliebt, und in jeder dieser Sportarten hat das Land eine erstaunlich große Zahl an Weltklasseathleten hervorgebracht.

Fußball

Der bei Weitem beliebteste Publikumssport bietet immer wieder Anlass für patriotische Gefühlsstürme und gelegentlich auch für Kundgebungen der politischen Opposition. Als Franjo Tuđman 1990 an die Macht kam, befand er den Namen des Fußballclubs Dinamo Zagreb für „zu kommunistisch" und ließ ihn in Croatia Zagreb umbenennen. Die Fans reagierten empört, und wütende junge Leute nutzten den Streit für Demonstrationen gegen Tuđmans Regiment. Die nachfolgende Regierung gab dem Verein seinen ursprünglichen Namen zurück, doch bis heute sind in Zagreb noch Graffiti der Proteste mit der Inschrift *Dinamo volim te* (Dinamo, ich liebe dich) zu lesen. Dinamos stärkster Rivale ist Hajduk Split, benannt nach den Widerstandskämpfern gegen die osmanische Herrschaft. Die Fans beider Vereine sind berüchtigte Rivalen, und wenn sie aufeinandertreffen, kommt es nicht selten zu Ausschreitungen.

Bei internationalen Wettbewerben schlägt sich die Nationalmannschaft meistens gut, allerdings konnte sie sich nicht für die Fußball-WM 2010 in Südafrika qualifizieren. Starfußballer Davor Šuker hatte am Ende seiner Karriere 46 Länderspieltore geschossen, davon 45 für Kroatien, und ist damit bis heute der beste Torschütze der National-

Infos zur aktuellen Saison in der nationalen Ersten Liga gibt's unter www.fussballdaten.de/kroatien. Fans von Dinamo Zagreb können die Ergebnisse unter www.nk-dinamo.hr verfolgen.

EIN STÜCK KROATIEN FÜR ZUHAUSE

Das schönste kunsthandwerkliche Produkt Kroatiens ist die kunstvolle Spitze von der Insel Pag, die dort seit Jahrhunderten hergestellt wird. Man kann Spitze auf der Insel direkt von den Frauen kaufen, die sie anfertigen.

In vielen Souvenirgeschäften gibt es bestickte Textilien. Kroatische Stickerei zeichnet sich durch ihre fröhlich roten, geometrischen Muster auf weißem Hintergrund aus. Sie schmückt Tischdecken, Kissenbezüge und Blusen.

Beliebte, preiswerte Mitbringsel sind kleine Säckchen mit Lavendel oder anderen aromatischen Kräutern und Duftöle. Man findet sie auf den meisten Inseln Mitteldalmatiens, vor allem aber auf der Insel Hvar mit ihren Lavendelfeldern.

Die Insel Brač ist für ihren schimmernden Stein bekannt, aus dem Aschenbecher, Vasen, Kerzenhalter und andere kleine, aber schwere Gegenstände hergestellt werden. Sie werden auf der ganzen Insel verkauft.

mannschaft. Weltstar Pelé zählte ihn im März 2004 zu den 125 größten lebenden Fußballern der Welt.

Basketball

Basketball, der beliebteste Sport nach Fußball, wird sehr ernst genommen. Das Zagreber Team Cibona und die Mannschaften aus Split und Zadar sind in Europa ein Begriff, auch wenn die größten Erfolge kroatischer Basketballer gut 20 Jahre zurückliegen. Damals in den 1980er-Jahren holte Cibona mit Stars wie Dražen Petrović, Dino Rađa und Toni Kukoč zahlreiche Titel. Ausführliche Informationen über die kroatische Basketballszene bietet die Website www.kosarka.hr (auf Kroatisch und Englisch).

Tennis

„Ich weiß nicht, was die in Kroatien im Wasser haben, aber anscheinend ist dort jeder Spieler mehr als sieben Fuß (2,13 m) groß", meint der amerikanische Tennisstar Andy Roddick.

So ist es natürlich nicht. Doch Kroatien hat in der Tat große Tennisspieler vorzuweisen – in jeder Hinsicht.

Der Sieg des 1,93 m großen Goran Ivanišević in Wimbledon 2001 versetzte das Land und besonders seine Heimatstadt Split in einen Freudentaumel. Der aufschlagstarke, charismatische Star, der das Publikum mit Späßen unterhielt, gehörte in den 1990er-Jahren fast durchweg zu den zehn besten Spielern der Weltrangliste. Verletzungen zwangen ihn 2004 zum Rückzug, doch auch ohne ihn zeigt Kroatien bei Spitzenturnieren weiterhin Flagge: 2005 gewannen Ivan Ljubičić (zurzeit Nr. 14 der Weltrangliste) und Mario Ančić den Daviscup. Dem in Split geborenen Mario Ančić hat kein Geringerer als der große Ivanišević selbst den Beinamen „Baby Goran" verliehen. Ein anderer aufstrebender kroatischer Tennisstar ist Marin Čilić.

Bei den Tennisdamen liegen die größten Erfolge schon ein paar Jahre zurück. 1997 gewann Iva Majoli aus Zagreb mit ihrem aggressiven Grundlinienspiel die French Open, doch das blieb ihr einziger Sieg bei einem Grand-Slam-Turnier.

Tennis ist in Kroatien mehr als nur ein Publikumsspektakel. An der Küste gibt es zahllose Aschenplätze. Größtes Turnier des Landes sind die Croatia Open Umag in Istrien, die im Juli stattfinden.

Skisport

Janica Kostelić ist die talentierteste Skisportlerin, die Kroatien je hervorgebracht hat, und genießt den Status einer Nationalheldin. Nach

Die gefeierte kroatische Hochspringerin Blanka Vlašić gewann im März 2010 bei der Leichtathletik-Hallen-WM in Doha ihre vierte WM-Goldmedaille in Folge.

dem Gewinn des Alpinen Skiweltcups 2001 holte sie im Alter von 20 Jahren bei den Olympischen Winterspielen 2002 eine Silber- und drei Goldmedaillen – das erste olympische Gold für kroatische Wintersportler und das erste Mal im Skisport überhaupt, dass eine Frau drei Goldmedaillen von einer einzigen Olympiade nach Hause brachte. Eine Knieverletzung und die Entfernung der Schilddrüse in den folgenden Jahren hinderten sie nicht daran, auch bei den Winterspielen in Turin 2006 aufzutrumpfen: In der alpinen Kombination gewann sie Gold, im Super-G Silber.

Vielleicht liegt es ja in den Genen: Janica Kostelićs Bruder Ivica wurde 2002 Sieger im Slalomweltcup der Herren und gewann 2006 in Turin die Silbermedaille in der alpinen Kombination.

Religion

Bei der letzten Volkszählung bezeichneten sich 87,8 % der Bevölkerung Kroatiens als katholisch, 4,4 % als orthodox, 1,3 % als Moslems, 0,3 % als evangelisch und 6,2 % als keiner oder einer anderen Religionsgemeinschaft zugehörig. Während die Kroaten zum allergrößten Teil römisch-katholisch sind, gehören die Serben fast durchweg der serbisch-orthodoxen Kirche an – ein Unterschied, dessen Ursprünge bis ins frühe Mittelalter zurückreichen. Tatsächlich ist die Religion der einzige trennende Faktor zwischen beiden Ethnien. Von der katholischen Kirche unterscheidet sich die orthodoxe außer durch eine etwas andere Lehre auch darin, dass sie nicht die Oberhoheit des Papstes anerkennt, keinen Zölibat für Priester fordert und Ikonen verehrt.

Die Kroaten betrachten den Katholizismus als eines der wichtigsten Merkmale ihrer nationalen Identität. Schon im 9. Jh. schlossen sich ihre Herrscher der katholischen Kirche an und erhielten das Recht, die angestammte slawische Sprache und die glagolitische Schrift in Gottesdienst und religiöser Literatur beizubehalten. Die Päpste unterstützten die kroatischen Könige, im Gegenzug stifteten diese Kirchen und Klöster. In den Jahrhunderten unter wechselnden Fremdherrschaften wurde der katholische Glaube zur tragenden Stütze eines Nationalgefühls.

Während des Zweiten Weltkriegs entwickelte sich die tiefe Frömmigkeit der kroatischen Nationalisten auf unheilvolle Weise zur mörderischen Intoleranz des Ustaša-Regimes. Die Mitwirkung von Pfarreien bei den „ethnischen Säuberungen" gegen Juden und Serben waren für Tito ein Grund, nach seinem Sieg die Religion – und damit, wie er hoffte, auch den Nationalismus – zu unterdrücken. Zwar war religiöse Betätigung nicht verboten, doch wer Karriere machen wollte, hielt sich von

Nikola Tesla (1856–1943), der Vater des Radios, der die Stromtechnologie maßgeblich beeinflusst hat, wurde im Dorf Smiljan in Kroatien geboren. Die Einheit Tesla für die magnetische Flussdichte ist nach ihm benannt.

LEBENSART

Kroaten lieben die angenehmen Seiten des Lebens und sind sehr stolz auf ihre neuesten Klamotten und Handys. Die Straßen sind sauber, die Kleider chic und von den besten Marken – je berühmter das Label, umso besser. Auch wenn das Geld knapp ist, würden die meisten eher auf Kino und Restaurant verzichten als auf einen Einkaufstrip nach Italien oder Österreich, um sich mit Mode einzudecken.

Noch unverzichtbarer sind die stundenlangen Aufenthalte im Café oder Stammlokal, und so mancher ausländische Gast fragt sich, was das Land am Laufen hält, wenn scheinbar alle ständig Pause machen. Vielleicht verhilft ihnen ja der reichlich genossene Kaffee zu Höchstleistungen, wenn sie an ihren Arbeitsplatz zurückkehren.

Der Promikult ist in Kroatien mächtig – die Boulevardblätter sind voll mit Möchtegernstars und ihren jüngsten Affären. Selbst die Intellektuellen sind im Geheimen mit dem Privatleben der A- und B-Promis beschäftigt, auch wenn sie das öffentlich niemals zugeben würden.

FAMILIENANGELEGENHEITEN

Die meisten Kroaten wohnen in den eigenen vier Wänden, denn nach der Abkehr vom Kommunismus verkaufte der Staat sehr viele Häuser zu günstigen Preisen an die Bewohner. Diese werden innerhalb der Familie weitervererbt.

Dass junge Menschen bis weit ins Erwachsenenalter bei ihren Eltern leben, entspricht der Tradition und gilt als völlig normal. Speziell die Söhne bleiben – zumindest in ländlichen Gegenden und Kleinstädten – auch nach der Eheschließung häufig im Elternhaus, und die Gattin zieht bei ihnen ein.

Familienbande sind den Kroaten überaus wichtig und werden sehr geschätzt; das schließt auch entferntere Verwandte ein.

Messen lieber fern. Kein Wunder, dass der Vatikan 1991 zu den ersten Staaten gehörte, die das unabhängige Kroatien anerkannten.

Heute genießt die katholische Kirche im kulturellen und politischen Leben Kroatiens große Wertschätzung, die der Vatikan mit besonderer Aufmerksamkeit für Kroatien beantwortet. Fast 76 % der kroatischen Katholiken bezeichnen sich als aktiv religiös, und rund 30 % gehen jede Woche zum Gottesdienst. Die Kirche genießt zudem mehr Vertrauen als jede andere gesellschaftliche Institution außer dem Militär.

Priesterseminare und Klöster erhalten einen steten Zustrom an jungen Kroaten, die sich für ein Leben im geistlichen Stand entschieden haben. Religiöse Feste werden mit Inbrunst gefeiert und sonntags sind die Kirchen gut gefüllt.

Gleichberechtigung in Kroatien

Kroatiens Frauen sind in vielen Bereichen benachteiligt, wenngleich sich ihre Situation verbessert hat. Im sozialistischen Jugoslawien Titos wurden sie zu politischem Engagement ermutigt und stellten im kroatischen *sabor* (Parlament) bis zu 18 % der Abgeordneten. Zurzeit sind 25 % der Abgeordneten Frauen, unter ihnen die Ministerpräsidentin Jadranka Kosor.

Um finanziell über die Runden zu kommen, müssen immer mehr Ehefrauen und Mütter Geld verdienen und sind gleichzeitig für den Haushalt verantwortlich. In Führungspositionen sind Frauen deutlich unterrepräsentiert.

Im konservativen Milieu der Dörfer geht es den Frauen schlechter als in größeren Städten, und die Folgen des Unabhängigkeitskrieges haben sie härter getroffen als die Männer. Viele der Fabriken, die insbesondere in Ostslawonien geschlossen wurden, hatten einen hohen Anteil weiblicher Beschäftigter.

Sexuelle Belästigung am Arbeitsplatz und Misshandlungen in der Familie sind bis heute an der Tagesordnung, und die Gesetze sehen für die Betroffenen meist keinen Anspruch auf Entschädigung vor.

Auch wenn sich die Einstellung gegenüber Homosexuellen allmählich ändert, ist bei den überwiegend streng katholischen Kroaten die traditionelle Sexualmoral noch fest verankert. Bei einer Umfrage bejahten kürzlich nur 58 %, dass Schwule „normale Menschen mit einer anderen sexuellen Orientierung" seien, die Übrigen hielten sie für pervers. Einheimische Homosexuelle halten sich sehr bedeckt, denn sie fürchten Schikanen.

Die kroatische Küche

Wer bei kroatischer Küche an fettige Steaks mit Salzkartoffeln und Sauerkraut denkt, liegt falsch. Zwar hält sie an ihren osteuropäischen Wurzeln fest und ist wie alle Balkanküchen fleischorientiert, doch darüber hinaus bietet sie eine breite Palette an Geschmackserlebnissen, in denen sich die verschiedenen Kulturen widerspiegeln, die das Land im Lauf seiner Geschichte beeinflusst haben. Auffällig ist die scharfe Trennung zwischen der italienisch geprägten Küche entlang der Küste und den Gerichten im Landesinnern, die unverkennbar ungarische, österreichische und türkische Einflüsse aufweisen. Von gegrilltem Barsch mit viel Olivenöl in Dalmatien bis zum herzhaften Gulasch mit Paprika in Slawonien ist für jeden Geschmack etwas dabei. Jede Region preist stolz ihre eigene Spezialität an, aber wohin man auch kommt: Überall beeindruckt die gute Qualität des Essens, das mit frischen, saisonalen Zutaten zubereitet wird.

Istrien und der Kvarner haben schnell die Spitze der Gourmetleiter erklommen, doch andere Regionen stehen ihnen nur wenig nach. Eine neue Generation von Köchen modernisiert die traditionellen kroatischen Gerichte und verstärkt den Kult um Promiköche (ja, dieses Phänomen gibt es inzwischen sogar in Kroatien!). Wein- und Olivenölproduktion haben eine Renaissance erfahren, rund um die beiden Naturerzeugnisse ist im ganzen Land ein Netz an ausgeschilderten Themenstraßen entstanden.

> Das Salz, das in den Salzpfannen von Pag und Ston gewonnen wird, gilt als das sauberste des gesamten Mittelmeerraums.

Esskultur

Die Kroaten sind zwar nicht besonders experimentierfreudig in Sachen Essen, dafür aber leidenschaftliche Esser. Sie können Stunden damit verbringen, über die Güte des Lamms oder den erstklassigen Fisch zu diskutieren und sich darüber auszulassen, warum das Lamm (oder der Fisch) alles andere in den Schatten stellt. Langsam entwickelt sich in Kroatien eine Feinschmeckerkultur, wozu vor allem die Slow-Food-Bewegung beigetragen hat. Sie legt großen Wert auf frische saisonale Produkte und den Spaß am stundenlangen Dinieren.

FÜR ZWISCHENDURCH

Für den kleinen Hunger zwischendurch ist Pizza in Kroatien oft eine gute und preiswerte Wahl. Die knusprige Leckerei gibt's dünn und dick, der Belag ist meist frisch. Zu den schnellen Snacks gehören außerdem *ćevapčići* (kleine würzige Röllchen aus Rinder-, Lamm- oder Schweinehack), *pljeskavica* (eine exjugoslawische Version des Hamburgers), *ražnjići* (Schweinefleischspieß) und *burek* (dicke Teigblätter, gefüllt mit Hackfleisch, Spinat oder Käse). Verkauft werden diese an verschiedenen Fast-Food-Kiosken.

Preis und Qualität der Gerichte variieren im mittleren Segment nur wenig. Wer bereit ist, mehr Geld auszugeben, kann stundenlang Slow-Food-Delikatessen schlemmen oder innovative Kreationen junger, aufstrebender Köche genießen. Für die einheimischen Gäste im Restaurant gibt es eine klare finanzielle Obergrenze. Daher liegen die meisten Restaurants weiterhin in der Mitte des Spektrums – wenige sind spottbillig und nur wenige superteuer. Aber egal, wie hoch das Budget ist – es ist fast unmöglich, irgendwo in Kroatien richtig schlecht zu essen! Ein weiterer Pluspunkt: Das Essen lässt sich meistens bei warmem Wetter unter freiem Himmel genießen.

Regionale Spezialitäten
Zagreb & der Nordwesten

Zagreb und das nordwestliche Kroatien bevorzugen herzhafte Fleischgerichte, die es genauso gut in Wien geben könnte. Saftiges *pečenje* (am Spieß gebratenes und gebackenes Fleisch) wird entweder aus *janjetina* (Lamm), *svinjetina* (Schwein) oder *patka* (Ente) gezaubert. Als Beilage gibt es oft *mlinci* (gebackene Nudeln) oder *pečeni krumpir* (Bratkartoffeln). Besonders lecker ist Fleisch, das unter einer *peka* (gewölbte Haube) ganz langsam gegart wird, es muss aber in vielen Restaurants vorbestellt werden. *Purica* (Truthahn) mit *mlinci* steht praktisch auf jeder Speisekarte in Zagreb und in der Region Zagorje, zusammen mit *zagrebački odrezak* (paniertes, mit Schinken und Käse gefülltes Kalbssteak), einer weiteren kalorienreichen Spezialität. *Sir i vrhnje* (Frischkäse mit Sahne), das auf den Märkten erhältlich ist, gilt ebenfalls als Klassiker. Wer Süßes mag, wird sich über die verbreitete Nachspeise *palačinke* – dünne Pfannkuchen mit verschiedenen Füllungen und Belägen – freuen.

> Das Geheimnis des würzigen Geschmacks von *paški sir* (Pager Käse) sind die Wildkräuter, die die Schafe fressen.

SLOW FOOD

Es war nur eine Frage der Zeit, bis Fast Food mit seinem industrialisierten Plastikkonzept Konkurrenz bekam. Der Gegenspieler des weltumspannenden Fast-Food-Trends ist – wie könnte es anders sein – Slow Food. Entstanden in Italien in den 1980er-Jahren, ist die Bewegung inzwischen in über 120 Ländern vertreten. Sie hat sich zum Ziel gesetzt, die Kultur regionaler Küchen zu erhalten. Ihr Schwerpunkt liegt auf einheimischen Pflanzen, Kräutern und Tieren, die auf traditionelle Weise gezogen bzw. gezüchtet werden.

Es gibt unzählige Auslegungen des Begriffs Slow Food. Kroatien pflegt seine eigene Variante und konzentriert sich auf regionale, frische und saisonale Zutaten. Viel Wert wird auf das Ritual des Essens gelegt; Gleiches gilt für die Präsentation. Die einzelnen Gänge werden in kleinen Portionen und in einer bestimmten Reihenfolge serviert. Zwischen den Gerichten gibt es längere Pausen; zu jedem Gang wird der passende Wein kredenzt. Bei dieser kulinarischen Erfahrung genießt man die Freude am Essen und würdigt dessen Herkunft.

Als Nenad Kukurin, der Besitzer des Restaurants Kukuriku (S. 145) in Rijeka dieses Konzept vor über zehn Jahren einführte, wurde er als „Gastro-Terrorist" bezeichnet. Inzwischen ist sein Lokal ein Feinschmeckerziel und bereits Grund genug, an den Golf von Kvarner zu reisen. Brot und Pasta sind selbst gemacht, die Kräuter stammen aus dem Restaurantgarten und die restlichen Zutaten frisch vom Markt. Dorthin geht der Besitzer täglich und stimmt sich telefonisch mit seinem Chefkoch ab. Gemeinsam stellen sie an Ort und Stelle das Tagesmenü zusammen – je nachdem, was auf dem Markt gerade angeboten wird. Ob man wilden Spargel aus Učka, Trüffeln aus dem Wald von Motovun oder Lamm aus dem benachbarten Dorf genießt: Alle Zutaten sind unverfälscht und werden schnörkellos zubereitet. Wie sagt Nenad Kukurin so schön: „Der Sinn eines guten Essens ist, dass man sich danach leicht und glücklich fühlt."

KOCHKURSE

Kochkurse in Kroatien werden immer beliebter. Da sie sich hauptsächlich an ein betuchtes Publikum wenden, sind sie nicht gerade billig. **Culinary Croatia** (www.culinary-croatia.com) ist eine gute Informationsquelle und bietet verschiedene Kochkurse sowie kulinarische Ausflüge und Weintouren an, größtenteils in Dalmatien. **Delicija 1001** (www.1001delicija.com) in Zagreb organisiert viele Kochkurse und Gourmetveranstaltungen. Optionen und Preise variieren stark und richten sich nach dem jeweiligen Ziel des kulinarischen Abenteuers.

Slawonien

Die slawonische Küche ist schärfer als die anderer Regionen und verwendet großzügig Paprika und Knoblauch. Der ungarische Einfluss ist hier am stärksten sichtbar: Viele typische Gerichte wie *čobanac* (Fleischgulasch) sind im Prinzip Versionen des *gulaš* (Gulasch). Die nahe Drava liefert frischen Fisch (etwa Karpfen, Hecht und Barsch), der in Paprikasauce gekocht und mit Nudeln als *fiš paprikaš* serviert wird. Eine weitere Spezialität ist *šaran u rašljama* (Karpfen auf einem gespaltenen Zweig), der im eigenen Saft über dem offenen Feuer gegart wird. Berühmt sind die Würste der Region, vor allem *kulen,* eine Wurst mit Paprikageschmack, die neun Monate geräuchert und dann meist mit Frischkäse, Paprikaschoten, Tomaten und *turšija* (eingelegtem Gemüse) gereicht wird.

Kvarner & Dalmatien

Die Küche der Küste im Kvarner und in Dalmatien ist typisch mediterran: Olivenöl, Knoblauch, frischer Fisch oder Meeresfrüchte und Kräuter werden hier reichlich verwendet. Besonders zu empfehlen ist der leicht panierte und gebratene *lignje* (Tintenfisch) als Hauptgericht. Adriatischer Tintenfisch ist generell etwas teurer als der aus anderen Ländern. Das Essen beginnt oftmals mit einem Nudelgericht wie Spaghetti oder mit *rižoto* (Risotto) mit Meeresfrüchten. Eine besondere Vorspeise ist *paški sir* (Pager Käse), ein würziger Hartkäse von der Insel Pag. Dalmatinischer *brodet* (Fischsuppe mit Polenta, auch *brodetto* genannt) ist eine weitere regionale Spezialität; oft wird die Suppe jedoch nur als Portion für zwei Personen angeboten. Dalmatinische *pašticada* (Rindergulasch mit Wein und Gewürzen, serviert mit Gnocchi) erscheint auf Speisekarten an der Küste wie auch im Inland. Lamm von den Inseln Cres und Pag gilt als das beste Kroatiens: Die Tiere werden dort mit frischen Kräutern gefüttert, die das Fleisch besonders schmackhaft machen.

Istrien

Die istrische Küche ist in den letzten Jahren bei internationalen Feinschmeckern zunehmend beliebter geworden. Das liegt an ihrer langen gastronomischen Tradition, den frischen Zutaten und einzigartigen Spezialitäten. Typische Gerichte sind z. B. *maneštra,* eine dicke Gemüse-Bohnensuppe vergleichbar der Minestrone, *fuži,* von Hand gerollte Pasta, die oft mit *tartufi* (Trüffeln) oder *divljač* (Wild) serviert wird, und *fritaja* (Omelett, meist mit saisonalem Gemüse wie wildem Spargel). Als Vorspeise gibt es oft dünne Scheiben von geräuchertem *pršut* (Prosciutto) aus Istrien – auch in Dalmatien ausgezeichnet. Der Schinken ist teuer, weil für das Räuchern viele Stunden und viel Arbeit aufgewendet werden müssen. Istrisches Olivenöl ist international anerkannt und vielfach prämiert. Der Tourismusverband hat eine Olivenölroute ausgewiesen; die an der Route liegenden örtlichen Olivenölbauern

---

AUSTERN

Forscher haben nachgewiesen, dass die renommierten Austern der Region Ston auf der Halbinsel Pelješac dort seit römischen Zeiten geerntet werden.

DER OLIVENÖLBOOM VON ISTRIEN

Auf Veli Brijun (Brijuni-Inseln) steht ein Ölbaum, der nachweislich 1600 Jahre alt ist. Schon die frühen griechischen und römischen Manuskripte priesen die Qualität des istrischen Olivenöls. Heute erlebt das uralte Erzeugnis eine Renaissance: Auf der Halbinsel Istrien gibt es 94 offizielle Produzenten und ein Netz ausgeschilderter Olivenölstraßen. In Istrien werden die Pflanzen mit besonderer Hingabe kultiviert, jeder Ölbaum gehegt und gepflegt. Mehrere Produzenten haben internationale Auszeichnungen und Spitzennoten für ihr fruchtiges Öl erhalten. Das ist bei dem starken Wettbewerb auf dem weltweiten Olivenölmarkt etwas Besonderes.

Duilio Belić ist ein relativer Neuling in der Szene. Er wuchs als Sohn eines Bergmanns in Raša auf und wurde zunächst erfolgreicher Geschäftsmann in Zagreb, bevor er Kroatiens neuesten gastronomischen Trend mitbegründete: die Olivenölverkostung. Mit seiner Frau Bosiljka, einer Landwirtschaftsspezialistin, kaufte er vor sieben Jahren einen alten Olivenhain in der Nähe von Fažana und begann, was unter Gourmets zu einem echten Hit geworden ist. Inzwischen besitzt Belić fünf Haine an drei verschiedenen Orten in Istrien, insgesamt 5500 Ölbäume. Unter der Marke Oleum Viride werden zehn Extra-virgine-Öliveöle produziert. Vier davon werden aus einheimischen Sorten gepresst – Buža, Istarska Bjelica, Rosulja und Vodnjanska Crnica. Das Vorzeigeöl ist Selekcija Belić, eine Mischung aus sechs Sorten mit Vanille-Chicoree-Geschmack.

Bei einem Kaffee in Fažana erinnert mich Duilio an eine Tatsache, die viele vergessen: Oliven sind eine Frucht, Olivenöl ein Fruchtsaft. Wie beim Wein lassen sich bestimmte Öle mit bestimmten Gerichten kombinieren, um den Geschmack der peka zu verstärken. Selekcija Belić etwa passt wunderbar zu Lamm und Kalb unter der *peka* oder zu einem Omelett mit wildem Spargel. Das hoch geschätzte Buža-Öl wiederum passt hervorragend zu rohem Fisch und Fleisch sowie zu Pilzen und gegrilltem Gemüse. Das goldgrüne Istarska

können besucht und das Öl direkt vor Ort gekostet werden. Zu den besten saisonalen Zutaten gehören im Herbst weiße Trüffeln (s. Kasten S. 132) und im Frühling wilder Spargel.

Kroatische Getränke

Kroatien ist berühmt für seinen *rakija* (Schnaps), den es in verschiedenen Geschmackssorten gibt. Die beliebtesten sind *loza* (Weinbrand), *šljivovica* (Pflaumenschnaps) und *travarica* (Kräuterschnaps). Der istrische Grappa ist ausgezeichnet und wird mit vielfältigen Geschmacksnoten von *medica* (Honig) bis *biska* (Mistel) sowie verschiedenen Beeren angeboten. Die Insel Vis ist für ihren leckeren *rogačica* (Johannisbrotschnaps) bekannt. Üblicherweise trinkt man vor dem Essen etwas Hochprozentiges. Andere beliebte Getränke sind *vinjak* (Kognak), *maraschino* (Kirschlikör aus Zadar), *prosecco* (süßer Dessertwein) und *pelinkovac* (Kräuterlikör).

Die beiden beliebtesten Biersorten (*pivo*) sind Ožujsko aus Zagreb und Karlovačko aus Karlovac. Die kleine Brauerei Velebitsko ist bei Kennern geschätzt, ihr Bier aber nur in wenigen Bars und Geschäften erhältlich, und das meistens nur auf dem kroatischen Festland. Am besten schon mal *živjeli!* (Prost!) üben.

Starker *kava* (espressoartiger Kaffee), der in Minitassen serviert wird, ist in ganz Kroatien beliebt. Man kann ihn abgemildert mit Milch (*macchiato*) trinken oder einen Cappuccino bestellen. Mancherorts gibt es auch entkoffeinierte Varianten. Dies wird aber als Sakrileg betrachtet, denn die Kroaten lieben ihren Kaffee. Kräutertees sind überall erhältlich, schwarzer Tee (*čaj*) dürfte echten Teetrinkern meist nicht stark genug sein. Das Leitungswasser ist trinkbar.

Bjelica mit seinem Duft nach gemähtem Gras und einem Hauch Radicchio ist die ideale Ergänzung zu Schokoladeneis oder dunklem Haselnuss-Schokoladenkuchen.

Da mir das alles zu abstrakt ist, wechseln wir ins Vodnjanka (S. 128), ein Restaurant in Vodnjan. Hier zieht Duilio einen Kasten mit einer Auswahl seiner Öle hervor und bestellt eine Vorspeisenplatte. Nun lerne ich, wie man Olivenöl kostet. Eine kleine Menge wird in ein Weinglas geschüttet und mit der Hand erwärmt, bis das Öl Körpertemperatur erreicht. Dann verschließt man das Glas mit der Hand, damit sich das Aroma entfaltet. Anschließend probiert man eine kleine Menge, hält das Öl zunächst am vorderen Gaumen und schluckt es dann in einem Zug hinunter.

Solche Verkostungen liegen bei kroatischen Feinschmeckern inzwischen voll im Trend. Duilio organisiert sie für einen großen Freundeskreis und hofft, sie zukünftig auch in seinen Hainen anbieten zu können. Bis dahin können seine Öle in folgenden kroatischen Spitzenrestaurants verkostet werden: im Bevanda (S. 149) in Opatija, im Valsabbion (S. 108) und im Milan (S. 107) in Pula, im Kukuriku (S. 145) in Rijeka, im Foša (S. 185) in Zadar und im Damir i Ornella (S. 126) in Novigrad.

Meine letzten Fragen an Duilio stelle ich, während wir Vodnjanska Crnica in einer *maneštra* (einer dicken Gemüse-Bohnensuppe) probieren. Warum ist Istrien so ein dankbarer Boden für Oliven? „Es liegt an der Mikrolage", sagt Duilio. „Außerdem ernten wir die Oliven, anders als in Dalmatien, früh im Jahr, um die natürlichen Antioxidantien und Nährstoffe zu bewahren. Die Öle schmecken zwar eventuell etwas bitterer, sind aber gesünder."

Bevor wir uns trennen, frage ich ihn noch – fasziniert von seiner Leidenschaft für Olivenöl –, warum er dieses geschäftliche Neuland betreten hat. „Ganz einfach: Ich liebe Essen, ich liebe Wein, ich liebe alle guten Dinge des Lebens", antwortet er. „Und Olivenöl gehört einfach dazu."

Kroatische Weine

Wein ist ein wichtiger Bestandteil kroatischer Mahlzeiten, aber Weinliebhaber dürften den Kopf darüber schütteln, dass die Kroaten ihren Wein mit Wasser verdünnen. Das entsprechende Getränk nennt sich in Dalmatien *bevanda* (Rotwein mit Wasser), im festländischen Kroatien (insbesondere im Zagorje) *gemišt* (Weißweinschorle).

Obwohl nicht Weltklasse, sind kroatische Weine durchaus trinkbar und zuweilen sogar hervorragend. Fast jede Region produziert ihren eigenen Wein, am meisten gelobt werden die istrischen Weine. Hauptsorten sind der weiße *malvazija*, der rote *teran* und der süße *muškat*. Der Tourismusverband hat Weinrouten auf der Halbinsel ausgewiesen, sodass man die Winzer auf ihren Weingütern besuchen kann. Zu den Hauptproduzenten zählen Coronica, Kozlović, Matošević, Markežić, Degrassi und Sinković.

Die Region Kvarner ist für ihren *žlahtina* aus Vrbnik auf der Insel Krk bekannt; Katunar ist die bekannteste Winzerei. Dalmatien hat eine lange Tradition des Weinbaus – auf Korčula sollte man nach *pošip*, *rukatac* und *grk* Ausschau halten, auf der Halbinsel Pelješac nach *dingač* und *postup*, auf Hvar nach *mali plavac* (das Plenković-Weingut ist Spitze) und auf Vis nach *brač* und *vugava*. Slawonien produziert erstklassige Weißweine, darunter *graševina*, Rheinriesling und *traminac* (s. S. 95).

> Jedes Jahr am 1. April sprudelt im Brunnen der Stadt Ludbreg im Norden Kroatiens Wein anstatt Wasser.

Feiern auf Kroatisch

Kroaten lieben es zu essen und freuen sich über jeden Anlass für ein Festessen. Bei Feiertagen und bei Familienfesten wie Hochzeiten und Taufen spielt das Essen daher eine große Rolle.

VEGETARIER & VEGANER

Ein nützlicher Satz ist *Ja ne jedem meso* (ich esse kein Fleisch), aber auch dann wird einem womöglich Suppe mit Speckeinlage serviert. Doch allmählich ändert sich das. Vegetarisches Essen hält in Kroatien Einzug, vor allem in den größeren Städten. In Zagreb, Rijeka, Split und Dubrovnik gibt es inzwischen vegetarische Restaurants. In den größeren Städten haben sogar normale Lokale vegetarische Gerichte auf ihrer Karte. Schwerer haben es Vegetarier dagegen im Norden (Zagorje) und Osten (Slawonien), da die traditionelle Küche dort sehr fleischorientiert ist. Zu den fleischlosen Spezialitäten gehören *maneštra od bobića* (Suppe aus Bohnen und frischem Mais) und *juha od krumpira na zagorski način* (Zagorjer Kartoffelsuppe). Auch *štrukli* (mit Frischkäse gefüllte Teigtaschen) oder *blitva* (gekochter Mangold, oft mit Kartoffeln, Olivenöl und Knoblauch serviert) kann man bestellen. An der Küste gibt es jede Menge Pastagerichte und Risottos mit verschiedenem Gemüse und leckerem Käse. Wer auch Fisch und Meeresfrüchte isst, wird fast überall fürstlich speisen.

Wie in anderen katholischen Ländern auch, essen die meisten Kroaten an *Badnjak* (Heiligabend) kein Fleisch, sondern Fisch. In Dalmatien ist das klassische Gericht an Heiligabend *bakalar* (Stockfisch). Am ersten Weihnachtstag werden dann gebratenes Spanferkel, Truthahn mit *mlinci* oder andere Fleischgerichte aufgetischt. Ebenfalls als Weihnachtsessen beliebt sind *sarma*, mit Hackfleisch gefüllte Krautwickel. Im Mittelpunkt des Festessens steht frisches Heiligabendbrot, *Badnji Kruh* genannt, das mit Honig, Nüssen und getrockneten Früchten gebacken wird. Eine weitere Tradition ist der Weihnachtszopf aus glasiertem Teig mit Muskatnuss, Rosinen und Mandeln. Oft wird er mit Weizen und Kerzen verziert und bis Epiphanie (Dreikönigstag am 6. Januar) auf dem Tisch stehen gelassen und erst dann angeschnitten und gegessen. *Orahnjača* (Walnusskuchen), *fritule* (Krapfen) und *makovnjača* (Mohnkuchen) sind bei Feierlichkeiten beliebte Nachspeisen.

Das typischste Ostergericht ist Schinken mit gekochten Eiern und frischem Gemüse. *Pinca*, ein süßes Hefebrot, ist eine weitere Ostertradition, vor allem in Dalmatien.

Der in Zadar produzierte maraschino-Likör aus Sauerkirschen wurde im frühen 16. Jh. von Apothekern erfunden, die im Dominikanerkloster in Zadar arbeiteten.

Wohin zum Essen?

Ein *restauracija* oder *restoran* (Restaurant) steht an der Spitze der gastronomischen Skala. Hier findet das Essen in einer etwas förmlicheren Atmosphäre statt, neben einer Speisekarte gibt es auch eine umfassende Weinkarte. Eine *gostionica* oder *konoba* ist meist ein einfaches Lokal im Familienbesitz, die verwendeten Zutaten kommen häufig sogar aus dem eigenen Garten. Eine *pivnica* ist eher eine Kneipe und bietet mehrere Biersorten an. Manchmal gibt es dort auch warme Gerichte oder Sandwiches. Eine *kavana* ist ein Café, in dem man sich stundenlang an seinem Kaffee festhalten und dazu Kuchen und Eis genießen kann. Eine *slastičarna* (Bäckerei) serviert Eiscreme, Kuchen, Strudel und manchmal Kaffee. Man muss die Leckereien aber meistens im Stehen essen oder für unterwegs mitnehmen. Eine *samoposluživanje* (Cafeteria mit Selbstbedienung) eignet sich für eine schnelle Mahlzeit. Hier kann der Standard zwar sehr unterschiedlich sein, dafür reicht es aber aus, auf das gewünschte Gericht zu zeigen.

In Hostels oder Privatunterkünften ist ein ordentliches Frühstück oft Fehlanzeige. Problemlos bekommt man allerdings einen Kaffee in einem Café oder Teigwaren in einer Bäckerei. Alternativ kann man sich mit Brot, Käse und Milch in einem Supermarkt eindecken und dann picknicken. Hotelgäste bekommen zumeist ein Frühstücksbüfett mit

Cornflakes, Brot, Joghurt, Aufschnitt, Obstsaft (aus Konzentrat) und Käse. Die gehobenen Hotels haben bessere Büfetts mit Eiern, Würstchen und selbst gebackenem Plundergebäck.

Obst und Gemüse vom Markt und eine Auswahl an Brot, Käse und Schinken vom Supermarkt – und schon ist ein gesundes Mittagspicknick zusammengestellt. Am Feinkosttresen in den Supermärkten oder Lebensmittelläden wird einem – wenn man nett darum bittet – ein Sandwich mit *sir* (Käse) oder *pršut* (Prosciutto) belegt, in der Regel bezahlt man nichts für den Service.

Esskultur

Im ganzen ehemaligen Jugoslawien war *burek* das übliche *doručak* (Frühstück). Heutzutage bevorzugen moderne Kroaten meist einen leichteren Start in den Tag: in der Regel Kaffee und Plundergebäck mit Joghurt und frischem Obst.

Restaurants öffnen um 12 Uhr zum *ručak* (Mittagessen) und servieren dann in der Regel durchgehend bis Mitternacht Essen. Das kann ungemein praktisch sein, wenn man zu einer ungewöhnlichen Stunde in einer Stadt ankommt oder einfach mehr Zeit am Strand verbringen möchte. Kroaten essen meist entweder früh eine *marenda* oder ein *gablec* (billiges sättigendes Mittagessen) oder ein spätes, ausgedehntes Mittagessen. Das Abendessen *(večera)* ist dann eine leichte Mahlzeit. Allerdings haben sich die meisten Restaurants an die Bedürfnisse der Touristen angepasst, die lieber abends ordentlich essen. Nur wenige Kroaten können es sich leisten, regelmäßig essen zu gehen. Wenn sie es tun, handelt es sich meistens um einen größeren Familienausflug am Samstagabend oder Sonntagnachmittag.

Die Kroaten sind stolz auf ihre Küche und ziehen sie mit Abstand allen anderen vor (außer der italienischen). Außerhalb der größeren Städte gibt es nur wenige Restaurants, die internationale Gerichte servieren (meist sind es chinesische und mexikanische Gerichte) oder Varianten der traditionellen kroatischen Speisen anbieten.

> In Kroatien gibt es 17 000 Winzerbetriebe, die 2500 Weine kontrollierter Herkunft produzieren und 200 Rebsorten anbauen.

Architektur

Von Dominko Blažević
Dominko Blažević ist ein kroatischer Architekturschriftsteller

Aufgrund seiner besonderen Lage auf dem europäischen Kontinent und am Mittelmeer ist das Gebiet des heutigen Kroatiens seit prähistorischen Zeiten ununterbrochen bewohnt und von jeher Ziel von Eroberern gewesen. Seine Architektur ist reich und vielfältig, wenngleich vorrömische Bauwerke meist nur als Ruinen erhalten blieben. Auf keinen Fall verpassen darf man die Städte Dubrovnik, Korčula, Rovinj, Trogir, Zadar und Šibenik sowie die Bergstädte Istriens, die alle für ihre architektonische Schönheit berühmt sind.

Die römische Ära

Das erstaunlichste Beispiel römischer Architektur ist der Diokletianpalast, der Ende des 3. Jhs. von Kaiser Diokletian als Alterssitz gebaut wurde. Er steht auf der Liste der Unesco-Kulturdenkmäler und ist der besterhaltene römische Kaiserpalast der Welt, denn vom Tod des Kaisers im Jahr 316 bis heute war er durchgängig bewohnt. Das Aquädukt, das Wasser vom Stadtrand in den Palast führt, funktioniert noch immer.

In der Umgebung Splits liegt die römische Stadt Salona (heute Solin), die Verwaltungs- sowie Handelszentrum der Provinz war und gleichzeitig Geburtsort des Kaisers (daher die Lage des Palastes). Zu den Ruinen Salonas gehören auch die Reste eines Amphitheaters.

In Istrien lohnen zwei weitere Beispiele der vorslawischen Baukunst einen Besuch: das große römische Amphitheater in Pula (Kroatiens Kolosseum), eine Arena aus dem 1. Jh. n. Chr., und die frühchristliche Euphrasius-Basilika in Poreč aus dem 6. Jh. n. Chr. mit einem kostbaren Mosaik in der Aspis, bei deren Bau die Überreste älterer Bauwerke in die Mauern integriert wurden.

Vorromanische Kirchen

Mit der Ankunft der Slawen begann die sogenannte altkroatische, vorromanische Periode. Die schönsten architektonischen Beispiele dieser Zeit findet man an der dalmatinischen Küste, darunter die beeindruckende Kirche des heiligen Donat in Zadar aus dem 9. Jh., die auf römischen Ruinen entstand. Sie hat einen für

---

ARCHITEKTUR IN KROATIEN

390 v. Chr.–400 n. Chr.
Die ersten Griechen erreichen die östliche Adriaküste. Sie hinterlassen außergewöhnliche Städte und Bauwerke.

Frühes 4. Jh.
Der Diokletianpalast wird fertiggestellt. Er ist noch heute das Herz des modernen Splits.

9. Jh.
In Zadar wird die Kirche des heiligen Donat im frühbyzantinischen Stil errichtet.

11.–15. Jh.
Auf die monumentale römische Architektur folgen Stadterweiterungen im eleganten gotischen Stil, bauliche Innovationen und zunehmend kunstvolle Verzierungen.

1431–1535
Juraj Dalmatinac baut in Šibenik die Kathedrale des heiligen Jakob im Stil der gotischen Renaissance.

17. & 18. Jh.
Goldenes Zeitalter des Barocks in Varaždin und zugleich die bedeutendste Periode des Wiederaufbaus im erdbebengeschädigten Dubrovnik.

19. Jh.
Während des Klassizismus und Historismus entstehen einige der bemerkenswertesten öffentlichen Gebäude des modernen Kroatiens.

1930—1980
Im Funktionalismus entwickelt sich die Architektur synchron zum internationalen Stil. Die sozialistische Ära bringt anspruchsvolle und ästhetisch ausgereifte Gebäude hervor.

die Spätantike einzigartigen runden Grundriss und drei halbrunde Apsiden. Zu den vorromanischen Meisterwerken zählen auch mehrere kleine Kirchen der Gegend, etwa die im 11. Jh. erbaute Heilig-Kreuz-Kirche in Nin mit kreuzförmigem Grundriss, zwei Apsiden und einer Zentralkuppel, oder die Bilderbuchkirche des heiligen Nikolaus gleich außerhalb von Nin. In Split (Dreifaltigkeitskirche) und Trogir befinden sich die Überreste runder vorromanischer Kirchen. Einige kleinere Kirchen auf den Inseln Šipan und Lopud in der Nähe von Dubrovnik weisen ebenfalls kreuzförmige Grundrisse auf, ein Zeichen für den wachsenden Einfluss der byzantinischen Kultur in dieser Zeit.

Die Gotik kommt nach Kroatien

An der Küste hielt sich die romanische Tradition des Mittelalters noch lange nachdem im restlichen Europa bereits die Gotik Einzug gehalten hatte. Die frühesten Zeugnisse des gotischen Stils aus dem 13. Jh. sind in der Regel noch mit romanischen Elementen gemischt. Zu den erstaunlichsten Werken dieser Periode gehört das Portal der Kathedrale des heiligen Laurentius in Trogir, das der großartige Bildhauer Radovan 1240 schuf. Die Darstellung menschlicher Figuren bei alltäglichen Verrichtungen war ein klarer Bruch mit den traditionellen byzantinischen Reliefs von Heiligen und Aposteln. Ein weiteres Meisterstück der Gotik ist das ungewöhnliche Portal der Kathedrale des heiligen Domnius in Split, das Andrija Buvina mit 28 quadratischen Reliefs gestaltete. In Zadar befinden sich die Kathedrale der heiligen Anastasia, die im 12. und 13. Jh. auf den Fundamenten einer frühchristlichen Basilika gebaut wurde, und die Kirche des heiligen Grisogonus aus dem Jahr 1175.

Die Kathedrale Mariä Himmelfahrt (der frühere Stephansdom) in Zagreb ist das erste gotische Beispiel im Norden Kroatiens. Sie wurde mehrfach umgebaut, doch in der Sakristei sind noch Reste von Fresken aus dem 13. Jh. zu sehen.

Die spätgotische Baukunst dominierte der Baumeister und Bildhauer Juraj Dalmatinac, der im 15. Jh. in Zagreb geboren wurde. Sein herausragendstes Werk ist die Kathedrale des heiligen Jakob in Šibenik am Übergang von der Gotik zur Renaissance. Dalmatinac errichtete die gesamte Kirche ausschließlich aus Stein und schmückte die Apsiden mit einem Reigen aus realistischen Köpfen lokaler Persönlichkeiten. Eine andere Perle dieser Epoche ist die im 15. Jh. erbaute Kathedrale des heiligen Markus in Korčula.

Renaissance

Die Renaissance verbreitete sich rasch in Kroatien, besonders im unabhängigen Ragusa (Dubrovnik). In der zweiten Hälfte des 15. Jhs. erschienen erstmals Renaissanceeinflüsse an gotischen Gebäuden. Ein schönes Beispiel des gemischten Stils ist der Dubrovniker Sponza-Palast, einst das Zollamt. Ab der Mitte des 16. Jhs. verdrängten Stilmerkmale der

Die Kathedrale des heiligen Domnius (3. & 4. Jh. n. Chr.) in Split ist die älteste – und kleinste – Kathedrale der Welt, denn sie befindet sich im Mausoleum des Diokletian.

DER KROATISCHE PLETER

Das erste unverwechselbar kroatische Design ist der *pleter* (Flechtornament), der um das Jahr 800 am Tauchbecken von Fürst Višeslav in der Heilig-Kreuz-Kirche in Nin auftauchte. *Pleter* sind an Kirchenportalen und Möbelstücken aus der frühmittelalterlichen (altkroatischen) Periode zu sehen. Gegen Ende des 10. Jhs. bekam das Flechtwerk allmählich Blätter und Ranken. Das Ornament ist so eng mit der kroatischen Kultur verbunden, dass der frühere Präsident Franjo Tuđman es bei seinem ersten Wahlkampf auf einem Plakat abbildete, um eine Rückkehr zur traditionellen kroatischen Kultur zu signalisieren.

Renaissance den gotischen Stil in den Palästen und Sommerresidenzen des wohlhabenden Adels in und um Ragusa. Leider vernichtete ein Erdbeben 1667 viele Gebäude. Zu den bekannten Bauwerken Dubrovniks zählen daher heute vor allem das romanisch-gotische Franziskanerkloster, die Orlando-Säule aus dem 15. Jh., der Onofrio-Brunnen, die Barockkirche des heiligen Blasius, die Jesuitenkirche des heiligen Ignatius und die Kathedrale Mariä Himmelfahrt.

Die Kathedrale des heiligen Jakob in Šibenik (1431–1535) ist das einzige Renaissancebauwerk in Europa, das aus vorgefertigten Steinblöcken zusammengefügt wurde.

Barock

Nordkroatien ist berühmt für seinen Barock, den Jesuitenmönche im 17. Jh. hier einführten. Im 17. und 18. Jh. war Varaždin eine regionale Hauptstadt und profitierte dank seiner Lage von einem steten Austausch an Künstlern, Kunsthandwerkern und Architekten mit Nordeuropa. Die Kombination aus Wohlstand und einem schöpferischen, kreativen Umfeld machte aus Varaždin Kroatiens führende Stadt für Barockkunst. Dieser Stil zeigt sich an den aufwendig restaurierten Häusern und Kirchen und ganz besonders an der beeindruckenden Burg.

In Zagreb findet man schöne Beispiele der Barockarchitektur in der Oberstadt, etwa die Jesuitenkirche der heiligen Katharina oder die restaurierten Villen, die heute das Historische Museum und das Kroatische Museum für Naive Kunst beherbergen. Wohlhabende Familien erbauten sich Barockvillen in der Umgebung Zagrebs, etwa in Brezovica, Miljana, Lobor und Bistra.

Architektur heute

Heute gibt es in Kroatien zwei Architekturfakultäten (eine in Zagreb, eine in Split) und eine lebendige Szene, die internationale Anerkennung genießt und immer wieder mit Preisen geehrt wird. Nach dem Krieg der 1990er-Jahre organisierten sowohl der Staat als auch private Investoren zahlreiche Wettbewerbe. Junge Architekten in den Zwanzigern und Dreißigern erhielten die Gelegenheit, ihr Talent zu beweisen, und brachten einen neuen Geist in die Architektur.

Bedeutende Beispiele dieser Phase sind die minimalistische Meeresorgel von Nikola Bašić in Zadar und das neue Museum für Zeitgenössische Kunst von Igor Franić in Zagreb.

Natur & Umwelt

Geografie

Kroatiens Form erinnert an einen Bumerang: Das Land erstreckt sich von der Pannonischen Tiefebene Slawoniens zwischen den Flüssen Sava, Drava und Donau über das bergige Mittelkroatien bis zur istrischen Halbinsel, von dort südlich durch Dalmatien entlang der zerklüfteten Adriaküste. Die ungewöhnliche Geografie macht eine Rundreise eher schwierig. Wer Zagreb als Ausgangspunkt wählt, kann von Dubrovnik zurück in die Hauptstadt fliegen, um dort den Heimflug anzutreten. Alternativ nimmt man den Landweg über Split oder fährt durch Bosnien-Herzegowina und gelangt so über die östliche Grenze wieder nach Kroatien.

Der schmale Küstenstreifen am Fuße des Dinarischen Gebirges ist per Luftlinie ungefähr 600 km lang, aufgrund der vielen Buchten beträgt die tatsächliche Länge jedoch 1778 km. Zählt man die 4012 km umfassende Küstenlinie der kroatischen Inseln hinzu, ergibt das eine Gesamtlänge von 5790 km. Die meisten Strände dieser zerklüfteten Küste sind felsig und beliebtes Revier von FKKlern. Sand sollte man nicht erwarten, dafür ist das Wasser kristallklar, sogar rund um größere Städte.

Die Inseln vor der kroatischen Küste stehen an Schönheit den griechischen Inseln in nichts nach. Insgesamt liegen entlang der Adriaküste 1244 Inseln, 50 davon sind bewohnt. Die größten sind Cres, Krk, Mali Lošinj, Pag und Rab im Norden, Dugi Otok im Zentrum sowie Brač, Hvar, Korčula, Mljet und Vis im Süden. Der Großteil ist lang gestreckt und von Nordwest nach Südost ausgerichtet, karg und gesäumt von hohen, steil ins Meer abfallenden Bergen.

> Die kroatische Währung Kuna ist nach dem Fell des Steinmarders benannt, das die Venezianer als Tauschmittel nutzten.
>
> **KUNA**

Kroatiens Tiere & Pflanzen

Tiere

In den dichten Wäldern des Nationalparks Risnjak tummeln sich jede Menge Hirsche sowie Braunbären, Wildkatzen und *ris* (Luchse), die dem Park seinen Namen gaben. Gelegentlich lässt sich auch ein Wolf oder Wildschwein blicken. Sehr viel zahlreicher sind Wölfe im National-

---

VÖGEL BEOBACHTEN

Auf Cres ist eine Kolonie von Gänsegeiern beheimatet; sie haben eine Flügelspannweite von 2,6 m. Im Nationalpark Paklenica leben Wanderfalken, Habichte, Sperber, Bussarde und Eulen. Der Nationalpark Krka dient Sumpfvögeln wie Reihern, Wildenten, Gänsen und Kranichen sowie den seltenen Königs- und Schlangenadlern als wichtiger Zwischenstopp auf ihren Wanderflügen und als Winterquartier. Auch im Naturpark Kopački Rit in der Nähe von Osijek im Osten Kroatiens sind viele Vogelarten heimisch.

> **SCHUTZ FÜR BÄRENKINDER**
>
> In dem Dorf Kuterevo im nördlichen Velebit-Gebirge befindet sich das **Bärenrefugium von Kuterevo** (www.kuterevo-medvjedi.hr auf Kroatisch). Es wurde 2002 gegründet und nimmt sich junger Bären an, die ihre Mutter verloren haben und durch Verkehr, Jäger und Wilderer gefährdet sind. Verantwortlich für die Jungtiere ist die Velebit-Vereinigung Kuterevo (VUK), die mit den Bewohnern Kuterevos zusammenarbeitet. Sie hat eine Art Säuglingsstation für Bären zwischen zwei und sechs Monaten eingerichtet sowie eine zweite Anlage in der Nähe des Dorfes für heranwachsende Tiere aufgebaut.
>
> Jeden Sommer kommen viele Freiwillige, um für zwei bis drei Wochen (etwa sechs Stunden am Tag) mitzuhelfen. Die Unterkünfte sind zwar sehr einfach (Komposttoilette, Solarduschen, offene Küche), kosten jedoch nur 40 Kn pro Tag (80 Kn mit eigenem Bad) inklusive Verpflegung.
>
> Von Frühling bis Ende Herbst empfängt das Bärenrefugium Besucher, pro Jahr kommen mittlerweile etwa 10 000 Leute. Die Website ist auf Kroatisch, Mails werden jedoch auch auf Englisch beantwortet.

park Plitwitzer Seen vertreten. Dort sowie im Nationalpark Krka lebt außerdem ein seltener, unter Schutz stehender Seeotter.

Im Nationalpark Paklenica sind zwei Giftschlangen heimisch, die Europäische Hornotter und die Kreuzotter. Außerdem leben dort und im Nationalpark Krka nicht giftige Leopardnattern, Vierstreifennattern, Ringelnattern und Panzerschleichen.

Pflanzen

Die Temperatur der Adria variiert stark: Von 7 °C im Dezember steigt sie auf milde 23 °C im September.

Die facettenreichste Flora des Landes findet man im Velebit, einem Gebirgszug der Dinarischen Alpen, der als Kulisse hinter der zentraldalmatischen Küste aufragt. Botaniker haben hier etwa 2700 Spezies und 78 endemische Pflanzen gezählt, darunter das zunehmend bedrohte Edelweiß. Dieses findet man auch im Nationalpark Risnjak, ebenso wie Schwarze Kohlröschen, Lilien und Bewimperte Alpenrosen. Das trockene mediterrane Küstenklima bietet beste Bedingungen für die Macchie, einen niedrigen Buschwald, der an der gesamten Küste und besonders dicht auf der Insel Mljet wächst. Auch Oleander, Jasmin und Wacholder fühlen sich an der Küste wohl. Auf der Insel Hvar wird Lavendel angebaut und Oliven- sowie Feigenbäume gedeihen in Hülle und Fülle.

Kroatiens Nationalparks

Als Jugoslawien zusammenbrach, gingen acht der schönsten Nationalparks an Kroatien. Diese machen 1,097 % der Landesfläche aus und erstrecken sich über ein Gebiet von insgesamt 961 km², davon 742 km² auf dem Land, 219 km² im Wasser. Etwa 8 % der Fläche Kroatiens stehen unter Naturschutz.

Nationalparks auf dem Festland

Der Nationalpark Risnjak südwestlich von Zagreb ist der unberührteste bewaldete Park. Ein Grund dafür ist das Klima der höher gelegenen Gebiete, das mit einer Durchschnittstemperatur von 12,6 °C im Juli recht unwirtlich ist. Die Winter sind lang und schneereich, doch wenn Ende Mai oder Anfang Juni endlich der Frühling beginnt, blüht und gedeiht alles gleichzeitig. Bewusst wurden im Park keinerlei touristische Einrichtungen angelegt, um sicherzustellen, dass nur echte Naturliebhaber dieses Abenteuer auf sich nehmen. Der Haupteingang liegt beim Motel und Informationsbüro in Crni Lug.

Dramatisch geformte Karstklippen und Schluchten machen den Nationalpark Paklenica, der sich entlang der Adriaküste in der Nähe von Zadar erstreckt, zu einem Paradies für Felskletterer. Jedes Jahr findet hier Anfang Mai ein europäischer Kletterwettbewerb statt. Tiefe Höhlen und Grotten voll Stalagmiten und Stalaktiten warten darauf, entdeckt zu werden, außerdem gibt es kilometerlange Wanderwege. Der Park ist bestens auf Touristen eingestellt.

Etwas rauer geht es im gebirgigen Nationalpark Nördlicher Velebit zu, einer eindrucksvollen Landschaft aus Wäldern, Bergen, Schluchten und Kämmen, die die Kulisse Norddalmatiens und der Region Šibenik-Knin bildet.

Die Wasserfälle des Nationalparks Plitwitzer Seen entstanden durch Moospflanzen, die das Kalziumkarbonat des Flusswassers, das durch den Karst sprudelt, speichern. Travertin bzw. Kalktuff bildet sich, Schicht um Schicht wachsen die Moose übereinander und formen natürliche Hindernisse für den Fluss. Der Park wurde von der Unesco zum Weltnaturerbe erklärt und ist gut von Zagreb oder Zadar zu erreichen. Im Frühling sind die Wasserfälle aufgrund der Wassermenge am eindrucksvollsten.

Der Nationalpark Krka umfasst eine noch weitläufigere Landschaft aus Seen und Wasserfällen. Diese werden von den Flüssen Zrmanja, Krka, Cetina und Neretva gespeist, allerdings stört das Kraftwerk Manojlovac flussaufwärts mitunter den Strom und verlangsamt ihn vor allem im Juli und August beträchtlich. Am besten betritt man den Park am Skradinski Buk, mit Kaskaden auf 800 m Länge der größte Wasserfall.

Nationalparks auf den Inseln

Die Kornaten bestehen aus 140 spärlich bewachsenen Inseln und Riffen, die sich über eine Fläche von 300 km² erstrecken. Die vielen Buchten und faszinierenden Felsformationen machen die Inselgruppe zu einem echten Highlight der Adria. Ohne eigenes Boot muss man sich allerdings ab Zadar einer Reisegruppe anschließen.

Der Nordwesten der Insel Mljet wurde wegen zweier buchtenreicher, von dichter Vegetation umgebener Salzwasserseen zum Nationalpark erklärt. Die Macchie (Buschwald) ist fast nirgendwo im Mittelmeerraum so undurchdringlich und hoch wie auf Mljet, was sie zum idealen Rückzugsgebiet von Tieren macht. Schlangen eroberten die Insel fast für sich, bis schließlich 1909 Mangusten angesiedelt wurden. Ab Dubrovnik verkehren regelmäßig Boote zu dem idyllischen Eiland.

Aktuelle Infos zu Kroatiens Umwelt gibt's auf der Website des Ministeriums für Umweltschutz (www.mzopu.hr).

KARSTHÖHLEN & WASSERFÄLLE

Kroatiens auffälligstes geologisches Merkmal sind die Karstlandschaften aus hoch porösem Kalkstein und Dolomitgestein. Sie erstrecken sich von Istrien bis Montenegro und bedecken große Teile des Landesinneren. Karst entsteht, indem Wasser in den Kalkstein eindringt, diesen verwittert und dann in tiefer liegende härtere Schichten sickert. Dort bildet es unterirdische Strömungen, formt Spalten und Höhlen, fließt anderswo wieder oberirdisch, bevor es in einer weiteren Höhle verschwindet und schließlich ins Meer mündet. Höhlen und Quellen sind typisch für das Innere von Karstlandschaften, auf diese Weise entstanden die Schlucht von Pazin, die Plitwitzer Seen, die Wasserfälle der Krka sowie die Höhle Manita Peć in Paklenica. Die zerklüftete, karge Landschaft ist eindrucksvoll, doch wegen Entwaldung, Wind und Erosion nicht für Ackerbau geeignet. Bricht der Kalkstein ein, entsteht eine Art Becken, *polje* genannt. Dieses wird landwirtschaftlich genutzt, auch wenn Wasser dort nur schwer abfließt und das Becken zeitweise in einen See verwandelt.

Die Brijuni-Inseln stellen den erschlossensten Nationalpark dar, da sie bereits Ende des 19. Jhs. als Touristenziel entdeckt wurden. Sie dienten Tito als paradiesisches Rückzugsgebiet und ziehen heute die Reichen und Schönen samt Personal und Yachten an. Ein Großteil der Tiere und Pflanzen wurde eingeführt (Elefanten finden man in der Adria sonst eher selten), die Inseln sind jedoch wunderhübsch. Sie sind nur für eine begrenzte Besucherzahl und ausschließlich im Rahmen einer offiziellen Tour zugänglich.

Umweltprobleme in Kroatien

Da in Kroatien kaum Schwerindustrie vorhanden ist, blieben Wälder, Küsten, Flüsse und Luft glücklicherweise von Verschmutzung verschont. Zunehmende Investitionen in die Erschließung des Landes ziehen jedoch Umweltprobleme nach sich.

Mit dem Touristenboom ist die Nachfrage nach frischem Fisch und Meeresfrüchten sprunghaft gestiegen. Durch Fischerei ist der Bedarf nicht mehr zu decken, so bleibt als einzige Alternative die Zucht. Zackenbarsche, Meerbrassen und Thunfisch (für den Export) werden in immer größeren Mengen gezüchtet, was die Ökosysteme entlang der Küsten schädigt. So werden beispielsweise junge Thunfische zum Mästen gefangen, bevor sie die Geschlechtsreife erreichen und sich fortpflanzen können, was den Erhalt der in Freiheit lebenden Thunfische gefährdet.

Auch die Waldgebiete entlang der Küsten und auf den Inseln sind bedroht. Zunächst von den Venezianern für den Schiffsbau, dann von Einheimischen als Brennstoff abgeholzt, wurde den Wäldern jahrhundertelang keine große Bedeutung beigemessen. Als Folge entstand auf vielen Bergen auf den Inseln und an der Küste Ödland. Heiße Sommer und der starke *maestral* (beständiger Westwind) sorgen zudem an den Küsten für eine erhebliche Brandgefahr. In den vergangenen 20 Jahren wurden 7 % der kroatischen Wälder durch Brände vernichtet.

Kunst & Kultur

Kunst und Kultur sind den Kroaten wichtig, egal, ob traditionelle Formen wie klassische Musik, Theater, Tanz und Bildende Kunst oder modernere Stile wie Pop, Rock, Elektromusik, Avantgarde- und experimentelles Theater und Tanz, Mode und gesprochenes Wort. Auch Folkmusik und traditionelles Kunsthandwerk sind sehr beliebt.

Literatur

Die kroatische Sprache entwickelte sich in den Jahrhunderten seit der großen Einwanderungswelle nach Slawonien und Dalmatien. Um die Slawen zum Christentum bekehren zu können, lernten die griechischen Missionare Kyrill und Method die Sprache, und Kyrill entwickelte eine Schrift dafür. Sie wurde später als Glagoliza bekannt. Das früheste bekannte Zeugnis, eine Inschrift an einem Benediktinerkloster auf der Insel Krk, stammt aus dem 11. Jh.

> Die preisgekrönte Schriftstellerin Dubravka Ugrešić und vier weitere Autorinnen wurden von einer kroatischen Zeitschrift als „Hexen" angegriffen, weil sie den kroatischen Unabhängigkeitskrieg nicht voll und ganz unterstützten.

Dichter & Dramatiker

In Dalmatien erlebte die kroatische Literatur ihre erste Blütezeit, stark beeinflusst von der italienischen Renaissance. Die Werke des Gelehrten und Dichters Marko Marulić (1450–1524) aus Split werden im Land noch heute verehrt. Sein Stück *Judita* war das erste von einem kroatischen Schriftsteller in seiner Muttersprache verfasste Werk. Das Versepos *Osman* von Ivan Gundulić (1589–1638) feiert den polnischen Sieg über die Türken im Jahr 1621, den der Autor als Vorzeichen des Endes der osmanischen Herrschaft sah. Die Stücke von Marin Držić (1508–67), besonders *Dundo Maroje,* sind ein Ausdruck der humanistischen Ideale der Renaissance und werden bis heute aufgeführt, vor allem in Dubrovnik.

Die wichtigste literarische Persönlichkeit nach den 1990er-Jahren war die lyrische, manchmal auch satirische Vesna Parun (1922–2010). Zwar wurde sie von der Regierung wegen ihrer „dekadenten und bourgeoisen" Lyrik oft schikaniert, doch ihre Gedichtsammlungen haben eine neue Generation erreicht, die Trost aus ihrer Vision von der Absurdität des Krieges schöpft.

Schriftsteller

Kroatiens zweifellos herausragender Schriftsteller ist der Romancier und Dramatiker Miroslav Krleža (1893–1981). Er war zeit seines Lebens politisch aktiv und überwarf sich 1967 im Zuge einer Schriftstellerkampagne zur Gleichberechtigung der serbischen und kroatischen Sprache mit Tito. In seinen Werken beschäftigt sich der Autor mit den Problemen des gesellschaftlichen Wandels in seiner Heimat. Zu seinen bekanntesten Romanen zählen *Die Rückkehr des Philio Latinovicz* (1932) und *Zastave* (1963–65; „Die Fahnen"), eine mehrbändige Saga über das Leben einer kroatischen Mittelschichtfamilie um das Jahr 1900.

> Ivan Gundulić (1589–1638) aus Ragusa (Dubrovnik) gilt weithin als der größte kroatische Dichter.

Auch Ivo Andrić (1892–1975) muss unbedingt erwähnt werden. Er gewann 1961 den Literatur-Nobelpreis für seine bosnische historische Trilogie *Die Brücke über die Drina*, *Wesire und Konsuln* und *Das Fräulein*. Der als katholischer Kroate in Bosnien geborene Schriftsteller schrieb auf Serbisch und lebte in Belgrad, sah sich jedoch selbst als Jugoslawen.

Mirisi, zlato i tamjan („Gold, Weihrauch und Myrrhe") von Slobodan Novak wurde erstmals 1968 in Jugoslawien veröffentlicht. Der Roman spielt auf der Insel Rab, wo eine uralte Madonna im Sterben liegt. Ihr Pfleger, der Erzähler, sinniert über Leben, Liebe, Staat, Religion und Erinnerung. Das Buch gilt als eines der Schlüsselwerke der Literatur des 20. Jhs.

> Vedrana Rudans Roman *Uho, grlo, nož* („Ohr, Hals, Messer") aus dem Jahr 2004 ist ein hervorragendes Beispiel für die Kraftausdrücke und kontroversen antipatriarchalischen Themen, die in der kroatischen Literaturszene oft Staub aufwirbeln.

Zeitgenössische Schriftsteller

Einige Schriftsteller der Gegenwart wurden stark von den Auswirkungen der kroatischen Unabhängigkeit geprägt. Die Journalistin Alenka Mirković schrieb einen eindrucksvollen Roman über die Belagerung Vukovars. Goran Tribuson nutzt die Form des Thrillers, um Veränderungen in der kroatischen Gesellschaft nach dem Krieg zu untersuchen. Pavao Pavličić widmet sich in seinem Detektivroman *Zaborav* den Problemen des kollektiven historischen Gedächtnisses. Die Arbeiten des in den USA lebenden Schriftstellers Josip Novakovich entspringen der nostalgischen Sehnsucht nach seiner kroatischen Heimat. Sein berühmtester Roman *Die schwierige Sache mit dem Glück* aus dem Jahr 2004 ist eine absurde und düstere Abrechnung mit den jüngsten Kriegen, die in der Region wüteten. Eine andere bemerkenswerte Schriftstellerin ist Slavenka Drakulić. Ihre Bücher sind oft politisch und soziologisch provokant, immer witzig und intelligent. Besonders empfehlenswert ist das 1996 erschienene *Café Paradies oder die Sehnsucht nach Europa*.

Die in den Niederlanden im selbst gewählten Exil lebende Schriftstellerin Dubravka Ugrešić wird in Kroatien kontrovers gesehen, im Ausland allerdings geschätzt. Ihre bekanntesten Romane sind *Die Kultur der Lüge* von 1996 und *Das Ministerium der Schmerzen* aus dem Jahr 2004. 2005 veröffentlichte die Autorin das Werk *Keiner zu Hause*, eine Sammlung von Geschichten und Essays über ihre Reisen in Europa sowie in den USA und das Verhältnis zwischen Ost und West.

Der in Serbien geborene, aber in Kroatien lebende Miljenko Jergović ist ein witziger, scharfzüngiger Schriftsteller, dessen Kurzgeschichtenbände *Sarajevo Marlboro* (1994) und *Mama Leone* (1999) auf eindrucksvolle Weise die gesellschaftliche Atmosphäre im Jugoslawien der Vorkriegsjahre einfangen.

> Eine gute Einführung in die zeitgenössische kroatische Literatur bietet die von Tony White, Borivoj Radaković und Matt Thorne herausgegebene Anthologie *Croatian Nights* (2005; auf Englisch). In der hervorragenden Sammlung von 19 Kurzgeschichten sind sowohl beliebte kroatische als auch britische Autoren vertreten.

Kino

Das jugoslawische Kino wurde von serbischen Regisseuren dominiert, doch auch Kroatien brachte zwei wichtige Filmschaffende hervor: Krešo Golik (1922–98), der bei beliebten Komödien Regie führte, z. B. *Plavi 9* (1950; „Die blaue 9") und *Tko pjeva zlo ne misli* (1970; „Böse Menschen haben keine Lieder"), und Branko Bauer (geb. 1921), der Thriller, Kriegsdramen und Abenteuerfilme drehte. Kroatische Filmemacher glänzten eher beim experimentellen und „intellektuellen" Kino, dem allerdings meist kein großes Publikum beschieden war. Zu den bekanntesten Vertretern zählen Branko Babaja, Zvonimir Berković, Lordan Zafranović und Vatroslav Mimica.

Unter Franjo Tuđmans Herrschaft geriet das Kino des jungen Landes in eine Krise, und die 1990er-Jahre gelten als Tiefpunkt in der Geschichte des kroatischen Films seit dem Zweiten Weltkrieg.

> ## FOLKLORETÄNZE
>
> Ein typischer Folkloretanz ist der *drmeš*, eine Art schnelle Polka, die von Paaren in kleinen Gruppen getanzt wird. Beim lebhaften slawischen Kreistanz *kolo* wechseln sich Männer und Frauen ab, begleitet wird er von Geigern im Stil der Roma. In Dalmatien tanzt man auch die *poskočica*, bei der die Paare unterschiedliche Figuren bilden.
>
> Die kroatischen traditionellen Tänze bleiben ebenso wie die Folkmusik durch regionale und nationale Festivals lebendig. Das beste ist das Internationale Folklorefestival in Zagreb, das im Juli stattfindet. Wer es verpasst, sollte sich nicht ärgern, denn Musik- und Tanzgruppen gehen im Sommer auf Tournee und treten in vielen Städten an der Küste und im Landesinneren auf. Die Touristeninformationen vor Ort können Auskunft über die Termine geben.

Sängerinnen haben viel für die Erneuerung dieser Musik getan und sich dabei eine große Fangemeinde erworben.

Pop, Rock & alles andere

In der kroatischen Pop- und Rockszene wimmelt es von einheimischen Talenten. Eine der beliebtesten Bands ist Hladno Pivo („Kaltes Bier"), die energiegeladenen Punk mit witzigen, politisch aufgeladenen Texten spielt. Die Indie-Rock-Band Pips, Chips & Videoclips hatte ihren Durchbruch mit der Single „Dinamo ja te volim" („Dinamo, ich liebe dich"), die auf Tuđmans Versuch anspielt, das Zagreber Fußballteam umzubenennen. Seitdem blieb ihre Musik aber relativ unpolitisch. Vještice („Die Hexen"), eine Zagreber Band, mixt südafrikanischen Jive mit Folk aus Međimurje und Punkrock.

Die Gruppe Gustafi singt im istrischen Dialekt und kombiniert amerikanischen Folkrock mit kroatischer Folklore. Die wunderbar verrückten Let 3 aus Rijeka sind berühmt-berüchtigt für ihre schräge Musik und ihre Liveauftritte, bei denen die Musiker öfter mal nackt auftauchen, nur mit einem Korken im Hinterteil bekleidet (doch, wirklich). TBF (The Beat Fleet) ist Splits Antwort auf den Hip-Hop. Im örtlichen Slang singt die Band über aktuelle Themen, Familienprobleme, Liebeskummer und Glück. Ein anderer origineller Musiker ist der Hip-Hop-Sänger Edo Maajka, der in Bosnien geboren wurde, aber in Kroatien lebt.

Die Kombination von Jazz und Pop mit Folkmelodien ist in Kroatien seit geraumer Zeit beliebt. Zu den populärsten Künstlern dieser Szene zählen die talentierte Tamara Obrovac aus Istrien, die in einem heute nicht mehr gesprochenen altistrischen Dialekt singt, und Mojmir Novaković, der frühere Sänger der beliebten Band Legen.

Kroatiens Popkönigin ist Severina. Bekannt ist sie nicht nur wegen ihrer Musik, sondern auch wegen ihres tollen Aussehens und ihres ereignisreichen Privatlebens, ein gefundenes Fressen für die Klatschspalten der Boulevardpresse. Ein anderer verehrter Sänger ist Gibonni, der in der Tradition des legendären Schnulzensängers Oliver Dragojević steht. Severina, Gibonni und Dragojević stammen alle drei aus Split.

Afion ist eine progressive Folkgruppe aus Zagreb, die in ihren Akustik-Konzerten traditionelle Volkslieder aus Kroatien, Makedonien und Bosnien (und gelegentlich auch kosovarische und armenische Klänge) mit einem jazzigen Grundton, Einflüssen der Weltmusik und großartigem Gesang verbindet.

Wenn es etwas gibt, das die zerstrittenen ehemaligen jugoslawischen Republiken eint, dann ist es die Musik. Der Bosnier Goran Bregović arbeitete mehrmals mit dem serbischen Regisseur Emir Kusturica zusammen, das Ergebnis waren einige bemerkenswerte Filmmusiken, die in der ganzen Region geliebt werden.

FUSION

Miroslav Evačić (www.miroslavevacic.com) kombiniert Blues und traditionelle ungarische Elemente zu einer Fusion, die er „Csardas-Blues" getauft hat.

Zu den bemerkenswerten Persönlichkeiten des jüngeren kroatischen Kinos gehören Vinko Brešan (geb. 1964) und Goran Rušinović (geb. 1968). Brešans Filme *Kako je počeo rat na mom otoku* (1996; „Wie der Krieg auf meiner Insel begann") und *Marschall Titos Geist* (1999) waren beim kroatischen Publikum außerordentlich erfolgreich. *Mondo Bobo* (1997) von Rušinović ist ein stilvoller Schwarz-Weiß-Krimi, der von den Filmen Jim Jarmuschs und Shinya Tsukamotos beeinflusst ist; er war der erste unabhängig produzierte Spielfilm, der in Kroatien entstand.

Schöne tote Mädchen (2002) von Dalibor Matanić war ein beliebter Thriller und *Karaula* (2006) von Rajko Grlić ist eine herrliche Komödie über die ehemalige jugoslawische Volksarmee.

Musik
Folkmusik

Kroatien hat viele gute klassische Musiker und Komponisten hervorgebracht, doch sein originellster Beitrag zur Welt der Musik ist die reiche Tradition der Folkmusik. In ihr spiegeln sich zahlreiche Einflüsse wider, die teilweise bis ins Mittelalter zurückreichen, als die Ungarn und die Venezianer um die Vorherrschaft über das Land kämpften. Joseph Haydn (1732–1809) wurde in Österreich in der Nähe einer kroatischen Enklave geboren und seine Musik war stark von kroatischen Volksliedern beeinflusst.

Das in der kroatischen Folkmusik am häufigsten vorkommende Instrument ist die *tamburica*, ein Zupfinstrument mit drei oder fünf Seiten, das gezupft oder geschlagen wird. Sie kam im 17. Jh. mit den Türken ins Land, verbreitete sich rasch in Ostslawonien und wurde später zu einem Symbol des kroatischen Nationalbewusstseins. Auch in der jugoslawischen Ära wurde die *tamburica* weiter auf Hochzeiten und bei regionalen Festivals gespielt.

Die Vokalmusik wird von der Tradition der *klapa* geprägt, deren Wurzeln im kirchlichen Chorgesang liegen. Wörtlich bedeutet *klapa* „Gruppe von Leuten". Beliebt ist die Musik in Dalmatien, vor allem in Split. Bis zu zehn Sänger singen gemeinsam mehrstimmige Lieder über Liebe, Leid und Verlust. Die Chöre sind traditionell reine Männerchöre, inzwischen singen auch immer öfter Frauen mit. Es gibt aber nur sehr wenige gemischte Chöre. Mehr dazu steht auf S. 225.

Eine andere beliebte Richtung der Folkmusik, die stark vom benachbarten Ungarn beeinflusst ist, stammt aus der Region Međimurje im Nordosten Kroatiens. Das dominierende Instrument ist dabei die *citura* (Zither). Die Lieder sind langsam und melancholisch und handeln häufig von Liebeskummer. Neue Künstler wie Lidija Bajuk und Dunja Knebl hauchten diesem traditionellen Genre frisches Leben ein. Beide

Mehr Infos zur traditionellen Musik Kroatiens und die angesagtesten Namen der zeitgenössischen Szene gibt es auf www.croatianrootsmusic.com.

EMPFOHLENE FOLKLOREAUFNAHMEN

» *Croatie: Music of Long Ago* ist ein guter Einstieg, denn es umfasst die ganze Bandbreite kroatischer Musik.

» *Lijepa naša tamburaša* ist eine Sammlung slawonischer Gesänge, die normalerweise von der *tamburica* (einem drei- oder fünfseitigen Zupfinstrument) begleitet werden.

» *Omiš 1967–75* bietet einen Überblick über die *klapa*-Musik, die aus den Kirchenchören hervorgegangen ist.

» *Pripovid O Dalmaciji* In dieser hervorragenden Sammlung von *klapas* wird der Einfluss des Kirchengesangs besonders deutlich.

Malerei & Bildhauerei

Im 15. Jh. schuf der Maler Vincent aus Kastav in Istrien schöne Kirchenfresken. In der kleinen Kirche Maria im Fels bei Beram sind seine Arbeiten zu sehen, am bemerkenswertesten ist der *Totentanz*. Ein anderer wichtiger istrischer Maler des 15. Jhs. war Ivan aus Kastav, er hinterließ Fresken in ganz Istrien, die meisten aber im slowenischen Teil.

Viele in Dalmatien geborene Künstler waren vom italienischen Renaissancestil geprägt, den sie wiederum ihrerseits beeinflussten. Die Bildhauer Lucijan Vranjanin und Frano Laurana, der Miniaturenmaler Julije Klović und der Maler Andrija Medulić verließen Dalmatien, als die Region im 15. Jh. von den Osmanen bedroht wurde, und arbeiteten in Italien. Ihre Werke sind in Museen in London, Paris und Florenz ausgestellt, während in Kroatien leider nur noch ein kleiner Teil zu sehen ist.

Vlaho Bukovac (1855-1922) war der bemerkenswerteste kroatische Maler des späten 19. Jhs. Nachdem er in London und Paris tätig gewesen war, kam er 1892 nach Zagreb und schuf dort Porträts und historische Gemälde, die sich durch einen lebendigen Stil auszeichnen. Zu den wichtigen Malern des frühen 20. Jhs. gehören Miroslav Kraljević (1885-1913) und Josip Račić (1885-1908). Die größte internationale Anerkennung fand jedoch der Bildhauer Ivan Meštrović (1883-1962), der viele Meisterstücke zu kroatischen Themen schuf. Auch Antun Augustinčić (1900-79) war ein weltweit geachteter Bildhauer, sein Reiterstandbild *Frieden* steht vor dem Eingang des UN-Gebäudes in New York. Ein kleines Museum in Klanjec nördlich von Zagreb zeigt einige seiner Werke.

Naive Kunst

Nach dem Zweiten Weltkrieg experimentierten viele Künstler mit dem abstrakten Expressionismus. Die größte Bekanntheit erlangte in dieser Periode jedoch die naive Kunst, die 1931 mit einer Ausstellung des Künstlervereins Zemlja („Erde") in Zagreb ihren Anfang nahm. Sie präsentierte der Öffentlichkeit erstmals Arbeiten von Ivan Generalić (1914-92) und anderen malenden Bauern. Generalić hatte sich der Idee einer Kunst verschrieben, die leicht verständlich war und von den einfachen Menschen geschätzt wurde. Die Maler Franjo Mraz (1910-81) und Mirko Virius (1889-1943) sowie der Bildhauer Petar Smajić (1910-1985) schlossen sich ihm an und kämpften gemeinsam für die Akzeptanz und Anerkennung naiver Kunst.

Abstrakte Kunst

Nach dem Zweiten Weltkrieg fand die abstrakte Kunst Eingang in die Kunstszene. Der gefeiertste moderne Maler Kroatiens ist Edo Murtić (1921-2005), der sich von den Landschaften Dalmatiens und Istriens inspirieren ließ. 1959 gründeten Marijan Jevšovar (1922-88), Ivan Kožarić (geb. 1921) und Julije Knifer (1921-2004) die Gruppe Gorgona, die die Grenzen der abstrakten Kunst erweiterte. Namhafte und hoch angesehene Künstler waren die Dubrovniker Maler Đuro Pulitika (1922-2006), der für seine farbenfrohen Landschaftsbilder bekannt ist, Antun Masle (1919-67) und Ivo Dulčić (1916-75).

Zeitgenössische Kunst

Aus dem avantgardistischen Trend der Nachkriegszeit entwickelten sich die Installationskunst, der Minimalismus und die Konzept- und Videokunst. Zu den interessantesten kroatischen Künstlern der Gegenwart zählen Lovro Artuković (geb. 1959), dessen äußerst realistischer Stil mit seinen surrealen Sujets kontrastiert, sowie die Videokünstler Sanja Iveković (geb. 1949) und Dalibor Martinis (geb. 1947). Die Multimediaarbeiten von Andreja Kulunčić (geb. 1968), die Installationen von Sandra Sterle (geb. 1965) und die Videokunst der in Paris lebenden Renata Poljak (geb. 1974) erregen ebenfalls internationale Aufmerksamkeit. Die Performances, Installationen und Videoarbeiten des aus Dubrovnik stammenden Künstlers Slaven Tolj (geb. 1964) fanden internationale Anerkennung. Die Fotografin Lana Šlezić (geb. 1973) lebt in Toronto, doch viele ihrer hervorragenden Bilder sind in Kroatien entstanden.

Die Galerie Moderner Kunst in Zagreb bietet einen ausgezeichneten Überblick über die kroatische Kunst der letzten 200 Jahre. Außerdem zeigen in Zagreb mehrere unabhängige Galerien Ausstellungen einheimischer Künstler; siehe S. 42.

Praktische
> **Informationen**

ALLGEMEINE INFORMATIONEN A–Z..............342

Aktivitäten............. 342
Botschaften in Zagreb... 342
Ermäßigungen......... 342
Feiertage.............. 343
Fotos.................. 343
Frauen unterwegs...... 343
Freiwilligenarbeit....... 343
Geld................... 343
Gesundheit............ 344
Internetzugang......... 345
Karten & Stadtpläne.... 345
Öffnungszeiten......... 345
Rechtsfragen........... 346
Reisen mit Behinderung. 346
Schwule & Lesben..... 346
Sicherheit............. 346
Strom................. 346
Telefon................ 347
Touristeninformation.... 347
Unterkunft............. 347

Versicherung........... 350
Visa................... 350
Zeit................... 350
Zoll................... 350

VERRKEHRSMITTEL & -WEGE.............351

AN- & WEITERREISE..... 351
Einreise............... 351
Flugzeug.............. 351
Auf dem Landweg...... 352
Auf dem Seeweg....... 353

UNTERWEGS VOR ORT...353
Auto & Motorrad....... 353
Bus................... 354
Fahrrad............... 355
Flugzeug.............. 355
Geführte Touren....... 355
Nahverkehr........... 355
Schiff/Fähre........... 355
Zug................... 356

SPRACHE..........357

Allgemeine Informationen A–Z

Aktivitäten

Adriatic Croatia International Club (www.aci-club.hr) Managt 21 Yachthäfen an der Küste.
Association of Nautical Tourism (Udruženje Nautičkog Turizma; ☎051 209 147; Bulevar Oslobođenja 23, Rijeka) Ist für alle kroatischen Yachthäfen zuständig.
Cro Challenge (www.crochallenge.com) Verband für Extremsportarten.
Croatian Aeronautical Federation (www.caf.hr) Ein Club für Fallschirmspringer.
Croatian Association of Diving Tourism (www.croprodive.info) Verband für Taucher.
Croatian Diving Federation (www.diving-hrs.hr in Kroatisch) Für Taucher.
Croatian Mountaineering Association (www.plsavez.hr, Speläologische Abteilung www.speleologija.hr) Informationen zum Höhlenklettern, Klettern und Wandern.
Croatian Windsurfing Association (www.hukjd.hr) Infos für Surfer.
Huck Finn (www.huck-finn.hr) Ein in der Hauptstadt Zagreb ansässiger Ausstatter für Kanu-, Kajak-, Rafting- und Wandertouren.
NGO Bicikl (www.bicikl.hr) Infos für Radfahrer.
Outdoor (www.outdoor.hr) Abenteuer- und Incentivereisen.
Pedala (www.pedala.com.hr) Infos für Radfahrer.
Pro Diving Croatia (www.diving.hr) Für Taucher.
Riverfree (www.riverfree.hr, in Croatian) Rafting- und Kanuclub.

Botschaften in Zagreb

Deutschland (☎01 63 00 100; Ulica Grada Vukovara 64)
Österreich (☎01 48 81 050; Radnička cesta 80)
Schweiz (☎01 48 78 800; Bogovićeva 3)

Ermäßigungen

» Die meisten Museen, Galerien, Theater und Festivals gewähren Studenten einen Preisnachlass von bis zu 50 %.

PRAKTISCH & KONKRET

» **Zeitungen & Zeitschriften** Weitverbreitete Tageszeitungen sind *Večernji List*, *Jutarnji List*, *Slobodna Dalmacija* und *Feral Tribune*. Am renommiertesten ist die regierungseigene Tageszeitung *Vjesnik*. Die beliebtesten Wochenzeitungen sind *Nacional* und *Globus*. Seit 2006 erscheint eine kroatische Ausgabe von *Metro*.

» **Radio** Der beliebteste Rundfunksender ist *Narodni Radio*, ein reiner Musiksender, gefolgt von *Antena Zagreb* und *Otvoreni Radio*. Der kroatische Rundfunk sendet täglich um 20.05 Uhr Nachrichten in englischer Sprache auf 88,9, 91,3 und 99,3 MHz.

» **Trinkgeld** Restaurantrechnungen enthalten schon eine Servicegebühr, aber in der Regel rundet man den Betrag auf.

» **Strom** Das Stromnetz arbeitet mit 220 V und 50 Hz. In Gebrauch sind zweipolige EU-Standardstecker.

» **Gewichte & Maße** Es gilt das metrische System.

» **TV & Video** Das Videosystem ist PAL.

» Am besten hat man einen Internationalen Studentenausweis (ISIC) dabei.

» Nichtstudierende unter 26 können eine Internationale Jugendreisekarte (IYTC) bekommen.

» Kroatien ist Mitglied der **European Youth Card Association** (www.euro26.hr), auf deren Karten Preisnachlässe in Geschäften, Restaurants und Bibliotheken gewährt werden. Die Karte kann an etwa 1400 Sehenswürdigkeiten in Kroatien eingesetzt werden.

» Über Jugendreisen und die hier erwähnten Karten kann man sich bei der Reiseabteilung des **Kroatischen YHA** (www.hfhs.hr) informieren.

Feiertage

Kroaten nehmen ihre Feiertage sehr ernst. Kaufhäuser und Museen sind dann geschlossen, Fährdienste werden eingeschränkt. An religiösen Feiertagen sind die Kirchen randvoll, was eine gute Gelegenheit bietet, die Kunstwerke innerhalb der sonst meist geschlossenen Gotteshäuser zu würdigen. Infos zu Festivals und Events siehe S. 18.

Feiertage in Kroatien:

Neujahrstag 1. Januar
Epiphanie (Dreikönigstag) 6. Januar
Ostermontag März/April
Tag der Arbeit 1. Mai
Fronleichnam Mai/Juni
Tag des antifaschistischen Widerstands 22. Juni; erinnert an den Beginn des Widerstands der Partisanen 1941
Tag der Staatsgründung 25. Juni
Erntedankfest 5. August
Mariä Himmelfahrt 15. August
Tag der Unabhängigkeit 8. Oktober
Allerheiligen 1. November
Weihnachten 24.–26. Dezember

Fotos

» Fotogeschäfte und Souvenirläden verkaufen immer noch Farbfilme von Kodak oder Fuji. Allerdings sind diese in Kroatien sehr teuer, deshalb sollte man lieber welche mitbringen.

» Die gängige Größe für Abzüge ist in Kroatien 9 cm mal 13 cm.

» Digitalbilder kann man in Zagreb und anderen großen Städten ausdrucken, APS-Filme werden nur noch an wenigen Stellen entwickelt.

» Fotoentwicklung innerhalb einer Stunde ist selten.

» Diafilme bekommt man überwiegend in größeren Städten und den bekannten Touristenzentren.

» Militärische Anlagen dürfen nicht fotografiert werden. Auch mit heimlichen Nacktfotos an einem FKK-Strand macht man sich unbeliebt.

Frauen unterwegs

Für Frauen ist es in Kroatien eher ungefährlich. Zwar kommt es in großen Küstenstädten gelegentlich vor, dass allein reisende Frauen belästigt oder verfolgt werden, doch das ist eher die Ausnahme.

Vorsicht bei Verabredungen mit unbekannten Männern. Anzeigen wegen Vergewaltigungen bei einem solchen Date werden von den Behörden nicht besonders ernst genommen.

Sonnenbaden „oben ohne" wird geduldet, am besten sucht man dazu einen der vielen FKK-Strände auf.

Freiwilligenarbeit

Für kurzfristige Freiwilligenarbeit wendet man sich an das Gänsegeierzentrum (S. 159) in Beli auf der Insel Cres, an das Bärenrefugium von Kuterevo (S. 332) im Velebit-Gebirge in der Nähe von Šibenik oder an Blue World (S. 158) auf der Insel Lošinj.

Geld

Kroatien verwendet als Zahlungsmittel die Kuna (Kn). Diese kursiert als Banknoten im Wert von 500, 200, 100, 50, 20, 10 und 5 Kuna, auf denen Bilder kroatischer Nationalhelden wie Stjepan Radić und Ban Josip Jelačić prangen. Eine Kuna entspricht 100 Lipa. Es gibt silberfarbene Münzen zu 50 und 20 Lipa sowie bronzefarbene Münzen zu 10 Lipa.

Die Kuna unterliegt einem festen Wechselkurs, der an den Euro gekoppelt ist. Um die Devisenreserven zu steigern, erhöht die kroatische Regierung den Kurs im Sommer, wenn die Touristen ins Land strömen. Am günstigsten ist der Tausch zwischen Mitte September und Mitte Juni. Ansonsten schwankt der Wechselkurs von Jahr zu Jahr nur wenig.

Preise für internationale Fähren werden in Euro angegeben, obwohl man in Kuna bezahlt. In diesem Reiseführer sind die Preise für Hotels, Privatunterkünfte und Campingplätze in Kuna angegeben. Weitere Angaben zu Kosten und Wechselkursen siehe S. 14.

Geldautomaten

» Geldautomaten findet man fast überall in Kroatien. Akzeptiert werden Karten von Cirrus, Plus, Diners Club und Maestro.

» Bei der Privredna Banka sind Barauszahlungen auch mit American-Express-Karten möglich.

» Viele Automaten nehmen zwar auch Kreditkarten an, aber man zahlt sofort Zinsen auf den Betrag und oft sehr hohe Gebühren.

» In den Postämtern kann man mit MasterCard oder Cirrus Bargeld abheben, häufig auch schon mit den Karten von Diners Club.

Geldwechsel

Geld wechseln kann man in Kroatien an zahlreichen Stellen und zu relativ ähnlichen Kursen. Adressen erfährt man bei den Touristeninformationen oder in Reisebüros.

» Postämter wechseln Geld und haben lange auf.

» Fast überall wird für den Umtausch eine Gebühr von 1 bis 1,5 % berechnet.

» Reiseschecks lösen nur Banken ein.

» Kuna kann man nur bei Banken gegen Vorlage eines Belegs in westliche Währungen zurücktauschen.

» Ungarische Forint lassen sich in Kroatien nur schwer umtauschen.

» In Restaurants kann man in Euro bezahlen, aber meist ist der Wechselkurs ungünstig.

» Auch Unterkünfte akzeptieren häufig Euro.

Kreditkarten

Kreditkarten (Visa, Diners Club, MasterCard, American Express) werden in fast allen Hotels akzeptiert, aber so gut wie niemals in Privatunterkünften. Auch kleinere Restaurants und Läden akzeptieren normalerweise keine Karten.

Die Besitzer von American-Express-Karten können sich an Atlas-Reisebüros in Dubrovnik, Opatija, Pula, Poreč, Split, Zadar und in der Hauptstadt Zagreb wenden und dort den vollen Service in Anspruch nehmen. Teilweise bieten auch die Privredna-Bankfilialen den bequemen Amex-Service.

Hier die Websites der wichtigsten Kreditkartenanbieter in Kroatien:

American Express (www.americanexpress.hr)
Diners Club (www.diners.com.hr)
Eurocard/MasterCard (www.zaba.hr)
Visa (www.splitskabanka.hr)

Steuern & Erstattungen

Urlauber, die in einem Geschäft mehr als 740 Kn ausgeben, haben Anspruch auf Rückerstattung der Mehrwertsteuer, die 22 % des Kaufpreises beträgt. Dafür muss der Geschäftsinhaber ein Formular ausstellen, das man dann bei der Ausreise beim Zoll vorlegt. Von zu Hause schickt man innerhalb von sechs Monaten eine abgestempelte Kopie an das betreffende Geschäft in Kroatien, das den Betrag anschließend der Kreditkarte gutschreiben lässt. Es gibt auch einen Service namens Global Refund System, bei dem schon am Flughafen der Betrag bar auszahlt wird. Auch einige Postämter bieten diesen Service an, etwa in Zagreb, Osijek, Dubrovnik, Split und Rijeka, Pula und anderen Städten. Weitere Infos unter www.posta.hr.

Gesundheit

» Die medizinische Versorgung in Kroatien ist gut.

» Apotheker können gute Tipps geben und bei kleineren Erkrankungen nicht rezeptpflichtige Medikamente verkaufen.

» Der medizinische Standard in den Zahnarztpraxen des Landes ist hoch, trotzdem sollte man vor einer längeren Reise seine Zähne vorher zu Hause checken lassen.

» Enzephalitis, eine lebensgefährliche Hirnhautentzündung, wird durch Zeckenbisse übertragen. Wer in Risikogebiete reist oder sich wie Camper und Wanderer nur schwer vor Zeckenbissen schützen kann, sollte sich impfen lassen. Zwei Impfungen schützen für ein Jahr, drei halten bis zu drei Jahre lang.

» Hitzeerschöpfung entsteht durch zu großen Flüssigkeitsverlust und ungenügende Zufuhr von Flüssigkeit und Salzen. Zu den Symptomen zählen Kopfschmerzen, Schwindel und Müdigkeit. Man ist schon dehydriert, wenn man Durst verspürt – daher sollte man immer genügend Wasser trinken, sodass der Urin blass und flüssig wird. Um Hitzeerschöpfung zu behandeln, muss der Flüssigkeitsverlust durch Trinken von Wasser oder Fruchtsaft ausgeglichen werden, außerdem sollte der Körper mit kaltem Wasser und Zufächeln gekühlt werden. Gegen den Salzverlust helfen salzhaltige Suppen oder die Zugabe von etwas Speisesalz in das Getränk.

» Ein Hitzschlag ist wesentlich gefährlicher und kann tödlich ausgehen. Kennzeichen sind Verwirrtheit, hyperaktives Verhalten und schließlich Bewusstlosigkeit. Man sollte den Körper des Betroffenen schnell kühlen, indem man ihn mit Wasser besprizt und Luft zufächelt. Die intravenöse Zufuhr von Flüssigkeit und Elektrolyten ist dringend zu empfehlen.

» An felsigen Stränden sollte man auf Seeigel achten. Olivenöl hilft, ihre Nadeln aus der Haut zu lösen. Wenn man sie nicht entfernt, besteht Infektionsgefahr. Am besten trägt man Gummischuhe, wenn man beim Baden über Felsen klettert.

» Schlangenbisse vermeidet man, indem man nicht barfuß geht und nicht in kleine Höhlen oder Löcher greift. Nur in der Hälfte der Fälle wird bei Schlangenbissen tatsächlich Gift injiziert. Wichtig: Bei einem Biss nicht gleich in Panik geraten. Das verletzte Körperteil stellt man wie bei einer Verstauchung mit einem Stab (ggf. einer Stange) und einer festen Bandage ruhig. Allerdings sollte man keinen Druckverband anlegen und die Bisswunde auch nicht durch Einschnitte vergrößern oder aussaugen. Am besten so schnell wie möglich einen Arzt benachrichtigen, damit nötigenfalls ein Gegengift verabreicht werden kann.

Internetzugang

» Internetcafés werden in den einzelnen Regionalkapiteln aufgeführt; der Internetzugang kostet im Schnitt ca. 30 Kn pro Stunde.

» Die Touristeninformationen informieren über die Möglichkeiten vor Ort.

» In kleineren Städten lässt das Touristenbüro Besucher, die freundlich darum bitten, manchmal kurz ihre Mails abrufen. Auch öffentliche Bibliotheken besitzen normalerweise einen Internetzugang, aber deren Öffnungszeiten sind oft stark eingeschränkt.

» Gehobene und Businesshotels sind in der Regel mit einem WLAN-Zugang ausgerüstet. Manche privaten Gästehäuser haben ebenfalls WLAN, aber darauf sollte man sich besser nicht verlassen.

Karten & Stadtpläne

Im RV Verlag erschien die Karte *Slowenien, Nordkroatien, Istrien, Nationalpark Plitvice* im Maßstab 1:300 000. Von Freytag & Berndt sind eine Reihe von Länder-, Regional- und Stadtkarten erhältlich. Empfehlenswert ist auch die Karte *Kroatische Küste/Istrien/Dalmatien* (1:250 000) von GeoCenter. Außerdem sinnvoll: *Hrvatska, Slovenija, Bosna i Hercegovina* (1:600 000) von Naklada Naprijed aus Zagreb. Regionale Touristeninformationen bieten häufig gute regionale Autokarten mit dem aktuellen Straßenverlauf an. Außer für Zagreb, Split, Zadar, Rijeka und Dubrovnik gibt es leider nur wenige gute Stadtpläne. Hilfreich sind die von den örtlichen Touristenbüros herausgegebenen Karten.

STRASSENNAMEN

Besonders in Zagreb und Split dürfte manchem auffallen, dass die hier verwendeten Straßennamen oft nicht mit den Namen auf Straßenschildern übereinstimmen. Das liegt daran, dass im Kroatischen ein Straßenname entweder im Nominativ oder im Genitiv verwendet wird. So wird beispielsweise aus Ulica Ljudevita Gaja (Straße von Ljudevita Gaja) die Gajeva ulica (Gajas Straße). Die letztgenannte Namensform steht am häufigsten auf den Straßenschildern und wird auch im Alltag gebraucht. Das Gleiche gilt für einen Platz (*trg*), der beispielsweise entweder als Trg Petra Preradovića oder als Preradovićev trg bezeichnet wird. Einige gebräuchliche Namen sind Trg Svetog Marka (Markov trg), Trg Josipa Jurja Strossmayera (Strossmayerov trg), Ulica Andrije Hebranga (Hebrangova), Ulica Pavla Radića (Radićeva), Ulica Augusta Senoe (Senoina), Ulica Nikole Tesle (Teslina) und Ulica Ivana Tkalčića (Tkalčićeva). Zu beachten ist auch, dass Trg Nikole Šubića Zrinjskog meistens abgekürzt wird: Trg Zrinjevac.

Wenn in Adressenangaben auf den Straßennamen ein *bb* folgt, ist dies die Abkürzung für *bez broja*, was bedeutet: ohne Hausnummer.

Öffnungszeiten

Kroaten sind Frühaufsteher – schon morgens um 7 Uhr sind die Straßen voller Menschen, und viele Läden und Bars haben geöffnet. An der Küste geht es etwas lässiger zu – dort schließen Läden und Büros um die Mittagszeit und öffnen erst um 16 Uhr wieder.

Öffnungszeiten sind in diesem Buch nur dann vermerkt, wenn sie von den oben genannten Zeiten abweichen.

» Offizielle Öffnungszeiten sind montags bis freitags von 8 bis 16 oder von 9 bis 17 Uhr, samstags von 9 bis 14 Uhr.

» Banken haben in der Regel länger geöffnet, an Wochentagen von 8 oder 9 bis 19 Uhr, samstags wie andere Geschäfte.

» Postämter öffnen an Wochentagen von 7.30 bis 19 Uhr, samstags von 8 bis 12 Uhr. In Küstenstädten haben sie im Sommer länger auf.

» Viele Geschäfte öffnen wochentags von 8 bis 20 Uhr und samstags bis 14 oder 15 Uhr. Einkaufszentren haben länger auf.

» Supermärkte sind montags bis freitags von 8 bis 20 Uhr geöffnet. Samstags schließen einige schon um 14 Uhr, andere erst um 20 Uhr. Im Sommer haben einige Supermärkte auch sonntags auf.

» Die Restaurants sind lang, fast durchgehend offen, meist von mittags bis 23 Uhr, außerhalb der Hauptsaison sind sie am Sonntag geschlossen. Cafés sind von 10 Uhr bis Mitternacht, Bars von 9 Uhr bis Mitternacht geöffnet.

» In Zagreb und Split sind Diskos und Nachtclubs ganzjährig zugänglich, an der Küste dagegen sind viele Etablissements nur im

Sommer geöffnet. Auch Internetcafés haben normalerweise lange Öffnungszeiten – meist sieben Tage pro Woche.

» In der Hochsaison sind die Reisebüros der Küstenorte täglich von 8 oder 9 bis 21 oder 22 Uhr geöffnet, außerhalb der Saison kürzer. Im Landesinneren haben die meisten reguläre Öffnungszeiten.

Rechtsfragen

Obwohl Ärger mit der Polizei recht unwahrscheinlich ist, sollte man sicherheitshalber stets den Reisepass oder Personalausweis bei sich tragen. Im Fall einer Verhaftung besteht Anspruch darauf, die eigene Botschaft oder ein zuständiges Konsulat zu kontaktieren. Das Konsulat kann auch kroatische Anwälte vermitteln, zahlen muss man dafür aber selbst.

Reisen mit Behinderung

Angesichts vieler verwundeter Kriegsveteranen wird Behinderten auf Reisen in Kroatien heute mehr Aufmerksamkeit geschenkt als früher.

» So sind z. B. Toiletten an Busbahnhöfen, in Bahnhöfen, Flughäfen und öffentlichen Einrichtungen in der Regel für Rollstuhlfahrer zugänglich.

» Das gilt auch für die großen Hotels, jedoch nicht für Privatunterkünfte.

» Die Bahn- und Busbahnhöfe in Zagreb, Zadar, Rijeka, Split und Dubrovnik sind rollstuhlgerecht eingerichtet, nicht jedoch die Jadrolinija-Fähren.

Weitere Informationen über Reisen mit Behinderung bekommt man bei **Hrvatski Savez Udruga Tjelesnih Invalida** (☏ 01 48 12 004; www.hsuti.hr; Šoštarićeva 8, Zagreb).

Schwule & Lesben

Homosexualität ist in Kroatien seit 1977 legalisiert und geduldet, aber Homosexuelle werden nicht mit offenen Armen empfangen. Öffentliche Liebesbekundungen zwischen Gleichgeschlechtlichen können besonders außerhalb von großen Städten feindselige Reaktionen hervorrufen.

» Schwulenclubs sind außerhalb von Zagreb nur selten zu finden, aber in vielen größeren Diskos und bei Raves trifft man zumindest ein gemischtes Publikum.

» An der Küste sind Rovinj, Hvar, Split und Dubrovnik beliebte Ziele schwuler Touristen, die gern Nudistenstrände besuchen.

» In Zagreb findet in der letzten Aprilwoche das **Queer Zagreb Festival** (www.queerzagreb.org) statt, und am letzten Samstag im Juni ist der **Gay Pride Zagreb Day**.

» In diesem Buch wird in den jeweiligen Kapiteln auf schwulenfreundliche Orte und Lokale hingewiesen.

» Die meisten kroatischen Websites der Schwulenszene sind nur auf Kroatisch gehalten, aber einen guten Einstieg bietet http://travel.gay.hr.

» **LORI** (www.lori.hr, in Croatian) ist eine Lesben-Organisation mit Sitz in Rijeka.

Sicherheit

Landminen

Während der Balkankriege in den 1990er-Jahren wurden allein im östlichen Slawonien rund um Osijek und im Hinterland nördlich von Zadar mehr als eine Million Landminen verlegt. Die kroatische Regierung investiert zwar viel in die Räumung der Minen, doch das ist eine sehr langwierige Angelegenheit.

Im Allgemeinen sind die noch verminten Zonen gut mit Warnhinweisen beschildert und oft mit gelbem Band markiert. Dennoch sollte man in unsicheren Gebieten die Wege nicht verlassen, ohne vorher einen Ortskundigen zu befragen, vor allem nicht im Umfeld verlassener Ruinen.

Strom

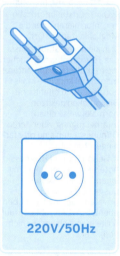

220V/50Hz

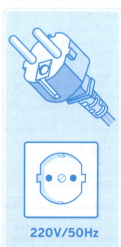

220V/50Hz

Telefon

Handys

» Wer ein modernes 3-G-Handy besitzt, dass nicht für andere Anbieter gesperrt wurde, besorgt sich am besten eine SIM-Karte für etwa 50 Kn, mit der man dann 20 Minuten telefonieren kann. Man bekommt sie u. a. von folgenden Netzwerkanbietern: **VIP** (www.vip.hr), **T-Mobile** (www.t-mobile.hr), **Tomato** (www.tomato.com.hr) und **Tele2** (www.tele2.hr).

» Im Telecom-Laden bekommt man auch ein Komplettpaket mit Handy und Telefonkarte für etwa 500 Kn inklusive Telefonzeit.

» Handys auszuleihen ist in Kroatien nicht üblich.

Telefonkarten

» Für öffentliche Fernsprecher braucht man eine Telefonkarte.

» Ihr Preis wird nach *impulsa* (Einheiten) berechnet; es gibt sie mit 25 (15 Kn), 50 (30 Kn), 100 (50 Kn) und 200 Einheiten (100 Kn).

- Kaufen kann man sie bei der Post, in den meisten Tabakläden und an Zeitungskiosken.
- Ein Drei-Minuten-Telefonat mit der Telefonkarte kostet innerhalb Europas etwa 12 Kn.
- Ortsgespräche kosten unabhängig von der Tageszeit 0,80 Kn.

» An vielen öffentlichen Fernsprechern befindet sich links oben ein Knopf mit einem Flaggensymbol. Wenn man ihn drückt, erhält man Informationen auf Englisch.

» Von Postämtern kann man ohne Telefonkarte telefonieren.

- Bei Ortsgesprächen oder Telefonaten innerhalb Kroatiens ist der Telefonzuschlag in kleineren Hotels relativ gering, aber in einem Vier-Sterne-Hotel schlägt er ganz schön zu Buche.
- Privatunterkünfte schließen Telefonbenutzung nie ein, aber vielleicht darf man das Telefon des Vermieters für Ortsgespräche benutzen.

Vorwahl

» Wer vom Ausland in Kroatien anrufen will, wählt dessen internationale Vorwahl 🗗00385, dann die Ortsvorwahl (ohne die 0) und die Teilnehmernummer.

» Bei Telefonaten im Land beginnt man mit der Ortsvorwahl (mit der 0), bei Ortsgesprächen entfällt sie.

» Anrufe mit der Vorwahl 🗗060 sind entweder gebührenfrei oder recht teuer, also auf das Kleingedruckte achten.

» Handynummern beginnen mit 🗗09, sie sind wesentlich teurer.

Touristeninformation

Die **Kroatische Zentrale für Tourismus** (www.croatia.hr) erteilt kompetent Auskunft. Im Folgenden die Adressen der übergeordneten Regionalbüros:

Dubrovnik-Neretva (www.visitdubrovnik.hr)
Istrien (www.istra.com)
Krapina-Zagorje (www.tz-zagorje.hr)
Osijek-Baranja (www.tzosbarzup.hr)
Primorje-Gorski Kotar (Kvarner) (www.kvarner.hr)
Šibenik-Knin (www.sibenikregion.com)
Split-Dalmatien (www.dalmatia.hr)
Zadar (www.zadar.hr)
Zagreb (www.tzzz.hr)

Die städtischen Touristeninformationen bieten kostenlose Broschüren und gute Infos zu lokalen Ereignissen und Veranstaltungen. Die Adressen stehen in den jeweiligen Regionalkapiteln. Auskünfte geben auch kommerzielle Reisebüros wie **Atlas Travel Agency** (www.atlas-croatia.com) und **Generalturist** (www.generalturist.com).

UNTERKUNFT ONLINE BUCHEN

Weitere Hotelbeschreibungen von Lonely Planet Autoren findet man unter hotels.lonelyplanet.com/Croatia. Dort gibt es unabhängige Kritiken und Empfehlungen. Und das Beste ist: Man kann gleich online buchen.

Unterkunft

In diesem Buch umfassen preisgünstige Unterkünfte vor allem Campingplätze, Herbergen und einige Gästehäuser, die maximal 450 Kn für ein Doppelzimmer nehmen. Unterkünfte der mittleren Preisklasse kosten 450–800 Kn, die obere Preisklasse beginnt bei 900 Kn und reicht bis zu stolzen 4000 Kn pro Doppelzimmer. In der Übersicht werden die Hotels als Erstes aufgeführt, die uns am besten gefielen.

Private Unterkünfte sind in Kroatien oft günstig und hochwertig. Wenn es einen nicht stört, auf die Einrichtungen eines Hotels zu verzichten, sind sie eine schöne Alternative für den Urlaub.

Entlang der Küste richten sich die Preise nach den Jahreszeiten und dem jeweiligen Ziel.

Die Besitzer von Pensionen melden bei ihnen wohnende Reisende bei der lokalen Polizei an, was in Kroatien Vorschrift ist. Dazu brauchen sie den Personalausweis über Nacht.

» Am billigsten ist es von November bis März. Mag

sein, dass dann in einem Badeort nur ein oder zwei Hotels geöffnet sind, aber in diesem Fall bezahlt man für das Doppelzimmer in einem guten Drei-Sterne-Hotel nur 350 Kn, für ein einfacheres Haus sogar nur 250 Kn.

» Im Allgemeinen sind auch die Monate April, Mai und Oktober preiswert.

» Etwas mehr kostet es im Juni und September.

» Im Juli und August zahlt man Spitzenpreise. Absolute Hochsaison ist von Ende Juli bis Mitte/Ende August. In diesen Monaten sollte man reservieren.

» Manche Unterkünfte schlagen bei weniger als drei Nächten 30 % sowie eine Art Kurtaxe von ca. 7 Kn pro Nacht und Person auf. Die Preisangaben in diesem Buch berücksichtigen diese Aufschläge nicht.

» Generell sind Übernachtungen in Dalmatien (außer in Dubrovnik und Hvar) preiswerter als im Kvarner oder in Istrien.

Buchen

» Dieser Reiseführer enthält auch die Telefonnummern der meisten Unterkünfte.

- Sobald die Reiseroute feststeht, sollte man herumtelefonieren, um sich nach Preisen und freien Zimmern zu erkundigen.
- An den meisten Rezeptionen wird auch Deutsch und Englisch gesprochen.

» In der Hochsaison ist es besonders schwierig, eine Reservierungsbestätigung ohne Anzahlung zu bekommen.

» Dazu reicht allerdings in Hotels meist die Angabe der Kreditkartennummer.

» Einige Gästehäuser verlangen Auslandsüberweisungen auf ein Bankkonto, diese sind gebührenpflichtig und alles andere als preiswert. Um solche Umstände zu vermeiden, empfiehlt sich eine Online-Buchung über eine Agentur oder ein Reisebüro.

Camping

Entlang der kroatischen Küste liegen fast 100 Campingplätze. Die meisten davon sind nur von Mitte April bis Mitte September geöffnet, einige von März bis Oktober. Im Frühling und Herbst ist es ratsam, telefonisch nachzufragen, ob der Platz geöffnet ist. Auf entsprechende Angaben in Broschüren oder selbst in diesem Buch sollte man sich nicht verlassen, weil es häufig zu kurzfristigen Änderungen kommt.

CAMPINGPLATZPREISE

In Istrien sind viele Campingplätze riesige „Autocamps" mit Restaurants, Läden und langen Reihen von Caravans. In Dalmatien sind die Plätze kleiner und werden oft von Familien betrieben.

» Die Preise in diesem Buch sind pro Erwachsenen und Stellplatz angegeben.

» Auf einigen größeren Plätzen müssen Besucher mit bis zu 100 Kn pro Stellplatz rechnen.

» Die meisten Plätze verlangen zwischen 40 und 60 Kn pro Person und Nacht.

» Manchmal ist der Preis für das Zelt inbegriffen, manchmal werden dafür zwischen 10 und 15 Kn zusätzlich verlangt.

» Der Preis für das Auto ist oft inbegriffen, manchmal kommen dafür noch 10–15 Kn dazu.

» Wohnwagenplätze kosten 30 % mehr, Strom wird manchmal extra mit 15 Kn pro Nacht berechnet.

» Je nach Saison und Lage wird eine Kurtaxe von etwa 7 Kn pro Person und Nacht erhoben.

CAMPINGPLATZARTEN

» Auch wenn immer mehr kleine Campingplätze in Familienbesitz entstehen, sind die meisten Plätze bisher „Autocamps".

» Wer es lieber etwas heimeliger mag, sollte die Angestellten in der örtlichen Touristeninformation konkret darauf ansprechen.

» Mit FKK gekennzeichnete Campingplätze sind in der Regel sehr zu empfehlen, weil sie durch ihre abgeschiedene Lage Ruhe und Frieden garantieren.

» Wildes Campen ist offiziell verboten.

» Infos und Links findet man unter www.camping.hr.

Hotels

» Die Hotelanlagen, die früher dem Staat gehörten und aus den 1970er- und 1980er-Jahren stammen, ähneln sich alle sehr.

» Familienbetriebene Pensionen sind oft hervorragend und viel persönlicher. Einige beschreiben wir in diesem Buch, aber man sollte sich bei der Touristeninformation vor Ort erkundigen, da in jeder Saison neue hinzukommen.

» Die Doppelzimmer sind geräumig und haben fast immer ein eigenes Bad.

» Die meisten kroatischen Hotels liegen im mittleren Preissegment (etwa 800 Kn für das Doppelzimmer im Sommer an der Küste; 450 Kn im Spätfrühling und Frühherbst). Für diesen Preis bekommt man ein Zimmer mit Bad, Telefon und manchmal auch mit Satellitenfernsehen.

» Bei Kurzaufenthalten (weniger als drei oder vier Nächte) wird im Sommer an den Küsten und auf den Inseln normalerweise ein Aufschlag verlangt.

» Apartments sind abgeschlossene Wohneinheiten mit Küche und Bad.

» Die meisten Hotels bieten Halbpension an. In abgelegenen „Touristensiedlungen" ist das oft die einzige Möglichkeit, in der Umgebung etwas zu essen zu bekommen. Meist werden

preiswerte Fleischgerichte serviert, neuerdings wird immer öfter auch vegetarische Küche angeboten.
» Das Klassifizierungssystem für kroatische Hotels ist nicht konsequent und daher nicht unbedingt hilfreich.

Jugendherbergen

Die **Kroatische YHA** (📞01 48 29 291; www.hfhs.hr; Savska 5/1, Zagreb) unterhält Jugendherbergen in Rijeka, Dubrovnik, Pula, Punat, Zadar und Zagreb. Nichtmitglieder zahlen pro Person und Nacht eine zusätzliche Gebühr von 10 Kn, die durch einen Stempel bestätigt wird. Mit sechs Stempeln wird man automatisch Mitglied. Die Kroatische YHA informiert auch über private Hostels in Krk, Dubrovnik, Zadar und Zagreb.
» Die meisten Jugendherbergen sind mittlerweile auch im Winter geöffnet, dann aber oft nicht ganztägig mit Personal besetzt. Man sollte vorher anrufen.
» Die in diesem Buch genannten Preise gelten während der Hauptsaison im Juli und August, ansonsten liegen sie niedriger.

Privatunterkünfte

Am meisten für sein Geld bekommt man in Kroatien in einem Privatzimmer oder -apartment, oft in einem Wohnhaus oder angegliedert – ähnlich den Privatpensionen in anderen Ländern. Dies ist nicht nur billiger als ein Hotelzimmer, der Service ist auch freundlicher und das Essen besser. Solche Unterkünfte bucht man über Reisebüros oder vor Ort direkt bei den Eigentümern, die ihre Zimmer an der Bushaltestelle oder am Fährhafen anbieten. Man kann auch einfach an Haustüren klopfen, an denen *sobe* oder *zimmer* (Zimmer frei) steht.

AN DER TÜR KLOPFEN

» Häuser mit Schildern, auf denen *sobe* oder *zimmer* (Zimmer frei) steht, bieten Unterkünfte an.

PROBLEME IN PRIVATUNTERKÜNFTEN VERMEIDEN

» Bevor man den Besitzern (meist Frauen) von der Bus- oder Fährhaltestelle folgt, sollte man sich die Lage genau beschreiben lassen, um nicht weit außerhalb des Orts zu landen.
» Klären, ob der Preis pro Person oder Zimmer gilt.
» Zusatzkosten vermeidet man, indem man genau angibt, wann genau man auschecken möchte.
» Wenn ein Zimmer oder Apartment außen nicht mit einem blauen Schild *sobe* oder *apartmani* gekennzeichnet ist, versucht der Besitzer, es illegal zu vermieten, und bezahlt z. B. keine Kurtaxe. Vielleicht gibt er seinen vollen Namen und seine Telefonnummer nicht heraus, und bei Schwierigkeiten hat man keine Handhabe.

» Man sollte vormittags kommen, weil viele Eigentümer nachmittags unterwegs sind.
» Es ist bequemer (und ein Vorteil bei Preisverhandlungen), wenn man sein Gepäck in einer *garderoba* (Gepäckaufbewahrung) zurücklässt, ehe man sich auf die Suche nach einer Unterkunft macht.

HALBPENSION BUCHEN

Soweit möglich, lohnt es sich, Halbpension bei einer Familie zu buchen. An der Küste besitzen die meisten Familien einen Garten, einen Weinberg und einen Zugang zum Meer. Wer Glück hat, beginnt den Abend dann mit einem selbst gebrannten Aperitif, bevor ein gartenfrischer Salat, selbst gezogene Kartoffeln und frischer Fisch vom Grill auf den Tisch kommen – vielleicht folgt anschließend sogar selbst gekelterter Wein.

HANDELN

» Um den Preis kann gefeilscht werden, vor allem, wenn man eine Woche lang bleiben möchte.
» Während der Hauptsaison dürfte es entlang der Küste schwierig werden, ein freies Zimmer für nur eine Übernachtung zu ergattern.
» Einzelzimmer sind nur selten zu haben.

» Eine Dusche ist immer inklusive, im Gegensatz zum Frühstück – deshalb sollte man gleich nach dem Preis dafür fragen.

KATEGORIEN

Privatunterkünfte werden von den kroatischen Reisebüros nach einem Sterne-System klassifiziert:

Drei Sterne Am teuersten; mit eigenem Bad
Zwei Sterne Gemeinschaftsbad mit einem anderen Zimmer
Ein Stern Gemeinschaftsbad mit zwei anderen Zimmern oder dem Eigentümer

Studios mit Kochgelegenheit kosten etwas mehr als ein Doppelzimmer. Allerdings sollte man bedenken, dass Selbstverpflegung in Kroatien nicht unbedingt billig ist. Für kleine Reisegruppen empfiehlt es sich aber auf jeden Fall, ein Apartment zu mieten. Telefonate sind nie im Preis inbegriffen, während Satellitenfernsehen sich allmählich durchsetzt.

TARIFE & PREISE

Die Übernachtungspreise werden normalerweise vom örtlichen Tourismusamt festgelegt und sind unabhängig von den Agenturen, wobei manche Anbieter die preiswerteste Kategorie gar nicht führen. Wieder andere vermitteln vorzugsweise nur Apartments. Bei legalen Unterkünften wird häufig eine Kurtaxe erhoben.

Die in diesem Buch angegebenen Preise beziehen sich auf einen viertägigen Aufenthalt während der Hauptsaison im Juli oder August. In den anderen Monaten liegen die Preise wesentlich niedriger.

ÜBER EIN REISEBÜRO BUCHEN

» Über Reisebüros vermittelte Unterkünfte werden professionell kontrolliert.

» Bei Problemen kann man sich an das Reisebüro wenden (oft wird Englisch gesprochen).

» Aufenthalte von weniger als vier Nächten kosten bei Reisebüros oft 30 % mehr; manche bestehen in der Hochsaison auf einem Mindestaufenthalt von sieben Tagen.

Versicherung

Weltweiten Versicherungsschutz erhält man unter anderem bei www.lonelyplanet.com/bookings. Dort können alle Vorfälle auch online abgewickelt werden.

Weitere Informationen dazu gibt's im Kapitel Verkehrsmittel & -wege (S. 351).

Visa

Als EU-Bürger oder Schweizer braucht man für Kroatien kein Visum, falls man sich nicht länger als 90 Tage im Land aufhält. Wer länger als 90 Tage bleiben möchte, überquert die Grenze nach Italien oder Österreich und kehrt dann wieder nach Kroatien zurück.

Die kroatischen Behörden verlangen zwar, dass sich alle ausländischen Besucher bei Ankunft und Ortswechsel innerhalb des Landes polizeilich registrieren lassen, doch das ist eher eine Formalität, um die sich in der Regel Angestellte von Hotels, Jugendherbergen, Campingplätzen oder die Privatvermieter kümmern.

Wohnt man privat bei Freunden oder Verwandten, sollte sich der Gastgeber darum kümmern. Weitere Infos zur Einreise siehe S. 351.

Zeit

In Kroatien gilt die Mitteleuropäische Zeit (MEZ).

Zoll

» Reisende können ohne Probleme persönliche Gegenstände mit ins Land bringen und darüber hinaus noch 1 l Spirituosen, 1 l Wein, 500 g Kaffee, 200 Zigaretten sowie 50 ml Parfüm mitbringen.

» Die Ein- oder Ausfuhr der Landeswährung Kuna ist auf 15 000 Kn pro Person begrenzt.

» Campingausrüstung, Boote und elektrische Geräte sollten bei der Einreise deklariert werden.

» Es gibt in Kroatien zwar keinerlei Quarantänebestimmungen für mitgeführte Haustiere, trotzdem sollte man auf jeden Fall einen aktuellen Impfausweis dabeihaben. Andernfalls muss das Tier von einem ortsansässigen Tierarzt untersucht werden, der allerdings vielleicht nicht sofort greifbar ist.

Verkehrsmittel & -wege

AN- & WEITERREISE

Nach Kroatien zu reisen wird immer einfacher, besonders im Sommer. Von Süddeutschland kann man mit dem Auto eine Spritztour dorthin machen. Zahlreiche preisgünstige Busunternehmen bieten Fahrten nach Kroatien an, und immer mehr Reedereien bringen Heerscharen von Urlaubern an die Küste. Flüge, Rundreisen und Bahntickets lassen sich problemlos online über www.lonelyplanet.com/bookings buchen.

Einreise

Die kroatische Wirtschaft ist stark vom Tourismus abhängig – das weiß auch die kroatische Regierung und ermöglicht Urlaubern eine einfache Einreise, die ähnlich problemlos wie innerhalb der EU vonstattengeht.

Flugzeug

Direktflüge nach Kroatien gibt es aus vielen europäischen Städten.

Kroatien hat mehrere große Flughäfen.

Dubrovnik (www.airport-dubrovnik.hr) Direktflüge aus Brüssel, Köln, Frankfurt, Hannover, London (Gatwick), Manchester, München und Stuttgart.

Pula (www.airport-pula.com) Direktflüge aus London (Gatwick) und Manchester.

KLIMAWANDEL & REISEN

Der Klimawandel stellt eine ernste Bedrohung für unsere Ökosysteme dar. Zu diesem Problem tragen Flugreisen immer stärker bei. Lonely Planet sieht im Reisen grundsätzlich einen Gewinn, ist sich aber der Tatsache bewusst, dass jeder seinen Teil dazu beitragen muss, um die globale Erwärmung zu verhindern.

Fliegen & Klimawandel

Fast jede Art der motorisierten Fortbewegung erzeugt CO_2 (die Hauptursache für die globale Erwärmung), doch Flugzeuge sind mit Abstand die schlimmsten Klimakiller – nicht nur wegen der großen Entfernungen und der entsprechend großen CO_2-Mengen, sondern auch weil sie diese Treibhausgase direkt in hohen Schichten der Atmosphäre freisetzen. Die Zahlen sind erschreckend: Zwei Personen, die von Europa in die USA und wieder zurück fliegen, erhöhen den Treibhauseffekt in demselben Maße wie ein durchschnittlicher Haushalt in einem ganzen Jahr.

Emissionsausgleich

Die englische Website www.climatecare.org und die deutsche Internetseite www.atmosfair.de bieten sogenannte CO_2-Rechner. Damit kann jeder ermitteln, wie viel Treibhausgase seine Reise produziert. Das Programm errechnet den zum Ausgleich erforderlichen Betrag, mit dem der Reisende nachhaltige Projekte zur Reduzierung der globalen Erwärmung unterstützen kann, beispielsweise Projekte in Indien, Honduras, Kasachstan und Uganda.

Lonely Planet unterstützt gemeinsam mit Rough Guides und anderen Partnern aus der Reisebranche das CO_2-Ausgleichsprogramm von climatecare.org. Alle Reisen von Mitarbeitern und Autoren von Lonely Planet werden ausgeglichen.

Weitere Informationen sind unter www.lonelyplanet.com zu finden.

Rijeka (www.rijeka-airport.hr) Direktflüge aus Köln und Stuttgart.

Split (www.split-airport.hr) U. a. Direktflüge aus Köln, Frankfurt und München.

Zadar (www.zadar-airport.hr) Direktflüge aus Bari, Brüssel, Dublin, London, München etc.

Zagreb (www.zagreb-airport.hr) Direktflüge aus allen europäischen Hauptstädten sowie aus Köln, Hamburg und Stuttgart.

Auf dem Landweg

Kroatien hat Grenzübergänge nach Ungarn, Slowenien, Bosnien und Herzegowina, Serbien und Montenegro.

Bosnien & Herzegowina

Zwischen Bosnien und Herzegowina und Kroatien gibt es zahlreiche Grenzübergänge. Größere Ziele wie Sarajevo, Mostar und Međugorje erreicht man gut von Zagreb, Split, Osijek und Dubrovnik.

BUS
Von vielen Zielen in Bosnien und Herzegowina fahren Busse nach Kroatien.

ZUG
Züge aus Sarajevo fahren folgende Ziele an:
Osijek 21 €, 6 Std., tgl.
Ploče (via Mostar und Banja Luka) 13 €, 4 Std., 2-mal tgl.
Zagreb 30 €, 9½ Std., 2-mal tgl.

Deutschland
BUS
Die Busverbindungen zwischen Deutschland und Kroatien sind gut und die Preise billiger als für Zugfahrten.

Alle Busse betreibt die **Deutsche Touring GmbH** (www.deutsche-touring.de). Ein Büro in Kroatien hat sie zwar nicht, aber in zahlreichen Reisebüros und Busbahnhöfen kann man ihre Tickets kaufen.

Verbindungen von/nach Deutschland:
Istrien von/nach Frankfurt wöchentlich; von München 2-mal wöchentlich.
Split von/nach Köln, Dortmund, Frankfurt am Main, Mannheim, München, Nürnberg und Stuttgart tgl.; von Berlin (über Rijeka) 2-mal wöchentlich.
Rijeka von/nach Berlin 2-mal wöchentlich.
Zagreb von/nach Köln, Dortmund, Frankfurt am Main, Mannheim, München, Nürnberg und Stuttgart tgl.; von Berlin 4-mal wöchentlich.

ZUG
Von München fahren täglich drei Züge über Salzburg und Ljubljana nach Zagreb (39–91 €, 8½–9 Std.). Richtung Süden ist eine Reservierung notwendig, Richtung Norden dagegen nicht.

Italien
AUTO & MOTORRAD
Viele Versicherungsgesellschaften versichern italienische Mietwagen nicht für eine Fahrt nach Kroatien. Die Grenzbeamten wissen das und verweigern die Einreise, außer wenn die Erlaubnis, nach Kroatien zu reisen, deutlich auf den Versicherungspapieren steht.

Die meisten Autovermieter in Triest und Venedig kennen sich mit den Anforderungen aus und setzen den richtigen Stempel auf das Papier. Anderswo muss man gezielt nachfragen.

BUS
Triest hat gute Verbindungen zur Küste Istriens. Allerdings fahren sonntags weniger Busse.
Dubrovnik 410 Kn, 15 Std., 1-mal tgl.
Poreč 69 Kn, 2 Std., 3-mal tgl.
Pula 105 Kn, 2½–3¾ Std., 6-mal tgl.
Rijeka 65 Kn, 2 Std., 5-mal tgl.
Rovinj 88 Kn, 3 Std., 2-mal tgl.
Split 279 Kn, 10½ Std., 2-mal tgl.
Zadar 188 Kn, 7½ Std., 1-mal tgl.

Montags bis samstags fährt auch ein Bus von Padua über Venedig, Triest und Rovinj bis Pula (235 Kn, 6 Std.).

ZUG
Zwischen Venedig und Zagreb (25–40 €, 7½ Std.) fährt ein direkter Nachtzug, mehrere weitere verkehren über Ljubljana.

BUSSE AUS BOSNIEN & HERZEGOWINA

VON	NACH	FAHRPREIS (€)	DAUER (STD.)	ABFAHRT
Međugorje	Dubrovnik	18	3	1-mal tgl.
Mostar	Dubrovnik	15	3	4-mal tgl.
Sarajevo	Dubrovnik	20	5	1-mal tgl.
Sarajevo	Rijeka	40	10	2-mal wöchentlich
Sarajevo	Split (via Mostar)	25	7	2-mal tgl.
Sarajevo	Zagreb	26	8	3-mal tgl.

Montenegro

Von Kotor nach Dubrovnik (100 Kn, 2½ Std.) fahren täglich drei Busse. Sie starten in Bar und fahren bis Herceg Novi.

Österreich

BUS

Eurolines (www.eurolines.com) betreibt Busse von Wien zu vielen Zielen in Kroatien.

Osijek 40 €, 9 Std., 2-mal wöchentlich

Rijeka 43 €, 9 Std., 2-mal wöchentlich

Split 51 €, 11½ Std., 2-mal wöchentlich

Zadar 43 €, 8¼ Std., 2-mal wöchentlich

Zagreb 32 €, 5–7 Std., 2-mal tgl. (einer direkt und einer über Varaždin)

ZUG

Von Wien fahren tagsüber und nachts je zwei Züge über Slowenien und Ungarn nach Zagreb. Sie kosten zwischen 47 und 57 €, die Fahrt dauert zwischen 5¾ und 6½ Std. Von Zagreb gibt es Verbindungen in weitere kroatische Städte.

Serbien

Es gibt zahlreiche Grenzübergänge; die meisten nahe der Autobahn von Zagreb nach Belgrad.

BUS

Täglich fahren sechs Busse von Zagreb nach Belgrad (199–204 Kn, 6 Std.). Von Bajakovo an der Grenze fährt ein serbischer Bus weiter nach Belgrad.

ZUG

Vier Züge pro Tag verkehren zwischen Zagreb und Belgrad (159 Kn, 6½ Std.).

Slowenien

Zwischen Slowenien und Kroatien gibt es 26 Grenzübergänge.

BUS

Slowenien ist gut an die Küste Istriens angebunden. Busse aus Ljubljana fahren zu folgenden Zielen:

Rijeka 180 Kn, 2½ Std., 2-mal tgl.

Rovinj 173 Kn, 4 Std., 3-mal tgl.

Split 310 Kn, 10 Std., 1-mal tgl.

Ein Bus fährt an jedem Wochentag von Rovinj nach Koper (87 Kn, 2¾ Std.). Er hält in Poreč, Portorož und Piran.

ZUG

Von Ljubljana fahren folgende Züge nach Kroatien:

Rijeka 100 Kn, 2½ Std., 2-mal tgl.

Zagreb 100–160 Kn, 2½ Std., 7-mal tgl.

Ungarn

Die wichtigsten Auf- und Abfahrten an der Autobahn zwischen Ungarn und Kroatien sind:

Donji Miholjac 7 km südlich von Harkány.

Gola 23 km östlich von Koprivnica.

Goričan Zwischen Nagykanizsa und Varaždin.

Terezino Polje Gegenüber von Barcs.

Am bedeutendsten sind Donji Miholjac und Goričan.

ZUG

Drei Züge fahren täglich von Zagreb nach Budapest (Hin- & Rückfahrt 30 €, 6–7 Std.).

Auf dem Seeweg

Fähren folgender Unternehmen verkehren regelmäßig zwischen Kroatien und Italien:

Blue Line (www.blueline-ferries.com)

Commodore Cruises (www.commodore-cruises.hr)

Emilia Romagna Lines (www.emiliaromagnalines.it)

Jadrolinija (www.jadrolinija.hr)

SNAV (www.snav.com)

Split Tours (www.splittours.hr)

Termoli Jet (www.termolijet.it)

Ustica Lines (www.usticalines.it)

Venezia Lines (www.venezialines.com)

UNTERWEGS VOR ORT

Auto & Motorrad

Kroatien hat in jüngster Zeit viel Geld in seine Verkehrsinfrastruktur investiert, ganzer Stolz ist die neue Autobahn A1 zwischen Zagreb und Split. In den nächsten Jahren soll sie bis nach Dubrovnik verlängert werden. Inzwischen gibt es auch eine Autobahn von Rijeka nach Zagreb (A6). Durch die istrische A9 zwischen Umag und Pula hat sich die Fahrtzeit von und nach Italien beträchtlich verkürzt. Alle genannten Strecken sind zwar in hervorragendem Zustand, aber auf manchen Abschnitten sind die Raststätten noch im Bau, die Abstände zwischen einzelnen Raststätten dort also sehr groß.

Führerschein

Kroatienurlauber brauchen lediglich einen gültigen nationalen Führerschein, um hier ein Fahrzeug zu mieten. Der **Hrvatski Autoklub** (HAK; Kroatischer Automobilclub; ☎01 46 40 800; www.hak.hr; Avenija Dubrovnik 44, Zagreb) gibt Tipps und hilft auch bei Pannen. Nützlich ist auch der kroatienweite **Straßendienst des HAK** (Vučna Služba; ☎987).

Mietwagen

Voraussetzungen, um ein Auto zu mieten:

» Man muss mindestens 21 Jahre alt sein.

» Man braucht einen Führerschein.

» Man braucht eine gängige Kreditkarte.

Lokale Mietwagenfirmen sind zwar meistens billiger, haben aber den Nachteil, dass der Wagen wieder vor Ort abgegeben werden muss. In manchen Fällen ist es am günstigsten, den Mietwagen vorab im Heimatland zu mieten oder ein Pauschalangebot mit Flug und Mietwagen zu buchen.

Unterwegs

» Die Tankstellen sind im Allgemeinen von 7 bis 19 Uhr geöffnet, im Sommer häufig sogar bis 22 Uhr. Zur Auswahl stehen Eurosuper 95, Super 98, Normalbenzin und Diesel. Aktuelle Benzinpreise nennt die Internetseite www.ina.hr; zum Zeitpunkt der Recherche kostete 1 l Benzin rund 9,65 Kn.

» Auf allen Autobahnen, beim Učka-Tunnel zwischen Rijeka und Istrien, bei der Brücke zur Insel Krk und auf der Straße von Rijeka nach Delnice wird Maut erhoben.

» Informationen zur Straßenlage und zu Mautgebühren gibt's unter www.hac.hr.

» Der Rundfunksender HR2 sendet von Juli bis Mitte September stündlich Verkehrsinformationen in englischer Sprache.

Verkehrsregeln

» In Kroatien gilt Rechtsverkehr und Anschnallpflicht, auch tagsüber muss mit Licht gefahren werden. Wenn nicht anders ausgeschildert, gelten folgende Geschwindigkeitsbegrenzungen:

- 50 km/h in geschlossenen Ortschaften.
- 100 km/h auf Landstraßen.
- 130 km/h auf Autobahnen.

» Auf zweispurigen Schnellstraßen in Kroatien dürfen weder Militärkonvois noch Autoschlangen (etwa hinter einem langsamen Schwerfahrzeug) überholt werden.

» Die Promillegrenze liegt bei 0,5 %.

Entfernungen in km

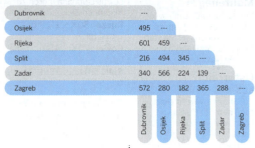

	Dubrovnik	Osijek	Rijeka	Split	Zadar	Zagreb
Dubrovnik	---					
Osijek	495	---				
Rijeka	601	459	---			
Split	216	494	345	---		
Zadar	340	566	224	139	---	
Zagreb	572	280	182	365	288	---

Versicherung

Eine Haftpflichtversicherung ist auch bei Mietwagen gesetzlich vorgeschrieben, jeder Fahrer sollte sich aber persönlich vergewissern, ob seine Versicherungspolice auch wirklich einen vollen Versicherungsschutz im Schadensfall beinhaltet (*collison damage waiver*/CDW) oder ob es einen Selbstbehalt gibt. Fehlt der volle Schutz, haftet der Fahrer für Schäden am Unfallfahrzeug, die Schadenssummen beginnen bei etwa 2000 Kn.

Bus

» Das Busnetz ist gut ausgebaut, die Fahrpreise erschwinglich.

» Jede Busgesellschaft hat ihr eigenes Preissystem, deshalb können die Preise auf einer Strecke erheblich variieren.

» Um Gepäck im Gepäckraum unter dem Bus zu verstauen, zahlt man extra (7 Kn pro Stück, inklusive Versicherung).

Busunternehmen

Die folgenden Busunternehmen sind die größten im Land:

Autotrans (☎051 660 300; www.autotrans.hr) In Rijeka. Verbindungen nach Istrien, in die Region Kvarner, nach Varaždin und Zagreb.

Brioni Pula (☎052 535 155; www.brioni.hr) In Pula. Verbindungen nach Istrien, Padua, Split, Triest und Zagreb.

Contus (☎023 315 315; www.contus.hr) In Zadar. Verbindungen nach Split und Zagreb.

Croatiabus (☎01 61 13 213; www.croatiabus.hr) Verbindet Zagreb mit Städten in Zagorje und Istrien.

Samoborček (☎01 48 19 180; www.samoborcek.hr) Verbindet Zagreb mit Städten in Dalmatien.

Tickets & Fahrpläne

» An großen Busbahnhöfen werden die Tickets am Fahrkartenschalter und nicht im Bus selbst verkauft.

» Im Sommer ist es sehr ratsam, Plätze im Voraus zu reservieren.

» Fahrpläne über den verschiedenen Schaltern am Busbahnhof zeigen an, welcher Schalter welche Tickets verkauft.

» Auf Busfahrplänen bedeutet *vozi svaki dan* „täglich" und *ne vozi nedjeljom i blagdanom* „nicht an Sonn- und Feiertagen".

» Dank der Nachtbusse spart man sich zwar eine Übernachtung, bringt sich aber um einen erholsamen Schlaf, da während der Fahrt das Licht brennt und ständig Musik läuft.

» Etwa alle zwei Stunden wird eine kurze oder längere Pause eingelegt. Hinterher sollte man rechtzeitig wieder beim Bus sein, sonst fährt er ohne einen weiter.

Fahrrad

Fahrräder sind ein gutes Fortbewegungsmittel für die Inseln. Auf den relativ flachen Inseln Pag, Mljet und Mali Lošinj fällt das Radfahren leicht, die anderen sind hügeliger und kurvenreicher, haben aber auch spektakulärere Ausblicke.

» An der Küste und auf den Inseln findet man leicht Mietfahrräder.

» Einige Touristeninformationen – vor allem in Istrien und im Kvarner – haben Routenkarten erstellt und können lokale Fahrradverleiher nennen.

» Auf den stark befahrenen Landstraßen an der Küste oder im Landesinneren ist Vorsicht geboten. Sie haben keine Radwege.

» Die Website www.pedala.hr ist eine großartige Informationsquelle für Radwege in Kroatien, wenn auch noch nicht vollständig ins Englische übersetzt.

Flugzeug

Croatia Airlines
(01 66 76 555; www.croatiaairlines.hr) ist die einzig Fluggesellschaft für Inlandsflüge. Sie fliegt täglich zwischen Zagreb und Dubrovnik, Pula, Split sowie Zadar.

Man beachte, dass auf Kroatiens Flughäfen keine Batterien im Handgepäck sein dürfen.

Geführte Touren

Atlas Travel Agency (www.atlas-croatia.com) Bietet ein breites Spektrum an Bustouren, Pauschalangeboten mit Flug und Mietwagen und Ausflügen in ganz Kroatien.

Huck Finn (www.huck-finn.hr) Ist auf Abenteuerreisen spezialisiert und bietet adrenalinreiche Touren in ganz Kroatien an: Kajakfahren auf Flüssen und im Meer, Rafting, Kanutouren, Höhlenklettern, Radfahren, Fischen, Wandern und Segeln.

Inselhüpfen (www.island-hopping.de) Diese deutsche Agentur kombiniert Rad- und Schiffsreisen (teilweise auch Wander- und Radreisen) durch Süddalmatien, Istrien und zu den Inseln der Kvarner-Bucht. Die Gäste schlafen dabei auf den Schiffen (siehe Bildergalerie auf der Homepage), jeden Tag wird woanders gewandert oder geradelt.

Katarina Line (www.katarina-line.hr) Veranstaltet unterhaltsame Wochentörns auf einem attraktiven Holzschiff von Opatija nach Split, Mljet, Dubrovnik, Hvar, Brač, Korčula, Zadar und zu den Kornaten.

Southern Sea Ventures (www.southernseaventures.com) Dieser Outfitter mit Sitz in Australien bietet 9- bis 16-tägige Seekajaktouren in Kroatien an, darunter eine Gourmet-Kajaktour.

Nahverkehr

Im öffentlichen Nahverkehr sind Busse am weitesten verbreitet. Zagreb und Osijek haben darüber hinaus ein gut ausgebautes Straßenbahnnetz.

» In größeren Städten wie Dubrovnik, Rijeka, Split und Zadar fahren die Busse normalerweise im 20-Minuten-Takt, sonntags in größeren Abständen.

» Ein Fahrschein kostet etwa 8 Kn, am *tisak* (Zeitungskiosk) sogar noch etwas weniger.

» Die kleinen mittelalterlichen Küstenstädte sind generell autofrei, von den Altstädten fahren die Busse unregelmäßig in die Außenbezirke.

» Auf den Inseln fahren die Busse meist nur unregelmäßig, da fast alle Inselbewohner ein eigenes Fahrzeug besitzen.

Schiff/Fähre

Inselfähren

Die Inselfähren verbinden die größeren Inseln untereinander und mit dem Festland. Vom Festland zu den Inseln verkehren mehr Fähren als zwischen den einzelnen Inseln.

Häufigkeit Zwischen Oktober und April fahren die meisten Linien seltener. Im Sommer werden zusätzlich Passagierfähren eingesetzt; sie sind in der Regel schneller, komfortabler und teurer.

Reservierungen Auf einigen kürzeren Strecken wie von Jablanac nach Mišnjak oder von Drvenik nach Sućuraj fahren die Fähren nonstop, dort ist keine Reservierung nötig.

Tickets Diese kauft man in einem Jadrolinija-Büro oder an einem Stand in der Nähe der Fähre (öffnet normalerweise 30 Minuten vor Abfahrt). An Bord werden keine Tickets verkauft. Im Sommer sollte man ein bis zwei Stunden vor Abfahrt da sein, sogar wenn man schon ein Ticket hat.

Autos Der Preis hängt von der Größe des Autos ab und ist recht hoch. So früh wie möglich reservieren. Mehrere Stunden im Voraus einchecken.

Fahrräder Kosten eine kleine Gebühr.

Essen Mahlzeiten werden nicht serviert; man kann an Bord Snacks und Getränke kaufen. Die meisten Einheimischen bringen sich selbst etwas mit.

Jadrolinija-Fähren

Jadrolinija betreibt ein umfassendes Netz an Autofähren und Katamaranen an der Adria-Küste. Fähren sind deutlich komfortabler als Busse, allerdings etwas teurer.

Häufigkeit Ganzjährig. Im Winter fahren weniger Fähren.

Reservierungen Kabinen sollten eine Woche vor Reiseantritt reserviert werden. Plätze an Deck sind immer verfügbar.

Tickets Die Tickets muss man im Voraus in einem Reisebüro oder einem Jadrolinija-Büro kaufen. An Bord werden keine verkauft.

Autos Im Sommer sollte man zwei Stunden im Voraus einchecken.

Essen Im Bordrestaurant zahlt man für ein mittelmäßiges Menü 100 Kn; in der Cafeteria gibt es nur Schinken-Käse-Sandwiches (30 Kn). Am besten macht man es wie die Kroaten: Die bringen ihr Essen und Getränke mit.

Zug

Es gibt weniger Zug- als Busverbindungen, aber Züge sind wesentlich komfortabler. Informationen zu Fahrplänen, Preisen und Serviceleistungen bekommt man bei der **Kroatischen Eisenbahn** (Hrvatske Željeznice; ☏060 333 444; www.hznet.hr).

Zagreb ist die Drehscheibe des nur schwach entwickelten kroatischen Eisenbahnnetzes. Entlang der Küste fehlen Zugstrecken komplett, nur wenige Küstenstädte haben Verbindungen nach Zagreb. Touristisch interessant sind vor allem folgende Verbindungen:

HILFREICHES VOKABULAR FÜR ZUGFAHRTEN

Im Folgenden einige kroatische Begriffe, die das Bahnfahren erleichtern:

brzi – Schnellzug
dolazak – Ankunft
polazak – Abfahrt
ne vozi nedjeljom i blagdanom – kein Zug an Sonn- und Feiertagen
poslovni – Zug für Berufspendler
presjedanje – Umsteigen
putnički – Nahverkehrszug/Economy Class
rezerviranje mjesta obvezatno – Sitzplatzreservierung erforderlich
vozi svaki dan – täglich

» Zagreb–Osijek
» Zagreb–Rijeka–Pula (über Lupoglava, wo man für die Weiterfahrt in einen Bus umsteigen muss)
» Zagreb–Varaždin–Koprivnica
» Zagreb–Zadar–Šibenik–Split

Klassen und Preise:
» Inlandszüge sind entweder Express- oder Nahverkehrszüge.
- In den Expresszügen gibt es Raucher- und Nichtraucherabteile sowie eine 1. und 2. Klasse.
- Für Expresszüge ist eine Reservierung sehr zu empfehlen.
- Expresszüge sind teurer als Nahverkehrszüge.

» In diesem Buch sind die Preise für nicht reservierte Plätze in der 2. Klasse angegeben.
» Schlafwagen gibt es in Inlandszügen nicht.
» Die Nachtzüge von Zagreb nach Split haben Schlafwagen.
» Der Gepäcktransport ist kostenlos. Darüber hinaus haben zahlreiche Bahnhöfe eine Gepäckaufbewahrung (pro Gepäckstück zahlt man ca. 15 Kn).
» EU-Bürger mit einem InterRail-Pass können in Kroatien kostenlos die Bahn benutzen. Der recht hohe Preis für diesen Pass lohnt sich aber angesichts des nur schlecht ausgebauten Eisenbahnnetzes nur in Einzelfällen.

Sprache

NOCH MEHR?
Wer sich noch intensiver mit der Sprache beschäftigen möchte, legt sich am besten den praktischen *Sprachführer Kroatisch: Nie mehr sprachlos* von Marco Polo zu.

Kroatisch gehört ebenso wie Serbisch, Bosnisch und Montenegrinisch zum westlichen Zweig der südslawischen Sprachfamilie. Die Sprachen ähneln sich so sehr, dass es zwischen ihnen nur geringe Abweichungen in Aussprache und Wortschatz gibt.

Die kroatische Rechtschreibung ist phonetisch, d. h., jeder Buchstabe steht für einen bestimmten Laut. In diesem Sprachführer wird das n wie „ny" im englischen „canyon" ausgesprochen, ansonsten entspricht bzw. ähnelt die Aussprache der Buchstaben der Aussprache im Deutschen.

Meistens liegt der Akzent auf der ersten Silbe (die letzte Silbe wird im Kroatischen nie betont). Betonte Silben werden im Folgenden kursiv dargestellt.

Einige kroatische Wörter haben maskuline (m) und feminine (f) Formen. Außerdem werden in diesem Kapitel höfliche (höfl.) und informelle (inf.) Anreden aufgeführt.

ESSEN & TRINKEN

Was würden Sie empfehlen?
Što biste nam preporučili?
schto *bi*·ßte nam pre·po·*ru*·tschi·li?

Was ist in diesem Gericht enthalten?
Od čega se sastoji ovo jelo?
od *tsche*·ga ße ßa·sto·ji o·wo je·lo

Das war lecker!
To je bilo izvrsno!
to je *bi*·lo is·wr·ßno!

Die Rechnung bitte.
Molim vas donesite račun.
mo·lim waß do·*ne*·ßi·te ra·*tschun*

Ich möchte einen Tisch reservieren für …
Želim rezervirati stol za …
sche·lim re·ser·*wi*·ra·ti ßtol sa …

(acht) Uhr	(osam) sati	(o·ßam) ßa·ti
(zwei) Personen	(dvoje) ljudi	(dwo·je) lju·di
Ich esse kein/e/en …	Ja ne jedem …	ja ne je·dem …
Geflügel	meso od peradi	me·ßo od pe·ra·di
Nüsse	razne orahe	ras·ne o·ra·he
rotes Fleisch	crveno meso	tsr·we·no me·ßo

Grundlegendes

Abendessen	večera	we·tsche·ra
Babynahrung	hrana za bebe	hra·na sa be·be
Bar	bar	bar
Café	kafić/ kavana	ka·fitsch/ ka·wa·na
Flasche	boca	bo·tsa
Frühstück	doručak	do·ru·tschak
Gabel	viljuška	wi·ljusch·ka
Gericht	jelo	je·lo
Glas	čaša	tscha·scha
Hauptgericht	glavno jelo	glav·no je·lo
Schüssel	zdjela	sdje·la
(zu) kalt	(pre)hladno	(pre·)hlad·no
Lebensmittel	hrana	hra·na
Löffel	žlica	schli·tza
Markt	tržnica	trsch·ni·tsa
Messer	nož	nosch
mit/ohne	sa/bez	ßa/bes

Mittagessen	ručak	ru·tschak
Menü	jelovnik	je·low·nik
Restaurant	restoran	re·ßto·ran
Teller	tanjur	ta·njur
würzig	pikantno	pi·kant·no
vegetarisch	vegetarijanski	we·ge·ta·ri·jan·ski
Vorspeise	predjelo	pre·dje·lo

Fleisch & Fisch

Fisch	riba	ri·ba
Huhn	piletina	pi·le·ti·na
Kalb	teletina	te·le·ti·na
Lamm	janjetina	ja·nje·ti·na
Rind	govedina	go·we·di·na
Schwein	svinjetina	ßwi·nje·ti·na

Obst & Gemüse

Apfel	jabuka	ja·bu·ka
Aprikose	marelica	ma·re·li·tsa
Birne	kruška	krusch·ka
(grüne) Bohnen	mahuna	ma·hu·na
Erbsen	grašak	gra·schak
Erdbeere	jagoda	ja·go·da
Gemüse	povrće	po·wr·tsche
Gurke	krastavac	kra·ßta·wats
Karotte	mrkva	mrk·wa
Kartoffel	krumpir	krum·pir
Kirsche	trešnja	tresch·nja
Kohl	kupus	ku·puß
Kürbis	bundeva	bun·de·wa
Linsen	leća	le·tscha
Mais	kukuruz	ku·ku·rus
Obst	voće	wo·tsche
Orange	naranča	na·ran·tscha
Pilz	gljiva	glji·wa
Pfirsich	breskva	breß·kwa
Pflaume	šljiva	schlji·wa
Salat	zelena salata	se·le·na ßa·la·ta
Tomate	rajčica	rai·tschi·tza
Traube	grožđe	grosch·tsche
Wassermelone	lubenica	lu·be·ni·tsa
Zwiebel	luk	luk

Anderes

Brot	kruh	kruh
Butter	maslac	ma·ßlats
Ei	jaje	ja·je
Essig	ocat	o·tsat
Honig	med	med
Käse	sir	ßir
Marmelade	džem	dschem
Öl	ulje	u·lje
Pasta	tjestenina	tje·ßte·ni·na
Pfeffer	papar	pa·par
Reis	riža	ri·scha
Salz	sol	ßol
Zucker	šećer	sche·tscher

Getränke

Bier	pivo	pi·wo
Kaffee	kava	ka·wa
Milch	mlijeko	mli·je·ko
(Mineral-) Wasser	(mineralna) voda	(mi·ne·ral·na) wo·da
Saft	sok	ßok
Rotwein	crno vino	tsr·no wino
Tee	čaj	tschai
Weißwein	bijelo vino	bje·lo wi·no

KONVERSATION & NÜTZLICHES

Hallo.	Bog.	bog
Tschüss.	Zbogom.	sbo·gom
Ja./Nein.	Da./Ne.	da/ne
Bitte.	Molim.	mo·lim
Danke.	Hvala.	hwa·la
Gern geschehen.	Nema na čemu.	ne·ma na tsche·mu
Entschuldigung.	Oprostite.	o·pro·ßti·te
Es tut mir leid.	Žao mi je.	scha·o mi je

Wie geht es Ihnen/dir?
Kako ste/si?   ka·ko ßte/ßi (höfl./inf.)

Gut. Und Ihnen/dir?
Dobro.   do·bro
A vi/ti?   a wi/ti (höfl./inf.)

Ich heiße ...
Zovem se ...   so·wem ße ...

Fragewörter

Wann?	Kada?	ka·da
Warum?	Zašto?	sa·schto
Was?	Što?	schto
Wer?	Tko?	tko
Wie?	Kako?	ka·ko
Wo?	Gdje?	gdje

SCHLÜSSELSÄTZE

Mit den folgenden Sätzen sollte man sich gut verständigen können:

Wann ist (der nächste Tagesausflug)?
Kada je (idući dnevni izlet)? — ka·da je (i·du·tschi dnew·ni is·let)

Wo ist (der Markt)?
Gdje je (tržnica)? — gdje je (trsch·ni·tsa)

Wo kann ich (ein Ticket kaufen)?
Gdje mogu (kupiti kartu)? — gdje mo·gu (ku·pi·ti kar·tu)

Haben Sie (andere)?
Imate li (kakve druge)? — i·ma·te li (kak·we dru·ge)

Gibt es (eine Decke)?
Imate li (deku)? — i·ma·te li (de·ku)

Ich möchte (dieses Gericht).
Želim (ono jelo). — sche·lim (o·no je·lo)

Ich würde gern (ein Auto mieten).
Želio/Željela bih (iznajmiti automobil). — sche·li·o/sche·lje·la bih (is·naj·mi·ti a·u·to·mo·bil) (m/f)

Kann ich (ein Foto von Ihnen/dir machen)?
Mogu li (vas/te slikati)? — mo·gu li (waß/te ßli·ka·ti) (höfl./inf.)

Können Sie bitte (helfen)?
Molim vas, možete li (mi pomoći)? — mo·lim was mo·sche·te li (mi po·mo·chi)

Muss ich (zahlen)?
Trebam li (platiti)? — tre·bam li (pla·ti·ti)

Wie heißen Sie/du?
Kako se zovete/zoveš? — ka·ko ße so·we·te/so·wesch (höfl./inf.)

Sprechen Sie/Sprichst du (Englisch)?
Govorite/Govoriš li (engleski)? — go·wo·ri·te/go·wo·risch li (en·gle·ßki) (höfl./inf.)

Ich verstehe (nicht).
Ja (ne) razumijem. — ja (ne) ra·su·mi·jem

NOTFÄLLE

Hilfe!
Upomoć! — u·po·motsch

Ich habe mich verlaufen.
Izgubio/Izgubila sam se. — is·gu·bi·o/is·gu·bi·la ßam ße (m/f)

Lassen Sie mich in Ruhe!
Ostavite me na miru! — o·ßta·wi·te me na mi·ru

Es ist ein Unfall geschehen!
Desila se nezgoda! — de·ßi·la ße nes·go·da

Rufen Sie einen Arzt!
Zovite liječnika! — so·wi·te li·jetsch·ni·ka

Rufen Sie die Polizei!
Zovite policiju! — so·wi·te po·li·tzi·ju

Ich bin krank.
Ja sam bolestan/bolesna. — ja ßam bo·le·ßtan/bo·le·ßna (m/f)

Es tut hier weh.
Boli me ovdje. — bo·li me ow·dje

Ich bin allergisch gegen …
Ja sam alergičan/alergična na … — ja ßam a·ler·gi·tschan/a·ler·gitsch·na na … (m/f)

SHOPPEN & SERVICE

Ich möchte … kaufen
Želim kupiti … — sche·lim ku·pi·ti …

Ich sehe mich nur um.
Ja samo razgledam. — ja ßa·mo ras·gle·dam

Darf ich es mir ansehen?
Mogu li to pogledati? — mo·gu li to po·gle·da·ti

Wie viel kostet es?
Koliko stoji? — ko·li·ko ßto·ji

Das ist zu teuer.
To je preskupo. — to je pre·ßku·po

Haben Sie etwas Billigeres?
Imate li nešto jeftinije? — i·ma·te li nesch·to jef·ti·ni·je

In der Rechnung ist ein Fehler.
Ima jedna greška na računu. — i·ma jed·na gresch·ka na ra·tschu·nu

Bankautomat	bankovni automat	ban·kow·ni a·u·to·mat
Internetcafé	internet kafić	in·ter·net ka·fitsch
Kreditkarte	kreditna kartica	kre·dit·na kar·ti·tsa
Post	poštanski ured	posch·tan·ßki u·red
Touristen-information	turistička agencija	tu·ri·stitsch·ka a·gen·tsi·ja

UHRZEIT & DATUM

Wie spät ist es?
Koliko je sati? — ko·li·ko je ßa·ti

Es ist (zehn) Uhr.
(Deset) je sati. — (de·ßet) je ßa·ti

Es ist halb (elf).
(Deset) i po. — (de·ßet) i po

Morgen	jutro	ju·tro
Nachmittag	poslijepodne	po·ßli·je·pod·ne
Abend	večer	we·tscher
gestern	jučer	ju·tscher
heute	danas	da·naß
morgen	sutra	ßu·tra
Montag	ponedjeljak	po·ne·dje·ljak
Dienstag	utorak	u·to·rak

Mittwoch	srijeda	ßri·je·da
Donnerstag	četvrtak	tschet·wr·tak
Freitag	petak	pe·tak
Samstag	subota	ßu·bo·ta
Sonntag	nedjelja	ne·dje·lja
Januar	siječanj	ßi·je·tschanj
Februar	veljača	we·lja·tscha
März	ožujak	o·schu·jak
April	travanj	tra·wanj
Mai	svibanj	ßwi·banj
Juni	lipanj	li·panj
Juli	srpanj	ßr·panj
August	kolovoz	ko·lo·wos
September	rujanj	ru·janj
Oktober	listopad	li·ßto·pad
November	studeni	ßtu·de·ni
Dezember	prosinac	pro·ßi·natz

UNTERKUNFT

Haben Sie ein freies Zimmer?
Imate li slobodnih soba? i·ma·te li ßlo·bod·nih ßo·ba

Ist das Frühstück inbegriffen?
Da li je doručak uključen? da li je do·ru·tschak uk·lju·tschen

Wie viel kostet es (pro Nacht/pro Person)?
Koliko stoji (za noć/po osobi)? ko·li·ko ßto·ji (sa notsch/po o·ßo·bi)

Haben Sie ein ...? ... zimmer?	Imate li ... sobu?	i·ma·te li ... ßo·bu
Einzel-	jednokrevetnu	jed·no·kre·wet·nu
Doppel-	dvokrevetnu	dwo·kre·wet·nu
Campingplatz	kamp	kamp
Privatzimmer	privatni smještaj	pri·wat·ni ßmjesch·taj
Hotel	hotel	ho·tel
Zimmer	soba	ßo·ba
Jugendherberge	prenoćište za mladež	pre·no·tschisch·te sa mla·desch
Badezimmer	kupaonica	ku·pa·o·ni·tza
Bett	krevet	kre·wet
Kinderbett	dječji krevet	djetsch·ji kre·wet
Klimaanlage	klima-uređaj	kli·ma·u·re·jai
Fenster	prozor	pro·sor
WLAN	bežični internet	be·schitsch·ni in·ter·net

VERKEHRSMITTEL & -WEGE

Öffentliche Verkehrsmittel

Bus	autobus	au·to·buß
Flugzeug	avion	a·wi·on
Schiff	brod	brod
Straßenbahn	tramvaj	tram·waj
Zug	vlak	wlak

Ich möchte gern nach ...
Želim da idem u ... sche·lim da i·dem u ...

Hält er/sie/es in (Split)?
Da li staje u (Splitu)? da li ßta·je u (spli·tu)

Um wie viel Uhr fährt der/die/das ... ab?
U koliko sati kreće? u ko·li·ko ßa·ti kre·tsche

Wie lange dauert es nach (Zagreb) zu kommen?
U koliko sati stiže u (Zagreb)? u ko·li·ko ßa·ti sti·sche u (sag·reb)

Können Sie mir sagen, wann wir in (der Arena) ankommen?
Možete li mi reći kada stignemo kod (Arene)? mo·sche·te li mi re·tschi ka·da ßtig·ne·mo kod (a·re·ne)

Ich möchte in (Dubrovnik) aussteigen.
Želim izaći u (Dubrovniku). sche·lim i·sa·tschi u (dub·row·ni·ku)

Zahlen

1	jedan	je·dan
2	dva	dwa
3	tri	tri
4	četiri	tsche·ti·ri
5	pet	pet
6	šest	scheßt
7	sedam	ße·dam
8	osam	o·ßam
9	devet	de·wet
10	deset	de·ßet
20	dvadeset	dwa·de·ßet
30	trideset	tri·de·ßet
40	četrdeset	tsche·tr·de·ßet
50	pedeset	pe·de·ßet
60	šezdeset	sches·de·ßet
70	sedamdeset	ße·dam·de·ßet
80	osamdeset	o·ßam·de·ßet
90	devedeset	de·we·de·ßet
100	sto	ßto
1000	tisuću	ti·su·tschu

Ein Ticket für ...	Jednu ...	jed·nu ...
	kartu.	kar·tu
1. Klasse	prvorazrednu	pr·wo·ras·red·nu
2. Klasse	drugorazrednu	dru·go·ras·red·nu
einfache Fahrt	jednosmjernu	jed·no·ßmjer·nu
Hin- und Rückfahrt	povratnu	po·wrat·nu
der erste	prvi	pr·wi
der letzte	posljednji	po·ßljed·nji
der nächste	sljedeći	ßlje·de·tschi
Bahnhof	željeznička postaja	sche·ljes·nitsch·ka poß·ta·ja
Gangplatz	sjedište do prolaza	ßje·disch·te do pro·la·sa
gestrichen	poništeno	po·nisch·te·no
Gleis	peron	pe·ron
Fahrkartenschalter	blagajna	bla·gaj·na
Fahrplan	red vožnje	red wosch·nje
Fensterplatz	sjedište do prozora	ßje·disch·te do pro·so·ra
verspätet	u zakašnjenju	u sa·kasch·nje·nju

Autofahren & Radfahren

Ich möchte ein/einen ... mieten.	Želim iznajmiti ...	sche·lim is·nai·mi·ti ...
Auto	automobil	a·u·to·mo·bil
Fahrrad	bicikl	bi·tsi·kl
Geländewagen	džip	dschip
Motorrad	motocikl	mo·to·tzi·kl
Automechaniker	automehaničar	a·u·to·me·ha·ni·tschar
Benzin	benzin	ben·sin
Diesel	dizel gorivo	di·sel go·riwo
Fahrradpumpe	pumpa za bicikl	pum·pa sa bi·tsi·kl
Helm	kaciga	ka·tsi·ga
Kindersitz	sjedalo za dijete	ßje·da·lo sa di·je·te
Tankstelle	benzinska stanica	ben·sin·ßka ßta·ni·tza

Ist das die Straße nach ...?
Je li ovo cesta za ...?   je li o·wo tze·ßta sa ...

Schilder

Izlaz	Ausgang
Muškarci	Herren
Otvoreno	Geöffnet
Ulaz	Eingang
Zabranjeno	Verboten
Zahodi	Toiletten
Zatvoreno	Geschlossen
Žene	Damen

(Wie lange) Kann ich hier parken?
(Koliko dugo) mogu ovdje parkirati?   (ko·li·ko du·go) mo·gu ow·dje par·ki·ra·ti

Das Auto/Motorrad hat (in Knin) eine Panne gehabt.
Automobil/Motocikl se pokvario (u Kninu).   a·u·to·mo·bil/mo·to·tsi·kl ße po kwa·ri·o (u kni·nu)

Ich habe einen Platten.
Imam probušenu gumu.   i·mam pro·bu·sche·nu gu·mu

Mir ist das Benzin ausgegangen.
Nestalo mi je benzina.   ne·ßta·lo mi je ben·si·na

Ich habe die Schlüssel verloren.
Izgubio/ Izgubila sam ključeve.   is·gu·bi·o/is·gu·bi·la ßam klju·tsche·we (m/f)

WEGWEISER

Wo ist ...?
Gdje je ...?   gdje je ...

Wie ist die Adresse?
Koja je adresa?   ko·ja je a·dre·ßa

Können Sie mir das (auf der Karte) zeigen?
Možete li mi to pokazati (na karti)?   mo·sche·te li mi to po·ka·sa·ti (na kar·ti)

an der Ecke	na uglu	na u·glu
an der Ampel	na semaforu	na ße·ma·fo·ru
hinter	iza	i·sa
vor	ispred	i·ßpred
weit entfernt	daleko	da·le·ko
(von)	(od)	(od)
links	lijevo	li·je·wo
in der Nähe von	blizu	bli·su
neben	pored	po·red
gegenüber	nasuprot	na·ßu·prot
rechts	desno	deß·no
geradeaus	ravno naprijed	raw·no na·pri·jed

GLOSSAR

Amphore, Amphoren – ein antiker Krug mit zwei Henkeln zur Aufbewahrung und zum Transport von Flüssigkeiten
Apsis – ausgebaute Nische am Ende eines Kirchenschiffs, in der meist ein Altar steht
Autocamps – große Campingplätze mit Restaurants, Läden und vielen Stellplätzen für Wohnwagen
Awaren – zentralasiatisches Reitervolk, das sich im 6. Jh. im heutigen Ungarn ansiedelte und bis zum 9. Jh. die Byzantiner vom westlichen Balkan verdrängte

ban – Vizekönig
bb – in einer Adresse nach dem Straßennamen die Abkürzung für *bez broja* (ohne Hausnummer)
bura – kalter Nordostwind an der Adriaküste

cesta – Landstraße
crkva – Kirche

fortica – Festung

galerija – Galerie
garderoba – Gepäckaufbewahrung, Garderobe
Glagolica – von den griechischen Missionaren Konstantinos (Kyrillos) und Methodis entwickelte Schrift für die Sprache der Slawen

gora – Berg

HDZ – Hrvatska Demokratska Zajednica; Kroatische Demokratische Gemeinschaft

Illyrer – Bewohner der westlichen Balkanhalbinsel in der Antike; von den Römern ab dem 2. Jh. v. Chr. nach und nach unterworfen

jezero – See (Binnengewässer)

Karst – trockener, poröser Kalkstein- und Dolomitfelsboden mit unterirdischer Entwässerung
klapa – bis zu zehnstimmiger dalmatinischer Chorgesang ohne Instrumentalbegleitung
konoba – Kneipe; ursprünglich kleines Speiselokal, oft in einem Keller; heute meist ein einfaches, als Familienbetrieb geführtes Gasthaus

maestral – frischer, kühler Meerwind aus westlichen Richtungen
Maquis – Gestrüpp aus dichtem immergrünen Buschwerk und kleinen Bäumen
muzej – Museum

Mittelschiff – zentraler Teil einer Kirche, flankiert von zwei Gängen

NDH – Nezavisna Država Hrvatska; Unabhängiger Staat Kroatien

obala – Ufer, Küste
otok (Einzahl), **otoci** (Mehrzahl) – Insel

pension – Pension
plaža – Strand
Polje – ein durch Bodenabsenkung entstandenes wannenartiges Becken in Karstgebieten; wird oft für den Ackerbau genutzt
put – Weg, Straße, Pfad

restoran – Restaurant
rijeka – Fluss

sabor – Parlament
šetalište – Fußweg, Promenade
sobe – Zimmer frei
sveti – die heilige ...
svetog – des heiligen ... (Genitiv)

tisak – Zeitungsstand
toplice – Thermalbad
trg – Platz, Marktplatz
Turbofolk – schnelle Version serbischer Folkloremusik

ulica – Straße
uvala – Bucht, Talsenke

velik – groß
vrh – Gipfel, Spitze

Hinter den Kulissen

WIR FREUEN UNS ÜBER IHR FEEDBACK

Post von Travellern zu bekommen, ist für uns ungemein hilfreich – Kritik und Anregungen halten uns auf dem Laufenden und helfen, unsere Bücher zu verbessern. Unser reiseerfahrenes Team liest alle Zuschriften genau durch, um zu erfahren, was an unseren Reiseführern gut und was schlecht ist. Wir können solche Post zwar nicht individuell beantworten, aber jedes Feedback wird garantiert schnurstracks an die jeweiligen Autoren weitergeleitet, rechtzeitig vor der nächsten Nachauflage.

Wer uns schreiben will, erreicht uns über www.lonelyplanet.de/kontakt.

Hinweis: Da wir Beiträge möglicherweise in Lonely Planet Produkten (Reiseführer, Websites, digitale Medien) veröffentlichen, ggf. auch in gekürzter Form, bitten wir um Mitteilung, falls ein Kommentar nicht veröffentlicht oder ein Name nicht genannt werden soll. Wer Näheres über unsere Datenschutzpolitik wissen will, erfährt das unter www.lonelyplanet.com/privacy.

UNSERE LESER

Vielen Dank an die Traveller, die unsere letzte Ausgabe genutzt und uns hilfreiche Hinweise, Ratschläge und interessante Geschichten geschickt haben:

A Carol Abel, Declan Alcock **B** Boris Bakarić, Urška H Barišić, Dvora Baruch, Lucy Bickerton, Karin de Boef, Tad Boniecki, Julie-Anne Bosomworth, Andrew Bowen-Ashwin, Nancy Bratby, Nicole Brouwers, Doug Bryce **C** Paolo Campegiani, Neil Carter, Kaung Chiau Lew, Eric Chung, Annie Cook, Luca Cornacchioli, Rory Cox **D** Antoinette Daley, Paul Das, Monica Davis, Deborah Dees, Rob Den Exter, Markus Deutsch, Veronique Dupuis, Robert Dutilh **F** Brian Fawcus, Marvin & Carole Feldman, Gary Fine, Julia Fuchs, David Fulton **G** Richard Gault, Jesse Göbel, Kate Goldman, Noni Gove, Mario Guajardo, Renata Gukovas **H** Douglas Hagan, Brent Hanson, Mulle Harbort, Helen Harper, Rachel Harper, Dusty Haverty, Andrew Hedges, Helen Hencz, Steve Hilton, T & B Horn, Neville Horner, Maggie Huges **J** Joanna Jeans, Alma Jenkins, Anders Jeppsson, Louise Jones **K** Simon Kamronn, Stefan Kanduymski, Jerome Kenyon, Mirian Kesseler, Hrvoje Korbar, Zeljka Kozulic **L** Andrew Lampitt, Bruce Lawson, Stephen Leong, Mikael Lypinski **M** Sarah Marshall, Mark McConnell, Kay McKenzie, Susan Metcalf, Vanessa Mikulic, Marie Miller, Julian Mompalao de Piro, Sean Murray, Sinead Murray **N** Pamela Nelson, Jo & Paul Noakes **O** Eleanor O'Brien **P** Liis Parre, Jure Pezo, Barbara Pickup, David Pumphrey, Leona Purvis **Q** Suzanne Quartermain **R** Deborah Rees, Johan Reyneke, Joie Risk, Rebecca Rosen, Ophelia Rubinich, Adam Russell, Virginia Ryan **S** Charlotte Samiec, Oliver Selwyn, Eva Sharpe, Bill Smith, Carrie Smith, Ed Smith, Knirie Søgaard, Mia Šoškic, Cathy Spinage, Lisa Spratling, Noah Strang, Robert Szabo **T** Cristy Tapia, Julie Teague, Charlotte Thackrah, Bev Thompson, Ruby Tuke **V** Glenn Van Der Knijff, Maurice Van Dael, Loeki Vereijken, Margaret Vile, Ana Vinkerlic, Stacey Vos **W** Heather Walker, Kylie Webster, Jonathan Wheatley, David Whyman, Philippa Woon **Z** Jose de Zubeldia,

DANK DER AUTOREN

Anja Mutić

Hvala mama für dein Essen und dein Lachen. *Gracias* an meine Familie in Barcelona, besonders an meinen Neffen Biel. *Obrigada*, Hoji, dass du vorher, währenddessen und danach für mich da warst. Ein riesiges *hvala* an meine Freunde in Kroatien, die mir zahlreiche Kontakte vermittelt und Tipps gegeben haben – ohne euch wäre dieses Buch ein anderes geworden. Lidija, du sprudelst immer über vor guten Ideen! Danke auch an meinen Koautor Iain Stewart. Außerdem möchte ich meinem verstorbenen Vater danken, der in Gedanken nach wie vor mit mir reist.

Iain Stewart

Danke an Jo Potts für die Möglichkeit, am *LP Kroatien* mitzuarbeiten, und an meine Koautorin Anja. In Slawonien hat mir Jasmin die Feuchtgebiete von Kopački Rit und die Umgebung gezeigt und mich mit selbst gesammelten Pilzen gefüttert. Darüber hinaus möchte ich *hvala* zu Ivana in Zadar, Goran in Rijeka und Zoran in Dubrovnik sagen. Es war großartig, an der herrlichen Küste Dalmatiens eine längere Zeit mit meiner Familie verbringen zu können – mit meinem Liebling Fiona, Aubs, Susan, Louis und Monty Stewart. Wir werden auf jeden Fall hierher zurückkommen!

QUELLENNACHWEIS

Klimakartendaten von Peel MC, Finlayson BL & McMahon TA (2007) „Updated World Map of the Köppen-Geiger Climate Classification", Hydrologie und Geowissenschaft, 11, 163344.

Umschlagfoto: Hafen von Dubrovnik, Kroatien/Jean-Pierre Lescourret, LPI. Viele Fotos in diesem Reiseführer können bei Lonely Planet Images, www.lonelyplanetimages.com, auch lizenziert werden.

ÜBER DIESES BUCH

Dies ist die 2. deutsche Auflage von *Kroatien*, basierend auf der 6. englischen Auflage von *Croatia*, die von Anja Mutić und Iain Stewart verfasst wurde. Für die 5. Auflage waren Vesna Marić und Anja Mutić verantwortlich; Will Gourlay steuerte das Kapitel „Geschichte" bei und für die Gesundheitsinformationen haben wir Material aus den früheren Auflagen von Dr. Caroline Evans verwendet. Die ersten vier Ausgaben dieses Buches stammen aus der Feder von Jeanne Oliver. Dieser Reiseführer wurde vom Lonely Planet Büro London in Auftrag gegeben und von folgenden Personen produziert:

Verantworliche Redakteurin
Joanna Potts

Leitende Redakteurinnen
Penelope Goodes, Martine Power

Leitender Kartograf
Jolyon Philcox

Leitende Layoutdesignerin
Jessica Rose

Chefredakteurin
Katie Lynch

Redaktion
Annelies Mertens

Kartografie
Shahara Ahmed, Herman So

Layoutdesign
Indra Kilfoyle, Celia Wood

Redaktionsassistenz
Liz Anglin, Jackey Coyle, Andrea Dobbin, Helen Koehne

Kartografieassistenz
Enes Basic, Di Duggan, Xavier di Toro

Layoutdesignassistenz
Adrian Blackburn, Paul Iacono, Jacqui Saunders

Umschlagrecherche
Naomi Parker

Interne Bildrecherche
Rebecca Skinner

Redaktion Sprachführer
Branislava Vladisavljevic

Dank an
Mark Adams, Imogen Bannister, David Connolly, Laura Crawford, Melanie Dankel, Stefanie Di Trocchio, Janine Eberle, Ryan Evans, Joshua Geoghegan, Mark Germanchis, Michelle Glynn, Lauren Hunt, Laura Jane, David Kemp, Yvonne Kirk, Lisa Knights, Nic Lehman, John Mazzocchi, Dan Moore, Wayne Murphy, Darren O'Connell, Trent Paton, Adrian Persoglia, Piers Pickard, Averil Robertson, Lachlan Ross, Michael Ruff, Julie Sheridan, Lyahna Spencer, Amanda Sierp, Laura Stansfeld, John Taufa, Sam Trafford, Gina Tsarouhas, Dora Whitaker, Juan Winata, Emily Wolman, Nick Wood

NOTIZEN

NOTIZEN

NOTIZEN

NOTIZEN

NOTIZEN

Register

A
Abstrakte Kunst 339
Agrotourismus 135
Aktivitäten 16, 342, *siehe auch* Einzeleinträge
Andrić, Ivo 336
Angeln 118
Aqua Iasae 78
Aquacity 76
Aquarien 114, 143–144
Archäologische Museen, *siehe auch* Museen
  Osijek 89
  Osor 163
  Pula 103
  Split 215
  Vis-Stadt 255
  Zadar 183
  Zagreb 48
Archäologische Stätten 80
  Diokletianpalast 212–213, 328, **11**
  Krapina 80
  Pula 103
  Solin (Salona) 229–230
  Zadar 180–182
Architektur 16, 328–330
Augustinčić, Antun 339
Austern 118
Autofahren 15
  Enfernungen **353**
  Führerschein 353
  in Kroatien 353–354
  Mietwagen 353–354
  nach/von Kroatien 352–353
  Verkehrsregeln 354
  Versicherung 354

B
Bale 114
Baranja 93–95
Baredine-Höhle 126
Bären 150, 189, 191, 331–332

Verweise auf Karten **S.000**
Verweise auf Fotos **S.000**

barkarioli 183
Barockarchitektur 330
Baška 169–170
Basketball 318
Bauer, Branko 336
Bauwerke & Baustile
  Altes Rathaus (Pula) 104
  Aqua Iasae 78
  Arsenal 247
  Balbi-Bogen 114
  Kellergewölbe 215
  Kroatischer Verband der Bildenden Künstler 49
  Kroatisches Nationaltheater 75
  Loggia 125
  Orlando-Säule 268
  Pile-Tor 263
  Rathaus (Trogir) 231
  Rathaus (Varaždin) 75
  Römisches Tor 143
  Sabor 47
  Stadtmauer (Zadar) 182
  Villa Angiolina 148
Behinderung, Reisen mit 346
Beli 161–163
Beli Manastir 94
Belić, Duilio 324–325
Beram 126
Bevölkerung 298
Bier 324
Bildhauerei 339–340
Bilje 94
Biokovo-Gebirge 237
Biokovo-Naturpark 237
Biševo 258, **9**
Blaue Grotte 258, **9**
Blažević, Dominko 328
Blue World Institute of Marine Research & Conservation 158
Bol 242–246, **7**
Botschaften 342
Božava 196
Brać, Insel 239–246
Bräuche 327
Brešan, Vinko 337
Brela 238–239
Brijuni-Inseln 110–111
Broz, Josip, *siehe* Tito
Bücher 296, 297, *siehe auch* Literatur
  Geschichte 302, 305, 307, 309, 312, 313
Budget 14
Bukovac, Vlaho 282, 339
Burgen, *siehe auch* Festungen & Türme *und* Paläste
  Dvorac Tikveš 94
  Grimani-Burg 128
  Kaštel 130
  Kaštel Gomilica 235

Kaštel Kambelovac 235
Kaštel Lukšić 235
Kaštel Novi 235
Kaštel Štafilić 235
Kaštel Stari 235
Kaštel Sućurac 235
  Stari Grad 78
  Trakošćan-Burg 79–80, **27**
  Trsat-Burg 141
  Veliki-Tabor-Burg 81–82, **11**
Bürgerkrieg 311–312
Busreisen 355
  in Kroatien 354
  nach/von Kroatien 352–353
Buzet 131–133
Byzantinisches Reich 300

C
Camping 348
Cavtat 281–283
Čigoć 67
Čikat 154
Cres (Insel) 159–166, **12**
Cres (Stadt) 159–161
Crveni Otok (Rote Insel) 118

D
Đakovački Vezov 91
Đakovo 91
Delphine 158
Diokletianpalast 212–213, 328, **11**
Dol 244
Dominikanerklöster, *siehe* Klöster
Drachenfliegen 141
Drakulić, Slavenka 336
Drava, Ufer der 75
Drvenik Mali 235
Drvenik Veli 235
Držić, Marin 335
Dubrovnik 34, 259–278, **260**, **262**, **264–265**, **5**
  Aktivitäten 269
  An- & Weiterreise 277–278
  Ausgehen 275
  Essen 259, 273–275
  Festivals & Events 269–270
  Geführte Touren 269
  Geschichte 261, 304
  Highlights 260
  Internetzugang 276
  Klima 259
  Medizinische Versorgung 277
  Reisebüros 277
  Reisezeit 259
  Schlafen 259, 270–273
  Sehenswertes 261–269
  Shoppen 276

Strände 269
Touristeninformation 277
Unterhaltung 275–276
Unterwegs vor Ort 278
Dubrovniker Sommerspiele 19
Dugi Otok 194–196
Dvorac Tikveš 94

E
Einreise 351
Elafiti-Inseln 278–279
Encephalitis 344
Ergela 91
Ermäßigungen 61, 342–343
Essen 17, 321–327
   Bräuche 327
   Feste 325–326
   Olivenöl 290–291, 324–325
   Preise 322
   Slow Food 322
   Vegetarier & Veganer 326
Ethnografische Museen, *siehe auch* Museen
   Dubrovnik 268
   Pazin 130
   Split 215
   Zagreb 48
Etikette 298
EU-Mitgliedschaft 296–297
Euphrasius-Basilika 119, **21**
Events, *siehe* Festivals & Events 18–20

F
Fähren 355–356, **10**
Feiertage 343
Ferien 343
Fernsehen 298
Festival kajkavischer Lieder 80
Festivals & Events 18–20, *siehe auch* Filmfestivals *und* Musikfestivals
   Garden Festival 19, 187
   Jules-Verne-Tage 130
   Pager Karneval 198
   Rovinj-Sommerfestival 115
   Zagreb 51–53
Festungen & Türme, *siehe auch* Burgen *und* Paläste
   Dubovac 68
   Festung (Labin) 125
   Festung des heiligen Michael 203
   Fortica 248
   Glockenturm (Rab) 174
   Kamerlengo-Festung 231
   Kaštel (Krk-Stadt) 166
   Kaštelet 217
   Lotršćak-Turm 43
   Medvedgrad 50
   Stadtmauern & Festungen (Dubrovnik) 263
   Stadtturm (Rijeka) 143
   Tvrdalj 252
   Wehrmauern (Korčula-Stadt) 284–285
Filme 297
Filmfestivals
   Internationales Animafest 53
   Libertas-Filmfestival 269
   Motovun-Filmfestival 20
   Pula-Filmfestival 103
   Split-Filmfestival 219
   Tabor-Filmfestival 82
   Trash-Filmfest 76
   Vukovar-Filmfestival 96
   Zagreb-Filmfestival 53
FKK-Strände, *siehe auch* Naturisten
   Glavica 253
   Insel Lokrum 278
   Nugal 236
   Sahara-Strand 176
   Stolac-Strand 176
   Zečevo 253
Flugreisen
   Flughäfen 351–352
   in Kroatien 355
   nach/von Kroatien 351–252
Fotos 343
Franziskanerklöster, *siehe* Klöster
Frauen in Kroatien 320
Frauen unterwegs 343
Freiwilligenarbeit 343
Friedhöfe
   Mirogoj 49–50
   Varaždin 75
Fußball 317–318

G
Glagoliten-Allee 133
Galerien, *siehe auch* Museen
   Fonticus-Galerie 137
   Galerie der Alten und Neuen Meister 75
   Galerie der Schönen Künste (Osijek) 90
   Galerie der Schönen Künste (Split) 215–216
   Galerija Branislav Dešković 242–243
   Galerija Galženica 42
   Galerija Josip Generalić 79
   Galerija Klovićevi Dvori 47
   Galerija Miroslav Kraljević 42
   Galerija Nova 42
   Galerija Studentski Centar 42
   Hlebine-Galerie 79
   Koprivnica-Galerie 79
   Kunstpavillon 48–49
   Kunstsammlungen 154
   Meštrović-Atelier 43
   Meštrović-Galerie 216–217
   Moderne Kunstgalerie 48
   Städtische Kunstgalerie 80
   Ultramarin-Kunstgalerie 157
   War Photo Limited 263–265
   Zagreb 42
Gänsegeier 159, 162, 331
Garden Festival 19, 187
Gärten, *siehe* Parks & Gärten
Gedenkstätten
   Kriegsfriedhof mit Mahnmal 96
   Ovčara-Gedenkstätte 96
Gefahren 85, 346
Geführte Touren 355, *siehe auch* Stadtspaziergänge
   Dubrovnik 269
   Hvar (Stadt) 248
   Kopački-Rit-Naturpark 93–94
   Mljet 280
   Pula 104–105
   Rab (Stadt) 174
   Rovinj 115
   Split 218
   Vis (Stadt) 255
   Zadar 184
Geier, *siehe* Gänsegeier
Geld 14, 15, 342, 343–344
Geldautomaten 343–344
Generalić, Ivan 339
Geografie 331
Geologie 333
Geschichte 299–315
   20. Jahrhundert 306–313
   Bücher 302, 305, 307, 309, 312, 313
   Bürgerkrieg 311–312
   Habsburgerreich 303–304
   Illyrer-Kultur 299–300
   Nato-Mitgliedschaft 315
   Osmanisches Reich 303
   Österreich-Ungarn 303–307
   Römisches Reich 300
   Ustaša & Zweiter Weltkrieg 307–308
   Venezianische Herrschaft 302
   Waffenstillstand 312
Gesundheit 344–345
Getränke 17, 324–325
Gewichte 342
Gleitschirmfliegen 150
Glossar 362

Verweise auf Karten **S. 000**
Verweise auf Fotos **S. 000**

Golf 77
Golik, Krešo 336
Gotische Architektur 329
Gračišće 131
Grappa 324
Grisia 113
Grožnjan 137–138
Gruß an die Sonne 191
Gundulić, Ivan 335

H
Handys 15, 347
Hegedušić, Krsto 79
Hirnhautentzündung 344
Hitzeerschöpfung 344
Hitzschlag 344
Höhlen
 Baredine-Höhle 126
 Blaue Grotte 258, **9**
 Drachenhöhle 243
 Manita Peć 192
 Paziner Schlucht 129–130
 Vela Špilja 291
Homosexualität 320, 346
Hostels, *siehe* Jugendherbergen
Hotels 348–349
Hum 133
Hvar (Insel) 246–253
Hvar (Stadt) 246–251, **6**

I
Ilija 292
Illyrer-Kultur 299–300
Ilok 97–98
Ilovik 155
Infos im Internet
 Geschichte 308
 Natur & Umwelt 333
 Planung 15
Inseln 16
Internetzugang 345
Istarske Toplice 136
Istrien 33, 99–138, **100**, **7**
 Essen 99, 323–*324*
 Geschichte 101
 Highlights 100
 Klima 99
 Reisezeit 99
 Schlafen 99
Istrische Küste 101–124
Istrisches Hinterland 124–138

J
Jarun-See 51
Jelsa 252–253
Jergović, Milijenko 336
Josipović, Ivo 296

Jugendherbergen 349
Jugoslawien 306–311
Jules-Verne-Tage 130

K
Kaffee 57
Kajakfahren, *siehe auch* Rafting
 Dubrovnik 269
 Rovinj 115
Kamene Priče 114
Kanufahren 115
Kaptol-Platz 43
Karl der Große 301
Karlovac 66–68
Karsthöhlen 333
Karten 345
Käse 197, 199
Kaštel 130
Kaštel Gomilica 235
Kaštel Kambelovac 235
Kaštel Lukšić 235
Kaštel Novi 235
Kaštel Štafilić 235
Kaštel Stari 235
Kaštel Sućurac 235
Kaštela 235
Kathedralen, *siehe* Kirchen & Kathedralen
Katholizismus 319
Kindern, Reisen mit 29–31, 55
Kino 336–337
Kirchen & Kathedralen, *siehe auch* Klöster
 Erlöserkirche 268
 Euphrasius-Basilika 119, **21**
 Franziskanerkirche & Kloster (Šibenik) 203
 Franziskanerkirche & Kloster des heiligen Johannes des Täufers 75
 Heilig-Kreuz-Kirche 173
 Hieronymus-Kapelle 134
 Himmelfahrtskirche 163
 Jesuitenkirche der heiligen Katharina 47
 Kapelle der heiligen Maria Formosa 104
 Kapuzinerkirche unserer lieben Frau von Lourdes 144
 Kathedrale (Pula) 104
 Kathedrale der heiligen Anastasia 183
 Kathedrale des heiligen Domnius 213
 Kathedrale des heiligen Jakob 201
 Kathedrale des heiligen Laurentius 231
 Kathedrale des heiligen Markus 285
 Kathedrale des heiligen Stefan 247

 Kathedrale des heiligen Veit 144
 Kathedrale Mariä Himmelfahrt (Dubrovnik) 267
 Kathedrale Mariä Himmelfahrt (Krk-Stadt) 166
 Kathedrale Mariä Himmelfahrt (Varaždin) 75
 Kathedrale Mariä Himmelfahrt (Zagreb) 42
 Kathedrale von Đakovo 91
 Kirche der Heiligen Dreifaltigkeit 67
 Kirche der heiligen Euphemia 113, 131
 Kirche der heiligen Justina 173
 Kirche der heiligen Maria 195, 198
 Kirche der heiligen Maria der Großen 174
 Kirche der heiligen Maria vom Schnee 160
 Kirche der heiligen Maria von Škriljine 126
 Kirche des heiligen Andreas 173–174
 Kirche des heiligen Antonius 133, 174
 Kirche des heiligen Antonius des Einsiedlers 157
 Kirche des heiligen Blasius 127, 268
 Kirche des heiligen Donat & römische Ruinen 181–182
 Kirche des heiligen Georg 235
 Kirche des heiligen Grisogonus 183, **22**
 Kirche des heiligen Ignatius 268
 Kirche des heiligen Johannes 203
 Kirche des heiligen Markus 43
 Kirche des heiligen Nikolaus 235
 Kirche des heiligen Quirinus 166
 Kirche des heiligen Simeon 182–183
 Kirche Mariä Empfängnis 154
 Kirche Mariä Geburt 125
 Kirche Mariä Verkündigung (Supetar) 240
 Kirche Mariä Verkündigung (Vodnjan) 128
 Kirche und Turm des heiligen Johannes 173
 Kirche unserer lieben Frau von Trsat 141
 Marija-Bistrica-Wallfahrtskirche 83
 Marienkirche 131
 Petrus- und Pauluskirche 89–90
 Pfarrkirche der heiligen Märtyrer Vitus, Modest & Crescentia 137
 Stefanskirche 134–135
 Sveta Lucija 169
Klanjec 82–83

klapa 225, 317
Klettern
  Paklenica-Nationalpark 192
  Rovinj 114
Klima 14, *siehe auch einzelne Regionen*
Klimawandel 351
Klöster, *siehe auch* Kirchen & Kathedralen
  Benediktinerkloster (Hvar) 248
  Blaca-Einsiedlerklause 244
  Dominikanerkloster (Stari Grad) 252
  Dominikanerkloster & Museum (Bol) 242
  Dominikanerkloster & Museum (Dubrovnik) 267
  Franziskanerkirche & Kloster (Šibenik) 203
  Franziskanerkloster (Krapina) 80
  Franziskanerkloster (Makarska) 236
  Franziskanerkloster (Punat) 168
  Franziskanerkloster & Kirche (Zadar) 183
  Franziskanerkloster & Museum (Dubrovnik) 266–267
  Franziskanerkloster & Museum (Hvar-Stadt) 247
  Franziskanerkloster der heiligen Euphemia 176
  Kloster des heiligen Nikolaus 231
  Kloster Krka 205
  Samostan Visovac 205
Kolombarica-Strand 106
Komiža 257–258
Kopački-Rit-Naturpark 93–94, **10**
Korčula (Insel) 283–291
Korčula (Stadt) 284–290, **286**
Kornaten 207–208
Kornaten-Nationalpark 208
Kosor, Jadranka 296
Kotli 126
Kraljević, Miroslav 339
Krapina 80–81
Krapinske Toplice 81
Krapje 67
Kreditkarten 344
Kreuzweg 83
Krivica 153
Krk (Insel) 165–170
Krk (Stadt) 166–168
Krka-Nationalpark 205–207, 333
Krleža, Miroslav 335
Kroatischer Verband der Bildenden Künstler 49

Verweise auf Karten **S.000**
Verweise auf Fotos **S.000**

Kućica 65
Kukurin, Nenad 322
Kultur 296, 316–320
Kumrovec 82
Kunst & Kultur 335–340, *siehe auch* Architektur, Kino, Malerei, Musik *und* Tanz
Kunstgalerien, *siehe* Galerien
Kurse 323
Kuterevo-Bärenrefugium 332
Kvarner 33, 139–177, **140**
  Essen 139, 323
  Highlights 140
  Klima 139
  Reisezeit 139
  Schlafen 139
Kvarner-Küste 141–152

L

Labin 124–127
Landminen 85, 346
Lesben 61, 346
Limska Draga Fjord 118
Literatur 335–336, *siehe auch* Bücher
Lokrum 278
Lonjsko-Polje-Naturpark 67
Lopar 176–177
Lopud 278–279
Lošinj 153–159
Lošinj-Delphinreservat 158
Lotrščak-Turm 43
Lubenice 164
Lumbarda 290
Lungomare 148

M

Makarska 236–238
Makarska Riviera 235–239
Mala Učka 150
Malerei 339–340, *siehe auch* Naive Kunst
Mali Lošinj 153–157
Mali Ston 293–294
maraschino 324
Marija Bistrica 83
Maritime Zentren & Reservate
  Blue World Institute of Marine Research & Conservation 158
  Lošinj-Delphinreservat 158
  Meeres-Schulungszentrum Lošinj 157
Märkte
  Dolac-Markt 42
  Zagreb 60
Marulić, Marko 335
Maße 342
Mathias Sandorf 129

Medena 234
Medien 298
Međimurje 77
Medizinische Versorgung 344–345
Medvednica 66
Meeresorgel 181
Mehrwertsteuer 344
Meštrović, Ivan 49, 213, 339
Milna 242
Mir-Bucht 196
Mir-Salzsee 196
Mirković, Alenka 336
Mirogoj 49–50
Mitteldalmatien 209–258, **210–211**
  Essen 209
  Highlights 210
  Klima 209
  Reisezeit 209
  Schlafen 209
Mljet 279–281, **6**, **25**
Mljet-Nationalpark 279
Mobiltelefone 15, 347
Montenegro 276
Moreška-Säbeltanz 288
Mosaiken 104
Mostar 276
Motorradfahren 352
  Entfernungen **354**
  Führerschein 353
  in Kroatien 353–354
  nach/von Kroatien 352
  Verkehrsregeln 354
  Versicherung 354
Motovun 134–136, **28**
Motovun-Filmfestival 20
Mraz, Franjo 339
Murter 206
Murtić, Edo 339
Muscheln 118
Museen, *siehe auch* Archäologische Museen, Ethnografische Museen *und* Galerien
  Batana-Haus 113
  Bischöfliche Schatzkammer 247
  Bunari-Museum 201–202
  Bürgerkriegsmuseum 269
  Dominikanerkloster & Museum 242
  Ethno-Haus Marasović 193
  Fischereimuseum 257
  Gedenkstätte: Krankenhaus Vokovar 96
  Gloria-Maris-Museum 89
  Heimatmuseum 114
  Historisches Museum (Pula) 104
  Ikonenmuseum & Kirche 286
  Jasenovac-Gedenkmuseum 67
  Kroatisches Historisches Museum 47

Kroatisches Museum des Tourismus 148
Kroatisches Museum für Naive Kunst 43
Kroatisches Naturhistorisches Museum 47, 55
Kunstgewerbemuseum 48
Marco-Polo-Museum 285
Muschelmuseum 236
Museum für antikes Glas 182
Museum für Kirchenkunst 183, 203
Museum für Moderne & Zeitgenössische Kunst 144
Museum für Moderne Kunst 269
Museum für Straßenkunst 50
Museum für Zeitgenössische Kunst 49
Museum Marton 68
Museum Mimara 47–48
Museum von Slawonien 89
Naturhistorisches Museum 143–144
Neandertaler-Museum Krapina 80
Odescalchi-Museum 98
Olivenölmuseum 291
Riznica-Museum 285–286
Salzmuseum 198
Sammlung sakraler Kunst 127–128
Schifffahrts- & Geschichtsmuseum (Rijeka) 143
Schifffahrtsmuseum (Dubrovnik) 268
Schifffahrtsmuseum (Orebić) 292
Serbisch-orthodoxe Kirche & Museum 268
Spitzenmuseum 198
Stadtmuseum (Buzet) 131–132
Stadtmuseum (Hum) 133–134
Stadtmuseum (Karlovac) 68
Stadtmuseum (Korčula-Stadt) 285
Stadtmuseum (Labin) 125
Stadtmuseum (Makarska) 236
Stadtmuseum (Pazin) 130
Stadtmuseum (Samobor) 68
Stadtmuseum (Rijeka) 144
Stadtmuseum (Šibenik) 202
Stadtmuseum (Split) 213
Stadtmuseum (Trogir) 231
Stadtmuseum (Varaždin) 71–74
Stadtmuseum (Vukovar) 96
Stadtmuseum (Zagreb) 43
Staro Selo Museum 82
Strossmayer-Galerie der Alten Meister 48
Technikmuseum 55
Turmmuseum 157
Tusculum-Museum 229–230
Welt der Insekten 75

Musik 337–339
klapa 225, 317
Turbofolk 317
Musikfestivals
Garden Festival 19, 187
Hartera 144
Trogir-Sommerfestival 231
Varaždin-Barockabende 76
VIP INmusic Festival 51

N

Naive Kunst 79, 339
Napoleon 304–305
National- & Naturparks 17, 332–334, *siehe auch* Parks & Gärten
Biokovo-Naturpark 237
Kopački-Rit-Naturpark 93–94, **10**
Kornaten-Nationalpark 208
Krka-Nationalpark 205–207, 333
Lonjsko-Polje-Naturpark 67
Marjan 217
Mljet-Nationalpark 279
Nördlicher-Velebit-Nationalpark 333
Paklenica-Nationalpark 191–193, 333, **8**
Plitwitzer Seen 188–191, 333, **4**, **23**
Risnjak-Nationalpark 152–153, 332
Telašćica-Naturpark 194
Učka-Naturpark 150
Natur & Umwelt 331–334
Naturisten 105, 118, *siehe auch* FKK-Strände
Norddalmatien 34, 178–208, **179**
Essen 178
Highlights 179
Klima 178
Reisezeit 178
Schlafen 178
Nördlicher-Velebit-Nationalpark 333
Notfälle 15
Novak, Slobodan 336
Novalja 200
Novigrad 126

O

Observatorien
Astronomisches Zentrum 143
Višnjan-Observatorium 126
Öffnungszeiten 345–346
Ökozentrum Caput Insulae 161–163
Okrug Gornji 234
Olivenöl 290–291, 324–325
Onofrio-Brunnen 268
Opatija 147–151
Oprtalj 126
Orebić 291–293
Osijek 85–93, **88**, **28**

Osjak 292
Osmanisches Reich 303
Osor 163–164
Outdoor-Aktivitäten 16

P

Pag (Insel) 196–201, **23**
Pag (Stadt) 197–200
Pager Karneval 198
Pager Käse 197, 199
Pakleni-Inseln 248
Paklenica-Nationalpark 191–193, 333, **8**
Paläste, *siehe auch* Burgen *und* Festungen & Türme
Banski Dvori 47
Bischofspalais 119
Ćipiko-Palast 231
Diokletianpalast 212–213, 328, **11**
Dominis-Palast 174
Palais Spinotti Morteani 137
Patačić-Palast 75
Patačić-Puttar-Palast 75
Rektorenpalast 267, 282
Salamon-Palast 131
Scampicchio-Palast 125
Sponza Palast 267–268
Pantan 234
Parks & Gärten, *siehe auch* National- & Naturparks
Boćarski Dom 55
Botanischer Garten (Zagreb) 49
Botanischer Garten am Biokovo 236
Garten der feinen Düfte 154
Komrčar-Park 174
Maksimir-Park 50
Mini-Kroatien 114
Mittelalterlicher Garten am Kloster des heiligen Lorenz 202
Punta-Corrente-Waldpark 113
Trsteno-Gärten 283
Parun, Vesna 335
Pavelić, Ante 307
Pavličić, Pavao 336
Pazin 129–131
Paziner Schlucht 129–130
Pelješac 291–294
Petar-Kružić-Treppe 143
Petrčane 188
Pflanzen 332
picigin 222
Piškera 208
Planung 14–15, *siehe auch* Reiserouten
Infos im Internet 15
Kindern, Reisen mit 29–31

Regionen 32–34
Reisezeit 14
Veranstaltungskalender 18–20
Plätze
  Gradski Trgovi 182
  Kaptol-Platz 43
  Traditioneller Handwerksmarkt 75
  Trg Frane Petrića 160
  Trg Josipa Jelačića 47
  Trg Marafor 119
  Trg Svetog Stjepana 247
Plitvitzer Seen 188–190, 333, **4**, **23**
Politik 296–297
Poreč 119–124, **120**, **21**
Primošten 206
Privatunterkünfte 15, 349
Proizd 292
Prvić 206
Pučišća 244
Pula 101–110, **102**
Punat 168–169

R

Rab (Insel) 170–177, **171**
Rab (Stadt) 173–176, **172**
Račić, Josip 339
Radfahren 355
  Cres (Stadt) 160
  Korcula (Stadt) 286
  Krk (Stadt) 166
  Kvarner 148
  Mali Lošinj 154
  Mljet 280
  Parenzana 126
  Poreč 120–121
  Pula 104
  Rab (Stadt) 174
  Rovinj 114
  Rt Kamenjak 106
  Učka-Naturpark 150
  Vis (Stadt) 255
Radio 342
Rafting, *siehe auch* Kajakfahren
  Cetina-Fluss 238
  Dubrovnik 269
  Mitteldalmatien 238
rakija 324
Raša 126
Rechtsfragen 346
Reiserouten 21–28, **22**, **24**, **26**, **28**
  Split 220, **220**
  Zagreb 39, 53, **53**

Verweise auf Karten **S.000**
Verweise auf Fotos **S.000**

Reiten
  Lonjsko-Polje-Naturpark 67
  Motovun 135
  Učka-Naturpark 150
Religion 319–320
Renaissancearchitektur 329–330
Rijeka 141–147, **142**
  An- & Weiterreise 146
  Ausgehen 146
  Essen 145
  Festivals & Events 144
  Geschichte 141
  Schlafen 144–145
  Sehenswertes 141–144
  Shoppen 146
  Touristeninformation 146
  Unterhaltung 146
  Unterwegs vor Ort 147
Rijeka-Festival 18
Risnjak-Nationalpark 152–153, 332
Roč 133
Römische Architektur 328
Rovinj 111–118, **112**, **24**, **25**
Rovinj-Sommerfestival 115
Rt Kamenjak 106, **8**
Ruinen
  Barockbrunnen 132
  Römisches Amphitheater 103
  Stadtmauer von Motovun 135
  Triumphbogen der Sergier 104
  Venezianische Türme 120
Rušinović, Goran 337

S

Sali 195–196
Salona, *siehe* Solin
Samobor 68–69, **26**
Samoborsko Gorje 66
Sanader, Ivo 296, 314
Savudrija 126
Schifffahrtsmuseen, *siehe auch* Museen
  Dubrovnik 268
  Orebić 292
  Rijeka 143
Schiffsreisen, *siehe auch* Fähren, Kajakfahren, Kanufahren, Rafting *und* Yachten
  in Kroatien 355–356
  nach/von Kroatien 353
Schlangenbisse 344–345
Schnorcheln, *siehe* Tauchen
Schwimmen, *siehe auch* Spas *und* Strände
  Dubrovnik 269
  Hvar (Stadt) 248
  Rovinj 114
Schwule 61, 346

Seen
  Malo Jezero 279
  Mir-Salzsee 196
  Nationalpark Plitwitzer Seen 188–191
  Veliko Jezero 279
Segeln 234
Seilbahnen 268–269
Šibenik 200–205, **202**
Šibenik-Knin-Region 200–208
Sicherheit 85, 346
Šipan 278–279
Šipanska Luka 279
Sitten & Bräuche 298
Skifahren 51, 318–319
Škrip 241–242
Slanica 206
Slawonien 33, 84–98, **86**
  Essen 84, 323
  Geschichte 85
  Highlights 86
  Klima 84
  Reisezeit 84
  Schlafen 84
Smajić, Petar 339
Sokolarski Centar 205
Solin (Salona) 229–230
Šolta 229
Sovinjsko Polje 134
Špancirfest 20
Spas, *siehe auch* Schwimmen *und* Strände
  Istarske Toplice 136–137
  Krapinske Toplice 81
  Spa & Golfresort Sveti Martin 77
  Stubičke Toplice 83
  Varaždinske Toplice 78
  Zadar 183–184
Spitze 318, 199
Spitzenmuseum 198
Split 212–229, **214**, **216–217**, **11**
  Aktivitäten 217–218
  An- & Weiterreise 227–229
  Ausgehen 224–225
  Diokletianpalast 212–213, 328, **11**
  Essen 209, 222–224
  Festivals & Events 219
  Geführte Touren 218
  Geschichte 212
  Highlights 210
  Internetzugang 226
  Klima 209
  Medizinische Versorgung 226
  Reisebüros 226–227
  Reisezeit 209
  Schlafen 209, 219–222
  Sehenswertes 212–217
  Shoppen 226

Stadtspaziergang 220, **220**
Touristeninformation 227
Unterhaltung 225–226
Unterwegs vor Ort 229
Split & Mitteldalmatien 34, 209–258, **210–211**
Sport 317–319
Sprache 14, 71, 357–362
Stadtspaziergänge
   Split 220, **220**
   Zagreb 52, **52**
Stari Grad 252
Starigrad 193–194
Statuen
   Apoxyomenos (Apoksiomen) 154, 182
   Daleki Akordi 163
   Gregor von Nin 215
   Bischof-Grgur-Ninski-Statue 75
Steuern 344
Ston 293–294
Störche 67
Strände 17, *siehe auch* Spas *und* Schwimmen
   Baćvice 217
   Bonj Les Bains 248
   Brela 238
   Čikat 154
   Cres (Stadt) 160
   Drvenik Mali 235
   Drvenik Veli 235
   Dubrovnik 269
   Glavica 253
   Hawaiistrand 106
   Jelso 253
   Kolombarica-Strand 106
   Krivica 153
   Livačina-Strand 176
   Lokrum 278
   Lungomare 148
   Makarska 236
   Medena 234
   Mitteldalmatien 243
   Nugal 236
   Okrug Gornji 234
   Orebić 291–293
   Osjak 292
   Pantan 234
   Paradiesstrand 176
   Proizd 292
   Punta Rata 238
   Rt Kamenjak 106, **8**
   Stara Baška 168
   Stolac-Strand 176
   Sunčana Uvala 154
   Šunj 279
   Supetar 240
   Sveti Nikola 120

Trstenica 292
Valun 164
Verudela 106
Vis (Insel) 257
Zečevo 253
Zlatni Rat 242, **7**
Zrće-Strand 199
Straßenentfernungen **354**
Straßennamen 345
Strom 342, 346
Stubičke Toplice 83
Süddalmatien 34, 259–294, **260**
   Essen 259
   Highlights 260
   Klima 259
   Reisezeit 259
   Schlafen 259
Sumartin 244
Sunčana Uvala 154
Supetar 240–241
Susak 155
Sveta Katarina 118
Sveti Andrija 118
Sveti Martin 77
Sveti Maškin 118
Sveti Nikola 120
Svetvinčenat 128–129
Synagogen 268

T
Tanz 288
Tauchen
   Beli 163
   Bol 243
   Cres (Stadt) 160
   Dubrovnik 269
   Hvar (Stadt) 248
   Krk (Stadt) 166
   Mali Lošinj 154
   Mljet 280
   Poreč 121
   Pula 104
   Rovinj 114
   Rab (Stadt) 174
   Sali 195–196
   Supetar 240
   Vis (Stadt) 255, **24**
Telašćica-Bucht 196
Telašćica-Naturpark 194
Telefondienste 15, 347
Telefonkarten 347
Tempel
   Augustustempel 103
   Jupitertempel 215
   Neptuntempel 119
Tennis 318
Thermalquellen, *siehe* Spas

Tierbeobachtung 189
Tiere 331, *siehe auch* Bären *und* Delphine
Tierschutzgebiete
   Kuterevo-Bärenrefugium 332
   Ökozentrum Caput Insulae 161–163
   Sokolarski Centar 205
Tito 82, 309–310
Toklarija 134
Touristeninformation 347, *siehe auch einzelne Orte*
Trakošćan (Burg) 79–80, **27**
Trekking, *siehe* Wandern
Trinkgeld 342
Trogir 230–234, **232**, **17**
Trsteno-Gärten 283
Trüffeln 132
Tuđman, Franjo 311, 314
Turbofolk 317
Türme, *siehe* Festungen & Türme
TV 298

U
Učka-Naturpark 150
Ugljan 188
Ugrešić, Dubravka 336
Umweltprobleme 334
Unije 155
Unterkunft 347–350, *siehe auch Einzeleinträge*
Ustaša (Kroatische Befreiungsbewegung) 307–308

V
Valun 164–165
Varaždin 71–78, **74**, **26**
   An- & Weiterreise 78
   Ausgehen 76–77
   Essen 76–77
   Festivals & Events 76
   Geschichte 71
   Internetzugang 78
   Reisebüros 78
   Schlafen 76
   Sehenswertes 71–76
   Touristeninformation 78
Varaždinske Toplice 78–79
Vegetarier & Veganer 326
Vela Luka 290–291
Veli Lošinj 157–159
Veli Rat 196
Veliki-Tabor-Burg 81–82, **11**
Verne, Jules 130
Versicherung
   Auto 352
   Motorrad 352
   Reise 350
Verudela 106

Videosystem 342
Virius, Mirko 339
Vis (Insel) 253–258, **24**
Vis (Stadt) 254–257
Visa 15, 350
Višnjan-Observatorium 126
Vodnjan 127
Vögel 331, **10**, *siehe auch* Gänsegeier
Vogelbeobachtung 331
   Kopački-Rit-Naturpark 93–94
   Lonjsko-Polje-Naturpark 67
   Paklenica-Nationalpark 191
   Rovinj 114
   Sokolarski Centar 205
   Učka-Naturpark 150
Volosko 151–152
Vorromanische Architektur 328–329
Vorwahlen 15, 347
Vrbnik 169
Vrsar 126
Vukovar 95–97
Vukovar, Belagerung von 97
Vukšić, Ivana 50

W
Währung 14
Wakeboarden 166
Wandern
   Biokovo-Naturpark 237
   Bol 243
   Gračišće 131
   Korcula (Stadt) 286–*287*
   Mali Lošinj 153, 154
   Marjan 217
   Marjan-Meeresufer 217–218
   Medvednica 66
   Orebic 292
   Paklenica-Nationalpark 191–192
   Poreč 120–121
   Rab (Stadt) 174
   Risnjak-Nationalpark 152
   Samoborsko Gorje 66
   Učka-Naturpark 150
Wasserfälle 206
Wasserparks 76
Wechselkurse 15
Wein 325
Weingüter
   Baranja 95
   Iločki Podrumi 98
   Međimurje 77
   Slawonien 95
Wetter 14, *siehe auch einzelne Regionen*
Windsurfen
   Bol 243
   Čikat 154
   Cres (Stadt) 160
   Pula 104
   Viganj 293
Wirtschaft 297–298

Y
Yachten 234

Z
Zadar 180–194, **180**, **11**, **12**
   Aktivitäten 183–184
   An- & Weiterreise 187
   Ausgehen 186
   Essen 185
   Festivals & Events 184
   Geführte Touren 184
   Geschichte 180–181
   Schlafen 184–185
   Sehenswertes 181–183
   Touristeninformation 187
   Unterhaltung 186–187
   Unterwegs vor Ort 188
Zadar-Region 180–194
Zagorje 32, 70–83, **72–73**, **27**
   Essen 70
   Highlights 72
Klima 70
Reisezeit 70
Schlafen 70
Zagreb 32, 38–69, **40**, **44–45**, **7**, **22**
   Aktivitäten 50–51
   An- & Weiterreise 64–65
   Ausgehen 58–60
   Essen 38, 56–58, 322
   Festivals & Events 51–53
   Geführte Touren 51
   Geschichte 39
   Highlights 40
   Internetzugang 62
   Klima 38
   Medizinische Versorgung 62
   mit Kindern 55
   Notfall 62
   Reisebüros 63
   Reiserouten 39
   Reisezeit 38
   Schlafen 38, 53–56
   Sehenswertes 39–50
   Shoppen 61–62
   Stadtspaziergang 52, **52**
   Touristeninformation 63–64
   Unterhaltung 60–61
   Unterwegs vor Ort 65
Zeckenbisse 344
Zeit 350
Zeitgenössische Kunst 339–340
Zeitschriften 342
Zeitungen 342
Zlarin 206
Zlatni Rat 242, **7**
Zoll 350
Zoo Osijek 90
Zrće-Strand 199
Zugreisen
   in Kroatien 356
   nach/von Kroatien 352–353
   von Ploče nach Mostar 236
Žut 208
Zvijezda 67

Verweise auf Karten **S.000**
Verweise auf Fotos **S.000**

Auf einen Blick

Folgende Symbole helfen sich im Verzeichnis zurechtzufinden:

- 👁 Sehenswertes
- 🏃 Aktivitäten
- 🎓 Kurse
- 👉 Touren
- 🎉 Festivals & Events
- 🛏 Schlafen
- 🍴 Essen
- 🍺 Ausgehen
- ☆ Unterhaltung
- 🛍 Shoppen
- ℹ Praktisches/Transport

Empfehlungen von Lonely Planet:

- **LP TIPP** Das empfiehlt unser Autor
- **GRATIS** Hier bezahlt man nichts
- 🌿 Nachhaltig und umweltverträglich

Für die Sehenswürdigkeiten, Unterkünfte, Organisationen und Restaurants mit diesen Symbolen ist Verantwortungsbewusstsein nicht nur eine Marketingfloskel, deshalb wurden sie von den Lonely Planet Autoren ausgewählt. Sie unterstützen z. B. lokale Erzeuger, haben vor allem regionale Produkte auf ihrer Speisekarte oder setzen sich für die Erhaltung der Umwelt ein.

Weitere hilfreiche Symbole:

- ☏ Telefonnummer
- ⊙ Öffnungszeiten
- P Parkmöglichkeiten
- ⊖ Nichtraucher
- ❄ Klimaanlage
- @ Internetzugang
- 📶 WLAN
- 🏊 Swimmingpool
- 🥗 Vegetarisches Angebot
- 📖 Englische Speisekarte
- 👨‍👩‍👧 Familienfreundlich
- 🐾 Tierlieb
- 🚌 Bus
- ⛴ Fähre
- M Metro
- S U-Bahn
- ⊖ London Tube
- 🚋 Straßenbahn
- 🚆 Zug

Die Einträge unter „Schlafen", „Essen" usw. sind nach den Vorlieben der Autoren geordnet.

Kartenlegende

Sehenswertes
- Strand
- Buddhistisch
- Burg/Festung
- Christlich
- Hinduistisch
- Islamisch
- Jüdisch
- Denkmal
- Museum/Galerie
- Ruine
- Weingut/Weinberg
- Zoo
- Noch mehr Sehenswertes

Aktivitäten, Kurse & Touren
- Tauchen/Schnorcheln
- Kanu-/Kajakfahren
- Skifahren
- Surfen
- Schwimmen/Pool
- Wanderweg
- Windsurfen
- Noch mehr Aktivitäten/Kurse/Touren

Schlafen
- Hotels/Pensionen
- Camping

Essen
- Restaurants

Ausgehen
- Bars/Kneipen
- Cafés

Unterhaltung
- Theater/Museen

Shoppen
- Geschäfte

Praktisches
- Postamt
- Touristeninformation

Transport
- Flughafen
- Grenzübergang
- Bus
- Seilbahn
- Fahrradweg
- Fähre
- Metro
- Eisenbahn eingleisig
- Parkplatz
- S-Bahn
- Taxi
- Eisenbahn
- Straßenbahn
- Tube Station
- U-Bahn
- Noch mehr Transportmittel

Verkehrswege
- Mautstraße
- Autobahn
- Hauptstraße
- Landstraße
- Verbindungsstraße
- Sonstige Straße
- Unbefestigte Straße
- Platz/Fußgängerzone
- Stufen
- Tunnel
- Fußgängerbrücke
- Wanderung
- Wanderung mit Abstecher
- Pfad

Grenzen
- Internationale Grenze
- Bundesstaatengrenze/Provinzgrenze
- Umstrittene Grenze
- Regionale Grenze/Vorortgrenze
- Meerespark
- Klippen
- Mauer

Städte
- Hauptstadt
- Landeshauptstadt
- Großstadt
- Ort/Dorf

Landschaften
- Hütte
- Leuchtturm
- Aussichtspunkt
- Berg/Vulkan
- Oasen
- Park
- Pass
- Raststelle
- Wasserfall

Gewässer
- Fluss/Bach
- Periodischer Fluss
- Sumpf/Mangrove
- Riff
- Kanal
- Wasser
- Trocken-/Salz-/Periodischer See
- Gletscher

Gebietsformen
- Strand/Wüste
- Christlicher Friedhof
- Weiterer Friedhof
- Park/Wald
- Sportanlage
- Sehenswerte Bebauung
- Highlights (Bebauung)

UNSERE STORY

Ein uraltes Auto, ein paar Dollar in den Hosentaschen und Abenteuerlust, mehr brauchten Tony und Maureen Wheeler nicht, als sie 1972 zu der Reise ihres Lebens aufbrachen. Diese führte sie quer durch Europa und Asien bis nach Australien. Nach mehreren Monaten kehrten sie zurück – pleite, aber glücklich –, setzten sich an ihren Küchentisch und verfassten ihren ersten Reiseführer *Across Asia on the Cheap*. Binnen einer Woche verkauften sie 1500 Bücher und Lonely Planet war geboren.

Seit 2011 ist BBC Worldwide der alleinige Inhaber von Lonely Planet. Der Verlag unterhält Büros in Melbourne (Australien), London und Oakland (USA) mit über 500 Mitarbeitern und mehr als 200 Autoren. Sie alle teilen Tonys Überzeugung, dass ein guter Reiseführer drei Dinge tun sollte: informieren, bilden und unterhalten.

UNSERE AUTOREN

Anja Mutić
Hauptautorin, Zagreb, Zagorje, Istrien, Split & Mitteldalmatien

Anja verließ ihr Geburtsland Kroatien vor über 18 Jahren. Die Reise führte sie in mehrere Länder, ehe sie sich schließlich vor elf Jahren in New York niederließ. Doch immer wieder zieht es sie in ihre Heimat, und so kehrt sie regelmäßig zur Arbeit und zum Vergnügen nach Kroatien zurück und versucht jedes Mal etwas Neues zu entdecken – einen Nationalpark, eine ungewöhnliche Stadt oder eine abgelegene Insel. Sie freut sich, dass die Schönheit ihres Landes von der ganzen Welt geschätzt wird, doch im Stillen sehnt sie sich nach der Zeit zurück, als man am Stradun in Dubrovnik noch ganz entspannt einen Kaffee trinken konnte, ohne auf einen freien Tisch warten zu müssen. Bei ihrer letzten Reise erkundete sie die militärischen Anlagen der Insel Vis und das Binnenland der Insel Hvar mit ihren Lavendelfeldern. Anja veröffentlicht ihre Reiseblogs auf der Website www.everthenomad.com.

Mehr Informationen über Anja unter lonelyplanet.com/members/anjamutic

Iain Stewart
Slavonien, Kvarner, Norddalmatien, Dubrovnik & Süddalmatien

Iain besuchte Kroatien zum ersten Mal 1987, und seitdem kehrt er regelmäßig in das Land mit den vielen Inseln und der reichen Kultur zurück. Seit über 30 Jahren schreibt Iain Reiseführer, ist dabei aber normalerweise in tropischeren Regionen wie Südostasien oder Mittelamerika unterwegs. Für diesen Führer schrieb er erstmals über Kroatien. Er paddelte für seine Recherchen in einem Kajak durch die überfluteten Wälder an den Rändern der Donau, erkundete Wege in den Nationalparks Paklenica und Plitwitzer Seen und spazierte auf der Stadtmauer Dubrovniks entlang.

Lonely Planet Publications,
Locked Bag 1, Footscray, Melbourne, Victoria 3011, Australia

Verlag der deutschen Ausgabe: MAIRDUMONT,
Marco-Polo-Straße 1, 73760 Ostfildern, www.mairdumont.com, lonelyplanet@mairdumont.com

Chefredakteurin deutsche Ausgabe: Birgit Borowski
Übersetzung: Julie Bacher, Britt Maaß, Claudia Riefert, Petra Sparrer, Katja Weber
Redaktion: Meike Etmann, Isabelle Oster (Verlagsbüro Wais & Partner, Stuttgart)
Mitarbeit: Sarah Kohl, Maria Onken
Technischer Support: Primustype, Notzingen

Obwohl die Autoren und Lonely Planet alle Anstrengungen bei der Recherche und bei der Produktion dieses Reiseführers unternommen haben, können wir keine Garantie für die Richtigkeit und Vollständigkeit dieses Inhalts geben. Deswegen können wir auch keine Haftung für eventuell entstandenen Schaden übernehmen.

Kroatien

3. deutsche Auflage September 2011, übersetzt von *Croatia 6th edition*, März 2011, Lonely Planet Publications Pty

Deutsche Ausgabe © Lonely Planet Publications Pty, September 2011   Fotos © wie angegeben 2011

Printed in China

Alle Rechte vorbehalten. Das Werk einschließlich all seiner Teile ist urheberrechtlich geschützt und darf weder kopiert, vervielfältigt, nachgeahmt oder in anderen Medien gespeichert werden, noch darf es in irgendeiner Form oder mit irgendwelchen Mitteln – elektronisch, mechanisch oder in irgendeiner anderen Weise – weiter verarbeitet werden. Es ist nicht gestattet, auch nur Teile dieser Publikation zu verkaufen oder zu vermitteln, ohne schriftliche Genehmigung des Herausgebers.

Lonely Planet und das Lonely Planet Logo sind eingetragene Marken von Lonely Planet und sind im US-Patentamt sowie in Markenbüros in anderen Ländern registriert.

Lonely Planet gestattet den Gebrauch seines Namens oder seines Logos durch kommerzielle Unternehmen wie Einzelhändler, Restaurants oder Hotels nicht. Informieren Sie uns im Fall von Missbrauch: www.lonelyplanet.com/ip.